Rechtstransfer in der Geschichte

Gábor Hamza / Milan Hlavačka / Kazuhiro Takii (Hrsg.)

Rechtstransfer in der Geschichte

Internationale Festschrift für Wilhelm Brauneder zum 75. Geburtstag

PETER LANG

Bibliografische Information der Deutschen Nationalbibliothek
Die Deutsche Nationalbibliothek verzeichnet diese Publikation in der Deutschen Nationalbibliografie; detaillierte bibliografische Daten sind im Internet über http://dnb.d-nb.de abrufbar.

Druck und Bindung: CPI books GmbH, Leck

ISBN 978-3-631-79525-5 (Print)
E-ISBN 978-3-631-80078-2 (E-PDF)
E-ISBN 978-3-631-80079-9 (EPUB)
E-ISBN 978-3-631-80080-5 (MOBI)
DOI 10.3726/b16084

Peter Lang – Berlin · Bern · Bruxelles · New York · Oxford · Warszawa · Wien

Diese Publikation wurde begutachtet.

www.peterlang.com

Würdigung

Der ist beglückt, der sein darf, was er ist,
der Bahn und Ziel nach eignem Auge mißt;
nie sklavisch folgt, oft selbst die Wege weiset,
ununtersucht nichts tadelt und nichts preiset.

Friedrich von Hagedorn (1708–1754)

Professor Brauneder verstand sein Zusammenwirken mit Kollegen und Kolleginnen in der Schweiz, in Deutschland und in Österreich stets als gemeinsamen Wissenschaftsbetrieb, sodass die Internationalität dieser Festschrift diese Länder nicht einschließt.

Als einziger Autor seit Heinrich Mitteis und Heinz Lieberich hat Professor Brauneder Lehrbücher sowohl zur Verfassungs- und Verwaltungsgeschichte als auch zur Privatrechtsgeschichte verfasst. Er ist ein international anerkannter, hochgeschätzter Experte in beiden Forschungsgebieten. Seine Lehrbücher „Österreichische Verfassungsgeschichte", in elf Auflagen und in ungarischer Übersetzung, sowie „Europäische Privatrechtsgeschichte", auch in ungarischer Übersetzung, gehören bekanntermaßen zu den Standardwerken der internationalen juristischen Fach- und Lehrbuchliteratur. Die Darstellung der Verfassungsgeschichte hat er in einem bisher nicht bekannten, umfassenden Maße mit Grafiken angereichert. Zahlreiche davon gingen in Ausstellungen und Museen ein. Professor Brauneder hielt im Wintersemester 1970/71 die allererste Pflichtübung zur „Österreichischen Verfassungs- und Verwaltungsgeschichte", die zwar ein eigenes Fach der Ersten Staatsprüfung war, aber ein bloßes Anhängsel zum Unterrichtsfach „Deutsches Recht" bildete. Dazu hielt er im Wintersemester 1972/73 die erste Lehrveranstaltung zur „Privatrechtsgeschichte der Neuzeit".

Unter seinen zahlreichen Publikationen hervorzuheben sind die von ihm durchgeführten Quelleneditionen aus verschiedenen Epochen wie unter anderem die „Testamentsbücher" Wiens des Mittelalters und die österreichischen Landrechtsentwürfe von 1526 und 1573. Die Rechtsgeschichte verdankt Professor Brauneder auch einige „Entdeckungen". Zwei Beispiele sollen genügen: Hatte Heinrich Demelius 1970 für Wien nur zwei Ehegütersysteme behandelt, nämlich Gutsgemeinschaft und Ehegaben, ergänzte er 1973 diese noch um ein drittes, das Leibgedingesystem. In der Verfassungsgeschichte beschrieb er wie die Periode von 1852 bis 1867 eindeutig das Historische Staatsrecht als Teil der Historischen Rechtsschule zur Grundlage hatte, die meist nur in der Privatrechtsgeschichte angesiedelt wird. Besondere Verdienste erwarb er sich mit seiner Initiative zur Gründung der seit 1979 beim Verlag Manz (Wien) erscheinenden „Zeitschrift für Neuere Rechtsgeschichte" (ZNR).

Professor Brauneder ist weiters Verfasser auf dem Gebiet des Bürgerlichen Rechts, nämlich des Ehegüterrechts. Zu erwähnen ist seine Mitarbeit am ABGB-Kommentar von Michael Schwimann in mehreren Auflagen. Seiner Meinung folgte die OGH-Rechtsprechung und eine Novellierung des ABGB. Auch zum Verfassungsrecht liegen Arbeiten vor, so schon früh zum österreichischen Landesverfassungsrecht. Der Jubilar war auch Mitglied im EU-Grundrechtekonvent 2000 und im österreichischen Verfassungskonvent 2003 bis 2005. Er befasste sich weiters auch mit Themen, die zur Wirtschaftsgeschichte gehören, unter anderem zur Eisenbahn-Geschichte in Europa und den USA sowie zum Wirtschaftsraum Salzkammergut. Ein ganz anderes Interesse führte Brauneder in den nahen Orient, etwa mit seinem großen Artikel „Kreuzzüge" im Handwörterbuch zur deutschen Rechtsgeschichte und einem unveröffentlichten Manuskript „Geschichte der Seldschuken von Rum" in Anatolien. Brauneders Arbeiten umfassen weiters die Literaturgeschichte. Er ist unter anderem Verfasser eines Kommentars zu Franz Werfels „Blassblaue Frauenschrift", von Interpretationen zu Alexander Lernet-Holenias „Mars im Widder", zu Karl Mays Leben und Werk sowie zur Staatlichkeit bei Goethe.

Professor Brauneder hat maßgeblich zur Intensivierung der Beziehungen zwischen Österreich und Ungarn im juristischen Bereich beigetragen, vor allem in der Forschung der Rechtsgeschichte und des Privatrechts. Als Professor und Vorstand des Instituts für Rechts- und Verfassungsgeschichte war er mehrmals engagierter Koordinator und Organisator von Tagungen, an denen auch jüngere ungarische Rechtshistoriker teilnahmen. Er hielt sehr oft Vorträge an der „Eötvös Loránd" Universität (ELTE) in Budapest und nahm hier mehrere Male eine Gastprofessur wahr. 2012 wurde ihm der Titel „doctor honoris causa" dieser Universität verliehen, wo er auch als Honorarprofessor wirkt. Gleiches gilt für die Rechtsfakultät der Universität Miskolc. Die Universität Győr zeichnete ihn mit der Széchényi-Medaille aus. Ferner wirkt er auch an der Pázmány Péter-Universität in Budapest und an der Universität in Pécs. Sein Engagement setzte er auch nach seiner Emeritierung 2011 weiter fort.

Sein Studienbuch wurde auf meine Initiative hin 1995 unter dem Titel „Közép-Európa újabb magánjogtörténete Ausztria példáján (1900-ig)" (auf Deutsch: „Neuere Privatrechtsgeschichte von Mitteleuropa am Beispiel von Österreich [bis 1900]") veröffentlicht. In meinen Forschungen bezüglich der

Entstehung und Entwicklung der modernen Privatrechtsordnungen habe ich die auch international hochgeschätzten Werke (Monographien, Studienbücher und Artikel) von Professor Brauneder als maßgebliche Sekundärliteratur benutzt.

Gábor Hamza, Budapest

Inhaltsverzeichnis

Christian Alunaru, Arad

Der Einfluss des deutschen Rechtsdenkens auf das rumänische Zivilrecht

Abstract: The influence of the German legal thought was already noticeable in Romania when the Moldavian Prince Scarlat Callimachi enforced his code which was considered as a copy of the Austrian ABGB. A clear influence of the German legal thought can be found in the former Austrian provinces which unified with the Romanian Kingdom in 1918, because here the ABGB still remained in force until 1943 and the Austrian Real Estate Register was further maintained. The new Romanian civil code contains undoubted examples for the influence of the German legal thought.

I Bedeutung und Aktualität des Themas

Den Einfluss des deutschen Rechtsdenkens in Mitteleuropa zu erforschen ist meiner Meinung nach ein höchst aktuelles Thema in dieser Zeit, wo die angloamerikanische Offensive im europäischen Recht deutlich zu spüren ist. Darüber wurde in Bukarest während des von der Rechtsanwaltskammer Rumäniens zusammen mit dem Deutschen Anwaltverein am 9. September 2014 veranstalteten Symposiums heftig debattiert. Das Thema des Symposiums war „Law made in Germany" und das Ziel der vom Präsidenten des Deutschen Anwaltvereins, Prof. Dr. Wolfgang Ewer, geleiteten deutschen Delegation bestand darin, die Vorteile des deutschen Vertragsrechts im Vergleich zum angelsächsischen Recht zu erläutern, damit die Parteien eines grenzüberschreitenden Vertrags das deutsche Recht als anwendbares Recht wählen sollen.

Es ist erwähnenswert, dass dieser Einfluss des deutschen Rechtsdenkens in verschiedenen Ländern Europas Interesse geweckt hat. So hat z.B. am 22. Oktober 2014 an der Andrássy-Universität in Budapest eine internationale Konferenz zum Thema „Einfluss des deutschen Rechtsdenkens in Mitteleuropa" stattgefunden, wo ich zum ersten Mal versucht habe zu beweisen, dass dieser deutsche Einfluss auch dem rumänischen Zivilrecht nicht fremd ist. Die Bedeutung des deutschen Rechtsdenkens hervorzuheben war auch der eigentliche Zweck des von der Jagiellonen-Universität Krakau veranstalteten Seminars „Struggle for Law and the continental legal tradition" vom 9. bis 10. März 2017. Es war eine Debatte über die von Rudolf von Ihering in seinem am 12. März 1872 vor der Juristischen Gesellschaft in Wien gehaltenen Vortrag mit dem Titel „Kampf um's Recht"[1] ausgedrückten

1 Der Vortrag wurde in den damals begründeten „Juristischen Blättern" (1. Jg. 1872, Heft 3, 30–34) veröffentlicht.

revolutionären Ideen. Der Vortrag, der ab 1874 in Schriftform erweitert abgefasst und in 20 Sprachen übersetzt wurde[2], war sein Abschiedsgeschenk an Wien, das er für Göttingen verlassen hat.

Die Tendenz, dass die öffentliche Sprache der internationalen Konferenzen Englisch sein soll, hat sich auch in Krakau durchgesetzt, folglich wurde das deutsche Werk Iherings in englischer Sprache analysiert. Das hat die Übersetzung einiger von Ihering verwendeten Rechtsbegriffe vorausgesetzt. Doch hat sich die Übersetzung einiger Begriffe, die für das Rechtsdenken Iherings spezifisch sind, als besonders schwierig erwiesen. Sogar der Titel seines Vortrags „Kampf um's Recht" ist meiner Meinung nach etwas unbeholfen mit „Struggle for law" übersetzt, weil „law" sowohl „Recht" als auch „Gesetz", „Jura" oder „Jus"[3] bedeutet. Folglich ist der Sinn der von Ihering vorgebrachten Ideen durch die Übersetzung entstellt. Der von Ihering verwendete Begriff „Rechtsgefühl" wurde in der Literatur größtenteils in „the feeling of the legal right" (Struggle for Law, 1879, ins Englische übersetzt von John J. Lalor) und „the sense of justice" (beispielsweise Wolfgang Fikentscher, Manfred Rehbinder) übersetzt. Das ist aber recht problematisch, da der englische Ausdruck „right"[4] an sich schon schwer zu übersetzen ist und den Begriff „Rechtsgefühl" zu stark ins Subjektive bewertet. Auch „law" wäre nicht passend. „Justice" (Gerechtigkeit)[5] trifft die Bedeutung auch nicht. Der Ausdruck „legal sentiment" wäre dem deutschen Begriff „Rechtsgefühl" am nächsten. Aber keine dieser Übersetzungen ist zufriedenstellend. Aus diesem Grund hat die Autorin[6] des Beitrags „Ihering's concept of *Rechtsgefühl* and its role in Struggle for Law" diesen Begriff bewusst nicht ins Englische übersetzt, obwohl der Beitrag in englischer Sprache verfasst wurde.

Diese Auseinandersetzung zwischen dem deutschen und dem angloamerikanischen Recht ist kein rein theoretisches Problem, sondern auch ein wirtschaftliches. Britische, aber hauptsächlich amerikanische große Konzerne überwältigen Europa mit ihren ausführlichen Verträgen, mit Klauseln, die ihrer Auffassung gemäß gestaltet sind, und setzen so die Grundsätze des angelsächsischen Rechtssystems durch.

---

2 *Rudolf von Ihering*, Der Kampf um's Recht, 18. Aufl. Wien 1913.

3 *Gerhard Köbler*, Rechtsenglisch. Deutsch-englisches und englisch-deutsches Rechtswörterbuch für jedermann, Manz, 6. Aufl. Wien 2005, 353.

4 „Right" wird in Fachwörterbüchern mit „Anrecht, Anspruch, Befugnis, Berechtigung, Recht, subjektives Recht" übersetzt. *Köbler*, wie Fn. 3, 427.

5 Ebda, 349.

6 *Josefa Birr* (Univ. Göttingen), Ihering's concept of *Rechtsgefühl* and its role in Struggle for Law, Beitrag zur Konferenz „Struggle for Law and the continental legal tradition" an der Jagiellonen Universität Krakau, 9.–10. März 2017.

Was die wissenschaftliche Forschung betrifft, ist auch hier der englische Einfluss deutlich zu spüren. Die Verhandlungen des Europäischen Rechtsinstituts (ELI) wie auch vieler europäischer Konferenzen verlaufen in englischer Sprache. Manche Rechtswissenschaftler stellen sich aber eine berechtigte Frage: Was begründet noch nach dem „Brexit“[7] die Verwendung des Englischen als Amtssprache der juristischen Konferenzen nach dem Ausscheiden Großbritanniens aus der EU?[8] Es ist aber keine Frage der Sprache oder der Grammatik, sondern der Rechtsbegriffe. Nicht nur die Begriffe sind verschieden, vielmehr geht es um die Mentalität, die Auffassung von Juristen, die von ganz unterschiedlichen Rechtssystemen beeinflusst sind.

Ein gutes Beispiel dafür ist der Begriff „property“, der in England nicht das im französischen, rumänischen oder deutschen Rechtssystem bekannte „Eigentumsrecht“ bedeutet, sondern „Grundstück“, „Besitztum“, „Gut“, oder „Vermögen“[9]. Die französische (und belgische) Rechtslehre war der Meinung, dass der englische Begriff „ownership“ viel näher der französischen Auffassung vom Eigentum („proprieté“) wäre[10]. Die rumänische Rechtslehre[11] hat, nach dem Vorbild der französischen[12], das Risiko der Versetzung einiger Rechtsbegriffe aus einem Rechtssystem ins andere hauptsächlich mit Bezug auf das geistige Eigentum betont. Sogar der Begriff „geistiges Eigentum“ (propriété intellectuelle) wurde von Andrée Puttemans als eine Folge der fehlerhaften Übersetzung des Begriffes „property“ aus dem Englischen ins Französische mit dem Wort „propriété“ betrachtet, zum Trotz der Tatsache, dass der Begriff „propriété intellectuelle“ sogar von den Autoren, die ihn bestreiten, als ein Adelstitel anerkannt wurde und dass dieser Begriff als Adelstitel in den internationalen Wortschatz eingedrungen ist.[13]

---

7 “Brexit” wird von Wikipedia so erklärt: “the popular term for the prospective withdrawal of the United Kingdom (UK) from the European Union (EU)”.

8 *Johannes Michael Rainer*, „Europäisches Recht und nationale Rechtsordnungen“ – Festvortrag beim Jubiläumssymposium 10 Jahre Forschungsstelle für Europäische Rechtsentwicklung und Privatrechtsreform in Wien mit dem Thema „Der Einfluss des EU-Rechts in den Jahren 2007–2017 auf die Privatrechtsordnungen der CEE-Staaten“.

9 *Köbler*, wie Fn. 3, 408.

10 *Andrée Puttemans,* Droits Intellectuelles et Concurrence Déloyale, Bruylant, Bruxelles, 2000, 25, zitiert von *Viorel Roş*, in: Dreptul proprietăţii intelectuale, Vol. I, Dreptul de autor, drepturile conexe şi drepturile *sui-generis*, (Das geistige Eigentumsrecht, Bd. I, Das Urheberrecht, die verwandten Schutzrechte und die *sui-generis*-Rechte), Bucureşti 2016, 11.

11 *Roş*, wie Fn. 10, 11.

12 *Puttemans*, wie Fn. 10, 25.

13 Ebda, 17–18.

Es gibt auch andere Begriffe, die im kontinentalen Recht eine andere Bedeutung haben als im angelsächsischen Recht. „Compensation“ wird in der englischen Rechtssprache für Schadenersatz verwendet (französisch: réparation civile, indemnisation, dommages-intérêts), ist aber für den rumänischen und französischen Juristen irreführend, weil im Französischen wie im Rumänischen „compensation“ „Ausgleich“ bedeutet.

Auch die heutige Tendenz, den englischen Begriff „copyright“ statt „Urheberrecht“ zu verwenden (rumänisch: drept de autor, französisch: droit d'auteur), als ob diese Synonyme wären, ist kritisierbar, weil diese eine verschiedene Bedeutung haben. Diese verschiedene Bedeutung hat, der Rechtslehre gemäß, ihren Ursprung in zwei verschiedenen, sogar entgegengesetzten wirtschaftlichen und kulturellen Auffassungen: die Auffassung Amerikas und die des kontinentalen Europas. Im europäischen System haben die Rechte und Interessen des Urhebers Vorrang, während im amerikanischen System die Interessen des Verbrauchers, der Wissenschaft und Industrie vorherrschen, die die immateriellen Rechte des Urhebers ignorieren. Im Copyright-System sind das Publikum und der Investor privilegiert, während im kontinentalen Urheberrechtssystem der Urheber bevorzugt wird. Im Mittelpunkt des Berner Übereinkommens[14] stehen der Urheber und seine immateriellen Rechte, während im Copyright-System der Akzent auf das Werk und auf die Vermögensrechte gesetzt wird. Im amerikanischen System ist das Rechtsinstitut „copyright“ eher ein Begriff des Handelsrechts als ein Begriff der geistigen Schöpfung[15]. Zwar wurden mit dem Beitritt der USA zum Berner Übereinkommen (am 1. März 1989) die Unterschiede zwischen den beiden Systemen abgemildert, doch das begründet immer noch nicht die Verwendung des englischen statt des deutschen oder französischen Begriffs. Ein anderes Beispiel für dieses künstlich geschaffene, kontinental-englische Juristenenglisch ist die ungeschickte Übersetzung des Obersten Gerichtshofs aus Frankreich (Cour de Cassation, rumänisch: Înalta Curte de Casaţie şi Justiţie) mit „Court of Cassation“. Und diese Aufzählung könnte fortgesetzt werden.

Wird es in naher Zukunft ein einheitliches europäisches Zivilrecht geben, das die Möglichkeit, einen Vertrag dem angelsächsischen Rechtssystem zu unterwerfen, ausschließt? Aus dem Projekt des Europäischen Kaufrechts (CESL) geht hervor, dass dieses gemeinsame Recht nur als ein optionales Recht erdacht ist. Auch was ein Europäisches Zivilgesetzbuch betrifft, haben

---

14 Die Berner Übereinkunft zum Schutz von Werken der Literatur und Kunst vom 9. September 1886. In der Folgezeit kam es zu mehreren Revisionen (so in Paris am 24. Juli 1971). Seit 1908 spricht man daher von der Revidierten Berner Übereinkunft (RBÜ).

15 Vgl. ausführlich zum Copyright-System: *Roş*, wie Fn. 10, 90–97.

sich inzwischen das Europäische Parlament und tendenziell auch die Kommission für einen optionalen Kodex ausgesprochen[16], wie ihn schon vor mehr als zehn Jahren Stefan Grundmann bei der Wiener Konferenz zum Thema „Das ABGB auf dem Weg in das 3. Jahrtausend. Reformbedarf und Reform“ vorgestellt hat. Die Perspektive eines Europäischen Zivilgesetzbuchs ist jedoch noch weit entfernt und ein optionaler Kodex bedeutet nicht, dass die nationalen Rechtssysteme ersetzt werden. Es stellt sich somit die berechtigte Frage: Was setzt das europäische kontinentale Recht dieser angelsächsischen Offensive entgegen? Ist das kontinentale Recht einheitlich? Bestimmt nicht. Es gibt wenigstens zwei große Rechtssysteme: das deutsche und das französische.

II Das rumänische Zivilrecht und die Einflüsse des ABGB in den ehemaligen österreichischen Provinzen und im Fürstentum Moldau

Das rumänische Recht ist von seinem Ursprung her durch das französische Recht beeinflusst. Das stammt daher, dass das erste rumänische Zivilgesetzbuch, das im Jahre 1864 verabschiedet wurde und am 1. Dezember 1865 in Kraft getreten ist, trotz anderer Gesetze jener Zeit, die als Quellen verwendet wurden (wie z.B. das belgische Hypothekengesetz vom 16. Dezember 1851, der Zivilgesetzbuchentwurf von Pissanelli und einige Vorschriften des alten rumänischen Rechts), als eine Nachahmung des französischen Code Napoléon betrachtet wurde.

Die Erklärung für diesen wichtigen französischen Einfluss, trotz der Tatsache, dass keines der rumänischen Fürstentümer während der Geschichte unter französischer Herrschaft oder Oberhoheit geraten ist, kann auch jene sein, dass Frankreich die Vereinigung der beiden außerhalb des Karpatenbogens gelegenen rumänischen Fürstentümer (der Walachei und der Moldau) im Jahre 1859 unterstützt hat. Es sind nicht nur der französische Kaiser Napoleon III., sondern auch viele Persönlichkeiten Frankreichs, wie Jules Michelet, Edgar Quinet, Paul Bataillard, Elias Regnault und Thibault-Lefevre gemeint, die gute Beziehungen zu den rumänischen Intellektuellen

16 Mitteilung der Kommission an den Rat und das Europäische Parlament zum Europäischen Vertragsrecht, KOM (2001), 398 endg. 20 f. (Rn. 69–69); Entschließung des Europäischen Parlaments zur Annäherung des Zivil- und Handelsrechts der Mitgliedsstaaten, KOM (2001) 398 – C5-0471/2001 – 2001/2187(COS), Punkt 11, zit. von *Stephan Grundmann,* Die Aufgabe einer nationalen Kodifikation vor dem Hintergrund der Europäisierung des Privatrechts, in: *C. Fischer-Czermak/G. Hopf/M. Schauer* (Hrsg.), Das ABGB auf dem Weg in das 3. Jahrtausend. Reformbedarf und Reform, Manz, Wien 2002, 48–49.

hatten und Beiträge über die beiden Fürstentümer geschrieben haben, durch welche diese in Frankreich bekannt wurden[17]. Es scheint also eine unmögliche Aufgabe zu sein, den Einfluss des deutschen Rechtsdenkens auf ein Rechtssystem zu suchen, das sich von Anfang an als ein Nachfolger des Code Napoléon verstanden hat.

Rumänien war aber sehr nahe daran, ein vom österreichischen ABGB beeinflusstes Zivilgesetzbuch zu haben. Wer die Geschichte Rumäniens kennt und weiß, dass der heutige rumänische Staat hauptsächlich durch die Vereinigung der drei großen Fürstentümer Moldau (Moldawien), Walachei und Siebenbürgen (Transsylvanien) entstanden ist, denkt, dass das Verbindungselement zwischen dem rumänischen Rechtssystem und dem ABGB nur Siebenbürgen sein kann, weil es vor 1918 zu Österreich-Ungarn gehört hat und hier das österreichische ABGB noch 25 Jahre nach der Vereinigung mit dem Königreich Rumänien (also bis 1943) in Kraft geblieben ist[18]. Selbst nach 1943, als das rumänische Zivilgesetzbuch in Siebenbürgen eingeführt wurde, wurde das Grundbuchsystem aus der österreichischen Zeit beibehalten, obwohl es den Grundsätzen des französisch beeinflussten rumänischen Rechts, hauptsächlich dem Konsensualprinzip, widersprach. Es mussten Sondervorschriften für die ehemaligen österreichischen Provinzen (Siebenbürgen, Banat und Bukowina) erlassen werden, die vor allem den Eintragungsgrundsatz (das Intabulationsprinzip) vorgeschrieben haben, und die österreichischen Grundbücher wurden einer rumänischen Grundbuchordnung (Gesetz Nr. 115/1938) unterworfen.

Das sind also die Argumente, die Siebenbürgen (Transsylvanien) als Verbindungselement zwischen dem ABGB und dem rumänischen Recht angeben. Doch die Überraschung kam aus der Moldau, einem Fürstentum, das zu jener Zeit noch Vasall des Osmanischen Reiches war. Darüber hinaus wurden zwischen 1711 und 1821 die moldawischen Fürsten (wie auch die walachischen) vom Sultan aus den griechischen Familien des Stadtviertels Fanar in Istanbul ernannt.

Wie es dazu kam, dass der moldawische Fürst Scarlat Calimach[19] (1806, 1807–1810, 1812–1819) im Jahre 1817 ein Zivilgesetzbuch („Code

---

17 *Constantin Giurescu/Dinu Giurescu*, Istoria Românilor din cele mai vechi timpuri până astăzi (Die Geschichte der Rumänen aus uralten Zeiten bis heute), Verlag Albatros, 2. Aufl. Bucureşti 1975, 609.

18 Das ABGB wurde in Siebenbürgen am 1.9.1853 mit dem Kaiserliche Patent Nr. 99 vom 29.5.1853 in Kraft gesetzt.

19 Weil der moldawische Fürst griechischer Abstammung war, ist er in der Geschichte als Scarlat Callimachi bekannt. Siehe *Giurescu/Giurescu*, wie Fn. 17, 515; *Nicolae Iorga,* Documentele privitoare la familia Calimachi (Die Urkunden bezüglich der Familie Calimachi) Bd. I, Verlag Minerva, Bucureşti 1902. In der rumänischen Rechtsliteratur wird das Gesetzbuch aber „Codul Calimach“ genannt. Siehe

Callimaque“)[20] verabschiedet hat, das ein getreues Abbild des österreichischen ABGB war, ist eine lange und lustige Geschichte, für die hier leider nicht genügend Raum vorhanden ist. Für die Kommentatoren aber, die die Behauptung des griechischen Professors Triandaphylopoulos in seinem Aufsatz „Sur les sources du code Callimaque“, dass dieses Gesetzbuch „une copie fidèle du code autrichien“[21] sei, bestreiten, muss ich Folgendes erläutern: Der wahre Verfasser dieses Gesetzbuches war der wichtigste und gebildetste Mitarbeiter[22] des Fürsten, der Rechtsprofessor Christian Flechtenmacher, seinerzeit der berühmteste Jurist des Fürstentums Moldau. Und dieser war ein ehemaliger Student Franz von Zeillers, dem Verfasser des ABGB! Es war ein Siebenbürger Sachse aus Kronstadt (Braşov), der seinen Doktortitel in Wien – als Student Franz von Zeillers – erworben hatte und daher für seinen Kommentar zum neuen Moldawischen Gesetzbuch den Kommentar seines Meister verwendete.

Dieses Gesetzbuch des Fürsten Callimachi hat als Quelle das österreichische ABGB, wurde aber ursprünglich in griechischer Sprache, der Amtssprache der Justiz in den rumänischen Fürstentümern, verfasst. Es wurde erst später von E. K. Zachariae von Lingenthal ins Deutsche übersetzt und im Vorwort zu der zweiten Auflage seines Werks „Geschichte des griechisch-römischen Rechts“ veröffentlicht.[23]

Manche der rumänischen Kommentatoren bekämpfen die Behauptung, dass der Codex Calimach ein getreues Abbild des ABGB wäre.[24] Diese Kommentatoren bauen ihre Theorie auf den Quellen des Codex sowie auch auf den Berichten verschiedener ausländischer Persönlichkeiten jener Zeit auf, welche das moldawische Gesetzbuch nicht als eine Kopie des ABGB beschreiben. Diese Quellen sind in der Verkündungsverordnung des Fürsten angegeben: das römische und griechisch-römische Recht, insbesondere die

---

Andrei Rădulescu u.a, Codul Calimach. Ediţie critică (Das Gesetzbuch Calimach. Kritische Auflage), Editura Academiei (Verlag der Akademie), Bucureşti, 1958.

20 Der „Code Callimaque“ oder „Codex civilis Moldaviae“ wurde durch die Fürstliche Verordnung vom 1.7.1817 verkündet und stand zwischen dem 1.10.1817 und dem 1.12.1865 in Kraft, bis er durch das rumänische Zivilgesetzbuch („Codul civil român“ – französischen Einflusses), aufgehoben wurde.

21 *C.D. Triandaphyllopoulos*, Sur les sources du code Callimaque, in: Revista Istorică Română (Die rumänische Zeitschrift für Geschichte) I, 1931, 34 Fn. 20.

22 Manche halten Christian Flechtenmacher für den wahren Verfasser des Gesetzbuchentwurfs, selbstverständlich unter Anleitung des Fürsten. Siehe *Al. Papadopol Calimach*, Din istoria legislaţiunii Moldovei (Aus der Geschichte der Gesetzgebung in der Moldau), in: Arhiva Societăţii ştiinţifice şi literare din Iaşi (Urkundensammlung der Wissenschaftlichen und Literarischen Gesellschaft Iassy), Bd. VII, 160 ff.

23 Nach *Triandaphyllopoulos*, wie Fn. 21, 34 ff.

24 Siehe *Rădulescu*, wie Fn. 19, 24 ff.

Basiliken, einem Meisterwerk des byzantinischen Rechts, die Kaiser Leon VI., dem Philosophen (886–911), zu verdanken sind.

Doch als Gegenargument zitiere ich, außer der kategorischen Meinung des griechischen Professors Triandaphylopoulos, auch die Behauptung eines anderen griechischen Professors: Mantzufa behauptet in seiner Vorlesung an der Universität Innsbruck mit dem Titel „Zeillers Kommentar, das Vorbild des Codex Calimach", dass „die Verfasser des Gesetzbuches *Callimachi* das ABGB und andere österreichische Gesetze nicht nur verwendet und unschöpferisch zusammengestellt, sondern in vielen Artikeln und Randnoten den Kommentar *Franz von Zeillers* (Verfasser des österreichischen Zivilgesetzbuches und Dekan der Rechtsfakultät in Wien) zum ABGB, regelrecht kopiert haben".[25]

Eloquent ist auch die Behauptung des österreichischen Vertreters Raab in Iassy (Iaşi), der Hauptstadt des Fürstentums Moldau. Dieser sandte am 28. August 1818 der Kaiserlich-Königlichen Hofbibliothek die griechische Ausgabe des Moldawischen Gesetzbuches, „so wie bis jetzt noch keine in der Moldau erschienen ist", und schrieb, dass auch die moldawische Fassung folge, sobald diese erscheinen würde.[26] Der österreichische Vertreter behauptete, dass als Vorbild für dieses Gesetzbuch, das dem Fürsten Ehre mache, das ABGB diente. „Die Gesetze sind genau so wie unsere, doch wurden jene Vorschriften behalten, die hier kraft der Sitten und Gebräuche noch gelten."[27] Sogar der berühmte rumänische Zivilrechtsprofessor Dimitrie Alexandresco musste zugeben, dass der Codex „einen großen Teil des österreichischen Zivilgesetzbuches, das einige Jahre davor erschienen ist, vielleicht mit einigen Änderungen, wiedergibt"[28].

Die internationalen Verhältnisse in Europa zur Mitte des 19. Jahrhunderts hatten eine Verschiebung der politischen Interessen der vereinigten rumänischen Fürstentümer von Österreich nach Frankreich zur Folge. Frankreich hat die Vereinigung der beiden rumänischen Fürstentümer (Moldau und Walachei) unterstützt, Österreich nicht. So diente als Vorbild für das

---

25 G. A. *Mantzufas*, Zeillers Kommentar, das Vorbild des Codex Calimach, Athen 1955, 32; zitiert von *Rădulescu* u.a., wie Fn. 19, 26 Fn. 64.

26 Der Codex wurde zum ersten Mal im Jahre 1831 während der Regierung des Generals Kisseleff ins Rumänische übersetzt. Siehe *Dimitrie Alexandresco*, Explicaţiune teoretică şi practică a Dreptului civil român în comparaţiune cu legile vechi şi cu principalele legislaţiuni străine (Theoretische und praktische Erläuterung des rumänischen Zivilrechts im Vergleich mit den alten Gesetzen und den wichtigsten ausländischen Rechtsordnungen), Bd. I, Teil I, Verlag Tipografia lucrătorilor români asociaţi, Iassy 1886, XXI Fn. 2.

27 So *Iorga*, wie Fn. 19, 295.

28 *Alexandresco*, wie Fn. 26, XXI Fn. 2.

rumänische Zivilgesetzbuch statt des ABGB nun das französische Gesetzbuch.

Wäre diese Kopie des österreichischen ABGB auch nach der Vereinigung der Moldau mit der Walachei in Kraft geblieben, hätten wir heute fast gar keine wesentlichen Unterschiede zwischen den Grundsätzen des österreichischen und des rumänischen Rechts zu analysieren. Das rumänische Zivilrecht wäre weiter unter dem Einfluss des deutschen Rechtsdenkens gestanden. Der „Codex civilis Moldaviae" oder „Codex Callimach" wurde aber am 1. Dezember 1865 durch das vom französischen Recht beeinflusste Zivilgesetzbuch des neu entstandenen rumänischen Staats (unter Fürst Alexandru Ioan Cuza) ersetzt. Statt eines Zivilgesetzbuchs österreichischer Abstammung hat sich Rumänien durch die Verabschiedung des Zivilgesetzbuchs von 1865, einer Nachahmung des Code Napoléon, für das französische Rechtssystem entschieden. Von nun an stand das ganze Zivilrecht, mit wenigen Ausnahmen, unter französischem Einfluss. Die meisten Rechtsinstitute, sogar die Rechtssprache, wurden aus dem französischen Recht übernommen. Das rumänische Privatrecht schien sich in diesem Augenblick vom deutschen Rechtsdenken für immer entfernt zu haben.

Warum der erste Fürst der vereinigten Fürstentümer Moldau und Walachei, Alexandru Ioan Cuza, den Code Napoléon und nicht das ABGB als Vorbild gewählt hat, habe ich schon erklärt. Vom deutschen BGB konnte zu der Zeit noch nicht die Rede sein, weil das BGB erst 1896 verabschiedet wurde. Folglich ist es verständlich, warum der Nachfolger des Fürsten Cuza, ein deutscher Fürst, kein deutsches Zivilrecht eingeführt hat. Schon wenige Monate, nachdem das rumänische ZGB von 1864 in Kraft getreten ist (also am 1. Dezember 1865), musste Fürst Cuza im Jahre 1866 abdanken und sein Nachfolger wurde Fürst Karl von Hohenzollern Sigmaringen. Nachdem der neue Staat Rumänien im Jahre 1877 als Folge des Kriegs gegen das Osmanische Reich unabhängig wurde, wurde 1881 Karl von Hohenzollern zum „König Carol I. von Rumänien" erklärt. Das Zivilgesetzbuch von 1864 blieb weiterhin in Kraft. Auf diese Weise blieb das rumänische Zivilrecht für lange Zeit in bedeutendem Maße von den Grundsätzen des französischen Rechts geprägt.

III Die unmittelbare Anwendung des ABGB in den ehemaligen österreichischen Provinzen nach deren Vereinigung mit Rumänien

Das Vierteljahrhundert, in dem das ABGB in den einstigen österreichischen Provinzen (Siebenbürgen, Banat, Bukowina) nach deren Vereinigung mit Rumänien in Kraft geblieben ist, hat eine in das französisch-beeinflusste rumänische Rechtssystem geschlagene Bresche bedeutet. Wie kam es dazu, dass das österreichische Zivilgesetzbuch so lange in einem fremden Land beibehalten wurde?

Durch den Vertrag von Sévres vom 10. August 1920 wurde die Vereinigung der ehemaligen österreichisch-ungarischen Provinzen mit dem Königreich Rumänien, die eigentlich schon im Jahre 1918 de facto aufgrund von Nationalversammlungen verwirklicht wurde, anerkannt.[29] Doch die politische Einheit bedeutete noch lange nicht zugleich auch die Vereinheitlichung der Gesetzgebung. Es war nicht leicht, in Provinzen, in welchen das ABGB gegolten hatte, ein völlig neues Rechtssystem einzuführen.

Wie aus dem Bericht des Ministerpräsidenten Ion Gigurtu und des Justizministers Ion V. Gruia vom 26. August 1940 über das Projekt des Zivilgesetzbuchs von König Karl II. hervorgeht[30], ist „die Einheit der Rechtsordnung (Gesetzgebung) im Bereich Zivilrecht nicht direkt und unvermeidlich mit der politischen und nationalen Einheit des Staates verbunden, so wie es die öffentliche Rechtsordnung ist. Deshalb wurde die Vereinheitlichung des öffentlichen Rechts gleich nach der Entstehung des Einheitsstaates Rumänien verwirklicht. Die politische Einheit wie auch die Einheit des nationalen Bewusstseins haben dann die Vereinheitlichung des Zivilrechts durchgesetzt. Schon in Art. 137 der Verfassung vom 29. März 1923 stand es deutlich: Es werden alle in verschiedenen Teilen des Rumänischen Staates bestehenden Gesetzbücher und Gesetze revidiert um sie mit diesem Grundgesetz zu harmonisieren und die Einheit der Gesetzgebung zu sichern“[31].

---

29 *Giurescu/Giurescu*, wie Fn. 17, 698–699.

30 Ministerul Justiţiei. Codul civil Carol al II-lea cuprinzând 1. Textul integral, pulicat în M.Of. p. I. Nr. 206 din 6 septembrie 1940; 2. Decretul-Lege pentru modificarea Codului civil Carol al II-lea, cu raportul către M.S. Regele şi referatul către Consiliul de Miniştri, publicate în M.Of. p.1. Nr. 200 din 30 August 1940. Ediţie oficială. Monitorul Oficial şi Imprimeriile Statului. Imprimeria centrală Bucureşti 1940. (Justizministerium. Das Zivilgesetzbuch Karls II., umfasst den vollständigen Text veröffentlicht im Amtsblatt Rumäniens, 1. Teil, Nr. 206/6. September 1940; Die Verordnung mit dem Wert eines Gesetzes zur Änderung des Zivilgesetzbuchs Karls II., mit dem Seiner Majestät dem König erstatteten Bericht und dem Referat für den Ministerrat, veröffentlicht im Amtsblatt Rumäniens, 1. Teil, Nr. 200 vom 30. August 1940. Offizielle Auflage. Das Amtsblatt Rumäniens und die Staatsdruckereien, Die Zentrale Staatsdruckerei, Bukarest 1940, 635–651.

31 „Raport către M.S. Regele, Preşedintele Consiliului de Miniştri Ing. I. Gigurtu, Ministrul justiţiei Ion V. Gruia. 26 August 1940“ (Der Seiner Majestät dem König erstattete Bericht des Ministerpräsidenten Ion Gigurtu und des Justizministers Ion V. Gruia vom 26. August 1940), in: Ministerul Justiţiei. Codul civil Carol al II-lea 0. (Justizministerium. Das Zivilgesetzbuch Karls II.), Die Zentrale Staatsdruckerei, Bukarest 1940, 637–638.

Im sogenannten „Alten Rumänischen Königreich" stand seit dem 1. Dezember 1865 das rumänische Zivilgesetzbuch („Codul civil român") in Kraft, das, wie schon vorher erläutert, eine Nachahmung des Code Napoléon war. Obwohl es als Quellen auch andere Gesetze dieser Zeit verwendet hat und deshalb kein getreues Abbild seines französischen Vorbilds war, ist eines sicher: Das rumänische Zivilrechtssystem, das man in den neuen Provinzen einführen wollte, unterschied sich wesentlich vom hier geltenden österreichischen Recht.

Ein wichtiger Unterschied betraf die Eigentumsübertragung. Das Zivilrechtssystem des rumänischen Staats war, unter französischem Einfluss, dem Grundsatz der Formfreiheit des Rechtsgeschäfts, dem „Konsensualismus" unterworfen. Dieser Grundsatz bedeutet aber viel mehr als der „Grundsatz der Formfreiheit" (§ 883 ABGB), d.h. mehr, als dass der Abschluss des Rechtsgeschäfts an keine besondere Form gebunden ist.[32] Aus dem Grundsatz, dass die Übertragung des Eigentumsrechts durch einfache mündliche Einigung des Veräußerers und des Erwerbers möglich ist, ergibt sich, dass so ein Rechtsgeschäft gleichzeitig Verpflichtungs- und Verfügungsgeschäft ist. Es fehlt also die „Zweiaktigkeit" des sachenrechtlichen Rechtsgeschäfts[33] (§ 380 ABGB), oder, wie es in der deutschen Rechtslehre heißt, das Trennungsprinzip, d.h. die „systematische Trennung zwischen dem Verpflichtungsgeschäft und der dinglichen Rechtsänderung". Folglich fehlt auch die im deutschen BGB geltende „Abstraktheit" der dinglichen Rechtsgeschäfte („Abstraktionsprinzip").[34] Im Unterschied zum österreichischen Recht, das noch in den neuen rumänischen Provinzen galt, fehlte der für den Rechtserwerb erforderliche „Modus" – die Übergabe für bewegliche Sachen und die grundbücherliche Eintragung für Liegenschaften.[35]

Die Übertragung des Eigentums erfolgte bei unbeweglichen Sachen nur durch die Einigung der Vertragsparteien. Dieser Erwerb wirkte jedoch nur inter partes. Erga tertios (erga omnes) wirkte das Erwerbsgeschäft nur durch Eintragung (Umschreibung) im Register zur Eintragung und Bekanntmachung der Grundstücksgeschäfte, welches kein Grundbuch im österreichischen Sinne war. Diese Art der Eintragung stammte aus dem Feudalrecht[36]

---

32 Zur Formfreiheit des schuldrechtlichen Geschäftes siehe *Rudolf Welser*, Bürgerliches Recht, Bd. II, Manz, 13. neubearb. Aufl. Wien 2007, 14.

33 *Helmut Koziol/Rudolf Welser*, Bürgerliches Recht, Bd. I, Manz, 13. Aufl. Wien 2006, 310.

34 *Fritz Baur/Jürgen F. Baur/Rolf Stürner*, Sachenrecht, 17. neubearb. Aufl., C.H.Beck'sche Verlagsbuchhandlung, München 1999, § 5 Rz. 40 ff.

35 Dazu ausführlich *Koziol/Welser*, wie Fn. 33, 361.

36 Dazu *Louis Flandin*, Transcription en matière hypothécaire, I, 13 ff. (Résumé historique sur la transcription), 1861. Für das römische Recht *Grigore Dimitrescu*,

und bestand in der buchstäblichen Umschreibung der „übertragenden" Rechtsgeschäfte, also jener Verträge, die gleichzeitig Verpflichtungs- und Verfügungsgeschäfte in einem sind, sowie auch jener dinglichen Rechte an Liegenschaften, die verpfändet werden können.[37] Bei beweglichen Sachen beruhte die Eigentumsübertragung auch nur auf der Willensübereinstimmung der Vertragsparteien, welche jedoch sowohl inter partes als auch erga tertios wirkte. Die Tradition (Übergabe) spielte überhaupt keine Rolle. Obwohl Art. 644 des rumänischen ZGB von 1865 die Übergabe im Zusammenhang mit den verschiedenen Erwerbsarten des Eigentums aufzählte, regelten Art. 971 als lex generalis und Art. 1295 Abs. 1 als lex specialis für den Kauf, den formfreien Erwerb des Eigentums (an beweglichen und unbeweglichen Sachen) allein durch Einigung.

In den ehemaligen österreichischen Provinzen ist diese konsensualistische Auffassung auf die österreichischen Grundbücher gestoßen, wo die Eigentumsübertragung nur durch Eintragung ins Grundbuch erfolgen konnte. Diese Kollision hätte durch die Abschaffung des Grundbuchsystems gelöst werden können. Die rumänische Verwaltung hat aber die Überlegenheit des österreichischen Grundbuchsystems dem französischen Publizitätssystem mit seinen Registern zur Eintragung und Bekanntmachung der Grundstücksgeschäfte gegenüber eingesehen[38] und die österreichischen Grundbücher beibehalten. Deshalb wurde die Einführung des rumänischen Zivilrechtssystems in diesen Provinzen bis zur Einführung des Grundbuchsystems in ganz Rumänien und der Verfassung eines neuen Zivilgesetzbuchs, das dem neuen Publizitätssystem angepasst sein sollte, verschoben.[39]

Introducere la studiul transcripţiunei (Einführung in das Studium der Eintragung), Bucureşti 1908.

37 Dazu ausführlich C. *Hamangiu/I. Rosetti-Bălănescu/Al. Băicoianu,* Tratat de drept civil român. (Abhandlung des rumänischen Zivilrechts), Bd. II, Verlag Naţionala, Bucureşti 1929, 173 ff.

38 *Ioan Albu*, Noile cărţi funciare (Die neuen Grundbücher), Verlag Lumina lex, Bucureşti 1997, 18.

39 Alle vor der Vereinigung mit dem Königreich Rumänien geltenden Gesetze (also auch das ABGB) wurden in diesen Provinzen durch die Verordnung (Decret-Lege) vom 18.12.1918 (in der Bukowina) und die Verordnung Nr. 1 vom 24.1.1919 des Regierungsausschusses von Siebenbürgen (Consiliul Dirigent), später durch die Verfassung Rumäniens von 1923, in Kraft erhalten. Siehe *Aurel Tarnavschi/ Octavian Pienescu/Anton Iliese George Alexianu,* Codul civil în vigoare în Ardeal şi Bucovina cu trimiteri la legile şi regulamentele speciale, adnotat cu jurisprudenţa Înaltei Curţi de Casaţie Română. (Das in Siebenbürgen und in der Bukowina geltende Bürgerliche Gesetzbuch mit den Sondergesetzen und -verordnungen wie auch der Rechtsprechung des Obersten Gerichtshofes), Editura Librăriei „Universala" Alcalay & Co. (Verlag der Buchhandlung „Universala" Alcalay & Co.), Bucureşti 1937, 13 Fn. 1.

Zum selben Zweck der Vereinheitlichung des Zivilrechts in Rumänien wurde auch ein neues „einheitliches Zivilgesetzbuch" („Codul civil unificat") am 6. September 1940 verabschiedet, das dem neuen Publizitätssystem der Grundbücher angepasst war. Doch wegen des Ausbruchs des Zweiten Weltkriegs ist dieses Gesetzbuch nicht mehr in Kraft getreten.[40] Die Bedeutung dieses Projekts wird im nächsten Abschnitt ausführlicher erläutert werden. Weil das einheitliche Zivilgesetzbuch nicht in Kraft gesetzt werden konnte, wurde durch das Gesetz Nr. 389 vom 22. Juni 1943 in Siebenbürgen das alte rumänische Zivilgesetzbuch von 1865 eingeführt, das das ABGB ersetzt hat, doch die Grundbücher und die Rechtsordnung, welcher diese unterworfen waren, wurden weiter beibehalten.[41]

Im Norden Siebenbürgens, der durch den Wiener Schiedsspruch vom 30. August 1940 ein Teil von Ungarn geworden ist, wurde das rumänische Zivilgesetzbuch durch die Verordnung Nr. 1945/260 eingeführt.

Man kann also feststellen, dass das ABGB in den ehemaligen österreichischen Provinzen noch ein Vierteljahrhundert nach der Vereinigung mit Rumänien in Kraft geblieben ist. Für einen Einheitsstaat, als den sich das Königreich Rumänien bezeichnete, stellte die Beibehaltung des ABGB etwas Besonderes dar, denn sie verursachte einen räumlichen Normenkonflikt nicht nur bezüglich des Publizitätssystems der Liegenschaftsrechte, sondern auch des materiellen Zivilrechts.

Die Beibehaltung des ABGB in einem wichtigen Teil Rumäniens hatte zur Folge, dass dieses Gesetzbuch in die rumänische Sprache übersetzt[42] und von der Rechtswissenschaft[43] kommentiert wurde, sowie auch, dass an den

---

40 *Liviu Pop*, Dreptul de proprietate şi dezmembrămintele sale (Das Eigentumsrecht und die beschränkten dinglichen Rechte), Verlag Lumina lex, Bucureşti 2001, 275ff.

41 *Salvator Brădeanu*, Extinderea legislaţiei civile şi comerciale a Vechiului Regat în România de peste Carpaţi (Die Ausweitung der zivil-und handelsrechtlichen Gesetzgebung des Alten Königreiches in das Rumänien jenseits der Karpaten), Verlag Dacia Traiană, Sibiu 1944, 187 ff.

42 *Ioan Corjescu*, Codul civil general austriac cuprinzând textul oficial, legile, novellele şi ordonanţele publicate pentru completarea şi modificarea acestuia sau privitoare la materiile cuprinse în el, aplicabile unele în Bucovina, altele în Transilvania. (Das Österreichische Allgemeine Bürgerliche Gesetzbuch mit dem offiziellen Text, den veröffentlichten Gesetzen, Novellen und Verordnungen zu seiner Ergänzung und Änderung oder bezüglich der von diesem umfassten Materien, von denen einige in der Bukowina, andere in Siebenbürgen anwendbar sind), Verlag Imprimeria Statului, Bucureşti 1921.

43 *Tarnavschi/Pienescu/Iliesz/Alexianu*, wie Fn. 39; *Ştefan Laday*, Codul civil austriac în vigoare în Ardeal completat cu legile şi regulamentele modificatoare cuprinzând şi jurisprudenţa (Das in Siebenbürgen geltende Österreichische Bürgerliche

Universitäten in diesen Provinzen, wie z.B. an der Universität „König Ferdinand“ in Klausenburg (Cluj), der Hauptstadt Siebenbürgens, österreichisches Zivilrecht unterrichtet wurde[44].

Scheinbar sollte die Einführung des rumänischen Zivilgesetzbuchs das Ende der Anwendbarkeit des ABGB in Rumänien bedeuten. Es war aber nicht so. Sondergesetze ermöglichten noch viele Jahre nach der Einführung der rumänischen Zivilrechtsordnung in Siebenbürgen die Anwendung des ABGB. So machten z.B. die Übergangsvorschriften des Ausführungsgesetzes der rumänischen Grundbuchsordnung in Siebenbürgen (Gesetz vom 12.7.1947/241) das österreichische *materielle* Recht (§§ 1468, 1470, 1477 ABGB) im Falle der Ersitzung unter bestimmten Umständen auch heute noch anwendbar.[45] Wenn die Ausübung des qualifizierten Besitzes *vor* dem 22. Juli 1943 begonnen hat, ist die Rechtswirkung der Ersitzung dem Gesetz unterworfen, das zu diesem Zeitpunkt in Kraft war (Art. 6 Abs. 2), also dem österreichischen ABGB.

IV Einige Erläuterungen zum Zivilgesetzbuchentwurf[46] von König Karl II.

Wie schon im vorigen Abschnitt erwähnt, gehört zu den Versuchen, das Zivilrecht in Rumänien zu vereinheitlichen, auch der Zivilgesetzbuchentwurf von

---

Gesetzbuch mit den Sondergesetzen und -verordnungen und der Jurisprudenz), Bd. I, Editura Curţii de Apel Cluj (Verlag des Oberlandesgerichts Klausenburg), 1924.

44 *Camil Negrea*, Dreptul civil al ţinuturilor ardelene şi ungurene în comparaţiune cu dreptul civil român. Cursuri ţinute de prof. univ. Camil Negrea la Facultatea de Drept din Cluj. Volumul III. Raporturi de obligaţiuni (Das Zivilrecht in den siebenbürgischen und ungarischen Gebieten im Vergleich mit dem rumänischen Zivilrecht. Von Univ.-Prof. Camil Negrea an der Rechtsfakultät Klausenburg gehaltene Vorlesungen, Bd. III: Schuldrecht), Verlag Bernat Cluj, 1923; *Camil Negrea*, Legiuirile civile locale rămase în vigoare după extinderea legislaţiei civile a Vechiului Regat (Legea nr 389 din 22 iunie 1943), Cartea I, Introducere (Die lokalen Zivilgesetze die nach der Ausweitung der zivilrechtlichen Ordnung des Alten Königreiches in Kraft geblieben sind. Das Gesetz Nr. 389/22.6.1943. Erstes Buch. Einleitung), Universität „Regele Ferdinand“, Cluj 1946.

45 Vgl. dazu *Pop,* wie Fn. 40, 235ff.

46 Ausführlich dazu: *Christian Alunaru* „Ein nichtgeborenes Kind des rumänischen Zivilrechts in der Zwischenkriegszeit: Der Zivilgesetzbuchsentwurf des Königs Karl II.“, Beitrag zur Tagung „Nichtgeborene Kinder des Liberalismus? Zivilgesetzgebung im Mitteleuropa der Zwischenkriegszeit“, Regensburg 20.-21. Oktober 2016. Der Beitrag wurde in einem Sammelband veröffentlicht: *Martin Löhnig/Stephan Wagner* (Hrsg.), „Nichtgeborene Kinder des Liberalismus“? Zivilgesetzgebung im Mitteleuropa der Zwischenkriegszeit, Mohr Siebeck, Tübingen 2018, 227–272.

König Karl II., das sogenannte „Einheitliche Zivilgesetzbuch" („Codul civil unificat") vom 6. September 1940, das wegen des Ausbruchs des Zweiten Weltkriegs nicht mehr in Kraft getreten ist. Dieses Gesetzbuch hatte versucht, das rumänische Zivilrecht dem neuen, durch die Vereinigung der ehemaligen österreichischen Provinzen mit Rumänien übernommenen Publizitätssystem der Grundbücher anzupassen.

Weil der Hauptzweck dieses Beitrags die Erforschung des Einflusses des deutschen Rechtsdenkens ist, werde ich kurz den Einfluss dieses Rechtsdenkens im Zivilgesetzbuchentwurf von König Karl II. hervorheben. Der besondere Wert dieses Zivilgesetzbuchs wurde im Rahmen der von der Universität Regensburg veranstalteten Tagung mit dem Thema „Nichtgeborene Kinder des Liberalismus? Zivilgesetzgebung im Mitteleuropa der Zwischenkriegszeit" (20.–21. Oktober 2016) hervorgehoben. Schon im Flyer der Tagung haben die Organisatoren einige Grundsätze bezüglich der Zivilgesetzgebung der Zwischenkriegszeit zum Ausdruck gebracht: „Die nach dem Ersten Weltkrieg neu entstandenen Staaten im östlichen Mitteleuropa übernehmen vielfach zunächst das bislang auf ihrem Territorium geltende Recht. Jedoch wird schon bald die Schaffung einer eigenen, einheitlichen Rechtsordnung angestrebt durch die Neuregelung zentraler Rechtsbereiche, insbesondere des Zivilrechts. Diese Entwürfe stehen an einer Schwelle. Einerseits sind sie die vielleicht letzten großen Leistungen des Zeitalters der liberalen Zivilrechtskodifikationen, das mit dem französischen Code Civil beginnt und an dessen Ende mit dem Diktum Wieackers das deutsche BGB «als ein spät geborenes Kind des Liberalismus» steht, so dass sie gleichsam als nichtgeborene Kinder des Liberalismus erscheinen mögen. Andererseits können im Anschluss an die europäische Entwicklung der Zwischenkriegszeit auch schon stärkere soziale oder paternalistische Tendenzen zu spüren sein, die den Übergang zum heutigen sozialen Privatrecht markieren. Allen Texten ist gemeinsam, dass sie sich durch hohe Qualität auszeichnen. Jeder Einzelne von ihnen verdient eine intensive wissenschaftliche Bearbeitung."

Aus diesen Sätzen können einige wichtige Schlussfolgerungen gezogen werden. Erstens hat auch Rumänien, wie die anderen nach dem Ersten Weltkrieg neu entstandenen Staaten im östlichen Mitteleuropa, zunächst das bislang auf einem Teil ihres Territoriums geltende Recht, in diesem Fall das österreichische Recht, übernommen. Wie auch in den Nachbarländern wurde schon bald die Schaffung einer eigenen, einheitlichen Rechtsordnung angestrebt und zwar durch die Neuregelung zentraler Rechtsbereiche, insbesondere des Zivilrechts. So wurde das Zivilgesetzbuch König Karls II. verabschiedet, das sich „durch hohe Qualität auszeichnet". Weil dieses Zivilgesetzbuch wegen des Ausbruchs des Zweiten Weltkriegs nie in

Kraft getreten ist, kann es deshalb als ein „nichtgeborenes Kind des Zivilrechts“ bezeichnet werden.

So wie es aus dem Bericht des Justizministers Ion V. Gruia vom 26. August 1940[47] hervorgeht, weist die Vereinheitlichung des Zivilrechts in Rumänien eine spezifische Eigentümlichkeit auf. Auf dem Gebiet Rumäniens sind zwei große Rechtstendenzen, welche unseren Kontinent teilen, zusammengestoßen: Die französische, vertreten durch das Zivilgesetzbuch des alten Königreichs Rumänien, und die deutsche Rechtsströmung, verkörpert durch die modernen ungarischen Gesetze und durch das österreichische Bürgerliche Gesetzbuch, hauptsächlich das novellierte ABGB. Eine Synthese dieser Rechtsordnungen zu verwirklichen bedeutet, den Stamm des alten, vom französischen Recht beeinflussten Zivilgesetzbuchs mit den überlegenen Rechtsfiguren des deutschen Rechts zu veredeln.[48] Es sollte auch die Methode anderer Gesetzbücher, die nach dem deutschen Bürgerlichen Gesetzbuch in Kraft gesetzt wurden, verwendet werden. Die Eigenart der Vereinheitlichung des rumänischen Zivilrechts legitimiert folglich die Anwendung jener Gesetzbücher, die die Fortschritte der Rechtswissenschaft nach dem Jahr 1804 verkörpern. Der Minister behauptet, dass sich die Novellierung des ursprünglichen Entwurfs des ZGB von 1939 wichtige Teile dieser modernen Gesetzbücher ausgeliehen hat. Es werden folgende zitiert: das deutsche BGB, ein wissenschaftliches und technisches Meisterwerk; das schweizerische Zivilgesetzbuch, eine glückliche Zusammenstellung des romanischen und germanischen Rechtssystems; das brasilianische Zivilgesetzbuch; das chinesische Zivilgesetzbuch, das nichts anderes ist als ein deutsches Gesetzbuch, das im lateinischen Geist seines Verfassers,

47 Raport către Consiliul de Miniştri al Ministrului Justiţiei Ion V. Gruia din 26 august 1940 (Der dem Ministerrat erstattete Bericht des Justizministers Ion V. Gruia vom 26. August 1940, in: „Ministerul Justiţiei. Codul civil Carol al II-lea cuprinzând 1. Textul integral, pulicat în M.Of. p. I. Nr. 206 din 6 septembrie 1940; 2. Decretul-Lege pentru modificarea Codului civil Carol al II-lea, cu raportul către M.S. Regele şi referatul către Consiliul de Miniştri, publicate în M.Of. p.1. Nr. 200 din 30 August 1940. Ediţie oficială. Monitorul Oficial şi Imprimeriile Statului. Imprimeria centrală Bucureşti 1940“ (Justizministerium. Das Zivilgesetzbuch Karls II., umfasst den vollständigen Text, veröffentlicht im Amtsblatt Rumäniens, 1. Teil, Nr. 206/6. September 1940; Die Verordnung mit dem Wert eines Gesetzes zur Änderung des Zivilgesetzbuchs Karls II., mit dem Seiner Majestät dem König erstatteten Bericht und dem Referat für den Ministerrat, veröffentlicht im Amtsblatt Rumäniens, 1. Teil, Nr. 200 vom 30. August 1940. Offizielle Auflage. Das Amtsblatt Rumäniens und die Staatsdruckereien. Die Zentrale Staatsdruckerei Bukarest), 1940, 653–879.

48 Der Minister Ion V. Gruia verwendet den Ausdruck „Pfropfen“ (rumänisch: a altoi) wie im Gartenbau (siehe den oben zit. Bericht des Justizministers, 659).

dem Franzosen Escara, ausgearbeitet ist; das französische Obligationengesetzbuch aus dem Libanon; das polnische Obligationengesetzbuch, ein gesetzgeberisches Meisterwerk von hohem wissenschaftlichem Wert, das durch die Verschmelzung des französisch-italienischen Entwurfs eines Gesetzbuchs der Verträge und der Obligationen mit dem ursprünglichen Projekt deutscher Inspiration entstanden ist; der Entwurf des italienischen Zivilgesetzbuchs, der teilweise in Kraft getreten ist und einen bedeutenden deutschen Einfluss aufweist.

Die Art und Weise, in welcher der Justizminister Ion V. Gruia die Quellen des Projekts von 1940 zitiert, zeigt, wie wichtig der Einfluss des deutschen Rechtsdenkens ist. An erster Stelle wird das deutsche BGB, „ein wissenschaftliches und technisches Meisterwerk“ zitiert. Es folgt das schweizerische Zivilgesetzbuch, das als eine „glückliche Zusammenstellung des romanischen und *germanischen Rechtssystems*“ bezeichnet wird. Das chinesische Zivilgesetzbuch beschreibt der Justizminister als „*nichts anderes als ein deutsches Gesetzbuch*, das im lateinischen Geist seines Verfassers, dem Franzosen *Escara*, ausgearbeitet ist“. Über das polnische Obligationengesetzbuch sagt der Minister, dass es durch die Verschmelzung des französisch-italienischen Entwurfs eines Gesetzbuchs der Verträge und der Obligationen mit dem ursprünglichen Projekt deutscher Inspiration entstanden ist. Auch der Entwurf des italienischen Zivilgesetzbuchs jener Zeit weist, in der Auffassung des Ministers, einen bedeutenden deutschen Einfluss auf.

Von den Rechtsinstituten, die aus anderen Rechtsordnungen übernommen wurden, ist nach meiner Meinung die wichtigste Neuigkeit die Einführung des vom österreichischen und deutschen Rechtssystem übernommenen Grundbuchsystems, ein dem ZGB von 1864 unbekanntes Publizitätssystem der Grundstücksrechte. Im alten ZGB galt als Publizitätssystem für Grundstücksrechte das Liegenschaftsregister (das ein Register zur Eintragung und Bekanntmachung der Grundstücksgeschäfte und kein Grundbuch im deutschen und österreichischen Sinne war). Nicht nur dass dieses alte Publizitätssystem kein dingliches, kein Realsystem wie das Grundbuchsystem, sondern eine persönliche Evidenz der Grundstücke nach dem Namen der Eigentümer war, war die Eintragung in diesem Register nur zur Drittwirkung erforderlich. Es fehlte also der Eintragungsgrundsatz (das Intabulationsprinzip). Das hatte wichtige Folgen im Bereich des Eigentumserwerbs an Grundstücken. Leider ist dieses Zivilgesetzbuch nicht mehr in Kraft getreten und so ist die Regelung des Grundbuchs innerhalb des ZGB für 70 Jahre, also bis zum 1. Oktober 2011, als das neue rumänische Zivilgesetzbuch in Kraft getreten ist, verschoben worden.

V Die Beibehaltung der Grundbücher in den österreichischen Provinzen und die Einführung einer rumänischen Grundbuchsordnung

Im Unterschied zur unmittelbaren Anwendung des ABGB in den ehemaligen österreichischen Provinzen (Siebenbürgen, Banat, Bukowina), die erst ein Vierteljahrhundert nach deren Vereinigung mit Rumänien durch die Einführung des rumänischen Zivilgesetzbuchs im Jahre 1943, mit Ausnahme einiger Übergangsvorschriften, ein Ende gefunden hat, sind die österreichischen Grundbücher vom rumänischen Staat endgültig übernommen worden und das Grundbuchsystem ist heute zum allgemeinen Publizitätssystem für ganz Rumänien geworden.

Als sich am 1. Dezember 1918 Siebenbürgen mit dem Königreich Rumänien vereinigte, hat der Regierungsausschuss von Hermannstadt (Sibiu), der die Verwaltung Siebenbürgens zwischen dem 2. Dezember 1918 und dem 2. April 1920 übernahm, beschlossen, das Grundbuchsystem samt der Rechtsordnung, der dieses System unterworfen war, zu behalten[49]. Nach der Übernahme der Verwaltung Siebenbürgens durch die rumänische Regierung wurde das Grundbuchsystem weiter beibehalten, nicht nur, weil der Regierungsausschuss Siebenbürgens es so verlangte, sondern auch, wie schon erwähnt, weil die rumänische Regierung die Überlegenheit des Grundbuchsystems gegenüber dem französischen Publizitätssystem mit seinen Registern zur Eintragung und Bekanntmachung der Grundstücksgeschäfte zugeben musste.[50] Die Grundbücher erhielten den rumänischen Namen „cărţi funduare“ vom lateinischen „fundus“, das bedeutet „das Eigentumsrecht an Grundstücken“. In den Provinzen, die vor 1918 zu Österreich gehörten, ist das Grundbuchsystem durch die österreichische Verwaltung schrittweise eingeführt worden[51]. In Siebenbürgen wurde es bereits im Jahre 1794 eingeführt, erst in den Grenzgebieten (Landtafel-Patent), dann in den übrigen Gegenden (1870), wo das „österreichische Recht“ in Kraft stand. 1855

49 § 1 der Verordnung Nr. 1/1919 des Regierungsausschusses („Consiliul Dirigent“) von Hermannstadt (Sibiu), verkündet im Amtsblatt („Gazeta oficială“) Nr. 6 vom 14./27.1.1919.

50 *Marian Nicolae,* Tratat de publicitate imobiliară. Volumul I. Introducere în publicitate imobiliară (Abhandlung über die Publizität der Liegenschaftsrechte. Bd I: Einführung in die Liegenschaftspublizität), Universul Juridic, Bucureşti 2006, 360.

51 Darüber ausführlicher: *George Luţescu,* Teoria generală a drepturilor reale (Allgemeine Lehre des Sachenrechts), Verlag Imprimeria Văcăreşti, Bucureşti 1947, 803f.; *Elena Stoica,* Publicitatea dobândirii drepturilor reale imobiliare (Publizität des Liegenschaftserwerbes) Bd. I, Buletinul notarilor publici (Notarblatt) 3/1999, 7ff.

wurde das Grundbuchsystem in den Gebieten eingeführt, in denen ungarisches Gewohnheitsrecht galt. Das Liegenschaftsrecht in Siebenbürgen[52] war folgendermaßen geregelt: das materielle Recht durch das österreichische ABGB (mit Ausnahme jener Gebiete, in denen ungarisches Gewohnheitsrecht galt[53]); das Verfahrensrecht durch die Verordnungen von 1794, vom 15. Dezember 1855 und vom 5. Februar 1870, so wie auch durch die Gesetze Nr. XXIX/1886, XXXV/1900, V/1909 und X/1913. In der Bukowina war das Grundbuchsystem durch das Gesetz vom 8. März 1873 geregelt, das als Vorbild das österreichische Gesetz vom 23. Juni 1871 hatte, ein Gesetz, das seinerseits vom deutschen System beeinflusst worden war.

Die rumänische Regierung hat das österreichische Grundbuchsystem nicht nur beibehalten, sondern hatte auch die Absicht, dieses System im ganzen Königreich Rumänien einzuführen. Zu diesem Zweck wurde das Gesetz Nr. 93/1933 zur Organisation des Katasters und zur Einführung der Grundbücher im Alten Königreich und in Bessarabien verabschiedet[54]. Dadurch versuchte man die Idee eines modernen Katasters in ganz Rumänien zu verwirklichen, der als technische Grundlage für die Einführung des Grundbuchsystems dienen sollte. Gleichzeitig behielt man bis zu einer neuen, einheitlichen Gesetzgebung die Gesetze und Verordnungen, die die Grundbücher in den ehemaligen österreichischen Provinzen regelten, bei[55]. Zwar

---

52 Für das alte Grundbuchsystem in Siebenbürgen siehe: *Ştefan Laday*, Cărţile funduare (Die Grundbücher), Institutul de arte grafice Cultura, 2. Aufl. Cluj 1927; *Ioan Papp/Paul Balaşiu*, Cartea funduară. Colecţie de legi, regulamente şi formulare referitoare la cărţile funduare în Ardeal (Das Grundbuch. Sammlung von Gesetzen, Verordnungen und Formularen bezüglich der Grundbücher in Siebenbürgen), Verlag Carmen, Cluj 1922; *Leontin Anca*, Cartea funduară (Das Grundbuch), Tipografia Fondul cărţilor fonduare, Cluj 1924; *Iosif Balint*, Transformarea cărţilor funduare (L XXIX din 1886) (Die Umwandlung der Grundbücher. Das Gesetz XXIX von 1886), Tipografia Fundul Cărţilor Funduare, Cluj 1924; *Traian Nichiciu*, Cărţile funciare din Ardeal din punct de vedere juridic, economic şi contabil (Die Grundbücher in Siebenbürgen vom juristischen, wirtschaftlichen und buchhalterischen Standpunkt aus), Cluj 1931.

53 Dazu *Negrea*, wie Fn. 44.

54 Für die Begründung dieses Gesetzes und die Parlamentsdebatten, die zu seiner Verabschiedung geführt haben, siehe: *Ion Postulache*, Noţiuni de carte funduară (Allgemeinbegriffe über das Grundbuch), Tipografia ziarului Universul, Bucuresti 1938.

55 Ausführlich dazu: *Ernest Grinţescu*, Cadastrul, cartea funduară şi comasarea (Der Kataster, das Grundbuch und die Kommassierung), Universul, Bucureşti 1936; *Corneliu Gheorghian*, Cărţile funduare. Câteva observaţiuni la Legea pentru introducerea „Cărţilor funduare“ (Die Grundbücher. Einige Bemerkungen zum Gesetz für die Einführung der „Grundbücher“), in: Curierul Judiciar (Rechtskurier) 25 und 26/1933; *Salvator Brădeanu*, Problema introducerii cărţilor funduare

wurden schon Katasterarbeiten in der Hauptstadt Bukarest und der Umgebung begonnen, doch wurden die geplanten allgemeinen Katasterarbeiten durch den Zweiten Weltkrieg unterbrochen. So blieben die übrigen Provinzen Rumäniens weiterhin ohne Grundbücher. Am 27. April 1938 wurde eine rumänische Grundbuchsordnung verabschiedet, das Gesetz Nr. 115 „zur Vereinheitlichung der Grundbuchsvorschriften", doch konnte es in den Provinzen des Alten Königreichs Rumänien wegen des Fehlens eines nationalen Katastersystems keine Anwendung finden. Als durch das Gesetz Nr. 389 vom 22. August 1943 in Siebenbürgen das rumänische Zivilgesetzbuch eingeführt wurde, das das ABGB ersetzt hat, wurden hier die Grundbücher und die Rechtsordnung, welcher diese unterworfen waren, weiter beibehalten. Die rumänische Grundbuchsordnung (das Gesetz Nr. 115/1938) wurde in Siebenbürgen erst durch das Gesetz Nr. 241/1947 eingeführt, hat aber dann alle Gesetze und Verordnungen, welche die Grundbücher regelten, aufgehoben. In der Bukowina wurde die rumänische Grundbuchsordnung durch das Gesetz Nr. 551/1938 eingeführt.

Wie sich auch aus dem Titel des Gesetzes Nr. 115/1938 („zur Vereinheitlichung der Grundbuchsvorschriften") ergibt, wurde diese rumänische Grundbuchsordnung als ein allgemein anwendbares Gesetz erdacht, welches gleichzeitig die Vereinigung der Grundbuchsvorschriften aus den verschiedenen rumänischen Provinzen verwirklichen und eine neue, vollständige und moderne Rechtsordnung einführen sollte.[56] Seine Verfasser, unter denen

---

în Vechiul Regat şi Basarabia (Das Problem der Einführung der Grundbücher im Alten Königreich und in Bessarabien), Institutul de Arte Grafice Luceafărul, Bucureşti 1936, 2ff.

56 Zur Grundbuchsordnung von 1938, siehe die von *Marian Nicolae*, wie Fn. 50, zitierte Literatur: *O.Creangă*, Noul regim al proprietăţii imobiliare. Cărţile funduare. Aplicaţiuni şi îndrumări practice (Die neue rechtliche Regelung des Grundstückseigentums. Die Grundbücher. Praktische Anwendungen und Anleitungen), Institutul de Arte Grafice, Bucureşti 1939; *I. Lazăr*, Unificarea legislativă şi instituţia cărţilor funciare (Die Vereinheitlichung der Gesetzgebung und das Rechtsinstitut der Grundbücher), Institutul de Arte Grafice Brawo, Iaşi 1939; *V. Muntean*, Unificarea dispoziţiilor privitoare la cărţile funciare explicată într'o parte generală şi comentată pe articole. Prefaţă de Salvator A. Brădeanu (Die Vereinheitlichung der Vorschriften bezüglich der Grundbücher, erläutert in einem allgemeinen Teil, mit einem Kommentar der Paragraphen. Vorwort von Salvator A. Brădeanu), Universul, Bucureşti 1939; *Camil Negrea*, Noul regim al cărţilor funciare. Legea pentru unificarea cărţilor funciare din 27 aprilie 1938 (Die neue rechtliche Regelung der Grundbücher. Das Gesetz für die Vereinheitlichung der Grundbücher vom 27.4.1938), Universität Regele Ferdinand I, Cluj-Sibiu, Rechtsfakultät Sibiu 1942; *I. Mureşanu*, Noul regim al cărţilor funciare (Die neue rechtliche Regelung der Grundbücher), Imprimeria Cărţilor Funciare, Bucureşti 1943.

sich auch der bekannte Professor siebenbürgischer Abstammung, Salvator Brădeanu, befand, behielten das siebenbürgische Grundbuchsystem, also das österreichische Grundbuchsystem, grundsätzlich bei. Sie beachteten jedoch auch die Fortschritte anderer europäischer Gesetzgebungen, hauptsächlich die Erfahrungen, die sich aus der Anwendung des Grundbuchsystems in Elsass-Lothringen nach 1871 ergaben[57]. Diese Erfahrungen haben nicht nur die Überlegenheit des Grundbuchsystems gegenüber dem französischen Publizitätssystem bewiesen, sondern auch die harmonische Koexistenz der Grundsätze des französischen Rechts mit den Grundsätzen des Grundbuchsystems dargelegt.

Merkwürdig ist nicht nur, dass die alten österreichischen Grundbücher dem rumänischen Grundbuchsgesetz von 1938 unterworfen worden sind, sondern vielmehr, dass wegen des Fehlens der Grundbücher in den anderen Provinzen Rumäniens hier das rumänische Zivilgesetzbuch, das keine Vorschriften für Grundbücher enthielt, mit seinem Konsensualgrundsatz und seinem französischen Publizitätssystem weiter in Kraft geblieben ist. Man kann also behaupten, dass das neue, in Bukarest erlassene Grundbuchsgesetz, eigentlich nur in den ehemaligen österreichischen Provinzen Anwendung gefunden hat. Folglich gab es nach 1918 in Rumänien gleichzeitig zwei Publizitätssysteme: die österreichischen Grundbücher und die französischen Liegenschaftsregister (Register zur Eintragung und Bekanntmachung der Grundstücksgeschäfte).

Ganz außergewöhnlich war aber, dass in Siebenbürgen durch die Einführung des rumänischen Zivilgesetzbuchs im Jahre 1943 eine einmalige Zusammenstellung von zwei verschiedenen Rechtssystemen entstand. Die Vorschriften des rumänischen Zivilgesetzbuchs bildeten in Siebenbürgen so wie in ganz Rumänien das gemeine Recht im Bereich des Sachenrechts, wie auch des ganzen Zivilrechts. Dem rumänischen Zivilgesetzbuch entsprechend war der Rechtsverkehr im Bereich der Liegenschaften dem Konsensualismus, also dem Grundsatz der Formfreiheit des Rechtsgeschäfts, unterworfen. Dieser Grundsatz widersprach aber dem Wesen des Grundbuchsystems. Deshalb mussten im Ausführungsgesetz der rumänischen Grundbuchsordnung in Siebenbürgen (Gesetz Nr. 241 vom 12. Juli 1947) Sondervorschriften für die Liegenschaften, die sich in den Grundbuchsgebieten befanden, vorgesehen werden.

Dies bedeutet, dass in Siebenbürgen (so wie auch in der Bukowina und im Banat, wo die alten österreichischen Grundbücher beibehalten wurden) für die Rechtsänderung an Grundstücken, nämlich zur Übertragung

---

57 *Salvator Brădeanu*, Către o nouă legislaţie funciară (Einer neuen Grundbuchsordnung entgegen), Bucureşti 1938, 75ff.

und Belastung von Grundstücksrechten, wie im österreichischen Recht[58] die Einigung und Eintragung in das Grundbuch notwendig waren[59]. Sondervorschriften gab es auch für die Ersitzung unbeweglicher Sachen. Wie das ABGB hat auch das Gesetz Nr. 115/1938 sowohl die eigentliche als auch die uneigentliche Ersitzung[60] vorgesehen, nur die Ersitzungszeiten waren unterschiedlich (10 bzw. 20 Jahre statt 30 Jahren)!

Durch diese Sondervorschriften kam es zu zwei Rechtskollisionen im rumänischen Zivilrecht. Erstens gab es den schon erläuterten räumlichen Normenkonflikt zwischen den Provinzen bezüglich des Publizitätssystems. Zweitens gab es in Siebenbürgen einen Normenkonflikt zwischen der gesetzlichen Regelung der dinglichen Rechte: Für bewegliche Sachen galten die Vorschriften des rumänischen Zivilgesetzbuchs mit seinem Grundsatz des Konsensualismus (der Formfreiheit des Rechtsgeschäfts), für Liegenschaften galt das im Gesetz Nr. 115/1938 vorgesehene Intabulationsprinzip.

Diese Sondervorschriften aber, die die Grundbücher in Siebenbürgen, im Banat und in der Bukowina acht Jahrzehnte lang regelten, hatten die Rettung des Grundbuchsystems in einem Land mit einem Zivilgesetzbuch französischer Herkunft, dem das Grundbuchsystem fremd war, zur Folge. Durch das Gesetz des Katasters und der Publizität der Liegenschaftsrechte vom 26. März 1996 (Gesetz Nr. 7 61) wurde versucht, ein einheitliches Katastersystem nach europäischem Standard und moderne Grundbücher für ganz Rumänien zu schaffen. Leider hat dieses neue Grundbuchsgesetz den Eintragungsgrundsatz (Intabulationsprinzip), der für die siebenbürgischen (Art. 17 des Gesetzes Nr. 115/1938) und österreichischen Grundbücher (§ 4 GBG und § 431 ABGB) kennzeichnend war, aufgegeben. Der Konsensualgrundsatz lebte wieder auf, da gemäß Art. 27 die Grundbucheintragung nur mehr für die Wirkung gegen alle (erga omnes) erforderlich war.

Obwohl die Einführung des neuen Grundbuchsystems in ganz Rumänien für die meisten Provinzen des Landes einen großen Fortschritt bedeutet hat, stellte das Gesetz Nr. 7/1996 mit seinem Formfreiheitsgrundsatz und allen anderen Nachteilen dieses Systems (so z.B. probatio diabolica) für Siebenbürgen einen großen Rückschritt dar. Deshalb setzten sich die rumänischen Kommentatoren für die Wiedereinführung des Eintragungsgrundsatzes (Intabulationsprinzips) zur zukünftigen Gewährleistung

58 *Theresa Goriany,* in: *Rudolf Welser,* Fachwörterbuch zum Bürgerlichen Recht, Manz, Wien 2005, 286; *Peter Bydlinski,* Grundzüge des Privatrechts, Manz, 4. Aufl. Wien 2000, Rz. 372; *Koziol/Welser,* wie Fn. 33, 361.

59 *Paul Barbateiu,* Drepturile personale şi sarcinile reale sub regimul cărţilor fonduare (Die Forderungsrechte und die Reallasten im Grundbuchsystem), Institutul de arte grafice Ardealul, Cluj 1937.

60 *Martina Rosenmayr,* in: *Welser,* Fachwörterbuch, wie Fn. 58, 179f.

der Verkehrssicherheit ein[61]. Glücklicherweise entspricht das neue, am 1. Oktober 2011 in Kraft getretene Zivilgesetzbuch dieser Forderung und hat das Intabulationsprinzip wieder eingeführt.[62]

Als Schlussfolgerung kann man feststellen, dass die Beibehaltung des österreichischen Grundbuchsystems in den ehemaligen österreichischen Provinzen und die spätere Einführung des Publizitätssystems in ganz Rumänien einen wichtigen Aspekt des Einflusses des deutschen Rechtsdenkens in Rumänien darstellen.

VI Einflüsse des deutschen Rechtsdenkens im neuen rumänischen Zivilgesetzbuch

Das neue rumänische Zivilgesetzbuch kann sicher nicht mehr als Kopie des Code Napoléon betrachtet werden. In der Begründung des neuen Zivilgesetzbuchs werden von den ausländischen Regelungen, die herangezogen wurden, folgende zitiert: das Zivilgesetzbuch von Québec, das französische, italienische, spanische, schweizerische und brasilianische Zivilgesetzbuch, wie auch das deutsche BGB und das schweizerische Obligationenrecht (Schuldrechtsgesetzbuch). Das bedeutet, dass der französische Einfluss wesentlich eingeschränkt ist. Das deutsche BGB scheint unter den von den Verfassern des neuen ZGB verwendeten Quellen auf. Kein Kommentar des neuen ZGB erklärt aber, worin der deutsche Einfluss besteht. Jedenfalls, wie schon erläutert, ist das ganze Grundbuchsystem mit seinem Intabulationsprinzip kein Element des französischen, sondern des deutschen Zivilrechts. Einige neue Begriffe, die das ZGB von 2009 mit sich bringt, wie z.B. das schon erläuterte Grundbuchsystem, der Eigentumsvorbehalt oder die Risikoübertragung nur zum Zeitpunkt der Übergabe der verkauften Sache, können nur aus dem deutschen Recht stammen.

A Die Einführung des Grundbuchsystems und dessen Einschränkungen

Das neue rumänische Zivilgesetzbuch von 2009, das am 1. Oktober 2011 in Kraft getreten ist, versucht das Grundbuchsystem als einziges Publizitätssystem in ganz Rumänien einzuführen. Diese Anerkennung des Grundbuchsystems durch das Zivilgesetzbuch als einziges und überlegenes

---

61 Darüber ausführlicher *Albu*, wie Fn. 38, 94.

62 *Christian Alunaru*, Erwägungen zum neuen rumänischen Zivilgesetzbuch, in: Österreichische Notariatszeitung 5/2010, 141; *ders.*, Zum neuen rumänischen Zivilgesetzbuch – Vertragsrechtlicher Teil, in: European Review of Contract Law, Vol. 6, 2/2010, 197 (209).

Publizitätssystem, kann – nach fast einem Jahrhundert seit der Vereinigung der ehemaligen österreichischen Provinzen mit Rumänien – als einer der wichtigsten Einflüsse des deutschen Rechtsdenkens in Rumänien angesehen werden. Leider ist, wie ich im Folgenden erläutern werde, noch keine vollständige Einführung des Grundbuchsystems möglich, weil das Einführungsgesetz des neuen ZGB (Nr. 71/2011) die Rechtsfolgen dieses Systems (wie z.B. den Eintragungsgrundsatz) wesentlich einschränkt.

Wichtige Vorschriften, die den Grundsatz des Konsensualismus einschränken, findet man im 5. Titel „Das Grundbuch" (rumänisch: Cartea funciară) des dritten Buchs „Über Sachen" des neuen ZGB. Sogar der Begriff „Grundbuch" erscheint zum ersten Mal im rumänischen ZGB, weil das alte Gesetzbuch, wie sein französisches Vorbild, nur das System der Liegenschaftsregister (d.h. der Register zur Eintragung und Bekanntmachung der Grundstücksgeschäfte) gekannt hat.

Wie schon erwähnt, erfolgte der erste Versuch, das Grundbuchsystem in ganz Rumänien einzuführen, durch ein Sondergesetz (Gesetz Nr. 7/1996 über Kataster und Immobilienpublizität). Leider hat dieses neue Grundbuchsgesetz in Art. 27 den Grundsatz des Konsensualismus weiterhin beibehalten. Der Erwerb, die Übertragung und Aufhebung dinglicher Rechte an Liegenschaften blieb auf die einfache Willensübereinstimmung der Vertragsparteien beschränkt und die Grundbucheintragung war weiterhin nur für die Wirkung gegen alle (erga omnes) erforderlich.

Es gab mehrere Gesetze, die die Formerfordernisse des Kaufvertrags geändert haben[63], doch was die Rechtswirkung der Grundbucheintragungen betrifft, hat sich nichts Wesentliches geändert: Die Grundbucheintragung war auch weiterhin nur für die Drittwirksamkeit erforderlich[64]. Im Gegensatz zu den Vorschriften dieser Grundbuchsordnung von 1996, aber auch zu den Grundsätzen des alten Gesetzbuchs, kann jetzt das Eigentum an Liegenschaften (mit einigen gesetzlich vorgesehenen Ausnahmen) nur durch die

63 Durch die Eilverordnung Nr. 41/2004 wurde der Notariatsaktzwang für die Eintragung in das Grundbuch eingeführt (Art. 22 Abs. 2). Das bedeutete, dass die einfache Willensübereinstimmung der Vertragsparteien für den Erwerb des Eigentumsrechts nicht mehr ausreichend war. Später wurde aber diese Vorschrift durch das Gesetz Nr. 247/2005 (XII. Titel, Art. I Pkt. 35) wieder geändert: Statt einem Notariatsakt wurde nur mehr ein rechtsgültiger Titel verlangt. Ausführlich dazu: *Cristina Cucu,* Legislaţia cadastrului si a publicităţii imobiliare. Comentarii si explicaţii (Die Gesetzgebung im Bereich Kataster und immobiliare Publizität. Kommentare und Erläuterungen), All Beck, Bucureşti 2005, 82 ff.

64 *Christian Alunaru,* Consideraţii privind momentul dobândirii dreptului de superficie (Erwägungen zum Augenblick des Erwerbs des Erbbaurechts), in: Dreptul 12/2002, 50 ff.

Eintragung im Grundbuch erworben werden. Art. 557 Abs. 4 des neuen ZGB führt also den Eintragungsgrundsatz (das Intabulationsprinzip) wieder ein, wie er auch in der alten Grundbuchsordnung Rumäniens (Gesetz Nr. 115/1938) und im deutschen und österreichischen Zivilrecht verankert ist. Derselbe Grundsatz wird auch in Art. 1676 bezüglich der Eigentumsübertragung durch den Kaufvertrag wiederholt, genauer gesagt, es wird vorgesehen, dass die Eigentumsübertragung im Bereich der Liegenschaften den Grundbuchsvorschriften unterworfen ist.

Der Grundsatz des Konsensualismus ist wieder als leitendes Prinzip des Eigentumserwerbs vorgesehen. Gemäß Art. 1273 Abs. 1 „erfolgt die Bestellung und der Erwerb von dinglichen Rechten durch die Willensübereinstimmung der Vertragsparteien, selbst wenn die Sachen nicht übergeben worden sind, wenn diese Willensübereinstimmung Spezies-Sachen betrifft" (für Gattungssachen erfolgt die Eigentumsübertragung durch die Individualisierung der Sachen). Doch der Erwerb von dinglichen Rechten an Grundstücken stellt die wichtigste vom ZGB vorgesehene Ausnahme von diesem Grundsatz dar (Art. 1273 Abs. 3). Als lex specialis für den Kauf schreibt Art. 1674 des neuen ZGB vor, dass „mit Ausnahme der vom Gesetz vorgesehenen Fälle und falls die Vertragsparteien nichts anderes vereinbart haben, das Eigentumsrecht im Augenblick des Vertragsabschlusses auf den Käufer übergeht, selbst wenn die Sache nicht übergeben und der Preis nicht bezahlt wurde". Eine der erwähnten Ausnahmen wird in Art. 1676 geregelt: „Die Eigentumsübertragung im Bereich des Grundstückskaufs ist den Grundbuchsvorschriften unterworfen." Die Sondervorschriften, die den Kaufvertrag regeln, unterlassen also die direkte Regelung der Form dieses Vertrags, doch im Falle des Verkaufs von Liegenschaften wird auf die Grundbuchsvorschriften verwiesen. Diesen Vorschriften gemäß „erfolgt die Eintragung im Grundbuch auf Grund eines Notariatsaktes, eines rechtskräftigen Urteils, eines Erbscheins oder eines Verwaltungsakts, falls das Gesetz es so vorschreibt"[65]. Neben der Einführung des Eintragungsgrundsatzes im neuen rumänischen ZGB ist auch diese Vorschrift, die für die Eintragung ein notariell beurkundetes Rechtsgeschäft verlangt, als ein Einfluss des deutschen Rechtsdenkens zu betrachten (§ 873 BGB, §§ 431–432 ABGB).[66]

---

65 Art. 888 des neuen ZGB i.d.F. des Einführungsgesetzes Nr. 71/2011.

66 „§ 873 BGB Erwerb durch Einigung und Eintragung: (1) Zur Übertragung des Eigentums an einem Grundstück, zur Belastung eines Grundstücks mit einem Recht sowie zur Übertragung oder Belastung eines solchen Rechts ist die Einigung des Berechtigten und des anderen Teils über den Eintritt der Rechtsänderung und die Eintragung der Rechtsänderung in das Grundbuch erforderlich, soweit nicht das Gesetz ein anderes vorschreibt. (2) Vor der Eintragung sind die Beteiligten an die Einigung nur gebunden, wenn die Erklärungen notariell beurkundet oder vor dem Grundbuchamt abgegeben oder bei diesem eingereicht sind oder wenn der

Bei der am 15. September 2011 im Nationalen Institut für die Ausbildung der Richter in Bukarest veranstalteten Konferenz über das neue ZGB haben die Verfasser dieses Gesetzbuchs verschiedene Kapitel ihres Werkes erläutert. Die Kritiker des neuen ZGB haben einige Widersprüche im Bereich der Grundbucheintragungen entdeckt. So z.B. gibt es einen Widerspruch zwischen dem eben zitierten Art. 888 und Art. 885. Während Art. 885 für die Eintragung im Grundbuch nur „das Rechtsgeschäft welche die Eintragung begründet hat“ verlangt (ähnlich wie Art. 22 Abs. 2 des Gesetzes Nr. 7/1996 über Kataster und Immobilienpublizität, geändert durch das Gesetz Nr. 247/2005, der vorschreibt, dass die Eintragung aufgrund jedweden „rechtsgültigen Titels“ erfolgen kann), verlangt Art. 888 ausschließlich einen notariell beurkundeten Vertrag (oder ein rechtskräftiges Urteil, einen Erbschein oder einen Verwaltungsakt). Auch gibt es einen Widerspruch zwischen Art. 885 Abs. 1 und Abs. 2: Während für die Eintragung nur „das Rechtsgeschäft welches die Eintragung begründet hat“ verlangt wird, erfolgt die Löschung der im Grundbuch eingetragenen Sachenrechte nur aufgrund eines Notariatsakts. Solche Widersprüche sind schwer zu verstehen, denn die zitierten Paragrafen wurden durch dasselbe Einführungsgesetz Nr. 71/2011 geändert.

Solche Widersprüche (wie auch viele andere im neuen rumänischen ZGB) dürfen den allgemeinen Eindruck, dass die Einführung des Grundbuchsystems im neuen ZGB einen wichtigen Einfluss des deutschen Rechtsdenkens darstellt, aber nicht stören.

Scheinbar sollen die Vorschriften des neuen Gesetzbuchs die Formerfordernisse zumindest für den Kauf von Liegenschaften endgültig bestimmen: Der Kaufvertrag muss in einer notariell beurkundeten Form abgeschlossen werden und für die Eigentumsübertragung an den Käufer muss dieser Vertrag im Grundbuch eintragen werden. Für den Kauf von beweglichen Sachen kommen keine Formerfordernisse infrage, da dieser Bereich, wie schon erläutert, dem Konsensualgrundsatz unterworfen bleibt.

Leider ergibt sich aus dem Einführungsgesetz Nr. 71/2011, dass diese Vorschriften des neuen ZGB noch nicht eingeführt werden können. Nach

---

Berechtigte dem anderen Teil eine den Vorschriften der Grundbuchordnung entsprechende Eintragungsbewilligung ausgehändigt hat.
Arten der Übergabe. 2. Bei unbeweglichen Sachen und Bauwerken: § 431 ABGB Zur Uebertragung des Eigenthumes unbeweglicher Sachen muß das Erwerbungsgeschäft in die dazu bestimmten öffentlichen Bücher eingetragen werden. Diese Eintragung nennt man Einverleibung (Intabulation).Insbesondere bei Erwerbung. a) durch Vertrag: § 432 ABGB Zu diesem Zwecke muß über das Erwerbungsgeschäft eine beglaubigte Urkunde in der zur Gültigkeit des Geschäftes vorgeschriebenen Form oder eine öffentliche Urkunde ausgefertigt werden.“

Art. 56 des Einführungsgesetzes wird die Anwendbarkeit einiger Grundbuchsvorschriften (wie die erwähnten Art. 557 Abs. 4 und Art. 885 Abs. 1) auf einen späteren Zeitpunkt verschoben. Somit wird gemäß dem Gesetz Nr. 7/1996 über Kataster und Immobilienpublizität das Intabulationsprinzip für die betreffenden Liegenschaften erst nach der Beendigung der Katasterarbeiten in allen Verwaltungseinheiten des Landes anwendbar sein. Bis dahin bleibt gemäß Art. 56 Abs. 2 des Einführungsgesetzes die Rechtswirkung der Eintragung im Grundbuch auf die Drittwirksamkeit beschränkt. Auch andere Übergangsvorschriften des Einführungsgesetzes verhindern die vorläufige Anwendbarkeit des Intabulationsprinzips. Gemäß Art. 76 des Einführungsgesetzes sind die Vorschriften der Art. 876–915 bezüglich der Fälle, der Bedingungen, der Rechtsfolgen und der rechtlichen Regelung der Eintragungen im Grundbuch (also auch bezüglich der erwähnten Art. 885 und Art. 888) nur auf *nach* dem Inkrafttreten des ZGB abgeschlossene Rechtsgeschäfte anwendbar. Folglich sind alle *vor* dem Inkrafttreten des neuen ZGB abgeschlossenen Kaufverträge nicht den Vorschriften dieses ZGB unterworfen. Gemäß Art. 77 des Einführungsgesetzes bleiben sogar die *nach* dem Inkrafttreten des neuen ZGB im Grundbuch gemachten Eintragungen den alten Vorschriften unterworfen, falls die Eintragung aufgrund eines *vor* der Inkraftsetzung des neuen ZGB abgeschlossenen Rechtsgeschäfts durchgeführt worden ist.

Somit bleibt der Eintragungsgrundsatz im Bereich des Grundstückserwerbs vorläufig nur eine Hoffnung für die Zukunft. Das Einführungsgesetz hat die Trennung des Erwerbs dinglicher Rechte in zwei Etappen beibehalten: die Etappe der Willensübereinstimmung zwischen den Vertragsparteien (inter partes) und die Etappe der gegen Dritte wirkenden Rechte (erga omnes). Es bleibt also das Paradoxon der *nicht entgegensetzbaren dinglichen Rechte* weiter bestehen, solange diese nicht einverleibt worden sind. Dieses wird, wie früher, durch die Eintragung gelöst, doch ist nun anstelle der Eintragung ins Liegenschaftsregister (Register zur Eintragung und Bekanntmachung der Grundstückgeschäfte) die Einverleibung im Grundbuch getreten. Diese Eintragung macht das erworbene dingliche Recht drittwirksam.

Soll das nun bedeuten, dass der Kauf von Grundstücken ein formfreies und konsensuales oder ein formbedürftiges Rechtsgeschäft ist? Gemäß Art. 87 Pkt. 4 des Einführungsgesetzes sind die Art. 21–Art. 41 des Gesetzes Nr. 7/1996 über Kataster und Immobilienpublizität aufgehoben. Folglich ist auch Art. 22, der für die Eintragung im Grundbuch einen „rechtsgültigen Titel“ verlangte, nicht mehr anwendbar.

Die Schlussfolgerung, die man aus diesen Vorschriften ziehen kann, ist folgende: Ein *vor* dem Inkrafttreten des neuen ZGB am 1. Oktober 2011 abgeschlossener Kaufvertrag von Liegenschaften ist Art. 22 Abs. 1 des Gesetzes Nr. 7/1996 über Kataster und Immobilienpublizität unterworfen.

Das bedeutet, dass der zur Eintragung notwendige „rechtsgültige Titel“ eine notarielle Urkunde sein muss, falls es um Grund und Boden oder um eine Wohnung geht. In allen anderen Fällen kann der Kaufvertrag auch ein einfaches schriftliches Rechtsgeschäft sein.

Ein *nach* dem 1. Oktober 2011 abgeschlossener Kaufvertrag über Liegenschaften jeder Art ist ein formbedürftiges Rechtsgeschäft und muss von einem Notar beurkundet werden, selbst wenn aufgrund des Fehlens des Grundbuchs in der betreffenden Ortschaft der Eintragungsgrundsatz noch keine Anwendung finden kann.

B Die Definition des Kaufvertrags im neuen rumänischen ZGB

Wie schon erläutert war der Kaufvertrag im rumänischen Recht nach französischem Vorbild traditionsgemäß gleichzeitig ein Verfügungs- und ein Verpflichtungsgeschäft. Die rumänische Rechtslehre[67] hat den Unterschied zwischen dem deutschen und dem rumänischen Kaufvertrag schon aus der Definition des Kaufvertrags im deutschen BGB (§ 433)[68], wo der Kaufvertrag kein Verfügungs-, sondern ein Verpflichtungsgeschäft[69] ist, logisch abgeleitet. Hier wird der Verkäufer einer Sache verpflichtet, dem Käufer die Sache zu übergeben und das Eigentum an der Sache zu verschaffen. Die rumänische Rechtslehre hat französische Autoren zitiert, um, genauso wie diese, die deutsche Definition des Kaufvertrags zu kritisieren, weil von den zwei aufgezählten Pflichten des Verkäufers die eine nur eine Nebenpflicht wäre, die für den Kaufvertrag nicht charakteristisch sein kann.[70] So eine Kritik ist für einen deutschen oder österreichischen Juristen schwer zu verstehen, weil in der deutschen und österreichischen Auffassung beide Pflichten zentrale Pflichten sind. Denn die bloße Eigentumsverschaffung hilft dem Käufer nicht, da er die Sache ja auch benutzen möchte und sie daher haben

67 *Ion Dogaru/Edmond Gabriel Olteanu/Lucian Bernd Săuleanu*, Bazele dreptului civil IV Contracte speciale (Die Grundsätze des Zivilrechts, IV. Sonderverträge), C. H. Beck, Bucureşti 2009, 8.

68 § 433 BGB Durch den Kaufvertrag wird der Verkäufer einer Sache verpflichtet, dem Käufer die Sache zu übergeben und das Eigentum an der Sache zu verschaffen.

69 „Der Kauf ist ein gegenseitiger schuldrechtlicher Vertrag. Er verpflichtet den Verkäufer, dem Käufer einen Vermögensgegenstand (Kaufgegenstand) zu verschaffen, und den Käufer, den Kaufpreis zu zahlen und den Kaufgegenstand abzunehmen“: *Saenger*, Vorbemerkung zu §§ 433–480, Rz. 1, in: *Reiner Schulze/Heinrich Dörner/Ina Ebert/Thomas Hoeren/Rainer Kemper/Ingo Saenger/Klaus Schreiber/Hans Schulte-Nölke/Ansgar Staudinger*, BGB Handkommentar, Nomos, Baden-Baden 7. Aufl. 2012.

70 *Marcel Planiol*, Traité élémentaire du droit civil, tom II, Librairie générale de droit & de jurisprudence, Paris 1923, 353.

muss. Aber auch die bloße reale Überlassung der Sache genügt nicht, weil sie dann dem Käufer jederzeit wieder weggenommen werden könnte, wenn es einen anderen Berechtigten gibt. Man muss aber die Kritik der rumänischen und französischen Autoren vom Standpunkt ihrer eigenen Auffassung aus betrachten. Im traditionellen rumänischen, wie auch im französischen Zivilrecht, erfolgt die Eigentumsübertragung durch die einfache Willensübereinstimmung des Verkäufers und des Käufers. Die Verschaffung des Besitzes ist keine wesentliche Bedingung des Kaufvertrags, es ist eine Pflicht des Verkäufers, eine unter mehreren der von ihm übernommenen Vertragspflichten.

Weil die rumänische Rechtslehre keinen Vergleich mit dem österreichischen Zivilrecht macht, muss hier derselbe Unterschied zwischen dem Wesen des Kaufvertrags in diesen beiden Rechtssystemen betont werden. Nach §§ 1053, 1061–1063 ABGB verpflichtet sich der Verkäufer zur Übereignung und tatsächlichen Übergabe einer Sache und der Käufer zur Zahlung des Kaufpreises. Der Kaufvertrag ist ein bloßes Verpflichtungsgeschäft, also nur der Rechtsgrund (Titel) für die Übereignung. Der Käufer erwirbt zunächst nur ein Forderungsrecht auf die Übertragung des Eigentums und des Besitzes. Die Übereignung selbst setzt die Übergabe der Sache (§§ 380, 1053), bei Liegenschaften die Einverleibung im Grundbuch voraus (§ 431). Der Abschluss des Kaufvertrags und seine Erfüllung sind also auseinanderzuhalten. Beim Handkauf (z.B. beim Ladenkauf) fallen allerdings Kaufvertrag und Erfüllung praktisch zusammen. Daher haben hier manche Vorschriften, wie z.B. die Verzugsregeln, keinen Anwendungsbereich.[71] Was im österreichischen Kaufrecht die Ausnahme für den Fall des Handkaufs darstellt, ist im rumänischen konsensualistischen System die Regel. Im rumänischen Recht war der Kaufvertrag traditionsgemäß gleichzeitig Verpflichtungs- und Verfügungsgeschäft.

Das neue ZGB führt aber in Art. 1650 Abs. 1 eine andere Definition des Kaufvertrags ein, laut welcher der Kaufvertrag zum ersten Mal ein Verpflichtungs- und kein Verfügungsgeschäft sein könnte. Das sollte den rumänischen Kaufvertrag der deutschen Auffassung vom Kaufvertrag näherbringen. „Der Verkauf[72] ist jener Vertrag, durch welchen der

71 *Welser*, wie Fn. 32, 166.

72 Der rumänische Gesetzgeber von 2009, wie auch jener von 1864, spricht nicht vom „Kaufvertrag" wie in § 1053 ABGB und § 433 BGB, oder vom „Kauf" wie in § 1055 ABGB, sondern vom „Verkauf", was den Einfluss des französischen Zivilrechts noch einmal bestätigt (Art. 1582 des Code Napoléon verwendet auch den Ausdruck „vente"). Die österreichische Rechtslehre nennt den Kaufvertrag „Kauf" und nicht „Verkauf" wie der rumänische Gesetzgeber und die rumänische Literatur, vgl. *Welser*, wie Fn. 32, 165). Die Erklärung dazu ist, dass im französischen Recht und in den von diesem beeinflussten Rechtssystemen (wie auch im rumänischen Zivilrecht) ein besonderer Akzent auf die Leistung des Verkäufers,

Verkäufer das Eigentum an einer Sache dem Käufer überträgt oder gegebenenfalls sich verpflichtet es zu übertragen, für einen Preis, den der Käufer sich zu bezahlen verpflichtet".[73]

Gemäß der Rechtslehre sollte sich der Inhalt dieser Definition von der im alten ZGB enthaltenen Definition nicht wesentlich unterscheiden, weil das Wesen des Kaufvertrags darin besteht, dass das Eigentum an einer Sache dem Käufer gegen Zahlung eines bestimmten Preises übertragen wird. Art. 1294 des alten ZGB schrieb vor: „Der Verkauf ist ein Vertrag, durch welchen zwei Vertragsparteien sich gegenseitig verpflichten, die Erste das Eigentum an einer Sache der Zweiten zu übertragen und diese sich verpflichtet, der Ersten den Preis der Sache zu bezahlen."[74] Trotzdem sind einige Unterschiede zwischen den beiden Definitionen erkennbar, die zu verschiedenen Schlussfolgerungen bezüglich der Rechtsfolgen des Kaufvertrags führen können.

Wichtig ist die Kritik, die wegen der Formulierung „sich gegenseitig verpflichten" an der in Art. 1294 des alten ZGB enthaltenen Definition geübt wurde. Es wurde behauptet, dass sie irreführend wäre.[75] Diese Kritik zeigt die Besorgnis der rumänischen Rechtslehre der Interpretation gegenüber, dass der Kaufvertrag ein Verpflichtungsgeschäft sein könnte, und erleichtert es uns, die an der neuen Definition des Kaufvertrags geübte Kritik zu verstehen. So eine Formulierung, sagen die Autoren, könnte den Eindruck erwecken, dass durch den Kaufvertrag nur ein schuldrechtliches Verhältnis entsteht, durch welches der Verkäufer verpflichtet ist, in der Zukunft das Eigentum an der Kaufsache dem Käufer zu übertragen. Die Erklärung dafür soll ein historischer Überrest aus dem römischen Recht sein. Gemäß den Digesten Justinians war der Kaufvertrag (emptio-venditio) ein gesetzlich geregelter Konsensualvertragstyp, ein Entstehungsgrund von Obligationen,

---

im deutschen und österreichischen Recht aber auf die Leistung des Käufers gelegt wird. Im italienischen Zivilgesetzbuch (Art. 1470) werden beide Leistungen, die des Verkäufers und die des Käufers, miteinbezogen, deshalb heißt der Vertrag „la compera e vendita". Siehe dazu *Ioan Popa*, Contractul de vânzare-cumpărare. Studiu comparativ de doctrină şi jurisprudenţă (Der Kaufvertrag. Vergleichendes Studium der Rechtslehre und der Rechtsprechung), Universul Juridic, 2. neubearb. und ergänzte Aufl. Bucureşti 2008, 50.

73 Rumänisch: Vânzarea este contractul prin care vânzătorul transmite sau, după caz, se obligă să transmită cumpărătorului proprietatea unui bun în schimbul unui preţ pe care cumpărătorul se obligă să îl plătească.

74 Rumänisch: Vinderea este convenţie prin care două părţi se obligă între sine, una a transmite celeilalte proprietatea unui lucru şi aceasta a plăti celei dintâi preţul lui.

75 *Dan Chirică*, Tratat de drept civil. Contracte speciale I Vânzarea şi schimbul (Abhandlung des Zivilrechts. Sonderverträge, I. Der Kauf und der Tausch), C. H. Beck, Bucureşti 2008, 25.

der aber die Eigentumsübertragung an der verkauften Sache nur nach der Übergabe (traditio) zur Folge hatte. Die modernen Zivilgesetzbücher, die vom französischen Zivilrechtssystem beeinflusst wurden, wie auch das alte rumänische ZGB, enthalten eine andere Auffassung bezüglich des Kaufvertrags: Der Kaufvertrag ist zu einem Verfügungsgeschäft (rumänisch: contract translativ de proprietate) geworden. Das Eigentum an der verkauften Sache wird dem Käufer allein durch die Willensübereinstimmung der Vertragsparteien (solo consensu) übertragen. Also kann von einer Pflicht des Verkäufers, das Eigentum dem Käufer später zu übertragen, keine Rede sein.

Dass der Kaufvertrag in dieser Auffassung ein Verfügungsgeschäft war, geht nicht nur aus der in Art. 1294 vorgesehenen Definition des Kaufvertrags, sondern auch aus Art. 971 und 1295 Abs. 1 des alten ZGB hervor. Art. 971[76] regelte als lex generalis (im III. Kapitel des III. Titels des III. Buches des alten ZGB „Über die Rechtsfolgen der Verträge" (rumänisch: Despre efectul convențiilor) und Art. 1295 Abs. 1[77] regelte als lex specialis für den Kauf den formfreien Erwerb des Eigentums an beweglichen und unbeweglichen Sachen allein durch Willensübereinstimmung.

Also war der Kaufvertrag im rumänischen Recht traditionsgemäß gleichzeitig Verpflichtungs- und Verfügungsgeschäft. Unter diesen Umständen ist die in der neuen Definition des Kaufvertrags (Art. 1650 des neuen ZGB) von Neuem verwendete Formulierung, „verpflichtet sich dem Käufer zu übertragen", mit Vorsicht zu interpretieren. Diese Formulierung ist merkwürdig, weil im rumänischen System, wie schon erläutert, in der Regel die Eigentumsübertragung schon zum Zeitpunkt der Willensübereinstimmung erfolgt.

---

76 Art. 971 des alten rumänischen ZGB: In Verträgen, die als Gegenstand (Inhalt) die Übertragung des Eigentums oder eines anderen dinglichen Rechts haben, erfolgt der Eigentumsübergang durch die Willensübereinstimmung der Parteien und der Erwerber übernimmt die Risikotragung, selbst wenn die Sache diesem nicht übergeben wurde (rumänisch: În contractele ce au de obiect translația proprietății sau unui alt drept real, proprietatea sau dreptul se transmite prin efectul consimțământului părților și lucrul rămâne în rizico-pericolul dobânditorului, chiar când nu i s-a făcut tradițiunea lucrului).

77 Art. 1295 Abs. 1 des alten ZGB: Der Kauf ist zwischen den Vertragsparteien vollendet und das Eigentum wird auf den Käufer übertragen, sobald die Vertragsparteien den Kaufgegenstand und den Kaufpreis vereinbart haben, selbst wenn die Sache nicht übergeben und der Preis nicht bezahlt wurde (rumänisch: Vinderea este perfectă între părți și proprietatea este de drept strămutată la cumpărător, în privința vânzătorului, îndată ce părțile s-au învoit asupra lucrului și asupra prețului, deși lucrul încă nu se va fi predat și prețul încă nu se va fi numărat).

Selbstverständlich gibt es auch Ausnahmen[78] von dieser Regel, die den Eindruck erwecken könnten, dass auch im rumänischen Recht der Kaufvertrag ein Verpflichtungsgeschäft sei. In Wirklichkeit wurden diese Ausnahmen schon vor dem Inkrafttreten des neuen ZGB von der Rechtslehre und von der Rechtsprechung anerkannt, und zwar mit der Bemerkung, dass diese Ausnahmen die Regel bestätigen und dass sie das Wesen des Kaufvertrags im rumänischen konsensualistischen System nicht ändern. Dieser Grundsatz, der gesetzlich vorgesehene Ausnahmen erlaubt, ist in Art. 1674 des neuen ZGB ausdrücklich vorgesehen: „Mit Ausnahme der im Gesetz vorgesehenen Fällen und sofern die Vertragsparteien nichts anders vereinbart haben, geht das Eigentumsrecht im Augenblick des Vertragsabschlusses auf den Käufer über, selbst wenn die Sache nicht übergeben und der Preis nicht bezahlt wurde.“ Das Bestehen all dieser Ausnahmen ist, wie erläutert, vom Gesetz selbst vorgesehen und dasselbe Gesetz bestimmt, dass in der Regel das Eigentum *im Augenblick des Vertragsabschlusses* auf den Käufer übergeht. Daraus zieht die Rechtslehre die Schlussfolgerung, dass das Wesen des Kaufvertrags auch im neuen ZGB darin besteht, dass dieser ein Verfügungs- und kein bloßes Verpflichtungsgeschäft ist.[79]

Die Definition des Kaufvertrags aus Art. 1650 des neuen ZGB mit ihrer zweideutigen Formulierung („der Verkäufer das Eigentum an einer Sache dem Käufer überträgt oder gegebenenfalls *sich verpflichtet, es zu übertragen*“) bringt den Kaufvertrag dem Vorvertrag („der gegenseitigen Verpflichtung zum Abschluss des Kaufvertrags“, wie es in Art. 1669 des neuen ZGB heißt) näher, wo der Verkäufer sich verpflichtet, das Eigentumsrecht zu einem späteren Zeitpunkt, nach der Willensübereinstimmung, zu übertragen.

Die Absicht der Verfasser des neuen ZGB, eine Fusion der beiden Rechtsinstitute (Kaufvertrag und Vorvertrag) und folglich der beiden Definitionen zu verwirklichen, soll aus dem Inhalt des Unterkapitels § 4 (bezüglich des Optionspakts im Falle des Kaufvertrags und dem Versprechen, einen Kaufvertrag abzuschließen) des Kapitels über den Kaufvertrag, hervorgehen. Hier ist nämlich keine besondere Definition des Vorvertrags vorgesehen. Zwar ist der Vorvertrag im modernen rumänischen Recht eine fast unvermeidliche

78 Solche Ausnahmen sind: der Kauf von Gattungssachen wo das Eigentum nur zum Zeitpunkt der Individualisierung dieser Sachen durch Übergabe, Zählung, Wiegen oder Messung auf den Käufer übertragen wird; der Kaufvertrag unter einer aufschiebenden Bedingung (Suspensivbedingung) oder einer aufschiebenden Frist; der Verkauf von künftigen Sachen.

79 *Gheorghe Gheorghiu*, in: *Flavius-Antoniu Baias/Eugen Chelaru/Rodica Constantinovici/Ioan Macovei* (Hrsg.), Noul Cod civil. Comentariu pe articole (Das neue Zivilgesetzbuch. Kommentar paragraphenweise), C. H. Beck, București 2012, Art. 1650, Rz. 7–8.

Phase im Falle des Liegenschaftskaufs geworden, trotzdem findet die Rechtslehre die Aufnahme des Vorvertrags in eine Definition, die ausschließlich den Kaufvertrag betrifft, als unangemessen und unpassend, weil die Klarheit dieses Rechtsinstituts damit gestört wird.[80]

Während der am 15. September 2011 im Nationalen Institut für die Ausbildung der Richter in Bukarest (rumänisch: Institutul Național al Magistraturii) veranstalteten Konferenz über das neue ZGB haben die Verfasser dieses Gesetzbuchs verschiedene Kapitel ihres Werks erläutert. Prof. Radu-Romeo Popescu, der sich als Autor der in Art. 1650 des neuen ZGB enthaltenen Definition des Kaufvertrags benannte, gab für die Formulierungen „das Eigentum an einer Sache überträgt“ und „sich verpflichtet es zu übertragen“ eine ganz andere Erklärung ab, als den Fusionsversuch des Kaufvertrags mit dem Vorvertrag. Die erste soll den Fall des Verkaufs von beweglichen Sachen decken, wo die Eigentumsübertragung durch die einfache Willensübereinstimmung der Vertragsparteien erfolgt, die zweite soll aber den Fall des Verkaufs von Liegenschaften betreffen, wo durch den Kaufvertrag nur die Verpflichtung zur Eigentumsübertragung entsteht. Dies deshalb, weil durch Art. 885 Abs. 1 und Art. 676 des neuen ZGB für den Eigentumserwerb an Liegenschaften die Einverleibung im Grundbuch als Bedingung eingeführt wurde.

Meiner Meinung nach enthält die in Art. 1650 Abs. 1 des neuen ZGB enthaltene Definition des Kaufvertrags einen grundsätzlichen Widerspruch. Es gibt, wie eben erläutert, zwei verschiedene Auffassungen bezüglich des Wesens des Kaufvertrags. In der Auffassung des deutschen BGB und des österreichischen ABGB ist der Kaufvertrag ein bloßes Verpflichtungsgeschäft, also nur der Rechtsgrund (Titel) für die Übereignung; in der französischen und rumänischen konsensualistischen Auffassung ist der Kaufvertrag ein Verfügungsgeschäft. Das bedeutet, dass nach dem Abschluss des Kaufvertrags von einer Verpflichtung zur Übereignung keine Rede mehr sein kann. Eine Definition, die gleichzeitig beide Auffassungen enthält, ist nicht nur eklektisch, sondern auch irreführend. Aus so einer Definition kann man nicht erfahren, was für ein Rechtsgeschäft der Kaufvertrag im System des neuen rumänischen ZGB tatsächlich ist.

Für das Thema dieses Beitrags ist es aber wichtig zu betonen, dass diese neue viel kritisierte Möglichkeit des Verkäufers einer Sache, sich nur zu verpflichten dem Käufer das Eigentum an der Sache zu verschaffen – eine Möglichkeit die das neue rumänische ZGB in die Definition des Kaufvertrags eingeführt hat –, nur als ein Einfluss des deutschen Rechtsdenkens betrachtet werden kann.

---

80 *Dan Velicu*, Reglementarea contractului de vânzare în noul Cod civil, I (Die Regelung des Kaufvertrages im neuen Zivilgesetzbuch, 1. Teil), in: Revista de drept comercial. Serie nouă, Anul XX (Zeitschrift für Handelsrecht. Neue Serie, XX. Jahr), 2/2010, 108.

C Die Risikoverteilung (Gefahrübergang) im neuen rumänischen ZGB

Weil im rumänischen Zivilrecht der Kaufvertrag in der Regel ein Verfügungs- und nicht bloß ein Verpflichtungsgeschäft ist, war die Rechtslehre einstimmig der Meinung, dass das Eigentum und auch die Risikotragung schon im Augenblick des Vertragsabschlusses auf den Käufer übertragen werden. § 1274 Abs. 1 des neuen ZGB bringt aber eine Regelung, die dem bekannten Grundsatz „res perit domino" widerspricht: „Insofern die Parteien nicht etwas anderes festgesetzt haben, solange die Sache nicht übergeben wurde, bleibt die Gefahr (Risikotragung) beim Schuldner der Übergabepflicht selbst wenn das Eigentum schon dem Käufer übertragen wurde. Im Falle des zufälligen („fortuit") Untergangs der Sache verliert der Schuldner der Übergabepflicht das Recht auf die Gegenleistung und falls diese schon erfüllt wurde, muss er sie rückerstatten." § 1274 Abs. 2 sieht aber, ausnahmsweise, einen Übergang der Risikotragung auf den Gläubiger vor: „Trotzdem übernimmt der Gläubiger als Folge des Annahmeverzugs das Risiko des zufälligen Untergangs der Sache. Er kann sich nicht befreien selbst wenn er beweisen könnte, dass die Sache untergegangen wäre auch wenn sie rechtzeitig übergeben worden wäre." So eine Regelung ist deutlich von § 446 BGB beeinflusst: „Mit der Übergabe der verkauften Sache geht die Gefahr des zufälligen Untergangs und der zufälligen Verschlechterung auf den Käufer über. Von der Übergabe an gebühren dem Käufer die Nutzungen und trägt er die Lasten der Sache. Der Übergabe steht es gleich, wenn der Käufer im Verzug der Annahme ist."[81]

Also ist der Grundsatz, dass der Eigentümer das Risiko des Untergangs der Sache tragen muss, nicht mehr anwendbar. Obwohl im Fall des Verkaufs von Speziessachen („bestimmte Sachen", wie diese in § 1447 ABGB heißen) das Eigentum durch den Abschluss des Kaufvertrags sofort auf den Käufer übertragen wird, geht die Risikotragung nicht sofort, sondern nur im Augenblick der Übergabe der Sache auf den Käufer über.

Bei Gattungssachen setzt der Gefahrenübergang die Konzentration (Konkretisierung) voraus. Der Schuldner, der beliebige Sachen aus der Gattung leisten kann, muss für die Erfüllung individuelle Sachen auswählen. Dies führt dazu, dass die Genussschuld – vor allem für die Risikotragung – als Stückschuld behandelt wird. Der rumänischen Rechtslehre gemäß bleibt der Verkäufer bis zur Konzentration (Individualisierung der Sachen) Eigentümer der Gattungssachen (Genusssachen) und trägt folglich das Risiko für deren Untergang. Wenn diese Sachen vor der Übergabe untergehen, trägt der Verkäufer das Risiko und wird von der Übergabepflicht nicht befreit, weil er

81 Ausführlich dazu: Hk-BGB/*Saenger*, wie Fn. 69, § 446 Rn. 1–7.

andere Sachen aus der Gattung beschaffen und sie leisten muss („genera non pereunt").

Die Vorschriften, die die Risikotragung regeln, sind nicht obligatorisch, sondern abdingbar, also können die Vertragsparteien von diesen abweichen und andere Bestimmungen vereinbaren. Um diese Schlussfolgerung zu begründen, zitiert die rumänische Rechtslehre Argumente der französischen Rechtsliteratur, wo den Parteien die Befugnis zuerkannt wird, den Zeitpunkt der Risikoübertragung von dem der Eigentumsübertragung zu trennen.[82]

Die Vorschrift aus § 1274 des neuen ZGB bedeutet eine Trennung von den Grundsätzen des französischen Zivilrechts, die das rumänische Recht mehr als ein Jahrhundert beeinflusst haben. Gemäß § 1138 Abs. 2 des französischen Code civil erfolgt der Übergang der Risikotragung zusammen mit der Eigentumsübertragung, im Augenblick der Willensübereinstimmung der Vertragsparteien, selbst wenn die Sache nicht übergeben worden ist. (Art. 1138 Code civile: (1) "L'obligation de livrer la chose est parfaite par le seul consentement des parties contractantes."; (2) "Elle rend le créancier propriétaire et met la chose à ses risques dès l'instant où elle a dû être livrée, encore que la tradition n'en ait point été faite, à moins que le débiteur ne soit en demeure de la livrer; auquel cas la chose reste aux risques de ce dernier.") § 971 des alten ZGB von 1864 wurde von diesem Grundsatz beeinflusst, doch ausnahmsweise hat diesmal der rumänische Gesetzgeber das französische Vorbild nicht wortwörtlich übersetzt. Zwar war man derselben Meinung, dass die Eigentumsübertragung durch die einfache Willensübereinstimmung der Vertragsparteien erfolgt, doch wurde die Ausdruckweise des französischen Gesetzgebers als fehlerhaft betrachtet. Gemäß Art. 1138 Abs. 1 des französischen Code civil ("L'obligation de livrer la chose est parfaite par le seul consentement des parties contractantes") war „die Pflicht zur Übergabe der Sache" allein durch die Willensübereinstimmung der Vertragsparteien rechtswirksam. Dieser Abschnitt hat jedoch Anlass für viele theoretische Auseinandersetzungen gegeben.[83] In einem System, in welchem,

---

82 *Ion Turcu*, Noul Cod civil Legea nr. 287/2009. Cartea V. Despre obligații art. 1164 – 1649. Comentarii și explicații (Das neue Zivilgesetzbuch, Gesetz 2009/287. V. Buch. Schuldrecht. Art. 1164–1649. Kommentare und Erläuterungen), C. H. Beck, București 2011, 351 (Kommentar zu § 1274); *Christian Larroumet*, Droit civil, tome III, 6ᵉ éd., Le contrat. Première partie. Conditions de formation. Editions economica, Paris 2007, 869.

83 Hiezu ausführlich *Marcadé*, IV, 480, zitiert von *Dimitrie Alexandresco*, Explicațiunea teoretică și practică a Dreptului civil român in comparațiune cu legile vechi si cu principalele legislațiuni străine (Theoretische und praktische Erläuterung des rumänischen Zivilrechts im Vergleich mit den alten Gesetzen und den wichtigsten ausländischen Gesetzgebungen), Band V, Tipografia Națională, Iași 1898, 166 Fn. 2.

wie bereits erläutert, das Eigentum schon zum Zeitpunkt der Willensübereinstimmung auf den Käufer übertragen wird und die Übergabe der Sache keine Bedeutung mehr hat, war so eine Formulierung irreführend. Deshalb verwendete der Gesetzgeber von 1864 die Vorschrift aus § 1125 des italienischen Zivilgesetzbuchs als Quelle: „Nei contratti che hanno de oggetto la translazione della proprietà o di altro diritto, la proprietà o el diritto si transmette e si acquista per efetto del consenso legittimaménte manifestato." Rumänische Autoren, wie z.B. Gr. G. Păucescu, waren der Meinung, dass der rumänische Text (§ 971 des alten ZGB von 1864) deutlicher als der französische (§ 1138 Code Napoléon) sei.[84] Folglich gäbe es einen Unterschied nur bezüglich der Formulierung des Grundsatzes der Eigentumsübertragung. Es herrsche aber Einstimmigkeit bezüglich des Übergangs der Risikotragung der, so wie die Eigentumsübertragung, im Augenblick des Vertragsabschlusses, noch vor der Übergabe der Sache, erfolge.

Die rumänische Rechtslehre[85] hat die Risikotragung im Zusammenhang mit einem der Aufhebungsgründe der Verbindlichkeit, der zufälligen Unmöglichkeit der Leistung, erläutert. Die Lösung ist im Fall eines einseitigen Vertrags („contrat unilatéral": einseitig verpflichtender Vertrag) einfach: Wenn die Leistung durch einen Zufall unmöglich wird, hat dies den Wegfall der Verpflichtung des Schuldners zur Folge. Im Unterschied dazu ist im Falle des synallagmatischen (gegenseitig verbindlichen) Vertrags wegen der Verknüpfung der beiden Verbindlichkeiten die Lösung komplizierter. Es stellt sich die Frage, ob im Falle der unmöglich gewordenen Gegenleistung die andere Vertragspartei ihre eigene Leistung noch erbringen muss. Wegen des Fehlens eines gesetzlich vorgesehenen Grundsatzes hat die Rechtslehre aufgrund verschiedener Einzelregelungen aus dem alten ZGB die Schlussfolgerung gezogen, dass das Risiko der Nichterfüllung der Verpflichtung jene Vertragspartei zu tragen hat, deren Leistung zufällig unmöglich geworden ist: „res perit debitori". In den synallagmatischen Verträgen bildet die Gegenleistung den vom Schuldner angestrebten Vertragszweck („cause"). Wegen der Gegenseitigkeit und Interdependenz der beiden Leistungen führt der zufällige Untergang der Leistung einer Vertragspartei dazu, dass der Vertragszweck der Gegenpartei wegfällt und der Schuldner befreit wird. Die österreichische Rechtslehre spricht vom „Zerfall" des Vertrags, also fällt wegen des zufälligen Untergangs der einen Leistung auch die Gegenverbindlichkeit und

84 Dazu *Alexandresco*, wie Fn. 83.

85 Ausführlich über die Risikoverteilung in der rumänischen und französischen Rechtslehre: *Liviu Pop*, Tratat de drept civil. Obligațiile. Volumul II. Contractul (Abhandlung des Zivilrechts. Schuldrecht, Band II. Der Vertrag), Universul Juridic, București 2009, 763–772.

somit der ganze Vertrag weg.[86] Als Beispiele werden die Sonderregelungen bezüglich des Mietvertrags, des Werkvertrags, des Gesellschaftsvertrags u.a. gegeben. So schrieb z.B. Art. 1423 des alten ZGB vor, dass im Fall des zufälligen Untergangs der vermieteten Sache der Mietvertrag von Rechts wegen zerfällt. Also kann der Vermieter von dem Mieter den Mietzins nicht mehr fordern. Art. 1818 des neuen ZGB enthält ähnliche Vorschriften.

Im Fall der Verträge, durch welche das Eigentum übertragen wird (wie z.B. beim Kaufvertrag), geraten zwei Grundsätze in Kollision: die Risikotragung für die zufällige Unmöglichkeit der Leistung und die Risikotragung für den Untergang der Sache. Im ersten Fall gilt der Grundsatz „res perit debitori“, im zweiten aber der Grundsatz „res perit domino“, also trägt der Eigentümer das Risiko des Untergangs seiner Sache. Deshalb hat der Augenblick der Eigentumsübertragung eine besondere Bedeutung. Beim Kauf einer Spezies-Sache (einer bestimmten Sache) wurde im französischen und im traditionellen rumänischen System das Eigentum zum Zeitpunkt des Vertragsabschlusses auf den Käufer übertragen (gemäß §§ 971 und 1295 des alten ZGB). Falls die verkaufte Sache vor der Übergabe untergegangen ist, musste der Käufer das Risiko des Untergangs der Sache tragen, weil er schon Eigentümer der Sache geworden ist („res perit domino“). Das widersprach aber dem Grundsatz, dass der Schuldner das Risiko der unmöglich gewordenen Leistung trägt („res perit debitori“). Der Käufer ist kein Schuldner der Übergabeverpflichtung, sondern Gläubiger. Folglich galt im Fall der Verträge, durch welche das Eigentum übertragen wird, der Grundsatz „res perit creditori“, das bedeutete, dass der Gläubiger das Risiko trägt. Die einzige Ausnahme von diesem Grundsatz war der Fall des Übergabeverzugs seitens des Verkäufers. Dann trug dieser (also der Schuldner) das Risiko (Art. 1074 Abs. 2 und Art. 1156 Abs. 2 des alten ZGB).

Die österreichische Rechtslehre[87] verwendet für die rumänische Rechtslehre unbekannte Begriffe wie „Preisgefahr“, was den Eindruck erwecken könnte, dass sich die Regelung der Gefahrtragung bei Verträgen, durch welche das Eigentum übertragen wird, im ABGB von der Gefahrtragung im neuen rumänischen ZGB wesentlich unterscheidet. Bei einer genaueren Untersuchung ergibt sich aber, dass in beiden Gesetzbüchern die Gefahrtragung denselben Grundsätzen unterworfen ist. „Die Preisgefahr regelt das wirtschaftliche Risiko eines zufälligen Unterganges der verkauften Sache zwischen Vertragsabschluss und Übergabe.“[88] Mit einer einzigen Ausnahme, der „höheren Gewalt“ („force majeure, vis maior“) statt dem „Zufall“ („cas

86 *Welser*, wie Fn. 32, 48–49.
87 Ebda, 49, 170.
88 Ebda, 170.

fortuit"), ist die Definition der Gefahrtragung im Fall des Untergangs der verkauften Sache der rumänischen Definition gleich. Auch die Regeln, nach denen die Preisgefahr verteilt wird, sind ähnlich: Zäsur ist der Zeitpunkt der Übergabe (§§ 1064, 1048–1051 ABGB). Es gibt aber einen Unterschied: Im ABGB ist der Zeitpunkt der „bedungenen Übergabe" (Fälligkeit) maßgebend, und nur wenn kein solcher Zeitpunkt vereinbart ist, gilt jener der tatsächlichen Übergabe. Art. 1274 des neuen rumänischen ZGB spricht nicht von der „bedungenen" Übergabe, sondern einfach von der „Übergabe" der Sache, d.h. es zählt nur die tatsächliche Übergabe der verkauften Sache. Die Vertragsparteien haben aber das Recht, einen anderen Zeitpunkt des Gefahrenübergangs zu vereinbaren. Die Vorschrift des Art. 1274 beginnt eigentlich mit einer Ausnahme: „Mangels anderer Vereinbarung, solange die Sache nicht übergeben wurde, bleibt das Risiko des Vertrags beim Schuldner der Übergabeverpflichtung."

Dass der Verkäufer die Preisgefahr trägt, bedeutet (genau wie in Art. 1274 Abs. 1 des neuen rumänischen ZGB), dass er wegen des Verlusts seiner Sache auch keinen Anspruch auf den Kaufpreis hat. Falls der Preis schon bezahlt wurde, ist dieser zurückzuerstatten. § 1274 spricht nicht vom „Schuldnerverzug"[89], sondern vom „Gläubigerverzug", d.h. vom „Annahmeverzug". In diesem Fall geht die Gefahrtragung auf den Gläubiger der Übergabeverpflichtung (auf den Käufer) über. § 1048 ABGB stellt dem tatsächlichen Untergang der Sache den Fall gleich, dass die Sache mehr als die Hälfte des Werts einbüßt oder durch Gesetz außer Verkehr gesetzt wird („nachträgliche laesio enormis" genannt). Zwar ist auch im neuen rumänischen ZGB die „laesio enormis" (Verkürzung über die Hälfte) ähnlich wie im ABGB (§ 934) geregelt[90], doch wird dieses Missverhältnis des Werts im rumänischen ZGB nicht im Falle des zufälligen teilweisen Untergangs der Sache herangezogen.

Durch die neue Regelung der Gefahrtragung ist also das rumänische ZGB dem österreichischen (und deutschen) Kaufrecht nähergekommen. Die Risikoverteilung hängt nicht mehr von dem Augenblick des Vertragsabschlusses, sondern von dem Zeitpunkt der Übergabe der Sache ab. Zwar stellt die neue Regelung des Gefahrübergangs einen wichtigen Einfluss des deutschen Rechtsdenkens dar, doch sind gemäß Art. 108 des Einführungsgesetzes Nr. 71/2011 die Vorschriften über die Risikoverteilung aus Art. 1274 des neuen ZGB nur auf die nach dem Inkrafttreten des neuen ZGB abgeschlossenen Verträge (also nach dem 1. Oktober 2011) anwendbar.

---

89 Ebda, 49, 170.

90 Siehe Abschnitt E dieses Kapitels.

D Der Eigentumsvorbehalt – ein neuer Begriff im rumänischen ZGB

Tatsächlich erscheint der Begriff „Eigentumsvorbehalt“ zum ersten Mal in Art. 1755 des neuen ZGB, was als ein wichtiger Einfluss des deutschen Rechtsdenkens betrachtet werden kann. Doch es muss zugegeben werden, dass dieser Begriff keine absolute Neuheit für das rumänische Zivilrecht darstellt. Obwohl er im alten ZGB von 1865 nicht aufscheint, wurde er trotzdem in der Zwischenkriegszeit in Sondergesetzen für Ausnahmefälle geregelt.

Der Eigentumsvorbehalt[91] wurde im rumänischen Recht zum ersten Mal im Jahre 1929 durch das nicht mehr geltende Gesetz[92] über den Kreditkauf von Industrie- und Landwirtschaftsmaschinen und Kraftfahrzeugen geregelt. Dieses Gesetz ermöglichte den Kreditkauf unter Eigentumsvorbehalt von Industrie- und Landwirtschaftsmaschinen sowie Kraftfahrzeugen und gemäß Art. 30 wurden seine Bestimmungen über den Eigentumsvorbehalt auch auf andere bewegliche Sachen ausgedehnt.[93] Diese anderen beweglichen Sachen konnten auch solche sein, deren Kauf nicht unter den von diesem Gesetz geregelten Bedingungen abgeschlossen wurde, und sogar solche, die nicht einmal diesem Gesetz unterlagen.[94] Weiters hat das Insolvenzgesetz Nr. 64/1995[95] das Recht des Gläubigers vorgesehen, auch nach dem Verkauf einer Sache noch Eigentümer zu bleiben, und diese von seinem zahlungsunfähigen Schuldner (Käufer) wieder zurückzufordern. Es ist offensichtlich, dass der Eigentumsvorbehalt des Verkäufers an der verkauften Sache eine Sicherheit für die Zahlung des Kaufpreises ist, der bei der Übergabe des Kaufgegenstandes nicht zur Gänze entrichtet wird.[96]

In Bezug auf den Eigentumsvorbehalt wurde in der bisherigen Rechtsliteratur die Auffassung vertreten, dass der Abschluss eines Kaufvertrags ohne

---

91 Ausführlich über die Regelung des Eigentumsvorbehalts im rumänischen Recht: *Lenuta Botos*, in: *Christian Alunaru/Lenuta Botos*, Das Kaufrecht in Rumänien nach dem neuen ZGB, Nomos-facultas wuv, Wien 2013, 188–189.

92 Das Gesetz Nr. 2/1929 (rumänisch: Lege asupra vânzării pe credit a maşinilor industriale, agricole şi autovechiculelor) wurde im Amtsblatt Rumäniens I 1929/169 veröffentlicht.

93 *Lucian Teveş*, Das rumänische Kreditsicherheitensystem und dessen Rolle für das deutsche Exportgeschäft, in: Jahrbuch für Ostrecht (XL), 1999, 305.

94 *Livia Mocanu*, Garanţiile reale mobiliare (Die dinglichen Mobiliarsicherheiten), All Beck, Bucuresti 2004, 25.

95 Dieses Gesetz wurde durch das Gesetz Nr. 85/2006 über die Insolvenzordnung (rumänisch: Legea privind procedura insolvenţei) aufgehoben.

96 *Ion Turcu/Tudorel Boboc-Enoiu*, Clauza de rezervă a dreptului de proprietate în practica bancară (Die Eigentumsvorbehaltsklausel in der Bankpraxis), in: Revista de drept comercial (Zeitschrift für Handelsrecht), 7–8/1998, 20.

unmittelbare Übertragung des Eigentums ein Kauf mit aufschiebender oder auflösender Bedingung sei.[97] Wenn die Vertragsparteien vereinbaren, dass der Verkäufer bis zur vollständigen Entrichtung des Kaufpreises Eigentümer des Kaufgegenstands bleibt, unterliegt der Kauf einer aufschiebenden Bedingung. Vereinbaren die Vertragsparteien hingegen, dass das Eigentum bereits beim Abschluss des Kaufvertrags auf den Käufer übergeht, jedoch bei Nichtzahlung des gesamten Kaufpreises rückwirkend wieder aufgelöst wird, unterliegt der Kauf einer auflösenden Bedingung.[98]

Der Gesetzestext, der den Eigentumsvorbehalt im rumänischen Zivilgesetzbuch regelt, ist Art. 1755: „Der Eigentumsvorbehalt und das Risiko. Wenn im Falle eines Ratenkaufs die Zahlung des Kaufpreises mit dem Eigentumsvorbehalt zugunsten des Verkäufers gesichert wurde, erwirbt der Käufer das Eigentumsrecht an der gekauften Sache erst bei der Entrichtung der letzten Rate; das Risiko des zufälligen Untergangs der Sache geht bereits bei Übergabe der Sache auf den Käufer über." Die Lehrmeinungen zu den Bestimmungen des Art. 1755 sind geteilt. Ein Teil der Lehre vertritt die Auffassung, der zuzustimmen ist, dass der Übergang des Eigentums unter der aufschiebenden Bedingung der Kaufpreiszahlung steht.[99] So eine Auffassung, wie auch der Text des Art. 1755 des neuen rumänischen ZGB, ist deutlich von § 449 BGB beeinflusst: „Hat sich der Verkäufer einer beweglichen Sache das Eigentum bis zur Zahlung des Kaufpreises vorbehalten, so ist im Zweifel anzunehmen, dass das Eigentum unter der aufschiebenden Bedingung vollständiger Zahlung des Kaufpreises übertragen wird (Eigentumsvorbehalt)."[100] Der andere Teil der Lehre vertritt die Meinung, dass es sich bei den Bestimmungen des Art. 1755 neues ZGB nicht um einen bedingten Kauf handelt, sondern um einen Kauf mit einer Befristung, und fügt hinzu, dass der Käufer bei vollständiger Kaufpreiszahlung das Eigentum mit Wirkung ab diesem Zeitpunkt und nicht rückwirkend erwirbt.[101]

Der Kauf unter Eigentumsvorbehalt ist für den Verkäufer zweifelsohne eine Sicherstellung für die Zahlung des Kaufpreises.[102] Der Verkäufer übergibt dem Käufer die Kaufsache bereits bevor dieser den Kaufpreis vollständig entrichtet hat, und im Gegenzug dafür behält er das Eigentumsrecht an der Sache und damit alle sachenrechtlichen Vorteile eines Eigentümers.

97 Die Erklärung dafür ist, dass im traditionellen rumänischen Recht das Eigentum grundsätzlich beim Abschluss des Kaufvertrags auf den Käufer übergeht.

98 *Dogaru/Olteanu/Săuleanu*, wie Fn. 67, 95.

99 *Adrian Stefan Sacalschi*, Grundeigentum und Sicherheiten in Rumänien. Verlag Verband deutscher Pfandbriefbanken, Berlin 2011, 75.

100 Ausführlich dazu: Hk-BGB/*Saenger*, wie Fn. 69, § 449 Rz. 1–9.

101 *Gheorghiu*, wie Fn. 79, Art. 1755 Rz. 4.

102 Ebda, Art. 1755 Rz. 1.

Der Eigentumsvorbehalt schützt den Verkäufer vor allem vor einer eventuellen Zahlungsunfähigkeit des Käufers. Die Regelung des Eigentumsvorbehalts im neuen ZGB ist karg. Deshalb musste die Rechtslehre zahlreiche Erläuterungen zu der gesetzlichen Regelung bringen. So wurde z.B. ergänzt, dass die Vertragsparteien bei allen Arten von Kaufverträgen eine Eigentumsvorbehaltsklausel vereinbaren können, und dass eine solche Vereinbarung grundsätzlich keiner besonderen Form bedarf. Zu Beweiszwecken empfiehlt sich jedoch, diese Klausel schriftlich zu vereinbaren.[103] Weiter wurde erläutert, dass eine Eigentumsvorbehaltsklausel gutgläubigen Dritten nicht entgegen gehalten werden kann, wenn sie nicht gesetzeskonform allgemein bekannt gemacht wurde.[104] Die beweglichen Sachen werden in das elektronische Archiv für Mobiliarsicherheiten und die unbeweglichen Sachen in das Grundbuch eingetragen.

Wie schon vorher erläutert, geht im rumänischen Zivilrecht das Eigentumsrecht bei den beweglichen Sachen grundsätzlich automatisch mit Willensübereinstimmung der Vertragsparteien und bei den unbeweglichen Sachen mit Eintragung in das Grundbuch auf den Käufer über. Die Vertragsparteien können jedoch davon abweichen und den Eigentumsübergang auf einen späteren Zeitpunkt verschieben.[105] Dies ist in der Praxis bei einem Kauf auf Raten üblich. Im Unterschied zu dieser neuen rumänischen Auffassung spricht § 449 Abs. 1 BGB von Eigentumsvorbehalt nur bei beweglichen Sachen.

Wird bei einem Kauf auf Raten die Kaufpreiszahlung mit dem Eigentumsvorbehalt am Kaufgegenstand gesichert, erwirbt der Käufer gemäß Art. 1755 des neuen ZGB, wie schon erläutert, das Eigentumsrecht mit der Entrichtung der letzten Zahlungsrate. Die Vertragsparteien können aber vereinbaren, dass das Eigentum bereits vor der Zahlung des gesamten Kaufpreises, trotz noch ausstehender Raten, an den Käufer übergeht.[106] Unabhängig vom Augenblick der Eigentumsübertragung geht das Risiko des Kaufgegenstandes, gemäß Art. 1755 Satz 2, zum Zeitpunkt der Übergabe der Sache auf den Käufer über.

Meiner Meinung nach können einige Meinungsunterschiede der Rechtslehre den allgemeinen Eindruck nicht ändern, dass die erstmalige Regelung

---

103 *Sacalschi*, wie Fn. 99, 76.

104 *D. Dumitru*, in: *Ana-Gabriela Atanasiu/Alexandru-Paul Dimitriu/Adriana-Florentina Dobre* (Hrsg.), Noul Cod civil: Note, corelații, explicații (Das neue ZGB. Noten, Korrelationen, Erläuterungen), C. H. Beck, București 2011, Art. 1688, 625.

105 *Sacalschi*, wie Fn. 99, 76.

106 *Gheorghiu*, wie Fn. 79, Art. 1755 Rz. 3.

des Eigentumsvorbehalts im Zivilgesetzbuch einen wichtigen Einfluss des deutschen Rechtsdenkens darstellt.

E Die übermäßige Schädigung (übermäßige Verletzung, enorme Verletzung, laesio enormis)

Während eines Seminars in Wien über die Rekodifikation des Zivilrechts in Rumänien und Ungarn[107] wurden die Inspirationsquellen der neuen Regelung der laesio im neuen rumänischen ZGB untersucht. Es ging daraus hervor, dass Art. 1221 und Art. 1222 des neuen ZGB, welche die laesio (rumänisch: „leziunea") regeln, durch die Kombination der Vorschriften bezüglich des wucherischen Vertrags und der laesio enormis entstanden sind. Im alten rumänischen ZGB war das Missverhältnis zwischen Leistung und Gegenleistung aufgrund irrtümlicher Bewertung (laesio) in Art. 951 als Willensmangel nur für Minderjährige geregelt[108], und wurde durch die Verordnung Nr. 32/1954[109] auf Minderjährige, die schon 14 Jahre alt waren und alleine, ohne Genehmigung der Eltern oder des Vormunds, Rechtsgeschäfte abschlossen, die ihnen einen Schaden zufügten, beschränkt. Die laesio hatte folglich einen sehr beschränkten Anwendungsbereich. Aus dieser Regelung hat die Rechtslehre die Schlussfolgerung gezogen, dass der Gesetzgeber die objektive Auffassung vertreten hat. Folglich musste derjenige, der sich auf die laesio berief, nur das auffallende Missverhältnis von Leistung und Gegenleistung beweisen, nicht aber auch, dass die Zwangslage der anderen Vertragspartei ausgenutzt worden wäre. Falls eine Vertragspartei die Zwangslage der anderen Partei ausgenutzt hätte, hätte der Vertrag wegen sittenwidrigen Rechtsgrunds (cause immorale) angefochten werden können.[110]

---

107 *Christian Alunaru* (Rumänien), *Lajos Vékás* (Ungarn), „Die Rekodifikation des Zivilrechts in Rumänien und Ungarn", Seminar an der Wirtschaftsuniversität Wien, Forschungsinstitut für mittel- und osteuropäisches Wirtschaftsrecht an der Wirtschaftsuniversität Wien (FOWI), am 13.9.2010.

108 *C. Hamangiu/N.Georgean*, Codul civil adnotat cu textul art. corespunzător francez, italian şi belgian, cu doctrina franceză şi română şi jurisprudenţa complectă de la 1868 – 1925 (Kommentar zum Zivilgesetzbuch mit dem ensprechenden französischen, italienischen und belgischen Text, mit der französischen und rumänischen Doktrin und der gesamten Rechtsprechung von 1868–1927), Band II, Verlag der Buchhandlung Universala Alcalay&Co, Bucureşti 1925, 452 (Kommentar zu Art. 951).

109 Verordnung Nr. 32/1954 zur Einführung des Familiengesetzbuches und der Verordnung über natürliche und juristische Personen, veröffentlicht im Amtsblatt Rumäniens 31.1.1954/9.

110 Ausführlich dazu: *Gheorghe Beleiu*, Drept civil român. Introducere în dreptul civil. Subiectele dreptului civil. Ediţia a VII-a revăzută şi adăugită de M. Nicolae şi P. Truşcă (Rumänsches Zivilrecht. Einführung in das Zivilrecht. Die Subjekte

Aus der Untersuchung der neuen Regelung der Art. 1221 und 1222 des neuen rumänischen ZGB ergibt sich, dass diese Vorschriften der österreichischen und auch der deutschen Regelung sehr nahe stehen, besser gesagt, dass sie durch die Kombination der Vorschriften bezüglich des wucherischen Vertrags (§ 879 Abs. 2 Ziff. 4 ABGB, aber auch § 138 BGB: Sittenwidriges Rechtsgeschäft, Wucher) und der laesio enormis (§ 934 ABGB) entstanden sind. Art. 1221 bestimmt die Bedingungen der laesio und Art. 1222 regelt die Sanktion.

Aus dem Vergleich der rumänischen mit der deutschen und österreichischen Regelung ergibt sich, dass im rumänischen Text ein Unterschied zwischen der laesio im Falle der Volljährigen und der Minderjährigen gemacht wird. Die Untersuchung der von Art. 1221 des neuen ZGB für die laesio vorgeschriebenen Bedingungen zeigt, dass zwei davon, die von den Kommentatoren des neuen ZGB hervorgehoben werden, ohne deren Herkunft zu bestimmen[111], eigentlich die Bedingungen aus § 879 Abs. 2 Ziff. 4 ABGB wie auch aus § 138 BGB sind: das auffällige Missverhältnis zwischen Leistung und Gegenleistung und die Zwangslage (die Unerfahrenheit, der Mangel an Urteilsvermögen) des anderen. Auch eine dritte Bedingung, die in Art. 1221 des neuen rumänischen ZGB für die laesio vorgesehen ist, also die Ausbeutung der Zwangslage, der Unerfahrenheit, des Mangels an Urteilsvermögen eines anderen, ist in § 879 Abs. 2 Ziff. 4 ABGB[112] und in § 138 BGB für den wucherischen Vertrag vorgesehen. Der deutsche Bundesgerichtshof hat die Bedingungen aus § 138 BGB öfters erläutert: „Dafür erforderlich ist sowohl ein objektiv auffälliges, wucherähnliches Missverhältnis von Leistung und Gegenleistung als auch das Hinzutreten subjektiver Umstände, wie zum Beispiel das Zutagetreten einer verwerflichen Gesinnung des Begünstigten.“[113] Aus dem Vergleich der rumänischen mit der deutschen und österreichischen Regelung ergeben sich auch andere Ähnlichkeiten. So z.B. der Zeitpunkt, in welchem das Missverhältnis zwischen Leistung und Gegenleistung bestimmt wird: der Zeitpunkt des Vertragsabschlusses. Für die Anfechtungsklage im Falle der Volljährigen stellt Art. 1222 des neuen rumänischen ZGB eine zusätzliche Bedingung und zwar, dass ein Vertragsteil nicht einmal die Hälfte dessen, was er dem anderen Vertragsteil gegeben hat, von diesem als

---

des Zivilrechts, 7. durchgesehene und von M. Nicolae und P. Trușcă ergänzte Auflage), Universul Juridic, București 2001, 157–159.

111 *Zamșa*, wie Fn. 79, 1283, Art 1221, Rz. 4–7.

112 Ausführlich dazu: *Helmut Koziol/Rudolf Welser/Andreas Kletečka*, Bürgerliches Recht, Band I, 14. Auflage, Manz, Wien 2014, 197 Rz. 556.

113 BGH, Urteil vom 11. Januar 1995 – VIII ZR 82/94, BGHZ 128, 255, 257 f.; Urteil vom 28. April 1999 – XII ZR 150/97, BGHZ 141, 257, 263; Urteil vom 19. Januar 2001 – V ZR 437/99, BGHZ 146, 298, 301 f.

Gegenleistung erhalten hat. Der rumänische Text spricht ausdrücklich von einer „laesio die die Hälfte überschreitet“. In § 934 ABGB heißt es „Verkürzung über die Hälfte“. Es muss verdeutlicht werden, dass es Unterschiede zwischen der Regelung der laesio enormis im österreichischen und deutschen Recht gibt. Das deutsche Zivilrecht kennt keinen geschriebenen Grundsatz des Verbots der enormen Verletzung. Der Bundesgerichtshof geht aber in ständiger Rechtsprechung davon aus, dass ein Geschäft nach § 138 Abs. 1 BGB sittenwidrig und damit nichtig ist, wenn ein auffälliges Missverhältnis zwischen dem Wert der Leistung und dem der Gegenleistung besteht. Ein solches Missverhältnis nimmt der Bundesgerichtshof an, wenn die Wertdifferenz bei 100 % liegt.[114] Zusätzlich zu der objektiven Äquivalenzstörung verlangt der BGH aber auch subjektive Faktoren bei der vom Geschäft begünstigten Partei. Regelmäßig müsse noch deren verwerfliche Gesinnung zu bejahen sein.[115] Das sei grundsätzlich dann der Fall, wenn die bevorteilte Vertragspartei das Ungleichgewicht erkannt oder sich dieser Erkenntnis fahrlässig verschlossen hat. Da bei einem besonders groben Missverhältnis der Leistungen laut BGH[116] eine tatsächliche Vermutung für die verwerfliche Gesinnung des Bevorteilten besteht, die erst durch besondere Umstände widerlegt werden müsse, ist in der Literatur von einer Renaissance der enormen Verletzung die Rede.[117] Die Schlussfolgerung der Rechtslehre, dass sich die deutsche Rechtspraxis wieder der laesio enormis angenähert hat, ist durch die Ansicht des Bundesgerichtshofs begründet, wonach bei Vorliegen eines auffälligen Missverhältnisses (von 100 %) gleichzeitig eine tatsächliche Vermutung für das subjektive Element der Sittenwidrigkeit spricht.

Die Kombination zweier verschiedener Vorschriften des ABGB im neuen rumänischen ZGB hätte keine besondere Bedeutung gehabt, wenn nicht von zwei verschiedenen Rechtsfiguren mit unterschiedlichen Bedingungen die Rede wäre. Die österreichische Rechtslehre hat den Unterschied zwischen laesio enormis und Wucher öfters hervorgehoben. Ich zitiere einige Erläuterungen der österreichischen Rechtslehre: „Die laesio enormis ist ein sehr praktisch zu handhabender Rechtsbehelf, da sie – etwa im Gegensatz zu

---

114 BGH, NJW-RR 1989, 1068.

115 BGHZ 141, 257 (263).

116 BGH, NJW 2004, 2671 (2673).

117 *Theo Mayer-Maly*, Renaissance der laesio enormis?, in: *Claus-Wilhelm Canaris/ Uwe Diederichsen* (Hrsg.), Festschrift für Karl Larenz zum 80. Geburtstag am 23. April 1983, C.H. Beck'sche Verlagsbuchhandlung, München 1983, 395–409; *Thomas Finkenauer*, Zur Renaissance der laesio enormis beim Kaufvertrag, in: *Lutz Aderhold/Barbara Grunewald/Dietgard Klingberg/Walter G. Paefgen* (Hrsg.), Festschrift für Harm Peter Westermann zum 70. Geburtstag, Verlag Dr. Otto Schmidt, Köln 2008, 183–207.

Wucher oder Irrtumsanfechtung – nicht auf subjektiven Tatbestandselementen aufbaut. Voraussetzung ist allein die Differenz im objektiven Wert, die relativ leicht bewiesen werden kann."[118] „§ 879 Abs. 2 Ziff. 4 unterscheidet sich von der laesio enormis (§§ 934 f.), die ebenfalls die Störung der objektiven Äquivalenz zum Gegenstand hat, durch das Fehlen einer starren Wertgrenze. Die Wuchervorschrift verlangt aber das Vorliegen gewisser subjektiver Voraussetzungen, auf die es bei § 934 nicht ankommt."[119] „Dabei setzt § 934 nur ein bestimmtes objektives Missverhältnis, nämlich 49:100, voraus. Für Wucher genügt schon ein geringeres Missverhältnis, doch müssen darüber hinaus subjektive Umstände auf Seite des Verkürzten vorliegen, die seine Selbstbestimmung beeinträchtigen, wie z.B. eine Zwangslage."[120]

Aus den zitierten Erläuterungen geht hervor, dass es zwei Rechtsfiguren (Wucher und laesio enormis) gibt, die auf zwei verschiedenen Grundsätzen beruhen: Die erste baut auf *subjektiven* Tatbestandselementen der Ausbeutung der Zwangslage des benachteiligten Vertragsteils auf, die zweite beruht auf einem *objektiven* Missverhältnis, nämlich 49:100. Durch die Kombination beider Rechtsfiguren hat der rumänische Gesetzgeber eine Synthese zwischen zwei entgegengesetzten Grundsätzen verwirklicht. Während die Kommentatoren des alten rumänischen ZGB[121] die Meinung vertraten, dass die laesio auf dem objektiven Grundsatz des Missverhältnisses zwischen Leistung und Gegenleistung beruht, sind die Kommentatoren des neuen ZGB[122] der Meinung, dass Art. 1221 des neuen rumänischen Gesetzbuchs die subjektive Auffassung von der laesio (wenigstens im Falle der Volljährigen) fördert, weil das Gesetz die subjektive Bedingung der Ausbeutung der Zwangslage des benachteiligten Vertragsteils verlangt. Es muss aber hinzugefügt werden, dass im selben Kommentar, neben der „subjektiven Bedingung"[123] auch von einer „objektiven Bedingung"[124], des Missverhältnisses zwischen Leistung und Gegenleistung, gesprochen wird. Zusätzlich wird im Kommentar zu Art. 1222 des neuen ZGB[125] die vom Gesetz gestellte Bedingung für die Anfechtungsklage betont, nämlich dass „die laesio die Hälfte überschreitet" (dass die Wertdifferenz zwischen Leistung und Gegenleistung bei 100 % liegt), was offensichtlich ein objektives Kriterium darstellt.

118 *Helmut Koziol/Rudolf Welser*, Bürgerliches Recht, Band I: Allgemeiner Teil und Schuldrecht, Manz, 10. Aufl. Wien 1995, 272.
119 Ebda, 144.
120 *Koziol/Welser/Kletečka*, wie Fn. 112, 109.
121 *Beleiu*, wie Fn. 110, 159.
122 *Zamşa*, wie Fn 79, Kommentar zu Art. 1221, Rz. 3.
123 Ebda, Rz. 6.
124 Ebda, Rz. 7.
125 Ebda, Art. 1222, Rz. 4.

VII Schlussfolgerungen

Traditionsgemäß war das rumänische Zivilrecht aus den historisch erläuterten Gründen vom französischen Recht wesentlich beeinflusst. Scheinbar hätte das bedeuten sollen, dass es keinen Einfluss des deutschen Rechtsdenkens im rumänischen Recht gäbe. Aber schon im Jahre 1817, als die rumänischen Fürstentümer noch Vasallen des Osmanischen Reiches waren, wurde zur Zeit des Fürsten Callimachi (einem Griechen aus dem Stadtviertel Fanar in Istanbul, der wie die anderen Fürsten der Moldau und der Walachei zwischen 1711–1821 vom Sultan ernannt wurde) ein Zivilgesetzbuch erlassen (Codex Calimach oder Codex civilis Moldaviae), das eine Nachahmung des österreichischen ABGB war.

Auch später, nach der Inkraftsetzung des Rumänischen Zivilgesetzbuchs im Jahre 1865, das eine Kopie des Code Napoléon war, gab es Einflüsse des deutschen Rechtsdenkens. Den Grundsätzen des französischen Rechts zuwider hat die rumänische Regierung in den ehemaligen österreichischen Provinzen (Siebenbürgen, Banat, Bukowina) das Grundbuchsystem mit seinem Intabulationsprinzip auch nach der Vereinigung dieser Provinzen mit dem alten Königreich Rumänien weiter beibehalten. Das bedeutete, dass wenigstens in diesen Provinzen ein System des Grundstückserwerbs galt, das dem deutschen näher war als dem französischen System. Es mussten Sondervorschriften über die Arten des Grundstückerwerbs, wie z.B. die Ersitzung, erlassen werden, damit der Grundstückerwerb in diesen Provinzen den Grundsätzen des deutschen Rechtsdenkens entsprach.

Das neue rumänische ZGB ist keine Kopie des französischen Zivilgesetzbuchs mehr. Unter den von den Verfassern des Gesetzbuchs verwendeten Quellen wird auch das deutsche BGB zitiert. Die Autoren erklären allerdings nicht, worin der Einfluss des deutschen Rechtsdenkens besteht. Es erscheinen aber neue Begriffe, die dem französisch beeinflussten rumänischen Recht bisher unbekannt waren. Zum ersten Mal erscheinen die Begriffe Grundbuch und Intabulationsprinzip im ZGB. Dann wurde die Risikoübertragung zum Zeitpunkt der Übergabe der Sache, der Eigentumsvorbehalt, der Kaufvertrag als Verpflichtungsgeschäft, und damit Begriffe, die aus dem deutschen Recht stammen, geregelt. Auch die Art und Weise in welcher die übermäßige Schädigung (laesio enormis) geregelt wurde, ist eine Folge des Einflusses des deutschen Rechtsdenkens.

Die Rechtslehre[126] erwähnt auch andere Vorschriften des neuen ZGB, die von dem deutschen Rechtsdenken (vor allem von den Vorschriften des BGB)

126 *Dan Oancea*, Die Europäisierung des rumänischen Privatrechts. Vortrag an der von den Universitäten aus Bukarest und Würzburg in Bukarest veranstalteten Sommerschule im September 2017.

beeinflusst wurden. Sie zitieren z.B. die Regelung der Anfechtbarkeit wegen Drohung[127] (Art. 1216, 1220 ZGB), der Schuldübernahme[128] (Art. 1599–1600 ZGB), oder mehrere Vorschriften der Verjährung, wie die Wirkung der Verjährung bei gesicherten Ansprüchen[129](Art. 2504 ZGB), die Wirkung der Verjährung[130] (Art. 2506 ZGB), Aufrechnung und Zurückbehaltungsrecht nach Eintritt der Verjährung[131] (Art. 2515 ZGB), Hemmung der Verjährung bei Verhandlungen[132]. Auch wurden einige Vorschriften des VII. Buchs über das Internationale Privatrecht von der deutschen Regelung beeinflusst. Leider sind diese Behauptungen nur in mündlichen, nicht auch in schriftlichen Vorträgen enthalten.

Als Schlussfolgerung kann festgehalten werden, dass im Unterschied zum alten Zivilgesetzbuch, das eine fast wortgetreue Nachahmung des französischen Code civil war, all diese zitierten Vorschriften des neuen rumänischen Zivilgesetzbuchs eine Abweichung vom französischen Rechtsdenken darstellen, die das rumänische Zivilrecht dem deutschen Recht näher bringen.

---

127 § 123 BGB.
128 §§ 414 ff. BGB.
129 § 216 BGB.
130 § 214 BGB.
131 § 215 BGB.
132 § 203 BGB.

Balázs Bodzási, Budapest

Die Änderungen der ungarischen Regelungen des Pfandrechts und ihr Verhältnis zur Wirtschaft

Abstract: Private law has always been closely related to economic life. Without knowledge of the contemporary economic climate even the development of modern civil law cannot be understood in its entirety. This makes the analysis of economic history inevitable for those who are working on issues related to civil law. The economic interests occur behind most of the civil norms. The legislator and those applying the law may take these economic interests also into account. This is particularly the case regarding the rules on securities in rem since this area has been directly affected by the economic changes of the 19th-20th centuries. The purpose of this study is to show how the changes in the development of the Hungarian economy have influenced the rules on securities in rem throughout the last 150 years, and what kind of challenges the Hungarian legislation has faced resulting from these changes.

I Problemstellung

Privatrechtliche Regelungen waren schon immer eng mit dem Wirtschaftsleben verknüpft. Die Entstehung des modernen Privatrechts kann nicht vollständig verstanden werden, ohne die zeitgenössischen wirtschaftlichen Verhältnisse zu kennen. All das macht wirtschaftshistorische Analysen für diejenigen unerlässlich, die sich mit dem Privatrecht beschäftigen.

Hinter den meisten zivilrechtlichen Bestimmungen lassen sich wirtschaftliche Bedürfnisse nachweisen. Der Gesetzgeber, der Rechtsanwender bzw. jeder, der sich mit dem Zivilrecht beschäftigt, muss diese wirtschaftlichen Abläufe berücksichtigen. Dies trifft insbesondere auf die Regelungen der dinglichen Kreditsicherheiten zu, auf die die wirtschaftlichen Veränderungen des 19. und 20. Jahrhunderts besondere Auswirkungen hatten.[1]

Ziel dieser Studie ist es zu veranschaulichen, wie sich die Änderung der Orientierung der ungarischen Wirtschaftsentwicklung in den vergangenen 150 Jahren auf die Regelung der dinglichen Kreditsicherheiten – vor allem des Pfandrechts – ausgewirkt haben und mit welchen Herausforderungen die ungarischen Gesetzgeber konfrontiert wurden.

---

1 Zum sich auf ganz Europa auswirkenden umfassenden Wandel des Immobilienrechts bzw. des Hypothekenrechts im 19. Jahrhundert siehe: *Helmut Coing,* Die Neugestaltung des Liegenschaftsrechts, in: *ders.* (Hrsg.), Studien zur Einwirkung der Industrialisierung auf das Recht, Dunkler & Humblot, Berlin 1991, 9–22.

II Die Beziehungen zwischen den dinglichen Kreditsicherheiten und der Eigentumseinrichtung

Die Regelung der dinglichen Kreditsicherheiten steht außer der Wirtschaft auch mit der Eigentumsordnung der jeweiligen Gesellschaft in einer sehr engen Beziehung. Dingliche Kreditsicherheiten im modernen Sinne werden nur unter den Umständen einer auf dem Privateigentum beruhenden Marktwirtschaft benötigt. Diese enge Beziehung wird einerseits durch den Übergang von den feudalen Eigentumsverhältnissen in die kapitalistischen Verhältnisse, andererseits durch die sozialistische Ära illustriert.

A Feudale Eigentumsverhältnisse

Unter feudalen Verhältnissen besaßen in Ungarn ausschließlich die Adeligen Privateigentum. Das adelige Eigentum wurde jedoch durch das Stammesprinzip bestimmt, dessen äußerliches Zeichen das Institut der Ausgleichung war. Die Pflicht zur Ausgleichung der Güter ergab sich aus dem Dekret des Königs Lajos (Ludwigs) des Großen von 1351, das der Avitizität Gesetzeskraft verlieh. Es wurde vorgeschrieben, dass der Besitz des Verstorbenen an Grund und Boden auf seine Geschwister, Verwandten und seinen Stamm übergehen muss.[2]

Eines der Hauptcharakteristika des feudalen adeligen Eigentums war demnach, dass das Eigentumsrecht im heutigen Sinne nur an beweglichen Sachen bestand. Grundbesitz stand unter der rechtlichen Gemeinschaft von Stämmen, die das Verfügungsrecht des Individuums auf einen möglichst engen Kreis zu reduzieren versuchten. Das Stammesprinzip engte das Recht des Eigentümers am Grundbesitz im Wesentlichen auf die Rechte eines Nießbrauchs ein. Der Eigentümer eines Grundbesitzes hatte nicht mehr Rechte als der Nießbraucher oder der Besitzer.[3]

Zusammenfassend kann festgestellt werden, dass die Grundlage des feudalen ungarischen Rechts die Avitizität, das Honorierungssystem und das durch das Urbar bestimmte adelige Grundbesitzvermögen darstellte. Die Regelung des Grundbesitzvermögens war eng mit den Schichten der feudalen Gesellschaft verbunden und zudem auch mit der Ordnung der Erbfolge verflochten. All dies hat die zeitgenössische pfandrechtliche Regelung grundlegend bestimmt.

---

2 *Pál Engel,* Beilleszkedés Európába, a kezdetektől 1440-ig (Integration in Europa, seit dem Anfang bis 1440), in: *Ferenc Glatz* (Hrsg.), Magyarok Európában (Ungarn in Europa), Bd. I, Háttér Lap- és Könyvkiadó, Budapest 1990, 304.

3 *Péter Ágoston,* A tulajdonjog alapjai (Grundlagen des Eigentumsrechts), Politzer Zsigmond és Fia kiadása, Budapest 1903, 48.

Das moderne Pfandrecht konnte sich erst nach der Aufhebung der feudalen Eigentumsverhältnisse und der Avitizität, nach der Niederschlagung der Revolution und des Freiheitskampfes 1848–49 entfalten. Infolge der Eigenarten der ungarischen Entwicklung erfolgte dies jedoch nicht als organische Entwicklung des ungarischen Rechts, sondern unter der unmittelbaren Wirkung des österreichischen Privatrechts.

B Die Zeit des Sozialismus

Auf Ähnliches kann auch aufgrund der Kenntnisse der rechtlichen Regelung der sozialistischen Ära geschlossen werden. Die auf dem Privateigentum beruhende gesellschaftliche Einrichtung wurde in Ungarn nach 1945 infolge der mit Gewalt erfolgten Verstaatlichung durch das sozialistische Staatseigentum abgelöst. Die sozialistische Geld- und Kapitalwirtschaft wurde verwirklicht und die staatliche Planwirtschaft sowie das staatliche Kreditmonopol wurden eingeführt.[4] Die Handelsbanken und die Kreditierung wurden praktisch abgeschafft. In Ermangelung von Privateigentum und Kreditierung war die Kreditsicherung eigentlich auch nicht nötig.[5]

Erst nach der politischen Wende 1989/90 bestand wieder ein Bedarf an Kreditsicherheiten. Zu diesem Zeitpunkt wurde die Neuregelung der Finanzierungsmittel der Banken, vor allem des Pfandrechts erforderlich.

III Das Verhältnis der Wirtschaft und des bürgerlichen Rechts in der Epoche nach dem Ende des Feudalismus

Ein den Bedürfnissen der Kapitalwirtschaft entsprechendes modernes Pfandrecht ist in Ungarn unter dem unmittelbaren Einfluss des österreichischen Rechts in den 1850er Jahren entstanden. Das moderne Pfandrecht unterscheidet sich vom feudalen Pfandrecht im Wesentlichen darin, dass anstelle der Nutzung des Pfandgegenstands der Vorrang der dem Gläubiger zustehenden Befriedigung zum Hauptzweck des Rechtsinstituts geworden ist. Grundlegende Voraussetzung dafür war jedoch neben der umfassenden Verbreitung der Finanzwirtschaft auch die Entstehung von Marktverhältnissen, die die Verwertung der Pfandgegenstände ermöglichten. Dieser Vorrang der Befriedigung setzte dabei auch ein intensives Kreditleben voraus, denn der Vorrang vor anderen Gläubigern kann nur dann Sinn machen, wenn in der Wirtschaft eine wirkliche Kreditvergabe erfolgt. All das macht die genauere

4 Siehe dazu die Verordnung Nr. 19/1952 (III. 13.) des Ministerrats vom 13.3.1952.
5 Für eine eingehende Übersicht siehe *Attila Harmathy*, Das Recht der Mobiliarsicherheiten – Kontinuität und Entwicklung in Ungarn, in: *Karl F. Kreuzer* (Hrsg.), Mobiliarsicherheiten – Vielfalt oder Einheit?, Nomos, Baden-Baden 1999, 78–83.

Untersuchung der ungarischen Wirtschaftsverhältnisse in der zweiten Hälfte des 19. Jahrhunderts erforderlich.

In diesem Zusammenhang muss kurz auf jene Errungenschaften eingegangen werden, die wir der Revolution und dem Freiheitskampf 1848/49 zu verdanken haben. In Hinblick auf unser Thema war die bedeutendste Errungenschaft, dass die Avitizität durch den Gesetzesartikel Nr. 15 aus dem Jahre 1848 aufgehoben wurde. Ein sehr viel größeres Problem warf die Beendigung der Urbarialverhältnisse auf. Ihre Grundlage bildete der Gesetzesartikel Nr. 9 aus dem Jahre 1848, der die Beendigung der aufgrund des Herrenzinses und den diesen ersetzenden Verträgen früher praktizierter Dienstleistungen (Frondienste), des Kirchenzehnten und der Geldzahlungen verfügte. Kernproblem in dem Zusammenhang war, dass zeitgleich damit auch die Schulden der Leibeigenen aufgehoben wurden, was jedoch die Entschädigung der die persönlichen Dienstleistungen verlierenden Grundeigentümer erforderlich machte. Dazu ist es jedoch schon im Rahmen des am 2. März 1853 erlassenen sog. Urbarialpatents gekommen. Dieses gewährte den ehemaligen Leibeigenen hinsichtlich ihres Grundstücks volles Eigentum und freies Verfügungsrecht. Die Ordnung der Urbarialverhältnisse betraf jedoch so viele Interessen und stieß auf derartige Schwierigkeiten, dass sie bis zum ersten Jahrzehnt des 20. Jahrhunderts noch nicht vollendet war.[6]

Der bürgerliche Wandel hat also mit den 1848 bis 1849 erlassenen Gesetzen seinen Anfang genommen. Dass es erst in den Jahren der unmittelbaren Anwendung des österreichischen Rechts zum vollständigen bürgerlichen Wandel bzw. zum Beginn der Entwicklung der Kapitalwirtschaft gekommen ist, ist nunmehr eine Folge der eigenen und tragischen Entwicklung der ungarischen Geschichte.

Die heimischen wirtschaftlichen und juristischen Veränderungen müssen auch vom europäischen Aspekt her untersucht werden, weshalb dem am Anfang des 19. Jahrhunderts stattgefundenen radikalen Wandel, der beinahe sämtliche Länder Europas betraf, eine herausragende Bedeutung zukommt.

A Hypothekenrechtliche Reformen in Europa im 19. Jahrhundert

Die Wirkung der rechtlichen Regelung der dinglichen Kreditsicherheiten auf die Wirtschaft stellen die großen hypothekenrechtlichen und immobilienrechtlichen Reformen im 19. Jahrhundert anschaulich dar, von denen fast alle Staaten in Europa betroffen waren.

Der Hauptbeweggrund für die Hypothekenreformen im 19. Jahrhundert war, dass für den mit der Immobilie verbundenen sog. Realkredit günstigere rechtliche Rahmenbedingungen geschaffen werden mussten. Das

6 *Ágoston*, wie Fn. 3, 78.

Hauptproblem jener Epoche war, dass das Kapital fast ausschließlich in die Industrie floss. Die Rechtsordnung hat nämlich für die Unternehmen in der Industrie die Ausgabe von verkehrsfähigen, leicht übertragbaren und veräußerbaren Investitionsmitteln ermöglicht. Durch die Aktien und Obligationen war die Anziehungskraft der Industrie viel größer als die der Landwirtschaft. In der Folge geriet die Landwirtschaft in eine nachteilige Situation gegenüber der Industrie, wobei die einzelnen landwirtschaftlichen Hersteller keinen Kontakt mit dem Kapitalmarkt hatten.[7]

Die große Umwandlung des Immobilien- und Hypothekenrechts im 19. Jahrhundert kann nur im Anschluss an die zeitgenössischen Wirtschaftsprozesse ausgelegt werden. In diesem Zeitraum fand nämlich die vollständige Mobilisierung der Produktion, des Kapitals und des Kulturbodens statt. Als dessen Wirkung trat an die Stelle der früheren feudalen bzw. merkantilistischen Wirtschaftsauffassung das Bild des freien und expansiven Unternehmens. Diese Mobilisierung betraf nicht nur den Warenaustausch, sondern die ganze soziale Umverteilung einschließlich der Kreditierung sowie des Kapital- und Geldverkehrs.[8]

Das vorrangige Ziel der Hypothekenreformen im 19. Jahrhundert bestand darin, die Landwirtschaft für den Wettbewerb mit der Industrie auf dem Kapitalmarkt fähig zu machen. Den Immobilieneigentümern musste ermöglicht werden, den Wert der Immobilie in Form einer Kapitalanlage nutzen zu können. Da das rechtliche Instrument der Kapitaleinziehung die Hypothek war, musste die hypothekenrechtliche Regelung für die Gläubiger einen solchen Anreiz haben, wie dies von den industriellen und den Verkehrsunternehmen angeboten wurde. Dazu musste die Hypothek leicht eintragbar, übertragbar und durchsetzbar gemacht werden.[9] Für die Investoren war es wichtig, dass die Hypothek ein verkehrsfähiges Recht bildete, d.h. dass der Rechtstitel frei übertragbar wurde. Dadurch konnte das investierte Kapital jederzeit entzogen und neu mobilisiert werden.[10]

B Die rechtliche Lage nach 1848/49

1 *Die gesetzliche Abschaffung der Avitizität*

Einer der bedeutendsten Erfolge der Revolution und des Freiheitskampfs 1848/49 war, dass die Bauernbefreiung aus der Leibeigenschaft und die

---

7 *Coing*, wie Fn. 1, 9–12.

8 *Franz Wieacker*, Pandektenwissenschaft und industrielle Revolution, in: *Gerhard Erdsiek* (Hrsg.), Juristen-Jahrbuch, Bd. 9, Dr. Otto Schmidt KG, Köln-Marienburg 1968/69, 2.

9 *Coing*, wie Fn. 1, 12.

10 Ebda.

Aufhebung der Avitizität auch später nicht außer Kraft gesetzt wurden. All das hatte auch Auswirkung auf die Verpfändung gemäß dem früheren feudalen ungarischen Recht, denn das Institut des Pfandlehens wurde aufgehoben. Das wurde am 28. Dezember 1849 durch eine Verordnung des Justizministers ausgesprochen.

Die Bedeutung des am 29. November 1852 erlassenen Patents über die Avitizität und die Besitzverhältnisse („Öffentlicher Befehl zur Avitizität") ist auch aus dem Grund herausragend, weil es, sich an den im Umbruch befindlichen Vermögens- und Besitzverhältnissen orientierend, grundsätzliche vermögensrechtliche Fragen regelte. Es behandelte die durch das Donationssystem entstandenen Besitzverhältnisse und setzte das frühere System der königlichen und palatinischen Donationen außer Kraft. Das Patent bestimmte auch, dass Privatpersonen den Besitz von Gütern und Rechten unter Berufung auf Gründe gemäß dem früheren feudalen Recht untereinander nicht mehr durch neu einzuleitende Prozesse anfechten konnten.

Die §§ 14–18 des Patents regelten die Eigentumsübertragung gesondert. In diesem Zusammenhang wurde festgelegt, dass hinsichtlich der Förmlichkeiten, die für einen Eigentumsübertragungsvertrag erforderlich sind, keinerlei Unterschied zwischen adeligen und anderen Gütern gemacht werden darf. Die in den Geltungsbereich des österreichischen Allgemeinen Bürgerlichen Gesetzbuchs fallenden Übertragungen von Immobilien konnten gemäß den früheren Gesetzen nicht mehr durch Prozess angefochten werden. § 18 besagte ausdrücklich, dass das früher bestehende gesetzliche Vorkaufsrecht der Verwandten und Nachbarn sowie alle sonstigen gesetzlichen Vorkaufsrechte aufgehoben wurden. Unter diesem Rechtstitel konnten keine Prozesse mehr gegen Eigentumsübertragungen eingeleitet werden.

Die §§ 19–25 des Patents handelten vom vertraglichen und richterlichen Pfand. Aufgrund dessen wurden die früher abgeschlossenen Pfandverträge, Immobilienverkäufe auf Zeit sowie jene Vereinbarungen unwirksam, die dem Gläubiger anstelle der Zinsen den Nießbrauch der verpfändeten Güter überlassen haben. Wer hingegen adelige Güter erworben hat, erlangte volles Eigentum an ihnen, d.h. der Schuldner und dessen Rechtsnachfolger konnten ihr Rückeinlösungsrecht hinsichtlich dieser nicht mehr ausüben.

Das Eigentumsrecht an dem von ihnen besessenen Grundstück gewährte den ehemaligen Leibeigenen das kaiserliche Patent vom 2. März 1853. Gleichzeitig regelte das Patent vom 16. Januar 1854 die Entschädigung der Grundbesitzer. Diese Verfügungen wurden auch von der Konferenz der Landesrichter im Jahre 1861 aufrechterhalten.

2 *Das Inkrafttreten des österreichischen Allgemeinen Bürgerlichen Gesetzbuchs*

Im Hinblick auf die Entwicklung des modernen ungarischen Privatrechts war es von herausragender Bedeutung, dass das österreichische Allgemeine Bürgerliche Gesetzbuch (ABGB) am 1. Mai 1853 auch in Ungarn in Kraft gesetzt wurde.[11] Einer der Hauptgründe dafür war die Auflösung des feudalen Bandes bzw. die Beendigung jedweder feudalen Bindung. Dementsprechend hat das ABGB in erster Linie auf dem Gebiet des Sachenrechts und innerhalb dessen des Immobilien- und Hypothekenrechts eine von der früheren Rechtsentwicklung erheblich abweichende Richtung eingeschlagen.

Das ABGB hat die Rechtsformen der bestehenden Eigentums- und Besitzverhältnisse vereinfacht und aufgrund allgemeiner Grundsätze geordnet. Vom eigentumsrechtlichen Aspekt her war es von zentraler Bedeutung, dass sich das ABGB über die feudalen Eigentumsverhältnisse hinweggesetzt und den Begriff des einheitlichen Eigentums eingeführt hat. Eigentum hatte im Fall adeligen, nicht adeligen, unbeweglichen, beweglichen, ererbten und erworbenen Eigentums stets dieselbe Bedeutung.[12]

Aus pfandrechtlicher Sicht war maßgeblich, dass neue gesetzliche Maßnahmen hinsichtlich der Vermögensverhältnisse erforderlich wurden, deren Zweck die Sicherung von Forderungen war, nachdem das Patent über die Avitizität aus dem Jahre 1852 die dem früheren Recht entsprechende Verpfändung verboten hat. Vom Aspekt der hypothekenrechtlichen Regelung her war neben dem ABGB auch die Grundbuchsverordnung vom 15. Dezember 1855 von grundsätzlicher Bedeutung.

3 *Die Übergangsregeln der Gerichtsbarkeit*

Gemäß den von der Konferenz der Landesrichter 1861 verabschiedeten Übergangsregeln der Gerichtsbarkeit waren all jene Bestimmungen des ABGB auch weiterhin anzuwenden, die vom Hypothekenrecht handelten und zur Grundbuchsordnung des Jahres 1855 (§ I 21) gehörten. Aufgrund dessen

---

11 Siehe dazu *Lajos Vékás*, Az Osztrák Polgári Törvénykönyv hatása a magyar magánjog fejlődésére (Wirkung des Österreichischen Bürgerlichen Gesetzbuchs auf die Entwicklung des ungarischen Privatrechts), in: *Lajos Rácz*, (Hrsg.), A német-osztrák jogterület klasszikus magánjogi kodifikációi (Die klassischen privatrechtlichen Kodifikationen des deutsch-österreichischen Rechtsgebiets). Tanulmányok az Optk. és a BGB évfordulói alkalmából (Denkschriften aus dem Anlass der Jubiläen des AGBG und des BGB), Martin Opitz Kiadó, Budapest 2011, 21–33.

12 *Gusztáv Wenzel*, Az Ausztriai Általános Polgári Törvénykönyv Magyarázata (Erklärung des Österreichischen Allgemeinen Bürgerlichen Gesetzbuchs), Geibel Ármin Sajátja, Pest 1854, 288.

kamen die einschlägigen Bestimmungen des ABGB über das Entstehen (den Erwerb), die Wirkung, die Belastung, die Übertragung und die Beendigung einer Hypothek bis zum Ende der Epoche, also bis 1918, auch in Ungarn zur Anwendung.[13] Darauf deutet auch der aus dieser Epoche stammende Begriff „österreichisch-ungarisches Hypothekenrecht" hin.[14]

Die Bestimmungen des ABGB über das Hypothekenrecht blieben auch nach dem Ausgleich im Jahre 1867 maßgebend und waren weiterhin anzuwenden. In der Epoche vor dem Ersten Weltkrieg waren die Rechtsquellen des Hypothekenrechts die Grundbuchsordnung aus dem Jahre 1855, einige diese nachträglich ergänzenden Gesetze sowie das ABGB. Unter den späteren Rechtsvorschriften ist der Gesetzartikel Nr. 60 aus dem Jahre 1881 über das Vollstreckungsrecht hervorzuheben, der nicht nur verfahrens-, sondern auch materiellrechtliche Regeln über die Wirkung, die Kollision, die Übertragung und die Beendigung der Hypotheken enthielt.

Es muss aber darauf hingewiesen werden, dass die Regeln des ABGB von der richterlichen Praxis teilweise weiterentwickelt[15] und teilweise durch Rechtssätze ergänzt wurden, die den ungarischen Verhältnissen besser entsprachen. Insbesondere auf dem Gebiet des Pfandrechts war das Bestreben nach einer gewissen Vereinfachung und Flexibilisierung in der ungarischen Praxis zu beobachten.[16] All das hing eng mit den wirtschaftlichen Prozessen der Epoche zusammen, worauf im nächsten Punkt eingegangen wird.

C Die wirtschaftliche Entwicklung in der Epoche des Dualismus

Die auffallendste Tendenz bei der Untersuchung der Epoche zwischen 1850 und 1910 ist das dynamische Wachstum der Bevölkerungszahl. Die

---

13 *Konrád Imling*, A zálogjog (Das Pfandrecht), in: *Ármin Fodor* (Hrsg.), Magyar Magánjog (Ungarisches Privatrecht), Bd. 2: Sachenrecht, Singer és Wolfner, Budapest 1905, 658.

14 *Ágoston*, wie Fn. 3, 49.

15 Beschluss Nr. 48 der Vollsitzung der Kurie, Beschluss Nr. 9 der Vollsitzung der Kurie, Rechtseinheitlichkeitsbeschluss in bürgerlichen Sachen Nr. 8, Rechtseinheitlichkeitsbeschluss in bürgerlichen Sachen Nr. 23, Beschluss Nr. 61 der Vollsitzung der Kurie.

16 *Endre Nizsalovszky*, A zálogjogok és a telki teher néhány főkérdése (Einige Hauptfragen der Pfandrechte und der Reallast), Grill Károly Könyvkiadóvállalata, Budapest 1928, 35. Laut Nizsalovszky hat sich das auch dadurch geäußert, dass das ungarische Recht die symbolische Übergabe im Fall des Faustpfandrechts (Handpfandrechts) lockerer handhabte als das österreichische Recht und die Wirkung des Pfandrechts nicht aufgehoben hat, wenn der Verpfänder den Besitz am Pfandgegenstand vorübergehend wiedererlangt hat. Andererseits hat die ungarische Praxis die Rechtsstellung des Pfandhalters nach dem Muster der Rechtsstellung der mit der Verwaltung der Pfandgegenstände betrauten Person ausgestaltet.

Bevölkerungsanzahl des Landes lag 1850 bei 13,8 Millionen, 1869 bei 15,4 Millionen und 1910 bereits bei 20,9 Millionen. Das ist selbst dann noch ein bedeutendes Wachstum, wenn man berücksichtigt, dass ab den 1880er Jahren bis zum Ausbruch des Ersten Weltkriegs circa 1,3 bis 1,4 Millionen Personen das Land verlassen haben.[17]

Die Gesetze aus dem Jahre 1848 haben das Leibeigenensystem in Ungarn liquidiert. Rund 50 % des Bodens gelangte in die Hände des Bauernstands, die andere Hälfte verblieb im Eigentum der Grundherren. In der Struktur des Grundbesitzes ist in dem halben Jahrhundert nach dem Ausgleich keine bedeutendere Veränderung mehr eingetreten. Das bedeutete, dass in der Landwirtschaft, entsprechend dem Charakter der Bauernbefreiung aus der Leibeigenschaft, das Großgrundsystem bis zum Schluss dominierte. Andererseits wurden die Voraussetzungen für die Entwicklung einer modernen Landwirtschaft nicht durch die Bauernbefreiung an sich geschaffen. Es fehlte der Markt, das Kapital und die moderne Arbeitsorganisation. All dies entwickelte sich nur allmählich.[18]

Trotz der grundsätzlichen Bewegungslosigkeit der landwirtschaftlichen Grundstruktur haben sich andere Voraussetzungen der Modernisierung günstiger entwickelt. Hier muss insbesondere die Versorgung mit Krediten erwähnt werden. 1863 wurde das Ungarische Bodenkreditinstitut (Magyar Földhitelintézet) gegründet, dessen ausschließliche Aufgabe die Minderung des Kreditmangels der ungarischen Landwirtschaft war. Daneben war schon vor dem Ausgleich zu beobachten, dass die größere Kreditvergabebereitschaft der österreichischen Banken den Kreditmangel minderte. Nach dem Ausgleich ist eine noch größere Präsenz des österreichischen Kapitals nachweisbar. Nach 1967 stieg der Bestand an Hypothekendarlehen der heimischen Kreditinstitute auf Grundbesitz rasant an. Die Dynamik der Entwicklung des Bestands an Hypothekendarlehen wurde auch von der Börsenkrise im Jahre 1873 nicht gebrochen.

Die auf Grundbesitz gewährten Hypothekendarlehen spielten eine große Rolle bei der technischen Entwicklung der Landwirtschaft. Während 1870 noch 2.474 Dampfmaschinen verzeichnet wurden, waren es 1895 bereits 9.688. Vor dem Weltkrieg überstieg diese Zahl bereits 30.000. Das bedeutete, dass das Dreschen, das zu der Zeit der erste und einzige mechanisierte landwirtschaftliche Prozess in Ungarn war, bis zu diesem Zeitpunkt die Vollmechanisierung erreicht hat.[19]

---

17 *Iván Berend T./György Ránki*, A magyar gazdaság száz éve (Hundert Jahre der ungarischen Wirtschaft), Kossuth Könyvkiadó, Budapest 1972, 18–19.

18 Ebda, 38.

19 Ebda, 42.

Infolge der technischen Entwicklung der Landwirtschaft wuchs auch die Größe der bewirtschafteten Fläche und es trat eine bedeutende Veränderung im Verhältnis der Bewirtschaftungszweige ein. Die Erweiterung der Äcker an sich ist schon ein wichtiger Gradmesser für die Entwicklung der Landwirtschaft, insbesondere wenn all dies auf Kosten der unfruchtbaren Gebiete erfolgt.

Eine bemerkenswerte Entwicklung kennzeichnete daneben auch die Tierzucht, insbesondere ab den 1880er Jahren. Um die Jahrhundertwende stammten mehr als 40 % des in der Landwirtschaft erwirtschafteten Nationaleinkommens (2,2 Milliarden ungarische Kronen) aus der Tierzucht.

Die Entwicklung der Landwirtschaft blieb zwar hinter der Entwicklung der Industrie zurück, erreichte im Zeitraum zwischen 1867 und 1914 aber auch so 1,8 % jährlich. Aufgrund dessen spielte die Landwirtschaft auch weiterhin eine entscheidende Rolle, sowohl hinsichtlich der Beschäftigung, als auch der Erwirtschaftung des Bruttonationalprodukts.[20] Bis zum Ende der Epoche dominierte gleichzeitig das Großgrundsystem in der Landwirtschaft.

Neben der Entstehung der modernen Kreditvergabe trug auch die enorme Entwicklung des Verkehrswesens in großem Maße zur Konjunktur der Landwirtschaft bei. Der Eisenbahnbau nahm außerordentliche Maße an. Bereits in den 1850er Jahren wurden durchschnittlich 250 km Eisenbahnstrecke gebaut. Diese Zahl stieg im Jahr des Ausgleichs auf 600 km und im Zeitraum zwischen 1867 und 1873 bereits auf 4.000 km. Die Länge des ungarischen Eisenbahnnetzes betrug 1873 mehr als 6.000 km und erhöhte sich bis 1913 auf über 22.000 km. Die Eisenbahndichte Ungarns war im mittel- und osteuropäischen Maßstab besonders hoch entwickelt. Dieses Eisenbahnnetz veränderte den Verkehr des Landes grundlegend und schuf den Kreislauf der modernen Wirtschaft. Der Ausbau der Eisenbahn hatte – durch ihre marktschaffenden Wirkungen – auch einen außerordentlichen Einfluss auf andere Zweige der Wirtschaft. Der massenhafte Eisenbahnbau hat dabei auch die Situation des Boden- und Kapitalmarkts erheblich verändert.[21]

Die Entwicklung des Kreditwesens und des Verkehrs sowie die sich beschleunigende landwirtschaftliche und industrielle Produktion spielten eine große Rolle bei der Veränderung der traditionellen Handelstätigkeit und der Handelsformen. In Ungarn trat der moderne Handel in der zweiten Hälfte des 19. Jahrhunderts in Erscheinung. In Bezug auf die Wirtschaftsentwicklung kam der Zunahme des Außenhandels eine herausragende Bedeutung zu. Die außerordentlich schnelle Entwicklung des Außenhandels trug

20 Ebda, 48.
21 Ebda, 34–35.

jedoch grundsätzlich unveränderte strukturelle Züge: Den überwiegenden Teil der Ausfuhren bildeten landwirtschaftliche Erzeugnisse und in wachsendem Maß Produkte der Nahrungsmittelindustrie. Landwirtschaftliche Rohstoffe machten mehr als die Hälfte des Exports aus. 70 bis 75 % der Ausfuhren gingen in österreichisch-tschechische Gebiete.[22]

D Die Regeln des ungarischen Pfandrechts in der Epoche nach dem Ausgleich

In der zweiten Hälfte des 19. Jahrhunderts setzte in Ungarn die Modernisierung der Wirtschaft und der Gesellschaft ein. Parallel dazu stieg der Bedarf an Krediten drastisch an. Für die Kredite waren aber entsprechende Sicherheiten erforderlich. Zu dem Zeitpunkt erlangte das Pfandrecht herausragende Bedeutung, da es dem Kreditgeber nicht nur einen Anspruch gegenüber dem persönlichen Schuldner sicherte, sondern auch gegenüber jedem anderen. Das Problem mit den meisten Sicherheiten war nämlich, dass sie nur durchsetzbar waren, wenn sich das Vermögen im Eigentum des Schuldners befand. Sobald er es aber einer dritten Person übertragen hatte, konnte sich der Gläubiger keine Befriedigung mehr aus dem Vermögen verschaffen. Um diese Situation zu vermeiden bzw. zur erhöhten Sicherung der Befriedigung des Gläubigers hat das bürgerliche Recht das moderne Pfandrecht geschaffen.[23]

Der Begriff des Pfandrechts wurde in der Rechtsliteratur jener Zeit aufgrund von § 447 ABGB festgelegt. Dementsprechend wurde das Pfandrecht als ein an einer fremden Sache bestehendes Recht angesehen, das akzessorischer Natur und unteilbar ist. Der sachenrechtliche Charakter des Pfandrechts bedeutete, dass dem Gläubiger das Pfandrecht unabhängig von der Person des Eigentümers zustand. In diesem Sinne konnte der Eigentümer ein Pfandrecht an seiner eigenen Sache gewähren, ohne dass er in irgendeinem Rechtsverhältnis zum Gläubiger stand. Andererseits offenbarte sich der sachenrechtliche Charakter auch dadurch, dass das Pfandrecht auch bestehen blieb, wenn der Pfandgegenstand nachträglich zum Eigentum einer dritten Person geworden ist.[24] Das Pfandrecht beschränkte die Veräußerung

22 Ebda, 70.

23 *Imre Zlinszky*, A magyar magánjog mai érvényében – különös tekintettel a gyakorlat igényeire (Das ungarische Privatrecht in seiner heute geltenden Fassung – mit besonderem Hinblick auf die Bedürfnisse der Praxis), ergänzt von *Sándor Dárday*, Franklin-Társulat, 5. Aufl. Budapest 1894, 299.

24 *Imling*, wie Fn 13, 624.

des Pfandgegenstandes somit nicht, da es als dingliches Recht von absoluter Natur war, das der Sache anhaftet.[25]

Die Unteilbarkeit des Pfandrechts bedeutete einerseits, dass sich das Pfandrecht auch auf Erträge – auf die Zinsen – erstreckt hat, wenn die Forderung nachträglich angewachsen ist. Die Unteilbarkeit bedeutete aber auch, dass das Pfandrecht solange bestand, bis die gesamte Forderung getilgt worden ist. Zweck des Pfandrechts war also die Sicherung der vollständigen Befriedigung. Die teilweise Befriedigung der Forderung konnte dementsprechend nicht die teilweise Befreiung des belasteten Gegenstandes von dem Pfandrecht nach sich ziehen.[26] Daraus folgte auch, dass mehrere Pfandgegenstände, die der Sicherung derselben Forderung dienten (Gesamtpfandrecht), solange gebunden blieben, bis die ganze Forderung befriedigt war.

Die zeitgenössischen Autoren haben im Zuge der Festlegung des Pfandrechtsbegriffs dessen sachenrechtlichen Charakter und das darin bestimmte Befriedigungsrecht hervorgehoben. Zweck des Pfandrechts war es also, dem Gläubiger eine vollständige Sicherheit zu bieten, ohne dass dadurch das Eigentumsrecht des Eigentümers oder die Bedürfnisse des Verkehrs einen Schaden nahmen.[27]

Als das Wesentliche des Pfandrechts haben sie daneben angesehen, dass der Gläubiger seine Forderung im Fall des Nichtbezahlens oder nicht vertraglichen Bezahlens aus einer anderen Sache befriedigen kann. Der Zweck des Pfandrechts war gleichzeitig die Sicherung einer bestimmten Forderung, weshalb es nicht für sich selbst und auch nicht selbstständig existierte. Und da seine Ausübung den Entzug der fremden Sache vom Eigentümer bedeutet, stellte das Pfandrecht hinsichtlich des Eigentumsrechts eine viel schwerere und umfangreichere Belastung dar als die anderen Rechte bezüglich fremder Sachen.[28] Denn keines dieser Rechte bewirkte den Entzug der Eigentümerbefugnisse in dem Maße wie das Pfandrecht, das im Ergebnis den Verlust des Eigentumsrechts zum Ergebnis hatte. Man hat auch hervorgehoben, dass das Pfandrecht den Eigentümer nur zur Duldung oder Unterlassung verpflichten kann. Aufgrund dessen ist der Eigentümer verpflichtet, die Befriedigung des Gläubigers aus dem sein Eigentum bildenden Pfandgegenstand zu dulden. Dabei darf er den Pfandgegenstand nicht verschlechtern und nicht vernichten, damit die Befriedigung des Gläubigers nicht vereitelt wird. Der

25 *Bálint Kolosváry*, A magyar magánjog tankönyve (Lehrbuch des ungarischen Privatrechts), Politzer Zsigmond és Fia Könyvkereskedése, Budapest 1904, 403.

26 Ebda, 403. Eine Ausnahme davon machte das zeitgenössische Recht nur, wenn der Pfandgegenstand ein Geldbetrag war.

27 *Zlinszky*, wie Fn. 23, 299.

28 *Kolosváry*, wie Fn. 25, 401–402.

Eigentümer war allerdings aus dem Pfandrecht nicht zu etwas Positivem, d.h. zum Handeln oder zum Tun verpflichtet.[29]

Im Zusammenhang mit dem Begriff des Pfandrechts hat man auch auf die Ähnlichkeit zwischen Pfandrecht und Bürgschaft aufmerksam gemacht. Man wies darauf hin, dass die wirtschaftliche Bestimmung der beiden Rechtsinstitute identisch ist, was auch durch die Akzessorietät zum Ausdruck gelangt. Aufgrund der Akzessorietät hängen nämlich beide Sicherheiten von dem Hauptrecht, dem Schuldverhältnis, ab und werden dadurch in ihrer Entstehung und ihrem Bestehen beeinflusst. Das Pfandrecht wurde deshalb auch als dingliche Bürgschaft bezeichnet, wobei freilich die Unterschiede zwischen Pfandrecht und Bürgschaft betont wurden, sodass beide als eigenständige Rechtsinstitute in Erscheinung treten.[30]

Die pfandrechtliche Sicherung hatte dingliche Kraft, das heißt der Gläubiger konnte sich unabhängig davon befriedigen, wem der fragliche Vermögensgegenstand bei Ablauf gehört hat. Aus diesem Aspekt diente das Pfandrecht den Interessen des Gläubigers noch wirksamer als die Bürgschaft, da die Befriedigung des Gläubigers nicht von der Erfüllungsbereitschaft oder Erfüllungsfähigkeit des persönlichen Schuldners oder des Bürgen abhing. Neben dem Pfandgegenstand konnte sich der Gläubiger gleichzeitig auch aus den sonstigen Vermögensgegenständen des persönlichen Schuldners befriedigen.[31]

Schließlich gab es auch Autoren, die das Wesentliche des Pfandrechts im Zurückbehaltungsrecht sahen, das in engem Zusammenhang mit dem Pfandeinlösungsrecht des Eigentümers stand.[32] Andererseits wurde hervorgehoben, dass die Haftung bis zum Pfandwert ein Fall der beschränkten Haftung ist. Diese beschränkte Haftung bis zum Pfandwert kann sowohl akzessorisch als auch selbstständig sein.[33]

Mit dem Begriff des Pfandrechts hat die zeitgenössische ungarische Rechtsliteratur zwei wichtige Grundprinzipien verbunden: das Prinzip der Öffentlichkeit und Prinzip der Spezialität. Das Prinzip der Öffentlichkeit bedeutete, dass das Pfandrecht auf eine Weise zu entstehen hatte, dass davon jeder Kenntnis erlangen konnte. Das wurde bei beweglichen Sachen durch die Übergabe und bei Immobilien durch die Eintragung ins Grundbuch sichergestellt. Das Prinzip der Spezialität hingegen bedeutete, dass sich

---

29 Ebda, 403.

30 *Imling*, wie Fn. 13, 623–624.

31 *Ferencz Raffay*, A magyar magánjog kézikönyve (Handbuch des ungarischen Privatrechts), Bd. 2, hrsg. von *Henrik Sziklai*, Eperjes 1906, 125.

32 *Benő Zsögöd*, Fejezetek kötelmi jogunk köréből (Kapitel aus dem Kreis unseres Schuldrechts), Bd. 2, Athenaeum Nyomda, Budapest 1900, 633–634.

33 Ebda, 895.

das Pfandrecht immer nur auf einen konkret bestimmten Pfandgegenstand beziehen konnte. Ein sich auf das gesamte gegenwärtige und zukünftige Vermögen des Schuldners erstreckendes generelles Pfandrecht konnte nicht eingerichtet werden.[34] Sogar das gesetzliche Pfandrecht erstreckte sich lediglich auf gewisse Vermögensgegenstände, ein allgemeines gesetzliches Pfandrecht kannte das ungarische Privatrecht nicht.[35]

Zusammenfassend kann festgestellt werden, dass das Institut des modernen Pfandrechts im ungarischen Privatrecht in der Epoche der unmittelbaren Anwendung des österreichischen Rechts, also in den 1850er Jahren, geschaffen wurde. Der Begriff des Pfandrechts wurde vom ABGB festgelegt, aber mit dieser Frage, sowie mit dem sachenrechtlichen bzw. schuldrechtlichen Charakter des Pfandrechts, hat sich auch die zeitgenössische Rechtsliteratur ausführlich beschäftigt.

Das Pfandrecht wurde als beschränktes dingliches Recht angesehen, dessen Kern der Vorrang der dem Gläubiger zustehenden Befriedigung war. Der Zweck des Pfandrechts war die Sicherung der gesamten vermögensrechtlichen Forderungen, die durch das Pfandrecht von der Zahlungsfähigkeit und Zahlungsbereitschaft des Schuldners unabhängig gemacht wurden. Dies hat im Endergebnis bedeutet, dass der Pfandgegenstand für die Forderung haftete, das Pfandrecht also eine Art dingliche Haftung für die Begleichung der Schulden war. Der Vermögensgegenstand sicherte dem Gläubiger anhand des inhärenten Wertes bzw. anhand der mit dem Pfandrecht zusammenhängenden Verwertungsmöglichkeit die Hoffnung auf Befriedigung.[36]

E Zwischenzusammenfassung

Nach der Niederschlagung der Revolution und des Freiheitskampfes 1848/49 wurde die innere Entwicklung des ungarischen Rechts – insbesondere auf dem Gebiet des Immobilienrechts – unterbrochen. Nach der 1848 erfolgten Befreiung der Leibeigenen und des Grundbesitzes bestand keine Möglichkeit zum Ausbau eines auf der früheren ungarischen Rechtsauffassung beruhenden Sachenrechts. Das in den 1850er Jahren auch in Ungarn in Kraft stehende österreichische Sachenrecht wurde teilweise aufgrund der Übergangsregeln der Gerichtsbarkeit, die von der Konferenz der Landesrichter 1861 verabschiedet wurden, und teilweise im Wege der richterlichen Praxis überwiegend zum Bestandteil des ungarischen Rechts. Das Institut des

34 Dies wurde im früheren Recht durch Gesetzesartikel Nr. XXI aus dem Jahre 1840 ermöglicht.

35 *Raffay*, wie Fn 31, 131.

36 *Gyula Dezső*, Fejezetek a zálogjogtan köréből (Kapitel aus dem Kreis der Pfandrechtslehre), Franklin-Társulat Nyomdája, Budapest 1928, 91.

Grundbuchs sowie des modernen Hypothekenrechts war dem ungarischen Recht dermaßen fremd, dass sich die aus dem feudalen ungarischen Recht entnommenen Eigenheiten nicht erhalten konnten.[37]

Die Entwicklung des ungarischen Sachenrechts hätte mit Gewissheit eine ganz andere Richtung eingeschlagen, wenn es nicht unter solchen Umständen zur Aufhebung der Avitizität gekommen wäre oder es nach der Aufhebung zumindest die Gelegenheit gegeben hätte, dass die dinglichen Wertrechte sich gemäß der Auffassung des früheren ungarischen Rechts weiterentwickeln. In diesem Fall hätte das Grundbuch eine viel geringere Bedeutung gehabt und unter den auf Immobilien bezogenen Wertrechten (z.B. Pfandrecht) hätte auch der Grundbesitz des Pfandgläubigers eine Rolle gespielt.[38]

Anfang des 20. Jahrhunderts bestand jedoch keine reale Chance mehr auf die Rückkehr zu den ungarischen Rechtsformen vor fünfzig Jahren. Unter den zu diesem Zeitpunkt radikal veränderten Wirtschaftsverhältnissen war es nicht mehr sinnvoll zu erforschen, wohin sich das frühere ungarische Recht entwickelt hätte. Auch wenn es gelungen wäre, als Ergebnis der zur Jahrhundertwende einsetzenden Kodifikationsbestrebungen einen vollständig auf den ungarischen Rechtstraditionen aufbauenden Privatrechtskodex zu erarbeiten, hätte dessen Inkrafttreten eine Rechtskontinuität von damals bereits mehr als einem halben Jahrhundert unterbrochen, was für lange Zeit Rechtsunsicherheit zur Folge gehabt hätte. Nebenbei hätte man mit dem das ungarische Recht determinierenden germanischen Rechtsgebiet hinsichtlich der internationalen Kontakte zu diesem Zeitpunkt nicht mehr brechen können.[39]

Der Rechtsanwendung blieb lediglich die Möglichkeit zu versuchen, der ungarischen juristischen Denkweise innerhalb der germanischen Geltung zu verschaffen, und – wenn sich die Möglichkeit bot – ein vollkommeneres Ergebnis zu erzielen als die germanischen Rechtssysteme.[40] Dazu bot sich aber erst nach dem Ersten Weltkrieg wirklich die Möglichkeit.

IV Das Verhältnis von Wirtschaft und bürgerlichem Recht im Lichte der Krisen des 20. Jahrhunderts

A Der wirtschaftliche Rückgang nach dem Ersten Weltkrieg

In den Jahren nach dem Ersten Weltkrieg durchlebte Ungarn eine der schwersten Krisen seiner Geschichte. Die landwirtschaftliche Produktion

37 *Nizsalovszky*, wie Fn. 16, 36.
38 Ebda, 37.
39 Ebda.
40 Ebda.

ging schon während des Weltkrieges erheblich zurück und sank zwischen 1917 und 1918 auf 50–60 % des früheren Niveaus. Der Hauptgrund dafür war, dass mindestens 50 % der männlichen Arbeitskräfte fehlten und ein bedeutender Teil des Pferdebestands zu militärischen Zwecken verwendet wurde. Wegen der Abnahme der Arbeitskräfte und des Tierbestands blieb ein wachsender Anteil der Böden unkultiviert und die Erträge nahmen schnell ab. Im Land trat ein katastrophaler Lebensmittelmangel ein, hinzu kam der völlige Zusammenbruch der Konsumgüterindustrie. Somit konnte zum Ende des Krieges nicht mehr nur das Hinterland, sondern auch das an der Front kämpfende Militär nicht mehr mit Lebensmitteln und Kleidung versorgt werden.[41]

Nach dem Ersten Weltkrieg hat Ungarn infolge des Friedensvertrags von Paris-Trianon einen bedeutenden Teil sowohl seines Territoriums, als auch seiner Bevölkerung verloren. Die Fläche des neuen Landes betrug kaum 32,7 % der früheren Fläche und seine Bevölkerung sank auf 7,6 Millionen Personen, was lediglich 42 % der früheren Bevölkerung ausmachte. Wirtschaftlich wurde Ungarn ohne jeden Übergang aus der Selbstversorgungseinheit der Monarchie zu einem stark auf den Außenhandel angewiesenen Land. Statt seiner geschlossenen inneren Kontakte war es nun auf den Weltmarkt angewiesen. Der Handel innerhalb der Monarchie wurde ohne Zölle, aufgrund des gemeinsamen Währungssystems, des miteinander verbundenen Banken- und Kreditsystems und der einheitlichen Preisstruktur, ohne Devisen, also im Grunde binnenhandelsmäßig, abgewickelt. Nach dem Weltkrieg geriet die ungarische Wirtschaft in durch enorme Devisenzahlungen geführte und durch Zollbeschränkungen erschwerte Außenhandelsverhältnisse. Die Lage der ungarischen Wirtschaft hatte sich vollständig verändert.[42]

Während dessen beschleunigte sich die Inflation unaufhaltsam weiter. 1924 waren 100 ungarische Kronen nur noch 0,0065 Schweizer Franken und 1 Goldkrone 17,866 Papierkronen wert.[43] Der Wertverlust des Geldes hatte den Kapitalbestand der Banken und die Ersparnisse größtenteils aufgezehrt. In der Zeit der Inflation waren die Voraussetzungen für die Finanzierung der Wirtschaft nicht gewährleistet. Der immer schneller werdende Verfall des Geldes entzog der Produktion die knappen Ressourcen, seine Auswirkungen wurden immer negativer. Die Sanierung des Staatshaushalts und die finanzielle Stabilisation waren unumgänglich geworden.

Nach dem Scheitern des auf Eigenkapital begründeten Stabilisationsplans setzte sich die Ansicht durch, dass das Gleichgewicht des Staatshaushalts

---

41 *Berend T./Ránki*, wie Fn. 17, 105.
42 Ebda, 108.
43 Ebda, 121, Tabelle 20.

mit ausländischer Unterstützung bzw. durch die Einbeziehung ausländischen Kapitals erreicht werden musste. Dies wurde anfangs jedoch durch die Ungeordnetheit der Kriegsreparationszahlungen verzögert. So blieb vorerst die Steuererhöhung übrig, zu der es im Rahmen der im Sommer 1922 erarbeiteten Steuerreform gekommen ist. Zeitgleich hierzu meldete die ungarische Regierung im Frühling 1923 ihren Bedarf an einem Darlehen in Höhe von 600 bis 700 Millionen Goldkronen beim Völkerbund an. Als Deckung bot der ungarische Staat seine Einnahmequellen an. Anfang 1924 billigte der Völkerbund Ungarn die Hälfte des beantragten Betrages, 307 Millionen Goldkronen, zu. Das Darlehen des Völkerbundes wurde zu außerordentlich unvorteilhaften Konditionen vergeben und war mit einem herausragend hohen Zins in der Höhe von 7,5 % belastet. Die Bedeutung des Völkerbunddarlehens war jedoch trotzdem riesig, denn es eröffnete den Weg zu einer ganzen Reihe westlicher Kredite. Als Ergebnis dessen sowie aufgrund der früheren Schulden und der Kriegsreparationen schwoll der Auslandsschuldenbestand Ungarns bis zum Sommer 1931 auf 4,3 Milliarden Pengő (ungarisches Zahlungsmittel nach der Kronen-Währung zwischen den beiden Weltkriegen) an.[44]

Die finanzielle Stabilisierung nahm im Juni 1924 ihren Anfang. Zu dem Zeitpunkt wurde die Ungarische Nationalbank gegründet, die über das ausschließliche Recht zur Ausgabe von Banknoten verfügte. Im Juni 1924 gelang es die Inflation zu stoppen. Der Stabilisationswechselkurs der Krone wurde festgelegt und an das englische Pfund gekoppelt. Die Krone blieb vorläufig in Umlauf, die neue Währung, der Pengő, wurde am 1. Januar 1927 eingeführt.[45]

Durch die beträchtliche Steuererhöhung – Mitte der 1920er Jahre überstieg die Pro-Kopf-Steuerlast das Niveau von 1912 um rund 65 % –, durch die Verringerung der Zahl der Staatsbediensteten sowie mithilfe des Darlehens des Völkerbundes schloss der Staatshaushalt von 1925 bis 1929 im Jahresdurchschnitt mit einem erheblichen Einnahmenüberschuss von annähernd 200 Millionen Pengő. Ein größerer Teil davon wurde von der Regierung für Investitionen verwendet.

Nach der Durchführung der Stabilisation machte der Einlagenbestand der Banken nur 15 bis 20 % des Vorkriegsniveaus aus. Die Entwicklung des Bankennetzes geriet ins Stocken, die Anzahl der Banken nahm von den Ende 1924 tätigen 2.168 Banken auf 1.425 im Jahr 1938 ab. Parallel dazu nahmen die Kapitalstärke und auch der Umsatz der Geldinstitute ab. Währenddessen reduzierte sich auch der Bestand an Hypothekendarlehen erheblich.

---

44 Ebda, 124, 126.
45 Ebda, 123.

Der Kapitalbestand der ungarischen Geldinstitute und daraus resultierend ihre Kreditvergabetätigkeit blieben bis zum Schluss hinter der geschäftlichen Aktivität am Anfang des 20. Jahrhunderts zurück.[46]

B Die allgemeine Situation der Wirtschaft

Auch die Entwicklung der wichtigsten Wirtschaftszweige verlangsamte sich und blieb im Verhältnis zum Niveau vor dem Ersten Weltkrieg zurück. Zwischen den beiden Weltkriegen wurde die Entwicklung der ungarischen Wirtschaft besonders langsam. Auf dem konjunkturellen Höhepunkt der 20er Jahre – im Jahr 1929 – überstieg das Nationaleinkommen das Niveau von 1913 um lediglich 10 %. Aufgrund der Weltwirtschaftskrise fiel der Wert des Nationaleinkommens im Jahr 1933 auf 55 % des Niveaus von 1929. Im Juli 1931 geriet das Land erneut an den Rand der Zahlungsunfähigkeit und des Staatsbankrotts. Zur Abwendung dessen ordnete die Regierung einen dreitägigen Bankenruhetag an. Diese Bankenschließung war erforderlich, um Sicherheiten gegen den Abzug des in den Geldinstituten angehäuften Kapitals zu suchen. Daneben wurde die gebundene Devisenwirtschaft eingeführt, d.h. die Gold- und Devisenbestände wurden eingefroren, der freie Umtausch des Pengő wurde eingestellt und später auch die Bezahlung der Auslandsschulden. Anschließend wurde der auf Clearing basierende Außenhandel eingeführt. 1935 wickelte Ungarn bereits 63 % seines Außenhandels im Wege der Clearing-Verrechnung ab.[47]

Nach der Überwindung der Krise konnte die ungarische Wirtschaft das ohnehin sehr mäßige Entwicklungsniveau der 1920er Jahre in den 1930er Jahren nicht mehr erreichen. Infolgedessen gehörte Ungarn zwischen den beiden Weltkriegen zu den sich am langsamsten entwickelnden Ländern Europas.[48]

Die Situation der Landwirtschaft war auch noch zum Anfang der 1920er Jahre katastrophal. Die landwirtschaftliche Produktion fiel 1919 auf 1/3 des Vorkriegsniveaus zurück und bewegte sich auch 1920 bei nur 50 bis 60 % dessen. Aber nicht nur der Erntedurchschnitt ging zurück, sondern auch die bewirtschafteten Flächen nahmen ab.

Das niedrige Niveau der landwirtschaftlichen Produktion bestimmte auch die Situation der sonstigen Wirtschaftszweige. Die Lähmung der Landwirtschaft machte auch den Außenhandel unmöglich. Ungarn hatte seine Exportmöglichkeiten in diesen Jahren fast vollständig verloren. Die landwirtschaftliche Ausfuhr machte 1920 nur 21 % des Vorkriegsniveaus aus

46 Ebda, 180.
47 Ebda, 136.
48 Ebda, 183.

und erreichte auch 1921 nur 41 % der früheren. Auch der industrielle Export ging zurück, er stand 1920 bei 40 % des früheren Niveaus und 1921 immer noch bei nur 57 %. Ein noch größeres Problem bestand darin, dass nur 1/6 bis 1/4 des Rohstoffbedarfs der Vorkriegsindustrie gewährleistet werden konnte. All das machte auch die Erholung der Industrie unmöglich. In einigen Industriezweigen ging die Produktion auf 25 bis 30 % des früheren Niveaus zurück. Die wirtschaftliche Situation des Landes war in eine außerordentlich kritische Lage geraten.[49]

In der Landwirtschaft wurde die Situation jedoch nicht nur durch den Rückgang der Ernteerträge verschlechtert, auch die Bodenreform von 1920 brachte keine wesentliche Veränderung der Besitzstrukturen, da das Großgrundbesitzsystem im Wesentlichen unangetastet blieb. Hinzu kam, dass die ungarische Landwirtschaft ihre frühere privilegierte Position nach der Auflösung der Monarchie verloren hatte, wodurch ihr Rückstand im Verhältnis zu den höher entwickelten europäischen Ländern zunahm. Diesen Schock konnte die ungarische Landwirtschaft im Zeitraum zwischen den beiden Weltkriegen nicht überwinden.[50]

C Die Kreditvergabe fördernde Rechtsvorschriften in den 1920er Jahren

Im wirtschaftlichen Umfeld der 1920er Jahre war der Erlass von Rechtsvorschriften zur Förderung der Kreditvergabe eines der Hauptziele des Gesetzgebers. Insbesondere die Belebung der landwirtschaftlichen Kreditvergabe war eine wichtige Zielsetzung. Im Zeichen dieses wirtschaftlichen Bedürfnisses kamen die Rechtsvorschriften im Zusammenhang mit dem Pfandrecht dieser Epoche zustande.

Gegen die sich immer mehr beschleunigende Inflation versuchte der Gesetzesartikel Nr. 38 aus dem Jahre 1923, über die Eintragung einer Hypothek bezüglich vertretbarer beweglicher Sachen Schutz zu bieten. Aufgrund dessen konnte eine Hypothek auch an dem Gegenwert einer bestimmten Menge Getreide oder eines anderen Erzeugnisses von bestimmter Qualität oder von Gold in Geld oder auch an dessen Nebenforderungen ins Grundbuch eingetragen werden. Das Gesetz gestattete die Eintragung einer Hypothek also auch bis zur Höhe des in Erzeugnissen oder dessen Gegenwert und in Gold ausgezahlten Betrags. Die Begründung des Gesetzes hob hervor, dass der ständige Wertverlust der ungarischen Krone die Anwendung eines stabileren Wertmessers im Wirtschaftsleben erforderte. Ähnliche Ziele führten zum

49 Ebda, 113.
50 Ebda, 158.

Erlass des Gesetzesartikels Nr. 42 aus dem Jahre 1923, der die Ausgabe von auf den Weizenpreis lautenden Pfandbriefen ermöglichte.

Der Gesetzesartikel Nr. 15 aus dem Jahre 1925 lautete: „Von der Erleichterung des Erwerbs von landwirtschaftlichen Krediten". Ziel des Gesetzes war die Schaffung der Voraussetzungen der zur Erneuerung der während des Krieges beschädigten oder verschleppten Wirtschaftseinrichtungen erforderlichen Kreditvergabe. Im Interesse dessen hat das Gesetz das Recht zur Ausgabe von Pfandbriefen erweitert. Das Gesetz ermöglichte es, dass außer den gemäß Gesetzesartikel Nr. 36 aus dem Jahre 1876 schon früher zur Ausgabe von Pfandbriefen berechtigten Geldinstituten auch Genossenschaften, bestehend aus Kredit- und Geldinstituten, mit Genehmigung des Finanzministers Pfandbriefe ausgeben durften. Das Ziel war die Ankurbelung des Pfandbriefgeschäfts und die Platzierung von Pfandbriefen im Ausland.

Im Interesse der Verbesserung der Konditionen der Kreditvergabe entstand eines der hervorragendsten Gesetzgebungsergebnisse dieser Zeit, der Gesetzesartikel Nr. 35 aus dem Jahre 1927 über das Hypothekenrecht (im Folgenden mit der ungarischen Abkürzung: Jt.). Die Ministerialbegründung des Jt. hob hervor, dass die Kreditrahmen nach dem Krieg zurückgegangen waren und der wirtschaftliche Verkehr die Geldmenge entbehrte, die zur Abwicklung eines normalen Kreditlebens erforderlich gewesen wäre. Diesem Mangel an Kapital sollte mit Maßnahmen zur Beschleunigung des Wirtschaftsablaufs entgegengewirkt werden. So konnte nämlich auch mit einer verhältnismäßig geringen Geldmenge dasselbe wirtschaftliche Ergebnis erzielt werden. Eines der Hauptziele des Jt. war die Ermöglichung des Kapitalflusses auch im Fall von auf Immobilien gewährten Darlehen.[51]

Daneben muss auch auf den Gesetzesartikel Nr. 21 aus dem Jahre 1928 über die Industriepfandbriefe hingewiesen werden. Dessen Ziel war es, auch den Industrieunternehmungen günstigere Zinsen zu verschaffen, auf die diese leicht zugreifen konnten. Denn die Industrieunternehmen konnten, wenn sie überhaupt über entsprechende Kreditquellen verfügten, überwiegend nur an Privatkredite mit kurzer Laufzeit und deshalb hohen Zinsen herankommen. Damit die Industrie günstige Kredite mit langen Laufzeiten erhielt, waren Maßnahmen erforderlich, mit denen sichergestellt werden konnte, dass das Kapital, welches mit der Deckung durch eine das gesamte Vermögen der Industrieunternehmen belastende Hypothek gewährt wurde, auf dem Wege von Wertpapieremissionen mobilisiert werden konnte. Im Interesse dessen ermöglichte das Gesetz, dass das Vermögen von Industrieunternehmen als

51 *Endre Nizsalovszky,* A jelzálogjog jogszabályainak magyarázata (Erklärung der Rechtsvorschriften über das Hypothekenrecht), Grill Károly Könyvkiadóvállalata, Budapest 1929, 2.

einheitliches juristisches Ganzes der Vollstreckung unterworfen werden konnte.[52]

Die Ergebnisse der Gesetzgebung in den 1920er Jahren wurden in dem 1928 fertiggestellten privatrechtlichen Gesetzesvorschlag einheitlich zusammengefasst. Obwohl daraus niemals eine Rechtsvorschrift geworden ist, wurden seine Bestimmungen – insbesondere bezüglich des die beweglichen Sachen belastenden Pfandrechts – von der richterlichen Praxis angewendet.

D Die Ausnahmen vom Akzessorietäts- und Grundbuchprinzip

Die Rechtsentwicklung in der Epoche zwischen den beiden Weltkriegen wurde von den wirtschaftlichen Bedürfnissen, insbesondere der erhöhten Nachfrage an Krediten bestimmt. Der Einfluss des österreichischen Rechts nahm indessen ab und es traten den hiesigen Verhältnissen besser entsprechende rechtliche Lösungen in den Vordergrund.

Dadurch lässt sich die relativ ausführliche Regelung des Jt. aus dem Jahre 1927 erklären. Hauptbeweggrund war das in den 1920er Jahren im Land entstandene und viel größere Kapitaldefizit als das frühere. Die Rechtsvorschriften der 1920er Jahre sowie die das Muster mehrerer Rechtssysteme vereinenden Lösungen des Jt. lassen erkennen, dass der ungarische Gesetzgeber auf außerordentlich kreative Weise Hilfe dabei zu leisten versuchte, so viel Kapital wie möglich in die Wirtschaft einzubeziehen.

Diesem Ziel dienten auch jene rechtlichen Instrumente, die es den Gläubigern ermöglichten, ihr Geld oder zumindest einen Teil davon durch den Verkauf ihrer Forderung schon vor dem Ablauf des Kredits zurückzubekommen. Auf Gläubigerseite warf dies das Bedürfnis auf, die Hypothek oder einen Teil davon – im Interesse der Miteinbeziehung neuer Kredite – zusammen mit der Forderung weitergeben zu können. Im Grunde hat dieses Gläubigerbedürfnis auch die Diskussionen in der Rechtsliteratur über die Übertragung des Höchstbetragshypothekenrechts ausgelöst.

Daneben musste jedoch auch jenes Schuldnerbedürfnis gewürdigt werden, zeitweilig an neue Kredite zu gelangen. Dies rief die Verfügung über die Rangstelle ins Leben und wirkte auch in Richtung der Erweiterung des Anwendungsbereichs des Höchstbetragshypothekenrechts.

Auch im Hintergrund der zeitgenössischen Diskussionen in der Rechtsliteratur stand im Grunde die – zusammen oder getrennt erfolgende – Übertragbarkeit oder Indossierbarkeit des Pfandrechts und der Forderung. Muss das Pfandrecht über Verkehrsfähigkeit verfügen? Die Frage hat das Jt. eindeutig

---

52 Diese Konstruktion kann – rechtshistorisch betrachtet – als ungarischer Vorgänger des in den 1990er Jahren im ungarischen Bürgerlichen Gesetzbuch geregelten, das Vermögen belastenden Pfandrechts angesehen werden.

beantwortet, denn es hat dies nicht nur im Kreis des Höchstbetragshypothekenrechts ermöglicht, sondern umfangreicher durch die Regelung der nichtakzessorischen Form des Pfandrechts (Grundschuld). Derselbe Kreditbedarf verbarg sich also auch hinter der Regelung der Grundschuld.

Diesen wirtschaftlichen Bedarf hat unser altes Privatrecht mit möglichst vielen und möglichst unterschiedlichen Mitteln zu befriedigen versucht. Bei alldem mussten natürlich auch die Grundbuchprinzipien berücksichtigt werden. Die neuen rechtlichen Lösungen haben diese Grundbuchprinzipien mehrmals (z.B. bei der Übertragung des Höchstbetragshypothekenrechts) durchbrochen, wobei die Verbindung zwischen gesicherter Forderung und dem Pfandrecht gelockert wurde. Das deutet darauf hin, dass an der Erhöhung der Verkehrsfähigkeit einer Hypothek ein wichtigeres rechtspolitisches Interesse bestand als an der Aufrechterhaltung der Akzessorietät.

V Die pfandrechtlichen Reformen nach der politischen Wende in Ungarn

A Unmittelbare Vorgeschichte: Die Eigentums- und Wirtschaftsverhältnisse der sozialistischen Epoche

Das ungarische Privatrecht hat nach 1945 eine radikale Änderung durchlaufen. Im Vergleich zu den früheren Verhältnissen bedeutete die sich auf alles erstreckende staatliche Steuerung der Gesellschaft und der Wirtschaft einen wesentlichen Unterschied, was die Auffüllung des Privatrechtes mit Elementen öffentlich-rechtlichen Charakters zur Folge hatte. Die Änderung der Eigentumsordnung nach 1945 hatte Folgen, die bis heute nachwirken.[53]

1959 entstand das auf die sozialistischen Verhältnisse zugeschnittene Zivilgesetzbuch.[54] Dieses hat zwar einige pfandrechtliche Vorschriften bewahrt, das Pfandrecht blieb im sozialistischen bürgerlichen Recht jedoch Jahrzehnte lang nur ein Relikt.

Die privatrechtliche Regelung im Zivilgesetzbuch (nachfolgend mit der Abkürzung: uZGB 1959) orientierte sich nicht an den Bedürfnissen der Wirtschaft, sondern wurde wegen der respektvollen Beachtung gegenüber dem früheren (d.h. vor dem Jahr 1945 geltenden) ungarischen Pfandrecht aufrechterhalten. Darauf weist zum Beispiel die Regelung der Höchtsbetragshypothek (§ 267 uZGB 1959) oder die Institution des den Bankkredit

53 *Attila Harmathy*, Jogpolitika – polgári jog (Rechtspolitik – bürgerliches Recht), in: Magyar Jog (Ungarisches Recht) 12/2010, 709.

54 Das ungarische Gesetz Nr. 4 aus dem Jahre 1959 über das Bürgerliche Gesetzbuch war in Ungarn der erste privatrechtliche Kodex auf gesetzlicher Ebene. Früher gab es nur Entwürfe (1900, 1913, 1928).

sichernden Pfandrechts (§ 262 uZGB 1959) hin, was als wahres Kuriosum im sozialistischen bürgerlichen Recht galt.[55] Auf die veränderte Rolle des Pfandrechts wies auch der Umstand hin, dass das Pfandrecht im ungarischen Zivilgesetzbuch nicht innerhalb des dinglichen Rechts, sondern im Schuldrecht, unter den einen Vertrag sichernden Nebenpflichten geregelt wurde. Diese Rückentwicklung kann nicht nur bei den dinglichen, sondern auch bei den Personalsicherheiten festgestellt werden. Die Anwendung der Bürgschaft wurde auch ein Ausnahmefall, in der Tat war sie ausschließlich mit den Konsumentenkrediten verbunden.[56]

Eine Änderung erfolgte erst in den 1980er Jahren. Das hängt einerseits eng damit zusammen, dass in den 1980er Jahren in Ungarn die ersten Unternehmensformen aufgekommen sind, bzw., dass das Monopol des Staatseigentums und der Planwirtschaft nachgelassen hat.

Aus all dem kann auch die wesentliche Folgerung gezogen werden, dass die Regelung der dinglichen Kreditsicherheiten in einem sehr engen Zusammenhang mit der Eigentumsordnung der herrschenden Gesellschaft steht. Dingliche Kreditsicherheiten im modernen Sinne braucht man nur unter den Umständen einer auf dem Privateigentum beruhenden Marktwirtschaft.

B Die Änderung der Wirtschaftsverhältnisse in den 1990er Jahren

Der Abbau des Staatseigentums und der Aufbau der auf dem Privateigentum beruhenden Gesellschaftsordnung begannen bereits in den 1980er Jahren. Die sozialistische Eigentumsordnung wurde von mehreren Faktoren radikal umgestaltet: dem Abbau des Staatseigentums, d.h. die Privatisierung; der Rückgabe eines Teils des verstaatlichten Vermögens bzw. des dafür zustehenden Gegenwerts, d.h. die Entschädigung; der Zuteilung des Staatseigentums an Gemeinden, Kirchen, Gesellschaftsorganisationen und Parteien.

Infolge der grundlegenden Umwandlung der Eigentumseinrichtung erhöhte sich die Beteiligung des Privatsektors von 15 bis 20 % des GDP/BIP zwischen 1989 und 1993 auf 40 bis 45 %. Die Zahl der Einzelunternehmen nahm von 393.000 im Jahr 1990 auf 745.000 im Jahr 1996 zu. Nach dem ersten Gesetz über die Handelsgesellschaften im Jahre 1988 sind auch die Handelsgesellschaften erschienen. Die Anzahl der Gesellschaften im Privateigentum erhöhte sich von 45.770 im Jahr 1990 auf über 280.000 im Jahr 1996. Gleichzeitig damit ging die Zahl der staatlichen Unternehmen

55 Die Durchführungsbestimmungen waren in der Verordnung Nr. 19/1952. (III. 13.) MT des Ministerrats vom 13.3.1952 geregelt.

56 A Magyar Népköztársaság Polgári Törvénykönyve (Das Bürgerliche Gesetzbuch der Ungarischen Volksrepublik), Közgazdasági és Jogi Könyvkiadó, Budapest 1963, 292.

drastisch zurück: bis 1990 waren 1.859 staatliche Unternehmen tätig, dann verminderte sich deren Zahl im Jahr 1997 auf 3. Zusammen mit der Erhöhung der Zahl der Gesellschaften stieg auch die Zahl der Insolvenzverfahren an.[57]

Vom Standpunkt des Kreditgeschäfts aus war die wichtigste Änderung, dass sich auch der Wert der ausländischen Investitionen erheblich erhöhte. 1988 betrug der Wert der ausländischen Investitionen 23 Millionen USD. Dieser Wert hat sich im Jahr 1995 auf über 8,1 Milliarden USD erhöht. Die ausländischen Investitionen waren wegen des inländischen Kapitalmangels von überragender Bedeutung.[58]

Parallel zum Zufluss ausländischen Kapitals fand auch die Reorganisation des Bankensystems statt. Die Umgestaltung des Bankensystems begann bereits im Jahre 1984, der wichtigste Meilenstein war jedoch 1987. Damals entstand das sog. zweistufige Bankensystem, d.h., dass zu dieser Zeit die Handelsbanken entstanden. Danach finanzierte die Ungarische Nationalbank die Unternehmen nicht mehr direkt, diese Aufgabe kam nun den Handelsbanken zu. 1987 waren in Ungarn bereits 9 Handelsbanken tätig. In den 1990er Jahren entstanden auch die spezialisierten Kreditinstitute, so 1997 die ersten Hypothekenkreditinstitute.

Die Umgestaltung des Bankensystems und der Kapitalmangel trafen die Landwirtschaft besonders schwer. Die landwirtschaftliche Produktion verminderte sich wegen des Zusammenbruchs der Märkte in den ehemaligen sozialistischen Ländern sowie des infolge der Entschädigung zerfallenden Besitzsystems radikal. Es war kein Zufall, dass hinter dem Vorschlag aus dem Jahr 1993 hinsichtlich der Änderung der pfandrechtlichen Vorschriften des Zivilgesetzbuchs grundsätzlich die Bestrebung nach einer Belebung der landwirtschaftlichen Kreditierung stand.[59] Auch die Idee der Errichtung einer selbstständigen Agrarbank kam ernsthaft zur Sprache.[60]

Die Umstellung auf das Privateigentum sowie der Kapitalmangel zwangen die Gesetzgeber in allen ehemaligen sozialistischen Ländern dazu, die rechtlichen Mittel der Unternehmensfinanzierung neu zu regeln.[61]

---

57 *Harmathy*, wie Fn. 5, 84.

58 Ebda, 85.

59 Aus dem Vorschlag von 1993 kam des Gesetzes Nr. 26 aus dem Jahre 1996 (die sogenannte erste Pfandrechtsnovelle) zustande.

60 *Arnold Gór*, Miért van szükség egy magyar agrárbankra? (Warum ist eine ungarische Agrarbank notwendig?), in: Hitelintézeti Szemle, Sonderausgabe August 2012, 5.

61 *Katharina Pistor*, Aktien und Kredite als Mittel der Unternehmensfinanzierung und Unternehmenskontrolle in Transformationsländer, in: *Ulrich Drobning/Klaus J. Hopt/Hein Kötz/Ernst-Joachim Mesmäcker* (Hrsg.), Systemtransformation in

C Pfandrechtliche Novellen

Die umfassende Reform des Rechts der Kreditsicherung wurde nach 1989/90 in erster Linie durch die geänderte Eigentumsordnung bzw. durch die Umwandlungen erzwungen, die auch den Bankensektor mit einschloss. Daneben haben die unvollständigen und nicht mehr zeitgemäßen Vorschriften der Zahlungsunfähigkeit das Kreditgeschäft ebenfalls lahmgelegt. In der Rechtsliteratur kamen die Forderungen nach einer Harmonisierung der pfandrechtlichen Vorschriften und der Insolvenzverfahren früh zur Sprache.[62]

Durch das Gesetz Nr. 26 aus dem Jahr 1996 (Erste pfandrechtliche Novelle) sollte die pfandrechtliche Regelung den Verhältnissen der auf Privateigentum beruhenden Marktwirtschaft angepasst werden. Der Hauptzweck der Änderung bestand darin, die Bewilligung eines Kredits sowohl in der Konsumenten-, als auch in der Unternehmenssphäre auf die Weise zu fördern, dass die pfandrechtlichen Konstruktionen eine tatsächliche Deckung und Sicherheit für die Gläubiger darstellen. Die wichtigsten Neuerungen der Novelle waren folgende: die Schaffung der Mobiliarhypothek; die das Vermögen belastende Hypothek (floating charge); die Erweiterung des Anwendungskreises der Höchstbetragshypothek; die mit der Rangstelle verbundenen neuen Rechtsinstitute; die Erweiterung der Regeln des Pfandrechts an Rechten oder Forderungen; das selbstständige Pfandrecht (nicht-akzessorisches Pfandrecht) und die Änderung der Vorschriften der gerichtlichen Zwangsvollstreckung.

Die neuen Rechtsinstitute – in erster Linie die Mobiliarhypothek – sollten vorrangig die Zuteilung von Kapital an die kleinen und mittleren Unternehmen fördern. Die erweiterten Vorschriften des Pfandrechts an Rechten oder Forderungen ermöglichten auch die Verpfändung der Beteiligungen an Gesellschaften.

Die für das Mobiliarhypothekenrecht sprechenden wirtschaftlichen Argumente sind bereits am Anfang des 20. Jahrhunderts in der Rechtsliteratur erschienen. Demnach war das Faustpfandrecht aus dem Aspekt der Befriedigung der wirtschaftlichen Bedürfnisse nicht vollständig ausreichend. Es schien zweckmäßig auch die Interessen jener Schuldner anzuerkennen,

---

Mittel- und Osteuropa und ihre Folgen für Banken, Börsen und Kreditsicherheiten, Mohr Siebeck, Tübingen 1998, 109–134.

62 *Tamás Zámbó*, A zálogjoggal kapcsolatos elvi és gyakorlati problémák a csőd- és felszámolási eljárásban (Die theoretischen und praktischen Probleme im Zusammenhang mit dem Pfandrecht in dem Konkurs- und Liquidationsverfahren), in: Magyar Jog (Ungarisches Recht) 8/1993, 491–496; ferner *Tamás Zámbó*, Jelzálogjog érvényesítése a felszámolási eljárás során (Die Durchsetzung der Hypothek im Zuge des Liquidationsverfahrens.), in: Gazdaság és Jog (Wirtschaft und Recht) 5/1995, 16–19.

die zur Sicherung ihres aufzunehmenden Kredits kein anderes verpfändbares Vermögen außer ihren beweglichen Sachen hatten. Die Bindung der beweglichen Sachen durch das Faustpfandrecht hinderte die Eigentümer der Pfandgegenstände zugleich an der Ausübung ihrer Beschäftigung, ihrer Erwerbstätigkeit. Diese Personen konnten kein Pfanddarlehen in Anspruch nehmen, da sie dadurch der Benutzung ihrer beweglichen Sachen beraubt worden wären. Ein weiteres Argument war auch, dass derjenige, der seine bewegliche Sache bereits einmal verpfändet hat, im Gegensatz zum Immobilieneigentümer ein weiteres Darlehen auf diesen Pfandgegenstand höchstens von demselben Gläubiger aufnehmen konnte.[63]

Die Vorstellungen von der Schaffung der Mobiliarhypothek wurden in einem Zeitraum von etwa 80 Jahren umgesetzt.[64] Dann wurde auch das dazu notwendige Register vom öffentlichen Glauben geschaffen und die Notarkammer übernahm die Führung der Mobiliarhypotheken sowie der das Vermögen belastenden Pfandrechte.[65]

Die Erste pfandrechtliche Novelle hat trotz der großen Anzahl von Neuerungen eine Reihe von Fragen nicht beantwortet. Es war ein Problem, dass die Änderung des Pfandrechts im Jahr 1996 von der Rechtsprechung nicht vollständig übernommen wurde, bzw. dass die Regelung ziemlich vage war.

Deshalb änderte der Gesetzgeber die Vorschriften des Zivilgesetzbuches in Bezug auf das Pfandrecht wieder. Das Gesetz Nr. 137 aus dem Jahr 2000 über die Änderung der gesetzlichen Regelung im Zusammenhang mit dem Pfandrecht (Zweite pfandrechtliche Novelle) bezweckte die Regulierung der zwischenzeitlich aufgetauchten Fragen. Diese Novelle führte keine neuen Rechtsinstitute ein, sondern präzisierte lediglich die Änderungen von 1996.

D Das neue ungarische Zivilgesetzbuch von 2013

In den Jahren ab 2000 hat sich die Vorbereitung und Kodifikation des neuen ungarischen Zivilgesetzbuchs entfaltet. Das hat auf dem Gebiet der dinglichen Kreditsicherheiten in erster Linie zu der Frage geführt, was das Schicksal der sogenannten fiduziarischen Sicherheiten sein wird.

63 *Géza Bozóky*, Ingó jelzálogjog (Mobiliarpfandrecht), in: Emlékkönyv Grosschmid Béni jogtanári működésének harminczadik évfordulójára (Festschrift zum dreißigsten Jahrestag der Arbeit von Béni Grosschmid als Rechtsprofessor), Rényi Károly Bizománya, Budapest 1912, 88, 95.

64 Ebda, 86–101.

65 *Attila Harmathy*, Kreditsicherheiten im sozialistischen System, in: *Ulrich Drobning/Klaus J. Hopt./Hein Kötz/Ernst-Joachim Mesmäcker* (Hrsg.), Systemtransformation in Mittel- und Osteuropa und ihre Folgen für Banken, Börsen und Kreditsicherheiten, Mohr Siebeck, Tübingen 1998, 314.

Gemäß den Gegnern der fiduziarischen Geschäfte verletzte es einerseits die Auffassung des ungeteilten Eigentums, andererseits richteten sich diese Geschäfte auf die Umgehung der Vorschriften des Pfandrechts und des Insolvenzverfahrens.[66] Nachdem der Gesetzgeber diesen Standpunkt aufgegriffen hatte, wurde im § 6:99 des neuen ungarischen ZBG (uZGB 2013) die Nichtigkeit der fiduziarischen Geschäfte festgelegt. Die andere Folge war, dass das akzessorische Pfandrecht die einzige anerkannte dingliche Sicherheit im neuen Kodex wurde. Die Grundlage und der Mittelpunkt der pfandrechtlichen Regelung blieb das sog. Lex-commissoria-Verbot. Dieses schließt den Eigentumserwerb des Pfandgläubigers aufgrund einer vor der Eröffnung des Befriedigungsrechts abgeschlossenen Vereinbarung aus.[67]

Hinsichtlich der Durchführungsbestimmungen sicherte die neue pfandrechtliche Regelung den Parteien die größtmögliche Freiheit sowohl bei der Bestimmung der Pfandsache (§ 5:101 uZGB 2013), als auch der durch das Pfandrecht absicherbaren Forderungen (§ 5:97 uZGB 2013) zu. Gemäß § 5:89 Absatz 5 uZGB 2013 wurde es zur allgemeinen Vorschrift, dass die Parteien die gesicherte Forderung auch durch den Hinweis auf ein oder mehrere als Grundlage dienende Rechtsverhältnisse bestimmen können. Jenes das Vermögen belastende Pfandrecht wurde gleichzeitig aufgehoben, an seine Stelle trat die Möglichkeit der Bestimmung des Pfandes durch Umschreibung (§ 5:102 uZGB 2013).

Da es als fiduziarisches Geschäft angesehen wurde, ist auch das selbstständige (nichtakzessorische) Pfandrecht verschwunden.[68] Die Übertragbarkeit unabhängig von der gesicherten Forderung wird – in einer beschränkten Form – durch eine neue Konstruktion, das getrennte Pfandrecht, gesichert (§ 5:100 uZGB 2013). Es handelt sich dabei jedoch um eine akzessorische Form, die von keinem Gesichtspunkt aus die Rolle des selbstständigen Pfandrechts übernehmen kann. Außerdem birgt es besonders große Gefahren für den Gläubiger des getrennten Pfandrechts in sich, wenn entweder der Verpfänder oder der ursprüngliche Pfandgläubiger in ein Liquidationsverfahren gerät.[69] Das Institut des getrennten Pfandrechts wurde vom Bankensektor

---

66 *István Gárdos*, Fiduciárius biztosítékok az új Polgári Törvénykönyvben (Fiduziarische Sicherheiten im neuen Zivilgesetzbuch), in: Gazdaság és Jog (Wirtschaft und Recht) 7–8/2008, 18.

67 *Attila Menyhárd*, A dologi jog szabályozásának sarokpontjai a Polgári Törvénykönyvben (Eckpunkte der Regelung des Sachenrechts im Zivilgesetzbuch), in: Jogtudományi Közlöny (Rechtwissenschaftliche Rundschau) 11/2013, 527.

68 *Gárdos*, wie Fn. 66, 20–22.

69 Über die Gefahr der Anwendung des getrennten Pfandrechts siehe *Balázs Bodzási*, A zálogjog, Ptk. 5:100. § (Das Pfandrecht, Kommentar zu § 5:100 des Zivilgesetzbuchs), in: *András Osztovits* (Hrsg.), A Polgári Törvénykönyvről szóló 2013. évi V. törvény és a kapcsolódó jogszabályok nagykommentárja (Großkommentar

scharf kritisiert. Gemäß den Kritikern war das neue Rechtsinstitut nicht geeignet, im Zusammenhang mit komplizierteren Refinanzierungstechniken der Banken angewendet zu werden. Die Wirtschaftsakteure unterbreiteten deshalb einen Vorschlag zur Änderung der pfandrechtlichen Regeln des uZGB 2013 und vor allem zur Neuregelung des nichtakzessorischen Pfandrechts.

VI Die Änderung der dinglichen Kreditsicherungsregeln des uZGB 2013 im Jahre 2016

Gegenwärtig ist die Erhöhung der Kreditgewährung – neben der Befreiung von nicht bedienten Krediten – eine der wichtigsten Zielsetzungen des ungarischen Bankensektors. Wegen des strenger werdenden Rechtsvorschriftenumfeldes müssen die Banken bei der Kreditgewährung gleichzeitig schon viel umsichtiger vorgehen als in den Jahren vor der Krise 2008.

Die Frage ist, ob all dies die pfandrechtlichen bzw. dinglichen Kreditsicherungsregeln des uZGB 2013 betrifft? Die Antwort darauf hat das Modifizierungsgesetz des uZGB 2013 gegeben, das die pfandrechtlichen Regeln des uZGB 2013 mit Wirkung zum 1. Oktober 2016 geändert hat. Daneben stellt es auch eine wichtige Änderung dar, dass es die Bestimmungen über die Nichtigkeit der fiduziarischen Kreditsicherheiten mit seinem Inkrafttreten am 1. Juli 2016 abgemildert hat.

Gemäß dem ursprünglichen § 6:99 uZGB 2013 war eine Vereinbarung nichtig, die – mit Ausnahme der Sicherungsabreden, die in der Richtlinie über Finanzsicherheiten bestimmt sind – zum Zweck der Sicherung einer Geldforderung auf die Übertragung eines Eigentumsrechts, eines anderen Rechts oder einer Forderung oder auf die Begründung eines Ankaufrechts gerichtet waren. Dieses Verbot wurde von Anfang an stark kritisiert.[70]

Um die Voraussetzungen, an Kredite zu gelangen, zu erleichtern, hat der Gesetzgeber § 6:99 uZGB 2013 durch § 19 des Modifizierungsgesetzes des uZGB 2013 geändert und die Regel über die Nichtigkeit der fiduziarischen Kreditsicherheiten gemildert. Gemäß der geänderten Bestimmung ist eine Vereinbarung nichtig, in der ein Verbraucher zum Zweck der Sicherung einer Forderung eine Verpflichtung zur Übertragung eines Eigentumsrechts, eines anderen Rechts oder einer Forderung oder zur Begründung eines Ankaufrechts übernimmt.

---

zum Gesetz Nr. V aus dem Jahre 2013 über das Bürgerliche Gesetzbuch und den einschlägigen Rechtsvorschriften), Bd. 2, Opten Kiadó, Budapest 2014, 711–718.

70 Siehe in diesem Zusammenhang *László Leszkoven*, Szerződéses biztosítékok változása az új Ptk.-ban (Die Veränderung vertraglicher Sicherheiten im neuen uZGB), in: Gazdaság és Jog (Wirtschaft und Recht) 2/2014, 4.

Es ist somit ersichtlich, dass das Modifizierungsgesetz des uZGB 2013 ausschließlich das Verbot (die Nichtigkeit) von auf die Sicherung von durch den Verbraucher übernommenen Verpflichtungen gerichteten fiduziarischen Kreditsicherheiten ausspricht. Die nicht von Verbrauchern übernommenen Verpflichtungen können also seit dem 1. Juli 2016 erneut durch fiduziarische Kreditsicherheiten gesichert werden. Ziel der Milderung des Verbots ist die Förderung der Kreditgewährung bzw. die Kreditaufnahme in Nicht-Verbraucher-Kreisen durch den Gesetzgeber. Neben dem Bankensektor ist die umfassendere Anwendung dieser Sicherungsformen insbesondere im Kreis der durch Gesetz Nr. 102 aus dem Jahre 2011 bezeichneten und geregelten Immobilieninvestmentgesellschaften zu erwarten. Das kann auch zum weiteren Anstieg der Anzahl der Wohnungsbauten beitragen.

Die Verbraucher betreffend hat das Modifizierungsgesetz des uZGB 2013 das sog. Fiduziar-Verbot sogar noch verschärft. Einerseits spricht das Gesetz nicht von der Sicherung von Verbrauchergeschäften, sondern von durch den Verbraucher übernommenen Verpflichtungen. Das ist ein weiterer Kreis als der Kreis der Verbraucherverträge, denn auch die von Verbrauchern untereinander abgeschlossenen Verträge gehören hierher, die aber aufgrund des uZGB 2013 nicht als Verbraucherverträge gelten. Andererseits deckt das nicht nur den Fall ab, wenn der Verbraucher persönlicher Schuldner ist, sondern auch den, wenn er der dinglich Verpflichtete ist (also nicht er den Kredit/das Darlehen erhalten, aber die Sicherheit geleistet hat). Das Modifizierungsgesetz des uZGB 2013 sieht das auf die Begründung von fiduziarischen Kreditsicherheiten gerichtete Rechtsgeschäft auch in dem Fall für nichtig an, wenn der Verbraucher eine Verpflichtung zur Übertragung eines Eigentumsrechts, eines anderen Rechts oder einer Forderung oder zur Begründung eines Ankaufrechts übernommen hat, um eine eigene oder eine fremde Forderung zu sichern.

Schließlich muss noch darauf hingewiesen werden, dass das Modifizierungsgesetz des uZGB 2013 nicht von Geldforderungen, sondern allgemein von Forderungen spricht. Das bedeutet, dass auch jenes Rechtsgeschäft nichtig ist, in dem der Verbraucher die Begründung von fiduziarischen Kreditsicherheiten nicht zum Zweck der Sicherung einer Geldforderung übernommen hat.

Die wichtigste Neuerung des Modifizierungsgesetzes des uZGB 2013 im Bereich pfandrechtlicher Regelungen ist die Neuregelung des selbstständigen Pfandrechts. Es ist wichtig hervorzuheben, dass dies nicht mit dem in § 269 uZGB 1959 geregelten selbstständigen Pfandrecht identisch ist. Im Zuge der Neuregelung gerieten die Instrumente, die dem Schutz des das Pfand schuldenden Eigentümers dienen (z.B. Einschränkung der Einwendungsbeschränkung, Kodifikation der Sicherungsverträge) in den Vordergrund, daneben blieben aber auch die Vorteile des selbstständigen Pfandrechts

(Übertragbarkeit, Flexibilität) bestehen. Wichtige Garantieregel ist, dass ein selbstständiges Pfandrecht nur von einem Finanzinstitut begründet werden kann und auch nur auf ein solchen übertragen werden kann. Eine wesentliche Veränderung im Verhältnis zu den Regeln des uZGB 1959 besteht auch darin, dass ein selbstständiges Pfandrecht ausschließlich in Form einer Immobilienhypothek begründet werden kann. Dies entspricht den ausländischen Mustern (deutsche Grundschuld, schweizerischer Schuldbrief) bzw. auch den ungarischen rechtshistorischen Traditionen (Grundschuld gemäß dem ungarischen Jt. aus dem Jahre 1927).

Dieses neu geregelte selbstständige Pfandrecht kann ein taugliches Instrument für die Erreichung der auf die Belebung des heimischen Hypothekenbriefmarktes gerichteten rechtspolitischen und wirtschaftspolitischen Ziele sein. Die Anwendung des selbstständigen Pfandrechts birgt jedoch noch viel größere Möglichkeiten: So könnte es zum Beispiel mit dem Institut der treuhänderischen Vermögensverwaltung kombiniert werden und gemeinsam könnten sie neue Refinanzierungstechniken für den ungarischen Bankensektor bieten.[71]

Im Interesse der Befriedigung der oben angeführten wirtschaftlichen Bedürfnisse hat es das Modifizierungsgesetz des uZGB 2013 auch ermöglicht, dass die Finanzinstitute ihr bestehendes akzessorisches Hypothekenpfandrecht in ein selbstständiges Pfandrecht umwandeln können. Für das umgewandelte selbstständige Pfandrecht – das nicht mit dem in § 5:100 Absatz 9 uZGB 2013 geregelten, im Wege der Umwandlung zustande gekommenen selbstständigen Pfandrecht identisch ist – gelten spezielle Regeln, vor allem, dass es außer dem ursprünglichen Sicherungszweck nicht nachträglich zu anderen Zwecken verwendet werden darf.

Darüber hinaus hat das Modifizierungsgesetz des uZGB 2013 im Kreis der pfandrechtlichen Regeln noch weitere Veränderungen mit sich gebracht: die Neuregelung der Kaution; neue Regeln für die Übertragung der gesicherten Forderung und des Pfandrechts; neue Bestimmungen bezüglich des pfandberechtigten Kommissionärs; neue Regeln bezüglich der verpfändeten Forderungen; eine Neuregelung des Unterpfandrechts sowie neue Regeln bezüglich der Geltendmachung des Pfandrechts.

Nach unserem Ermessen ist die Korrektur der pfandrechtlichen Regeln des uZGB 2013 ein taugliches Instrument zur Befriedigung der im vorstehenden Punkt beschriebenen wirtschaftlichen Bedürfnisse.

---

71 Die Möglichkeit der Verwendung der treuhänderischen Vermögensverwaltung zu Zwecken der Bankenrefinanzierung wurde in der ungarischen Rechtsliteratur bereits von *Norbert Csizmazia* aufgeworfen. Siehe dazu *ders.*, A zálogjog és Ockham borotvája (Das Pfandrecht und Ockhams Rasiermesser), in: Polgári Jog (Bürgerliches Recht) 2016/5, 31.

VII Zusammenfassung

Die Regelung des Pfandrechts bzw. des Kreditsicherungsrechts eines Landes wird grundsätzlich von zwei Faktoren bestimmt: den wirtschaftlichen Verhältnissen sowie der Eigentumseinrichtung. Von einem modernen Pfandrecht kann man nur unter den auf Privateigentum basierenden Umständen einer Marktwirtschaft sprechen.

Eine der wichtigsten Erwartungen gegenüber der Regelung des Pfandrechts ist, dass es die Verbesserung der Voraussetzungen der Kreditvergabe fördert und das Erlangen eines Kredits erleichtert. Das ist insbesondere in Ungarn der Fall, das seit annähernd 150 Jahren ein mit Kapitalmangel ringendes und deshalb auf Kapitalimport angewiesenes Land mit einer offenen Wirtschaft ist. Aus dem Aspekt der Entwicklung des ungarischen Pfandrechts waren jene ausländischen Muster schon immer maßgebend, die die Zirkulation des Kapitals innerhalb der Wirtschaft und den möglichst leichten und schnellen Zugriff auf Kredite fördern konnten.

Dieser Bedarf lag auch im Zuge der Kodifikation des uZGB 2013 vor. Das erkennt auch die Ministerialbegründung des uZGB 2013 an, die besagt, das Hauptbestreben des neuen Kodex sei es, dass das Pfandrecht die Kreditaufnahme fördert, indem es dem Gläubiger eine wirksame Sicherheit bietet und den Interessen des das Pfand schuldenden Eigentümers gleichzeitig einen entsprechenden Schutz bietet.[72]

Seit dem Inkrafttreten des uZGB 2013 am 15. März 2014 hat sich die Lage dahin gehend verändert, dass vonseiten des ungarischen Bankensystems ein definitives Bedürfnis nach einer Neuregelung des selbstständigen Pfandrechts als nichtakzessorische Form des Pfandrechts aufgekommen ist. Die Änderung des uZGB 2013 im Jahr 2016 hat versucht, dieses wirtschaftliche Bedürfnis zu befriedigen.

72 Allgemeine Begründung zum Gesetzentwurf Nr. T/7971 über das Bürgerliche Gesetzbuch, 530.

Maria Rosa Di Simone, Rom

Poveri, vagabondi ed emarginati nella dottrina giuridica tedesca dell'età moderna

Abstract: Between the second half of the sixteenth and the end of the seventeenth centuries the phenomenon of mass migration of the poor was particularly intense in the Germanic area, causing distress within the territory. The emperors and the territorial princes issued several laws which aimed to both sustain the most needed subjects and to limit the presence of foreign poor who exacerbated the already difficult local circumstances. The essay examines a series of juridical writings that discuss the issue from a theoretical perspective and at the same time tries to find concrete solutions. Particular attention is devoted to the works of Ahasver Fritsch on beggars, vagabonds, gypsies, and also on hospices. The essay also examines some dissertations on the topic published by students of German universities in the seventeenth and eighteenth centuries, as well as the treatise of the great Austrian reformer Joseph von Sonnenfels. The research shows how the laws and the measures suggested by the jurists, and implemented by the sovereigns in order to assist the poor, to restrain vagrancy and to limit immigration, did not achieve satisfactory results.

I Mendicanti e zingari nell'opera di Ahasver Fritsch

La storiografia ha manifestato da tempo interesse per le problematiche sulla mobilità dei poveri nell'Europa moderna e per i rimedi ideati e attuati nei vari ordinamenti, ma negli ultimi anni l'attenzione per questo tema è aumentata dando vita a numerosi studi che ne hanno messo in luce la vastità e complessità in tutte le zone del continente[1]. È stato dimostrato che tra la seconda

1 *Charles James Ribton-Turner*, A History of vagrants and Vagrancy and Beggers and Begging, Patterson Smith, London 1887 (ristampa anastatica Montclair 1972); *Eugenio Florian/Guido Cavaglieri*, I vagabondi. Studio sociologico-giuridico I, Tipografia della Casa editrice italiana, Torino 1897; *Christian. Paultre*, De la répression de la mendicité et du vagabondage en France sous l'Ancien Régime, Librairie de la Société du Recueil J.-B. Sirey & du Journal du Palais, Paris 1906; *Léon* Lallemand, Histoire de la charité III, Le Moyen Age (du Xe au XVIe siècle), A. Picard, Paris 1906; IV, Les temps modernes (du XVIe au XIXe siècle), Paris 1910; *Brian Tierney*, Medieval poor Law. A Sketch of Canonical Theory and its Application in England, University of California Press, Berkley-Los Angeles-London 1959; *Bronislaw Geremek*, Il pauperismo nell'età preindustriale (secoli XIV-XVIII), in: Storia d'Italia V, I documenti I, Einaudi, Torino 1973, 667 ss.; Études sur l'histoire de la pauvreté (Moyen Age -XVe siècle), sous la direction de Michel Mollat, 2 voll., Publications de la Sorbonne, Paris 1974; *Michel Mollat*, Les pauvres au Moyen Age. Étude sociale, Hachette, Paris 1978; *Bronislaw Geremek*, Les

metà del Cinquecento e la fine del Seicento nell'area germanica il fenomeno assunse proporzioni particolarmente imponenti. Le cause sono state ricondotte soprattutto al principio del cujus regio ejus religio stabilito nella pace di Augusta del 1555, che indusse considerevoli quantità di persone a spostarsi per motivi religiosi, e alla guerra dei trenta anni (1618–1648) che, con il suo seguito di devastazioni ed epidemie, determinò un lungo periodo di carestie e continue migrazioni. In tale contesto gli imperatori e i principi territoriali vararono numerose misure indirizzate da una parte a sostenere i sudditi più miserabili, dall'altra a limitare la presenza di indigenti stranieri che aggravavano le già difficili situazioni locali[2].

---

hommes sans maitre. La marginalité sociale à l'époque préindustrielle, in Diogène, 98, 1977, 53 ss.; *Id.* Inutiles au monde. Truands et misérables dans l'Europe moderne (1350–1600), Gallimard, Paris 1980; *Flavio Baroncelli*, Giovanni Assereto, Sulla povertà. Idee, leggi, progetti nell'Europa moderna, Herodote, Genova-Ivrea 1983; *Alberto Monticone* (a cura di), La storia dei poveri. Pauperismo e assistenza nell'età moderna, Studium, Roma 1985; *Michele Fatica*, Il problema della mendicità nell'Europa moderna (secoli XVI-XVIII), Liguori, Napoli 1992; *Laurent Mayali/Maria M. Mart* (a cura di), Of Strangers and Foreigners (Late Antiquity-Middle Ages), Robbins Collection Publication University of California, Berkley 1993; *Simonetta Cavaciocchi* (a cura di), Le migrazioni in Europa secc. XIII-XVIII. Atti della "Venticinquesima settimana di Studi" 3–8 maggio 1993, Le Monnier, Firenze 1994; *Pietro Costa*, Civitas. Storia della cittadinanza in Europa, 4 voll., Laterza, Roma-Bari 1999–2000; *Aurelio Cernigliaro* (a cura di), Il 'Privilegio' dei 'proprietari di nulla'. Identificazione e risposte alla povertà nella società medievale e moderna, Convegno di studi Napoli 22–23 ottobre 2009, Satura, Napoli 2010; *Annabel S. Brett*, Changes of State. Nature and Limits of the City in Early Modern Natural Law, Princeton University Press, Princeton-Oxford 2011; *Michele Pifferi*, Migrazioni del diritto: percorsi giuridici tra Europa e Stati Uniti nella progressiva era, Alfani, Firenze 2012; *Massimo Meccarelli/Paolo Palchetti/ Carlo Sotis* (a cura di), Ius peregrinandi: il fenomeno migratorio tra diritti fondamentali, esercizio della sovranità statale e regimi di esclusione, EUM, Macerata 2012; *Eliana Augusti/Antonio M. Morone/Michele Pifferi* (a cura di), Il controllo dello straniero. I "campi" dall'Ottocento a oggi, Viella, Roma 2017; *Lorenzo Coccoli*, Il governo dei poveri all'inizio dell'età moderna. Riforma delle istituzioni assistenziali e dibattiti sulla povertà nell'Europa del Cinquecento, Jouvence, Milano 2017.

2 *Franz Ehrle*, Beiträge zur Geschichte und Reform der Armenpflege, Herder, Freiburg in Breisgau 1881; *Hans Scherpner*, Theorie der Fürsorge, Vandenhoek & Ruprecht, Göttingen 1962; *Karl Otto Scherner*, Das Recht der Armen und Bettler im Ancien régime, in: Zeitschrift der Savigny-Stiftung für Rechtsgeschichte, Germ. Abt. 96, 1979, 55 ss.; *Jaques Dupâquier*, Macro-migrations en Europe (XVIe-XVIIIe siècles), in: *Cavaciocchi* (a cura di), Le migrazioni, (nota 1), 65 ss.; *Heinz Schilling*, Confessional Migration as a Distinct Type of Old European Longdistance Migration, ibid., 175 ss.; *Andrew M. Pettegree*, Protestant migration during the early Modern Period, ibid., 441 ss.; *Elisabeth Schepers*, Als der

Una visione efficace della situazione e dell'atteggiamento diffuso nei confronti dei bisognosi provenienti da altri Paesi è offerta dalle pubblicazioni apparse su questo argomento tra XVII e XVIII secolo che affrontavano la questione da un punto di vista teorico mirando a trovare rimedi concreti.

Fra le dissertazioni di maggiore interesse vanno annoverate quelle di Ahasver Fritsch, giurista e funzionario con una vasta esperienza dell'amministrazione pubblica nonché autore di una ricca serie di opere su svariati argomenti. Nel suo «Tractatus de mendicantibus validis» egli si richiamava al diritto comune, alle norme vigenti, alle opinioni di giuristi e di teologi passati e presenti per affermare innanzitutto che era compito precipuo dello Stato provvedere al benessere dei sudditi e quindi suo interesse primario prendersi la massima cura dei bisognosi[3]. Criticava poi come inefficaci ed errati i metodi in uso al suo tempo, prospettando la restrizione delle prerogative ecclesiastiche in materia e l'imposizione ai cittadini di contributi destinati al finanziamento delle iniziative necessarie a garantire la lotta alla povertà [4]. Confermava la differenza tra i mendicanti validi, ossia gli oziosi che rifiutavano di lavorare pur essendone fisicamente in grado, e quelli invalidi che invece, a causa di malattie, vecchiaia o altri motivi accertati,

---

Bettler in Bayern abgeschafft werden sollte. Staatliche Armenfürsorge in Bayern im 16. und 17. Jahrhundert, F. Pustet, Regensburg 2000; *Sebastian Schmidt/Jens Aspelmeier* (a cura di), Norm und Praxis der Armenfürsorge in Spätmittelalter und früher Neuzeit, Franz Steiner, Stuttgart 2006, 21 ss.; *Andreas Gestrich/Lutz Raphael* (a cura di), Inklusion/Exklusion. Studien zu Fremdheit und Armut von der Antike bis zur Gegenwart, Peter Lang, Frankfurt/Main 2. ed. 2008; *Wolfgang von Hippel*, Armut, Unterschichten, Randgruppen in der frühen Neuzeit, Oldenbourg, München 2. ed. 2013.

3 *Ahasver Fritsch*, Tractatus theologico-nomico-politicus de mendicantibus validis, Typis et sumptibus Sengenvvaldianis, Jenae 1659, cap. I, Principes ac magistratus studeant locupletes habere subditos, in quorum loculis suos thesauros reconditos esse credant, 1 ss.; cap. II, Maxima pauperum in republica cura est habenda, 3 ss. Fritsch (1629–1701) aveva studiato giurisprudenza a Jena e a Halle, dopo un breve periodo di insegnamento a Halle aveva intrapreso una brillante carriera nell'amministrazione giungendo ad ottenere la carica di cancelliere. Su di lui cfr. *Karl Otto Scherner*, Arme und Bettler in der Rechtstheorie des 17. Jahrhunderts. Das ‚Tractatus de mendicantibus validis' des Ahasver Fritsch, in: Zeitschrift für neuere Rechtsgeschichte 10, 1988, 129 ss.; *Sabine Begon*, De jure Hospitalium. Das Recht des deutschen Spitals im 17. Jahrhundert unter Berücksichtigung der Abhandlungen von Ahasver Fritsch und Wolfgang Adam Lauterbach, Tectum Verlag, Marburg 2002; *Alexander Wagner*, Armenfürsorge in (Rechts-)Theorie und Rechtsordnungen der frühen Neuzeit, in: *Schmidt/Aspelmeier* (a cura di), Norm und Praxis (nota 2), 21 ss., in particolare 51 ss.

4 *Fritsch*, Tractatus theologico-nomico-politicus (nota 3), cap. III, Quomodo pauperibus recte consulendum?, 7 ss.

non potevano provvedere a se stessi. Tale distinzione, risalente al diritto romano e ormai consolidata nella dottrina, gli forniva la base per ribadire la necessità di vietare la presenza degli individui pigri e sfruttatori appartenenti alla prima categoria e di concentrare le energie nella costruzione di un sistema assistenziale equo evitando così sprechi di risorse[5]. Fritsch passava in rassegna varie ordinanze di polizia generali e locali volte ad arginare la mendicità mediante la concessione di permessi ad alcuni abitanti delle città e l'espulsione degli stranieri, mettendo in luce che tali provvedimenti si erano rivelati fallimentari poiché soprattutto i forestieri tendevano a mentire e ad abusare dei privilegi[6]. Condannava l'ozio e il vagabondaggio che riteneva causa del pauperismo ricordando che tali vizi erano universalmente biasimati e puniti, come attestavano gli esempi tratti dal pensiero di Lutero e degli antichi nonché dalla legislazione imperiale tedesca, dalla tradizione dei Cinesi e dei Turchi[7]. Per accertare la reale invalidità delle persone l'autore si dichiarava favorevole ad attribuire al giudice la facoltà di effettuare un attento controllo delle loro condizioni fisiche anche attraverso una ispezione del corpo nudo. La sua severità si attenuava di fronte ad alcune tipologie di migranti: in particolare riteneva che sia i fuggiaschi dai paesi cattolici a causa della fede luterana, sia gli studenti (purché veramente bisognosi) non andassero annoverati tra i mendicanti validi e potessero perciò ricevere sussidi[8]. Guardava invece con diffidenza gli ordini religiosi che vivevano di elemosine, gli zingari che a suo parere erano dediti ad ogni sorta di furti e inganni e in generale coloro che per sopravvivere mettevano in atto menzogne e truffe[9]. Di fronte ai rischi comportati da questo tipo di soggetti, le autorità erano chiamate ad esercitare una vigilanza costante e rigorosa, a costringere al lavoro gli individui sani impiegandoli in opere pubbliche o in apposite strutture, ad applicare

---

5 Ibid., cap. IV, De mendicitate licita, 18 ss. Per la mendicità nel diritto romano cfr. *Chiara Corbo*, Paupertas. La legislazione tardoantica (IV-V sec.), Satura, Napoli 2006; *Ead.*, Imperatori e poveri nel diritto tardoantico: alcune linee di lettura, in: *Cernigliaro* (a cura di), Il 'Privilegio' (nota 1), 41 ss.

6 *Fritsch*, Tractatus theologico-nomico-politicus (nota 3), cap. V, Quatenus in republica nostra mendicitas publica sit permissa?, 21 ss.

7 Ibid., cap. VI, De otio et inertia, 47 ss.; ibid., cap. VII, De mendicitate improba, 52 ss.

8 Ibid., cap. VIII, Qui validorum mendicantium numero sint, 57 ss.; ibid., cap. IX, Validos mendicantes non essent quos constans veritatis evangelicae confessio exules fecit, 66 ss.; ibid., cap. X, De scholaribus vagantibus eorumque stipendiis, 73 ss.

9 Ibid., cap. XI, De ordinibus religiosorum mendicantium, 88 ss.; ibid., cap. XII, De zingaris seu saracenis quos Germani Zigeuner vocant, 94 ss.; ibid., cap. XIII, De variis mendicorum fraudibus et technis, 102 ss.

pene corporali a chi fingeva infermità, sottoponendo i rei di questua proibita ad un giudizio sommario del quale specificavano le regole[10].

In questo scritto la figura del mendicante valido viene ad essere assimilata fino praticamente a coincidere con quella del vagabondo e dello straniero imbroglione, condizioni ritenute nocive ad una società bene ordinata e meritevoli della stessa dura condanna. L'ostilità di Fritsch nei confronti dei soggetti senza fissa dimora trovava un'altra espressione molto esplicita nella dissertazione dedicata agli zingari[11]. Nella prefazione (datata 1659) si ricordava che quell' "infame quoddam erronum genus" aveva invaso il territorio tedesco agli inizi del XVI secolo e da oltre centocinquanta anni imperversava con imposture e furti creando non pochi danni ai cittadini più ingenui. Nonostante le leggi emanate contro di essi, la Germania non se ne era ancora liberata e anzi alcuni sprovveduti li difendevano "intempestiva quadam commiseratione fascinati", per cui si rendeva necessario chiarire alla popolazione la loro vera natura, che era in realtà del tutto indegna di qualsiasi indulgenza[12]. L'autore dapprima elencava le numerose denominazioni che tale "vagum et inutile hominum genus" aveva ricevuto nei vari Paesi europei e cercava di ricostruirne l'origine e la provenienza geografica riportando le discordanti ipotesi di diversi scrittori[13]. Poi descriveva lo stile di vita dei nomadi tracciando un fosco quadro basato sulla loro abitudine a tramare inganni e perpetrare ruberie di ogni genere. Fra l'altro sottolineava che gli uomini erano oziosi e mantenuti dai raggiri delle donne, deplorava le attività divinatorie e magiche largamente praticate contro le leggi ecclesiastiche e civili, negava ogni credibilità al pretesto che le loro peregrinazioni fossero dovute all'intenzione di espiare i peccati, sosteneva la falsità del millantato permesso di circolazione loro concesso dall'imperatore Sigismondo nel Quattrocento[14]. Fritsch concludeva che gli zingari non potevano essere tollerati nell'Impero e a supporto della sua affermazione elencava una ampia

10 Ibid., cap. XIV, De censura publica contra otiosos ac mendicantes summe necessaria, 113 ss.; ibid., cap. XV, De coercitione mendicitatis ac otii per operas publicas et ergasteria, vulgo Zucht- und Werckhauser, 117 ss.; ibid., cap. XVI, De falsaiis mendicis, qui mentiendo aliquem morbum aut casum fortuitum stipem emendicant, eorumque poenis, 127 ss.; ibid., cap. XVII, De judicio ac modo procedendi in crimine mendicitatis ac otii servando, 132 ss.

11 *Ahasver Fritsch*, De Zygenorum origine, vita ac moribus, in: Id., Dissertationes duae historico-politicae. Altera de abusibus typographiae tollendis, altera de Zygenorum origine, vita ac moribus, Typis et sumptibus Georgi Sengenvvaldi, Jenae 2. ed. 1664.

12 Ibid., Praefatio, p. non numerate.

13 Ibid., membrum I, De variis Zygenorum nominibus; membrum II, De Zygenorum gente et origine, p. non numerate.

14 Ibid., membrum III, De Zygenorum vita ac moribus, p. non numerate.

serie di editti e ordinanze dirette a vietare il loro ingresso e ad espellerli. Partendo dal decreto di Massimiliano I del 1500, dava conto di varie costituzioni e regolamenti di polizia emanati da imperatori e da sovrani territoriali riportandone ampi stralci e denunciava sdegnato la violazione di tante chiare e autorevoli disposizioni[15]. Ne attribuiva la responsabilità alla debolezza e ignavia dei magistrati che avevano trascurato di applicarle, prestando fede a salvacondotti contraffatti, e condannava severamente la negligenza delle autorità in questo campo giudicandola una grave manifestazione di indifferenza nei confronti del pubblico bene e della tutela dei sudditi che erano invece scopo precipuo del potere sovrano. Disapprovava anche l'iniziativa di qualche principe che accoglieva nell'esercito gli zingari incoraggiando così le loro migrazioni: "male sane. Ita crescit hac occasione colluvies hominorum istorum, nec unquam ab iis liberamur".

La difettosa ottemperanza alle leggi vigenti tornava ad essere sottolineata nell'opera sugli ospizi, pubblicata qualche anno dopo quella sui mendicanti validi con lo scopo di delineare un quadro della normativa di questi istituti che erano considerati da Fritsch una buona soluzione alla incessante crescita di poveri[16]. L'autore forniva innanzitutto una definizione di tali strutture dalla quale emergeva con chiarezza la loro destinazione ad una variegata serie di soggetti: "venerabilis, pia ac religiosa domus in qua peregrini, pauperes, aegroti, orphani, expostitii, senes, aliaeque miserabiles personae hospitio plerumque gratuito, ad certum tempus vel ad vitam usque, excipiuntur, iisque necessariis alimentis prospicitur". Quindi indicava i diversi tipi di ricoveri con le rispettive denominazioni includendo fra essi gli Xenodochia, specificamente destinati agli stranieri deboli, malati, invalidi o incapaci di provvedere a se stessi [17]. L'antica origine degli ospizi era illustrata in un sintetico quadro storico che offriva l'occasione per deplorare l'avarizia del tempo presente rispetto alla generosità del passato e per sostenere che i mussulmani e i Turchi erano molto più avanzati e misericordiosi dei cristiani nella pratica della carità[18]. Fritsch passava poi ad esaminare i diritti di autorità laiche ed ecclesiastiche circa la fondazione e la gestione degli hospitalia e precisava i soggetti che avevano titolo per esservi alloggiati. Al riguardo da una parte sottolineava il ruolo preminente che spettava alla volontà dei principi nel dettare le regole per i loro territori e dall'altra segnalava la necessità di uno stretto controllo sui bisognosi che aspiravano ad essere accolti. Qui ribadiva

15 Ibid., membrum IV, Zygenos in Republica non esse tolerandos, p. non numerate.

16 *Ahasver Fritsch*, Diatriba iuridica de jure ac privilegiis Hospitalium, Sumptibus Johannis Bielcken, Jenae 1672. per una descrizione analitica del diritto degli ospizi tedeschi di quel periodo cfr. *Begon*, De jure Hospitalium (nota 3).

17 Ibid., cap. I, De hospitalis nomine, definitione, ac divisione, 1 ss.

18 Ibid., cap. II, De hospitalium prima fundatione ac origine, 4 ss.

la condanna degli oziosi e dei mendicanti validi e affermava decisamente che dovevano essere esclusi "fures, latrones, Zingari, incendiarii, similisque criminis suspecti homines"[19]. Per la durata del soggiorno rinviava all'atto di fondazione ricordando che i Turchi permettevano agli stranieri di trattenersi tre giorni nei ricoveri e, anche se in Germania ciò sembrava a taluno un tempo troppo lungo, le norme vigenti di solito ammettevano una certa elasticità nei confronti dei malati per evitare che fossero cacciati alla scadenza del termine[20]. Un ampio spazio era riservato ai mezzi per assicurare la corretta gestione delle risorse, alle modalità delle ispezioni e delle visite, nonché ai compiti degli amministratori e ai privilegi degli ospizi[21]. Infine l'autore dimostrava una particolare sollecitudine nei confronti degli esuli per motivi religiosi, delle ragazze oneste povere e dei giovani sbandati. La prima categoria era formata dai protestanti perseguitati e cacciati dai Paesi cattolici per i quali riteneva si dovessero mettere a disposizione soluzioni specifiche e diverse dai già menzionati Xenodochia, concepiti per gli stranieri, e suggeriva di costruire nuovi edifici o di restaurare quelli vecchi e rovinati destinandoli esclusivamente a tale tipologia di rifugiati. Le nubili senza mezzi, plebee o nobili, avrebbero dovuto essere accolte, mantenute ed educate in appositi Coenobia seguendo regole improntate alla morale cristiana anche se non rigidamente ricalcate su quelle monastiche, mentre i ragazzi oziosi sarebbero stati indotti a mutare i loro costumi e vizi in case di correzione [22]. L'autore lamentava la scarsità di tali istituzioni nei territori tedeschi, ne esaltava l'utilità sociale, esortava i principi a non lesinare fondi per moltiplicarle – eventualmente unendo le forze per creare strutture comuni a più Stati – e prospettava a tal fine l'imposizione di contributi alla popolazione e l'utilizzo dei beni ecclesiastici.

II Indigenti e stranieri nelle dissertazioni dottorali del Seicento

Le opinioni di Fritsch costituirono il punto di riferimento frequente per una serie di scritti composti in Germania intorno al tema dei poveri e dei vagabondi, in particolare per numerose tesi di dottorato presentate in università tedesche tra Seicento e Settecento sotto la guida di autorevoli e noti docenti.

19 Ibid., cap. III, Quis hospitalia fundare possit?, 8 ss.; ibid., cap. IV, De personis quae in hospitalia recipiendae vel non, 10 ss.

20 Ibid., 14–15.

21 Ibid., cap. V, De jurisdictione, inspectione ac visitatione hospitalium, 16 ss.; ibid., cap. VI, De cura administrationis, 21 ss.; ibid., cap. VII, De privilegiis et immunitatibus hospitalium, 30 ss.

22 Ibid., cap. VIII, Suadetur fundatio coenobiorum vel hospitalium pro exulantibus, ac virginibus pauperibus aliisque honeste educandis, 36 ss.

A Fritsch si ispirava largamente Johann Braun che nel 1676 si concentrava sulle questioni relative agli ospizi impegnandosi nella distinzione dei vari tipi e nella descrizione dei privilegi, dei doveri degli amministratori e delle modalità delle visite con ampie citazioni di leggi romane e locali, nonché di opinioni di giuristi italiani, francesi, spagnoli e tedeschi[23]. Dal suo lavoro si trae la conferma della scarsa possibilità per gli stranieri di usufruire dei ricoveri: l'autore affermava infatti che di solito le strutture, sia pubbliche sia ecclesiastiche, qualora non fosse disposto diversamente nel documento di fondazione, accoglievano solo i miserabili della città secondo un principio generale sancito nelle ordinanze imperiali del 1548 e 1577[24].

Spesso i candidati premettevano alle loro dissertazioni approfondimenti etimologici e teorici volti a definire la nozione di povertà e quindi a distinguere le persone meritevoli di aiuti dagli oziosi e scialacquatori, nonché ad indicare le prove per arrivare ad una equa attribuzione dei privilegi. Queste riflessioni evidenziavano un concetto di indigenza non assoluto ma relativo alla condizione sociale e allo status dei soggetti, il cui apprezzamento era perciò in larga parte lasciato all'arbitrio del giudice, e rivelavano un atteggiamento non del tutto uniforme, anche se sostanzialmente analogo, nei confronti delle capacità e dei diritti degli individui bisognosi[25]. Alcuni autori si dimostravano più aperti e altri più restrittivi nel concedere speciali regole a sollievo di chi era privo di risorse ma tutti concordavano nella necessità di verificare attentamente le loro effettive condizioni e nel punire i raggiri. Le regole processuali riservate ad essi, come pure i doveri degli avvocati, dei giudici e dei medici nei loro confronti formavano un oggetto trattato con particolare frequenza e cura ma venivano prese in considerazione anche le speciali norme riguardanti il matrimonio, la testimonianza, i testamenti, l'usura, i furti ed altri delitti, le pene, l'esenzione da uffici e da "munera".

In questi scritti la condizione degli stranieri sprovvisti di mezzi di sussistenza non risulta oggetto di grande attenzione, anzi di solito è appena

---

23 *Johann Braun*, Positiones de domiciliis pauperum, von Hospitälen (...) praeside Wolfgang-Adamo Lauterbach, Typis excudebat Joachimus Hein, Tubingae 1676.

24 Ibid., § XXXI, 20–21.

25 *Cunradus Junker*, Disputatio juridica de privilegiis pauperum (...) sub praesidio Joh. Volk. Bechmanns (...) anno 1668, Typis Johannis Nisi, Jenae 1702; *Christophorus Andreas Richter*, Disputatio inauguralis de jure singulari paupertatis (...) praeside Christophoro Ritter, Typis Danielis Schmatz, Wittembergae 1672; *Johannes Bernhard Borsch*, Privilegia pauperum (...) sub praesidio Ernst Friderici Schröteri, Literis Johannis Wertheri Typagraphi Ducalis, Jenae 1675; *Johannes Georgius Albinus*, Dissertatio juridica de jure miserabilium von Rechten der Armseligen und Nothbeträngten (...) validi praesidij assistentia D.ni Georgii Adami Struvii, Literis Samuelis Adolphi Mulleri, Jenae 1680.

accennata o del tutto trascurata. Un certo interesse suscitava la categoria di migranti formata dagli studenti universitari ai quali venivano dedicate alcune osservazioni soprattutto vertenti sull'opportunità di sovvenzionarli mediante borse di studio. Al riguardo Johann Georg Albinus, partendo dalla propria triste esperienza di orfano di padre, con madre e ava povere, testimoniava la sua grande riconoscenza per il supporto economico che gli aveva permesso di studiare e si dichiarava decisamente favorevole a questo tipo di interventi, mentre Konrad Juncker riteneva si dovesse agire con cautela e preferire anche in questo caso gli elementi locali rispetto agli esteri i quali spesso si mostravano ingrati, infidi e profittatori[26]. Un posto speciale poi occupavano gli esuli per motivi religiosi ai quali Christian Friedrich Barthold dedicava una articolata dissertazione divisa in quattro capitoli e numerosi paragrafi[27]. Egli affermava che l'esilio dovuto a ragioni politiche o confessionali non era disonorevole, anche se bisognava vigilare che non si fingessero persecuzioni per nascondere frodi. Anzi i cristiani avevano diritto ad espatriare per simili cause, come dimostravano numerosi esempi tratti dalla storia, dall'antico e nuovo testamento, dalle opere dei padri della Chiesa, dal diritto romano e dai decreti tedeschi della pace di Westfalia[28]. I sovrani erano protettori dei miserabili e, "veluti curatores universae rei humanae", ciò si estendeva anche agli stranieri che potevano quindi essere accolti e spesso peraltro erano utili allo Stato[29]. L'autore esaminava infine le numerose opinioni contrarie impegnandosi in una convinta confutazione di esse[30].

Se si escludono i due casi degli studenti e dei fuggiaschi per ragioni religiose, l'interesse per la sorte degli stranieri in questi scritti appare del tutto marginale. Un orientamento diverso seguiva la densa e dotta opera di Georg Ferdinand Fuchs interamente dedicata ai peregrini[31]. Nella prefazione l'autore osservava che i duri e crudeli atteggiamenti del passato nei confronti degli estranei alle comunità erano ormai superati ma la loro consistente presenza nei territori imperiali richiedeva una trattazione che ne precisasse i diritti. La parte iniziale del testo analizzava approfonditamente il significato dei termini latini, le etimologie, i sinonimi e i vocaboli di varie lingue allo

26 *Albinus*, Dissertatio juridica (nota 25), cap. III, De jure pauperum studiosorum, p. non numerate; *Junker*, Disputatio juridica (nota 25), 50 ss.

27 *Christ. Fridericus Bartholdi*, Dissertatio de jure principum recipiendi exules fidei socios (...) praeside Joh. Christoph. Becmano, Literis Christophori Zeitleri, Francofurti ad Viadrum 1686.

28 Ibid., cap. II, 9 ss.

29 Ibid., cap. III, 29 ss.

30 Ibid., cap. IV, 39 ss.

31 *Georgius Ferdinandus Fuchs*, Jura peregrinorum dissertatio academica (...) praeside Dn. Johanne Schiltern, Literis Nisianis, Jenae 1676.

scopo di chiarire la nozione di straniero per poi affrontare questioni di tipo giuridico. Il concetto centrale diveniva a questo punto quello di cittadinanza che Fuchs distingueva in tre gradi (universale, provinciale, particolare) determinati dall'appartenenza rispettivamente all'intero Impero germanico, alle sue province e alle città o villaggi: "jus civitatis universale quod civem Imperii facit; jus civitatis provinciale, quo civis provincialis conficitur; et denique jus civitatis particularis quod constituit civem aut incolam alicujus Municipii, vici, vel pagi"[32]. L'autore si addentrava in una dettagliata e puntuale disamina dei diritti e degli obblighi da attribuirsi agli individui privi di cittadinanza nei tre diversi casi, passando in rassegna molteplici fattispecie in ambito privato, pubblico, commerciale, fiscale, processuale. La trattazione, svolta sulla base di fitti riferimenti storici, dottrinali e legislativi, mostrava di tenere conto dei principi del diritto naturale e ricorreva spesso al confronto con il sistema francese che veniva criticato come arretrato.

Alla fine lo scrivente scioglieva cinque quaestiones particolari: nelle prime due si dichiarava favorevole ad accogliere gli stranieri negli ospizi e a permettere loro di visitare il Paese anche solo per curiosità, purché non si trattasse di facinorosi o sospetti[33]. Nella terza poneva il problema se fosse opportuno dare ricetto ad una grande moltitudine di peregrini che arrivassero con motivazioni valide in quanto erano stati cacciati dai loro luoghi di origine[34]. Fuchs affermava che ragioni umanitarie inducevano a non impedire a tali infelici di trovare un luogo dove sistemarsi, ma quanto all'obbligo di accoglienza, si appoggiava all'autorità di Grozio per negarlo in linea generale e per sostenere che era necessario porre certe condizioni[35]. Osservava che l'ingresso di una grande quantità di estranei comportava disagi e pericoli per cui bisognava procedere "cauto pede" allo scopo di evitare che lo Stato per beneficare altri danneggiasse se stesso. Anche la concessione della cittadinanza, affrontata nella quarta quaestio, presentava rischi, come dimostravano molti esempi storici, ed era oggetto di opinioni diverse tra i giuristi[36]. L'autore ricordava che "moribus hodiernis", nella maggior parte degli ordinamenti tedeschi si poteva conseguire la cittadinanza dopo un determinato lasso di tempo (di solito un anno), trascorso il quale chi non l'aveva ottenuta veniva allontanato. La regola non si applicava a coloro che erano fuggiti "propter pestem aliamve necessitatem"

---

32 Ibid., § 16, p. non numerate.

33 Ibid., § 49.

34 Ibid., § 50.

35 *Hugonis Grotii*, De iure belli ac pacis libri tres, apud Nicolaum Bvon, Parisiis 1625, l. II, cap. II, § XVI, p. 149. Per un'ampia disamina del diritto d'asilo in Grozio cfr. *Elke Tießler-Marenda*, Einwanderung und Asyl bei Hugo Grotius, Duncker & Humblot, Berlin 2002, 207 ss.

36 *Fuchs*, (nota 31), § 51.

e meritavano perciò maggiore elasticità, ma secondo l'autore il soggiorno decennale non attribuiva automaticamente lo jus civitatis, come alcuni pensavano, e la decisione al riguardo doveva essere lasciata all'arbitrio del giudice. Nell'ultima quaestio, vertente sulla liceità di cacciare gli stranieri dopo averli ammessi, Fuchs affermava che ciò costituiva una azione disumana e offensiva se non dettata da cause gravi, ma in presenza di queste, in particolare della fame, poteva essere giustificata, come dimostravano esempi storici [37]. Egli assumeva qui una posizione meno decisa rispetto a quella di Grozio secondo il quale l'espulsione degli stranieri, dopo che erano stati accolti, non era lecita neppure se le condizioni economiche del Paese ospitante fossero molto peggiorate poiché bisognava affrontare insieme il male comune, secondo quanto aveva insegnato S. Agostino[38]. Infine Fuchs elencava le figure affini ai peregrini, ossia i vagabondi, i mendicanti validi e gli zingari, che appaiono anche in questo caso assimilati, ma non approfondiva l'argomento per il quale rinviava alle trattazioni di altri scrittori, in particolare a quelle di Fritsch[39].

L'esigenza di affrontare in modo più ampio e rigoroso la materia relativa alle persone senza fissa dimora si rifletteva con efficacia nella dissertazione composta da Johannes Christian Welsch sotto la guida di Christian Thomasius[40]. Essa fu pubblicata nel 1681 ma è significativo che fu riedita per la terza volta nel 1739 facendo scomparire il nome dell'autore per attribuirla al ben più noto e autorevole Thomasius e completandola con l'aggiunta di una disputa del 1679 di Andreas Mylius e David Barthel[41]. La prima

37 Ibid., § 52.

38 *Grotii*, De iure belli (nota 35), l. II, cap. II, § XIX, p. 151.

39 *Fuchs*, Jura peregrinorum (nota 31), § 53.

40 *Johannes Christianus Welsch*, Anestion seu eum qui est sine domicilio occasione l. 27 § 2 ad municip. Sub praesidio Dn. Christiani Thomasii, Typis Johannis Georgi, Lipsiae 1681.

41 *Christiani Thomasii*, Tractatio iuridica de vagabundo seu eo qui est sine domicilio, occasione l. 27 § 2 ad municip. olim mense dec. MDCLXXIX Lipsiae habita, Editio tertia, Sumptibus Ioannis Henrici Grunerti, Halae Magdebugicae 1739; Additio. Disputatio II. De iure vagabundorum, habita Lipsiae d. 23. Decembr. 1679 D. Andr. Mylio, resp. Dav. Barthel., ibid., 59 ss. Fra le numerose pubblicazioni su Thomasius cfr.: *Max Fleischmann*, Christian Thomasius, Niemeyer, Halle 1930; *Hinrich Ruping*, Die Naturrechtliche Lehre des Christian Thomasius und ihre Fortbildung in der Thomasius-Schule, Rohrscheid, Bonn 1968; *Mario A. Cattaneo*, Delitto e pena nel pensiero di Christian Thomasius, Giuffrè, Milano 1976; *Antonio Villani*, Christian Thomasius illuminista e pietista, Arte Tipografica, Napoli 1997; *Friedrich Wollhardt* (a cura di), Christian Thomasius (1655–1728). Neue Forschungen im Kontext der Früaufklärung, De Gruyter, Tübingen 1997; *Peter Schröder*, Christian Thomasius zur Einführung, Junius, Hamburg 1999; *Martin Kuhnel*, Das politische Denken von Christian Thomasius. Staat,

parte del lavoro era dedicata a questioni giuridiche riguardanti il domicilio, le sue varie specie e le relative regole, la seconda verteva sul vagabondo, in particolare sull'individuazione esatta di questo soggetto dal punto di vista giuridico[42]. Welsch, dopo brevi notazioni etimologiche e filologiche, si avventurava con grande acribia e determinazione a dissipare la confusione e l'approssimazione che caratterizzavano le definizioni elaborate in passato. Il punto di riferimento al quale affermava di volersi ispirare "presso pede" era il giurista romano Salvio Giuliano seguendo il quale, a suo dire, si arrivava a ricavare una breve e lineare nozione: "vagabundus est persona sine domicilio" che peraltro riteneva equivalente a "est persona, quae nullam habitationem habet"[43]. L'autore sottolineava che questa chiarezza non trovava riscontro negli interpreti precedenti, e lo dimostrava esaminando una nutrita serie di importanti giuristi a partire dalla Glossa. Metteva in luce le contraddizioni e le imprecisioni di autorevoli personaggi come Farinacci, Pufendorf, Gail, Carpzov, Menochio, Peguera, Besold ed altri, discutendo sottilmente la differenza tra i concetti di abitazione e domicilio. In tal modo fra l'altro giungeva a confutare opinioni illogiche che avrebbero comportato l'assurdo di considerare categorie come quelle degli studenti, degli ufficiali della curia e degli avvocati alla stregua dei girovaghi qualora "in aliis locis regni (et extra regnum) domicilium non habeant". Lo scrivente evidenziava anche la distinzione tra i concetti di vagabondo, di errante e di fuggitivo precisando che gli ultimi due termini si riferivano agli schiavi nel diritto romano, inoltre negava la coincidenza tra vagabondi, oziosi e ciarlatani osservando che non sempre i primi rifiutavano il lavoro o ingannavano gli altri. Infine ricordava che il vocabolo tedesco "Landstreicher" nell'uso moderno aveva sempre un significato negativo mentre a suo parere "vagabundi autem per

---

Gesellschaft, Bürger, Duncker & Humblot, Berlin 2001; *Francesco Tomasoni*, Christian Thomasius. Spirito e identità culturale alle soglie dell'Illuminismo europeo, Morcelliana, Brescia 2005; *Hagen Hof*, Christian Thomasius (1655–1728), in: *Gerd Kleinheyer/Jan Schröder* (a cura di), Deutsche und Europäische Juristen aus neun Jahrhunderten. Eine Biographische Einführung in die Geschichte der Rechtswissenschaft, Müller, Heidelberg 5. ed. 2008, 440 ss.; *Gianluca Dioni*, Dalla stultitia alla sapientia. Il concetto di dovere nel giusnaturalismo di Christian Thomasius, Prefazione di Vanda Fiorillo, Pensa Multimedia, Lecce 2009.

42 *Thomasii*, Tractatio iuridica (nota 41), cap. I, De domicilio eiusve speciebus, 4 ss.; cap. II, Vagabundus quis et quotuplex?, 29 ss.

43 Ibid., cap. II, § 91, p. 34. L'autore esprime grande stima nei confronti di Salvio Giuliano descrivendolo all'inizio dell'opera come "magnae existimationis vir et disertissimus Ictus(...) ac praetorii Edicti perpetui ordinator" (ibid., I, § 1, p. 5). In realtà la citazione (D. 50. 1. 27. 2) posta alla base di tutta la dissertazione, inserita nel titolo e ripetutamente richiamata, è di Ulpiano.

se nec boni nec mali dici mereantur"[44]. Affrontava poi la questione se fosse lecito rinunciare alla cittadinanza e cambiare domicilio concludendo, dopo una approfondita e articolata disamina, che talvolta ciò poteva essere consentito e poneva quindi l'interrogativo di come si diventava raminghi[45]. Al riguardo distingueva due casi analizzando la posizione di chi lasciava la propria residenza per rimanere senza fissa dimora continuativamente e per un lungo tempo, e di chi invece non ne aveva mai avuta una stabile "uti faciunt communiter cingari, mendicantes validi, milites vagabundi etc.".

Una volta chiariti, mediante percorsi logici ed esempi pratici, quali fossero i mezzi di prova più affidabili per accertare lo status di vagabondo, Welsch respingeva le classificazioni basate sulla quantità e qualità dei migranti elaborate dalla dottrina precedente, giudicandole poco utili. Aderiva invece a quella più lineare in necessari e volontari secondo la quale i primi erano stati costretti da forze esterne a lasciare contro la propria volontà il loro domicilio e non erano riusciti a trovarne un altro, mentre i secondi se ne erano allontanati spontaneamente e persistevano nei loro continui spostamenti sebbene avessero l'opportunità di stabilirsi comodamente in qualche luogo[46]. All'interno di queste due categorie procedeva ad una minuziosa riflessione sulle diverse situazioni, criticando come superficiali le opinioni correnti avallate dai giuristi. Escludeva ad esempio che le persone in fuga dalla peste e dalla guerra fossero qualificabili come vagabondi e approfondiva la posizione dei banditi e degli esuli mostrandone le molteplici articolazioni alla luce della legislazione tedesca moderna[47]. In particolare si soffermava sulla pace religiosa che aveva concesso la tolleranza dei culti diversi da quello del sovrano purché praticati prima del 1624 e in tal modo aveva in realtà eliminato una importante motivazione alle migrazioni trasformando i loro protagonisti in vagabondi volontari. Tra questi ultimi annoverava i mendicanti validi, gli zingari, i servi fuggitivi, i soldati, gli attori, rimandando alle trattazioni di altri, soprattutto di Fritsch e di Alberico Gentili, e sforzandosi sempre di definire con esattezza le tipologie. Infine esaminava brevemente le distinzioni tracciate dai dottori fra vagabondi lodevoli, vituperabili e indifferenti, veri o presunti rilevandone alcune incongruenze[48]. Nel complesso questa dissertazione, nonostante qualche incongruenza e le sottigliezze talvolta eccessive, rappresenta un notevole sforzo di sistematizzazione e riordino concettuale della materia. In essa l'avversione contro le persone senza fissa dimora

44 *Thomasii*, Tractatio iuridica (nota 41), II, § 112, p. 40.
45 Ibid., § 118 ss., p. 41 ss; § 124 ss., p. 44 ss.
46 Ibid., § 144 ss., p. 49 ss.
47 Ibid., § 150 ss., p. 51 ss.
48 Ibid., § 160 ss., p. 55 ss.

appare attenuata grazie ad una continua attenzione alle circostanze particolari e specifiche che impediva un giudizio indiscriminato e generico.

La "Disputatio" di Mylius e Barthel risulta nell'edizione del 1739 strettamente collegata allo scritto precedente perché ne completava la trattazione[49]. Essa precisava la condizione giuridica dei vagabondi nel diritto privato, processuale e penale sulla base del diritto romano, tedesco e naturale e faceva continui riferimenti alle osservazioni critiche di Welsch. Anche in questo caso emergeva l'intenzione di arrivare ad una definizione più certa del trattamento dei soggetti in esame attraverso la ricognizione e il coordinamento del vario materiale dottrinale e legislativo antico e moderno e degli usi correnti. In questo senso le due opere appaiono realizzare entrambe un passo avanti verso una razionalizzazione teorica e normativa nonché verso una considerazione più equa delle difficili situazioni esistenziali dei migranti.

III Pauperismo e ozio in alcuni scritti del Settecento

Il fatto che fosse ritenuto utile ristampare la tesi di Welsch e la disputa di Mylius e Barthel più di mezzo secolo dopo la loro composizione indica come le problematiche che le avevano ispirate fossero ancora lontane dalla soluzione e la presenza di stranieri poveri continuasse a costituire una preoccupazione importante per gli Stati tedeschi. Lo conferma la quantità di tesi dottorali dedicate alla questione che riprendevano ed integravano in modo talvolta ripetitivo le argomentazioni esposte nel secolo precedente[50].

Fra esse si segnala per ampiezza il lavoro sulla beneficenza pubblica realizzato nel 1730 da Reinhold Schröder nell'ambito della facoltà filosofica. L'autore si mostrava abbastanza aperto e consapevole sin dall'inizio poiché, nell'elencare diversi generi di persone prive di mezzi per vivere e perciò bisognose di assistenza, inseriva fra esse gli stranieri costretti ad espatriare

---

49 *Mylius/Barthel*, Additio. Disputatio II, (nota 41).

50 *Matthaeus Jacobus Fischer*, Disputatio juridica inauguralis de jure pauperum vulgo von Armen-Recht, (…) praeside Marco Rhodio, Literis Christophori Zeitleri, Francofurti ad Viadrum, 1702; *Carolus Gothofredus Wincklerus*, Dissertatio inauguralis de favore pauperum (…) sub praesidio Godfr. Ludov. Mencken, ex officina viduae Gerdesianae, Vitembergae 1716; *Franciscus Ludovicus Nitsche*, Dissertatio academica de jure paupertatis in casu necessitatis (…) praeses Jacobus Fridericus Bracht, Literis Nisianis, Jenae 1719; *Johannes Fridericus Faust*, Dissertatio inauguralis de privilegiis personarum miserabilium, Imprimebat Simon Kursner, Argentorati 1723; *Johann August Reichmann*, Tractatio id quod justum est in causis pauperum breviter exhibens, Sumptibus Johannis Beckii, Argentorati 1729; *Johannes Andreas Beutel*, Dissertatio juriduca de jure pauperum in foro saxonico (…) praeside Jo. Henrico Albino, Literis viduae Gerdesiae, Wittemberg 1734.

abbandonando i propri beni a causa della religione o di altri gravi motivi[51]. Riprendendo opinioni ormai acquisite nelle trattazioni precedenti e ricordando esempi storici, asseriva che andava proibita la questua porta a porta in quanto pericolosa alla sicurezza, sottolineava che molti mendicanti erano delinquenti, ladri, oziosi e imbroglioni, portatori di gravi malattie ma sosteneva che fosse indispensabile fornire loro sostentamento da parte delle autorità per ragioni morali e di pubblica utilità. Nella riflessione sui modi per provvedere a questo fondamentale compito, dopo avere osservato che i rimedi suggeriti da Aristotele erano ormai poco praticabili, seguiva orientamenti già ampiamente indicati negli ultimi decenni poiché consigliava di indurre i ricchi a generose elargizioni convincendoli che ciò avrebbe accresciuto l'autorità e il lustro delle loro famiglie, di forzare gli indigenti sani al lavoro e di mantenere gli invalidi in apposite strutture[52].

Qualche elemento di novità si coglie nella parte concernente gli stranieri, dove il rigore e la severità generalmente presenti negli scrittori del periodo sembrano diminuire. Schröder infatti riteneva si dovesse distinguere: coloro che avevano servito lo Stato per molto tempo e quasi ottenuto lo jus civitatis avevano diritto ad essere aiutati procurando loro un lavoro o in altra maniera. Quanti invece rifiutavano occupazioni utili e non si erano resi benemeriti presso la comunità andavano rimandati nel luogo d'origine ma, se le loro condizioni fisiche lo avessero impedito, anche essi avrebbero potuto usufruire di sostegno pubblico. Per evitare che il territorio fosse aggravato da poveri di altri Paesi, si doveva proibire ai carrettieri e ai capitani delle navi di trasportarli e bisognava ordinare alle guardie di frontiera di non permettere il transito di estranei senza previo accurato controllo. Qualora insorgesse il sospetto che i viaggiatori avevano intenzione di mendicare, le sentinelle dovevano respingerli facendo eccezione per quelli "qui religionis gratia relegati, vel incendio ad paupertatem pervenerunt"[53]. L'autore citava in proposito alcuni editti di città tedesche emanati tra la fine del Seicento e i primi anni del Settecento e affermava il principio per cui le elemosine dispensate agli estranei non dovevano andare a detrimento degli aiuti ai cittadini ed era doveroso soccorrere prima i fedeli della propria religione. Tuttavia non escludeva del tutto gli altri, che avrebbero potuto essere beneficati con le somme avanzate, e aggiungeva che, poiché tutti gli abitanti, indipendentemente dalla loro confessione, erano obbligati a contribuire alla cassa dei

51 *Reinholdus Henricus Schröder*, Meditationes academicas de cura Reipublicae circa alendos pauperes sive Verpflegung der Armen sub praesidio Christiani Henrici Gütteri, Litteris Reusnerianis, Regiomonti 1730, p. 5.

52 Ibid., p. 12 ss.

53 Ibid., p. 26.

poveri, era giusto che nessuno fosse escluso dalle sovvenzioni[54]. Ammoniva che in realtà ognuno era tenuto a fare la carità per diritto naturale, divino e pubblico perciò il principe e le autorità dovevano dare il buon esempio. Per alimentare le risorse consigliava ai governanti di organizzare la richiesta di elemosine in diverse occasioni come battesimi, funerali, feste, spettacoli, riunioni in taverne e caffè, e suggeriva di indire lotterie che erano un sistema efficace e ammesso dalla legge di natura, da Dio e dallo Stato[55]. Questi proventi avrebbero formato un patrimonio dalla cui amministrazione i funzionari preposti non avrebbero dovuto trarre guadagni ma che sarebbe stato prezioso sia per i singoli che per la collettività in quanto avrebbe consentito di educare i bambini, di eliminare il vagabondaggio degli adulti, di garantire la sicurezza dei cittadini.

Significativa appare anche la dissertazione di Johannes Christian Stember il quale, dopo avere osservato che il numero dei poveri cresceva di giorno in giorno, affermava con decisione, sulla base di numerose citazioni, che la loro cura era compito precipuo e fondamentale del principe[56]. L'autore aderiva all'opinione di Leyser, per cui il sovrano che li abbandonava alla misericordia privata era da considerarsi al pari di un assassino, e deplorava la scarsa attenzione delle autorità tedesche in questo campo per esaltare al confronto l'azione dell'elettore Federico Augusto di Sassonia. Stember sosteneva che questi aveva giustamente meritato il titolo di "pater pauperum" per avere fatto costruire nel suo territorio ospizi per i bisognosi ma anche perché allo stesso tempo aveva vietato la questua dei mendicanti validi e dei vagabondi e riportava un editto emanato a Dresda nel 1729 contro la mendicità, dove chiaramente si ordinava di soccorrere i poveri del luogo ma di cacciare e punire quelli stranieri[57].

Una efficace impressione della perdurante crisi di pauperismo imperversante nei territori germanici nella prima metà del Settecento si ricava dalla tesi di Samuel Schultze che nel 1730 prendeva in considerazione una situazione particolare e circoscritta ma molto significativa, data dall'eccessivo numero di stranieri poveri che intentavano liti presso il tribunale della Camera imperiale (Reichskammergericht), la cui sede era stata trasferita nel 1689 da Spira a Wetzlar[58]. L'autore lamentava i disagi causati dalla folla di miserabili che erano incredibilmente aggressivi e importuni nei confronti

54 Ibid., p. 27.

55 Ibid., p. 28 ss.

56 *Johann Christian Stemberus*, De Πτωχοτροφια, sive alimentis pauperum Saxoniae superiori, Litteris Breitkopfianis, Lipsiae 1730.

57 Ibid., 6–7.

58 *Samuel Schultze*, Disputatio inauguralis juridica de pauperibus in Camera litigantibus, Typis Eberth.Henr. Lammers, Gissae 1730.

degli assessori, degli avvocati e dei procuratori perseguitandoli giorno e notte con continue e insistenti richieste per ottenere gli attestati e la firma delle suppliche necessari all'avvio della causa. Dopo avere conseguito l'autorizzazione, questi indiscreti e zotici individui, non essendo in grado di affrontare le spese del giudizio, ricevevano una sovvenzione pubblica dalla "bursa pauperum" (o Armen Seckel) nella quale si raccoglievano le multe pagate dal personale forense ed era proprio questo contributo ad attirare i forestieri e a spingerli ad iniziare i processi non tanto per affermare i loro diritti quanto "vitam sustinendi causa"[59]. Schultze criticava gli usi del tribunale e l'opinione dei dottori secondo i quali vi era presunzione di povertà finché non si dimostrava il contrario. A suo parere questo principio era ormai superato e controproducente in quanto la guerra dei trenta anni aveva stravolto completamente la situazione riducendo in miseria molti abbienti e faceva ancora sentire i suoi devastanti effetti[60]. Diveniva perciò di fondamentale importanza operare un rigoroso e stringente controllo sui litiganti poveri, la maggior parte dei quali era formata da oziosi che iniziavano cause ingiuste e prive di fondamento pur di accedere agli aiuti. L'autore metteva in luce che il sovraccarico di lavoro dei tribunali derivante da questi espedienti e l'aggravio di spesa, sostenuta interamente dall'erario, creavano un serio problema. Illustrava poi le leggi imperiali che tentavano di limitare le azioni giudiziarie attraverso una congerie di regole, accertamenti e giuramenti, mentre il divieto agli stranieri di trattenersi più di sei mesi in città mirava a ridurre la quantità di indigenti affluiti da altri luoghi. Dopo avere esaminato le varie norme relative al procedimento extragiudiziale e giudiziale concludeva affermando che le liti dei poveri, nonostante i privilegi da essi goduti, erano trattate in modo peggiore delle altre e risultavano più lunghe proprio per i numerosi controlli che le rallentavano[61].

Una quindicina di anni dopo, la tesi di Joseph Anton Lamberger testimoniava la tenace persistenza del fenomeno del vagabondaggio e rifletteva la diffidenza e l'avversione nei suoi confronti[62]. L'autore innanzitutto prendeva posizione affermando che compito precipuo dei sovrani era garantire la sicurezza dei sudditi anche nelle strade pubbliche per cui erano degne di lode le misure repressive delle tante specie di oziosi che lasciavano le loro patrie per turbare e depredare gli incauti e inermi cittadini[63]. La sua dotta e minuziosa

59 Ibid., 7 ss.
60 Ibid., 13.
61 Ibid., 28.
62 *Josephus Antonius Lamberger*, Disputatio inauguralis de circularibus edictis contra personas palantes, in specie Zingaros, Jauner und Spitzbuben (...) praeside Johanne Friderico Moeglingio, Typis Bauhofii atque Franckii, Tubingae 1746.
63 Ibid., 4 ss.

elencazione di editti imperiali e territoriali fornisce un panorama interessante della grande quantità di provvedimenti emanati in tutto il territorio germanico per arginare la migrazione e il nomadismo. Lo scrivente elencava una variegata congerie di persone che viaggiavano costantemente nell'intento di procurarsi mezzi di sopravvivenza in modi sospetti: fra essi figuravano cantori, rimatori, fischiatori, finte guardie, giocatori, pellegrini, venditori di padelle, ebrei stranieri, ciarlatani ed altri. Indicava poi cinque categorie di individui da perseguire: gli zingari e i servi fuggitivi (Jauner-Gesind) che si univano in gruppi dediti alle rapine, le loro mogli e i figli che ne seguivano l'esempio, i complici che li aiutavano, i mendicanti validi, gli altri girovaghi[64]. Respingeva l'opinione di chi riteneva troppo dure le norme vigenti e di quanti auspicavano l'uso di metodi miti per ottenere il ravvedimento e l'elevazione morale di tali soggetti. A suo parere gli editti, pur essendo severi, non oltrepassavano i limiti della giustizia, come dimostrava quello svevo del 1736 che non condannava a morte tutti gli sbandati indiscriminatamente ma distingueva fra casi diversi. Del resto lo scrivente si dichiarava convinto che sarebbe stato pericoloso non agire contro quel genere di persone e su questa base dava conto degli editti svevi del 1716, 1720, 1734 ed esaminava dettagliatamente quello del 1736 suggerendo qualche marginale miglioramento[65].

Nella seconda metà del secolo l'illuminista austriaco Joseph von Sonnenfels riservava notevole spazio ai vagabondi nell'ampio trattato recante i principi del suo corso di Scienze camerali all'Università di Vienna[66]. L'opera, più volte ripubblicata con integrazioni e modifiche, rivestì particolare importanza nella formazione di generazioni di funzionari asburgici perché rimase

---

64 Ibid., 21 ss.

65 Ibid., 27 ss.

66 *Joseph von Sonnenfels*, Grundsätze der Polizey Handlung und Finanz. Zu dem Leitfaden des politischen Studiums, 3 voll., 8. ed., im Verlag von Heubner und Volke, Wien 1819–1822 (ristampa anastatica a cura di O. Nuccio, Bizzarri, Roma, 1970). Fra i numerosi studi su Sonnenfels cfr.: *Karl-Heinz Osterloh*, Joseph von Sonnenfels und die österreichische Reformbewegung in Zeitalter des aufgeklärten Absolutismus, Matthiesen Verlag, Lübeck-Hamburg 1970; *Dolf Lindner*, Der Mann ohne Vorurteil. Joseph von Sonnenfels 1733–1817, ÖBV, Wien 1983; *Maria Rosa Di Simone*, Aspetti della cultura giuridica austriaca nel Settecento, Bulzoni, Roma 1984, 99 ss.; *Werner Ogris*, Josef von Sonnenfels, in: *Wilhelm Brauneder* (a cura di), Juristen in Österreich 1200–1980, Manz, Wien 1987, 82 ss.; *Helmut Reinalter* (a cura di), Joseph von Sonnenfels, VÖAW, Wien 1988; *Werner Ogris*, Joseph von Sonnenfels und die Entwicklung des österreichischen Strafrechts, in: *Luigi Berlinguer/Floriana Colao* (a cura di), Illuminismo e dottrine penali, Giuffrè, Milano 1990, 459 ss.; *Id.*, Joseph von Sonnenfels 1733–1817, in: *Werner Ogris* (a cura di), J. von Sonnenfels, Grundsätze der Polizei, C.H. Beck, München 2003, 261 ss.

una delle principali basi dell'insegnamento delle materie giuridiche fino ad Ottocento inoltrato. Il primo volume, dedicato ai compiti dei governanti per garantire la prosperità dello Stato insieme con la sicurezza e felicità dei sudditi attraverso una corretta amministrazione, si apriva con un capitolo sugli interventi atti ad assicurare i buoni costumi[67]. L'autore indicava la religione, l'educazione e le scienze quali i mezzi più efficaci per raggiungere lo scopo e si impegnava in una dettagliata disamina delle misure da adottare nei diversi settori. In questo contesto attribuiva grande importanza alla necessità di prevenire l'ozio, considerato premessa di ogni cattiva inclinazione, e rivendicava il diritto della pubblica autorità ad esercitare il suo potere per indurre ogni cittadino ad assumere una occupazione utile[68]. A suo parere tutti i mestieri erano onorevoli, mentre l'ignavia o le attività superflue disonoravano le persone e l'elemosina non era altro che un incoraggiamento alla pigrizia. Una volta che lo Stato avesse provveduto al sostentamento dei sudditi incapaci di mantenersi, i mendicanti, qualsiasi fosse il loro pretesto, dovevano essere perseguiti con pene graduate secondo la recidiva fino a sottoporli lavori forzati. L'autore ricordava che l'imperatore Leopoldo I nel 1679 aveva previsto per gli incorreggibili persino il marchio e l'esecuzione capitale e che, per ostacolare la circolazione dei questuanti, i magistrati erano sempre tenuti a controllare strettamente gli spostamenti delle persone. Tuttavia notava che le misure di sorveglianza alle frontiere, di espulsione degli indesiderati e di repressione dei raggiri, adottate fino ad allora in tutti gli Stati, si erano dimostrate assai poco efficaci, perciò proponeva di sostituirle con un generale obbligo al lavoro, certificato mediante un registro nel quale fosse annotata l'attività di ciascuno[69]. A ciò si doveva aggiungere il ridimensionamento dell'eccessivo numero degli studenti universitari che produceva troppi laureati rispetto alla quantità di impieghi e quindi causava disoccupazione tra i giovani i quali, ormai disabituati alle fatiche manuali, si riversavano nei conventi o si davano alle truffe[70].

Altro importante modo per prevenire il vagabondaggio veniva individuato nella corretta regolamentazione della composita categoria sociale dei

---

67 *Sonnenfels*, Grundsätze (nota 66), I, cap. I, Von der Aufmerksamkeit auf den sittlichen Zustand, 67 ss.

68 Ibid., n. 99, p. 115 ss.

69 Ibid., n. 100 ss., p. 117 ss.

70 Ibid., n. 106, p. 126–127. Sonnenfels riteneva di fondamentale importanza il ruolo delle università per il progresso delle scienze ma sottolineava la necessità di programmarne razionalmente il numero rispetto al mercato del lavoro. Cfr. la sua prolusione al corso del 1771: Ueber den Nachteil der vermehrten Universitäten, in: *Id.*, Gesammelte Schriften VIII, mit von Baumeisterischen Schriften, Wien 1786, 243 ss.

domestici poiché numerosi appartenenti ad essa abbandonavano le case dei padroni senza poi riuscire a trovare una nuova sistemazione e andavano così ad accrescere la folla dei senza fissa dimora[71]. A questo tema il docente viennese dedicava molte pagine nelle quali si rispecchia il grande rilievo che questa problematica rivestiva ai suoi occhi. Al riguardo riteneva indispensabile che lo Stato sottraesse la materia alla libera iniziativa dei privati e ne assumesse il pieno controllo attraverso una specifica ordinanza che stabilisse norme precise e cogenti per impedire da un lato l'arroganza e l'infedeltà dei servitori e dall'altro la durezza e la spietatezza dei signori. Allo scopo di configurare in modo equo il rapporto tra le parti, suggeriva di imporre alle famiglie un'apposita tassa per sovvenzionare i servizi in questo campo, di fissare stipendi e gratifiche limitando le donazioni, di definire le formalità di assunzione e licenziamento, di precisare il contenuto e la funzione degli attestati di servizio, di istituire un tribunale per le controversie, di provvedere all'assistenza del personale temporaneamente disoccupato e di aiutarlo a ricollocarsi attraverso appositi mediatori[72].

Tutte le misure contro il vagabondaggio avrebbero trovato poi un fondamentale supporto nella creazione di case di lavoro (Arbeitshäuser) e di case di correzione (Zuchthäuser) che Sonnenfels illustrava come due tipologie ben differenziate. Le prime avevano lo scopo di salvare i sudditi da ozio, dissolutezza e bisogno offrendo un luogo dove in ogni momento potessero impegnarsi in attività utili e mantenersi dignitosamente[73]. In particolare l'autore riteneva che tali strutture potessero accogliere quattro categorie di persone: la prima comprendeva operai, lavoratori giornalieri e stranieri privi di mezzi di sussistenza, senza differenza di sesso o età, e la seconda era formata da domestici in cerca di sistemazione da lungo tempo. La terza e la quarta riguardavano i giovani che per la prima volta erano stati sorpresi a mendicare e rubare, oppure che venivano consegnati spontaneamente dagli stessi genitori e tutori per contrastare le loro tendenze pericolose. La regolamentazione di queste istituzioni doveva corrispondere all'obiettivo di tutelare coloro che erano scivolati temporaneamente in situazioni difficili, perciò ogni costrizione andava evitata e bisognava offrire una ampia scelta di occupazioni, adatte alle diverse capacità degli ospiti ai quali non dovevano essere imposte ma solo proposte con modi gentili. In caso di necessità,

71 *Sonnenfels*, Grundsätze (nota 66), I, cap. I, n. 107 ss., p. 127 ss. Il tema delle norme sul lavoro domestico furono oggetto di una trattazione molto approfondita di Sonnenfels nel commento alla nuova ordinanza viennese per questa materia: Bemerkungen über die für die Hauptstadt Wien und den Umkreis derselben innen der Linien erlassene neue Gesindeordnung, bey Joseph Geistinger, Wien-Triest 1810.

72 *Sonnenfels*, Grundsätze (nota 66), I, cap. I, n. 116 ss., p. 138 ss.

73 Ibid., n. 119–120, p. 142 ss.

era permesso applicare qualche punizione di lieve entità come la reclusione in una piccola camera isolata e il digiuno.

Le case di correzione invece, essendo concepite per i mendicanti abituali, gli individui licenziosi e i recidivi, richiedevano metodi alquanto diversi e più severi che prevedevano la limitazione della libertà personale, l'applicazione di catene, la fustigazione e la costrizione a lavori pesanti come il taglio delle pietre[74]. L'obiettivo secondo l'autore era quello di rendere consapevoli i rei delle conseguenze negative della loro condotta riprovevole in modo da indurli ad emendarsi e giungere ad uno stile di vita più ordinato e decoroso. In questa ottica l'autore riteneva che il soggiorno in simili stabilimenti non dovesse comportare infamia o disonore perché ciò avrebbe vanificato gli sforzi per migliorare le cattive inclinazioni spingendo invece ad illeciti peggiori. Nel contempo la pubblica autorità doveva adoperarsi per ridurre le occasioni che incentivavano l'ozio e l'immoralità, fra le principali delle quali il cameralista austriaco collocava le case di tolleranza e le osterie[75]. Quanto alle prime osservava che non era realistico tentare di eliminarle del tutto ma potevano essere ridotte attraverso l'influenza della religione, dell'educazione e mediante l'incremento dei matrimoni, mentre la sorveglianza della polizia avrebbe impedito gli scandali palesi e perseguito i genitori, mariti e parenti che inducevano le donne alla prostituzione. Per le bettole sarebbe stato opportuno emanare ordinanze che limitassero la vendita di alcolici a certe persone e in determinati orari, ma anche la diminuzione dei giorni festivi, stabilita dal governo d'intesa con le autorità ecclesiastiche, era un mezzo efficace per distogliere i sudditi dall'ozio e impegnarli nel lavoro.

La povertà emergeva costantemente anche nel capitolo sulla sicurezza delle persone, dove era indicata come causa scatenante o aggravante di pericoli, difficoltà, debolezza, malattie e altre circostanze nocive alla felicità dei sudditi che lo Stato aveva il compito di prevenire e contrastare[76]. Sonnenfels osservava che negli ultimi decenni si erano moltiplicate le pubblicazioni su questo tema, divenuto anche oggetto di concorsi per premi letterari. A suo parere però questi scritti non dimostravano tanto sentimenti filantropici quanto la dominante tendenza a favorire gli espedienti della finanza in quanto il loro scopo era di escogitare il modo per provvedere ai bisognosi con il minimo dei costi. Ciò produceva progetti complicati e artificiosi, inadatti a raggiungere l'obiettivo di un reale miglioramento sociale per il quale in realtà occorrevano sincero amore per l'umanità, ordine e una forte volontà di agire[77].

---

74 Ibid., n. 121 ss., p. 145 ss.
75 Ibid., n. 122–123, p. 146 ss.
76 Ibid., I, cap. V, Von der Sicherheit der Personen, n. 176 ss., p. 225 ss.
77 Ibid., n. 247, p. 316–317.

L'autore distingueva la povertà in transitoria e permanente. La prima colpiva gli operai giornalieri che non avevano riserve per affrontare spese superiori a quelle della sopravvivenza quotidiana sicché, soprattutto in caso di malattie proprie o di familiari, erano costretti ad indebitarsi cadendo in una situazione ancora più grave e disperata. Questa poteva essere risolta unicamente con un sussidio dello Stato che, non solo per obbligo ma anche a proprio vantaggio, doveva pianificare la creazione di casse per far fronte a casi simili[78]. Per i lavoratori che guadagnavano meglio e avevano quindi la possibilità di risparmiare piccole somme, bisognava prevedere invece istituti di credito, simili ai monti di pietà operanti in Italia e in Olanda, imponendo però loro di mantenere bassi i tassi di interesse per consentire un aiuto efficace[79].

La povertà permanente riguardava soprattutto i dipendenti pubblici e privati collocati a riposo per limiti di età, le vedove e i domestici[80]. Per gli impiegati il professore viennese sosteneva la necessità di erogare pensioni sia da parte dello Stato che dei datori di lavoro privati, precisando che non si trattava di una graziosa concessione ma di un dovere ineludibile. Per le altre due categorie prevedeva la fondazione di apposite casse, formate dai contributi versati rispettivamente dai mariti per le loro mogli e dai signori presso i quali camerieri, lacchè, valletti e stallieri avevano lavorato. Contro gli scrittori che avevano dimostrato scetticismo nei confronti di queste iniziative e nonostante i frequenti fallimenti dei tentativi passati, Sonnenfels sosteneva la validità di tale soluzione. Dettava perciò una serie di criteri e di articolate regole basate su diversi parametri, che avrebbero consentito un efficace e duraturo sistema di assistenza a vantaggio sia delle donne rimaste senza il sostegno del coniuge, sia dei servitori anziani, sia delle famiglie che venivano così sollevate dall'onere di mantenerli.

Infine l'autore volgeva l'attenzione ai tre gruppi di nullatenenti che avevano titolo ad essere aiutati direttamente dallo Stato (i soldati congedati, i cittadini e i contadini), affermando che era preferibile dal punto di vista economico riunirli in apposite case anziché elargire loro il denaro necessario al sostentamento[81]. Per offrire un ambiente adeguato ed affrontare più facilmente le spese, riteneva che le piccole comunità urbane e rurali avrebbero dovuto unirsi per creare ospizi comuni, utilizzando ad esempio castelli o conventi abbandonati della zona, e per il finanziamento consigliava di ricorrere a specifiche tasse e multe. Aggiungeva che alcuni ospiti, se ancora abbastanza validi, avrebbero potuto contribuire con il loro lavoro alla gestione

78 Ibid., n. 248, p. 317–318.
79 Ibid., n. 249, p. 318 ss.
80 Ibid., n. 251 ss., p. 321 ss.
81 Ibid., n. 257 ss., p. 327 ss.

dei rifugi, mentre per evitare il sovraccarico nelle città, era opportuno rimandare i forestieri nei loro paesi natali, purché questi fossero dotati di istituti adatti.

L'ampia e articolata trattazione di Sonnenfels sui mezzi per soccorrere i poveri e gli emarginati si iscrive nella tipica visione paternalistica ed eudemonistica dell'assolutismo illuminato per cui tutti gli aspetti della vita dei sudditi dovevano essere oggetto di attenzione e cura da parte del sovrano che si assumeva il compito di realizzare allo stesso tempo la felicità individuale, la prosperità e la sicurezza dello Stato. La serietà e l'impegno con le quali il grande riformatore asburgico affronta la complessa problematica della folta presenza di cittadini e stranieri bisognosi attestano senza dubbio che la questione ai suoi tempi, lungi dall'essere risolta, continuava a costituire una delle principali preoccupazioni dei governanti e le sue osservazioni, come quelle dei giuristi precedenti, mantengono ancora oggi una sorprendente attualità.

Andrzej Gulczyński, Poznań

Der Polnische Landtag in Posen (Poznań) 1918 – ein Weg zur Souveränität

Abstract: On the 14th November 1918, the representation of the Polish political groups and deputies to the German Reichstag and Prussian Landtag decided to convoke the Polish District Sejm. It was a great demonstration of patriotism, and at the same time an expression of legalism and celebration of democratic ways of assuming and exercising power. During the proceedings, an obvious demand was repeated, namely that an independent, free Poland with access to the sea should be established; the need for this decision to be taken at a peace conference was pointed out, and a number of important resolutions were adopted, inter alia, on social and educational issues and in favour of creating a university in Poznań. For the first time in the history of Poland, women were given the right to vote and take part in a sejm. The Sejm appointed the Supreme People's Council, which chose its executive body, the Commissary of the Supreme People's Council. After the outbreak of the uprising, the Commissary took over the power and led to the unification of former Prussian quarter with the remaining Polish territories.

Im breiten Forschungsspektrum des Jubilars nehmen Verfassungs- und Parlamentsangelegenheiten einen wichtigen Platz ein. Wilhelm Brauneder hat seine wissenschaftlichen Untersuchungen (und sicherlich auch eigene parlamentarische Erfahrungen) nicht nur in einem Lehrbuch zusammengefasst. Zu von ihm recherchierten wissenschaftlichen Fragen gehören auch Staatsgründungen nach dem Ersten Weltkrieg. Polen erlangte ebenfalls zu dieser Zeit wieder seine Souveränität. Und 2018 feiern wir das Jubiläum der Wiedererlangung der Unabhängigkeit vor hundert Jahren.

Das Ende des Weltkriegs brachte dem polnischen Volk die Hoffnung auf die Wiedergeburt des polnischen Staates, der am Ende des 18. Jahrhunderts zwischen Russland, Österreich und Preußen geteilt worden war. Richtig bemerkt Brauneder, dass Polen im Gefolge des Ersten Weltkriegs als Staat zwar aufgrund der Initiativen der Mittelmächte einerseits und der Alliierten andererseits, insbesondere aber zufolge der eigenen Anstrengungen wieder entstand.[1] In den Jahren 1918/19 entstanden in Polen auf verschiedene Weise mehrere Zentren der staatlichen Macht. Nur in einem Fall aber gab es die Idee der Vorbereitung der Machtübernahme auf dem Weg demokratischer

1 *Wilhelm Brauneder*, Deutsch-Österreich 1918. Die Republik entsteht, Amalthea, Wien-München 2000, 248 f.

Wahlen, um einen rechtmäßigen Grund dafür zu schaffen durch den Landtag in Posen und die Wahl des Obersten Volksrates.

Am 5. November 1916 wurde von Deutschland und Österreich die Entstehung des „Königreichs Polen“ als konstitutionelle Monarchie proklamiert.[2] Die rasch entstandenen Behörden wurden nicht von allen Polen anerkannt, weil sie nach dem Willen der Besatzungsmächte ernannt wurden.[3] Im Gefolge dieser Entscheidung wurden später, im September 1918, der Regentschaftsrat und im November 1918 das vorläufige Staatsoberhaupt Józef Piłsudski berufen.[4] In den anderen polnischen Gebieten entstanden aber auch andere Machtorgane. Im österreichischen Teilgebiet entstand in Kraków (Krakau) Polska Komisja Likwidacyjna Galicji i Śląska Cieszyńskiego (Polnischer Liquidationsausschuss Galiziens und des Teschener Schlesien), Rada Narodowa Księstwa Cieszyńskiego (Nationalrat für das Herzogtum Teschen), Tymczasowy Komitet Rządzący we Lwowie (Vorläufiges Regierendes Komitee in Lemberg).[5] Eine überregionale Aspiration hatte aber die in Lublin gebildete Tymczasowy Rząd Ludowy Republiki Polskiej (Provisorische Volksregierung der Republik Polen) mit dem Abgeordneten des österreichischen Reichsrats Ignacy Daszyński als Ministerpräsident. Außerdem fungierte in Paris als Vertreter der polnischen Interessen das Komitet Narodowy Polski (Polnisches Nationalkomitee).[6]

Zu dieser Zeit hatten sich aber nicht nur polnische Vertretungen gebildet. Es entstand ein tschechischer Zemský Národní Výbor pro Slezsko (Landes-Volksrat für Schlesien) und in Lemberg der Українська Національна Рада Західноукраїнської Народної Республіки (Ukrainischer Nationalrat

---

2 *Rainer W. Fuhrmann*, Polen Handbuch. Geschichte – Politik –Wirtschaft, Fackelträger, Hannover 1990, 72 ff. Breiter: Andrzej Drogoń/Marcin Kwiecień/Marian Małecki, Pomiędzy autonomiami. Na marginesie aktu 5 listopada 1916 r. w stulecie jego sporządzenia w Pszczynie, Wydawnictwo Pro Memoria. Stowarzyszenie Bitwy pod Pszczyną 1939, Pszczyna 2016; *Jarosław Kłaczkow/Krzysztof Kania/ Zbigniew Girzyński* (Hrsg.), Akt 5 listopada 1916 roku i jego konsekwencje dla Polski i Europy, Wydawnictwo Adam Marszałek, Toruń 2016.

3 *Włodzimierz Suleja*, Tymczasowa Rada Stanu, Wydawnictwo Sejmowe, Warszawa 1998.

4 *Zdzisław Julian Winnicki*, Rada Regencyjna Królestwa Polskiego i jej organy (1917–1918), Wydawnictwo „Wektory“, Wrocław 2017; *Jerzy Topolski*, Die Geschichte Polens, Wydawnictwo Interpress, Warszawa 1985, 220 ff.

5 *Marek Przeniosło*, Polska Komisja Likwidacyjna 1918–1919, Wydawnictwo Uniwersytetu Humanistyczno-Przyrodniczego Jana Kochanowskiego, Wrocław 2010; *Cybulski Bogdan*, Rada Narodowa Księstwa Cieszyńskiego (1918–1920), Instytut Śląski w Opolu, Opole 1980.

6 *Jan Zamoyski*, Powrót na mapę. Polski Komitet Narodowy w Paryżu 1914–1919, Państwowe Wydawnictwo Naukowe, Warszawa 1991.

der Westukrainischen Volksrepublik). In Wilna gab es zwar ein polnisches Komitee, das aber Ende 1918 ohne Erfolg blieb, während die führende Rolle die Vertretung der Litauer – Taryba Valstybes – gespielt hat.[7]

Während auf diesen Gebieten der Niedergang der Verwaltung auf polnischem Boden die Machtübernahme durch die Polen ermöglichte, blieb die Verwaltung unter der preußischen Herrschaft weiter leistungsfähig und diese wollte nicht auf polnischen Boden verzichten. Unter der preußischen Herrschaft wandten die Polen verschiedene Mittel im Kampf um die Freiheit an. Zu diesen Maßnahmen gehörte u.a. die Tätigkeit der polnischen Abgeordneten zum Preußischen Landtag und zum Deutschen Reichstag. Die gewählten Abgeordneten hatten das Mandat, im Namen der polnischen Nation aufzutreten. Die Reden von Wojciech Korfanty, Władysław Seyda, Zygmunt Seyda, dem Priester Tadeusz Styczyński und Wojciech Trąmpczyński im Deutschen Reichstag im Herbst 1916 und im Frühjahr 1917 erinnerten an die Existenz der polnischen Frage. Nach der deutsch-österreichischen Bekanntmachung vom 5. November 1916 trat Władysław Seyda im Deutschen Reichstag auf und wies auf die Notwendigkeit hin, die polnische Frage durch die Vereinigung der polnischen Nation, die zwischen drei Staaten geteilt war, zu lösen. Auch andere Abgeordnete haben dieses Problem im Deutschen Reichstag und im Preußischen Landtag angesprochen und forderten die Vereinigung der von Preußen annektierten Gebiete mit dem entstehenden polnischen Staat.[8]

Der Keim der künftigen polnischen Macht war eine politische Vereinigung, die Koło Towarzyskie (Freundeskreis) oder Koło Międzypartyjne (Interparteienkreis) genannt wurde. Diese wurde 1916 in Tajny Międzypartyjny Komitet Obywatelski (Geheimes Interparteien- Bürgerkomitee) und im Juli 1918 – nach der Erweiterung – in das Centralny Komitet Obywatelski (Zentrales Bürgerkomitee) umbenannt. Das Komitee, mindestens seit 1916, ernannte seine Beauftragten in allen Kreisen.[9] Im Juli 1918 hat das Zentrale Bürgerkomitee eine siebenköpfige Exekutivabteilung (Wydział Wykonawczy) gebildet, auf deren Initiative Bürgerkomitees in einzelnen Kreisen entstanden. Die Exekutivabteilung stand in enger Zusammenarbeit mit dem

---

7 Vgl. *Enno Meyer*, Grundzüge der Geschichte Polens, Wissenschaftliche Buchgesellschaft, Darmstadt 3. Aufl. 1990, 74 ff.

8 *Marian Seyda*, Polska na przełomie dziejów. Fakty i dokumenty, Bd. 1, Księgarnia św. Wojciecha, Poznań-Warszawa-Wilno-Lublin 1927, 204 ff., 380ff., 451 ff., 478 ff., 498 ff., 521, 525.

9 *Bogusław Polak*, Konspiracja polska w Poznaniu (1912–1918), in: Kronika Miasta Poznania 52/1985, Nr. 3–4, 81 ff.; *Zbigniew Dworecki*, Polskie rady ludowe w Wielkopolsce 1918–1920, Uniwersytet im. Adama Mickiewicza, Poznań 1962, 22 ff.

Polnischen Nationalkomitee in Paris, das die polnischen Angelegenheiten auf internationaler Ebene vertrat.

Ein wichtiger Faktor für die Beschleunigung der Unabhängigkeit war die Novemberrevolution in Deutschland, die zur Schaffung eines Systems von Arbeiter- und Soldatenräten auch auf polnischem Boden geführt hat. Die Revolution führte zum Sturz der Monarchie in Deutschland und leitete heftige Machtkämpfe ein, ohne jedoch das bestehende System der lokalen Behörden abzuschaffen. Es begann der Prozess der Ernennung von Kontrolleuren bei lokalen Behörden, auch bei der Selbstverwaltung. Die Polen übernahmen diese Funktionen im Regierungsbezirk Posen, die Deutschen in den meisten Fällen in Pommern.[10]

Am 12. November 1918 beschloss die Exekutivabteilung, die Tätigkeit des Zentralen Bürgerkomitees offenzulegen und das Tymczasowy Komisariat Naczelnej Rady Ludowej (Vorläufiges Kommissariat des Obersten Volksrates) zu ernennen. Dieser bestand aus Prälat Stanisław Adamski, Mitglied des Deutschen Reichstages und des Preußischen Landtages, Wojciech Korfanty und Redakteur Adam Poszwiński. Seine wichtigste Aufgabe war es, die Angelegenheiten aller Polen, die im Deutschen Reich lebten, zu vertreten und den Obersten Volksrat zu gründen. Die Entscheidung über die Offenlegung erfolgte im Einvernehmen mit den Mitgliedern des preußischen Parlaments und des Reichstags, die alsbald eine Proklamation herausgaben. Die Abgeordneten appellierten in dieser Proklamation, es seien alle Bemühungen auf die Wahlen zum Polnischen Landtag (Polski Sejm Dzielnicowy) und auf das System der Volksräte zu konzentrieren.[11] Die Quelle der Souveränität sah man in den Abgeordneten. Dies war mit der Verweigerung der Anerkennung des Rechts des Regentschaftsrats in Warschau verbunden, das polnische Volk zu vertreten. Der Regentschaftsrat war ja – wie gesagt – aufgrund des Willens der Besatzungsmächte entstanden.

Neben einem formellen Mandat zum Handeln ging es den Abgeordneten auch darum, möglichst große Kreise der Gesellschaft zu gewinnen. Deswegen wurde ein suggestiver Name angenommen: rady ludowe (Volksräte). Das war sowohl eine Anknüpfung an die Arbeiter- und Soldatenräte als auch an das Volk. Mit diesem Begriff konnten sich alle sozialen Schichten identifizieren.

---

10 *Dietrich Vogt*, Der Großpolnische Aufstand 1918/1919, Bericht, Erinnerungen, Dokumente. Mit einer Einführung von G. Rhode, J.G. Herder-Institut, Marburg/Lahn 1980, 17 ff.

11 Dziennik Polskiego Sejmu Dzielnicowego w Poznaniu w grudniu 1918 r., Drukarnia i Księgarnia św. Wojciecha, Poznań 1918, 35–37; „Orędownik“ Nr. 264 z 16 XI 1918; „Kurier Poznański“ Nr. 263, 15 XI 1918, Nr. 265, 17 XI 1918; „Dziennik Poznański“ Nr. 263, 15 XI 1918.

Es gab aber damals verschiedene Konzepte betreffend den Abschluss des Prozesses der Wiedererlangung der Unabhängigkeit. Heute kann man sagen, dass sich zu dieser Zeit drei Gruppen herausbildeten, von denen nur das Vorläufige Kommissariat die Diplomatie über den bewaffneten Kampf stellte, obwohl es diesen nicht ausschloss. Die Polnische Militärorganisation (Polska Organizacja Wojskowa) strebte sofort bewaffneten Widerstand an. Und eine Gruppe von Offizieren unter der Leitung von Mieczysław Paluch plante eine gründliche Vorbereitung auf den Aufstand, der Mitte Januar 1919 beginnen sollte.

Am 14. November 1918 schrieb das Vorläufige Kommissariat Wahlen zum Polnischen Landtag (Polski Sejm Dzielnicowy) aus. In der Proklamation erklärte es: „Wir vertrauen voller Zuversicht auf das Urteil der Friedenskonferenz, die mit unserer Teilnahme die westlichen Grenzen unserer polnischen Heimat etablieren wird." In der Proklamation wurde versichert, man werde nicht kämpfen. Gleichzeitig wurde aber gewarnt, dass „man nicht verlangen kann, dass das polnische Volk mit denen zusammenarbeitet, die seine Übeltäter und Unterdrücker bis jetzt waren"[12]. Das Kommissariat verlangte gleichzeitig die Beseitigung dieser Leute: „Sie haben versucht, uns das Eigentum, die Sprache, nationale und religiöse Ideale zu entreißen." Es forderte auch die Notwendigkeit der Rückkehr des „Eigentums der Nation", also der staatlichen Souveränität. In besonders nachdrücklicher Form wurde an das Recht der Polen zur Teilnahme an der Machtausübung erinnert.

Die Idee, den Polnischen Landtag einzuberufen, bezog sich auf die früher verwendeten Ausdrucksformen der polnischen Gesellschaft mit Bildungs- und Wirtschaftstagen. Zur Teilnahme an den allgemeinen Wahlen waren alle Polen über 20 Jahre berechtigt. Es muss betont werden, dass zum ersten Mal in der Geschichte des polnischen Wahlrechts die Rechte von Männern und Frauen gleichgesetzt wurden. Die Wahlen waren direkt und konnten nur persönlich erfolgen. Sie waren auch formal gleich, denn jeder Wähler hatte eine Stimme und nahm an Wahlen auf der gleichen Grundlage wie andere teil. Auf der anderen Seite wurde das Prinzip der Gleichheit im materiellen Sinne so durchgeführt, dass die Bedeutung jedes potentiellen Wählers als gleich angenommen wurde – ein Delegierter wurde für 2.500 Polen in einem bestimmten Bezirk gewählt[13]. Im passiven Wahlrecht verletzte den Gleichheitssatz die Annahme, dass in der Zusammensetzung der Kreisdelegationen „die Bauern- und Landarbeiter und die Gemeinden mindestens die Hälfte

12 „Kurier Poznański" Nr. 264, 16 XI 1918; Dziennik Polskiego Sejmu, wie Fn. 11, 5–7.

13 „Kurier Poznański" Nr. 265, 17 XI 1918, „Prawda" Nr. 263, 19 XI 1918.

der Vertreter hatten“[14]. Es waren weiters freie Wahlen, weil jeder sein aktives und passives Wahlrecht nutzen konnte.

Die örtlichen Komitees begannen sofort mit der Organisation von Wahlkundgebungen. Die Kundgebungen hatten grundsätzlich das gleiche Programm: Nach dem Vortrag „Politische Lage und die polnische Frage“ und der Darstellung der Wahlregeln wurden die Kandidaten vorgestellt. Danach wurden durch Akklamation die Delegierten zum Sejm und die Mitglieder der lokalen Volksräte gewählt. Die Kandidatenlisten wurden von lokalen Aktivisten der Bürgerkomitees vorbereitet. Unter den Ausgewählten sollte der Bauern- und Arbeiterstand (in Städten und Dörfern) mindestens die Hälfte der Vertreter haben.

Es wurde aufgerufen, die vorgelegten Listen zu unterstützen, was jedoch nicht verhinderte, dass die vorgeschlagenen Kandidaten abgelehnt wurden. Ebenso war es möglich, neue Personen auf die Liste zu setzen. In einigen Fällen erhielten die Vorschläge des Wahlkomitees keine volle Akzeptanz. So wurden u.a. in Pleszew (Pleschen), Szamotuły (Samter), Kruszwica (Kruschwitz), Inowrocław (Hohensalza) und Poznań (Posen) neue Personen eingeführt.[15]

In der Pressediskussion wurde angeregt, bisherige Mitglieder des Reichstags und des Preußischen Landtags in eigenen Wahlkreisen zu wählen, um deren gesellschaftliche Unterstützung zu überprüfen. Dies galt für Wojciech Trąmpczyński im Kreis Inowrocław (Hohensalza) und Felicjan Niegolewski in Kreis Kępno (Kempen). Beide haben diesen Vorschlag wahrscheinlich nicht in Anspruch genommen, obwohl der Erste von ihnen, der nicht Delegierter war, nicht nur an den Beratungen des Sejm teilnahm, sondern sogar in den Obersten Volksrat gewählt wurde. Einige frühere Abgeordnete haben sich jedoch den Wahlen unterworfen. Unter den gewählten Delegierten waren die ehemaligen Abgeordneten Stefan Łaszewski aus Grudziądz (Graudenz) in Pommern, Pfarrer Józef Kłos aus Szamotuły (Samter) im Regierungsbezirk Posen, und Wojciech Sosiński aus Siemianowice (Siemianowitz) in Schlesien.

Die Bewertung der Durchführung der Wahlen war unterschiedlich. Laut Jan Brejski aus Westfalen waren das nicht wirkliche Wahlen nach demokratischen Prinzipien, sondern eine „eher hilflose Ablenkung vom von oben auferlegtem Willen“. Dagegen versicherte der Abgeordnete Prälat Antoni Stychel am 5. April 1919 im polnischen Sejm in Warschau, „die Vertreter seien in der demokratischsten Form gewählt“. Es wurden in Kundgebungen

14 „Kurier Poznański“ Nr. 264, 16 XI 1918.

15 *Andrzej Gulczyński*, „Poznański“ Sejm Dzielnicowy, czyli uwag kilka o korzeniach parlamentaryzmu odradzającej się Polski, in: „Kronika Miasta Poznania“ 1998 Nr. 4, 14.

(öffentlichen Versammlungen) die Listen der Kandidaten akzeptiert, aber in mehreren wurden auch neue Personen vorgeschlagen.

Die Wahl der Delegierten wurde in schwerer Zeit durchgeführt. Die Bemühungen von Polen begleiteten ähnliche Aktionen von örtlichen Deutschen sowie von der preußischen und deutschen Regierung. Parallel entstanden deutsche Volksräte und es wurde auch der deutsche Heimatschutz geschaffen. Am 19. November kam der Vertreter der preußischen Regierung und Unterstaatssekretär im preußischen Innenministerium, Hellmut von Gerlach, nach Posen, wo er sich mit Vertretern der Arbeiter- und Soldatenräte und dem Vorläufigen Kommissariat traf. Von beiden Seiten wurde bestätigt, dass über die Zugehörigkeit der polnischen Gebiete die Friedenskonferenz entscheiden sollte. Aber je näher der Termin des Polnischen Landtags kam, desto größer wurden die Ängste der Deutschen, dass dieser über die Trennung vom preußischen Staat entscheidet.[16] Eine solche Lösung fürchtete nicht nur der Oberpräsident der Provinz Posen, Hans von Eisenhart-Rothe, sondern auch die Regierung in Berlin.

Das Problem betraf unter anderem die Übersetzung des Namens „Sejm Dzielnicowy“ mit „Landtag“. Seitens des Vorläufigen Kommissariats wurde erklärt, grundsätzlich gehe es um „Sejm Narodowy“, also „Volkstag“. Der Name wurde aber dennoch nicht geändert.[17] Am 25. November gab das Vorläufige Kommissariat die Tagesordnung des Sejms bekannt und erklärte, er werde drei Tage dauern. Erst danach wurde in Berlin am 29. November die Zustimmung für die Beratung des Landtags erteilt.[18] Für die deutsche Regierung war es das wichtigste, den Konflikt in den Ostgebieten zu verhindern, und sie befand sich damit jedenfalls in einer schwierigen Position

Die Vorbereitung der Beratungen von der logistischen Seite wurde vom Posener (städtischen) Volksrat übernommen. Ein Wohnungskomitee wurde eingerichtet, das rund 1.200 Plätze „in Wohnungen aller Stände vorbereitete“. Wir wissen nicht genau, wie viele Delegierten gewählt wurden und wie viele nach Posen kamen. Das „Tagebuch des polnischen Landtags“ enthält eine Liste der gewählten Delegierten, leider mit Fehlern. Man kann nur annehmen, dass insgesamt ca. 1.400 Delegierte gewählt wurden. Sie stammten aus Großpolen (Wielkopolska): 525, Pommern: 262, Masuren und Ermland: 47, aus Schlesien: 430 und aus anderen Teilen des Deutschen Reiches: 133.

---

16 *Zygmunt Wieliczka*, Wielkopolska a Prusy w dobie powstania 1918/19, Związek Weteranów Powstań Narodowych 1914/19, Poznań 1932, 22

17 *Przemysław Hauser*, Niemcy wobec sprawy polskiej. Październik 1918 – czerwiec 1919, Wydawnictwo Naukowe UAM, Poznań 1984, 59 ff.

18 *Robert Coester*, Die Loslösung Posens, G. Stilke, Berlin 1921, 21.

Poznań wurde mit polnischen weiß-roten festlich Farben dekoriert. Überall konnte man die nationalen Symbole sehen. Der Beratung ging eine feierliche Messe in der St.-Magdalena-Kirche voraus, die vom Metropoliten von Posen und Gnesen Edmund Dalbor gelesen wurde. Die Predigt wurde vom Probst dieser Pfarre, Prälat Antoni Stychel, gleichzeitig Mitglied des Preußischen Abgeordnetenhauses und Mitglied des Deutschen Reichstags, gehalten. Er sprach unter anderem über die Gründe der Wiedergewinnung der Unabhängigkeit, über die Notwendigkeit gemeinsamer Arbeit für die Heimat und die Schaffung einer gemeinsamen polnischen Regierung. Er gab auch die Werte an, auf denen das wiedergeborene Polen basieren sollte.

In gehobener Atmosphäre gingen die Delegierten am 3. Dezember zum Tagungsort. An der Spitze wurden Banner polnischer Vereine getragen, ein Orchester spielte polnische Lieder. Dann folgten die Mitglieder des Vorläufigen Kommissariats, die Abgeordneten Władysław Seyda, Ferdynand Radziwiłł, Stanisław Nowicki und Pfarrer Arkadiusz Lisiecki, sowie weitere Abgeordnete.[19] Die Beratungen fanden im Apollo-Gebäude statt. Der Eingang wurde mit Fichten geschmückt, die von Grundbesitzern aus Großpolen zur Verfügung gestellt wurden. Wesentliche Elemente der Bühnendekoration waren vier Pilaster, auf denen Adler platziert wurden. Sie waren identisch, symbolisierten aber vier verschiedene Bezirke, die an dem Sejm teilnahmen (Großpolen, Schlesien, Ost- und Westpreußen). Das Ganze wurde von einem großen Adler mit ausgebreiteten Flügeln umklammert (Entwurf von Wiktor Gosieniecki).

Für die Delegierten wurden auch Unterlagen vorbereitet. Diese enthielten die Entwürfe von Gesetzen, die der Sejm verabschieden sollte. Täglich erschien eine Tageszeitung „Dziennik Sejmowy streszczający przebieg Sejmu Dzielnicowego w Poznaniu“ (Landtagszeitung zusammenfassend den Verlauf des Landtags in Posen) mit einem genauen Bericht über den vorhergehenden Tag. Kurz nach dem Ende der Sitzung wurde das Journal des Polnischen Sejms veröffentlicht. Es handelt sich nicht um ein stenografisches Protokoll, sondern um einen Bericht in Form eines Buches.

Der Polnische Landtag versammelte sich in drei Plenarsitzungen, eine an jedem Tag. Eine detaillierte Ausarbeitung der Themen wurde sechs Ausschüssen übergeben: für politische Angelegenheiten (mit Wojciech Korfanty an der Spitze), für organisatorische Angelegenheiten (Pfarrer Dr. Antoni Wolszlegier), für dringende soziale und arbeitsrechtliche Fragen (Józef Rymer), für die öffentliche Verwaltung und die öffentliche Sicherheit (Graf Aleksander Szembek), für Bildung und Schulwesen (Dr. Zygmunt Zakrzewski), für Lebensmittel (Oskar Marchlewski).

19 Dziennik Polskiego Sejmu, wie Fn. 11, 26 f.

Die erste Sitzung wurde vom Präsidenten der Polnischen Fraktion im Deutschen Reichstag, Władysław Seyda, eröffnet. Nach der Geschäftsordnung des Polnischen Landtags („Regulamin dla Polskiego Sejmu Dzielnicowego") sollte das Präsidium aus einem Sprecher (Marschall), vier stellvertretenden Marschällen und sechs Sekretären bestehen. Zum Marschall wurde Stanisław Nowicki von der Nationalen Arbeiterpartei (Posen) gewählt, zu Stellvertretern der Bergarbeiter Józef Rymer (Schlesien), Rechtsanwalt Dr. Stefan Łaszewski (Pommern), Pfarrer Walenty Barczewski (Ostpreußen) und der Arbeiter Stanisław Piecha (Westfalen). Neben einem Geistlichen und einem Rechtsanwalt waren somit drei Aktivisten der Arbeiterbewegung gewählt worden.

Nach der Übernahme des Vorsitzes durch Marschall Nowicki wurden unter anderem Grußtelegramme an den Heiligen Vater und die Staatsoberhäupter der Entente abgesandt: Thomas Woodrow Wilson, Georges Clemenceau, David Lloyd George, Vittorio Emanuele Orlando und Marschall Ferdinand Foch. Danach legten Prälat Stanisław Adamski und Adam Poszwiński einen Bericht über die Tätigkeit des Vorläufigen Kommissariats vor. Während der zweiten Plenarsitzung hörte man nach dem Referat von Władysław Seyda unter dem Titel „Ansichten über die politische Lage Polens" die Berichte der Ausschüsse für politische, für organisatorische sowie für soziale und arbeitsrechtliche Angelegenheiten. Bei der dritten Sitzung wurden die Beratungen über die Berichte der Verwaltung, der öffentlichen Sicherheit, der Lebensmittelkommission, der Bildungs- und der Wahlkommission durchgeführt. Unter anderen wurden alle Mandate der in Inowrocław gewählten Delegierten „aus Gründen der informellen Abhaltung von Wahlen" für ungültig erklärt.

Der Polnische Landtag hat sich in verschiedenen Formen ausgedrückt: durch Verabschiedung von Resolutionen, Beschlüsse und Gesetze, auch Briefe und Telegramme. Die Form des Gesetzes wurde für zwei Beschlüsse verwendet: „Ustawa politycznej organizacji Polaków, zamieszkałych w dotychczasowych granicach Rzeszy niemieckiej" (Gesetz der politischen Organisation der Polen im Deutschen Reich) und „Ustawa podatku narodowego" (Gesetz über die Nationalsteuer)[20].

Über die Zukunft der polnischen Gebiete sollte die Friedenskonferenz entscheiden. Das wurde schon in der Bekanntmachung des Vorläufigen Kommissariats vom 14. November bestimmt. Darüber sprach auch Seyda in der Programmrede. Der Polnische Landtag fasste u.a. den Beschluss über die Einheit des preußischen Teilgebiets mit anderen Gebieten des polnischen

20 „Tygodnik Urzędowy NRL" 1919, Nr. 6; Dziennik Polskiego Sejmu, wie Fn. 11, 67 f.

Staates. Sie sollte aber erst nach dem Beschluss der Friedenskonferenz erfolgen.[21]

Es gibt zwei Aspekte, die im Bereich der Verfassungsangelegenheiten unterschieden werden müssen: zum einen die Zukunft Polens und zum anderen die zeitweilige Situation im Deutschen Reich bis zum Beschluss der Friedenskongress. In den Diskussionen gab es Aussagen, die allgemein auf die Konzeption der Verfassung des wiederentstehenden Polens hinweisen. Die Gleichheit aller vor dem Gesetz, die Sorge um alle Bürger und der Schutz vor Armut und Benachteiligung wurden ausdrücklich betont[22]. Allerdings wurden schlimmere Rechtsfolgen in anderen Teilen Polens befürchtet, daher sollte das preußische Teilgebiet ein Vorbild für ganz Polen sein. Man bezog sich auf die Solidarität und die Grundlagen der katholischen Soziallehre (A. Stychel, sowie Kommissare S. Adamski und A. Poszwiński)[23].

Eine weitere Grundlage für den zukünftigen Staat war als Schlussfolgerung in der dritten allgemeinen Resolution enthaltene: „Der polnische Landtag erklärt sich gegen die Allmacht des Staates im Bereich des öffentlichen, sozialen und kulturellen Lebens.“[24] Der Landtag verabschiedete auch eine Resolution gegen die bolschewistischen Ideen. Er sprach sich für eine gerechte Regelung der Arbeitszeit aus sowie für den einfachen Zugang zu Wissens- und Kulturgütern.

Einzelheiten des staatlichen Systems wurden jedoch nicht erörtert. Es wurde aber auf die Notwendigkeit aufmerksam gemacht, Pflege- und Sozialhilfe für die schwachen und arbeitsunfähigen Menschen im künftigen polnischen Staat zu entwickeln, und weiters „breite bürgerliche und politische Rechte“ zu garantieren[25]. Es wurden auch Postulate in Bildungsfragen zum Ausdruck gebracht. Dazu zählten u.a. die Gründung einer Universität in Posen, die Erleichterung des Zugangs zur Bildung für Kinder aus Arbeiterfamilien, die Einrichtung unentgeltlicher Schulen als Aufgabe des Staates sowie die Verlängerung der Schulpflicht von sechs auf sieben Jahre[26].

---

21 Dziennik Polskiego Sejmu, wie Fn. 11, 58; *Zbigniew Dworecki*, Myśl polityczna Sejmu Dzielnicowego w Poznaniu w grudniu 1918 r., in: *Sławomir Kalembka* (Hrsg.), Polska myśl polityczna na ziemiach polskich pod pruskim panowaniem, Państwowe Wydaw. Naukowe, Warszawa-Poznań-Toruń 1988, 222 ff.

22 Dziennik Polskiego Sejmu, wie Fn. 11, 24–25, 29, 33, 43, 73.

23 *Andrzej Gulczyński*, Problemy ekonomicznych podstaw państwa w debatach i uchwałach Polskiego Sejmu Dzielnicowego (1918), in: *Daniel Bogacz/Marek Tkaczuk* (Hrsg.), Podstawy materialne państwa. Zagadnienia prawno-historyczne, Uniwersytet Szczeciński. Wydział Prawa i Administracji, Szczecin 2006, 899 ff.

24 Dziennik Polskiego Sejmu, wie Fn. 11, 64.

25 Ebda, 72.

26 Breiter: *Mieczysław Jabczyński*, Kwestia społeczna w obradach Poznańskiego Sejmu Dzielnicowego 3–5.XII. 1918, in: „Przegląd Zachodni“ 1948 Nr. 12, 700 ff.

Im „Gesetz der politischen Organisation der Polen im Deutschen Reich" wurde deren Vereinigung geregelt. Der Verfasser des Konzepts der Organisation der Polen im Reich war Prälat Stanisław Adamski, ein bekannter Genossenschaftsaktivist, Schirmherr der Związek Spółek Zarobkowych i Gospodarczych (Verband der Erwerbs- und Wirtschaftsgenossenschaften). Alle Polen im Reich waren als Mitglieder eines Vereins zu betrachten. Seine Delegiertenversammlung entsprach dem Sejm, sein Aufsichtsrat – der Oberste Volksrat als Vorstand des Vereins – dem Kommissariat des OVL. Wie im Fall des Verbandes hatte nur das Kommissariat die Vertretungsbefugnis nach außen. Die Struktur der gesamten polnischen Organisation umfasste auch lokale Volksräte.

Die wichtigste Aufgabe des Polnischen Landtags war die Wahl des Obersten Volksrates (OVR). Im Rahmen der Diskussionen wurde eine Liste der OVR-Mitglieder vereinbart und einstimmig angenommen. Der OVR umfasste insgesamt 80 Mitglieder (und 6 Stellvertreter), darunter waren 27 (2) aus Großpolen (Posen), 13 (2) aus Königlich-Preußen (Westpreußen), 2 aus Ermland, 3 aus Masuren, 28 (2) aus Schlesien, 7 aus anderen Teilen der Emigration im Deutschen Reich, und zwar 4 aus Gebieten links der Elbe, 3 aus Ostelbien[27].

Ein wichtiger Punkt betraf andere polnische Gebiete. Es wurde beschlossen, Telegramme an „Kommandant Piłsudski", an Einwohner von Lemberg, Krakau, Wilna und Warschau zu senden. Piłsudski war damals auch Vorläufiger Staatschef (Tymczasowy Naczelnik Państwa), was aber in Posen nicht anerkannt wurde. Während der Beratungen sprachen Delegierte aus Warschau: Wacław Sieroszewski, Wacław Łypacewicz und Irena Kosmowska. Bedeutend waren auch Verbindungen mit anderen Völkern, und zwar slawischen wie Tschechen und Jugoslawen, aber auch Belgiern, was bei der Absendung der Telegramme sichtbar war.

Die persönliche Integration der Delegierten war ebenfalls wichtig. Für diejenigen, die nach Posen kamen, wurden kulturelle Attraktionen vorbereitet, um Delegierte aus verschiedenen Bezirken mit entsprechendem „polnischen Geist" zu erfüllen. Für den ersten Tag wurde die Aufführung von „Wesele" („Hochzeit") von Stanisław Wyspiański geplant, für den zweiten von „Obrona Częstochowy" („Verteidigung von Tschenstochau"), aber auf Antrag der Delegierten wurde wieder die „Hochzeit" aufgeführt. Es gab viele kleinere Treffen mit Deklamationen und dem gemeinsamen Singen von nationalen Liedern[28].

27 „Tygodnik Urzędowy Naczelnej Rady Ludowej" 1919, Nr. 1.

28 „Goniec Wielkopolski" Nr. 279, 5 XII 1918 r.; Dziennik Polskiego Sejmu, wie Fn. 11, 55 ff., 80 f.

Am 27. Dezember, während des Aufenthalts des bekannten Pianisten Ignacy Jan Paderewski, Mitglied des Polnischen Nationalkomitees, brach der Aufstand in Posen aus.[29] Kurz danach übernahm das Kommissariat die Macht, was zur Vereinigung der von Preußen und anderen Ländern annektierten polnischen Gebiete führte. Nach dem Aufstand und den ersten Erfolgen übernahm das Kommissariat des Obersten Volksrates die Macht als eine von den deutschen Behörden unabhängige Institution. Es war aber auch der polnischen Regierung in Warschau nicht untergeordnet. Sowohl das Kommissariat als auch die polnische Regierung waren der Meinung, dass hinsichtlich der polnischen westlichen Landesteile ein Beschluss der Friedenskonferenz notwendig sei.

Infolge langwieriger, seit Februar 1919 andauernder Verhandlungen zwischen dem Kommissariat des Obersten Volksrates und der polnischen Regierung in Warschau wurde ein Gesetzentwurf vorbereiten und am 1. August 1919 vom Parlament als Gesetz über die vorläufige Organisation der Verwaltung des ehemals preußischen Teilgebiets beschlossen. Aufgrund dieses Gesetzes wurde ein Minister für die ehemals preußischen Landesteile berufen. Er war Mitglied des Ministerrates und hatte die Stellung sowie sämtliche Rechte, welche den Ministern zustanden[30].

Am 19. August verabschiedete der OVR eine Entschließung zur Liquidation der politischen Organisation der im Deutschen Reich lebenden Polen und ihrer Organe, also des OVR und des Polnischen Landtags. Zwei Tage früher, also am 17. August, wurde als Minister für die ehemals preußischen Landesteile Wladyslaw Seyda berufen. Die Auflösung des Kommissariats wurde ihm übertragen. Das Kommissariat existierte aber weiter und wurde erst im November 1919 aufgelöst. Die Büros des Kommissariats wurden von dem oben genannten Ministerium übernommen.

Zusammenfassend kann man feststellen, dass der Polnische Landtag mehrere Funktionen erfüllt hat. Die grundlegende Wahlfunktion bestand in der Berufung der Mitglieder des Obersten Volksrates, die konstitutive Funktion in der Festlegung der Regeln für dessen Machtausübung durch sein Kommissariat. Diese Regeln umfassten das „Gesetz der politischen Organisation der Polen im Deutschen Reich“. Der Landtag hat auch den nationalen Forderungen der Polen zugestimmt (Forderungsfunktion). Die weitere Integrationsfunktion bestand in der Konsolidierung jener Gebiete des Deutschen Reichs, wo Polen aktiv waren, wie der verschiedenen Richtungen der nationalen Bewegung. Er sollte auch einen Bericht über die Tätigkeit des Vorläufigen

---

29 *Antoni Czubiński*, Powstanie Wielkopolskie 1918–1919. Geneza – charakter – znacznie, Kurpisz, Poznań 2002, 136 ff.

30 *Andrzej Gulczyński*, Ministerstwo byłej Dzielnicy Pruskiej (1919–1922), Wydawnictwo Poznańskiego Towarzystwa Przyjaciół Nauk, Poznań 1995.

Kommissariats des Obersten Volksrates annehmen und diese bestätigen (Legitimationsfunktion).

Der Polnische Landtag hat so den Rahmen für den OVR und das von ihm gewählte Kommissariat geschaffen, damit diese Gremien im Rahmen des deutschen Staates arbeiten konnten und nach dem Aufstand die Machtübernahme möglich wäre. Das hat in weiterer Folge zur Vereinigung mit anderen polnischen Gebieten geführt[31].

31 *Krzysztof Dembski*, Wielkopolska w początkach II Rzeczypospolitej. Zagadnienia prawnoustrojowe, Wydawnictwo Naukowe UAM, Poznań 1972, 65 ff.

Gábor Hamza, Budapest

Geschichtliche Entwicklung und Kodifikation des Privatrechts (Zivil- und Handelsrechts) in Lettland (Latvija) bis zum Anfang des 21. Jahrhunderts

Abstract: Although it emerged in the great European era of modernisation and was confirmed by the famously reform-minded Tsar Alexander II, the Baltic provincial law remained in the family of modern European private law codifications as an alien from the past. Firstly, the Baltic provincial law neither achieved, nor was meant to achieve, the unity of private law. Secondly, this codification of Baltic provincial law was not allowed to create any new laws, but was merely and exclusively meant to consolidate existing ones.

I Das Baltikum bis 1918

Schrifttum: I. von GRÜNEWALDT: Erzählungen aus der Geschichte der Codification des Provincialrechts. *Baltische Monatsschrift,* Bd. 29. Riga – Moskau 1882; C. E. ERDMANN: *System des Privatrechts der Ostseeprovinzen Liv,- Est-, und Kurland I–IV.* Riga 1889–1894; D. SCHMIDT: *Rechtsgeschichte Liv-, Esth- und Kurlands.* Dorpat 1895; *Liv-, Est- und Curländisches Privatrecht nach der* Ausgabe *von 1864 und der Fortsetzung von 1890. Mit Vorrede von J. Engelmann.* (Hrsg. von H. von Broecker) Juriev (Dorpat) 1902; R. WEYL: Deutsche Rechtsgedanken in den Ostseeprovinzen. *Deutsche Juristen Zeitung,* 1917. Nr. 21/22. Sp. 931–833; A. YLANDER: Die Rolle des römischen Rechts im Privatrecht der Ostseeprovinzen Liv-, Est- und Kurland. *Zeitschrift für Vergleichende Rechtswissenschaft (ZVglRWiss)* 35 (1918) S. 441 ff.; G. RUTENBERG: *Die baltischen Staaten und das Völkerrecht: Die Entstehungsprobleme Litauens, Lettlands und Estlands im Lichte des Völkerrechts.* Riga 1928; H. BLAESE: Bedeutung und Geltung des römischen Privatrechts in den baltischen Gebieten. Leipzig 1936; C. von SCHILLING: Die Einleitung zum neuen lettischen Zivilgesetzbuch (Rechtsauslegung und internationales Privatrecht). *Zeitschrift für Osteuropäisches Recht (ZOR) Neue Folge* 4 (1937–1938) S. 219–240; A. BILMANIS: *Latvia as an Independent State.* Washington D.C., 1947; T. G. CHASE: *The Story of Lithuania.* New York 1946; C. R. JURGELA: *History of the Lithuanian Nation.* New York 1948; R. WITTRAM: *Baltische Geschichte. Die Ostseeland Livland, Estland, Kurland 1180–1918.* München 1954; B. MEISSNER: *Die Sowjetunion, die baltischen Staaten und das Völkerrecht.* Köln 1956; J. BALYS: *Lithuania and Lithuanians.* New York 1960; H. BLAESE: Einflüsse des römischen Rechts in den baltischen Gebieten. *IRMAE V. 9.* Milano 1962; M. HELLMANN: *Grundzüge der Geschichte Litauens und des litauischen Volkes.* 1966; F. B. KAISER: *Die russische Justizreform von 1864. Zur Geschichte der russischen Justiz von Katharina II. bis 1917.* Leiden 1972; *Von* *den baltischen Provinzen zu den baltischen Staaten. I–II.* (Hrsg. von J. von Hehn – H. von Rimscha und H. Weiss) Marburg (Lahn) 1971–1977; *Die baltischen Provinzen Rußlands zwischen den Revolutionen on 1905 und 1917.* (Hrsg. von A. Ezergailis und G. Pistohlkors) Köln – Wien 1982; *National Movements in the Baltic Countries. During the 19th Century.* (Ed. by A. Loit) Stockholm 1989; G. v. RAUCH: *Geschichte der baltischen Staaten.* Hannover – Döhren 1986; N. ANGERMANN: *Die Baltischen Länder. Ein historischer Überblick.* Lüneburg 1990; G. v. RAUCH: *Geschichte der baltischen Staaten.* München 1990[3]; *Die baltischen Nationen.* (Hrsg. von B. Meissner) Köln 1991; J. HIDEN – P. SALMON: *The Baltic Nations and Europe. Estonia, Latvia and Lithuania in the Twentieth Century.* London – New York 1991; K. LUDWIG: *Das Baltikum: Estland, Lettland, Litauen.* München 1991; G. von PISTOHLKORS: Die historischen Voraussetzungen für die Entstehung der drei baltischen Staaten. In *Die baltischen Nationen Estland, Lettland, Litauen.* (Hrsg. von B. Meissner) Köln 1991[2]. S. 11–49; M. HALTENBERGER: *Die baltischen Länder.* Leipzig – Wien 1992; A. SCHMIDT: *Geschichte des Baltikums.* München – Zürich 1992; H. J. UIBOPUU: *Die Rechtsentwicklung der baltischen Staaten in der neuesten Zeit. Marburg an der Lahn, 1993; Aufklärung in den baltischen Provinzen Rußlands.* (Hrsg. von O.-H. Elias) Köln u.a. 1996; *Baltische Rechtsangleichung – 10 Jahre Gesetzgebung Estlands und Lettlands: Referate der 1. Baltischen Juristenkonferenz zu Dorpat aus Anlass der 18. Baltischen Konferenz zu Geschichte der Wissenschaften am 17–19. Januar in Riga.* Hamburg 1996; S. STOPINSKI: *Das Baltikum im Patt der Mächte. Zur Entstehung Estlands, Lettlands und Litauens im Gefolge des Ersten Weltkrieges.* Berlin 1997; A. KARGER: *Baltische Länder.* Gütersloh 1997; M. LUTS: Die Modernisierung der Rechtswissenschaft und Juristenausbildung in den Ostseeprovinzen im 19. Jahrhundert im Rahmen der alteuropäischen Ständeverfassung. Acta Baltica: *Liber Annalis Instituti Baltici,* 35 (1997) S. 231–256; I. KULL: *Effect of Harmonisation of European Civil Law on Development of Estonian Law of Obligations. Juridica International III.* Tartu 1998. S. 98–102; D. A. LOEBER: *Harmonization of the Law of the Baltic States: the Inter-War Period. (1918–1940) Humanities and Social Sciences Latvia 1998.* S. 197–223; E. SALUMAA: *The Estonian Family Law Act. Il Diritto Ecclesiastico.* Milano 1998. S. 155–164; J. SOOTAK – M. LUTS: Rechtsreform in Estland als Rezeptions- und Bildungsaufgabe. *Juristen Zeitung (JZ)* 53 (1998) S. 401–403; K. TORGANS: *Commercial Rights in the Baltic States.* In *The Baltic States at Historical Crossroads: Political, Economic and Legal Problems in the Context of International Cooperation on the Doorstep of the 21st Century.* Riga 1998. S. 294–307; J. KAHK: *Bauer und Baron im Baltikum.* Tallinn 1999; T. ANEPAIO: Dialogue or Conflict? The Legal Reform of 1889 and Baltic Private Law Code. Juridica International: *Law Review of Tartu University,* 5 (2000) S. 168 ff.; P. JÄRVELAID: Millenniumtext. Estonia: The Development of the Estonian Legal System. *ZfRW* 41 (2000) S. 122–123; P. JÄRVELAID: The Development of the Estonian Legal System. *Zeitschrift für Europäisches Privatrecht (ZEuP)* 7 (2000) S. 873–877; M. LUTS: „Eine Universität für Unser Reich, und insbesondere für die Provinzen Liv-, Esth- und Kurland“: Die Aufgaben der Juristenfakultät zu Dorpat in der ersten Hälfte des 19. Jahrhunderts. *Zeitschrift der Savigny-Stiftung für Rechtsgeschichte Germanistische Abteilung (ZSS GA)* 117

(2000) S. 607–639; M. LUTS: Private Law of the Baltic Provinces as a Patriotic Act. *Juridica International Tartu,* V. (2000) S. 157–167; A. BUES: *Das Herzogtum Kurland und der Norden der polnisch-litauischen Adelsrepublik im 16. und 17. Jahrhundert.* Giessen 2001; M. GARLEFF: *Die baltischen Länder. Estland, Lettland, Litauen vom Mittelalter bis zur Gegenwart.* Regensburg 2001; *Das Herzogtum Kurland 1561–1795. Verfassung, Wirtschaft, Gesellschaft.* (Hrsg. von E. Oberländer und I. Misans) I–II. Lüneburg 1993–2001; C. TAUBE: *Constitutionalism in Estonia, Latvia and Lithuania. A Study in Comparative Law.* Uppsala 2001; T. ANEPAIO: Die Justizreform von 1889 in den Ostseeprovinzen und das Baltische Privatrecht: die gegenseitige Beeinflussung – der Dialog oder der Konflikt. In *Geschichte und Perspektiven des Rechts im Ostseeraum. Erster Rechtshistorikertag im Ostseeraum. 8–12, März, 2000.* (Hrsg. von J. Eckert und K. Å. Modéer). 2002. S. 59–79; *Baltische Länder.* (Hrsg. von G. von Pistohlkors) Berlin 2002; *Die baltischen Staaten im Schnittpunkt der Entwicklungen. Vergangenheit und Gegenwart.* (Hrsg. von C. Goehkre und J. von Ungern-Sternberg) Basel 2002; M. LUTS: Die Begründung der Wissenschaft des provinziellen Rechts der baltischen Ostseeprovinzen im 19. Jh. In *Geschichte und Perspektiven des Rechts im Ostseeraum. Erster Rechtshistorikertag im Ostseeraum.* 8–12, März, Frankfurt am Main 2000. (Hrsg. von J. Eckert und K. Å. Modéer) 2002. S. 147–169; R. WEBER: Eine kleine Rechtsgeschichte Estlands vom 12. bis 18. Jahrhundert. In *Geschichte und Perspektiven des Rechts im Ostseeraum. Erster Rechtshistorikertag im Ostseeraum. 8–12, März, 2000.* (Hrsg. von J. Eckert und K. Å. Modéer). 2002. S. 349–397; G. HAMZA: A magánjog fejlődése és kodifikációja Észtországban. (Die Entwicklung und die Kodifikation des Privatrechts in Estland) *Magyar Jog (Ungarisches Recht) (MJ)* 50 (2003) S. 743–745; *Deutschland, Russland und das Baltikum. Beiträge zu einer Geschichte wechselvoller Beziehungen. Festschrift zum 85. Geburtstag von P. Krupnikow.* (Hrsg. von F. Anton und L. Luks) Eichstätt 2005; G. HAMZA: *Le développement du droit privé européen. Le rôle de la tradition romaniste dans la formation du droit privé moderne.* Budapest 2005. S. 87–88; R. TUCHTENHAGEN: *Geschichte der baltischen Länder.* München 2005; M. LUTS: Modernisierung und deren Hemmnisse in den Ostseeprovinzen Est-, Liv und Kurland im 19. Jahrhundert. In *Modernisierung durch Transfer im 19. und frühen 20. Jahrhundert.* (Hrsg. von T. Giaro) Frankfurt am Main 2006. S. 159–200; M. LUTS: Das Verhältnis der Rechtsgeschichte zur Rechtsdogmatik im Werk von Georg Friedrich von Bunge. In *Tundmatu Friedrich Georg von Bunge.* (Hrsg. von T. Rosenberg und M. Luts) Tartu 2006. S. 209–236; E. DONNERT: *Die Universität Dorpat-Jurjév 1802–1918. Ein Beitrag zur Geschichte des Hochschulwesens in den Ostseeprovinzen des Russischen Reiches.* Frankfurt am Main 2007; G. HAMZA: A magánjog fejlődése és kodifikációja Lettországban. (Die Entwicklung und die Kodifikation des Privatrechts in Lettland) *Magyar Jog (Ungarisches Recht) (MJ)* 54 (2007) S. 611–615; M. LUTS-SOOTAK: Der lange Beginn einer geordneten Juristenausbildung an der deutschen Universität zu Dorpat (1802–1893). In Juristenausbildung in Osteuropa bis zum Ersten Weltkrieg. Rechtskulturen des modernen Osteuropa. *Traditionen und Transfers,* 3 (Studien zur europäischen Rechtsgeschichte, Bd. 225) (Hrsg. von Z. Pokrovac) Frankfurt am Main 2007; H. PIHLAJAMÄKI: Der frühmoderne Jurist und die Rechtsquellen: Rechtsanwendung in den livländischen Gerichten der schwedischen Zeit (ca. 1630–1710). In *Höchstgerichte in Europa. Bausteine frühneuzeitlicher Rechtsordnungen.* (Hrsg. von L. Auer, W. Ogris und E. Ortlieb) Köln – Weimar – Wien 2007. S. 63–80; H. Siimets-Gross: Roman Law in the Baltic Private Law Act – The Triumph of Roman Law in the Baltic Sea Provinces? *Juridica International Tartu,* XII. (2007) S. 180–189; G. Hamza: *Entstehung und Entwicklung der modernen Privatrechtsordnungen und die römischrechtliche Tradition.* Budapest 2009. S. 566–572 und 577–580; G. Hamza: *Origine e sviluppo degli ordinamenti giusprivatistici moderni in base alla tradizione del diritto romano.* Santiago de Compostela 2013. S. 523–525.

Im Jahre 1710 unterwarfen sich Livland und Estland in einem Kapitulationsvertrag dem Russischen Zarenreich. Zar Peter I. (1689–1725) gestand bei den Verhandlungen über die Kapitulationsbedingungen mit Riga im Sommer 1710 den Livländern alle ihre Forderungen zu.[1] Die Stadt Riga behielt ihre politische, soziale und rechtliche Ordnung bei. Livland und Estland wurden autonome Gouvernements im Russischen Reich. Der im Jahre 1721 geschlossene Friedensvertrag von Nystadt, der den Nordischen Krieg beendete, hat die sog. Kapitulationen der Stände und der Städte vom Jahre 1710 bestätigt.[2] Diese Kapitulationen prägten weitgehend die politische, wirtschaftliche und soziale Situation in Liv-, Est- und Kurland bis zum Ersten Weltkrieg.

Kurland (im westlichen Teil des heutigen Lettlands) wurde im Jahre 1617 durch die kurländischen Statuten (statuta) eine Adelsrepublik (respublica nobiliaris), an deren Spitze ein Fürst (Herzog) stand. Nach der Eroberung Estlands und Livlands durch das Russische Zarenreich geriet Kurland unter russischen Einfluss.[3] Die Angliederung Kurlands an das Zarenreich erfolgte im Jahre 1795, d.h. nach der dritten Teilung des Polnisch-litauischen Doppelstaates. Kurland wurde eines der drei autonomen Ostsee-Gouvernements des Russischen Reiches. Im Jahre 1918 wurde Kurland Bestandteil – als Provinz – der Republik Lettland.

---

1 Die Angliederung Livlands und Estlands an Russland war für Peter I. auch deswegen wichtig, weil diese Provinzen als Bestandteile des russischen Staates bzw. Reiches die Vielfalt der Untertanen deutlich machten. Der Senat verlieh Peter I. im Jahre 1721 den Titel „Peter der Große, Vater des Vaterlandes (auf Lateinisch: pater patriae), Allrussischer Imperator“. Durch den im Jahre 1721 angenommenen Titel „Imperator“ beanspruchte Peter I. die Gleichrangigkeit mit dem Kaiser des Heiligen Römischen Reiches (Sacrum Romanum Imperium).

2 Hier ist darauf hinzuweisen, dass die von Zar Peter I. gewährten Kapitulationen von 1710 im Wesentlichen auf dem Privilegium Sigismundi Augusti vom Jahre 1561 fußten.

3 Nach dem im Jahre 1737 erfolgten Aussterben der von Gotthard von Kettler (1517–1587) begründeten Dynastie (1561–1737) erhob die Kaiserin (tsarina) von Russland Anna (Ivanovna) I. (1730–1740) ihren Günstling Ernst Johann von Biron (1690–1772) zum Fürsten von Kurland und Semgallen.

Der Einfluss der deutschen Pandektistik bzw. Pandektenwissenschaft in den – bis zum Jahre 1918 zu Russland gehörigen – baltischen Gebieten wird in dem auf Deutsch verfassten[4] „Liv-, Est- und Curländischen Privatrecht" vom Jahre 1864 deutlich. Das unter der Herrschaft des liberalen Zaren Alexander II. (1855–1881) redigierte „Liv-, Est- und Curländische(s) Privatrecht" wurde als dritter Band des „Provinzialrechts des Ostseegouvernements" herausgegeben. Dieser umfangreiche, aus 4636 Artikeln bestehende Kodex war in Estland, Lettland und in manchen Gebieten des heutigen Litauens[5] noch geraume Zeit nach dem Ersten Weltkrieg gültig: in Lettland bis zum 1. Januar 1938, d.h. bis zum Inkrafttreten des lettischen Zivilgesetzbuches, und in Estland bis Anfang der 1940er Jahre.

Der mehrmals (in den Jahren 1890, 1912, 1913 und 1914) überarbeitete Kodex wurde von Friedrich Georg von Bunge (1802–1897)[6], dem namhaften Pandektisten und Professor der Universität von Dorpat (Tartu, ab dem Jahre 1893 Jurjev), erstellt. Als Vorarbeit zu dem „Liv-, Est- und Curländische(n) Privatrecht" diente Bunges rechtsgeschichtliches Werk „Einleitung in die liv-, esth- und curländische Rechtsgeschichte und Rechtsquellen" (Reval 1849).

Das „Liv-, Est- und Curländische Privatrecht" gliedert sich in familien-, sachen-, erb- und schuldrechtliche Teile. Dieser Kodex weicht aber insofern vom Pandektensystem ab, als diesem Gesetzeswerk kein Allgemeiner Teil vorangestellt ist. Der Kodex spiegelt teilweise feudale Rechtsideen (ius feudale) wieder, vor allem im Bereich des Sachenrechts. Es regelt auch das geteilte Grundeigentum; diese feudale Form des Grundeigentums blieb auch

---

4 Dieses Gesetzbuch trat ursprünglich in seiner deutschen Originalfassung in Kraft. Erst später wurde auch eine russische amtliche Übersetzung (perevod) erstellt, wobei sich etliche Übersetzungsschwierigkeiten ergaben.

5 Die Privatrechtsentwicklung Litauens, das Teil des Polnisch-litauischen Doppelstaates war, folgte nicht der Rechtsentwicklung der übrigen Gebiete des heutigen Estland und Lettland.

6 *Friedrich Georg von Bunge*, der auch als Begründer der baltischen Rechtsgeschichte gilt, ist Verfasser der folgenden wichtigen Werke: „Beiträge zur Kunde der liv-, est- und kurländischen Rechtsquellen" Riga 1832), „Das liv- und estländische Privatrecht" (2 Teile, Dorpat 1838, 2. Aufl. Dorpat 1847–1848) und „Geschichte des Gerichtswesens und Gerichtsverfahrens in Liv-, Est- und Curland" (Reval 1874). Über den Rechtsgelehrten von Fr. G. von Bunge siehe *Walter Greffenhagen*, Dr. jur. Friedrich Georg v. Bunge, Reval 1891. Fr. G. von Bunge gab auch zahlreiche Zeitschriften und Urkundensammlungen heraus. Der in Kiew geborene von Bunge wurde im Jahre 1831 Professor in Dorpat. Im Jahre 1842 wurde er Bürgermeister der Stadt Reval (heute Tallinn). Ab 1856 nahm er die Mitgliedschaft in der Kanzlei des russischen Zaren in Sankt Petersburg wahr. Im Jahre 1865 siedelte er nach Deutschland über.

nach der russischen Bodenreform erhalten. Gleichwohl ist das Werk wesentlich moderner als das in Lettgallen gültige Zehnte Buch (Djesjataja Kniga) des „Svod Zakonov Rossijskoj Imperii", der die privatrechtlichen (zivilrechtlichen) Verhältnisse regelte.

Im Gegensatz zu den Territorien, die heute zu Estland und Lettland gehören, wurde in den meisten litauischen Gebieten das vor der russischen Eingliederung bestehende Recht nicht beibehalten. Nach der Einführung bzw. der Inkraftsetzung des „Svod Zakonov Rossijskoj Imperii" in den meisten Gebieten des Zarenreiches wurde diese Kompilation auch in den litauischen Gebieten in Kraft gesetzt. (Es sei vermerkt, dass der russische „Svod Zakonov Rossijskoj Imperii" auf gewissen Gebieten des Russischen Zarenreiches, so z.B. in manchen Gebieten (Gouvernements) Polens und der Ukraine, Finnland, Bessarabien und auf dem Territorium der heutigen baltischen Staaten nicht in Kraft gesetzt wurde.)[7]

Die Rezeption des römischen Rechts (ius Romanum), die aber keine receptio in complexu bzw. receptio in globo war, wurde auf den Gebieten des heutigen Lettland und Estland unter Vermittlung der deutschen, hauptsächlich der sächsischen Siedler (*coloni*) vollzogen, die das deutsche Stadtrecht, vor allem das ius Saxonicum, mit sich brachten.

Carl Eduard Erdmann (1841–1898), der zwischen 1872 und 897 als Nachfolger von Carl Christoph Leopold von Rummel (1812–1887) Professor an der Universität von Dorpat (heute: Tartu) war, verfasste das bemerkenswerte vierbändige Werk „System des Privatrechts des Ostseeprovinzen Liv-, Est- und Kurland", das bedeutenden Einfluss auf die damalige Rechtspraxis (ius in praxi) ausübte. Dieses Werk ist bis heute das einzige, das das „Liv-, Est- und Curländische Privatrecht" umfassend und mit wissenschaftlichem Anspruch darstellt.

II Lettland (Latvija)

Schrifttum: M. M. Laserson: Das Verfassungsrecht Lettlands. *Jahrbuch des öffentlichen Rechts der Gegenwart,* 12 (1924) S. 258–265; P. Schiemann: Acht Jahre lettländische Verfassung. *Jahrbuch des öffentlichen Rechts der Gegenwart,* 16 (1928) S. 295–316; H. Dopkevisch: Die Entwicklung des lettländischen Staatsgedankens bis 1918. *Rigaer Volkstheoretische Abhandlungen, Heft 3:* Hrsg. von K. Stavenhagen, Berlin 1936. S. 5–26; C. von Schilling: Lettlands neues Zivilgesetzbuch. *Zeitschrift für Ausländisches und Internationales Privatrecht,* 11 (1937) S. 484–519; B. v. Klot: *Lettlands Zivilgesetzbuch vom 28. Januar 1937 in Einzeldarstellungen.* Riga 1940; A. Plakans: Latvia's Return to Independence. *Journal of Baltic Studies,* 1991. S. 259–266; R. J. Misiunas – R. Taagepera: *The*

7 *von Bunge*, Geschichte des Gerichtswesens und Gerichtsverfahrens (wie Fn. 6).

Baltic States: Years of Dependence 1940–1990. Berkeley 1993; A. LIEVEN: *The Baltic Revolution.* (Estonia, Latvia, Lithuania and the Path to Independence). New Haven – London 1994; A. PlAkans: The Tribulations of Independence: Latvia 1991–1993. *Journal of Baltic Studies,* 1994. S. 63–72; A. PLAKANS: *The Latvians. A Short History.* Stanford (Cal.) 1995; *The Baltic States.* (Ed. by G. Smith) New York 1996; *The Baltic States after Independence.* (Red. by O. Norgaard, D. Hindsgaul, L. Johannsen and H. Willumsen) Cheltenham 1996; G. BUŽINSKAS: Recepcija rimskovo prava v sovremennom graždanskom zakonodat'elstve Litovskoj Respubliki. *Ius Antiquum – Drevneje Pravo,* 3 (1998) S. 136–140; *The Baltic States at Historical Crossroads. Political, Economic, and Legal Problems and Opportunities in the Context of International Co-operation at the Beginning of the 21st Century, Published in Memory of Senator A. Loeber and on the Occasion of the 75th Birthday of Professor D. A. Loeber.* (Ed. by T. Jundzis) Riga 2001²; D. A. LOEBER: Lettlands Zivilgesetzbuch von 1937 in seiner wechselvollen Geschichte. In *Kontinuität und Neubeginn. Staat und Recht in Europa zu Beginn des 21. Jahrhunderts. Festschrift für G. Brunner aus Anlaß seines 65. Geburtstags.* (Hrsg. von M. Hofmann). Baden–Baden 2001. S. 493 ff.; *The Sovietization of the Baltic States, 1940–1956.* (Ed. by O. Mertelsmann) Tartu 2003; G. HAMZA: *Le développement du droit privé européen. Le rôle de la tradition romaniste dans la formation du droit privé moderne.* Budapest 2005. S. 87–88; G. HAMZA: New Trends of Codification of Civil (Private) Law in Central and Eastern Europe. In *International Symposium. International Cooperation in the Field of Legal Studies and an Agenda for Comparative Law Studies – Experiences of Legal Assistance to Countries in Transition – May 29, 2004. Tokyo, Japan.* Center for Asian Legal Exchange. Graduate School of Law. Nagoya University. Nagoya 2005. S. 89–111; G. HAMZA: Privatrechtsentwicklung in den baltischen Staaten. *AnnUB* 46 (2005) S. 49–64; G. HAMZA: Le nuove codificazioni privatistiche nei Paesi dell'Est europeo: Continuità e discontinuità. *Vita notarile,* n. 3 (2006) S. 1209–1237; T. ANEPAIO: Die rechtliche Entwicklung der baltischen Staaten 1918–1940. In *Modernisierung durch Transfer zwischen den Weltkriegen.* (Hrsg. von T. Giaro) Frankfurt am Main 2007. S. 7–30; G. HAMZA: A magánjog fejlődése és kodifikációja Lettországban. (Die Entwicklung und die Kodifikation des Privatrechts in Lettland) *Magyar Jog (MJ)* 54 (2007) S. 611–615; S. OSIPOVA: Lettische Rechtswissenschaft nach der Gründung des lettischen Staates 1918. *Zeitschrift für Neuere Rechtsgeschichte (ZNR)* 29 (2007) S. 60–65; Ph. SCHWARTZ: *Das Lettländische Zivilgesetzbuch vom 28. Januar 1937 und seine Entstehungsgeschichte.* Herzogenrath 2008; G. HAMZA: *Entstehung und Entwicklung der modernen Privatrechtsordnungen und die römischrechtliche Tradition.* Budapest 2009. S. 566–572 und 577–580. G. HAMZA: *Origine e sviluppo degli ordinamenti giusprivatistici moderni in base alla tradizione del diritto romano.* Santiago de Compostela 2013. S. 523–525.

Der Einfluss der deutschen Pandektistik bzw. Pandektenwissenschaft zeigte sich in Lettland besonders stark in der Zwischenkriegszeit, d.h. nach der Erlangung der Unabhängigkeit im Jahre 1918. Dies ist besonders am

Bürgerlichen Gesetzbuch (Zivilgesetzbuch) vom Jahre 1937 ersichtlich.[8] 1928 wurde in Riga im Auftrag des Deutschen Juristenvereins eine Art „Vorentwurf" des lettländischen Zivilgesetzbuchs von 1937 veröffentlicht. Dieser Text von 1928 ist aber nicht identisch mit dem Text des Zivilgesetzbuchs vom Jahre 1937. Es gibt allerdings eine starke inhaltliche Kontinuität zwischen dem Text von 1928 und dem BGB von 1937. Der Text von 1928 kann als Vorbereitung zum Bürgerlichen Gesetzbuch Lettlands betrachtet werden.

Das aus 2.400 Paragraphen bestehende lettische bzw. lettländische BGB vom 28. Januar 1937 wurde unter der Regierung des Staats- und Ministerpräsidenten Karlis Ulmanis (1877–1942) redigiert und am 1. Januar 1938 in Kraft gesetzt. Die Redaktoren des lettischen Zivilgesetzbuches berücksichtigten daneben die schweizerische Zivilrechtskodifikation (das schweizerische Obligationenrecht und das schweizerische Zivilgesetzbuch) bzw. deren im Jahre 1936 erfolgte weitgehende Revision. Die Redaktoren bzw. Herausgeber des lettländischen Zivilgesetzbuchs von 1937 waren die namhaften Juristen Carl von Schilling und Herbert Ehlers.

Die Struktur bzw. die Systematik des lettischen Bürgerlichen Gesetzbuches bzw. Zivilgesetzbuches ist die folgende: Einleitende Bestimmungen (§§ 1–25), Familienrecht (§§ 26–381), Erbrecht (§§ 382–840), Sachenrecht (§§ 841–1400) und Schuldrecht (§§ 1401–2400). Der aus vier Büchern bestehende Kodex hat demnach keinen Allgemeinen Teil. Die deutsche Pandektenwissenschaft beeinflusste nur beschränkt die Regelung der einzelnen Rechtsinstitute.

Für diesen eher geringen Einfluss der Pandektistik bzw. der Pandektenwissenschaft hat der Umstand eine erhebliche Rolle gespielt, dass die Redaktoren die damaligen (weniger entwickelten) sozialen und wirtschaftlichen Verhältnisse besonders berücksichtigten. Dies spiegelt sich unter anderem darin wieder, dass die auf das geteilte Bodeneigentum bezogenen Regelungen erst nach der Einführung des Zivilgesetzbuches, nämlich in einem im Dezember 1938 verabschiedeten Gesetz, außer Kraft gesetzt wurden.

Nach der Angliederung Lettlands an die Sowjetunion durch Okkupation wurde durch eine Verordnung des Präsidiums des Obersten Sowjets der Sowjetunion das sowjetrussische Zivilgesetzbuch vom Jahre 1922[9] samt anderen Gesetzbüchern (so z.B. mit dem Familienrechtskodex) in Kraft gesetzt. In der Periode der deutschen Besetzung Lettlands (1941–1945) wurde das Zivilgesetzbuch von 1937 wieder angewandt.

---

8 *Carl von Schilling*, Lettlands neues Zivilgesetzbuch, in: Zeitschrift für Ausländisches und Internationales Privatrecht, 11 (1937), 484–519; *Bernhard von Klot*, Lettlands Zivilgesetzbuch vom 28. Januar 1937 in Einzeldarstellungen, Riga 1940.

9 Das sowjetrussische Zivilgesetzbuch vom Jahre [1922], das maßgeblich von A. G. Gojkhbarg (1883–1962) redigiert wurde, trat am 1. Januar 1923 in Kraft.

Im Jahre 1961 wurden die Grundlagen der Zivilgesetzgebung der Union der SSR und der Unionsrepubliken (Osnovy Graždanskogo Zakonodat'elstva) verkündet, welche normative Kraft besaßen. Die Grundlagen bildeten weitgehend – gleich den anderen Sowjetrepubliken – die Basis des neuen, im Jahre 1964 in Kraft getretenen Zivilgesetzbuches. Dieser Kodex unterschied sich nur geringfügig vom Zivilgesetzbuch der Russischen Föderation d.h. der Russischen Unionsrepublik vom Jahre 1964 und den Zivilgesetzbüchern der anderen Sowjetrepubliken. (Ein geringfügiger Unterschied war z.B., dass das lettische Zivilgesetzbuch das Rechtsinstitut der Geschäftsführung ohne Auftrag [negotium gestum bzw. negotiorum gestio] regelte.) Seiner Struktur und Terminologie nach war also auch das Zivilgesetzbuch der Lettischen Sozialistischen Sowjetrepublik grundsätzlich pandektistisch orientiert.

Nach dem Wiedererlangen der Unabhängigkeit Lettlands (Republik Lettland, Latvijas Republika) im Jahre 1991 trat das Zivilgesetzbuch vom Jahre 1937 mit geringfügigen Abänderungen stufenweise wieder in Kraft.[10] Der erbrechtliche und sachenrechtliche Teil wurde am 1. September 1992, der schuldrechtliche Teil am 22. Dezember 1992 und der familienrechtliche Teil am 1. September 1993 in Kraft gesetzt. Die Änderungen betrafen vor allem das Familien- und das Erbrecht. Hier ist darauf zu verweisen, dass die Grundlagen der Zivilgesetzgebung der Sowjetunion vom 31. Mai 1991, die übrigens auch normative Kraft besaßen und damit von den Gerichten direkt anwendbar waren, in Lettland keine Gesetzeskraft (vigor legis) hatten.

In der Rechtswissenschaft hat in Lettland in der Zwischenkriegszeit die in der römischrechtlichen Tradition wurzelnde Pandektistik bzw. Pandektenwissenschaft eine bedeutende Rolle gespielt. Wasilij Sinaiskij (lettisch: Vasilis Sinaiskis) (1876–1949), der zwischen 1918 und 1944 an der Universität von

10 Die Wiedereinführung bzw. das Wiederinkraftsetzen der Gesetze aus der Zwischenkriegszeit wurde auch im Hinblick auf die Verfassung angewandt: Die Verfassung vom Jahre 1922 wurde durch das lettische Parlament (Saeima) im Jahre 1993 wieder in Kraft gesetzt. Im Jahre 1997 wurde diese Verfassung in erheblichem Maße geändert. Die Verfassung enthält keinen Grundrechtskatalog. Deswegen wurde die wieder in Kraft getretene bzw. in Kraft gesetzte Verfassung durch ein Verfassungsgesetz über die Rechte und Pflichten des Bürgers vom 10. Dezember 1991 ergänzt. Vgl. *Inesis Feldmanis*, Die Erfahrungen mit parlamentarischer Demokratie und autoritärer Herrschaftsform (1918–1940) in Lettland, in: *Boris Meissner/Dietrich André Loeber/Cornelius Hasselblatt* (Hrsg.), Der Aufbau einer freiheitlich-demokratischen Ordnung in den baltischen Staaten. Staat. Wirtschaft. Gesellschaft, Hamburg 1995, 53–60; *Caroline Taube*, Constitutionalism in Estonia, Latvia and Lithuania. A Study in Comparative Law, Uppsala 2001. Aus der älteren Literatur siehe *Morris Mendel Laserson*, Die Verfassungsentwicklung Lettlands, in: Jahrbuch des öffentlichen Rechts der Gegenwart, 11 (1922), 218–226.

Riga römisches Recht gelesen hat, war ein auch international anerkannter Vertreter seines Faches. Früher, vor 1918, nahm er eine Professur zunächst in Dorpat (Tartu), später in Kiew war.

In der Zwischenkriegszeit kam es nicht zur Verabschiedung eines Handelsgesetzbuches (HGB). Im Jahre 1935 wurden nur einige handelsrechtliche Entwürfe (Projekte) veröffentlicht. Erwähnung verdient, dass das im Dezember 1937 verabschiedete Gesetz über die Aktien- und Anteilsgesellschaft zusammen mit dem Zivilgesetzbuch vom Jahre 1937 in Kraft gesetzt wurde. Dieses Gesetz setzte den ersten Teil des Zehnten Buches des „Svod Zakonov Rossijskoj Imperii" und die Regeln eines im Jahre 1836 promulgierten russischen Gesetzes (zakon) außer Kraft. Das Gesetz über die Aktien- und Anteilsgesellschaft von 1937 diente als Grundlage für das geplante Handelsgesetzbuch Lettlands.

Hinsichtlich der Rechtsentwicklung im Bereich des Handelsrechts nach Wiedererlangung der Unabhängigkeit Lettlands sind das Gesetz über die Handelsgesellschaften (sociétés commerciales) vom 5. Februar 1991, das Gesetz über die Gesellschaften mit beschränkter Haftung (GmbH) vom 1. Februar 1991, das Gesetz über die Aktiengesellschaften vom 18. Mai 1993 und das Gesetz über die Insolvenz von Unternehmen und Gesellschaften vom 12. Dezember 1996 zu erwähnen.

Zu einer Gesamtkodifikation des Handelsrechts ist es in der Republik Lettland bis Ende des 20. Jahrhunderts nicht gekommen. In Lettland wurde dem monistischen Konzept (concept moniste) nicht Rechnung getragen. Der lettische (lettländische) Gesetzgeber hat bis Anfang unseres Jahrhunderts die Idee der Erschaffung eines code unique nicht angenommen.

Gábor Hamza, Budapest

Grenzfragen von den Pariser Vorortverträgen bis zum Ersten Wiener Schiedsspruch 1938 und seine Folgen

Abstract: The first part of the article is dealing with the political negotiations which led, in particular after the Munich Agreement defining a three-month period to resolve Hungarian demands, to the First Vienna Award signed on November 2, 1938 at Belvedere Palace in Vienna. The First Vienna Award separated predominantly Hungarian-populated territories in southern Slovakia and southern Carpathian Rus from Czechoslovakia and awarded them to the Kingdom of Hungary. Hungary thus regained some of the territories in present-day Slovakia and Ukraine lost in the Peace Treaty of Trianon. In the second part of the study the author is analyzing the negotiations following the First Vienna Award. The recovered territories were incorporated into Hungary on November 12, 1938, by a legislative act of the Hungarian Parliament.

I Vorgeschichte

Der Friedensvertrag (Traité de paix) von Trianon, einer der sog. Pariser Vorortverträge wurde am 4. Juni 1920 unterzeichnet.[1] Durch diesen Friedensvertrag ging etwa 71,4 Prozent des Staatsgebiets und 63,6 Prozent des Staatsvolkes (der Staatsbevölkerung) des Königreichs Ungarn einschließlich des „Nebenlands“ (ungarisch: társország) – mit weitgehender Autonomie – Kroatien-Slawonien verloren. Von 325.411 km² – das Territorium von Kroatien-Slawonien belief sich auf 42.527 km² – blieben 93.073 km². Der Friedensvertrag mit Deutschland (dem Deutschen Reich), der auch hohe Reparationszahlungen an die Siegermächte vorsah, wurde am 28. Juni 1919 im Spiegelsaal (Salle des Glaces) von Versailles unterzeichnet.[2] Der Friedensvertrag bzw. Staatsvertrag[3] von Saint Germain-en-Laye

1 Hinsichtlich des französischsprachigen Textes des Friedensvertrages von Trianon siehe: Allied and Associated Powers (1914–1920). Traité de paix entre les Puissances alliées et associées et la Hongrie, protocole et déclaration du 4 juin 1920 (Trianon), Paris 1920.

2 Die Summe der Reparationszahlungen des Deutschen Reiches wurden erst im Jahre 1921 festgelegt. Die Summe belief sich auf 132 Milliarden Goldmark d.h. auf 31,5 Milliarden US-Dollar.

3 Hier ist darauf zu verweisen, dass der mit Deutsch-Österreich unterzeichnete „Friedensvertrag“ von Saint Germain-en-Laye eigentlich ein Staatsvertrag war. Dies lässt sich darauf zurückführen, dass der Signatarstaat Deutsch-Österreich

mit Deutsch-Österreich wurde am 10. September 1919 unterzeichnet.[4] Der Zusammenschluss von Deutsch-Österreich mit dem Deutschen Reich wurde untersagt. Der Friedensvertrag von Neuilly-sur-Seine mit Bulgarien wurde am 27. November 1919 unterschrieben.[5] Dieser Friedensvertrag mit dem Osmanischen Reich bzw. mit der Türkei (dem Nachfolgestaat des Osmanischen Reiches) wurde am 10. August 1919 unterzeichnet. Der Friedensvertrag von Sèvres, der vom türkischen Parlament nicht ratifiziert wurde, wurde durch den Friedensvertrag von Lausanne am 24. Juli 1923 weitgehend revidiert – zugunsten der Türkei – bzw. außer Kraft gesetzt. Der Friedensvertrag von Lausanne wurde nach schwierigen Verhandlungen, die acht Monate lang dauerten, unterzeichnet.

Der Friedensvertrag von Trianon schrieb auch eine schwerwiegende Wiedergutmachung vor, deren Summe und Details aber später festzulegen waren.[6] Hier ist darauf zu verweisen, dass der Friedensvertrag mit Deutsch-Österreich keine Reparationsforderungen vorsah. Wichtig ist für das Folgende, dass Art. 19 des Völkerbundstatuts die Möglichkeit einer friedlichen Revision der völkerrechtlichen Verträge, einschließlich der Staatsgrenzen, vorsah. Mit Rücksicht auf diesen Artikel traf am 20. Februar 1920 die ungarische Regierung die Entscheidung, dass sie nach dem Abschluss des Friedensvertrages um die Aufnahme in den Völkerbund bitten wird, um die Revision der schwierigen Bedingungen des Friedensvertrages zu erreichen[7]. Der Friedensvertrag von Trianon wurde von der ungarischen Nationalversammlung

---

während des Ersten Weltkrieges noch nicht existierte: W. *Brauneder*, Die Republik entsteht: Österreich 1918 bis 1925, Ares, Graz 2018, 162 ff., 121 ff.

4 Der Friedensvertrag bzw. Staatsvertrag von Saint-Germain-en-Laye hat zwar die Verpflichtung von Deutsch-Österreich zur Zahlung von Reparationskosten festgelegt, hat aber deren Summe nicht bestimmt. Die Summe der Reparationskosten wurde auch später nicht festgelegt.

5 Die Summe der Reparationszahlungen Bulgarien wurde auf 2,25 Milliarden Goldfranc festgelegt. Bulgarien hat bis zum Jahre 1928 30 Millionen Goldfranc, zu etwa 90 Prozent in Form von Warenlieferungen, gezahlt.

6 Die Friedensbedingungen werden Ungarn am 15. Januar 1920 überreicht. Den Friedensvertrag von Trianon haben die Beauftragten der kurzlebigen Regierung von Sándor Simonyi-Semadam (Ministerpräsident vom 15. März bis 19. Juli 1920), Ágoston Benárd und Alfréd Drasche-Lázár im Grand Palais du Trianon unterschrieben. Den Friedensvertrag haben die Vertreter der Großmächte (Frankreich, Großbritannien, Japan und Italien) und die Vertreter von 18 Staaten, d.h. insgesamt 22 Staaten – den Posten des Präsidenten (Vorsitzenden) der Unterzeichnungszeremonie nahm Alexandre Millerand wahr – unterzeichnet.

7 Die im April 1921 gebildete Bethlen-Regierung bat offiziell am 23. Mai 1921 in Genf um die Aufnahme Ungarns in den Völkerbund. Dem Antrag Ungarns wurde aber wegen der Burgenland-Frage nicht stattgegeben. Ungarn, als erster „Verliererstaat", wurde am 18. September 1922 durch die Generalversammlung (Assemblée

(ungarisch: Nemzetgyűlés) am 26. Juni 1921 durch den Gesetzesartikel 1921: XXXIII ratifiziert. Maßgeblich dafür war ein „lettre d'envoi" von Alexandre Millerand, der die Änderung der Grenzen ermöglichte. Der Abgeordnete Margain betonte, dass die Existenz dieser „Note" „Beweis" für die Absurdität der neuen Grenzen ist. Selbst Ministerpräsident und Außenminister Aristide Briand war der Meinung, dass die neuen Staatsgrenzen „ziemlich willkürlich" (sic!) gezogen worden sind. Nach Briand verstoßen die neuen Grenzen gegen gewisse Interessen und bedürfen einer Korrektur. Im Unterhaus (House of Commons) von Großbritannien hat am 25. März 1920 der Abgeordnete (deputy) Captain Elliot gegen die Ratifikation des Friedensvertrags von Trianon protestiert. Einige Tage später, am 30. März 1920, haben im House of Lords Lord Newton, Viscount James Bryce, Lord Montagu, Lord Sydenham, Lord Weardale und margues of Creewe das Wort im Interesse von Ungarn ergriffen. Die Debatten wegen der Ratifikation dauerten noch bis Mai 1921. 60 Abgeordnete (deputies) forderten die Ablehnung der Ratifikation des Friedensvertrages von Trianon.[8]

Ungarn schloss einen Sonderfrieden (Separatfrieden) mit den Vereinigten Staaten von Amerika (USA), der am 29. August 1921 in Budapest durch den Beauftragten der USA in Ungarn, Ulysses Grant-Smith und dem ungarischen Außenminister, Graf Miklós Bánffy (1873–1950) – Außenminister vom 14. April 1921 bis 19. Dezember 1922 in der Regierung von Graf István Bethlen – unterschrieben wurde.[9] Der Senat der USA hatte nämlich die mit Deutschland[10], Deutsch-Österreich und Ungarn abgeschlossenen Pariser „Vorortverträge" nicht ratifiziert.[11] Die Friedensverhandlungen führte auf

Générale) des Völkerbundes in Genf einstimmig in den Völkerbund aufgenommen. Deutschland trat erst am 8. September 1926 dem Völkerbund bei.

8 Im französischen Parlament wurde der Friedensvertrag von Trianon vom Abgeordneten (député) Guernier zur Ratifikation vorbereitet.

9 Hinsichtlich des Textes des Friedensvertrages mit den Vereinigten Staaten von Amerika siehe: United States. Treaty between the United States and Hungary Establishing Friendly Relations, Signed at Budapest, August 29, 1921. Washington D.C., 1922.

10 Der von der deutschen Nationalversammlung am 23. Juni 1919 mit 237 gegen 138 Stimmen gebilligte Versailler Friedensvertrag wurde am 28. Juni in Versailles unterzeichnet. Erwähnung verdient, dass Ministerpräsident Philipp Scheidemann schon vorher, am 20. Juni 1919, aus Protest gegen die Bedingungen des Versailler Friedensvertrages zurückgetreten war. Am 10. Januar 1920 traten der Versailler Friedensvertrag und die Völkerbundsatzung in Kraft. Am 19. März 1920 wurde der Versailler Vertrag im Senat der USA abgelehnt. Der Friedensvertrag zwischen den Vereinigten Staaten von Amerika (USA) und Deutschland wurde am 25. August 1920 unterzeichnet.

11 Hier ist darauf zu verweisen, dass der Friedensvertrag von Trianon auch von Polen nicht ratifiziert wurde. Dies war vor allem darauf zurückzuführen, dass

ungarischer Seite Graf Miklós Bánffy. Im Hinblick auf die neuen Staatsgrenzen ist der Text des Friedensvertrags von Trianon mit dem mit den USA abgeschlossenen Sonderfriedensvertrag identisch. Die ungarische Nationalversammlung ratifizierte den Friedensvertrag von Trianon und den mit den USA abgeschlossenen Friedensvertrag, dessen Text das Völkerbundstatut nicht enthielt, am 13. Dezember durch den Gesetzesartikel 1921: XXXIII.[12]

Marchese Pietro Tomasi Della Torretta (1873–1962), der das Amt des Außenministers Italiens zwischen 7. Juli 1921 und 26. Februar 1922 in der Regierung von Ivanoe Bonomi innehatte – er war früher (vom 20. August 1919) Botschafter Italiens in Wien – hat den „Kompromiss" zwischen Österreich und Ungarn im Hinblick auf das Burgenland (auch Deutsch-Westungarn genannt) vermittelt. Dazu fand am 26. September 1921 eine Besprechung zwischen Edvard Beneš und dem ungarischen Außenminister Graf Miklós Bánffy statt. Im Laufe dieser Verhandlungen versprach Beneš die Unterstützung der territorialen Ansprüche Ungarns im Hinblick auf Sopron und seine Umgebung (acht Dörfer) durch die Tschechoslowakei. Darüber wurde dann das Abkommen zwischen Österreich und Ungarn in Venedig (Abkommen von Venedig) im Oktober 1921 (die Verhandlungen dauerten vom 11. bis 13. Oktober) unterzeichnet. Ungarn war in Venedig durch den Ministerpräsidenten Graf István Bethlen und den Außenminister Graf Miklós Bánffy vertreten. Als Folge des Abkommens von Venedig fand ein Referendum (Volksentscheid) am 14. Dezember 1921 in Sopron (auf Deutsch: Ödenburg), am 15. Dezember in Brennbergbánya und am 16. Dezember in acht Dörfern (Ágfalva, Balf, Bánfalva, Boz, Fertőrákos, Harka, Kópháza und Nagycenk) in der Umgebung von Sopron unter der Kontrolle der Kommission der Generäle der Entente-Mächte – General Hamelin (Frankreich), General Carlo Ferrario (Italien) und General Gorton (Großbritannien) – statt.[13] Das Ergebnis des Referendums: Ungarn wurden 355 km² belassen, die Stadt Sopron (deutsch: Ödenburg) und sechs Dörfer, von 4350 km² gemäß dem Friedensvertrag von Saint Germain-en-Lay, der die Abtretung von „Burgenland" – der westliche Streifen der Komitate

Ungarn im Jahre 1920 den neuen polnischen Staat im Krieg gegen Sowjetrussland mit Waffenlieferungen unterstützt hat. Der im Jahre 1921 in Riga abgeschlossene Friedensvertrag zwischen Polen und Sowjetrussland hat für Polen vorteilhafte Grenzen bestimmt. Das Staatsgebiet Polens belief sich auf 388.900 km².

12 Die Vereinigten Staaten von Amerika hatten im Völkerbund nur Beobachterstatus (non member observer state).

13 Das Ergebnis der Volksabstimmung wurde am 17. Dezember bekanntgegeben. 65,8 Prozent der Wähler stimmten für den Verbleib in Ungarn. Der Rat der Botschafter nahm in der am 20. Dezember 1921 abgehaltenen Sitzung das Resultat des Volksentscheids zur Kenntnis.

(ungarisch: vármegye) Pozsony, Moson, Sopron und Vas – vorsah und der am 10. September 1919 mit Deutsch-Österreich unterzeichnet wurde.[14] Die Grenzkorrektion wurde durch den ungarischen Gesetzesartikel 1922: XXIX festgelegt und Sopron von der ungarischen Nationalversammlung das Attribut „Civitas Fidelissima" verliehen. Nach dem Zerfall des Königreichs Ungarn waren übrigens fünf kurzlebige, provisorische „Staatsgebilde" entstanden, nämlich die „Republik von Banat" (auf Ungarisch: „Bánáti Köztársaság"), die „Wendländische Republik" (ungarisch: „Vendvidéki Köztársaság"), die „Republik von Baranya" (ungarisch „Baranyai Köztársaság"), der „Leitha Banschag" (ungarisch: „Lajtabánság") und „Freistaat Fiume" (italienisch: „Libera Città di Fiume", ungarisch: „Fiumei Szabad állam"). [15]

Aufgrund des „lettre d'envoi", überreicht mit dem endgültigen Text des Friedensvertrages im Namen des Obersten Rates der Entente am 6. Mai 1920 in Paris von dem Präsidenten der Friedenskonferenz Alexandre Millerand (1859–1943)[16] – Ministerpräsident und Außenminister von Frankreich vom 18. Februar bis 24. September und Staatspräsident (chef de l'État) bis 1924 – wurde eine Kommission zur Festlegung der neuen Staatsgrenzen zustande gebracht. Entsprechend dem Vorschlag dieser Kommission entschied am 17. September 1922 der Rat des Völkerbundes (Conseil de la Société des nations), dass einige Dörfer an Ungarn rückgegliedert werden sollen. Es waren dies aufgrund der Entscheidung des Rates des Völkerbundes am 23. April 1923 zwei Dörfer bei Salgótarján (27 km^2). Entsprechend Art. 19 des Völkerbundstatuts war ja die friedliche Revision der in den Pariser Vorortverträgen festgelegten Grenzen – eher theoretisch – möglich.[17]

---

14 Hier sei darauf verwiesen, dass ein Bundesverfassungsgesetz Österreichs vom Jahre 1921 Sopron (Ödenburg) als Hauptstadt von Burgenland bestimmte.

15 Der „Freistaat Fiume", der von 1920 bis 1924 bestand, wurde im Jahre 1921 von Frankreich, Großbritannien und den Vereinigten Staaten von Amerika anerkannt. Die „Wendländische Republik" hingegen wurde nur von Deutsch-Österreich (Österreich) anerkannt.

16 Der „Lettre d'envoi" von Alexandre Millerand wurde von der Friedenskonferenz erst am 18. Mai 1920 der ungarischen Friedensdelegation zugestellt. An diesem Tage hielt die ungarische Friedensdelegation ihre letzte (feierliche) Sitzung und es wurde auf Vorschlag von Graf Albert Apponyi ihre Auflösung der Friedensdelegation beschlossen.

17 Aufgrund eines zwischen Polen und der Tschechoslowakei im Jahre 1920 abgeschlossenen Abkommens waren 589 km^2 (kleine Teile der Komitate von Árva und Szepes) Polen zugefallen. Vom Komitat Árva werden 14, vom Komitat Szepes 13 Dörfer an Polen abgetreten: *A. Dorian*, La question d'une frontière commune entre la Pologne et la Hongrie, Warszawa 1921. Der Verfasser dieser Abhandlung war Adorján Divéky (1880–1965), der den Pseudonym A. Dorian benutzte.

II Die ersten Versuche des „appeasement" („Verständigungspolitik")

Die Errichtung der sog. „Kleinen Entente" („Petite Entente", „Little Entente")[18] erfolgte durch den SHS-Staat (Königreich der Serben, Kroaten und Slowenen, ab 1929 Jugoslawien), Rumänien und die Tschechoslowakei durch mehrere Verträge ab 1920. Am 14. Juni 1938 besuchte Wilhelm Keitel (Generalstabchef der Wehrmacht vom 5. Februar 1938 bis 30. April 1945) Ungarn (Budapest). Im Laufe der Verhandlungen wird die Möglichkeit der Kooperation zwischen dem Generalstab von Deutschland und dem von Ungarn besprochen. Die Pläne werden aber nicht konkretisiert. Vorwürfe der Mitglieder der ungarischen Delegation bemängelten die deutschen Waffenlieferungen. Die politische und militärische Führung von Deutschland zögerte in Bezug auf eine militärische Attacke der Tschechoslowakei. Diese verfügt in dieser Zeit über eine 480.000 Mann starke Armee. Hitler selbst schwankt im Hinblick auf die Notwendigkeit eines militärischen Eingreifens Ungarns gegen die Tschechoslowakei. Vorsicht gab es auch auf ungarischer Seite, Furcht auf beiden Seiten vor einem europäischen Krieg wegen der realen „Gefahr" des Eintritts Großbritanniens in den Krieg.

Am 29. Juni 1939 führte Ministerpräsident Milan Hodža (1878–1944) in Prag mit den führenden Vertretern der Vereinigten Ungarischen Partei (ungarisch: Egyesült Magyar Párt) in Hinblick auf den künftigen Status der ungarischen Minderheit in der Tschechoslowakei Gespräche. Die Vertreter der Vereinigten Ungarischen Partei fordern die Realisierung der Autonomie

---

18 Das am 14. August 1920 unterzeichnete Abkommen zwischen der Tschechoslowakei und dem SHS-Staat ist als Grundlage („völkerrechtliche Basis") der sog. „Kleinen Entente" zu betrachten. Es folgen am 23. April 1921 das Verteidigungsabkommen zwischen der Tschechoslowakei und Rumänien, am 7. Juni 1921 das Verteidigungsabkommen zwischen Rumänien und dem SHS-Staat, im Jahre 1924 der Bündnis- und Freundschaftsvertrag zwischen Frankreich und der Tschechoslowakei. Dieser Vertrag wurde nach Locarno (1925) mit einem Garantievertrag ergänzt. Weiter folgen im Jahre 1926 der Freundschaftsvertrag zwischen Frankreich und Rumänien, im November 1927 das Freundschaftsabkommen zwischen Frankreich und dem SHS-Staat, am 27. Juni 1930 das Statut der sog. „Kleinen Entente". Die formelle Errichtung der sog. „Kleinen Entente" zwischen der Tschechoslowakei, Jugoslawien und Rumänien wird in Genf am 16. Februar 1933 von den Außenministern der Mitgliedstaaten unterzeichnet und es werden der Permanente (Ständige) Rat und der Wirtschaftsrat der „Kleinen Entente" errichtet. Am 9. Juni 1934 erkennen die Mitgliedstaaten der „Kleinen Entente", mit Ausnahme Jugoslawiens, die Sowjetunion an. Zwischen Jugoslawien und der Sowjetunion werden die diplomatischen Beziehungen am 25. Juni 1940 aufgenommen. Der Freundschafts- und Nichtangriffsvertrag zwischen beiden Staaten wird am 5. April 1941 unterzeichnet.

bzw. des Autonomie-Status der ungarischen Minderheit innerhalb der Tschechoslowakei.

Die „Kleine Entente“ löst sich auf der Konferenz, die Anfang Mai 1938 in Sinaia (Rumänien) stattfindet, wegen der Meinungsunterschiede in der Beurteilung der Minderheitenfrage im Hinblick auf die ungarische Minderheit, die in den drei Mitgliedstaaten der „Kleinen Entente“ lebt, auf. Diese nehmen den mit Nachdruck geäußerten Wunsch der ungarischen Regierung an, Verhandlungen über die Minderheitenfrage separat, d.h. mit Prag, Bukarest und Belgrad, autonom in der Zukunft zu führen. Am 29. August 1938 fand das (letzte) Treffen der Mitgliedstaaten der „Kleinen Entente“ in Bled statt. Hier ist darauf zu verweisen, dass die „Kleine Entente“ nach der Auflösung der Tschechoslowakei im März 1939 (aber schon nach dem Münchener Abkommen bzw. am 5. Oktober 1938 nach dem Rücktritt von Edvard Beneš als Staatspräsident) de facto aufgehört hat, zu bestehen. Auf der Konferenz in Bled erkennen die drei Mitgliedstaaten die Gleichberechtigung Ungarns in der militärischen Rüstung an. Die vier Verhandlungspartner verzichten auf die Anwendung von Gewalt. Friedliche Beilegung der Streitfragen wird zum Ziel erklärt. Die Minderheitenerklärung seitens der Tschechoslowakei bleibt aber im „Schwebezustand“. Der offizielle Text der Vereinbarung in Bled spricht von „übrigen“ Fragen, die weiterer Verhandlungen bedürfen. Nach ungarischer Meinung hängt die Gültigkeit der ersten zwei Punkte von der Vereinbarung im dritten Punkt (sc. die Regelung der Minderheitenfrage) ab. Nach Ansicht der Vertreter der Mitgliedstaaten der „Kleinen Entente“ hingegen gelten die ersten zwei Punkte der Vereinbarung als endgültig. Dieses Abkommen trat aber nicht in Kraft, weil es nicht von dem ungarischen Parlament in beiden Kammern – Abgeordnetenhaus (ungarisch: Képviselőház) und Oberhaus (ungarisch: Felsőház) – ratifiziert wurde. Die Vereinbarung von Bled wird auch von der Tschechoslowakei – wegen der Gebietsansprüche Ungarns – nicht unterzeichnet, sondern nur paraphiert.

Die Vereinbarung von Bled fiel zeitlich, aber ohne Absicht d.h. zufällig, mit dem Anfang des fünftägigen ungarischen Staatsbesuchs auf Einladung von Reichskanzler Hitler vom 23. August bis 28. August 1938 zusammen. Aus Ungarn kamen Reichsverweser Horty, Ministerpräsident Bela Imrédy, Kálmán Kánya., Lajos Keresztes-Fischer (Generalstabchef), Lajos Kuhl (Leiter der politischen Abteilung des Außenministeriums) und Jenő Rátz (Verteidigungsminister). Sie besuchten Berlin, Hamburg, Kiel, Nürnberg, Potsdam und Karinhall. Es kommt in Kiel zu folgendem Versuch Adolf Hitlers und der politischen Führung Deutschlands (Joachim von Ribbentrop): Die militärische Attacke auf die Tschechoslowakei solle von Ungarn initiiert werden, nach dem ungarischen Angriff soll die Wehrmacht des Deutschen Reiches eingreifen und militärische Hilfe leisten. Hitler versprach als „Kompensation“ für die Mobilmachung bzw. die militärische Attacke Ungarns die mehrheitlich von Ungarn bewohnten Gebiete der Slowakei, eventuell die ganze Slowakei („Oberungarn“, ungarisch: Felsőmagyarország) bis zu den Karpaten Ungarn zurückzugeben. Er forderte eine sofortige Antwort d.h. Einwilligung. Diese „Idee“ bzw. dieser Vorschlag wird von ungarischer Seite energisch und eindeutig zurückgewiesen. Es gibt zwei Gründe dafür: Die Rücksichtnahme auf die sehr wahrscheinlich negative Beurteilung und Verurteilung Ungarns militärischer Aktion durch die Weltöffentlichkeit und die reale Angst vor der Eventualität einer militärischen Niederlage Ungarns, denn militärisch war die Tschechoslowakei Ungarn gegenüber zweifelsohne überlegen. Reichsverweser Horthy wies Hitlers Versuch energisch zurück. Selbst zu einer Mobilmachung Ungarns konnte ihn Hitler während ihres Treffens in Kiel nicht überzeugen. Horthys Standpunkt wurde von den Mitgliedern der ungarischen Delegation einhellig unterstützt. Der gleiche Standpunkt wurde anlässlich der Verhandlungen zwischen Reichsaußenminister Joachim von Ribbentrop (1893–1946) und den Mitgliedern der ungarischen Delegation bekräftigt, auch von Lajos Keresztes Fischer während seiner Gespräche mit Keitel.

Mitte September 1938 kommt es zum Versuch von Kálmán (Koloman) Darányi (Ministerpräsident vom 10. Oktober 1936 bis 13. Mai 1938) den Konflikt zwischen Berlin und Budapest mit diplomatischen Mitteln zu schlichten bzw. beizulegen. Die Frage der Angliederung der Karpatho-Ukraine (ukrainisch bzw. slowakisch: Rusinsko bzw. Podkarpatská Rus, ungarisch: Kárpátaljai Oroszország, Kárpátalja oder Kelet-Felvidék) an Ungarn beschäftigt namhafte Politiker in der Karpatho-Ukraine: Sztepan Fenczik (auf Ungarisch: István Fencsik), Andrej Brody (ungarisch: András Bródy (1895–1946), Mihai Demko und August (Ágoston) Volosin. Andrej Brody war vom 11. Oktober bis 26. Oktober der erste Ministerpräsident der Podkarpatská Rus, die innerhalb der Tschechoslowakei nach dem Münchner Abkommen einen Autonomiestatus hatte. Später wurde Bródy Mitglied der Sirovy-Regierung[19] und war hier für die Angelegenheiten der Podkarpatská Rus zuständig.

---

19 András Bródy studierte Jura in Budapest. Er war Mitglied der slowakischen Delegation bei den Verhandlungen in Komárom. Er setzte sich für friedliche Lösung des Konflikts zwischen Ungarn und der Tschechoslowakei ein und für die Schlichtung der Grenzfrage durch Volksentscheid. Er wurde im Herbst 1938 inhaftiert und erst am 11. Februar 1939 freigelassen. Im März 1939 kehrte Bródy nach Ungvár zurück und wurde Abgeordneter im ungarischen Parlament. Am 25. November 1945 wurde er durch die NKWD inhaftiert und im Mai 1946 durch das Volksgericht in Ungvár wegen Kollaboration mit Ungarn (mit dem Horthy-Regime) zum Tode verurteilt wie auch Mihai Demko und István Fencsik. Das Todesurteil wurde am 11. Juni 1946 (nach einigen Angaben später, am 7. Dezember 1946) vollstreckt.

Erwähnenswert ist die Mission von Lord Walter Runciman in der Tschechoslowakei vom 3. August bis 16. September 1938. In dieser Periode hält er sich in erster Linie in Prag auf. In der Folge gewährt die tschechoslowakische Regierung am 18. September 1938 dem Sudetenland Autonomie. Zeitgleich besucht Oberst (Generaloberst ab 1939) Rudolf Andorka (1891–1961) Warschau am 12. September 1938, um Verhandlungen über eine gemeinsame („konzentrierte") politische Aktion zwischen beiden Ländern in Bezug auf die Lösung der Minderheitenfrage in der Tschechoslowakei zu führen. Danach trifft am 15. September 1938 Sir Arthur Neville Chamberlain (Ministerpräsident des Vereinigten Königreichs vom 28. Mai 1937 bis 10. Mai 1940)[20] mit Hitler in Berchtesgaden (Obersalzberg) zusammen. Während dieses Treffens kommt die Frage der ungarischen Minderheit nicht ins Gespräch. Am 22. September 1938 findet das zweite Treffen zwischen Chamberlain und Hitler in Bad Godesberg statt. Die Verhandlungen enden am 23. September ohne Ergebnis. Angeboten wird nun italienische Hilfe als Vermittlungsversuch, vorbereitet in der Presse durch einen Artikel in Giornale d'Italia, eine der offiziellen Zeitungen des Regimes in Italien. In diesen Tagen, am 16. September 1938, trifft Hermann Göring in Berlin mit Döme Sztójay zusammen. Zweck des Treffens ist die Bewertung der Rolle der ungarischen Minderheit in der Tschechoslowakei, die sich – nach einhelliger Meinung – in wesentlichen Punkten von der Lage der Sudetendeutschen unterscheidet. Der Pester Lloyd, eine traditionsreiche Tageszeitung Ungarns, gegründet im Jahre 1854, schlägt am 17. September 1938 vor, es solle die Frage der ungarischen Minderheit in der Tschechoslowakei mit der Frage der sudetendeutschen zusammen gelöst werden. Am gleichen Tag erörtern György Barcza (1888–1961), der Gesandte Ungarns in London vom 25. Mai 1938 bis April 1941, Édouard Daladier (1884–1970) (Ministerpräsident zum zweiten Male in den Jahren 1938–1940) und Georges Bonnet (Außenminister), der „starke Mann" („homme fort" in der französischen Regierung), die Frage der polnischen und der ungarischen Minderheit in der Tschechoslowakei. Im Gespräch Barczas mit Edward Frederick Lindley Wood Earl of Halifax (Chef des Foreign Office von März 1938 bis Dezember 1940) am 20. September 1938 zeigt dieser Verständnis für Ungarn. Sein vorrangiges Ziel: zuerst den Frieden in Europa zu sichern. Zu dieser Zeit verhandeln in Warschau András Hóry (1886–1971), der Gesandte Ungarns in Warschau von 1936 bis 1939, und Josef Beck (1894–1944), der Außenminister Polens vom November 1932 bis Ende September 1939 (sodann Asyl in Rumänien) über das „Schicksal" der Karpatho-Ukraine. Ziel der Verhandlungen ist die Errichtung einer gemeinsamen Grenze zwischen Polen und Ungarn.

20 Sir Neville Chamberlain starb am 9. November 1940.

Am 20. September 1938 wendet sich Horthy brieflich an Hitler mit der Bitte um Unterstützung der ungarischen Minderheit in der Tschechoslowakei. Auch kommt es an diesem Tag zum Besuch von Ministerpräsident Béla Imrédy, Kálmán Kánya und Lajos Keresztes Fischer bei Hitler am Obersalzberg; anwesend sind auch Ribbentrop und Keitel. Hitler wiederholt seine Vorschläge von Kiel. Er hat nicht die Absicht, in München die ungarischen Gebietsansprüche zu unterstützen. Ungarn hätte das Risiko eines militärischen Eingreifens annehmen müssen.

Rumänien und Jugoslawien halten die Angliederung des mehrheitlich von Ungarn bewohnten südlichen Streifens der Slowakei an Ungarn für möglich. Wichtig wird am 22. September 1938 die Note von Außenminister Galeazzo Ciano an Großbritannien: Die Nationalitätenfrage in der Tschechoslowakei sei in ihrer Gesamtheit (Sudetendeutsche, Ungarn und Polen) zu lösen. Die Situation der Ruthenen in der Karpatho-Ukraine wird nicht erörtert. Benito Mussolini hält vier wichtige Reden: am 18. September 1938 in Triest, am 21. September 1938 in Treviso, am 24. September 1938 in Padua und am 26. September 1938 in Verona. Eindeutig tritt Mussolini für Ungarn ein: politische Unterstützung der ungarischen territorialen Revisionsansprüche der Tschechoslowakei gegenüber. Polen und Ungarn wollen mit friedlichen Mitteln auftreten bzw. Druck auf die Regierung von Prag ausüben. Die europäischen Großmächte (Vereinigtes Königreich, Frankreich, Deutschland und Italien) unterstützen die territorialen Forderungen (Ansprüche) beider Länder.

Am 26. September 1938 hält Hitler eine Rede in Berlin (im Sportpalast), in der er auf alle territorialen Ansprüche Deutschlands, mit Ausnahme der sudetendeutschen Gebiete, verzichtet. Diese Rede beruhigt Polen. Es kommt zu – erfolglosen – Verhandlungen unter Edvard Beneš, Kamil Krofta (1876–1945 – Historiker, Diplomat, Politiker, Stellvertretender Außenminister der Tschechoslowakei in den Jahren 1927–1935, Außenminister in den Jahren 1935–1938) – und Ignacy Moscicki, Staatspräsident Polens vom 4. Juni 1926 bis Ende September 1939, über die Übergabe von Teilen von Schlesien (Olsa-Gebiet, auf Polnisch: Zaolzie, auf Tschechisch: Zaolśi oder Zaolźi) an Polen. Am 28. September 1938 ist es Döme Sztójay (Gesandter Ungarns in Berlin) gelungen, Kontakt mit Hermann Göring aufzunehmen. Dieses Treffen hat keinen Erfolg – die ungarische Frage bleibt weiterhin offen d.h. ungelöst. Am 29. September 1938 versichern Mussolini und Ciano Graf István Csáky (1894–1941) (Chef de cabinet im ungarischen Außenministerium in den Jahren 1936–1938, vom 10. Dezember 1938 bis zum am 26. Januar 1941 erfolgten Tode Außenminister) bei den Verhandlungen in München die ungarischen Gebietsanforderungen – auf ethnischer Basis – zu unterstützen. Das „historische Prinzip“ –die Slowakei als „Oberungarn“

(ungarisch: Felsőmagyarország), d.h. als Bestandteil der „Länder der Stephanskrone“ zu verstehen – wird von Italien abgelehnt.

Hitler wollte aber selbst (ohne „fremde Einmischung“) die polnische und ungarische Frage (d.h. Gebietsanforderungen beider Länder in Bezug auf die Tschechoslowakei) regeln. Gemäß Telegramm von Lord Halifax am Abend 29. September solle die tschechoslowakische Regierung unter allen Umständen dazu veranlasst werden, diejenigen Gebiete an Ungarn abzutreten, die mehrheitlich von Ungarn bewohnt sind („im Einvernehmen mit dem ethnischen Prinzip“).

Sir Arthur Neville Chamberlain (1869–1940, Premierminister von 1937 bis 1940) und Daladier beeilen sich nun, mit Hitler ein Abkommen zu schließen, ohne Rücksicht auf die Gebietsanforderungen (bzw. Ansprüche) von Polen und Ungarn zu nehmen. Hier verweisen wir darauf, dass Chamberlain am 22. September 1938 während seines zweiten Treffens mit Hitler auch die Möglichkeit bzw. Notwendigkeit der ungarischen Ansprüche zur Sprache brachte.

Maßgeblich ist der Einfluss von Mussolini. Die Sowjetunion – als „arbiter“ bzw. „Schiedsrichter“ – wird nicht nach München eingeladen. Die Folge: die Sowjetunion ist keine Signatarmacht des Münchener Abkommens. Diese Entscheidung von den vier Signatarmächten wird von Moskau sehr negativ, mit großen „Enttäuschung“ d.h. Befremden betrachtet bzw. bewertet. Das Münchener Abkommen wurde später zum Inbegriff der Appeasement-Politik der britischen Regierung unter Sir Neville Chamberlain und war gleichzeitig eine Art Symbol für politische (außenpolitische) Fehleinschätzung und Kapitulation.

III Die politischen Ereignisse nach dem Münchener Abkommen vom 30. September 1938

Im Protokoll des Münchener Abkommens sind die polnischen und die ungarischen Gebietsansprüche nur im Anhang (Appendix) erwähnt. Als Frist für die Lösung der Streitfragen waren drei Monate ab der Unterzeichnung des Abkommens vorgesehen.

In der Nacht zum 30. September 1938 richtet die polnische Regierung ein Ultimatum an Prag, in dem Warschau den bereits verkündeten Anschluss des Teschen-Gebiets („Olsagebiet“) – gebietsmäßig 221 km^2 – an Polen fordert. Die tschechoslowakische Regierung lenkt unter militärischem Druck ein. Dieses Gebiet wird am 2. Oktober 1938 laut einer Sondervereinbarung zwischen Prag und Warschau an Polen übergeben. In der britischen Presse ist von „Leichenfledderei“ die Rede. Berlin erhebt keine Einwände. Der NS-Staat schaltet sich nicht in die Beziehungen zwischen Polen und der Tschechoslowakei ein. Einer Intervention enthalten sich auch Frankreich,

Großbritannien und Italien, d.h. die anderen Signatarmächte des Münchener Abkommens.

In Budapest findet am 1. Oktober 1938 eine Regierungssitzung statt: Der Wunsch nach einer möglichst schnellen politischen Lösung und das Beharren auf dem Selbstbestimmungsrecht der ungarischen Minderheit in der Tschechoslowakei werden festgehalten. Außenminister Kamil Krofta ist bereit zur Verhandlung. Nach Meinung von Jan Masaryk (1886–1948, Botschafter der Tschechoslowakei in London 1925–1938) ist jedoch keine Eile erforderlich. Sir Geoffrey George Knox (1884–1958), der britische Gesandte in Budapest vom Oktober 1935 bis 16. Mai 1939, zwischen 1932 und 1935 Präsident der Regierenden Kommission des Saarlandes in Saarbrücken, ermahnt in „belehrendem Ton" den Außenminister Kálmán Kánya bzw. die ungarische Regierung zur Zurückhaltung in Bezug auf die Gebietsforderungen der Tschechoslowakei. Die gleiche Position nimmt er in der Frage der Angliederung der Karpatho-Ukraine an Ungarn ein. Die „ironische" Antwort von Kálmán Kánya: „His Majesty's Government würde in Berlin den gleichen Rat geben" – in Anspielung auf Neville Chamberlains Vermittlungsversuche am Obersalzberg und in Bad Godesberg. Der Nachfolger von Knox wird Sir Owen St. Clair O'Malley (1887–1974), der bis 1941 in Budapest bleibt.

General Jan Syrovy (1888–1970), Hauptinspektor der tschechoslowakischen Armee, wird der neue tschechoslowakische Ministerpräsident vom 23. September bis 1. Dezember 1938 als Nachfolger von Milan Hodža (im Exil in London). Syrovy nimmt provisorisch nach der Abdankung von Edvard Beneš am 5. Oktober 1938 verfassungsmäßig auch die Funktion des Staatsoberhauptes bis 30. November 1938, den Tag der Wahl von Emil Hácha (1872–1945) zum Präsidenten, wahr. Bis 27. April 1939 hat er auch den Geschäftsbereich des Verteidigungsministers inne. Die erste Regierung Syrovy dauert bis 5. Oktober 1938. Edvard Beneš verlässt inzwischen – am 22. Oktober 1938 – die Tschechoslowakei. Er geht ins Exil nach England und lässt sich in London nieder. In der ersten Regierung Syrovy hat Kamil Krofta den Geschäftsbereich des Außenministers inne. In der zweiten Regierung Syrovy wird Ferdinand Chvalkovský, der früher Gesandter der Tschechoslowakei am Quirinal in Rom war, Außenminister. Nachfolger Syrovys als Ministerpräsident wird am 1. Dezember 1938 Rudolf Beran, der vom Staatspräsidenten Emil Hácha ernannt wird. Beran nimmt das Amt des Ministerpräsidenten bis 27. April 1939 wahr.

In Rom besucht Baron Frigyes Villani, Gesandter Ungarns in Rom am Quirinal, Benito Mussolini und führt Gespräche mit ihm. Auf Einladung von Józef Beck (polnischer Außenminister von 1932 bis 1939) kommt es zum Besuch von Graf István Csáky in Warschau am 5./6. Oktober 1938. Die nicht zu unterschätzende Folge des Besuches von Csáky war eine enge bzw. engere politische Kooperation zwischen Polen und Ungarn. Der britische

Gesandte Knox schreibt am 8. Oktober 1938 von „der kleinen Budapest–Warschau Achse“ als Ergebnis des Besuches von Graf István Csáky in Warschau.

Am 6. Oktober 1938 erfolgt in Zilina (ungarisch: Zsolna) in einem Manifest die Proklamation der Autonomie der Slowakei (ungarisch: Zsolnai manifesztum). Die Erklärung der Autonomie wird bei der Sitzung der Slowakischen Volkspartei (HSL'S) von Andrzej Hlinka[21] verkündet, woran auch die Vertreter der anderen slowakischen politischen Parteien teilnehmen.[22] Zum Vorsitzenden der autonomen slowakischen Regierung wird am 7. Oktober 1938 Prälat Jozef Tiso gewählt. In diesen Tagen findet in Prag eine ernsthafte Regierungskrise statt. János Wettstein (Gesandter von Ungarn in Prag) veranlasst am 8. Oktober die Wiederaufnahme der Verhandlungen zwischen Ungarn und der Tschechoslowakei. Mitglieder der tschechoslowakischen Delegation sind: Ivan Krno (1891–1968), Stellvertretender Ministerpräsident; Jozef Tiso; Ferdinand Durčanský (1906–1974 – Juraprofessor, Völkerrechtler, einer der Führer der Slowakischen Volkspartei, ab Oktober 1938 zunächst Justizminister, später Gesundheitsminister in der autonomen slowakischen Regierung und in den Jahren 1939–1940 Außenminister der slowakischen Regierung); General Viest, Parkanij als Vertreter der Zentralregierung in Prag und Minister für die Karpatho-Ukraine. Hier sei darauf verwiesen, dass Edmund Bacsinszky-Bacinsky (1880–1945) ab 8. Oktober 1938 den Posten des Innenministers der autonomen Regierung der Karpatho-Ukraine wahrnahm. Mitglieder der ungarischen Delegation sind: Kálmán Kánya als Leiter der Delegation; Pál Teleki, Minister für Kultus und Unterricht; Tibor Pataky (1889-?), ab 1938 Staatssekretär im Amt des Ministerpräsidenten, zuständig für Minderheitenfragen (ohne eigenen Geschäftsbereich bzw. Ressort); Tibor Péchy, Staatssekretär; János Wettstein, außerordentlicher Gesandter und bevollmächtigter Minister; Lajos Kuhl, Botschaftsrat, Pál Sebestyén, Ministerialrat, und Rudolf Andorka, Oberst im Generalstab. Die tschechoslowakische Verhandlungsdelegation

---

21 Der katholische Priester und Politiker Andrzej Hlinka (1864–1938) gründete im Jahre 1913 die Slowakische Volkspartei, die aber erst im Jahre 1925 diesen Namen aufnahm. Die Slowakische Volkspartei, die auch im tschechoslowakischen Parlament in Prag vertreten war, setzte sich für die Autonomie der Slowakei ein. Hlinka und die Slowakische Volkspartei beriefen sich auf die Deklaration in Pittsburgh (US-Bundesstaat Pennsylvania) am 31. Mai 1918, die die Autonomie der Slowakei vorsah. Hlinka starb am 16. August 1938 d.h. vor der Erklärung der Autonomie der Slowakei.

22 Die Erklärung der Autonomie d.h. nicht die Unabhängigkeit der Slowakei in Zilina (ungarisch: Zsolna) wird in Prag mit Erleichterung angenommen. Dadurch wird nämlich das Fortbestehen des tschechoslowakischen Staates gesichert.

besteht ausschließlich aus Slowaken. Leiter der Delegation ist Josef Tiso, der vor zwei Tagen zum Ministerpräsidenten der autonomen slowakischen Regierung ernannt wurde. Die tschechoslowakische Delegation hatte keine Experten unter ihren Mitgliedern.

Voraussetzung der bilateralen Verhandlungen zwischen Ungarn und der Tschechoslowakei auf ungarischer Seite: Übergabe (Rückgliederung) entweder von Révkomárom (slowakisch: Komarno) oder Ipolyság (slowakisch: Sahy) oder Párkány (slowakisch: Sturovo) an Ungarn als symbolischer Akt (Zeichen) des „guten Willens“ bzw. der Bereitschaft zur „seriösen“ und friedlichen Beilegung des Konflikts zwischen beiden Ländern seitens des tschechoslowakischen Verhandlungspartners. Statt Révkomárom und Párkány werden Bahnhof und Industriebereich von Sátoraljaújhely an der Staatsgrenze bei dem nicht schiffbaren Fluss Ronyva am 9. Oktober und Ipolyság am 11. Oktober Ungarn übergeben, die ungarische Landwehr (ungarisch: honvédség) besetzt beide Ortschaften. Am 9. Oktober 1938 am Abend um 19 Uhr beginnen die Verhandlungen in Komárom (Révkomárom; slowakisch: Komarno, deutsch: Komorn) im alten Komitatshaus. Die Verhandlungen dauern vier Tage und enden am 13. Oktober um 19.10 Uhr mit Abbruch, d.h. ohne Ergebnis! Der Konflikt bleibt weiterhin ungelöst. Die Verhandlungen dienen nur teilweise zur Klärung der weitgehend unterschiedlichen Meinungen. Ergebnis der Verhandlungen: Die slowakischen Verhandlungspartner erkennen die Gebietsansprüche Ungarns an. Sie sind bereit, nicht nur Autonomie den Ungarn innerhalb der Tschechoslowakei zu gewähren.

Ministerpräsidenten Syrovy und Außenminister Chvalkovský wenden sich an Berlin, Rom, London, Warschau und Paris, nicht aber an Moskau. Die Sowjetunion bleibt weiterhin von der Teilnahme an der Schlichtung der Krise ausgeschlossen. Die Folge: Verstimmung in Moskau.

Es folgt der Besuch von Kálmán Darányi am 14. Oktober am Obersalzberg (Berchtesgaden) bei Hitler. Am Gespräch nimmt auch Joachim von Ribbentrop teil. Darányi trägt vor, dass Ungarn bereit ist, aus dem Völkerbund auszutreten und dem Antikominternpakt[23] beizutreten. Außerdem ist Ungarn bereit, mit dem Deutschen Reich ein für dieses vorteilhaftes Wirtschaftsabkommen für zehn Jahre zu schließen. Das Protokoll führt Botschaftsrat im Auswärtigen Amt Hewell. Am Abend des gleichen Tages findet ein Treffen zwischen Darányi und Ribbentrop – Edmund Veesenmeyer, der später Reichsbeauftragte in Ungarn wurde, ist auch anwesend – in München

23 Der Antikominternpakt wurde am 25. November 1936 zwischen Deutschland und Japan in Berlin unterzeichnet. Italien trat dem Antikominternpakt in am 6. November 1937 bei, Spanien am 7. April 1939. Dem Pakt traten insgesamt 13 Staaten bei.

statt. Ribbentrop ist mit der Errichtung einer neuen Grenze zwischen Ungarn und der Slowakei nach dem ethnischen Prinzip einverstanden. Ribbentrop trägt die Idee der Errichtung eines „unabhängigen" Rusinsko (Karpatho-Ukraine) unter deutschem Protektorat vor. Er spricht aber nicht über die Details dieses Planes. Darányi kehrt am nächsten Tag, am 15. Oktober, nach Budapest zurück. Am gleichen Tag, am 14. Oktober 1938, findet in Rom das Treffen zwischen Graf István Csáky und Mussolini und Ciano statt, an dem auch der ungarische Gesandte Baron Villani teilnimmt. Graf Csáky trägt Mussolini und Ciano den Vorschlag zur Lösung des zwischen Ungarn und der Tschechoslowakei bestehenden Konflikts, der aus sieben Punkten besteht und von Ministerpräsident Béla Imrédy vorbereitet wurde, vor. Der Text des Vorschlages ist nicht erhalten geblieben, kann jedoch aus dem Text bzw. aus der Zusammenfassung von Mussolinis Vorschlägen rekonstruiert werden. Nach Mussolinis Meinung soll der Konflikt durch ein zweites Viermächteabkommen beigelegt werden. Die Konferenz der vier Signatarmächte soll in Genua stattfinden. Mussolini verspricht außerdem militärische Hilfe. Ciano gibt noch am Nachmittag des gleichen Tages, ohne Berlin zu fragen, die Weisung an die Gesandten bzw. Botschafter Italiens in Berlin, London, Paris und Beograd, die diplomatische Note Ungarns, in der eine Konferenz der vier Mächte in Venedig oder in Brioni vorgeschlagen wird, zu übergeben. Darüber informiert Ciano auch die in Rom akkreditierten Botschafter von England, Jugoslawien und Polen. Lord Perth, der Botschafter des Vereinigten Königreichs am Quirinal, drängt in London auf die Annahme des Vorschlags von Ciano.

Am 20. Oktober bittet Kálmán Kánya Ciano um Hilfe. Kánya verweist darauf, dass der (dritte) tschechoslowakische Vorschlag die Rückgabe von fünf größeren Städten, Pozsony, Nyitra, Kassa, Munkács und Ungvár und zwei kleineren Städten, Léva und Rimaszombat, nicht vorsieht. Der Vorschlag ist deswegen für Budapest nicht akzeptabel. Prag ist bereit, 11.300 Quadratkilometer Gebiet zugunsten Ungarns abzutreten.[24] Ciano soll bei Joachim von Ribbentrop intervenieren. Kánya weist darauf hin, dass Ungarn bereit ist, einen Schiedsspruch von Deutschland und Italien zu akzeptieren. Er betont, dass Budapest in der Frage der Karpatho-Ukraine auch mit der Teilnahme Polens am Schiedsspruch rechnet.

---

24 Aufgrund des dritten tschechoslowakischen Vorschlags hätte Prag 93 Prozent des Gebietes, das dann durch den Ersten Wiener Schiedsspruch am 2. November 1938 Ungarn zugesprochen wurde, „aus freien Stücken" übergeben. Laut ungarischem Standpunkt hätten die „Schiedsrichter" (Deutschland und Italien) in Wien sich nur über die Differenz im Hinblick auf das Territorium in ihrem Schiedsspruch beschränken sollen.

In Berlin finden am 24. Oktober 1938 zwischen Joachim von Ribbentrop und dem polnischen Gesandten, Josef Lipski (1894–1958, von 1934 bis 1939 Botschafter Polens in Berlin ab 1945 im Exil) Verhandlungen statt. Die Reichsregierung schlug vor, mit Polen in Bezug auf den Status des Freistaates Danzig (Gdansk) und den Korridor zu verhandeln. Der Ton ist (noch!) friedlich. Die Kooperation zwischen Deutschland und Polen basiert auf dem deutsch-polnischen Nichtangriffspakt vom 26. Januar 1934. Lipski übergibt am 30. Oktober 1938 die Antwort von Warschau in Form einer diplomatischen Note, in der die polnische Regierung ihre Bereitschaft erklärt, Verhandlungen über den neuen Status von Danzig zu führen. Das zwischen Berlin und Warschau abzuschließende Abkommen über den Status von Danzig sollte die Garantie des Völkerbundes ersetzen, die freie politische und kulturelle Entwicklung der deutschen Bevölkerung von Danzig gewährleisten und gleichzeitig die Privilegien von Polen im Hafen der Stadt sichern.

IV Der Erste Wiener Schiedsspruch vom 2. November 1938

Ministerpräsident Kálmán (Koloman) Darányi (1886–1939) spricht sich in München am 15. Oktober gegen kriegerische Handlungen und weitere Verhandlungen mit Prag aus. Auch kommt es zum Besuch von Ferdinand Durčansky und Vojtech (Béla) Tuka (später unter anderem Ministerpräsident und Außenminister der Slowakei) bei Hermann Göring. Folge dieses Besuchs: die eindeutige politische Orientierung der führenden slowakischen Politiker an Deutschland.

Graf István Csáky trifft mit dem britischen Botschafter Perth in Rom zusammen. Dieser schlägt eventuell ein „neues (zweites) Münchener Abkommen" in Rom vor. Aber Hitler ist entschieden gegen ein „neues (zweites) Münchener Abkommen". Die britische Presse – so die Tageszeitung „The Times" am 10. Oktober 1938 – ist für die Vereinigung der Karpatho-Ukraine mit Ungarn. Gegen diese Vereinigung tritt aber Moskau entschieden auf. Vladimir Petrovich Pat'omkin (nach Aufzeichnungen von Mihály Jungerth-Arnóthy, 1883–1957, Gesandter Ungarns in Moskau von 1934 bis 1939) erklärt dieses Verhalten damit, dass dies im Einklang mit dem Münchener Abkommen wäre, an dessen Zustandekommen sich die Sowjetunion – wegen des Ausbleibens der Einladung – nicht beteiligt hat: Die Sowjetunion ist keine Signatarmacht des Münchener Abkommens. Der Volkskommissar für Äußeres der Sowjetunion ist noch – von 1930 bis 1939 – Maxim Maximovitsch Litwinow (1876–1951). Er wird im Jahre 1939 von Wjatscheslaw Mihailovitsch Molotow (1890–1986) abgelöst. Am 19. Oktober 1938 trifft in Galati (deutsch: Galatz, Rumänien) Jozef Beck mit Carol II. (König von Rumänien vom 8. Juni 1930 bis 6. September 1940, Tag der Abdankung, sein Tod erfolgt 1953 im Exil in Portugal) und Nicolae Petrescu-Comnen (1881–1958), dem rumänischen Außenminister (30. März 1938 – 31. Januar 1939) zusammen. Ebenfalls am 19. Oktober 1938 vereinbaren in Berlin Joachim von Ribbentrop, Tiso, Durčansky und Bacsinsky die Rückgliederung des südlichen Streifens der Slowakei an Ungarn, jedoch ohne Pressburg (ungarisch: Pozsony, auf Slowakisch: Bratislava) und Nyitra (slowakisch: Nitra). Grundsätzlich wird das „ethnische Prinzip" als Basis der Regelung bzw. der Streitbeilegung angenommen ohne Rücksichtnahme auf das „historische Prinzip". Beigezogen zur Verhandlung war Otto von Erdmannsdorff (1888–1978)[25], Botschafter des Deutschen Reiches in Ungarn (11. Mai 1937 – Juni 1941) am 20. Oktober 1938.[26] Sein Nachfolger in Budapest wird Dietrich von Jagow (1892–1945). Der NSDAP-Parteimann Dietrich von Jagow ist vom 20. Juli 1941 bis März 1944 Botschafter des Deutschen Reiches in Ungarn.

Am 25. Oktober 1938 erklärt die tschechoslowakische Regierung Bereitschaft und Willen für einen Schiedsspruch (Arbitrage) mit Teilnahme von Rumänien und Polen. Außenminister in Prag ist zu dieser Zeit bereits Ferdinand Chvalkovský, dessen politische Orientierung sich von der seines Vorgängers Kamil Krofta wesentlich unterscheidet.

Am 20. Oktober 1938 erklärte in Paris der französische Außenministers Georges Bonnet (1899–1973), es bestehe weder Wille noch Interesse seitens Frankreichs an der Teilnahme am Schiedsspruch, d.h. an der Beilegung des Disputs zwischen Ungarn und der Tschechoslowakei.[27] Am 29. Oktober 1938 findet in London ein Treffen zwischen Jan Masaryk und Lord Halifax (1881–1959) statt. Der Staatssekretär im Auswärtigen Amt von April 1938 bis 1943, ab 1943 Botschafter Deutschlands am Vatikan, Ernst H. von Weizsäcker (1882–1951) trifft am 30. Oktober 1938 die Gesandten

25 Miklós Horthy nennt in seinen Memoiren Otto von Erdmannsdorff „den letzten Berufsdiplomat des Deutschen Reiches in Ungarn".

26 Nach dem Ersten Weltkrieg diente er als Berufsdiplomat des Deutschen Reiches in Mexiko, China und Japan. Er wurde Mitglied der NSDAP erst im Jahre 1937. Nach dem Zweiten Weltkrieg wurde Otto von Erdmannsdorff in Nürnberg (Wilhelmstraßeprozess) angeklagt. Sein Prozess endete mit Freispruch. Seine Memoiren blieben unveröffentlicht. In Bezug auf die in Manuskriptform vorliegenden Befragungen von Otto von Erdmannsdorff nach dem Zweiten Weltkrieg siehe: http://www.ifz-muenchen.de/archiv/zs/zs-0704.pdf. Der Nachlass von Otto von Erdmanndorff befindet sich im Politischen Archiv des Auswärtigen Amtes (http://www.auswaertiges-amt.de/DE/AAmt/PolitischesArchiv/Uebersicht_node.html).

27 Georges Bonnet (Mitglied der Radikalen Partei – Parti radical) war für die Annäherung mit Deutschland in der Regierung von Edouard Daladier. Bonnet hatte mehrmals Ministerposten inne seit 1926. Daladier war vom 11. April 1938 bis 21. März Ministerpräsident (président du conseil). Sein Nachfolger wurde Paul Reynaud (vom 21. März bis 16. Juni 1940).

von Großbritannien und Frankreich. Zweck des Treffens ist die Verhandlung über den Schiedsspruch. Am 28. Oktober 1938 willigt die Regierung von Prag ein. Eine offene (strittige) Frage: die Zugehörigkeit von fünf wichtigen, größeren Städten, nämlich von Pozsony (Pressburg), Kassa, Munkács, Ungvár und Nyitra.

Der Erste Wiener Schiedsspruch (französisch: Arbitrage de Vienne, auf Englisch: Vienna Award oder Vienna Arbitration) wurde am 2. November 1938 im Oberen Belvedere, einem von Eugen von Savoyen errichteten Palais, durch Galeazzo Ciano und Joachim von Ribbentrop nach dem Scheitern der Verhandlungen zwischen Ungarn und der Tschechoslowakei in Komárom (Komarno) verkündet.[28] Die tschechoslowakische und die ungarische Delegation sind anwesend. Ministerpräsident Béla Imrédy fährt nicht nach Wien. Er wird jeden Tag mehrmals telefonisch über die Verhandlungen informiert. Die tschechoslowakische Delegation besteht ausschließlich aus Slowaken. Die Zusammensetzung der Verhandlungsdelegation auf tschechoslowakischer Seite hat taktische Gründe – im Sinne der (Zentralregierung in Prag. Dies ist zweifelsohne als geschickter politischer und diplomatischer „Schachzug" seitens Prags zu bewerten.

Durch den Ersten Wiener Schiedsspruch werden gebietsmäßig 11.927 km^2 Ungarn zugesprochen. Es fehlt aber eine klare Festlegung der Grenze, da die präzise Festlegung der neuen Staatsgrenze zwischen der Tschechoslowakei und Ungarn die Verhandlungen erschwert. Das Ungarn zugesprochene Gebiet wird noch in der ersten Hälfte November von ungarischen Truppen besetzt. Reichsverweser Miklós Horthy hält feierlichen Einzug zunächst am 6. November in Komárom (Révkomárom) und einige Tage später am 11. November in Kassa.

Der Erste Wiener Schiedsspruch als internationales Abkommen wurde durch den Gesetzesartikel 1938: XXXIV am 12. November 1938 vom ungarischen Parlament einstimmig ratifiziert.[29] Die Frage der Staatsangehörigkeit wurde erst später, nach der Angliederung der Karpatho-Ukraine im März

---

28 Die Delegation des Deutschen Reiches besteht aus Joachin von Ribbentrop (Reichsaußenminister), Woermann (stellvertretender Staatssekretär), Altenburg (Botschaftsrat), Schmidt (Gesandter) und Kordt (Botschaftsrat). Die Mitglieder der italienischen Delegation sind: Galeazzo Ciano (Außenminister), Attolico (Botschafter) und Magistrati (Botschaftsrat). Die ungarische Delegation besteht aus Kálmán Kánya (Außenminister) und Pál Teleki (Minister für Kultus und Unterricht). Die Mitglieder der Delegation der Tschechoslowakei sind Chvalkovský (Außenminister) und Krno (Gesandter).

29 Die Vereinigte Ungarische Partei (auf Ungarisch: Egyesült Magyar Párt) mit 26 Abgeordneten zieht in das ungarische Parlament am 10. Juni 1939 als „Oppositionspartei" ein, die aber die Regierung unterstützt.

1939 durch den Gesetzesartikel 1939: VI geregelt. Dieser Gesetzesartikel trat am 23. Juni 1939 in Kraft.

Deutschland besetzt am 11. November 1938 Pozsonyligetfalu (Preßburger Stadtwald, auf Slowakisch: Petruzalka) auf dem rechten Donauufer, einen Vorort von Pressburg, und am 21. November 1938 Dévény (Theben, Devin). Diese militärische Okkupation erfolgt ohne Einvernehmen der Slowakei bzw. der Tschecho-Slowakei. Dies führt zur Verstimmung sowohl in der Slowakei als auch in Ungarn. Vojtech (Béla) Tuka protestiert während seiner Verhandlungen mit Joachim von Ribbentrop und Hermann Göring gegen diese militärische Okkupation. Er beruft dabei sich insbesondere auf die historische und „sakrale" Bedeutung von Dévény als „sakrale Kultstätte" für die Slowaken. Bei Dévény wurden nämlich von den Archäologen einige Gräber erschlossen, die bereits im „Großmährischen Reich" existierten. Weitere Verhandlungen folgen in Bezug auf die genaue Festlegung der Staatsgrenze. Eine gemischte slowakisch-ungarische Kommission zur Festlegung der Grenze wird etabliert. Die Arbeit dieser Kommission dauert – in der ersten Phase – bis März 1939.

V Die Folgen des Ersten Wiener Schiedsspruchs auf diplomatischer und politischer Ebene

Eine schwierige innenpolitische Krise in Ungarn lässt sich schon vor dem Ersten Wiener Schiedsspruch spüren. Es gab Spannungen innerhalb der Regierungspartei, die im Parlament über die absolute Mehrheit verfügt. Die Gruppe um Sándor Sztranyavszky (1882–1942) bildet das Zentrum der Opposition. Ihr Abgeordnete László Tahy (früher Gesandter Ungarns in Ankara) übt Mitte November 1938 scharfe Kritik an der Innenpolitik des Ministerpräsidenten Béla Imrédy. László Tahy und seine Gruppe treten, nachdem über ihren Misstrauensantrag im Abgeordnetenhaus abgestimmt wurde, aus der Regierungspartei aus. Zwischen 16. und 23. November 1938 treten weitere 62 Abgeordnete (die sog. „Dissidenten") aus der Partei der Nationalen Einheit (ungarisch: Nemzeti Egység Pártja, NEP) aus. Die von Sándor Sztranyavszky geleitete Gruppe hat die Absicht, die Regierung zum Sturz zu bringen. Am 22. November 1938 wird über die Regierung von Béla Imrédy abgestimmt – „indirekt" mittels Abstimmung über einen von Imrédy vorgeschlagenen (unwesentlichen) Tagesordnungsantrags. Die Abstimmung wurde auf Wunsch des Vorsitzenden des Abgeordnetenhauses, Gyula Kornis (1885–1958), dreimal wiederholt. Das Ergebnis bleibt das gleiche. Auch die Oppositionsparteien stimmen gegen die Imrédy-Regierung.

Am 23. November finden in Budapest Demonstrationen der Studenten zur Unterstützung der Imrédy-Regierung statt. Béla Imrédy hat an diesem Tag dem Reichsverweser Horthy den Rücktritt seiner Regierung angeboten.

Am 28. November beauftragt Miklós Horthy wieder Béla Imrédy mit der Bildung der neuen Regierung. Horthy empfing am 26. November Pál Teleki, der während der etwa zwei Stunden lang dauernden Audienz für die Zurückweisung der Rücktrittserklärung von Béla Imrédy plädiert. Nach Ansicht von Pál Teleki könnte der Regierungswechsel die Frage der Rückgliederung der Karpatho-Ukraine negativ beeinflussen, da Imrédy das Vertrauen von Berlin hat. Zwei Tage vor der Audienz, am 24. November, versichert Reichsverweser Horthy Botschafter Erdmannsdorff, dass er nicht die Absicht hat, einen „außenpolitisch" „nicht akzeptablen" Politiker – mit anderen Worten für Berlin nicht akzeptablen – Politiker zum Ministerpräsidenten zu ernennen. Die Ernennung zum Ministerpräsidenten von István Bethlen käme deswegen überhaupt nicht infrage.[30] Die neue (zweite) Imrédy-Regierung wird noch am 28. November gebildet und vereidigt. Die Regierungskrise wird damit beendet.

Am 29. November 1938 bietet Kálmán Kánya aus freien Stücken seinen Rücktritt dem Ministerpräsidenten Imrédy an: Er nimmt den Rücktritt von Kánya an und übernimmt provisorisch den Geschäftsbereich des Außenministers. Es gibt zwei Kandidaten für den Posten des Außenministers: Graf István Csáky, Kabinettschef („chef de cabinet") von Kálmán Kánya, und László Bárdossy, der Gesandte Ungarns in Bukarest. Graf István Csáky wird am 7. Dezember 1938 auf Vorschlag des Ministerpräsidenten Béla Imrédy vom Reichsverweser Horthy zum Außenminister ernannt. Der Kabinettschef („chef de cabinet") des neuen Außenministers wird Tibor Bartheldy, der zuvor stellvertretender Leiter der Präsidialabteilung im Außenministerium war.

Am 19. November 1938 verabschiedet das Parlament in Prag das Gesetz über die Autonomie bzw. den Autonomiestatus der Slowakei und der Karpatho-Ukraine. Der offizielle Name der Tschechoslowakei wird Tschecho-Slowakei (auf Tschechisch: Cesko-Slovensko). Am 18. Dezember finden die Parlamentswahlen in der Slowakei statt. Im slowakischen Parlament (es gibt nur eine Kammer) sind 63 Abgeordnete vertreten. Außer den Vertretern der Slowakischen Volkspartei (HSĽS) gibt es nur die Abgeordneten der Deutschen Partei, die am 10. Oktober 1938 unter der Leitung von Franz

30 Hier wird darauf verwiesen, dass István Bethlen – nach Miklós Horthys Ansicht – der einzige Politiker gewesen wäre, der vielleicht eine regierungsfähige Mehrheit zusammenbringen könnte. Béla Imrédy hat seine Position bei den Deutschen auch dadurch verstärkt, dass mit seiner Erlaubnis am 26. November 1938 der nationalsozialistisch orientierte Volksbund der Deutschen in Ungarn seine konstituierende Sitzung halten durfte.

Karmasin (1901–1970)[31] errichtet wurde, und der Vereinigten Ungarischen Partei unter der Leitung von János Esterházy (1901–1957).

Außenminister Graf István Csáky erklärt am 10. Dezember 1938, dass Ungarn dem Antikominternpakt beitreten wird. Der Ministerrat beschließt dies auf seiner Sitzung am 14. Januar, auch dass Ungarn in der nächsten Zukunft aus dem Völkerbund austreten wird. Anfang Januar 1939 erfährt Moskau die Absicht Ungarns, dem Antikominternpakt beizutreten. Volkskommissar Litvinov protestiert energisch anlässlich seines Treffens mit Mihálkovics, der im Januar provisorisch in Moskau den abwesenden Gesandten Jungerth-Arnóthy vertritt. Ungarn wäre nämlich der erste „Kleinstaat", der diesem Pakt beigetreten wäre. Dieser Schritt Ungarns könne eine Art „Kettenreaktion" auslösen und den Beitritt zum Antikominternpakt von einer Anzahl von „Kleinsttaten" zur Folge haben. Diese Furcht erklärt den besonders energischen Auftritt Moskaus gegen Ungarn. Ende Januar kehrt Jungerth-Arnóthy nach Moskau zurück. Der ungarische Gesandte versucht Litvinov davon zu überzeugen, dass sich Ungarns Beitritt zum Antikominternpakt nicht gegen die Sowjetuion richtet. Die Antwort von Litvinov: Ungarn habe bereits einen zu hohen Preis für die Rückgliederung eines relativ kleinen Gebiets (nämlich des südlichen Streifens der Slowakei) gezahlt und seine Handlungsfreiheit verloren. Litvinov informiert Jungerth-Arnóthy über die Entscheidung der Regierung der Sowjetunion: Die Tätigkeit der diplomatischen Vertretungen in Budapest und Moskau soll eingestellt werden. Es genügt, die diplomatischen Beziehungen über Drittstaaten, in London, Paris oder Ankara, aufrechtzuerhalten.

Am 24. Februar 1939 erfolgt die Unterzeichnung des Antikominternpaktes seitens Ungarns. Als Reaktion der Sowjetunion am 2. Februar 1939 erfolgt zwar kein Abbruch der diplomatischen Beziehungen zwischen Moskau und Budapest im formalen Sinn, es findet aber eine „Lockerung" („détente") der Beziehungen zwischen der Sowjetunion und Ungarn statt: Die Gesandten beider Länder werden zurückberufen, die diplomatischen Beziehungen jedoch in einem dritten Land aufrechterhalten. Japan vertritt die Interessen Ungarns in Moskau. Die Wiederaufnahme der diplomatischen Beziehungen – mit Wiedererrichtung der Gesandtschaften in Budapest und in Moskau – erfolgt am 23. September 1939 nach dem Molotow-Ribbentrop-Pakt, dem deutschsowjetischem Nichtangriffspakt, genannt auch Stalin-Hitler-Pakt, der am

31 Franz Karmasin war seit 1935 Leiter der Karpatendeutschen Partei. Später wurde er Leiter der Deutschen Partei in der Slowakei. Er war überzeugter Anhänger der NS-Ideologie und Befürworter des grenzenlosen nationalsozialistischen Einflusses. Nach dem Zweiten Weltkrieg ging er ins Exil, um einem Kriegsverbrecherprozess und der Hinrichtung zu entgehen.

23. August 1939 in Moskau unterzeichnet wurde[32], gefolgt vom deutsch-sowjetischen Grenz- und Freundschaftsvertrag am 28. September 1939.

Ciano stattet im Dezember 1938 Budapest einen Staatsbesuch ab. Es wird die Möglichkeit einer engeren Kooperation zwischen Italien, Jugoslawien und Ungarn besprochen. Ciano verspricht, sich um diese Kooperation während seines Besuchs in Beograd, der im Januar 1939 stattfinden soll, zu bemühen. Tatsächlich stattet er vom 19. Januar bis 23. Januar 1939 Jugoslawien (Beograd) einen Staatsbesuch ab. Ziel seines Besuchs: die Errichtung eines „Blocks", d.h. einer engeren Kooperation zwischen Italien, Jugoslawien und Ungarn. Es kommt aber zu keiner Verbesserung der Beziehungen zwischen Jugoslawien und Ungarn, Beograd beharrt darauf, dass Rumänien sein Einvernehmen erteilt. Die engere Kooperation scheitert am Konflikt wegen der territorialen Ansprüche Ungarns Rumänien gegenüber.

Vojtech (Béla) Tuka (1880–1946), Leiter des radikalen, nazifreundlichen Flügels der HSL'S, führt Verhandlungen mit Hitler am 12. Februar 1939. Er bittet um Hitlers Hilfe zur Errichtung des unabhängigen slowakischen Staates. Zu diesem Zweck führen am 28. Februar 1939 die führenden slowakischen Politiker Verhandlungen mit Göring.

Anfang März 1939 stellt die slowakische Regierung Forderungen an die Regierung von Prag. Am 10. März 1939 wird in der autonomen Slowakei durch die Zentralregierung von Prag die Militärdiktatur eingeführt. Die Regierung von Jozef Tiso wird am 10. März zur Abdankung gezwungen, er und Ferdinand Durčansky (1906–1974) von Prag ihres Regierungsamtes enthoben. Karol Sidor (1901–1953) wird der neue slowakische Ministerpräsident. Sidor wurde im Jahre 1935 ins Parlament in Prag gewählt, 1938 in der Zentralregierung von Prag Minister für slowakische Affären. Er war auch Chef der Hlinka-Garde. Am 12. März 1939 nehmen an der Sitzung der slowakischen Regierung – ohne eingeladen zu sein! – Arthur Seyss-Inquart (1892–1946) sowie Bürckel – zwei NS-Funktionäre in der seit 1938 deutschen „Ostmark" – und zwei deutsche Generäle teil. Sie teilen dem neuen Ministerpräsidenten Karol Sidor mit, dass es für die Slowakei möglich ist, ihre Unabhängigkeit zu erklären. Sidor weigert sich aber.

Am 13. März 1939 werden Dr. Jozef Tiso und Dr. Ferdinand Durčansky auf Anweisung Hitlers nach Berlin bestellt. Tiso führt mit Hitler und Joachim von Ribbentrop Verhandlungen. Sie geben Tiso zu verstehen, dass

32 Die Wiederaufnahme der diplomatischen Beziehungen zwischen Ungarn und der Sowjetunion wird durch die vertraulichen Gespräche zwischen Mihály Jungerth-Arnóthy und Jakov Sacharovitsch Suritsch vorbereitet. Suritsch war früher Botschafter der Sowjetunion in Ankara, Berlin und in den Jahren 1937–1940 in Paris. Graf István Csáky kannte ihn persönlich. Nach dem Zweiten Weltkrieg wurde Suritsch Botschafter der Sowjetunion in Brasilien (Rio de Janeiro).

die Slowakei ihre Unabhängigkeit proklamieren soll. Am 14. März, nach seiner Heimkehr in Bratislava (Pressburg), informiert Tiso die Abgeordneten des slowakischen Parlaments über das Ergebnis seiner Verhandlungen in Berlin. Das slowakische Parlament proklamiert die Unabhängigkeit der Slowakei. Diese Unabhängigkeitserklärung ist die „juristische Grundlage" des pseudo-souveränen slowakischen Staates.[33] Ebenfalls am 14. März 1939 werden Emil Hácha, Präsident der Tschecho-Slowakischen Republik seit 30. November 1938, sodann Präsident des Reichsprotektorats Böhmen und Mähren ab 16. März 1939 und Chvalkovský nach Berlin bestellt. Es kommt zur Unterzeichnung – unter Druck – des Protektoratsabkommens. Zum „Modell" dient der Bardo-Vertrag (französisch: Traité du Bardo) vom 12. Mai 1881 zwischen Frankreich und Tunesien: Die Unterzeichnung dieses Vertrages erfolgte auf tunesischer Seite durch den Bey von Tunis. Dies und die Unabhängigkeitserklärung der Slowakei bewirken als unmittelbare Folge die Auflösung der Tschecho-Slowakischen Republik an. Ungarn erkennt am 15. März als erster Staat die Unabhängigkeit der Slowakei. Das Konsulat Ungarns in Bratislava (Pozsony) (errichtet im Jahre 1927) wird zur Gesandtschaft. Nun folgt der Einmarsch deutscher Truppen in die sog. „Rest-Tschechei" und die Errichtung des „Reichsprotektorats Böhmen und Mähren" am 16. März 1939. Sir Neville Chamberlain hält am 17. März 1939 eine Rede in Birmingham, in der er seiner Enttäuschung über die Errichtung des Reichsprotektorats Böhmen und Mähren Ausdruck gibt. Beängstigend findet er auch, dass in den Vordergrund die Frage von Danzig und des Korridors gestellt wird. Er versucht aber gleichzeitig, die Politik von Berlin zu rechtfertigen. Die Regierung von Moskau protestiert am 18. März 1938 gegen den Untergang der Tschecho-Slowakei. Darüber informiert Moskau Graf Friedrich Werner von der Schulenburg (1875–1944), den deutschen Botschafter von 1934 bis 1941 in Moskau.[34]

Ribbentrop bittet am 21. März Josef Lipski zu sich und wiederholt den „Vorschlag" von Hitler vom 24. Oktober 1938 in Hinblick auf Danzig und den Korridor. Der Ton ist diesmal schärfer. Am 23. März 1939 wird der „Schutzvertrag" zwischen dem Deutschen Reich und der Slowakei

33 Die Slowakei wurde de facto, bald auch de jure von 27 Staaten anerkannt. Unter diesen Staaten waren Deutschland, die Sowjetunion, das Vereinigte Königreich, Italien, Spanien, der Vatikan, Japan, die japanischen Satellitenstaaten Mandschukuo und Mengjian, die Provisorische Regierung von China (mit Hauptstadt in Nanking), Ungarn, die Schweiz, Kroatien, Litauen, Estland und El Salvador.

34 Graf Friedrich Werner von der Schulenburg hat Jura studiert und trat nachher in den diplomatischen Dienst. Er war Kandidat für den Posten des Ministers des Äußeren, sollte die Verschwörung vom 20. Juli 1944 gegen Hitler gelingen. Nach dem Attentat vom 20. Juli 1944 wurde er zum Tode verurteilt und hingerichtet.

unterzeichnet. Laut diesem Abkommen wird die Slowakei in Fragen der Außen- und Militärpolitik den Interessen des NS-Staates untergeordnet. Eine weitere Folge ist die Errichtung der sog. Schutzzone in der Westslowakei, die sich auf etwa 5 Prozent (ca. 2.000 km^2) des slowakischen Staatsgebietes (ca. 39.000 km^2) beläuft. Am gleichen Tage wird ein Abkommen über die Kooperation in Bezug auf die Wirtschafts- und Finanzpolitik zwischen beiden Staaten unterzeichnet.

Am 21. Juli 1939 wird durch das slowakische Parlament die neue Verfassung verabschiedet. Zum Modell der Verfassung dient der italienische korporative Staat („lo stato corporativo"). Der offizielle Name des slowakischen Staates ist: Republik Slowakei (slowakisch: Slovenská republika). Im Hinblick auf die Nationalitätenpolitik der Slowakei ist Art. 95 der slowakischen Verfassung von Belang. Dieser Artikel geht eindeutig vom „Reziprozitätsprinzip" aus.

Am 4. März 1939 trifft Döme Sztójay in Berlin – auf Anweisung des Außenministers Graf István Csáky – mit Joachim von Ribbentrop zusammen. Zweck seines Besuchs: das Einvernehmen von Berlin in der Frage der Angliederung der Karpatho-Ukraine (Rusinsko) an Ungarn zu erzielen. Ribbentrop gibt aber keine definitive Antwort. Vorher führt der ungarische Militärattaché Kálmán Hardy mit Staatssekretär im Auswärtigen Amt Ernst von Weizsäcker Verhandlungen.

Am 14. März 1939 hat übrigens Prälat August (Agoston) Volosin die Unabhängigkeit der Karpatho-Ukraine proklamiert, aber am selben Tag übergibt Außenminister Graf István Csáky ein Ultimatum an Miloš Kobr, dem Gesandten der Tschechoslowakischen Republik in Budapest (vom 20. April 1933 bis 15. März 1939), um die Karpatho-Ukraine Ungarn zurückzugeben. Trotz Deutschlands Verbot wird darüber auch Jozef Beck, der Außenminister Polens, vertraulich informiert. Am 15. März 1939 beginnt die militärische Operation Ungarns, um die Karpatho-Ukraine (ungarisch: Kárpátalja oder Ruténföld) Ungarn wiedereinzugliedern. Die militärische Operation (Intervention) dauert drei Tage. Als Folge bzw. Ergebnis entsteht eine gemeinsame Grenze (ungarisch: közös határ) zwischen Ungarn und Polen.

Der Grenzstreit zwischen Ungarn und der Slowakei wird ab 23. März 1939 zum ernsthaften militärischen Konflikt zwischen beiden Ländern[35] mit Luftkämpfen am 23. und 24. März 1939. Dieser Konflikt heißt „Der kleine Krieg" (ungarisch: „kis háború", slowakisch: „mala vojna"). Berlin ermahnt Ungarn und ruft Budapest zur Einstellung der militärischen Handlungen.

35 In diesen Tagen war Hitler in Berlin nicht zu erreichen, weil er sich im Memelgebiet (Litauen), das dem Deutschen Reich angegliedert wird, aufhielt.

Der Waffenstillstand erfolgt erst am 25. März 1939. Durch die ungarische militärische Intervention wird ein Gebiet von 1.056 km² mit 74 Ortschaften (Dörfern) an Ungarn angegliedert. Der Zweck der ungarischen militärischen Intervention ist die Sicherung der Eisenbahnlinie im Ung-Tal. Die wichtigste von den ungarischen Truppen eroberte Siedlung ist Szobránc („Luftkrieg von Szobránc"). Die Bevölkerung, etwa 40.000–45.000 Menschen auf dem angegliederten Territorium, ist mehrheitlich slowakisch und ruthenisch. Auf diesem Territorium bilden die Ungarn eine Minderheit. Die kriegerischen Handlungen beeinflussen nachhaltig negativ die slowakisch-ungarischen Beziehungen. Die neue (genaue) Staatsgrenze zwischen Ungarn und der Slowakei wird am 3. April 1939 durch die gemischte slowakisch-ungarische Grenzkommission festgelegt.

Ungarn tritt am 11. April 1939 aus dem Völkerbund (League of Nations, Société des Nations) aus. Am 6. April 1939 wurde das Abkommen über die militärische Hilfe zwischen England und Polen unterzeichnet. Am gleichen Tag wurde das französisch-polnische Abkommen bekräftigt. Am 13. April schließen das Vereinigte Königreich und Frankreich mit Griechenland und Rumänien einen Garantievertrag ab.

Das zweite sog. „Judengesetz" (Gesetzesartikel 1939: IV über die Beschränkung der Einflussnahme der Juden im öffentlichen und wirtschaftlichen Leben) wird am 3. März 1939 dem ungarischen Parlament (Abgeordnetenhaus und Oberhaus) vorgelegt und am 5. März verabschiedet. Dieses Gesetz trat am 5. Mai 1939 in Kraft. Von diesem Gesetz werden annähernd 500.000 Menschen sowohl im Wirtschaftsleben als auch im Hinblick auf ihre Rechte als Staatsbürger betroffen. In drei Phasen sollen bis 31. Dezember 1942 etwa 60.000 Angestellte im Wirtschaftsleben und im industriellen Bereich laut diesem Gesetz entlassen werden.

Ein umfangreicher Brief von Sir Alexander George Montagu Cadogan (1884–1968), permanent undersecretary for foreign affairs (Nachfolger von Sir Robert Gilbert Vansittart) an György Barcza in Budapest am 30. Januar 1941 stellt fest, dass das Vereinigte Königreich mit dem Ersten Wiener Schiedsspruch (First Vienna Award) nichts zu tun hat und daher diesen als Nicht-Signatarmacht nicht anerkennt.

Durch die beiden Wiener Schiedssprüche sowie die Rückgliederung der Karpatho-Ukraine beläuft sich der Gebietsgewinn Ungarns auf 29 Prozent der nach dem Ersten Weltkrieg abgetrennten d.h. verlorenen Gebiete.

Schrifttum (Auswahl): E. Beneš: Le problème autrichien et la question tchèque. Paris, 1908. Jászi O.: A nemzeti államok kialakulása és a nemzetiségi kérdés. Budapest, 1912. E. Beneš: Détruisiez l'Autriche Hongrie!, Paris, 1916. H. Nicolson: Peacemaking 1919. London, 1919. B. Singer: Peace Treaty with Hungary. Chicago, 1920. Gagyi J.: Nyugat-Magyarország átadása. Új Magyar Szemle 1921. szeptember

S. 280–283. R. Lansing: Die Versailler Friedensverhandlungen. Berlin, 1921. A. Tardieu: La Paix. Paris, 1921. Ch. Tisseyre: Une erreur diplomatique: la Hongrie mutilée. Paris, 1922. Laky D.: Csonka-Magyarország megszállásának közgazdasági kárai. Budapest, 1923. R. W. Seton-Watson: The New Slovakia. Prague, 1924. Gy. Lukács: Après Trianon: discours tenus à des conférences internationales. Budapest, 1927. E. de Nagy: Le Traité de Trianon et ses conséquences. Budapest, 1927. G. Scelle: Le litige roumano-hongrois devant le Conseil de la Société des nations. Genève, 1927. E. Hasas: La révision du Traité de Trianon et les difficultés suscitées. Paris, 1928. R. Mosca: Problemi politici: l'Ungheria contemporanea. Bologna, 1928. M. Fenyő: The Trianon Treaty and Its Consequences. Budapest, 1929. L. Savadjian: The Campaign against the Treaty of Trianon. Paris, 1929 (Revue des Balkans). A. Ullein-Reviczky: La nature juridique des clauses territoriales du Traité de Trianon. Paris, 1929. Békássy J.: Zalavármegye Trianon után. Budapest, 1930. A. Szana: Die Geschichte der Slowakei. Bratislava, 1930. Zs. Varga: La tragédie d'un pays millénaire. Paris, 1932. Zs. Varga: La valeur morale du Traité de Trianon et la violation de ses termes. Paris, 1932. J. Ajtay: La paix en danger: le traité de Trianon. 14e éd. Budapest, 1933. G. Desbons: La Hongrie après le Traité de Trianon. Paris, 1933. I. Bethlen: The Treaty of Trianon and European Peace: Four Lectures Delivered in London in November, 1933. London, 1933. G. Desbons: Les erreurs de la paix. La Hongrie après le Traité de Trianon. Paris, 1933. N. Iorga: Réponse aux conférences données à Cambridge par le comte Bethlen sur la révision du traité de Trianon. Bucharest, 1933. N. Iorga: Seconde réponse au comte Bethlen. Bucharest, 1933. Kozma M.: Az összeomlás, 1918–1919. Budapest, 1933. L. de Otero: La théorie des traités de paix et le Traité de Trianon. Paris, 1933. J. Rudinszky: La révision du Traité de Trianon: l'article 19 du Pacte de la Société des nations. Paris, 1933. St. Czakó: How the Hungarian Problem was Created? Some Authentic Details of the Preliminary Deliberations of the Treaty of Trianon. Budapest, 1934. I. Czakó: Wie entstand der Trianoner Friedensvertrag mit Ungarn? Budapest, 1934. F. Jehlicka: Il problema slovacco. Rassegna di Politica Internazionale. Giugno 1934. F. Honti: Que demande la Hongrie? Le traité de Trianon et les revendications hongroises. 2e éd. Budapest, 1934. K. G. Hugelmann: Das Nationalitätenrecht des alten Österreich. Wien – Leipzig, 1934. K. Krofta: The Substance of Hungarian Revisionism. Prague, 1934. J. Macůrek: Dejiny mad'aru a uherského státu. Praha, 1934. S. Rosental: La révision du Traité de Trianon, est-elle possible? Paris, 1934. A. Scrimali: La revisione del Trattato del Trianon. Palermo, 1934. F. Jehlicka: Le problème slovaque. Genève, 1935. R. V. Gower: Treaty Revision and the Hungarian Frontiers. London, 1936. K. Krofta: The Substance of Hungarian Revisionism. Prague, 1936. Révay I.: Nemzetiségi demográfia és kisebbségünk. Kisebbségi problémák. Levice, 1937. S. 40–42. L. K. Birinyi: Why the Treaty of Trianon is Void. Grand Rapids, 1938. Gogolák L.: Cseh emlékiratok a békekonferencia előtt. Magyar Szemle 1938 június 191–193. o. Révay I.: A demográfia tükrében. In: Borsody I. (red.) Magyarok Csehszlovákiában 1918–1938. Budapest, 1938. H. S. Harmsworth, Viscount Rothermere: My Campaign for Hungary. London, 1939. Kratochwil K.: Erdélyt vissza! Budapest, 1939. Rónai A.: Új felvidéki határunk. Földrajzi Közlemények 67. 6. 1939. S. 190–200. Gogolák L.: Pánszlávizmus. Budapest, 1940. B. Varsik: Die slovakischmagyarische ethnische Grenze in den ketzten zwei Jahrhunderten. Bratislava - Pressburg, 1940. Duka Zólyomi N.: Szórványmagyarok. Magyar Szemle XL (1941) S. 343–346. K.G. Hugelmann: Die Vereinbarungen über die deutschen Volksgruppen in Ungarn und Rumänien in geschichtlicher Beleuchtung. Zeitschrift für Osteuropäisches Recht 1941. S. 235–277. Matolay G.: Gróf Teleki Pál élete és munkássága a magyar revízió szolgálatában. Budapest, 1941. Dr. S. Polakovič: Slovensky národny socializmus. Bratislava, 1941. Gróf Révay István: A belvederei magyar-szlovák határ. Budapest, 1941. E. Beneš: The Organization of Postwar Europe. Foreign Affairs, January 20 (1942) S. 226–243. K. Braunias: Die Slowaken. Stuttgart, 1942. E. H. Carr: Conditions of Peace. London, 1942. F. Deak: Hungary at the Paris Peace Conference: The Diplomatic History of the Treaty of Trianon. New York, 1942. Ferdinandy M.: Nemzetiségi kérdés és magyar birodalom. Budapest, 1942. M. Hodža: Federation in Central Europe. Reflections and Reminiscences. London-New York-Melbourne, 1942. Kászonyi F.: Magyar–szlovák vérközösség. Budapest, 1942. C. A. Macartney: Problems of the Danube Basin. Cambridge, 1942. B. Newmann: The New Europe. London, 1942. Otto of Austria: Danubian Reconstruction. Foreign Affairs, January 20 (1942) S. 241–252. Steier L.: A tót kérdés. Liptószentmiklós. 1942. R. Viest: Predohra k viedenskému diktátu. Nové časy. (London) Nov. 1, 1942. F. Durčanský: Pohl'ad na slovenskú politickú minulost'. Bratislava, 1943. K. Sidor: Slovenská politika na pôde pražského snemu. I. Bratislava, 1943. Demeter J.: A nemzetiségi kérdés a Dunavölgyében és a Szovjetunióban. Kolozsvár, 1945. I. Kamanec: Trauma. Az első szlovák köztársaság (1939–1945). Budapest, 1945. E. Beneš: Sest let exilu a druhá svetová válka. Ráci, projevy a dokumenty zr. 1938–1945. Praha, 1946. G. Bonnet: Défense de la paix. Genève, 1946. Ítél a történelem. Az Imrédy-per. Budapest, 1946. J. F. Montgomery: Hungary: the Unwilling Satellite. New York, 1947. M. Múdry: Milan Hodža v Amerike. Chicago, 1949. N. von Horthy: Ein Leben für Ungarn. Bonn, 1953. St.D. Kertesz: Diplomacy in a Whirlpool. Hungary between Nazi Germany and Soviet Russia. Notre Dame (Indiana), 1953. E. Benes: My War Memoirs. Boston, 1954. J. Lettrich: History of Modern Slovakia. New York, 1955. G. Brausch: Deutschland-Ungarn. Die diplomatischen Beziehungen vom Herbst 1937 bis zum Frühjahr 1939. Phil. Diss. Göttingen, 1956. C. A. Macartney: October fifteenth. A History of modern Hungary 1929–1945. vols. I-II. Edinburgh, 1956. (Second ed.: Edinburgh, 1996). B. Celovsky: Das Münchener Abkommen 1938. (Quellen und Darstellungen zur Zeitgeschichte, Bd. 2). Stuttgart, 1958. J. Kühl: Föderationspläne im Donauraum und in Ostmitteleuropa. München, 1958. A. Hillgruber (Hrsg.): Deutschland und Ungarn 1933–1944. Ein Überblick über die politischen und militärischen Beziehungen im Rahmen der internationalen Politik. Wehrwissenschaftliche Rundschau 9 (1959) S. 651–676. J. M. Kirschbaum: Slovakia: Nation at the Crossroads of Central Europe. New York, 1960. C. A. Macartney: October Fifteenth. A History of Modern Hungary 1929–1945. 1–2. Edinburgh, 1961. J. Mackintosh: The British Cabinet. London, 1962. Kis A.: Magyarország külpolitikája a második világháború előestéjén. Budapest, 1963. Vávra – Eibel: Viedenská arbitraz – dosledok Mníchova. Bratislava, 1963. Juhász Gy.: A Teleki-kormány külpolitikája, 1939–1941. Budapest, 1964. J.K. Hoensch: Die Slowakei und Hitlers Ostpolitik. Köln-Graz, 1965. A müncheni egyezmény létrejötte és

Magyarország külpolitikája, 1936–1938. (red. Ádám M.) Budapest, 1965. Hitler – Horthy – Mussolini. Dokumente zur ungarischen Außenpolitik 1933–1944. (Einl., Vorb.: M. Ádám, Gy. Juhász und L. Kerekes). Budapest, 1966. Kerekes L.: Ausztria története, 1918–1955. Budapest, 1966. O. Kimminich: Stellungnahmen zum Münchener Abkommen in der deutschen Presse. München, 1966. Romsics I.: Magyarország helye a német Délkelet-Európa-politikában, 1919–1944. In: Romsics I.: Helyünk és sorsunk a Duna-medencében. Budapest, 1966. 210–233. Sipos P.: Az Imrédy kormány válsága és bukása. Történelmi Szemle 9 (1966) S. 42–84. J.K. Hoensch: Der ungarische Revisionismus und die Zerschlagung der Tschechoslowakei. Tübingen, 1967. Páter Zadravecz titkos naplója. Budapest, 1967. Tilkovszky L.: Revízió és nemzetiségpolitika Magyarországon. 1938–1941. Budapest, 1967. A. Hillgruber: Staatsmänner und Diplomaten bei Hitler 1939–1941. Vertrauliche Aufzeichnungen über Unterredungen mit Vertretern des Auslandes. I: 1939–1941; II: 1942–1944. Frankfurt am Main, 1967, 1970. Tilkovszky L.: Revízió és nemzetiségpolitika Magyarországon 1938–1941. Budapest, 1967. Ádám M.: Magyarország és a kisantant a harmincas években. Budapest, 1968. H.-A. Jacobsen: Nationalsozialistische deutsche Außenpolitik 1933–1938. Frankfurt am Main-Berlin, 1968. E. Beneš: Mníchevské dny. Paměty. Praha, 1968. O. Kimminich: Das Münchener Abkommen. München, 1968. J. Lipski: Diplomat in Berlin, 1933–1939. New York, 1968. M. Vietor: Dejiny okupácie juzneho Slovenska 1938–1945. Bratislava, 1968. A Wilhelmstrasse és Magyarország. Német diplomáciai iratok Magyarországról 1933–1944. Sajtó alá rend. és bev. tanulmányok: Ránki Gy., Pamlényi E., Tilkovszky L. Juhász Gy. Budapest, 1968. Arató E.: A magyar-csehszlovák viszony ötven éve. Budapest, 1969. J. Kaiser: Die Politik des Dritten Reiches gegenüber der Slowakei 1939–1945. Ein Beitrag zur Erforschung der nationalsozialistischen Satellitenpolitik. Diss. Bochum, 1969. Ormos M.: Franciaország és a keleti biztonság. Budapest, 1969. Tilkovszky L.: Teleki Pál. Legenda és valóság. Budapest, 1969. Boros F.: Magyar-csehszlokovák kapcsolatok, 1918–1921. Budapest, 1970. G. Schlag: Die Kämpfe um das Burgenland. Wien, 1970. Die Zerstörung des Karpatenbeckens: Die Trianon-Enquete des Strassburger Kongresses der freien Ungarn. München, 1970. Sipos P.: Imrédy Béla és a Magyar Megújulás Pártja. Budapest, 1970. P. Schmidt: Hitler tolmácsa voltam. Budapest, 1971. Soós K.: Burgenland az európai politikában, 1918–1921. Budapest, 1971. Bethlen István titkos naplója. Budapest, 1972. M. I. Major: American-Hungarian Relations 1918–1944. PhD diss. Texas Christian University, 1972. Hitler hatvannyolc tárgyalása 1939–1944. 1–2. k. (vál., bev., jegyz.. Ránki Gy.) Budapest, 1973. A. Lehár: Erinnerungen. Wien, 1973. Jon D. Berlin: The Burgenland Question 1918–1920: From the Collapse of Austria-Hungary to the Treaty of Trianon. PhD Diss. University of Wisconsin at Madison, 1974. F. Vnuk: Slovenská otázka na západe 1939–1940. Cleveland, 1974. G. Hennyey: Ungarns Schicksal zwischen Ost und West. Lebenserinnerungen. München-Mainz, 1975. Kerekes L.: A Habsburg restaurációs kísérletek és az osztrák-magyar viszony 1921-ben. Századok 1976. S. 38 ff. B. Martin: Friedensiniziativen und Machtpolitik im Zweiten Weltkrieg 1939–1942. Düsseldorf, 1976. H. Pichegger: Geschichte der Steiermark. Graz, 1976. Europastrategien des deutschen Kapitals 1900–1945. (Hrsg. von R. Opitz) Köln, 1977. H. A. Jacobsen: Der Weg zur Teilung der Welt. Politik und Strategie

1939–1945. Koblenz – Bonn, 1977. Pölöskei F.: Horthy és hatalmi rendszere. Budapest, 1977. Andorka Rudolf naplója: A madridi követségtől Mauthausenig. Budapest, 1978. E. Chászár: Decision in Vienna. The Czechoslovak-Hungarian Border Dispute of 1938. Astor, Danubia Press, 1978. W. Fest: Peace or Partition. The Habsburg Monarchy and British Policy 1914–1918. New York, 1978. Kádár Gy.: A Ludovikától Sopronkőhidáig. Budapest, 1978. L. C. Tihany: The Baranya Dispute, 1918–1921: Diplomacy in the Vortex of Ideologies. New York, 1978. M.Gy. Juhász: Hungarian Foreign Policy 1919–1945. Budapest, 1979. Péter J.: A magyar-szovjet diplomáciai kapcsolatok történetéből. Budapest, 1979. Zsiga T.: Az első király-puccs és Vas megye (1921). Vasi Szemle 1979. 2. sz. S. 269–286. W. Michalka: Ribbentrop und die deutsche Weltpolitik 1933–1940. München, 1980. G. L. Weinberg: The Foreign Policy of Hitler's Germany. Starting World War II, 1937–1939. Chicago, 1980. Ádám M.: A kisantant (1920–1938). Budapest, 1981. Ránki Gy.: Gazdaság és külpolitika. A nagyhatalmak harca a délkelet-európai gazdasági hegemóniáért (1919–1939). Budapest, 1981. Pritz P.: Magyarország külpolitikája Gömbös Gyula miniszterelnöksége idején 1932–1936. Budapest, 1982. K. Schmid: Die Slowakische Republik 1939–1945. Eine staats- und völkerrechtliche Betrachtung. I–II. Bde Berlin, 1982. L. Lapscher: Die mitteleuropäische Konzeption Milan Hodžas. Bohemia. A Journal of History and Civilisation in East and Central Europe. vol. 24 (1983. S. 299–316. Ormós M.: Padovától Trianonig. Budapest, 1983. Shvoy Kálmán titkos naplója és emlékiratai, 1919–1945. Budapest, 1983. Hanák P.: Jászi Oszkár dunai patriotizmusa. Budapest, 1985. Stephan D. Kertész: The Last European Peace Conference. Paris, 1946. University Press of America, 1985. Ceskoslovensé dejiny v datech. Praha, 1986. E. Kovács: Trianon, 1920: Párizs, 1947. Toronto, 1986. Makra Z.: Honvédelmi miniszterek szolgálatában. Végzetes döntések korszaka 1940–1944. München, 1986. Nagy V.: Végzetes esztendők. Budapest, 1986. Dombrády L.: Hadsereg és politika Magyarországon 1938–1944. Budapest, 1986. P. Krüger: Versailles – Deutsche Außenpolitik zwischen Revisionismus und Friedenssicherung. München, 1986. Dombrády L. – Tóth S.: A magyar királyi honvédség 1919–1945. Budapest, 1987. Hóry A.: Bukaresttől Varsóig. Budapest, 1987. R. Swok: Interprétations de la politique étrangère de Hitler. Une analyse de l'historiographie. Paris, 1987. Újpétery E.: Végállomás Lisszabon. Hét év a magyar királyi külügy szolgálatában. Budapest, 1987. A. Czettler: Ungarns Weg zum ersten Wiener Schiedsspruch. Die ungarische Außenpolitik während und nach der Sudetenkrise 1938. Ungarn-Jahrbuch 16 (1988). 82–156. K. Janics: The Hungarians of Slovakia: From Czechoslovak to Slovak Rule. In: The Hungarians: A Divided Nation. (Ed. by S. Borsody) New Haven, 1988. 159–190. Juhász Gy.: Magyarország külpolitikája. 1919–1945. Budapest, 1988. Ádám M.: A kisantant és Európa. Budapest, 1989. Galántai J.: Trianon és a kisebbségvédelem. Budapest, 1989. Jungerth-Arnóthy M.: Moszkvai napló. Budapest, 1989. B. Kent: The Spoils of War. The Politics, Economics, and Diplomay of Reparations 1918–1932. Oxford, 1989. M. Nebelin: Deutsche Ungarnpolitik 1939–1941. Opladen, 1989. J. Telek: Peace by Negotiation: Did the Paris Peace Conferences and Peace Treaties Help Maintain Peace after the Two World Wars? The Example and Fate of Hungary. Rev. ed. Toronto, 1989. (Hungarian Historical Studies). L. Tilkovszky: Teufelskreis. Die

Minderheitenfrage in den deutsch-ungarischen Beziehungen. Budapest, 1989. Zsiga T.: Horthy ellen, a királyért. Budapest, 1989. Arday L.: Térkép, csata után. Magyarország a brit külpolitikában 1918–1919. Budapest, 1990. A. Czettler: Ungarn zwischen Polen und der Achse. Die ungarisch-polnischen diplomatischen Beziehungen 1938/1939 und Józef Becks „Drittes Europa". Ungarn-Jahrbuch 18 (1990) S. 129–168. L. Deák: Slovensko v politike Mad'arska v rokoch 1938–1939. Bratislava, 1990. Gosztonyi P.: A kormányzó Horthy Miklós. Budapest, 1990. Horthy M.: Emlékirataim. Budapest, 1990. Ormos M.: „Civitas fidelissima". Népszavazás Sopronban 1921. Budapest, 1990. M. Ormos: From Padua to the Trianon, 1918–1920. Budapest, 1990. Palotás Z.: A trianoni határok. Budapest, 1990. Popély Gy.: A felvidéki sorsforduló, Etnikum, impériumváltozás, országhatár. Regio – Kisebbségvédelmi Szemle 1 (1990) április. Botlik J.: Ez hát a hon...Tények, adatok, dokumentumok a kárpátaljai magyarság életéből (1918–1991). Budapest-Szeged, 1991. L. Deak: Hra o Slovensko. Slovensko v politike Madarska a Polska v rokoch 1933–1939. Bratislava, 1991. J. Telek: Trianon and Canada: The Treaty of Trianon and Reaction to It in Canada Seventy Years Ago Revisited. Toronto, 1991. (Hungarian Historical Studies). Popély Gy.: Népfogyatkozás. A csehszlovákia magyarság a népszámlálások tükrében 1918–1945. Regio – Kisebbségtudományi Szemle 2 (1991). Varga J.: Bűnös nemzet, vagy kényszerű csatlós? 1. k. Budapest, 1991. (Varga József kiadása). D. Cierna-Lantayová: Podoby cesko – slovensko – mad'arského vzt'ahu. 1938–1949. Bratislava, 1992. J. Galántal Trianon the Protection of Minorities. Budapest, 1992. Hennyey G.: Magyarország sorsa Kelet és Nyugat között. Budapest, 1992. S. D. Kertesz: Betweeen Russia and the West. Hungary and the Illusions of Peacemaking 1945–1947. Buffalo NY, 1992. Bánffy M.: Huszonöt év (1945). Budapest, 1993. K. H. Ertl: Die verfehlten Friedensordnungen von Versailles, Saint-Germain-en-Lay und Trianon. Rosenheim, 1993. J. F. Montgomery: Magyarország, a vonakodó csatlós. Budapest, 1993. Peéry R.: Requiem egy országrészért. Pozsony, 1993. Popély Gy.: A müncheni döntéstől a komáromi tárgyalások megszakadásáig. Magyar Szemle 2 (1993) november 1133–1150. S. Rónai A.: Térképezett történelem. Budapest, 1993. Ullein-Reviczky A.: Német háború – orosz béke. Budapest, 1993. Diószegi I.: A hatalmi politika másfél évszázada. 1789–1939. Budapest, 1994. Die Hassell-Tagebücher 1938 – 1944, Ulrich von Hassell Aufzeichnungen vom Andern Deutschland. (Hrsg. von Fr. Freiherr von Gaertringen) Berlin, 1994. Iratok a magyar külügyi szolgálat történetéhez 1918–1945. (red. Pritz P.) Budapest, 1994. J. K. Hoensch: Nationalsozialistische Europapläne im zweiten Weltkrieg. Versuch einer Synthese. In: Mittel-Europa-Konzeptionen in der ersten Hälfte des 20. Jahrhunderts. Hrsg. von R. G. Plaschka, H. Haselsteiner, A. Suppan, A. M. Drabek und B. Zaar. Wien, 1995. S. 307–325. Magyarország és a nagyhatalmak a XX. században. (red. Romsics I.) Budapest, 1995. Pritz P.: Magyar diplomácia a két világháború között. Budapest, 1995. Trianon and East Central Europe: Antecedents and Repercussions. New York, 1995. L. Deák: Slováci v mad'arskej politike v rokoch 1918–1939. Bratislava, 1996. Lukes: Czechoslovakia between Stalin and Hitler. The Diplomacy of Eduard Benes in the 1930s. Oxford, 1996. Pax Britannica. Brit külügyi iratok a második világháború utáni Kelet-Közép Európáról 1942–1943. (red. Bán D. A.) Budapest, 1996. Romsics I.: Helyünk és sorsunk a Duna-medencében. Budapest, 1996. Szegedy-Maszák A.: Az ember ősszel visszanéz...Egy volt magyar diplomata emlékirataiból. I-II. k. Budapest, 1996. Ádám M.: Eduard Benes. In: Arcképek kettős tükörben. Dunaszerdahely, 1997. Czettler A.: Teleki Pál és a magyar külpolitika 1939–1941. Budapest, 1997. L. Deák: Viedenská arbitraz. Bratislava, 1997. I. Kamenec: Jozef Tiso. In: Arcképek kettős tükörben. Dunaszerdahely, 1997. Keitel vezértábornagy visszaemlékezései. (Red., előszó, jegyzetek Sipos P.) Budapest, 1997. G. Kovács L.: Jozef Tiso. In: Arcképek kettős tükörben. Dunaszerdahely, 1997. A. Kovács-Bertrand: Der ungarische Revisionismus nach dem Ersten Weltkrieg: der publizistische Kampf gegen den Frieden von Trianon (1918–1931). München, 1997. Z. Zeman – A. Klímek: The Life of Edvard Beneš 1884–1948: Czechoslovakia in Peace and War. Oxford, 1997. Bán D. A.: Illúziók és csalódások. Nagy-Britannia és Magyarország 1938–1941. Budapest, 1998. J. Dejmek: Historik v cele diplomacie. Kamil Krofta. Praha, 1998. Fülöp M. – Sipos P.: Magyarország külpolitikája a XX. században. Budapest, 1998. L. Lipták: Slovensko v 20. storočí. Bratislava, 1998. Ormos M.: Magyarország a két világháború korában. Debrecen, 1998. Trianon és a magyar politikai gondolkodás 1920–1953. (red. Romsics I.) Budapest, 1998. Zseliczky B.: Kárpátalja a cseh és szovjet politika érdekterében. 1920–1945. Budapest, 1998. Herczegh G.: A szarajevói merénylettől a potsdami konferenciáig. Budapest, 1999. Pritz P.: Pax Germanica. Német elképzelések Európa jövőjéről a második világháborúban. Budapest, 1999. Botlik J.: Volosin uralma Kárpátalján. Valóság 12. sz. 2000. 22–42. J. K. Hoensch: Studia Slovaca. Studien zur Geschichte der Slowakei und der Slowaken. (= Veröffentlichungen des Collegium Carolinum Bd. 93) München, 2000. Romsics I.: Nagyhatalmi politika és Magyarország a II. világháború alatt és után. In: Magyarország a/nagy/hatalmak erőterében. Tanulmányok Ormos Mária 70. születésnapjára. (red. Fischer F., Majoros J., Vonyó J.) Pécs, 2000. S. 521–533. Sallai G.: Az első bécsi döntés diplomáciai és politikai előtörténete. Századok 134 (2000). 597–631. M. Hronský: The Struggle for Slovakia and the Treaty of Trianon. Bratislava, 2001. D. Kovác: Szlovákia története. Pozsony, 2001. G. Krumeich (Hrsg.): Versailles. Ziele – Wirkung – Wahrnehmung. Essen, 2001. Romsics I.: A trianoni békeszerződés. Budapest, 2001. Sipos P.: Imrédy Béla. (Politikai életrajz). Budapest, 2001. Zeidler M.: A magyar revíziós gondolat. Budapest, 2001. J. Bartl: Slovak History: Chronology and Lexicon. Bratislava, Bolchhazy – Carducci Publishers, 2002. Fedinec Cs.: A kárpátaljai magyarság történeti kronológiája 1918–1944. Galánta – Dunaszerdahely, 2002. I.-Ph. Matić: Edmund Veesenmayer. Agent und Diplomat der nationalsozialistischen Expansionspolitik. München, 2002. Sallai G.: Az első bécsi döntés. Budapest, 2002. Szabó H.: A visszacsatolt Csallóköz politikai és közigazgatási beilleszkedése 1938–1941. Fórum Társadalomtudományi Szemle IV (2002) 2. S. 35–58. Zeidler M.: A magyar irredenta kultusz a két világháború között. Regió Budapest, 2002. Hevesi A. – Kocsis K.: A magyar-szlovák határvidék földrajza. Dunaszerdahely, 2003. A Palazzo Chigi és Magyarország. Olasz diplomáciai dokumentumok Magyarországról 1932–1936. (red. Réti Gy.) Budapest, 2003. I. Romsics: The Paris Peace Treaty of 1947. Hungarian Studies in English 1 (2003). 57–64. o. T. Tönsmeyer: Das Dritte Reich und die Slowakei 1939–1945. Politischer Alltag zwischen Kooperation und Eigensinn. Paderborn, 2003. M. Hodža: Szövetség Közép-Európában. Gondolatok és visszaemlékezések. Pozsony, 2004. Horváth Gy. (red.)

Dél-Szlovákia. A kárpát-medence régiói 2. Budapest-Pécs, 2004. P. Kende: Le défi hongrois. De Trianon à Bruxelles. Paris, 2004. I. Romsics: Der Friedensvertrag von Trianon. Herne: G. Schäfer Verlag. 2004. Ablonczy B.: Teleki Pál. Budapest, 2005. E. Kolb: Der Frieden von Versailles. München, 2005. A. P. Salkov: SSSR i natsionalno-territorialnoje pereustroistvo v Jugo-Vostotsnoj Jevrope (1938–1941). Otjetsestvennaja istorija 2005/3. S. 71–83. Romsics I.: Az 1947-es párizsi békeszerződés. Budapest, 2006. Gulyás L.: Edvard Beneš – Közép-Európa koncepciók és a valóság. Budapest, 2008. Szarka L.: Magyarország és a magyar kisebbségek ügye a párizsi béketárgyalásokon: határkijelölés, népszavazás, kisebbségvédelem. In: Bárdi N. – Fedinec Cs. – Szarka L. (Hrsg.): Kisebbségi magyar közösségek a 20. században. Budapest, 2008. Á. Hornyák: Minderheitenfrage in der Jugoslawien-Politik Ungarns. Ungarn-Jahrbuch 29 (2008) S. 179–200. Mezei I.: Városok Szlovákiában és a magyar határ mentén. Somorja-Pécs, 2008. J.M. Zellner: Eigenständigkeit Ungarns oder Satellit des Dritten Reiches? Zum deutsch-ungarischen Verhältnis 1939–1944. Ungarn-Jahrbuch 29 (2008) S. 201–257. F. Altenhöfer: Der Auslandsnachrichtendienst des SD und die Erklärung der slowakischen Unabhängigkeit am 14. März 1939. Zeitschrift für Geschichtswissenschaft 57 (2009) S. 811–832. Ádám M.: Ki volt valójában Edvard Beneš? Budapest, 2009. Janek I.: Szlovák-magyar kapcsolatok 1939–1944. (doktori dissz.) Pécs, 2009. Kolontári A.: Magyar-szovjet diplomáciai, politikai kapcsolatok 1920–1941. Budapest, 2009. Pritz P: Barcza György visszaadja a „kölcsönt“ Bárdossy Lászlónak. In: Tanulmányok a 60 éves Romsics Ignác tiszteletére. (red. Gebei S. ifj. Bertényi I. und Rainer M. J.) Eger, 2011. 248–254. und Das Münchener Abkommen von 1938 in europäischer Perspektive. (Hrsg. von J. Zarusky – M. Zückert) München, 2012.

Milan Hlavačka, Prag – Martin Pelc, Opava

Anglophilia in Bohemia in the 19th Century: Phrenology, Self-government, Social Question, Darwinism, and Sport

Abstract: This paper is based on the experience with the English orientation and inspiration of Franz Thun-Hohenstein (phrenology), Heinrich Jaroslav Clam-Martinic (self-government), František Ladislav Rieger (social question), Jan Evangelista Purkyně (Czech reception of Darwin's theory of evolution) and Siegfried Rosenbaum/Raabe a. k. a. George Jenkins (sport). The study consists of a brief examination of the reception of five historical phenomena in Bohemia believed to have their origin in the English cultural, social, and scientific milieu. The first one, which did not survive long and which was directly linked to the lifestyle of Bohemian aristocracy, was phrenology.

I Thun's enchantment with phrenology

One of the many 19th century "sciences" that have fallen into oblivion in the meantime is phrenology (or cranioscopy). It had its origin in physiognomy, a branch of science that since the times of classical antiquity had believed that the character and intellectual faculties of human beings were reflected in the shape and size of their facial features. Phrenology became very popular in the late 18th century. The phrenologists believed that the skull shape was due to the development of specific parts of the human brain, which was supposed to unambiguously form the character and intellectual faculties of man. One of the first pioneers of this doctrine in Bohemia was František/Franz II. Thun (1809 – 1870), an important Bohemian nobleman who became later famous as the founder of modern methods of historical monument conservation and as President of the Arts and Crafts Society in Prague.[1] Thun's interest

1 The part of this text concerning phrenology is based on the research done by *Marcela Oubrechtova* in her study Thunovo frenologické okouzlení (Thun's phrenological enchantment), published in the review Dějiny a současnost in 2008 and is available at: http://dejinyasoucasnost.cz/archiv/2009/8/thunovo-frenologicke-okouzleni-/; *Graf Franz Thun Sohn*, Bohemia. listopad 1870, roč. 43, čís. 279, p. 4229, necrolog: http://kramerius.nkp.cz/kramerius/PShowPageDoc.do?id=4392242&picp=&it=0&s=djvu; *Helena Smíšková*, Správa děčínského panství za Františka Antonína Thun-Hohensteina (The administration of the Děčín – Tetschen estate in the era of Franz Anton Thun-Hohenstein), in: Sborník archivních prací 1/1972, roč. 22, 356–411.

in phrenology started when he was twenty-four years old and he endeavored then for a long time to spread it among the intellectual circles in Prague.

The main pioneer and fosterer of this science was Franz Joseph Gall (1758–1828), a German researcher living in Vienna who, together with his colleague, physician Johann Christoph Spurzheim, studied the heads of hundreds of patients, friends, prisoners and inmates of different institutes, and finally defined twenty-seven regions of which each was believed to be related to the organ or cortex area where a particular human faculty was supposed to have its seat. Emperor Franz I forbade Gall in 1801 to give lectures on phrenology and on any topics tending to atheism, materialism, and immorality. Therefore, Gall went to Paris in 1807, where he then died twenty years later. He summarized the results of his work in several theoretical papers, while Spurzheim gave public lectures in Europe and in the United States. Owing to him phrenology became extremely popular in the 19th century. Just in Britain there were twenty-nine phrenological societies and several phrenological journals were appearing. The first volume of the Phrenological Journal appeared in Edinburgh in 1823.

Captain Robert Ralph Noel came from an English noble family. Thun met him while he was staying in Karlovy Vary/Carlsbad. The Děčín/Tetschen branch of the Thun family showed much admiration for England and they often sought English friends. Noel belonged to the group of their friends, such as Henry Scott and lord Polwarth. Captain Noel moved to Dresden to become a star in many local societies. In the 1830s and 1840s, he worked in German towns, like many English phrenologists, and he even taught phrenology there. He became very famous for his widely disseminated booklet "The Basics of Phrenology". He could also achieve much sympathy of the anglophile Thuns and became an intimate friend of their family and a welcome visitor to their Tetschen Domain. In 1841, Noel and his family settled in the Thun domain of Rozbělesy near Děčín/Tetschen. The count later admitted in his biography that it was due to Noel that he had ceased to be prejudiced against phrenology. Noel's theory could apparently answer many questions related to his own personality that worried him. František/Franz Thun had a great friend in the Englishman. As follows from their correspondence, the count trusted Noel fully and confided him even his most intimate ideas. In his letters to Noel the count discussed primarily his low self-confidence and self-esteem, and also his self-doubts. Low self-confidence was Thun's lifelong problem.[2] Thus, Noel served as a sort of confessor of the

2 In his contemplations he mostly dealt with his low self-confidence. Self-confidence is the mother of action, this is what I know perfectly well; to be not active due to the need of combining it with an exaggerated love of praise constitutes in my

young count as the latter was getting at that time into increasing conflicts with his father, František/Franz Antonín/Anton Thun, who had placed high demands on him from his boyhood. The initial negligible complaints and puerile insolence developed slowly into a big conflict culminating later in the loss of his right of inheritance due to misalliance, which became the biggest disappointment in his father's life.

In Noel's country, where the Thuns had stayed for almost two years, phrenology was rapidly spreading, its first supporters being the brothers George and Andrew Comb, David Welsh, James Brownlee and William Waddell, who joined to establish in Edinburgh the first phrenological society in the British Isles in 1820. Robert Noel was probably among the disciples of George Comb and, together with him, joined the group of Gall's immediate followers. While staying in England, Franz Thun was mostly in contact with the group of Noel's friends. He often paid a visit to Lady Ann Jameson, an intelligent woman who engaged in social matters. Her close friend was the sculptor and phrenologist Henry Burlow.[3] Of course, Thun let Burlow examine him thoroughly and with much enthusiasm entered the results in his travel diary.

After return to Bohemia, Thun fully engaged in Prague's social life. In the late 1830s he succeeded in raising the Krasoumná jednota (Arts and Crafts Society) from the periphery of art circles to a higher level and he decided, following the English model, to open a salon of arts. On Saturday evenings he would invite artists to his palace in Ostruhová Street in Prague to meet there arts fans and connoisseurs, both bourgeois and aristocratic, and important university scientists or outstanding singers and musicians from the Prague Opera House were also often invited. The list of invited people included also the name of his friend Captain Noel. Phrenology was propagated in all places where Noel was staying, be that the palace in Děčín (Tetschen) or another Thun palace in Peruc, Noel's house in Rozbělesy, or in various spa towns.[4]

---

opinion the greatest danger in this part of my life if I were to engage in public wealth matters.

3 Of course, Thun let Burlow examine him thoroughly and with much enthusiasm entered the results in his travel diary. He learned that he had much respect for the spiritual and noble. He was not molested by inclination to women and did not care much about children. He possessed a strong power of argumentation, particularly by using various analogies, reminding events, and seeking connotations between them. Burlow could even "learn" from the shape of his skull that he had much talent for caricature and drawing, but not for colors.

4 A sort of culmination of the phrenological efforts at Saturday sessions can be perhaps seen in a funny collection of thirty-seven caricatures of their visitors by the German painter Engelbert Seibertz, mockingly named the Book of Beauty. The collection, a copy of which was received by each of the caricatured people, contains as subtitles phrenological and physiognomic sketches. Seibertz deliberately

After the revolution of 1848/1849 František/Franz Thun went to Vienna where he, upon invitation by his brother Lev/Leo Thun, was employed as an officer responsible for the arts at the Ministry of Cults and Education. Phrenology went slowly into oblivion, and so did also his friendship with Robert Ralph Noel. Noel left Bohemia, traveled around Europe and finally returned to England. However, he stayed in contact with Thun through correspondence. Phrenology was fated to the same end as that of Thun's and Noel's friendship: the prerevolutionary noble hobby slowly fell into oblivion.

II Clam Martinic's attempt to implement the English type of self-government in the post-revolutionary Bohemia

The second phenomenon closely related to the administrative and political developments in Bohemia and in the Habsburg Monarchy after the revolution 1848/1849 and having its roots in the English milieu consisted in the idea of dividing the public administration into a state-political sector and a civic one (self-government).[5] The setting-up of local and district boards during what is referred to as neoabsolutism and in the early stage of restored constitutional life in the 1850s and 1860s was connected with a heavy and sometimes even fierce discussion on the limits of self-governed and territorially delimited territories that had already been in existence in English society for a number of years.

Based on the personal English experience (his mother was an Englishwomen) Clam Martinic formulated in the post-revolution era viewpoints that could be applied also to political practice. The "neoabsolutism", which blocked every attempt to introduce constitutionalism in Austria, failed to satisfy both the bourgeois elite and the Bohemian aristocracy. The bureaucratic and centralistic spirit of the new regime had dug a ditch between the conservative aristocrats and the state power. A key requirement of the Bohemian aristocracy was the introduction of territorial and interest-based self-government with roots in the existing institutions. The term "self-government" refers to the inspiration coming from the Anglo-Saxon milieu.

---

stressed and exaggerated the particular face features of each person, such as Josef Mánes' nose, or their profession, behaving forms, or habits.

5 This segment dealing with self-government refers to *Jiří Georgiev's* study Jindřich Jaroslav Clam-Martinic a počátky obecní samosprávy v Rakousku (Jindřich Jaroslav Clam-Martinic and the beginnings of local self-government in Austria), in: Právněhistorické studie 6/2003, 75–111, and *Milan Hlavačka*, Zlatý věk české samosprávy 1862–1913 (The Golden Age of Czech Self-Government 1862–1913), Libri, Praha 2006, 14–20; *Jiří Klabouch*, Die Gemeindeselbstverwaltung in Österreich 1848–1918, Verlag für Geschichte und Politik, Wien 1968.

England, or Britain, seemed to be a model state that had been respecting the historical rights and the uncodified administrative tradition. Unlike the British conditions, however, the authentic conservative approach in Central Europe always exhibited a corporate character. This typical feature of Central European conservatism resulted from the fact that the corporate hierarchization of society was quite natural in the local conditions. Instead of the French type of constitutionalism that the aristocrats here strictly rejected the state constitution was supposed to respect the traditional social structures without being based on the abstract idea of best state power system or on a hardly definable social contract.[6]

Instead of the modern concept of constitution as a comprehensive document the constitutional system in the eyes of aristocratic conservatives conserved its initial character, i.e., being viewed as a code of standards regulating in the course of time the performance of state power and the relations between state and society. In accordance with the requirement of self-government as a base of the free state to be built from the bottom upward and not by a "bureaucratic order" from Vienna the aristocratic conservatives concentrated on carrying through the project of municipal self-government with the aristocratic domain being a separate administrative unit. The leading representative of this idea was Jindřich Jaroslav Count Clam-Martinic, who later became an undisputed head of the Bohemian constitutional aristocracy. The struggle for self-governing domain-based districts that would take over the administrative functionality of previous patrimonies and that, together with municipalities and communities, would constitute the basic self-governing unit finally failed in the early 1860s; though, the idea did not fall into oblivion. It helped formulate the general conservative political program and it also strengthened the feeling of togetherness among estate owners. Owing to the curial system and to the principle of property census the new form of local self-government as well as the system of representation at the higher self-governing bodies and parliaments provided the aristocracy with strong influence in the form of virile votes. The significance of aristocracy and of neo-corporate political representation was increased by the fact that the electorate of fideicommissional domains formed a separate group in

6 The roots of this uninterrupted tradition consisted in the Restored Provincial Constitution, the confirmation of the privileges of the land and of the Estates of 29 May 1627, the Pragmatic Sanction, the declaration made by Emperor Leopold II during the coronation ceremony of King of Bohemia on 12 August 1791 and, last but not least, the Imperial decision in the form of Cabinet Decree of 8 April 1848 with which the sovereign granted new legislative competence to the Land Diet in provincial matters.

the elections to the Land Diet Domain Owners Curia and later also to the Imperial Council House of Representatives.

Valuable experience in the period of declining neoabsolutism was also obtained with the Extended Imperial Council summoned at the turn of 1850s where two outstanding personalities were present: Antal Szécsen and Heinrich. J. Clam-Martinitz. The concept of historical and political individualities, jointly submitted by Clam and Szécsen, added to the existing program of Bohemian feudal conservatives a pan-Austrian perspective. The previous efforts aimed at creating self-government at the level of domain-based constituencies and districts in the Kingdom of Bohemia only were crowned now with the vision of an Austria respecting the historical rights of all crown lands. Not the central parliament in Vienna, but the particular land diets were supposed to be true legislatures in the monarchy. This concept was never fully materialized; nevertheless, a political compromise could be reached which largely respected the wishes of the old (aristocratic) elites. This political compromise would have never existed without the English inspiration.

III František Ladislav Rieger and economic liberalism

The third historical phenomenon whose cradle had been in England was the aggravated social question in industrial cities.[7] The social situation of working people had become a hot question in Czech society already prior to the revolution of 1848 as proved by the luddist riots of workers in Prague. The revolution had just confirmed the existence of social tensions. František Ladislav Rieger, a liberal man and a member of the former Imperial Diet, went to exile in April 1849 for fear of political persecution. As a famous speaker in the Diet and co-author of the Kremsier Constitution he had good reasons to fear legal consequences of his actions in the Diet that defied the Emperor's divine authority and of his attempt to theoretically justify state power by liberal election only. The impossibility to pursue real policy in the Imperial Diet, which was dismissed early in March 1849, made him study the forms of economic liberalism and its consequences abroad. Economic liberalism

7 See: *Jiří Štaif*, František Palacký a František Ladislav Rieger po revoluci 1848–1849 (Frantisek Palacký and František Ladislav Rieger after the revolution of 1848–1849), in: Historický obzor VII–VIII/1995, 172–183, and *Robert Sak*, Příběh Čecha 19. století (The Czech story of the 19. century), Město Semily, Praha 1993; *Milan Hlavačka/Jiří Pokorný/Olga Fejtová/Pavel Cibulka/Pavel Bek*, Sociální myšlení a sociální praxe v českých zemích 1781–1939. Ideje – legislativa – instituce (Social Thinking and Social Practice in the Czech Lands 1781–1939. Ideas – Legislation – Institutions), Nakladatelství Historický ústav, Praha 2015.

was also supposed to become a constant part of the Czech national emancipation program. New horizons in this matter appeared for him during his study trip to England and Scotland from April to September 1850.

And it was particularly his stay in large English industrial cities, namely in London, Birmingham, Manchester and Liverpool, that strongly influenced Rieger's economic thought. He could not only see the methods of mass production in practice, but also personally experience the pauperization and demoralization of working people there when a beggar in a Liverpool street stole him all his money and he thus got into an extremely difficult material situation that he could hardly manage. In spite of such dramatic events during his stay in England he supported the ideas of economic liberalism. He returned from England deeply convinced that the spirit of free industrial and business enterprise, if accompanied by an appropriate level of personal freedom of all actors in the labor and product market, would foster the development of the banking system, reduce product prices, increase the level of employment, and consequently raise the general standard of living, civilization, and also the cultural level of "industrial nations".

Your experience from this "trip" to France and England he wrote in two texts. First of which is dated in Paris in 1850 and is titled About property and its importance in the national economy published in Prague at the end of the year 1850, and the second Industry and its way to prosperity and the freedom of the working people came out in Litomyšl (Leitomischl) in 1860.[8] He considered pauperization, demoralization and crime to be social consequences of the rapid industrialization and urbanization that would be eliminated or regulated in the course of time. Although his liberalism was not without limits, as he considered industrialization to be a necessary transient historical phenomenon, he believed that also Austria and his native country, Bohemia, would experience it in the near future and that England anticipated the general economic and social development in Europe.

IV Darvin's theory of evolution and Jan Evangelista Purkyně

Darvin's work "On the origin of species by means of natural selection" split the Czech intellectual society and undermined the authority of the

8 *František Ladislav Rieger*, O statcích a pracích nehmotných a jich významu i postavení v národním hospodářství (The Property and Immaterial Works and their importance and role in the national economy), Nákladem knihkupectví Fr. Řivnáče, Praha 1850; Průmysl a postup výroby jeho v působení svém ke blahobytu a svobodě lidu zvláště pracujícího (Industrial manufacturing process and its Influence on welfare and freedom of working), Antonín Augusta, Litomyšl 1860.

Catholic Church.[9] This sounds like an incredible categorical statement, but this was really the case, although the attitude of particular layers of Czech society towards Darwin and his theory often largely varied. Different views were shown by scientists and specialists on the one hand, and by the state administration and the Church on the other, while the political circles were somewhere in-between, being in the dark about it.[10] The reception process of Darwin's evolutionary concept was taking place at two levels: The gap between the mostly positive acceptance of Darwinism by the academic community and the negative reaction of the Catholic side reflected clearly also in the public discourse.

Darwinism was viewed by the Church as a doctrine undermining the very foundations of the Christian world-view and jeopardizing the order and morality of society, and the Church therefore strongly opposed it. The Catholic Church blamed Darwin primarily for the fact that in his theory there was no room for the Creator, as the natural phenomena, including the most complex ones, were explained there by the law of evolution, i.e., by self-evolution. Darwin's theory was completely and irreversibly revolutionizing the order of the world, including the position of man in that world. Viewed through this prism, man turned from a passive created being into an active and creative one. Apart from questioning the biblical story the evolutionary theory cast also doubt on the ideas concerning life, order, and society; consequently, it provided people already tending towards atheism with an impetus and arguments to finally give up their religious belief.

The Catholic Church, publicly opposing Darwin's theory in the latter half of the 19th century, lost its influence among the educated public. And as the role of the Church in influencing both society and the life of individuals declined, so did also the hope of reversing the process of accepting Darwinism in Bohemia. Of course, the state deriving its legitimacy from the doctrine of the Church was not inclined to favor Darwinism, either. As to the scientists and scholars in Bohemia, Darwin's work was mostly viewed positively, which was probably due to the fact that evolutionary ideas had

9 *Charles Darwin*, O vzniku druhů přírodním výběrem, Academia, Praha 2007; originally: *Charles Darwin*, On the origin of species by means of natural selection, John Murray, London 1859.

10 *Julie Tomsová*, Recepce darwinismu v Čechách v letech 1859–1918 (The reception of Darwinism in Bohemia in 1849–1918) bachelor thesis defended at the Philosophical Faculty of Charles University in 2009 and available at the web address: https://is.cuni.cz/webapps/zzp/detail/49505/?lang=cs; *Tomáš Hermann*, Vy jste Darwin! Yes, I am Darwin. Darwin českýma očima a darwinismus v českých zemích (You are Darwin! Yes, I'm Darwin. Darwinism in the Czech lands), in: Dějiny a současnost 2/2009, 36–39.

appeared here already before the publication of Darwin's revolutionary work. Although the idea of evolution had already been accepted by most of the Bohemian scientists by that time, a strictly scientific foundation of it explaining the main factors of evolution was still missing. The ways and forms of evolution were explained and scientifically founded by Charles Darwin in his work. Once published, his theory was quickly accepted by the Bohemian professional public.

The rather smooth acceptance of Darwinism in Bohemia was also due to the older tradition of natural philosophy in the country. As a result, the immediate reaction to Darwin's book was not as enthusiastic and strong as in the countries where that tradition had already been overcome. What is referred to as natural philosophy influenced also Jan Evangelista Purkyně, leading Czech natural scientist and propagator of modern science in biology, and also founder of the scientific journal Živa that devoted quite a lot of space to Darwinism. Purkyně's contribution to the acceptance of Darwinism in Bohemia was obvious and enormous. Actually, Purkyně favored evolutionism within the structures of natural philosophy and his opinion of Darwin's theory was rather critical. Still, he could organize around himself a group of young and promising natural scientists from different branches of science encouraging them and supporting their passion of scientific innovation. Many of his disciples were contributing to his scientific journal Živa or helping with its publication (Eduard Grégr, Ladislav Čelakovský, Julius Sachs, Jan Krejčíř, and others). Many Purkyně's students were convinced that the evolutionary idea was justified and they contributed in this sense also to Živa, or they published other works on Darwinism and thus largely helped popularize and generally accept the evolutionary theory in Bohemia.

Darwin's theory brought about much agitation in the whole cultural and scientific milieu of Prague. It reflected also in Czech literature between the 1860s and 1880s, for instance in some works of Jakub Arbes and Jan Neruda. It was in that period of time that Darwinism became slowly integrated in the scientific and cultural society of Bohemia and was accepted by most of the country's scholars. Still, some texts appeared the turn of the 19th century that tried to refute Darwinism. A very interesting attempt in this respect was made by Emanuel Rádl, Masaryk's disciple opposing the theory of evolution, initially a zoologist and later professor of science philosophy at Charles University, who endeavored to prove in his seemingly objective book that Darwinism had long been outdated. With his negative attitude Rádl, a typical idealist, rejected Darwinism while the materialists welcomed it from its very beginning as it supplied evidence for their own philosophy. Rádl's book was translated into several languages and he thus became a scientist of international renown, one of our best known authors discussing Darwinism, and he has also been one of the most frequently quoted Czech biologists in the world. Still, his views and publications proved unable to prevent the process of accepting Darwinism by the professional and later also general public. Thus, early in the 20th century, Darwin's theory became generally accepted and recognized among the Czech professional circles.[11]

Another important impetus for spreading Darwinism in Bohemia came in the mid-1890s century as the Philosophical Faculty in Prague was reorganized so that natural sciences separated from mathematics and physics to form a separate Section of Natural Sciences, which included also anthropology and its first professor Jindřich Matiegka, who at the turn of the 19th century held several lectures apparently inspired by the idea of evolution. With his Darwinism-based lectures, Matiegka certainly contributed to the expansion of evolutionary ideas among his students. Early in the 20th century, Darwinism was accepted by most members of the scientific community. Neither the state nor the Church hindered the teaching of Darwinism and of the evolutionary theories at the university, or the publication of scientific books on Darwinism. Most members of the scientific community and of the educated circles fully accepted this theory and some critical objections that could be heard from time to time could not prevent the successful process of its acceptance in Bohemia.

The above four phenomena aroused extraordinary interest, though socially much differentiated. In addition to the above English inspirations activities of some naturalized Englishmen in Bohemia could be observed during the 19th century who acted as mediators of the technological transfer primarily in various industries, particularly mechanical engineering, and in transportation.

V Siegfried Rosenbaum's transformation into George Jenkins: Anglophilia and sport[12]

„Tak z Anglie nám druhé vzejde slunce, Wiklefa Hus se učil znát, a po sta letech boží bojovníky Anglie učí fotbal hrát."[13] [The sun comes once again

11 *Radka Dvořáková*, Darwin vzpomenutý a pozapomenutý: Darwinovo výročí v roce 1909 a tzv. krize darwinismu (Darwin remembered and disremembered: The 1909 Darwin celebration and so called the crisis of Darwinism), Diplomová práce obhájená na Přírodovědecké fakultě FFUK, Praha 2007, https://is.cuni.cz/webapps/zzp/detail/32528/?lang=en; *Jan Janko*, Vědy o životě v Českých zemích 1750–1950, Archiv Akademie věd České republiky, Praha 1997.

12 The final chapter of this paper was written by Martin Pelc as part of the research project supported by the Czech Science Foundation, 'Czech thoughts on sport to 1939', no. 16–14575S.

13 *Jaroslav Hašek*, O sportu (About sport), in: Terciánská vzpoura a jiné povídky, Státní nakladatelství dětské knihy, Praha 1960, 145 (originally printed in: Nová Omladina 27.1.1907).

from England, Hus learnt from Wycliffe and centuries later, England is teaching God's warriors to play football.] This poem wrote the greatest Czech humorist, Jaroslav Hašek, in 1907. In this quatrain, he gives a witty caricature of half a millennia of Czech inspiration in England: from the attempt to reform the Church around 1400 to new forms of physical exercise around 1900. Sport was also one of the first anglicisms in Czech vocabulary.[14]

England taught 'God's warriors' not just to play football, but most other modern sports were also of Anglo-Saxon provenance. From the very beginnings of aristocratic sports in the Czech lands – deer hunting with dogs and horse racing – there have been relations with England. Count Oktavian Kinský organised hunts in East Bohemia from 1836, and from 1843 arranged horseracing according to English rules. He brought over thoroughbred horses and dog packs from England. Some of the stablemasters involved were also English. Modern middleclass sports gradually began to be played from the 1860s, and more intensely in the 1870s. It was native English people within the Austro-Hungarian Empire who were behind the beginnings of a number of sports. The first 'non-aristocratic' sport was rowing and even here its English origin was clear: one of the first informal Prague rowing clubs was called the English Crew, the later Rössler's rowing club linked Czech and English in its name – Český sculling circle.[15] Many sports were not adopted directly, but more often through the capital city of Vienna, from Germany or from France. Some propagators of early modern sport in the Czech lands, however, visited England in person – such as the already mentioned Josef Rössler-Ořovský, who also used English to title his sports diary in the 1880s – My sports.[16]

Early sports enthusiasm often went hand in hand with an admiration for English culture and lifestyle in general. A description is given of a teacher in the Czech lands in the early 20th century at a practical secondary school (Realschule), Edmund Aschauer. The teacher promoted football amongst his pupils, in contrast to many gymnasium (grammar school) teachers, and applied for approval for the first football association in the capital of Austrian Silesia, Opava/Troppau. During his periodic operations in the provinces, he founded the English Club as a specifically British organisational

14 *Ivana Bozděchová*, Anglicismy v českém lexiku (Anglicisms in Czech vocabulary), in: Nový encyklopedický slovník češtiny, Nakladatelství Lidové noviny, Praha 2016 [retrieved November 16, 2017 from www.czechency.org].

15 *Tomáš Jelínek*, Počátky moderních vodních sportů v Praze (Origins of the modern water sports in Prague), in: Město a voda. Praha, město u vody, Documenta pragensia XXIV, Archiv hlavního města Prahy, Praha 2005, 375–383.

16 *Václav Pacina*, Sport v Království českém (Sport in Bohemian Kingdom), Mladá fronta, Praha 1986, 91.

form using a Cisleithan legal basis for the association. As a member of a humorous organisation, he even acquired the 'Anglo and Francophile' name of Albion der Franzos' aus Steyr (Albion the Frenchman from Steyr). His colleague from the same educational institution, Professor of English and French, Franz Eigl, had even visited England not long previously and formed the first football team in the town from his secondary school pupils. He attracted public attention through his shorts which according to the socio-cultural norms of Central European middleclass society were only to be found on adolescent boys.[17]

Looking for the most apt personification of sports Anglophilia in Bohemia, the name Siegfried Rosenbaum offers itself to us, someone who fits perfectly within the monarchy's national and religious context. Although he was not a native of Bohemia, born on 2 February 1860 in Vienna, he visited gymnasium (grammar school) in Česká Lípa/Böhmisch-Leipa and subsequently studied law in Prague. He graduated from the German University in the autumn of 1884.[18] He became an articled clerk, later (in 1897) announcing the opening of his own law practice in the press,[19] but by that time his penchant for sport was already sidelining his original profession, with sport eventually replacing it. JUDr. Siegfried Rosenbaum was one of the most renowned all-round sportsmen in Bohemia. He did most common sports. When at university, he was one of the best fencers, rode horses, and was a successful speed-skater and a member of the Prager Eislaufverein committee.[20] He was one of the first to take up cycling on a penny farthing, and later during the bicycle era he was an important functionary within cyclist

17 *Martin Pelc*, Struktury opavského sportu 1850–1938 (Sport in Troppau), Slezská univerzita v Opavě, Opava 2009, 73–74; *K. M. Plischka*, Wie der Dorfjunge Troppau erlebte, in: Troppauer Heimat-Chronik 1971, Nr. 259, 178; *SOkA Opava*, Schlaraffia Opava (raw collection), Schlaraffia Oppavia membership book, ref. no. 201.

18 Charles University in Prague archives, Register of German Charles Ferdinand University in Prague doctors (1882–1892), rec. no. 1, 41. According to the press, he also studied in Dresden and Bonn. – Dr. Raabe-Jenkins gestorben, Prager Tagblatt 25.6.1925, 1–2.

19 Adressář královského hlavního města Prahy a sousedních obcí Bubenče, Karlína, Smíchova, Kr. Vinohrad, Vršovic a Žižkova (Directory of the Royal Capital City of Prague and neighboring municipalities Bubeneč, Karlín, Smíchov, Kr. Vinohrad, Vršovice and Žižkov), Praha 1891, 557, Kanzleieröffnung, Prager Tagblatt 17.1.1897, 3.

20 Dr. Raabe-Jenkins gestorben, Prager Tagblatt 25.6.1925, 1–2; Das dritte Turnier des Deutschen und Oesterr. Fechterbundes, Prager Tagblatt 28. 8. 1899, 4; Eisrennen auf der Primatoren-Insel, Prager Tagblatt 11.1.1897, 4; Prager Eislaufverein, Prager Tagblatt 25.12.1900, 7.

associations in Bohemia. *'With his bicycle, fitted with remarkably strong comfortable tyres, he was a well-known figure on Prague's streets.'*[21] He refereed matches of cycle polo, popular at the time, and even constructed a forerunner of the exercise bike – a bike on cylinders – according to an American model for home training.[22] He organised tennis tournaments, athletics meetings and other sports competitions.[23] His work in football was also of importance. He played as a defender in Prague's Regatta first team, was one of the first and most respected referees in Prague German football and a functionary in DFC Prag.[24] He rowed – in 1904 he rowed alone despite low water levels from Prague to Hamburg in sixteen days.[25] He later acquired a fondness for motor sports, and was one of the first bikers and automobile drivers in Prague. He was also interested in aviation: just a few days before his death he flew from Prague to Mariánské Lázně/Marienbad and back.[26]

Due to his fondness for sports, he chose to undertake sports journalism as his main profession. From 1893, he was in the editorial team of one of the two major Prague German newspapers (besides Bohemia), Prager Tagblatt. Family relations likely also played a role here. In 1886, Rosenbaum had married Hedwig Austerlitz, who like him came from a Jewish family.[27] The owner of Prager Tagblatt was her brother-in-law, Heinrich Mercy (the husband of her sister, Ottilie Austerlitz). Rosenbaum was one of the first professional sports journalists in Bohemia, and it would seem second in the whole of Austria following Viktor Silberer. He significantly raised the level of sports journalism in Prager Tagblatt for which he wrote numerous articles renowned for their deep professional perspective and typical telegraphic style. Furthermore, in 1904 he translated ice-hockey rules as followed by Swiss clubs into German, and in 1905 he and his wife translated Pembroke Arnold Vaile's latest book, Modern Lawn Tennis, from the English original into German, at that time the most extensive tennis guide on our market.[28]

21 -yk [Jan Byk], Dr. Siegfried Raabe-Jenkins zemřel (Siegfried Raabe-Jenkins died), Lidové noviny 25.6.1925, 4.

22 Prager Tagblatt 24.9.1900, 4; Prager Tagblatt 4.5.1900, 7; Sportausschuß Deutscher Radfahrvereine in Prag, Prager Tagblatt 28.1.1906, 7.

23 Deutsches athletisches Meeting, Prager Tagblatt 24.5.1900, 8.

24 Verband Prager deutscher Fußballvereine, Prager Tagblatt 22.12.1900, 7; Dr. Raabe-Jenkins gestorben, (Wiener) Sport-Tagblatt 26.6.1925, 7.

25 P-x [šifra], Z Prahy do Hamburku po vodě (From Prague to Hamburg on the water), Národní politika 22.8.1904, 5.

26 Dr. Raabe-Jenkins gestorben, Prager Tagblatt 25.6.1925, 1–2.

27 National Archives, Jewish marital records, Praha, rec. no. 2680, fol. 69.

28 Pembroke Arnold Vaile, Modern Lawn-Tennis, London 1904 (in Rosenbaum's translation Lawn-Tennis von heute, Hamburg 1905); Hockeyová pravidla (Ice-hockey rules), Národní politika 17.1.1905, 4.

It is clear that Hedwig Rosenbaum also had close links with England. The link here was again sport. Rosenbaum's spouse had won the Bohemian tennis championship, and in 1900 became the first woman in the Czech lands and one of the first ever women to stand on the (at that time still imaginary) Olympic podium. She achieved third place in singles in Paris, and also in the mixed doubles where her partner was Brit, Archibald Warden. Loyal to the cosmopolitanism of many of Prague's German-speaking Jews, she did not represent Austria, and was not part of the Bohemian (Czech) team either. Her successes lead the statistics for Prague. It is interesting that even in domestic tournaments she frequently played the mixed doubles with *'the Englishman from Vienna'*, T H Nash from Wiener Athletiksport-Club (W. A. C.). Together, they won the Austrian championships, amongst other titles.[29]

Siegfried Rosenbaum – after converting from Judaism to Catholicism in 1904 and subsequent approved surname change in 1909, Siegfried Raabe-Jenkins – died suddenly on 24 June 1925, and with him went one of the hardest working propagators of modern sport in Bohemia.[30] But to what extent did his interest in sport involve Anglophilia? The obituaries concur that he met with the phenomenon on his travels through England, but nothing further is known of this. Any doubts over Siegfried Rosenbaum/Raabe's Anglophilia should disappear when the pseudonym he used is looked at. Although he was called Bim by his friends, he authored his articles for Prager Tagblatt using the name Dr George Jenkins. Even outside of sports, the public most commonly knew him as Rosenbaum/Raabe-Jenkins.[31] He is also so-named in many obituaries. His nickname reportedly dates back to 9 December 1894 when an initiation football match took place between Prague's Regatta and the First Vienna Cricket and Football Club. The Viennese team comprised, besides two former Prague players, nine Englishmen. In cultural significance, this match even overshadowed the first match with an English team in Bohemia, Slavia – Oxford in 1899. Following a domestic defeat of 2:3, however, the Prague team called off the match in Vienna.[32] As has been noted, Siegfried Rosenbaum was close to Regatta. In the match in question, its goalkeeper was his brother-in-law, Robert Austerlitz, *'the first*

29 Ibid.; Das III. Wiener Lawn-Tennis-Turnier, Wiener Bilder 2.7.1899, 9.

30 City of Prague Archives, Sv. Apolinář – death records, rec. no. AP Z41, fol. 111.

31 National Archive, Police Headquarters I, conscription, box 497, image 164; City of Prague Archives, Prague population records 1830–1910, cart. 237, ref. no. 157.

32 Allgemeine Sport-Zeitung 16.12.1894, 1356; *Lubomír Král*, Historie německé kopané (History of German football), MJF, Praha 2006, 28.

goalkeeper of Prague football',[33] later General Director of the spinning and weaving mills in Červený Kostelec/Rotkosteletz, and subsequently artist.[34]

The importance of this match was due to the composition of the Viennese team, made up of nine footballers from the British Isles. According to a Sportovní obzor report on the match, *'Jenkins-forward and Blackey-back* [of the First Vienna Cricket and Football Club were] *players who would be a credit to many London clubs.'*[35] Although Prague would later get to know even better footballers in performance terms, the importance of this first encounter with English sports culture on home soil dwarfs them all. The significance of the event led two of the later most renowned sports journalists in Bohemia to spontaneously take on pseudonyms in tribute to the English players mentioned: Miloslav Horáček (České slovo and others) was henceforth known as Blackey-Horáček, and Siegfried Rosenbaum added the alias Jenkins to his surname. It is extraordinary that this event caused the same thing in both the Czech and German context. Eventually, a third major Prague sports journalist, Vilém Heinz (Národní politika, Národní listy) chose the English alias of Henry. They all used these pseudonyms concurrently with their official surname, demonstrating not just their fascination with sport, but also their Anglophilia.

These five phenomena originating from the English socio-cultural and scientific environment enjoyed the greatest but socially highly differentiated interest in Bohemia of course with the exception of the impact on architecture. In addition to this list of the most important English inspiration, during the 19th century, the influence of several naturalized Englishmen in Bohemia was also mediated in the first phase of industrial revolution by technology transfer, especially in engineering and transport.

---

33 Generaldirektor Austerlitz, Prager Tagblatt 30.10.1926, 4.

34 Allgemeine Sport-Zeitung 16.12.1894, 1356; In memoriam Robert Austerlitz 1862–1937, Mährisch-Ostrau 1937.

35 *Karel Petrů*, Dějiny československé kopané (History of Czechoslovak football), Národní nakladatelství A. Pokorný, Praha 1946, 69.

Corjo J. H. Jansen, Nijmegen

Pandectism: A Sullied Reputation

Abstract: The image of Pandectism in modern legal historian literature is often distorted. The pandectists are often associated with formalism, the glorification of concepts, and too great confidence in systematisation. This image is caricature. Many pandectists were looking for a connection to the legal practice of their time. They also recognised sources of law others than statutory law.

I Introduction

The pandectism that dates from the second half of the 19th century has got a bad name in much modern legal-historical literature,[1] where it seems to stand for formalism, the glorification of concepts, and excessive confidence in systematic construction. This description, by Hans Schlosser, is typical: 'Das neue "Pandektenrecht" bestand aus einer wissenschaftlich akribisch geordneten Ansammlung von Begriffssystemen, deren Zweck ausschließlich auf rein formallogisch-deductive Weg ermittelt wurde.' Private law was to be considered as a closed legal system, based on formal logic.[2] Legal formalism also stands out as a special characteristic of pandectist scholarship in an older description by Schlosser: 'Die neue Richtung der Pandektistik glaubte ihre Verpflichtung zur historischen Erfassung des Rechts durch eine formal-begriffliche, systematisch-konstruktive Denkweise einlösen zu müssen (juristischer Formalismus).'[3] In his book on the history of (Roman) private law, Geleerd recht, the Dutch legal historian Govaert van den Bergh (1926 – 2005) offered a definition similar to Schlosser's: 'Purely formal pandectist scholarship could thus arise from the Historical School, which increasingly turned away from social reality, and which tried, through rigorous analysis, to arrive at the definition of purely formal analytical concepts with which the law could be logically construed in mathematical fashion.'[4] Finally,

1 See also *Stephan Meder*, Rechtsgeschichte, Böhlau, Köln-Weimar-Wien 5. Aufl. 2014, 322; *Corjo Jansen*, Der Einfluss des deutschen auf das niederländische bürgerliche Recht zwischen 1840 und 1940, in: Rabels Zeitschrift für ausländisches und internationales Privatrecht 2017/81, 409.

2 *Hans Schlosser*, Neuere Europäische Rechtsgeschichte, C.H. Beck, München 2. Aufl. 2014, 259 (11, 36).

3 *Hans Schlosser*, Grundzüge der Neueren Privatrechtsgeschichte, C.F. Müller, Heidelberg 8. Aufl. 1996, 132.

4 *Govaert van den Bergh*, Geleerd recht. Een geschiedenis van de Europese rechtswetenschap in vogelvlucht, Kluwer, Deventer 5. Aufl. 2007, 123.

Martin Avenarius wrote in the Zeitschrift für Europäisches Privatrecht of this year (2017): 'Das "Lehrbuch des Pandektenrechts" war ein Dokument des rechtswissenschaftlichen Positivismus und Ausdruck des Strebens nach einem geschlossenen System.'[5] Just as typical as the descriptions offered by Schlosser, Van den Bergh and Avenarius is that by Franz Wieacker (1908 – 1994): 'Pandektenwissenschaft', he wrote, 'lag die Rechtsanschauung des rechtswissenschaftlichen Positivismus zugrunde, welcher die Rechtssätze und ihre Anwendung ausschließlich aus System, Begriffen und Lehrsätzen der Rechtswissenschaft ableitet, ohne außerjuristischen, etwa religiösen, sozialen onder wissenschaftlichen Wertungen und Zwecken rechtserzeugende onder rechtsändernde Kraft zuzugestehen.'[6] It should come as no surprise that many modern civil lawyers deeply dislike pandectism.

In his extensive oeuvre, my colleague Wilhelm Brauneder has also dealt with pandectism. In his splendid book "Europäische Privatrechtsgeschichte", he characterises pandectist scholarship on the one hand as Begriffsjurisprudenz and, on the other, as scientific positivism. Pandectism put concepts and legal rules into a single logical context: the law as 'Endprodukt der Rechtswissenschaft'. Thus, 'Nur was die Wissenschaft niederlegt (deponiert), ist Recht.' Kollege Brauneder took the view that, because it is science and not the legislature that shapes the law, the legal concepts that have been developed are value-neutral and thus valid in perpetuity.[7]

German pandectism stood in the tradition of usus modernus and mos italicus. It has played a significant exemplary role for the legal profession in the countries bordering Germany, including Austria. On Austrian private law at the end of the 19th century, Brauneder writes: 'In den nächsten Jahrzehnten beherrschte die pandektische Methode die österreichische Zivilistik. Vielfach maß man das ABGB nun an der pandektischen Systematik und Begrifflichkeit und fand, dass es diesem Maßstab niet genüge. Die Folgen waren eine "Pandektisierung" des ABGB-rechts und zeitweise die Forderung das ABGB durch eine neue Kodifikation zu ersetzen, die sich schließlich zur Teilnovellierung abschwächte.'[8] In the Netherlands also pandectism has had considerable influence on private law, and it was there, too, that practitioners of private law came to the conclusion that the 1838 Civil Code did not have

5 *Martin Avenarius*, Bernhard Windscheid (1817–1892) – Der Spätpandektist und seine Wirkung auf das Rechtsdenken des europäischen Auslands, in: Zeitschrift für Europäisches Privatrecht 2017/2, 397.

6 *Franz Wieacker*, Privatrechtsgeschichte der Neuzeit, Vandenhoeck & Ruprecht, Göttingen 2. Aufl. 1967, 431.

7 *Wilhelm Brauneder*, Europäische Privatrechtsgeschichte, Böhlau, Wien-Köln-Weimar 2014, 135.

8 *Brauneder*, Fn. 7, 138.

the systematic acuity of pandectic scholarship. Moreover, there was also criticism of pandectism in the Netherlands.[9] I would note here that there is no one, single pandectist or version of pandectism.[10] In the next paragraph (II.) of this contribution, I present the views of a number of German and Dutch pandectists on the meaning of pandectist law. Based on this overview, a discrepancy will emerge between the image they themselves sketched of their activities and the image that we find nowadays in the literature on pandectism. In addition, I consider the views of a number of German pandectists on the interpretation of the law (III.). This makes it clear how they regarded the law as a possibly closed system, and looks at whether they may have been overly formalistic. Finally, I present a number of closing reflections (IV.).

II Pandectist law

In his book "Pandekten", Ferdinand Regelsberger (1831 – 1911), a professor at Göttingen University, described pandectist law as follows: 'Pandectae oder jus Pandectarum wurde die Bezeichnung für das gesamte in Deutschland geltende, aus römischen, kanonischen und einheimischen Bestandteile gemischte Privatrecht.'[11] Another appropriate name for pandectist law in his view was 'heutige römische Recht', or 'das gemeine deutsche Privatrecht römischen Ursprungs'.[12] It differentiated itself from the law of mainly German (native) origin, which had some of its roots in the German past (such as commercial law), and had its origins in part in the modern legal discourse of the 19th century (the law on negotiable instruments, insurance law, copyright law, etc.). This German law has led to a particular field of scholarship: 'die Lehre von dem in der Hauptsache nur partikularrechtlich

---

9 *Jansen*, Fn. 1, 412ff.

10 See, for a general characterisation: *Klaus Luig*, Pandektenwissenschaft, in: Handwörterbuch zur deutschen Rechtsgeschichte (HRG) III, Erich Schmidt, Berlin 1984, Sp. 1422ff.; *Jan Lokin*, The influence of the pandektistiek on the work of Diephuis and Opzoomer, in: *Roel Pieterman et al* (Eds.), Bijdragen tot de rechtsgeschiedenis van de negentiende eeuw, Gouda Quint, Arnhem 1994, 29ff.; *Jan Peter Schmidt*, Pandektensystem, in: *Jürgen Basedow et al* (Eds.), The Max Planck Encyclopedia of European Private Law II, Oxford University Press, Oxford 2012, 1238ff.; *Corjo Jansen*, De wetenschappelijke beoefening van het burgerlijke recht in de lange 19e eeuw, Wolters Kluwer, Deventer 2015, 203ff.

11 *Ferdinand Regelsberger*, Pandekten I, Duncker & Humblot, Leipzig 1893, 15.

12 See also *Bernhard Windscheid*, Lehrbuch des Pandektenrechts I, bearb. von *Theodor Kipp*, Rütten & Loening, Frankfurt/Main 8. Aufl. 1900, 1; *Rudolf Sohm*, Institutionen, Geschichte und System des römischen Privatrechts, bearb. von *Ludwig Mitteis*, hrsg. von *Leopold Wenger*, Duncker & Humblot, München-Leipzig 1928, 8.

geltenden einheimisch-deutschen Privatrecht'. Just like this 'native' German private law, pandectist law also arose from the bosom of the German people, and this was actually as a result of usage, Gerichtspraxis and the scholarly work on 'received' Roman law. Thus it did not coincide with the Pandects, which the Emperor Justinian had proclaimed as law in the 6th century AD. 'Das gemeine deutsche Pandektenrecht', according to professor Rudolf Sohm (1841–1917) from Leipzig, 'wurde ein den deutschen Verhältnisse angepaßtes römisches Privatrecht, und unsere Wissenschaft vom Pandektenrecht bedeutete also eine Wissenschaft von dem römischen Privatrecht in der veränderten Gestalt, die es als "heutiges" gemeines deutsches Privatrecht gewonnen hatte.'[13] Pandectist law had a very clear practical purpose. In order not to lose sight of that purpose, it was useful, after the promulgation of the German Civil Code, to keep the name pandectist law – this according to Sohm.[14] Windscheid's "Lehrbuch des Pandektenrechts" quickly came to be regarded as the most important scholarly authority for the practice of law.[15]

The Pandektenrecht was subsidiary to the Partikularrechte, the 'native' German law (e.g. Gewohnheitsrechte), which was the primary law.[16] In the course of the 19th century, codifications would subsequently restrict the validity of Roman law to an ever-smaller part of the German Empire. In 1900, the Pandektenrecht was finally – and subject to certain legal exceptions and provisions of transitional law – abolished for the entire German Empire with the entry into force of the German Civil Code. For the pandectists, this did not mean the end of the Pandektenrecht – far from it. The German Civil Code was closely bound up in countless ways with this law, with the legal formulae, legal rules, and principles that had been developed in it. Not only for the understanding of the new Code, but also for the development of the law on the basis of the Code, knowledge of the Pandektenrecht and of pandectism was essential. The latter discipline was more capable than any other of drawing the connecting lines from the Corpus Iuris Civilis to modern civil law. According to Heinrich Dernburg (1829 – 1907), Roman law might even be called the law of the future: 'Von Jahr zu Jahr steigert sich

13 *Sohm*, Fn. 12, 3

14 *Sohm*, Fn. 12, 8; *Heinrich Dernburg*, Pandektenrecht I, H.W. Müller, Berlin 7. Aufl. 1902, 1 Fn. 1.

15 *Wieacker*, Fn. 6, 446. See also *Meder*, Fn. 1, 321, who compared the meaning of Windscheids Lehrbuch des Pandektenrechts to that of the present-day 'Palandt'.

16 See, on subsidiarity: *Olav Moorman van Kappen*, Zur Lehre von der Subsidiarität der Geldrischen Landrechte, in: *Peter Blickle* u.a. (Hrsg.), Subsidiarität als rechtliches und politisches Ordnungsprinzip in Kirche, Staat und Gesellschaft, Duncker & Humblot, Berlin 2002, 259ff.

der Verkehr der Nationen und drängt zu einem einheitlichen Verkehrsrecht. Für dieses gibt das römische Recht feste Bausteine, da es bei allen Völkern des europäischen Kulturkreises Grundlage des Rechtsstudiums und Quelle von Rechtssätzen ist.'[17]

The Pandektenrecht had also long since left behind Roman law and the spirit of the Roman people. In that sense, it had another meaning, whose importance cannot be overestimated, for the whole of Europe – indeed for the entire civilised world. As Dernburg wrote, the Pandektenrecht had as an objective 'die Entwicklung einer allgemeinen Theorie des Privatrechtes in seinem Werden und seinem gegenwärtigen Zustand'. Or, in the famous words of Bernhard Windscheid (1817 – 1892), the contents of Roman law apply 'als der Ausdruck allgemein menschlicher Auffassungen allgemein menschlicher Verhältnisse, nur mit einer Meisterschaft entwickelt, welche keine Jurisprudenz und keine Gesetzgebungskunst seitdem zu erreichen verstanden hat ....' Its contents aside, Roman law was also, by virtue of its design, the model for all legal thought and creative work. 'Die Begriffe des römischen Rechts sind immer scharf und präcis, und doch sind sie immer elastisch, immer bereit, sich jedem neu auftretenden Lebensbedürfnissen zu öffnen (...); das römische Recht ist immer klar, und doch nie abstract.'[18]

The ambition to develop a general theory of private law on the basis of a method derived from historical dogma carried within it the seeds of regarding the law as entirely separate from social and political reality. According to Wieacker, Windscheid should be seen as a pre-eminent representative ('ein Klassiker') of the scientific positivism that marked jurisprudence, including private law, in his lifetime.[19] Supporters of this positivism traced legal rules and their meaning exclusively to the system and its concepts, both of which they designed, and did not concern themselves with political, ethical or economic considerations. I venture to doubt whether Windscheid's work should be considered as a genuine classic of jurisprudential positivism. I will not attempt to answer that question in this contribution. Windscheid himself already recognised in any case that the German spirit could easily run aground on the rocks of dogmatic abstraction—perhaps too easily. For him, Roman law was just the right remedy for this malady.[20] But for some pandectists, this remedy has not helped. Their hankering after some sort of tenuous understanding has led to the extreme form of pandectic jurisprudence known as Begriffsjurisprudenz, and rightly so. Regelsberger, however,

---

17 *Dernburg*, Fn. 14, 3 (citation); *Sohm*, Fn., 12, 10.

18 *Dernburg*, Fn. 14, 1 (first citation); *Windscheid*, Fn. 12, 18 (last two citations); *Jansen*, Fn. 1, 410ff.

19 *Wieacker*, Fn. 6, 431.

20 *Windscheid*, Fn. 12, 18.

saw the emergence of an entirely different threat to the pandectists than the looming Begriffshimmel: that they ran the risk 'in einen dürren Pragmatismus aus zu arten'.[21]

Pandectism and liberal capitalism are traditionally seen as flip sides of the same coin. The pandectic ideal would be a legal order in which private autonomy and the more or less unrestricted freedom to enter into contracts and own property occupied a central place.[22] This ideal has been attacked pretty roundly. Hofer has convincingly refuted the traditional image of limitless freedom of contract. It surprises her that this presentation of affairs became predominant in the 20th century. Many pandectists knew nothing about unrestricted freedom of contract. Windscheid accepted a 'Freiheit in Grenzen' without precisely defining these restrictions.[23] Kroeschell had already spoken of a 20th-century prejudice with regard to an absolute right of ownership (in the sense of an unrestricted freedom of property). The pandectists were familiar with all kinds of restrictions on property rights. When they talked about an unrestricted freedom of property, this was not descriptive (of practices at the time with respect to property), but normative.[24] If Windscheid was perhaps the most outspoken proponent of a liberal concept of property, he was challenged by other pandectists such as Dernburg: 'In der That sind alle Rechte des Individuums, insbesondere auch das Eigentum, durch die Rücksicht auf die Gesellschaft beeinflußt und rechtlich gebunden.'[25]

What were the views of the Dutch pandectists on the Pandektenrecht? They rallied behind Windscheid's views in remarkably concerted terms. Joël Goudsmit (1813 – 1882), Professor of Roman Law at Leiden University, believed that Roman law owed its predominant and pervasive influence to its own intrinsic excellence. This was based, not on the narrow-minded, peculiar spirit specific to the Roman people, but was rather the expression of 'a healthy view of general human relations, while this cosmopolitan character

21 *Regelsberger*, Fn. 11, 33.

22 *Luig*, Fn. 10, Sp. 1423.

23 *Sybille Hofer*, Freiheit ohne Grenzen? Privatrechtstheoretische Diskussionen im 19. Jahrhundert, Mohr Siebeck, Tübingen 2001, 279.

24 *Karl Kroeschell*, Die nationalsozialistische Eigentumslehre: Vorgeschichte und Nachwirkung, in: *Michael Stolleis/Dieter Simon* (Hrsg.), Rechtsgeschichte im Nationalsozialismus. Beiträge zur Geschichte einer Disziplin, Mohr Siebeck, Tübingen 1989, 44; *Corjo Jansen*, Eigentumsrecht und Gemeinschaftsdenken im 20. Jahrhundert: Deutsche Inspiration und niederländische Nachahmung, in: Zeitschrift für Neuere Rechtsgeschichte 2014, 246ff.

25 *Dernburg*, Fn. 14, § 192 Anm. 7.

was paired up with an art of constructing the law that has until today not met its equal.'[26] Modderman, Drucker and Tichelaar used almost literally the same description, and held that the main principles of Roman law were linked to a rational view of more general human situations and relations. Hendrik Drucker (1857–1917), Professor of Roman Law at Groningen University, and later at Leiden University, also saw it as the task of the legal scholar to dig down to the deepest foundations of Roman law and detect the relationships that comprised its system. In his day, numerous Roman doctrines were still as fresh as if they had just been created. He did warn against a slavish imitation of, and too great an admiration for, Roman law. The scholar did not hesitate to reject Roman law when it was not in line with the modern view or with the new demands of society. The task of the lawyer was, he believed, to develop the law further on a historical basis, as was required by society's interests. The power of Roman jurists lay precisely in their skill in the practical application of the law.[27] A tenet of private law should therefore not be caught up in the methods of orthodox Romanism or dogmatism (as had happened in the Netherlands to the freedom of contract). From these ominous words of Drucker it becomes clear that the ("heutige") Roman law had already got a bad name by the end of the 19th century. Willem Molengraaff (1858–1931), Professor of Commercial Law at the University of Utrecht, denounced the disastrous role that Roman law plays with regard to the development of Continental law. I quote him rather extensively here:

'This Continental law was, until recently, actually derived by deduction from a philosophy of law that reasoned in abstracto or from Roman law, which, though it may well be a historical monument of lasting value, has thwarted and obstructed the free development of the law more than one would have wished. Because it was imposed on a society in which it was absolutely not intended to work, adverse consequences were bound to ensue, and the harmony between the law and the social needs it was to meet was completely disrupted.'[28]

It was not only Roman law that came in for criticism. The German devotees of this law also received their fair share. I quote – once again at some

26 *Joël Goudsmit*, Pandecten-Systeem, Part 1: General Part, Jacobus Hazenberg, Leiden 1866, 2.

27 *Wiardus Modderman*, Handboek voor het Romeinsche recht, seen to by *Hendrik Drucker* and *Paul Tichelaar*, edited by *Paul Tichelaar*, J.B. Wolters, Groningen 4. Aufl. 1908, 2, 74; *Hendrik Drucker*, Rechtswetenschap en wetgeving, in: Rechtsgeleerd Magazijn 1882, 529f., 535ff.

28 *Willem Molengraaff*, Eenige opmerkingen over de methode van recht en wetgeving in Engeland en op het continent, in: Rechtsgeleerd Magazijn 1882, 225.

length – from a book review by the lawyer and Catholic politician Joan Bohl (1836–1908), who was well known in the Netherlands:

> 'The German scholars generally give the impression of someone who has eaten too much, and who suffers from indigestion. Their ratiocinations are cumbersome and wordy; their style is dull and heavy, as though they were about to suffer a seizure of some sort, and because they normally cannot use their own language with any great skill, their books, which are far too thick, are peppered horridly with strange words and expressions—and this means that these gentlemen must do their utmost to shake out onto the page what is in their brains.'[29]

By contrast with these unflattering words aimed at German legal scholars, we have the views of the Amsterdam Professor Paul Scholten (1875–1946): it was thanks to the German scholars, he wrote, 'that the law developed in the nineteenth century, even as legislation stagnated.'[30] The negative image of German scholarship on private law, and particularly of pandectism, was perpetuated in Dutch literature in the 20th century. A good example of this is the reception that greeted the Inleiding tot het Burgerlijk recht by Johannes Suijling (1869–1962), a professor at the University of Utrecht. Scholten called this book the Dutch "Pandecta".[31] In his Inleiding, Suijling meant to give a systematic exposition of the principles of civil law. He took the view that positive law could only be explained with the help of that positive law itself through analysis, comparison and synthesis. In addition, he embraced the renewal, introduced by the pandectists, of constructing a 'Allgemeiner Teil'. He thus paid attention to topics that had rarely been treated in such a structured fashion in the Netherlands, such as legal acts, declarations of intent, juristic facts, interpretation of legal acts and abuse of rights. Suijling presented himself as an empirical positivist. He must have regretted this. Molengraaff and Scholten denounced his work as legalistic, abstract and formalistic. In so doing, however, they did not do him justice. He was anything but a sterile literalism. The law existed not for its own sake, as Suijling himself had also argued. It was intended to serve people in their day-to-day affairs. A law had to meet society's requirements and produce the outcomes intended by the legislature. Suijling therefore announced in the preface to the second edition (1927), and not without some pride, that his book—notwithstanding the criticisms and the accusation of decay from young students—had managed to reach the practically minded lawyer.[32]

---

29 *Joan Bohl*, Review of J.A. Jolles Azn, Het Periculum bij den koop, in: Themis 1892, 600.

30 *Paul Scholten*, Een nieuw leerboek, in: WPNR 1919/2585, 259. See also *Jansen*, Fn. 1, 400ff.

31 Ibid., 259.

32 *Jansen*, Fn. 1, 238ff.

A brief interim conclusion. Even though pandectism was charged from the beginning, both in Germany and in the Netherlands with formalism, with a positivism that shunned practice, and with using sterile logic, this was not in line with the view that the German and Dutch pandectists had of their own method. They stood for an open system of law and the development of flexible legal concepts. They saw themselves as the followers of the classical Roman lawyers, who were eminently capable of adapting the law to the needs of their time.

III Interpretation of the law according to Regelsberger, Windscheid and Dernburg

According to Regelsberger, a legal provision always left a court more or less space because it could settle one or another concern in life only to one or another degree. Interpretation of the law establishes the meaning of the law. It served 'für ein Lebensverhältnis den Rechtssatz aus dem gesamten Stoff des positiven Rechts zu ermitteln.' He called this method 'Rechtsfindung' (or interpretatio juris), one of the first times I literally stumbled across the concept of 'Rechtsvinding' or 'Rechtsfindung'. He also included analogy in this concept. It was not only 'dunkle oder zweideutige' laws, but every law that needed explaining.[33] Regelsberger distinguished two forms of legal interpretation: the grammatical and logical. Logical interpretation was an explanation of general principles.[34] It included what we would call systematic interpretation ('was bedeutet die Gesetzesbestimmung im Ganzen des Gesetzes?'),[35] teleological interpretation ('Zweck des Gesetzes'; ratio legis) and legal-historical interpretation. Logical interpretation involves, providing an explanation in the context of the system of the law ('was bedeutet die Gesetzesbestimmung im Ganzen des Gesetzes?'): 'man muss sich den Geist und das Gesamtbestreben eines Gesetzes oder eines ganzen Rechtsinstituts, ja oft in weiterer Linie die sittliche und sociale Aufgabe des Rechts zum Bewusstsein bringen.'[36] A lawyer fulfilled his task when he understood the law in the light of the requirements of practical life. Were there gaps in the

33 *Regelsberger*, Fn. 11, 140f. He was referring to D. 1, 1, 2, 5,12.

34 There is a fine example in C. 1, 14, 6: We do not want what has been decreed in favour of certain persons in certain cases to be construed as having been devised at their expense. See also D. 1, 3, 25.

35 See D. 1, 3, 24: it is unseemly to render judgment or make a recommendation on the basis of a special part of a law without surveying the law as a whole.

36 *Regelsberger*, Fn. 11, 145ff. (citation: 147). The distinction between ratio legis and ratio juris is complex: see *Govaert van den Bergh*, Wet, gezag en rede, Kluwer, Deventer 1987, 6, 7.

law? Yes and no, according to Regelsberger. On the one hand, there were, because a legislature could not anticipate every possible problem in practical life. On the other hand, there were not, because a court should never refuse to administer justice. To this end it could use analogy.[37]

Windscheid also distinguished between a grammatical and a logical interpretation of the law, according to which the court tried to dig as deep as possible to divine the intentions of the legislature. With this latter interpretation, he had roughly the same understanding as Regelsberger. The analogy also fell within the logical interpretation of the law.[38] Windscheid went one step further: '[Die Auslegung] hat ferner die Aufgabe, hinter dem Sinne, welchen der Gesetzgeber hat ausdrücken wollen, dessen eigentlichen Gedanken hervorzuziehen.' The court could do this with the help of the analogy. Windscheid called it 'Rechtsanalogie'. It stood alongside 'Gesetzesanalogie'. It is precisely where there was a gap in the law that the court had to try to figure out, based on the legal system as a whole, what the legislature was actually thinking. If there was a shortcoming in the law or the legal system, the court had to base its decision on 'a subsidiary legal order'. Windscheid did not see this as including natural law. The court had to deduce its decision from what 'im Verkehr als billig und gerecht angesehen wird.'[39] In addition, Windscheid did not want to sacrifice justice to legal certainty. On this point, Meder wrote: 'Der angebliche Begriffsformalist und Rechtspostivist Windscheid erklärt also Rechtssicherheit als zu teuer erkauft, wenn der Richter in einer bestimmten Entscheidungssituation daran gehindert wird, seinem Gerechtigkeitsempfinden zu folgen.'[40]

Dernburg also argued, finally, that laws could never be so complete that they could anticipate every possible legal problem. At the same time, the court could not refuse to administer justice. 'Hier bewährt sich nun, daß das Recht ein System ist, welches die Fähigkeit hat, sich aus sich selbst heraus zu vervollständigen.' This act of completion takes place by means of analogy. Another means to complete the system was the Natur der Sache. Every concern in life bore within itself a certain order. The court must revert to this inner order if the law falls short.[41]

---

37 *Regelsberger*, Fn. 11, 155ff. In support of his position, he invoked D. 1, 3, 12; D. 1, 3, 27 and C. 1, 14, 3. He also referred to the prohibition of the denial of Justice under Article 4 Cc.

38 *Windscheid*, Fn. 12, 82ff. For support for the teleological interpretation, he referred to D. 1, 3, 25 and C. 1, 14, 6.

39 *Windscheid*, Fn. 12, 86ff. (citation), 90, 91.

40 *Meder*, Fn. 1, 324.

41 *Dernburg*, Fn. 14, 82ff. Dernburg also referred to the prohibition of the denial of Justice under Article 4 Cc. The *Natur der Sache* was not to be confused with natural law that went back to the essence of people.

In their reflections on the interpretation of the law, the pandectists seem by no means to assume a closed system. Their system did not, moreover, consist of productive concepts, but of legal rules and principles. To obtain inspiration for their reflections, they appealed to texts in the Pandects and the Codex. The pandectists recognised that the law was never clear and that it therefore needed explaining. Many well-known methods of interpretation were passed in review. They also signalled that analogy had to fill the gaps in the system of the law, possibly with an appeal to the underlying thoughts and values of this system. Only Dernburg allocated a special place to the system of the law, in that he seemed to assume the completion of the law from within the system. At the same time, he allocated a special place to the Natur der Sache as a source of replenishment for the justice system. In so doing, he went beyond positive law. In addition, the pandectists recognised the existence of a Gerichtsgebrauch alongside the German Civil Code (or other codifications of civil law). The image of pandectics, which is characterised by formalism, estrangement from the needs of society, or too great a confidence in the system of the law, does not appear to be adequate if we read the reflections of the pandectists on interpreting the law. Though they did not lean towards Freirechtsbewegung, they left the court with a considerable degree of freedom (so it is hardly a matter of positivism here). In his book on Recht als Wissenschaft, Jan Schröder writes: 'Das [die Lehre der Pandektistik] kann man aber kaum "Positivismus" nennen. Es handelt sich im Wahrheit um eine idealistische Rechtstheorie, die nicht nur auf das positiv Gegebene, sondern auch auf das darin angeblich enthaltene Vernünftige sieht.' With the pandectists, there is no legal positivism: they also recognised sources of law other than statutory law.[42] The pandectists also took due account of society's needs and of the principles and thoughts behind the law and the legal system. Schröder rightly concludes, also with regard to the German pandectists: '…die Bezeichnung "Gesetzespositivismus", die eine sklavische Bindung des Rechters an das Gesetz nach dem Modell des "Subsumtionsautomaten" suggeriert, wenig passend zu sein.'[43] Although the value of a methodological support tool such as the analogy was sometimes controversial, no one went as far as the Austrian pandectist Joseph Unger (1828–1913), who wrote in 1906 that 'die überkommenen, einander

42 For the previous history of concepts used by the pandectists such as Lücke, Gesetzesanalogie and Rechtsanalogie, Natur der Sache, etc., and for explanation of the law in the middle of the 19th century, see *Jan Schröder*, Recht als Wissenschaft. Geschichte der juristischen Methodenlehre in der Neuzeit (1500–1933), C.H. Beck, Munich, 2012, 265 et seq, 327 (citation), 328, 329ff.

43 *Schröder*, Fn. 42, 328.

widersprechenden Interpretationsregeln...nicht mehr Wert [hätten] als die Wetterregeln der Bauer'.[44]

IV Final reflections

Where do my reflections lead? The image of pandectism we often (but not always) come across in modern literature is distorted. The pandectists located themselves firmly in the tradition of the usus modernus. They treated Roman law not only on a historical basis, but also in the light of its historical development, starting with its reception. They focused, not on the study of Roman law in the Roman period ('pure' ('zuivere') Roman law), but on Justinian law, such as that which had developed starting in the 11th century under the influence of numerous factors. As we have seen, the pandectists were looking earnestly for a connection to the requirements of the society of their time and to the values, principles and thoughts behind the legal system. The fact that they also engaged in systematising the various legal principles, concepts and phenomena, stems from the fact that they were – sometimes among other things – scholars. Scholarly legal practice cannot do without systematisation and conceptualisation.[45] Dernburg saw it as his specific task to draw the connecting lines from the Corpus Iuris Civilis to modern civil law.

Legal history, comparative law and legal dogmatics had come together in the German-speaking countries prior to the introduction of the German Civil Code. The German legal historian Rainer wrote the following words about this that are worth reading: 'Rechtsgeschichte, Rechtsdogmatik und Rechtsvergleichung wurden somit zu den tragenden Eckpfeilern einer einheitlichen deutschen Rechtswissenschaft.'[46]

As may have been clear from my argument, pandectics are, as I see it, often wrongly associated with formalism, the glorification of concepts, and too great a confidence in systematic construction. Of course, there have been some excesses: pandectists have removed themselves too far from legal practice or have ended up in Begriffshimmel. However, one should not fail to recognise that – to quote Coing – 'in den letzten Jahrzehnten

44 *Joseph Unger*, Der Kampf um die Rechtswissenschaft, in: Deutsche Juristenzeitung 1906, Sp. 781ff (Sp. 785).

45 That this creation of great scholarly understanding could, once again, have a dark side: the estrangement between the law as a system and social reality. Not every pandectist avoided this pitfall.

46 *J. Michael Rainer*, Zur Rechtsprechung des Reichsgerichts bis zum Inkrafttreten des BGB: Ein Modellfall für den Europäischen Gerichtshof?, in: Zeitschrift für Europäisches Privatrecht 1997/2, 761.

des 19. Jahrhunderts die gemeinrechtliche deutsche Rechtswissenschaft dann allgemein europäischen Einfluß [hat] gewonnen....Insoweit, aber auch nur insoweit, nämlich als eine allgemeine Rechtslehre, ist auch das jüngere gemeine Recht eine Art Ius Commune geworden.'[47] As the leading practitioners of civil law in the 19th century, the pandectists do not deserve to be made into caricatures of themselves. Windscheid was not only a collector and creator of order. Meder also signalled 'eine Tendenz zur Korrektur des stark verzerrten Windscheidsbildes'.[48] I could not agree more. With this study, I hope to honour a man who, through his writings, made significant contributions to the flourishing of the history of Austrian and European private law.

47 *Helmut Coing*, Europäisches Privatrecht 1800 bis 1914, II (19. Jahrhundert), C.H. Beck, München 1989, 56.

48 *Meder*, Fn. 1, 323.

Janez Kranjc, Ljubljana

Die Zeit der Illyrischen Provinzen im slowenischen kollektiven Gedächtnis

Abstract: This paper tries to show the main ideas behind the creation of Illyrian Provinces which were a mixture of military and fiscal deliberations and had never produced a clear constitutional profile, and it also describes the creation progress of their organization. The second part of the paper deals with the official language and the teaching language in the Illyrian Provinces. A major failure of the French administration was probably the unsuccessful abolition of the feudal system. A lack of qualified civil servants fluent in local language, new taxes, contribution and requisitions, conscription of soldiers for Napoleon's army etc. made it unpopular. Yet, especially in the intellectual circles, it brought about an opening and a certain change and set free new ideas and expectations.

I Die Illyrischen Feierlichkeiten

Von Frankreich abgesehen ist Slowenien eines der nicht so zahlreichen Länder, in denen noch heute ein Napoleon-Denkmal steht. Es wurde im Jahr 1929 errichtet und im Rahmen der sogenannten „Illyrischen Feierlichkeiten" am 13. Oktober 1929 eingeweiht. Mit der Einweihung des Denkmals wollte man an die Gründung der Illyrischen Provinzen 120 Jahre zuvor erinnern. Der Schöpfer des Denkmals war der berühmte Architekt Josip Plečnik – ein Schüler von Otto Wagner –, der kurz davor die Renovierung der Prager Burg bzw. des Burgareals auf dem Hradschin in Prag durchgeführt hatte. Anlässlich der Einweihung des Denkmals wurde eine große Feier organisiert, die der Rundfunk in einer Direktsendung live übertrug. Die Zugangsstraße zum Platz, auf dem das Denkmal steht, wurde mit 70 Maibäumen geschmückt. Im Rahmen derselben Feier wurde eine Gedenktafel für Napoleon Bonaparte an dem Bischofspalast enthüllt, in dem er am 28. April 1797 übernachtet hatte.[1] Die Idee, in Ljubljana ein Denkmal für Napoleon zu errichten, kam vom damals bedeutendsten Kulturverein „Glasbena matica"[2] und vom Französischen Institut, das 1921 errichtet und am Anfang von dem berühmten

1 Siehe die Ankündigung in der Zeitung Jutro vom 12. Oktober 1929.
2 Angeblich hatte der Musikverein „Glasbena matica" dabei etwas unlautere Hintergedanken: Der Chor des Musikvereins plante eine Frankreich-Tournee, hatte aber keine Mittel dafür. Von der Errichtung des Denkmals und der Feierlichkeit erhoffte man sich als „Gegenleistung" der französischen Seite eine offizielle Einladung nach Frankreich zu bekommen, was dann auch wirklich geschah.

Philologen Lucien Tesnière (1893–1954) geleitet wurde. Zu Beginn dachte man nur an eine Gedenktafel. Die Stadt beschloss jedoch, eine „Illyrische Säule“ mit einer bronzenen Maske von Napoleon und der Aufschrift zum Gedenken an den unbekannten französischen Soldaten der napoleonischen Armee zu errichten.

Am Vorabend der Einweihung der Illyrischen Säule wurde ein „Napoleon-Abend“ organisiert, an dem neben dem Festredner, dem Dichter, und dem ersten Präsidenten des französischen Instituts Oton Župančič, auch politische Persönlichkeiten teilnahmen: der französische Botschafter in Belgrad Émile Laurent Joseph Dard, der Minister ohne Portefeuille Nikola T. Uzunović, der Vertreter des Königs Stevo Hadžić, der Stellvertreter des Kultusministers Lončar, der Französische General Roset usw. Die Feierlichkeit am 13. Oktober 1929 waren für die damaligen Verhältnisse ein erstklassiges politisches Spektakel, an dem auch die berittenen Vertreter der Turnvereine „Sokol“[3] und „Orel“[4], Feuerwehr- und Studentenvereine, Sängerchöre, Reserveoffiziere, Pfadfinder usw. teilnahmen.[5] Zu diesem Anlass wurden die Broschüren „Napoleon in Ilirija“ (Napoleon und Illyrien)[6] und „Napoleon ob Soči“ (Napoleon am Isonzo)[7] herausgegeben, eine „Illyrische Ausstellung“ wurde organisiert, und dergleichen mehr. Nach den Feierlichkeiten schrieb die Zeitung Slovenec: „Unter all diesen Denkmälern des längst vergangenen Kulturlebens sind die Erinnerungen an das ins Leben gerufene Illyrien am hellsten. Denn in Vodniks Illyrien fing das neue Kulturleben unseres Volkes an, denn damals wurden auf Anhieb alle Volksschulen slowenisch und auch in der Mittelschule und an der Universität bekam unsere Sprache ihren Platz. Illyrien eröffnete uns das Tor in das selbstständige Kulturleben, aber es verlieh uns auch das Bewusstsein der slowenischen Gemeinschaft. Zum ersten Mal nach langer Zeit war das slowenische Volk in einer Verwaltungseinheit

---

3 „Sokol“ (deutsch: Falke) war die national und patriotisch geprägte Turnbewegung in Mittel- und Südosteuropa. Der erste Sokol wurde 1862 in Prag gegründet. Schon ein Jahr danach gründete der Mitbegründer der Turnbewegung Sokol Dr. Miroslav Tyrš (1832–1884; geboren als Emmanuel Tiersch) den Turnverein „Gimnastično društvo Južni sokol“ (Turnverein Südsokol) in Ljubljana. Politisch vertrat Sokol liberale Ansichten.

4 „Orel“ (deutsch: Adler) war eine katholisch, national und patriotisch geprägte Turnbewegung in Slowenien und in Kroatien, die von der slowenischen Volkspartei 1905 gegründet wurde. Sie wurde mit der Absicht gegründet, die Jugend dem Einfluss liberaler Ideen von Sokol zu entziehen bzw. als Gegengewicht zum Sokol zu fungieren.

5 Siehe die Berichte in den Zeitungen Jutro und Slovenec aus jenen Tagen.

6 Napoleon in Ilirija, Izdal odbor za proslavo 120 letnice Ilirije oživljene, 1929.

7 *Jože Rus*, Napoleon ob Soči, Izdala in založila založba Luč, Ljubljana 1929.

vereint und Görz, Triest, Fiume, Villach wurden in einer Provinz vereint, deren Hauptstadt unser weißes Laibach war.“[8]

Die begeisterten, ja sogar exaltierten Äußerungen über die französische Verwaltung und die Bedeutung der Illyrischen Provinzen waren hundert Jahre nach der französischen Besatzung ziemlich weit von der historischen Realität entfernt. Schon die Behauptung, die einer der Hauptgründe für die damalige Begeisterung war, dass nämlich während der französischen Verwaltung der Schulunterricht auf allen Ebenen auf Anhieb slowenisch wurde, stellt eine idealisierende und zu einem großen Teil auch falsche Übertreibung dar. Überhaupt war die französische Herrschaft in den Illyrischen Provinzen nicht immer beliebt bei ihren Einwohnern. Anfangs hat nämlich die slowenische Bevölkerung die französische Verwaltung in keiner besonders guten Erinnerung behalten. Der Krieg, die hohen Steuern, die Wirtschaftskrise, die Requirierungen und Reformen trugen zu einem negativen Bild der französischen Verwaltung während ihrer kurzlebigen Existenz bei.[9]

Diese negative Bewertung änderte sich gegen Ende des 19. Jahrhunderts. Vor allem in den intellektuellen Kreisen entstand damals die Ansicht, dass die Franzosen die slowenische Sprache anerkannt und die Slowenen von der österreichischen Unterdrückung befreit hätten. Viele slowenische Intellektuelle sahen (und sehen noch immer) in der französischen Regierung den Beginn der kulturellen Emanzipation und des slowenischen nationalen Selbstbewusstseins und der Freiheit. Man fing an, die Franzosen als Befreier und die französische Verwaltung als die Zeit des nationalen Aufblühens darzustellen. Vor allem aber behauptete man, dass die Zeit der französischen Verwaltung der slowenischen Sprache und ihrem Gebrauch in der Ausbildung Tür und Tor geöffnet hat. Diese Ansicht war bestimmt naiv und übertrieben. In der Realität galt die glühende Begeisterung vielmehr den Bestrebungen der Gegenwart, dabei vor allem den Bemühungen um die Anerkennung der slowenischen Sprache als Amtssprache in der Monarchie. Die Zeit der französischen Verwaltung wurde idealisiert, um zu beweisen, dass die nationale Identität nicht erst mit dem neuen südslawischen Königreich entstanden ist. Trotz der Übertreibungen wäre es jedoch unangebracht, die französische Zeit als eine unbedeutende Episode abzutun.

---

8 Siehe Slovenec vom 15. Oktober 1929.

9 Z.B. *Stane Granda*, »Lačen zlata inu srebra«/Impôts et redevances – »Assoiffé d'or et d'argent« in: Pod Napoleonovim orlom. 200 let ustanovitve Ilirskih provinc/ Sous les aigles napoléoniennes, Razstavni katalog Ljubljana/Catalogue de l'exposition Paris 2010, 86 ff., und *Igor Grdina*, Francozi med Slovenci/Les français chez les slovènes, in: Pod Napoleonovim orlom. 200 let ustanovitve Ilirskih provinc/ Sous les aigles napoléoniennes, Razstavni katalog Ljubljana/Catalogue de l'exposition Paris 2010, 50 ff.

II Die Gründung und das Wesen der Illyrischen Provinzen

Die Illyrischen Provinzen waren eine eher kurze Episode in der Geschichte Sloweniens. Sie dauerten etwas weniger als vier Jahre (1809–1813). Trotz ihres kurzen Bestehens waren ihre Auswirkungen auf die soziale und kulturelle Entwicklung der Region bemerkenswert und nachhaltig. Selbst die österreichische Restauration nach dem Abzug der Franzosen musste einige der während der französischen Periode entstandenen Reformen in gewissem Sinne hinnehmen. Die österreichische Restauration war deswegen keine einfache Umkehrung der durch die französische Herrschaft eingeführten Änderungen. Die darauffolgenden österreichischen Reformen der öffentlichen Verwaltung und insbesondere die Gebietsreform sowie die Einführung des Königreichs Illyrien (1816–1849) als eines neuen Kronlands waren gewissermaßen eine Fortsetzung der von den Franzosen angesetzten Reformen. Auch die Bemühungen, der slowenischen Sprache einen Platz auch auf den höheren Stufen des Schulunterrichts zu sichern, welche mit der Gründung des Lehrstuhls für die „windische" Sprache am Lyceum in Graz in 1811 den ersten Erfolg erzielten, können als Nebenfolge der französischen Verwaltung in den Illyrischen Provinzen angesehen werden.[10] Der patriotische Pathos, den die Habsburger Behörden im Krieg gegen die Franzosen gestärkt haben, dauerte auch nach dem Ende der französischen Verwaltung fort und wandelte sich in das nationale Selbstbewusstsein um, das dann im Völkerfrühling aufgeblüht ist. Die im April 1848 in der Laibacher Zeitung veröffentlichte „Adresse der Slovenen in Wien an die Landstände Krain's"[11] oder das Programm des Vereinten Slowenien aus demselben Jahr[12], welches unter

---

10 Dazu *Peter Grzybek*, Slawistik in Graz: Gestern – Heute – Morgen/Slavistika v Gradcu: včeraj – danes – jutri, Signal, Jahresschrift des Pavelhauses – Letni zbornik Pavlove hiše, Winter/zima 2007/2008. Der Aufsatz ist auch online in http://static.uni-graz.at/fileadmin/gewi-institute/Slawistik/Dokumente/slaw4www_pg_vorstellungslawistik_2009.pdf abrufbar. Siehe auch *Janez Šumrada*, Janez Nepomuk Primic und die Gründung der slowenischen Lehrkanzel am Grazer Lyceum 1811, in: Anzeiger für slavische Philologie, Bd. XXX, hrsg. von Wolfgang Eismann/Klaus Trost, Graz 2002, 7 ff.; *Janez Kranjc*, Die Entwicklung der slowenischen Rechtssprache im Laufe des 19. Jahrhunderts, in: *Hannes Stekl/Christian Gruber/Hans Peter Hye/Peter Urbanitsch* (Hrsg.), Österreich – was sonst? Ernst Bruckmüller zum 70. Geburtstag, New Academic Press, Wien 2015, 112 ff.

11 Laibacher Zeitung, No. 41. Dinstag (!) am 4. April 1848, 275.

12 Unter dem Vorsitz des berühmten Philologen Fran Miklošič formulierte der Verein der Slowenen in Wien (Slovenski zbor v Beču (na Dunaju)) dieses Programm am 20. April 1848 in einem slowenisch verfassten Text. Siehe dazu *Jera Vodušek Starič*, Program Zedinjene Slovenije in leto 1848, Prispevki za zgodovino delavskega gibanja, Letnik XXV, Številka 1–2, Ljubljana 1985, 3 ff.; *Mira Miladinović-Zalaznik*, Anastasius Grün und das Vereinte Slowenien. Kontakte und Kontraste,

anderem die Vereinigung aller Slowenen in einem Kronland forderte, waren logische Ausdrücke bzw. die Fortsetzung dieser Entwicklung.

Die französische Verwaltung hat einige sehr positive Veränderungen herbeigeführt oder zumindest Ansätze zu solchen mit sich gebracht. Die Franzosen schafften, zumindest im Prinzip, das Feudalsystem und die Patrimonialgerichtsbarkeit ab und führten staatliche Gerichte zusammen mit dem Grundsatz der Gleichheit vor dem Gesetz ein.[13] Sie intensivierten die staatliche Kontrolle über religiöse Angelegenheiten,[14] reformierten das Steuersystem und schafften bestimmte Steuerprivilegien ab[15], führten die allgemeine Wehrpflicht ein[16], reformierten das Erziehungssystem[17], die öffentliche Verwaltung usw. Wegen der knappen Zeit konnten die Reformen nicht alle ihre Ziele erreichen und blieben weitgehend unvollendet.

Napoleon schuf die Illyrischen Provinzen mit dem kaiserlichen Dekret, „welches befahl, dass der Kreis von Villach, Krain, usw. den Namen die Illyrischen Provinzen tragen wird" (Décret Impérial qui ordonne que le cercle de Villach, la Carniole, &c, porteront le nom de provinces Illyriennes). Es wurde zusammen mit dem kaiserlichen „Dekret, welches M. Dauchy zum Generalintendant der Finanzen der Illyrischen Provinzen ernannt hat" (Decret Impérial qui nomme M. Dauchy Intendant général des finances des provinces Illyriennes) erlassen.[18] Napoleon erließ beide Dekrete am 14. Oktober 1809, d.h. an dem Tag, an dem die Franzosen und das besiegte österreichische Kaiserreich den Vertrag von Wien bzw. Schönbrunn unterzeichneten.

Festschrift für Roland Duhamel, Hrsg. v. Clemens Ruthner (Heft 67, Germanistische Mitteilungen, Zeitschrift für Deutsche Sprache, Literatur und Kultur, Belgischer Germanisten- und Deutschlehrerverband (BGDV), Brüssel 2008. Der Text kann von http://www.kakanien-revisited.at/beitr/fallstudie/MMiladinovic-Zalaznik1.pdf herunterladen werden. Das Faksimile des Flugblatts mit dem Programm siehe in: *Stane Granda*, Prva odločitev Slovencev za Slovenijo, Zbirka Korenine, Založba Nova revija, Ljubljana 1999, 72.

13 *Frank J. Bundy*, The Administration of the Illyrian Provinces of the French Empire 1809 – 1813, Modern European History. A Garland Series of Outstanding Dissertations, Garland Publishing, Inc., New York and London 1987, 82 ff.

14 *France M. Dolinar*, Cerkvene razmere v Ilirskih provincah/La situation religiose das les Provinces Illyriennes, in: Pod Napoleonovim orlom. 200 let ustanovitve Ilirskih provinc/Sous les aigles napoléoniennes, Razstavni katalog Ljubljana/ Catalogue de l'exposition Paris, 130 ff.; siehe auch *Bundy*, wie Fn. 13, 122 ff.

15 *Bundy*, wie Fn. 13, 258 ff., 290 ff.

16 Ebda, 408 ff.

17 Ebda, 158 ff.

18 Siehe beide Dekrete im Bulletin des Lois de l'Empire Français, 4.e Série. N° 246, Tome 11, N° 4760 and N° 4761, 159 f.

Mit dem ersten Dekret vereinigte Napoleon in den Illyrischen Provinzen den „Kreis von Villach, das Land Krain, die Provinz Istrien, die früher österreichisch war, die Provinzen Rijeka (Fiume) und Triest, das Land, das unter dem Namen Küstenland bekannt war, einen Teil von Kroatien und alles, was uns am rechten Ufer der Save abgetreten wurde, sowie Dalmatien mit seinen Inseln“[19]. Die Provinzen umfassten also die südlichen und südwestlichen Gebiete des Habsburger Reiches, d. h. die Grafschaft Görz, das Gebiet von Montefalcone (Monfalcone), die Stadt und das Verwaltungsviertel von Triest, Krain mit seinen Enklaven in der Bucht von Triest, den Kreis von Villach in Kärnten und alle Regionen südlich der Save von der Krainer bis zur bosnischen Grenze, d. h. die kroatischen Gebiete südlich der Save (ein Teil des sogenannten Zivilkroatiens – Croatie civile), sechs Bezirke des sogenannten Militärkroatiens (Croatie militaire), d. h. der kroatischen Militärgrenze, Fiume und die ungarische Küstenregion, das österreichische Istrien mit dem Bezirk Castua sowie alle anderen Provinzen am rechten Ufer der Save. Napoleon bezog in die Illyrischen Provinzen auch Dalmatien, das Gebiet der ehemaligen Republik von Ragusa (Dubrovnik) und die Bucht von Cattaro ein, die durch den Frieden von Preßburg mit seinem Königreich Italien verbunden waren. 1810 wurde Osttirol mit Lienz und Sillian den Illyrischen Provinzen angeschlossen.

Die Illyrischen Provinzen umfassten ein Gebiet von etwa 55.000 Quadratkilometern, das sich von der Grenze zu Bayern und Österreich im Norden bis zum türkischen Bosnien und Herzegowina im Osten bzw. zur Bucht von Cattaro (Kotor) im Süden erstreckte. Wegen ihrer länglichen Form waren sie strategisch anfällig. Ihr Gebiet war an seiner breitesten Stelle mehr als hundert Kilometer breit, während es südlich von Ragusa kaum einen Kilometer breit war. Die Grenzen der Illyrischen Provinzen waren entweder natürlich oder beruhten auf den alten Grenzen zwischen den historischen österreichischen Ländern.

Die Zusammensetzung der Provinzen beachtete die ethnischen Gegebenheiten nicht. Nach der französischen Volkszählung von 1811 belief sich die Bevölkerung der Illyrischen Provinzen auf etwas weniger als 1,5 Millionen Einwohner, welche mehreren, meist slawischen Völkern angehörten. Auch sprachlich waren die Provinzen sehr verschiedenartig. Der größte Teil der Bevölkerung sprach diverse südslawische Sprachen und Dialekte (Slowenisch, Kroatisch und Serbisch). Im Norden der Provinzen und in den Städten lebte auch deutsch- und italienischsprachige Bevölkerung.

---

19 Le cercle de Villach, la Carniole, la province d'Istrie, ci-devant autrichienne, les provinces de Fiume et de Trieste, les pays connus sous le nom du Littoral, la partie de la Croatie et tout ce qui nous a été cédé sur la droite de la Save, la Dalmatie et ses îles.

Die Bevölkerung der Illyrischen Provinzen war jedoch nicht nur sprachlich und ethnisch heterogen. Sie wurde auch durch unterschiedliche kulturelle und religiöse Traditionen sowie durch unterschiedliche Entwicklungsstadien gekennzeichnet. Dieser Umstand muss hervorgehoben werden, um zu verstehen, auf welche Probleme der Versuch der französischen Verwaltung stieß, auch in den Illyrischen Provinzen eine zentralisierte Verwaltung ähnlich der in Frankreich zu schaffen.

Mit der Gründung der Illyrischen Provinzen verfolgte Napoleon vor allem strategische Ziele[20]. Er wollte die von ihm verfügte Kontinentalsperre[21] verwirklichen und auf diese Weise Handels- und andere Kontakte zwischen Großbritannien und Österreich unterbinden.[22] In seiner Eröffnungsrede im Parlament am 3. Dezember 1809 betonte Napoleon, dass die Illyrischen Provinzen die Grenze seines großen Reiches an den Fluss Save verlegt hätten: „Ich grenze an das Reich von Konstantinopel und werde mich in einer natürlichen Lage befinden, die unmittelbaren Interessen meines Handels im Mittelmeer, an der Adria und in der Levante zu kontrollieren.“ Auf diese Weise schützten die Provinzen den freien Weg zwischen dem Osmanischen Reich und Frankreich. In derselben Eröffnungsrede betonte Napoleon ausdrücklich auch dieses Ziel: „Ich werde die Hohe Pforte schützen, solange sie sich dem Einfluss von England entzieht; ich werde sie bestrafen, wenn sie sich von listigen und perfiden Ratschlägen beherrschen lässt.“[23] Tatsächlich überlegte Napoleon eine Zeit lang den Plan, das Osmanische Reich anzugreifen, verwarf aber später diese Idee.

---

20 *Melitta Pivec-Stele*, Motivi ustanovitve Napoleonove Ilirije, in: Narodna starina 9 (22), Zagreb 1930, 91 ff.; *Đorđo Samardžić*, (1957) Motivi formiranja Ilirskih Provincija i položaj Marmonta kao generalnog guvernera (Résumé: Motifs de la création des Provinces Illyriennes et position du Maréchal Marmont en qualité de gouverneur général de ces provinces), Godišnjak Pravnog fakulteta u Sarajevu 5, 1957, 333 ff.; *Jacques-Olivier Boudon*, Napoleonova evropska politika in ustanovitev Ilirskih provinc/La politique européenne de Napoléon et la création des Provinces Illyriennes, in: Pod Napoleonovim orlom. 200 let ustanovitve Ilirskih provinc/Sous les aigles napoléoniennes, Razstavni katalog Ljubljana/Catalogue de l'exposition Paris, 2010, 10 ff.

21 Décret impérial, qui déclare les Iles Britanniques en état de Blocus vom 21. November 1806.

22 *Boudon*, wie Fn. 20, 15 ff.

23 Archives parlementaires de 1787 à 1860 ..., 2e série, Tome 10, 324 ; Correspondance de Napoléon Ier, Publiée par ordre de l'empereur Napoléon III, Tome 20, No. 16031, S. 57, und Tome 21, No. 16867, 104 f. Siehe auch den Bericht in : Télégraphe official vom 22. Dezember 1810. Die Zeitung berichtete, dass die Baumwolle von der Levante nach Frankreich nur über Illyrische Provinzen und Italien transportiert werden durfte.

In einer Note vom 5. September 1810 an die Finanz- und Innenminister erklärte Napoleon, der Zoll der Illyrischen Provinzen solle unter drei Gesichtspunkten betrachtet werden: als Produkt dieser Provinzen, als Kommunikationsmittel zwischen Frankreich und der Türkei sowie zwischen der Türkei und Frankreich, und als Kommunikationsmittel zwischen dem Meer und Österreich.[24]

Das bedeutendste Ziel der Gründung der Illyrischen Provinzen war es jedoch wahrscheinlich, einen effektvollen Schutz für das italienische Königreich zu schaffen. In einem Schreiben an den Senatsvorsitzenden des Königreichs Italien vom 18. Dezember 1809 schrieb Napoleon, dass die Illyrischen Provinzen eine Grenze bilden, „die mein Reich besser sichert. Meine gesamte Politik besteht darin, mein Reich so zu organisieren, dass der Krieg für immer unseren Provinzen, Frankreich und Italien fernbleiben wird"[25]. In seinen Memoiren[26] erwähnt Marschall Marmont, dass Napoleon mit den Illyrischen Provinzen eine Art militärische Grenze bzw. Markgrafschaft zu schaffen beabsichtigte und Marmont mit unbegrenzten Vollmächten eines Markgrafen dorthin schicken wollte. Napoleon plante, in den Illyrischen Provinzen ein Befestigungssystem zu errichten, um eine österreichische Invasion nach Norditalien zu verhindern. Dass bei der Gründung der Illyrischen Provinzen die strategischen Überlegungen im Vordergrund standen, kann man auch ihrer provisorischen Organisation entnehmen.

Deswegen überrascht es nicht, dass Napoleon zur Zeit ihrer Errichtung nicht recht wusste, was er mit den neu gegründeten Provinzen anfangen soll. In der Anweisung an den Vizekönig von Italien behielt er sich eine endgültige Entscheidung darüber ausdrücklich vor.[27]

---

24 Correspondance de Napoléon Ier, Publiée par ordre de l'empereur Napoléon III, Tome 21, No. 16867. S. 104 (Les douanes des provinces illyriennes doivent être considérées sous trois points de vue: 1° comme produit de ces provinces, 2° comme moyen de communication entre la France et la Turquie et entre la Turquie et la France, 3° comme moyen de communication entre la mer et l'Autriche).

25 Correspondance de Napoléon Ier, Publiée par ordre de l'empereur Napoléon III, Tome 20, No. 65, S. 83.

26 Mémoires du Maréchal Marmont, duc de Raguse de1792 à1832 ..., Tome troisième, 271.

27 Instruction Pour Le Vice-Roi D'Italie, Correspondance de Napoléon Ier, Publiée par ordre de l'empereur Napoléon III, Tome 19, N° 15945, 578: »... me réservant de statuer plus tard sur la destination que j'assignerai à ces provinces ... »

So schrieb Napoleon am 20. Juli 1816, also schon während der Zeit seiner Verbannung auf die britische Insel St. Helena, über seine die Illyrischen Provinzen betreffenden Pläne[28]:

> „Als ich Illyrien erwarb, war es niemals meine Absicht, es zu behalten. Ich hatte nie die Idee, Österreich zu zerstören: im Gegenteil, es war unentbehrlich für meine Pläne. Aber Illyrien in unseren Händen war eine Vorhut im Herzen von Österreich, geeignet, um es zu zügeln; eine Wache vor den Toren Wiens ... Ich wollte dort unsere Lehren, unsere Verwaltung, unsere Gesetzbücher einführen und einwurzeln lassen. Es war ein weiterer Schritt zur europäischen Erneuerung. Ich habe es nur als Pfand genommen. Ich beabsichtigte es später im Zuge der Wiederbelebung Polens, die ich wider meinen Willen überstürzt habe, gegen Galizien umzutauschen. Im Übrigen hatte ich mehr als ein Vorhaben bezüglich diese Illyrien, denn ich habe meine Projekte oft geändert. Wenige Ideen habe ich wirklich gestoppt, weil ich nicht darauf beharrte, die Umstände zu kontrollieren, sondern es war vielmehr so, dass ich ihnen gehorchte und sie zwangen mich, meine Pläne in jedem Augenblick zu ändern. Deswegen konnte ich die meiste Zeit keine Entscheidungen treffen und hatte nur Projekte. Besonders nach meiner (zweiten) Heirat war es jedoch die vorherrschende Idee, aus Illyrien die Gewähr und Entschädigung für Galicien gegenüber Österreich zu machen während der Wiederbelebung von Polen, das um jeden Preis eine separate, unabhängige Krone sein sollte, und es war mir egal auf welchem Kopf: eines Freundes, eines Feindes, eines Verbündeten. Vorausgesetzt, dass es so war, war mir der Rest egal."

Die Illyrischen Provinzen spielten also eine bedeutende Rolle in den strategischen Überlegungen Napoleons, der jedoch nichtsdestotrotz keine konkretere Vorstellung von ihrer Weiterentwicklung hatte. Zumindest für diese Anfangszeit lässt sich daher behaupten, dass die Illyrischen Provinzen „eine künstliche Schöpfung waren, die durch einige Federstriche vom Kaiser von Frankreich für keinen klaren Grund geschaffen wurde".[29]

Deswegen überrascht es nicht, dass die Illyrischen Provinzen auch kein klares verfassungsrechtliches Profil hatten. Sie wurden nicht von einem „sénatus-consulte" geschaffen und wurden weder Teil des französischen Kaiserreichs noch des napoleonischen Königreichs Italien. Man kann annehmen, dass Napoleon sie tatsächlich nur als eine Art Gewähr für die künftigen Verhandlungen mit Österreich, insbesondere im Fall eines französisch-russischen Krieges, nutzen wollte. Dies geht aus seiner Antwort an Fürst Metternich während der Verhandlungen in Dresden im Juni 1813 hervor. Napoleon soll zu Metternich gesagt haben, er würde die Illyrischen Provinzen nicht abtreten, weil sie ihn dreihunderttausend Mann gekostet hätten. Wenn die

---

28 Siehe Correspondance de Napoléon 1er publiée par ordre de l'empereur Napoléon III. Tome trente-deuxième. Œuvres de Napoléon Ier à Sainte-Hélène, Paris MDCCCLXX, 275.

29 So *Bundy*, wie Fn. 13, 4.

Österreicher sie wollten, sollten sie dafür die gleiche Anzahl von Männern opfern.[30]

Die Illyrischen Provinzen waren also ein strategisch wichtiges Provisorium, dessen amorphe Natur Stefan Zweig sehr treffend beschrieb:

> „Illyrien, der Name klingt nach Operette, und tatsächlich, was für einen scheckigen Staat hat man da bei dem letzten Gewaltfrieden zusammengeschneidert aus den Fetzen von Friaul, Kärnten, Dalmatien, Istrien und Triest! Ein Staat ohne einheitliche Ideen, ohne Sinn und Zweck, mit einer winzigen kleinbäuerlichen Provinzstadt Laibach als Residenz, ein zwitterhaftes unlebensfähiges Unding, von betrunkenem Herrscherwillen und blinder Diplomatie gezeugt. Fouché findet dort nichts als schlecht gefüllte Kassen, ein paar Dutzend gelangweilter Beamter, sehr wenig Soldaten und eine mißtrauische Bevölkerung, die nur auf den Abmarsch der Franzosen wartet. Überall bröckelt es schon im Gebälk dieses zu rasch aufgemörtelten Kunststaates, ein paar Kanonenschüsse, und das ganze schwanke Gebäude muß zusammenkrachen. Diese Kanonenschüsse feuert nun der eigene Schwiegervater, Kaiser Franz, gegen seinen Schwiegersohn Napoleon baldigst ab, und sofort geht es mit der illyrischen Herrlichkeit zu Ende. An einen ernstlichen Widerstand kann Fouché mit seinen paar Regimentern nicht denken, die, meist aus Kroaten zusammengesetzt, bereit sind, beim ersten Schuß zu ihren alten Kameraden überzugehen. So bereitet er vom ersten Tage an eigentlich nur den Rückzug vor, und um ihn geschickt zu maskieren, hält er nach außen an der großen Gebärde eines unbesorgten Herrschers fest, gibt Bälle und Gesellschaften, läßt bei Tag die Truppen stolz paradieren, während nachts schon die Kassen, die Regierungspapiere heimlich nach Triest geschafft werden. Seine ganze Leistung als Herr und Herrscher kann sich nur darauf beschränken, vorsichtig und Schritt um Schritt mit möglichst geringen Verlusten das Land zu räumen, und bei diesem strategischen Rückzug bewährt sich seine alte Kaltblütigkeit, seine rasch zugreifende Energie wieder absolut meisterhaft. Nur Schritt auf Schritt weicht er und ohne Verlust, von Laibach nach Görz, von Görz nach Triest, von Triest nach Venedig: beinahe vollzählig bringt er alle seine Beamten, die Kasse und viel kostbares Material aus seinem kurzlebigen Illyrien zurück. Aber was zählt der Verlust dieser lächerlichen Provinz! Denn in den gleichen Tagen verliert Napoleon die wichtigste und letzte seiner großen Schlachten in diesem Kriege, die Völkerschlacht bei Leipzig, und damit die Herrschaft der Welt.“[31]

III Die Organisation der Illyrischen Provinzen

An demselben Tag, an dem er die Illyrischen Provinzen schuf, gab Napoleon dem Vizekönig von Italien die Weisung, Tirol und die neuen Länder (nouveaux pays) zu besetzen. Marschall Marmont befahl er, die Illyrischen

30 Siehe aus Metternich's nachgelassenen Papieren ... Wien 1880, 2. Bd., 463: « L'Illyrie m'a coûté trois cent mille hommes à conquérir ; si vous voulez l'avoir, il faut dépenser un égal nombre d'hommes. »

31 *Stefan Zweig*, Joseph Fouché, Bildnis eines politischen Menschen, Fischer Taschenbuch Verlag, 42. Aufl., Frankfurt/Main 2000, 212 f.

Provinzen in Besitz zu nehmen und Dalmatien zu unterwerfen (prendre possession des provinces d'Illyrie et de soumettre la Dalmatie).[32] Napoleon ernannte Marschall Marmont zum Regierungsoberhaupt (le gouvernement général du pays), die Verwaltung der Finanzen vertraute er aber dem Vizekönig an, „nicht als Vizekönig Italiens, sondern als Oberbefehlshaber meiner Armee“ (non comme vice-roi d'Italie, mais comme général en chef de mon armée).

Erst am 25. Dezember 1809 erließ Napoleon ein Dekret über die Regierung der Illyrischen Provinzen.[33] Provisorisch legte er ihre Grundstruktur fest: die höchsten Ämter, den Haushalt und die Währung. Die Regierung bestand aus einem Generalgouverneur, einem Generalinspektor der Finanzen, einem Generalkommissar für Justiz, dem Kommandanten der Marine und einem Schatzmeister.

Napoleon behielt im Übrigen zunächst die meisten Hauptmerkmale des vorherigen Verwaltungssystems bei.[34] Die Gerichte mussten nach den Gesetzen des Landes (conformément aux lois du pays) urteilen, wobei der Gebrauch der Rechtsmittel unverändert blieb, obwohl Napoleon in dem Dekret eine Neuregelung des Beschwerdeverfahrens angekündigt hatte (à quoi il sera pourvu par nous ultérieurement).

Napoleon sah für die Illyrischen Provinzen ein Sondersteuer- und Abgabensystem vor. Die Besteuerung für das Jahr 1810 blieb dieselbe wie vor der Ankunft der französischen Truppen (Titre VI, 37 s.). In gewisser Weise behielt er auch die alte Währung bei (Titre VIII, 49).

Zusammen mit dem erwähnten Dekret erließ Napoleon ein weiteres unveröffentlichtes Dekret[35], welches konkrete Anweisungen und Fristen für Reformen enthielt. Das Generalgouvernement wurde beauftragt, eine Gendarmerie, einen Zolldienst und eine Postverwaltung einzurichten, sowie

---

32 Instruction Pour Le Vice-Roi D'Italie, Correspondance de Napoléon Ier, Publiée par ordre de l'empereur Napoléon III, Tome 19, N° 15945, 577 ff.

33 Décret Impérial contenant Organisation du Gouvernement des Provinces d'Illyrie, Bulletin des lois de L'empire Français, 4.e Série, N° 265, Tome 12, Contenant les lois rendues pendant le premier semestre de l'année 1810. A Paris, De l'imprimerie Impériale, Août 1810, N° 5162, 85–96.

34 Décret Impérial contenant Organisation du Gouvernement des Provinces d'Illyrie, Titre Ier, point 2: « Il ne sera rien changé à l'administration intérieure et la constitution actuelle des provinces d'Illyrie ».

35 Das zweite Dekret erwähnt Napoleons Brief an Kriegsminister General Clarke vom 25. Dezember 1809 – Correspondance de Napoléon Ier, Publiée par ordre de l'empereur Napoléon III, Tome 20, N° 16086, 100 f.: « Vous recevrez demain le décret d'organisation des provinces d'Illyrie, avec un autre décret sur les mêmes provinces. Envoyez le décret d'organisation au duc de Raguse ... » Siehe dazu auch *Bundy*, wie Fn. 13, 10 f.

die Reorganisation des Justizsystems und die Einführung des französischen Code civil vorzubereiten.

Im Jahr 1810 erarbeitete das Generalgouvernement der Illyrischen Provinzen einen Plan zur territorialen Aufteilung in die Gemeinden (Mairies) und zur Reorganisation der Justiz. Die Reorganisation der Regierung der Illyrischen Provinzen wurde vom Staatsrat (Conseil d'État) beraten, und am 15. April 1811 erließ Napoleon ein Dekret über die Organisation Illyriens (Décret sur l'organisation de l'Illyrie).[36] Dieses Dekret, das mit seinen 271 Artikeln eine Art Verfassung der Illyrischen Provinzen darstellte, bildete den Kern mehrerer Erlasse, welche die Illyrischen Provinzen dem Verwaltungs-, Justiz- und Finanzsystem Frankreichs annähern sollten. Es wurde von anderen Dekreten begleitet: Schon im Februar 1810 erließ Napoleon das Dekret über die militärische Organisation der Illyrischen Provinzen[37], im November 1810 das Dekret über die Organisation und Zollregime[38] und im September 1811 das Dekret über die Gerichtsverfassung und die Umsetzung und Veröffentlichung französischer Gesetze in den Illyrischen Provinzen[39].

IV Die Unterrichtssprache

Mit den vorbezeichneten Maßnahmen war der rechtliche Rahmen des neuen Staatsgebildes geschaffen. Ein wichtiger Bestandteil der französischen Reformanstrengungen war auch die Schulreform. In Juli 1810 erließ der Generalgouverneur der Illyrischen Provinzen Marschall Auguste-Frédéric-Louis Viesse de Marmont, Herzog von Ragusa, den Erlass über die Organisation des öffentlichen Unterrichts.[40] Dieser Erlass, der nur ein Jahr gegolten

---

36 Décret sur l'organisation de l'Illyrie (Bulletin des lois, 4e Série, N° 369 bis, N° 6922). Im Mai und Juni 1811 wurde es in dem Télégraphe officiel Nr 42–45, sowie in einer Broschüre (Decret sur l'organisation de l'Illyrie, A Laybach: de l'Imprimerie du gouvernement, 1811) veröffentlicht. Siehe den Text auch in Collection complète des lois ... Tome 17, 338 ff.

37 Décret relatif à l'organisation militaire des provinces d'Illyrie – Moniteur, N° 44.

38 Décret relatif à l'organisation et au régime des douanes dans les provinces Illyriennes – Bulletin des lois, 4e série, N° 329, N° 6131.

39 Décret Imperial contenant de nouvelles dispositions sur l'Organisation judiciaire et l'Administration de la justice, la publication et la mise en activité des Lois de l'Empire dans les Provinces Illyriennes – Bulletin des lois, 4e série, Tome 15, N° 396, N°7334. Das Dekret wurde auch in Collection complète des lois ..., Tome 18, 17 ff., veröffentlicht. Napoleon änderte sein Dekret am 2. Juli 1812. Siehe Décret Imperial contenant de nouvelles dispositions sur l'Organisation judiciaire et l'Administration de la justice dans les Provinces Illyriennes, Bulletin des lois, 4e série, Tome 17, N° 440, N° 8100.

40 Arrêté relatif à l'organisation de l'instruction publique, veröffentlicht in Télégraphe officiel, dem Amtsblatt der Illyrischen Provinzen, Nr. 3 vom 10. Oktober 1810.

hat, war später bei den slowenischen Intellektuellen die Hauptquelle für die Begeisterung über die französische Verwaltung. Er schrieb vor, dass der Unterricht in den Grundschulen in der Landessprache (dans la langue du pays) erfolgen sollte, an den Mittelschulen (Lyzeen) und an der École Centrale in italienischer und französischer und wenn nötig auch in lateinischer Sprache.[41] Die Landessprache war auch für den Gymnasialunterricht der französischen, lateinischen und italienischen Sprache vorgesehen (Art. 24).

Marmont war sich der Vielfalt der Sprachen in den Illyrischen Provinzen wohl bewusst. Nach seiner Ankunft aus Ragusa dachte er zwar, dass man überall in den Provinzen Illyrisch spricht und versteht. In diesem Sinne wollten die Franzosen in den Illyrischen Provinzen als gemeinsame Sprache der slawischen Bevölkerung Illyrisch einführen. So kündigte das Amtsblatt Télégraphe Officiel Ende 1810 an, dass es künftig in drei Sprachen erscheinen würde: in französischer, deutscher und in illyrischer Sprache.[42]

Der Kreis um Baron Sigismund Zois, dem auch der Dichter und Gymnasialprofessor Valentin Vodnik sowie der später berühmte Linguist Bartholomeus Kopitar gehörten, versuchte dem Marschall Marmont, der öfters bei Zois zu Gast war, zu erklären, dass es keine illyrische Sprache gibt, und dass man in den Provinzen verschiedene Sprachen spricht.[43]

Es ist schwer zu sagen, ob diese Argumente Marmont überzeugt haben, oder er selbst eingesehen hat, dass es besser ist, wenn er die realen sprachlichen Gegebenheiten berücksichtigt. In seinem Erlass hat Marmont, wie schon erwähnt, den Unterricht in den Landessprachen ermöglicht bzw. vorgeschrieben. Bei seiner Entscheidung spielten praktische Momente wahrscheinlich eine entscheidende Rolle. Für die neue Macht war es vorteilhafter, die tatsächliche Lage zu berücksichtigen, als hartnäckig bei einer nicht existierenden illyrischen Sprache zu beharren.[44]

---

41 Arrêté relatif à l'organisation de l'instruction publique, Art. 22: Les cours d'étude dans les Ecoles primaires auront lieu dans la langue du pays ; ceux des lycées et des Ecoles centrales auront lieu en français ou italien, sauf à recourir au Latin, si le cas y écheoit.

42 Siehe die Ankündigung in vier Sprachen (Französisch, Italienisch, Deutsch und Illyrisch) in Telegrafo officiale (!) Nr. 1, Semestre 1, vom 28. Juli 1810 über den Inhalt der Zeitung. Siehe auch Télégraphe Officiel Nr. 26 vom 29. Dezember 1810, 104, mit der Ankündigung, dass die Zeitung ab 1. Januar 1811 in drei Sprachen (Französisch, Deutsch und Illyrisch) erscheinen wird.

43 Mehr dazu *Kranjc*, wie Fn. 10, 162 ff.

44 Baron Jean-Joachim Pellenc berichtete als geheimer Agent über die Notwendigkeit, die illyrische Nation zu bilden und die Anwendung illyrischer Sprache zu fördern. Er behauptete, dass es eine illyrische Sprache gibt, mit vielen Dialekten, die es einem Dalmatiner verhindern einen Krainer zu verstehen. Siehe das entsprechende Zitat bei *Šumrada*, wie Fn. 10, 44.

Am 4. Juli 1810 erließ Marmont den Erlass über die Organisation des öffentlichen Unterrichts, der bis 1. November umgesetzt werden sollte.[45] Nach diesem Erlass gab es mindestens eine Grundschule in jeder Gemeinde, eine Grundschule für Mädchen in jeder Kantonshauptstadt, fünfundzwanzig Gymnasien, zwei Kunst- und Gewerbeschulen, neun Oberschulen (Lyzeen) und zwei Hochschulen (écoles centrales), die Ärzte, Chirurgen, Pharmazeuten, Landvermesser, Ingenieure, Architekten und Juristen ausbildeten; sie durften ihren Beruf auf dem Gebiet der Illyrischen Provinzen ausüben.[46]

Im Hinblick auf die Gebiete mit slowenischer Bevölkerung hatte das Problem des Unterrichts in slowenischer Sprache neben der rechtlichen auch eine praktische Dimension: Es gab weder genug slowenische Schulbücher noch qualifizierte Lehrer, die imstande gewesen wären, in allen Schulen mit slowenischen Kindern den Unterricht in slowenischer Sprache zu geben. Valentin Vodnik verfasste zwar in größter Eile einige Lehrbücher[47], die jedoch zum Teil erst 1812 erschienen sind, d. h. nachdem Marmonts Erlass über die Organisation des öffentlichen Unterrichts bereits nicht mehr galt.

Nachdem Marmont in April 1811 zum Befehlshaber der Armee in Portugal ernannt worden war und die Illyrischen Provinzen verlassen hatte, reformierte sein Nachfolger Henri Gatien Bertrand das Schulsystem. Die Grundlage dafür boten Art. 127 – 130 des Dekrets über die Organisation Illyriens vom 15. April 1811, die die Landessprache nicht mehr erwähnten. Das Ziel dieser Reform, die auch wegen der schlechten Finanzlage stattfand,

---

45 Arrêté Relatif à l'Organisation de l'Instruction publique, veröffentlicht in: Télégraphe Officiel vom 10. Oktober 1810.

46 Arrêté Relatif à l'Organisation de l'Instruction publique, Art. 44: Les Élèves des Écoles centrales ayant terminé le cours de leurs études, pourront être autorisés par nous, sur le rapport de l'Inspecteur général de l'Instruction publique, à exercer dans toute l'étendue des Provinces Illyriennes les professions de Médecins, Chirurgiens, Pharmaciens, Arpenteurs, Ingénieurs, Architectes, et d'hommes de Loi, d'après la forme qui sera déterminée.

47 Ein Erstlesebuch (Abezeda sa perve shole, V' Lublani natisnena per Leopold Egerju, 1811, mit den Ergänzungen: Kratki navuk k lepimu ino zhednimu vedenju, Kratke perpovedanje und Tkanje), das Lehrbuch der französischen Sprache (Pozhétki gramatike to je Pismenosti franzoske gospoda Lhomonda ... sa latinske franzoske shole v' Illirii, V' Lublani per Janesu Retzerju natiskavzu, 1811), das Lehrbuch für den Glaubensunterricht (Kershanski navuk sa Ilirske deshele: vsét is Katechisma sa vse zerkve franzoskiga zesarstva, Ga ima v' Lublani H. V. Korn, 1812), die Grammatik und Übungsbuch für Grundschulen (Pismenost ali gramatika sa perve shole, V' Lublani, Natisnil Leopold Eger, 1811, Na prodaj v' sholah), und das Alphabet in slowenischer, deutscher und französischer Sprache (Abeceda ali Azbuka, Das ABC-Buch, L'Abécé, 1812). Vodnik hat mit der Verfassung von Schulbüchern schon 1806 begonnen. Mehr dazu: *Janko Kos*, Valentin Vodnik, Partizanska knjiga, Ljubljana 1990, 148 ff.

war die Annäherung des Schulsystems an das französische. Die Reduzierung des Unterrichts in der Landessprache war ihre logische Folge. Der Generalschulinspektor Rafaelle Zelli versuchte mit seinem „Projekt für die Organisation von Ausbildungseinrichtungen gemäß den Artikeln 127, 128; 129 des organischen Dekrets vom 15. April 1811“[48], das er dem Hauptintendanten der Illyrischen Provinzen Baron Redon de Belleville zur weiteren Verarbeitung vorlegte, den Unterricht in der Lokalsprache zu retten, jedoch ohne großen Erfolg.

V Die Bilanz

Der Ausbruch des Krieges zwischen Österreich und Frankreich im August 1813 und die französische Niederlage bedeuteten auch das Ende der Illyrischen Provinzen und somit auch der Reformen, die die französische Verwaltung angefangen hatte. Viele von ihnen sind auf halbem Weg stehen geblieben, andere blieben sogar nur auf dem Papier. Versucht man eine Bilanz zu ziehen, so zeigt sich, dass die Erfolge seltener waren als die Misserfolge.

Der größte Misserfolg war wahrscheinlich die Abschaffung des Feudalsystems. Die französische Verwaltung begann zwar sofort mit der Vorbereitung seiner Abschaffung, jedoch kam sie damit nicht sehr weit. Marmont schaffte mit seinem Erlass vom 16. Juli 1810 die österreichischen Steuern ab und führte die neuen (französischen) Grund- (l'impôt foncier) und Personalsteuer (l'impôt personnel) ein. Parallel dazu verminderte er die Abgaben der Untertanen ihren Grundherren und verbot den Kollegial- und Kanonikerstiften in Istrien, von den Untertanen den Zehnten zu verlangen.[49]

Napoleons Dekret über die Organisation Illyriens brachte im Hinblick auf die Grundentlastung keine entscheidende Änderung. So wurde z. B. der Frondienst nicht abgeschafft, und auch wurde das französische Gesetz über die Grundentlastung auf dem Gebiet der Illyrischen Provinzen nicht wirksam. Die Umwandlung der Grundrenten in Hypotheken kam über den Anfang nicht hinaus.

Wegen der Krise weigerten sich die Untertanen, die Feudalabgaben zu entrichten. Es entstanden Unruhen. Die illyrische Regierung erarbeitete den Entwurf eines kaiserlichen Dekrets über die Art und die Auswirkungen der Abschaffung des Feudalismus (sur le mode et les effets de l'abolition de la féodalité) in den Illyrischen Provinzen und schicke ihn nach Paris. Napoleon scheint daran kein Interesse gehabt zu haben. Die Illyrischen Provinzen

48 Projet d'organisation des établissements d'instruction conformement aux articles 127, 128 ; 129 du Décret organique du 15 Avril 1811, Narodna in univerzitetna knjižnica, Stari fond 332, mapa 2. Zitiert nach *Šumrada*, wie Fn. 10, 46.

49 Siehe beide Erlasse in: Télégraphe Officiel vom 21. November 1810.

haben das Ende des Verfahrens im Staatsrat (Conseil d'État) nicht mehr erlebt.

Noch weniger als die Feudalabgaben war, zumindest bei der männlichen Bevölkerung, wahrscheinlich die Einführung der Wehrpflicht beliebt. Napoleons Erlass über die Einberufung der Soldaten in den Illyrischen Provinzen[50] löste im Frühling 1811 eine Massenflucht junger Männer in die Wälder und nach Österreich aus. Der Kommissar der Polizei in Krain schätzte, dass allein in Krain um die 11.000 Männer vor dem Militärdienst geflohen sind. Auch sonst konnte man sich auf die Wehrpflichtigen nicht verlassen: von den 4.260 Einberufenen wurden 976 sofort fahnenflüchtig.[51]

Eines der Probleme der französischen Verwaltung war der Mangel an qualifizierten Beamten, die imstande gewesen wären, mit der Bevölkerung unmittelbar zu kommunizieren. Nach der Ankunft der Franzosen verließen viele Beamte das Land. Die auf diese Weise entstandene Diskontinuität, die sich auch auf die Archive bezog, konnte nicht einfach überbrückt werden. Es fehlte Personal, das sowohl sprachlich als auch fachlich befähigt gewesen wäre, die kontinuierliche Verwaltungsarbeit zu gewährleisten. Neben den Beamten verließen auch viele Adelige und angesehene Leute das Land oder zogen sich in ihre ländlichen Residenzen zurück.

Wenig populär waren auch die neuen Steuern und Kontributionen. In der Zeit der Wirtschaftskrise glaubte man, dass an allem die französische Verwaltung schuld sei. Es ist anzunehmen, dass unter solchen Umständen das Verbrennen englischer Ware, worüber der Télégraphe officiel oft berichtete,[52] bei der in Not lebenden Bevölkerung auf keinerlei Begeisterung stieß.

Es gab also viele Probleme, die nur zum Teil endogener Natur waren. Sie aber trugen zum negativen Bild der französischen Verwaltung bei der Bevölkerung bei. Dieses Bild wurde besonders grimmig, als viele Slowenen mit Napoleons großer Armee nach Russland ziehen mussten, oft mit Pferden und Wagen, entweder als Soldaten oder als Tross.[53]

Das negative Bild der französischen Verwaltung, das unmittelbar nach ihrem Weggehen in der Bevölkerung entstanden ist, ist also verständlich. Man brauchte dazu keine österreichische Propaganda. Mit der Zeit verblassten

50 Veröffentlicht in: Télégraphe Officiel vom 5. Dezember 1810. Konkretes Beispiel einer Einberufung siehe in: Télégraphe Officiel vom 3. November 1810.

51 *Šumrada*, wie Fn. 10, 30.

52 Siehe z. B. Télégraphe Officiel vom 19. Oktober 1810.

53 Siehe z. B. die Memoiren des slowenischen Soldaten Andrej Pajk, der mit Napoleons Armee nach Russland zog: Spomini starega Slovenca ali Čertice iz mojega življenja, Slovenske večernice, „Izdala družba Sv. Mohora", Celovec (12. zvezek), 1852, oder die französische Ausgabe: Les souvenirs du vieux Slovène: en Russie avec la Grande Armée, Paris 2008.

jedoch die negativsten Züge dieser Epoche. Man vergaß sie langsam und bemerkte auch die positiven. Es liegt vermutlich in der menschlichen Natur, dass man der Gegenwart viel kritischer gegenübersteht als der Vergangenheit. Vor allem die Intellektuellen haben die positiven Züge bemerkt und sie oft idealisiert oder auf eine übertriebene Weise überbetont. Ohne zu übertreiben, kann man jedoch behaupten, dass die französische Verwaltung neben negative auch positive Züge hatte, die einen dauerhaften Einfluss auf die Weiterentwicklung hatten.

Trotz der Misere, die der Krieg und die Wirtschaftskrise ausgelöst haben, war die Zeit der französischen Verwaltung jener „Wirbelsturm", welcher viele neue Ideen angestoßen hat. So wie im restlichen Europa wirkten die Französische Revolution und die Napoleonischen Kriege als Auslöser vieler Liberalisierungsprozesse. In slowenischen Gebieten beschleunigte die französische Verwaltung den Prozess der Ethnogenese und des nationalen Selbstbewusstseins. Obwohl die Verhältnisse während dieser Zeit keinesfalls günstig waren, überrascht die spätere positive Bewertung der Epoche nicht. Auf die späteren Intellektuellen haben die Aussichten auf eine neue, bessere Zeit mehr bewirkt, als die auf dem halben Weg stehen gebliebenen Reformen und Liberalisierungsbemühungen. Im Sinne der Erzählung des serbischen Schriftstellers Laza Lazarević „Sve će to narod pozlatiti"[54] (Das Volk wird das alles vergolden) hat man die negativen Seiten verdrängt und vergessen und nur die erwünschten positiven Ideale, die vielleicht nur im Keim verwirklicht wurden, gesehen und gepriesen.[55]

54 Das ist der Titel einer Erzählung des serbischen Schriftstellers Laza Lazarević (1851–1891) über das Geschick der Kriegsinvaliden nach dem serbisch-türkischen Krieg.

55 Unter dem liberalen Bürgertum gab es einige, die Napoleon sehr geschätzt haben. Auf dem Friedhof von Ljubljana findet man auf einem Grab sogar eine getreue Kopie des Sarkophags von Napoleon wieder.

Marju Luts-Sootak, Tartu

Zur Verortung des Baltischen Privatrechts (1864/65) unter den europäischen Privatrechtskodifikationen

Abstract: Although it emerged in the great European era of modernisation and was confirmed by the famously reform-minded Tsar Alexander II, the BPL remained in the family of modern European private law codifications as an alien from the past. Firstly, the BPL neither achieved, nor was meant to achieve, the unity of a private law. Secondly, this codification of Baltic provincial law was not allowed to create any new laws, but was merely and exclusively meant to consolidate existing ones.

I Einleitung

Die sogenannten baltischen Ostseeprovinzen[1] Estland und Livland gehörten seit 1710, Kurland seit 1795 dem Russischen Reich an, genossen dabei aber eine weitgehende Autonomie, die u.a. eine eigene und vom allgemeinen russischen Reichsrecht teilweise grundverschiedene Rechtsordnung bedeutete. Die Beibehaltung des eigenen Rechts, der sogenannten Landesverfassung

---

1 Die Forschungen für diesen Beitrag wurden von Estlands Wissenschaftsagentur (Projekt IUT20-50) unterstützt.
Territorial betrachtet entsprachen die ehemaligen baltischen Provinzen den heutigen baltischen Staaten nicht. Die ehemals größte frühneuzeitliche Provinz Livand, gleich dem mittelalterlichen Herrschaftenkonglomerat Alt-Livland, bekam ihren Namen nach dem finnougrischen Volk der Liven, das zwischen den ebenfalls finnougrischen Esten und den baltischen Letten siedelte. Die heutige Grenze zwischen Estland und Lettland folgt den sprachlichen und ethnischen Grenzen zwischen Esten und Letten. So macht das ehemalige Herzogtum bzw. Provinz oder Gouvernement Estland heute den nördlichen Teil der Republik Estland aus und der südliche Teil des heutigen Estlands besteht aus dem nördlichen Teil des ehemaligen Livland, dessen südlicher Teil wiederum den nördlichen Teil der heutigen Republik Lettland ausmacht. Das ehemalige Kurland (der Name stammt von dem baltischen Stamm der Kuren) ist heute gleichfalls ein Teil von Lettland. Die Namensvölker von Estland und Lettland sind also gar nicht sprachverwandt, teilen aber eine gemeinsame bzw. sehr ähnliche Geschichte, zu der seit den Kreuzzügen des 12.–13. Jahrhunderts bis zum Ersten Weltkrieg eine deutschsprachige Oberschicht sowohl in den Städten als auf dem flachen Lande gehörte. Die mit den Letten sprachverwandten Litauer dagegen haben einen ganz anderen historischen Hintergrund, der sowohl eine Hegemonie des Litauischen Großfürstentums im ukrainisch-weißrussisch-südrussischen Raum, als auch eine über mehrere Jahrhunderte andauernde Unions- und Schicksalsgemeinschaft mit Polen einschließt.

und -verwaltung, wie auch der herkömmlichen Religion, waren die wichtigsten Unterwerfungsbedingungen gewesen.[2] Im 18. Jahrhundert konnte das Zarenreich seine Unifizierungsbemühungen in diesen Provinzen nicht durchsetzen und hat dies eigentlich nur einmal unter der Herrschaft von Kaiserin Katharina der Großen etwas ernsthafter versucht. Jener Versuch der sogenannten „Statthalterschaftsverfassung"[3] wurde von ihrem Nachfolger am Thron aber gleich rückgängig gemacht. So betrafen die zentralstaatlichen Unifizierungsschübe wie überhaupt die Reformen der Rechtsordnung und der Gesellschaftsverfassung die autonomen baltischen Provinzen erst im 19. Jahrhundert, parallel oder mit zeitlichem Abstand zu den Modernisierungsreformen der Kerngebiete des Zarenreichs. Die Bauernbefreiung etwa wurde in den baltischen Provinzen mehrere Jahrzehnte früher – Estland 1816, Kurland 1817, Livland 1819[4] – als in Russland (1861)[5] durchgeführt. In der Reformära unter Alexander II. wurde in Russland ab 1864 eine sehr

---

2 Die jüngsten Forschungen zu diesen Kapitulationen und deren Wirkungen sind im Sammelband zu einer Tagung zum 200-Jahr-Jubiläum der Kapitulationen des Jahres 1710 enthalten, die wir gemeinsam mit den Kollegen aus der Geschichtsabteilung der Universität Tartu veranstalteten. Siehe *Mati Laur u.a.* (Hrsg.), Die baltischen Kapitulationen von 1710. Kontext – Wirkungen – Interpretationen (= Quellen und Studien zur baltischen Geschichte 23), Böhlau, Wien-Köln-Weimar 2014. Speziell zur Bedeutung der Kapitulationen für die Rechtsentwicklungen im 19. Jahrhundert vgl. *Marju Luts*, Modernisierung und deren Hemmnisse in den Ostseeprovinzen Est-, Liv- und Kurland im 19. Jahrhundert, in: *Tomasz Giaro* (Hrsg.), Modernisierung durch Transfer im 19. und frühen 20. Jahrhundert (= Studien zur europäischen Rechtsgeschichte 205; Rechtskulturen des modernen Osteuropa. Traditionen und Transfers 1), Klostermann, Frankfurt/Main 2006, 159ff.

3 Nach wie vor grundlegend zu diesem temporären Einschnitt in der Verfassungsgeschichte der baltischen Provinzen: *Friedrich Bienemann*, Die Statthalterschaftszeit in Liv- und Estland (1783–1796). Ein Capitel aus der Regentenpraxis Katharinas II., Duncker & Humblot, Leipzig 1886. Aus der jüngeren Forschung siehe *Lea Leppik*, The provincial reforms of Catherine the Great and the Baltic common identity, in: Ajalooline Ajakiri/The Estonian Historical Journal 2012 (1/2), 55ff. (frei zugänglich: https://ojs.utlib.ee/index.php/EAA/article/view/583/571, 29.12.2017); *Mati Laur*, Katharina II. und die Kapitulationen von 1710, in: *Laur u.a.* (Hrsg.), wie Fn. 2, 119ff.

4 Zu der Geschichtsschreibung über die baltischen Agrarreformen siehe *Kersti Lust*, The Impact of the Baltic Emancipation Reforms on Peasant-Landlord Relations: A Historiographical Survey, in: Journal of Baltic Studies 2013/44, 1ff.; als Einleitung gut geeignet: *Gert von Pistohlkors*, Die Ostseeprovinzen unter russischer Herrschaft (1710/95–1914), in: *ders.* (Hrsg.), Deutsche Geschichte im Osten Europas: Baltische Länder, Siedler, Berlin 1994, 323ff.

5 *David Moon*, The Abolition of Serfdom in Russia, 1762–1907, Routledge, London-New York 2001; *Larissa Zacharova*, Die Erfahrung des westlichen Europas in der russischen Agrargesetzgebung des 19. Jahrhunderts, in: *Dietrich Beyrau u.a.*

moderne Gerichtsreform eingeführt,[6] die baltischen Provinzen hat diese aber erst 1889 erreicht und dann schon mit erheblichen Modifikationen.[7]

In demselben wichtigen Reformjahr 1864 hat der zu Recht als „Reformzar" gewürdigte Alexander II. auch das monumentalste Gesetzeswerk in der Geschichte des (deutsch)baltischen Rechts bestätigt: die baltische Privatrechtskodifikation.[8] Das Gesetzbuch hatte zwei Titelblätter. Auf dem

---

(Hrsg.), Reformen im Russland des 19. und 20. Jahrhunderts. Westliche Modelle und russische Erfahrungen, Klostermann, Frankfurt/Main 1996, 217ff.

6 Zu der russischen Gerichtsreform siehe *Jörg Baberowski*, Autokratie und Justiz. Zum Verhältnis von Rechtsstaatlichkeit und Rückständigkeit im ausgehenden Zarenreich 1864–1914, Klostermann, Frankfurt/Main 1996; zusammenfassend auch *Jörg Baberowski*, Europa in Rußland: Justizreformen im ausgehenden Zarenreich am Beispiel der Geschworenengerichte 1864–1914, in: *Beyrau u.a.* (Hrsg.), wie Fn. 5, 151ff.; zu der im Russischen Reich bis dahin ganz unbekannten Verwaltungsgerichtsbarkeit siehe *Peter Liessem*, Verwaltungsgerichtsbarkeit im späten Zarenreich: Der Dirigierende Senat und seine Entscheidungen zur russischen Selbstverwaltung (1864–1917), Klostermann, Frankfurt/Main 1996.

7 Zu den Plänen der Einführung der Friedensrichterinstitution in den Ostseeprovinzen seit 1880 vgl. *Michael Haltzel*, Der Abbau der deutschen ständischen Selbstverwaltung in den Ostseeprovinzen Rußlands. Ein Beitrag zur Geschichte der russischen Unifizierungspolitik 1855–1905, Herder-Institut, Marburg/Lahn 1977, 89; zu dem Kontext und der Vorgeschichte der baltischen Justizreform ebda, 78ff. In der jüngeren rechtshistorischen Forschung in Estland wird die oktroyierte Justizreform nicht nur als ein Russifizierungsvorgang, sondern vielmehr als ein Modernisierungsprozess gedeutet. Siehe vor allem *Toomas Anepaio*, Die Justizreform in der zweiten Hälfte des 19. Jahrhunderts in den Ostseeprovinzen – Russifizierung oder Modernisierung?, in: Liber annalis Instituti Baltici: Acta Baltica, Bd. 35, Institutum Balticum des Albertus-Magnus Kolleg, Königstein 1997, 257ff.; *Toomas Anepaio*, Justice Laws of 1889 – a Step in Estonia's Constitutional Development, in: Juridica International 2005/10, 150ff. (frei zugänglich: http://www.juridicainternational.eu/index.php?id=12629, 29.12.2017); *Toomas Anepaio*, Die Gerichtsordnungen Alexanders II. – eine Wegmarke in der Geschichte des Notariats: historiographische Einführung, in: *Marju Luts-Sootak u.a.* (Hrsg.), Einheit und Vielfalt in der Rechtsgeschichte im Ostseeraum. Sechster Rechtshistorikertag im Ostseeraum, 3.–5. Juni 2010 Tartu (Estland)/Riga (Lettland) (= Rechtshistorische Reihe 428), Lang, Frankfurt/Main u.a. 2012, 15ff.; differenzierter *Marju Luts-Sootak*, The Ambivalence of Reforms and their Absence: Baltic Lections of the 19th Century, in: Juridica International 2006/11, 68ff. (frei zugänglich: http://www.juridicainternational.eu/index.php?id=12663, 29.12.2017).

8 Die ältere Forschung zu diesem Gesetzbuch ist zusammengefasst von *Barbara Dölemeyer*, Das Privatrecht Liv-, Est- und Kurlands von 1864 (Teil III des Provinzialrechts der Ostseeprovinzen des Russischen Reichs), in: *Helmut Coing* (Hrsg.), Handbuch der Quellen und Literatur der neueren europäischen Privatrechtsgeschichte, Bd. 3. Teilbd. 2, Beck, München 1982, 2076 ff. Die neuere, vor allem von den estnischen Rechtshistorikern betriebene Forschung hat die Standpunkte

ersten Titelblatt steht: „Provinzialrecht der Ostsee-Gouvernements. Theil III. Privatrecht Liv-, Est- und Curlands, zusammengestellt auf Befehl des Herrn und Kaisers ALEXANDER II“ und auf dem zweiten Titelblatt: „Liv-, Est- und Curlaendisches Privatrecht“. In der Literatur wird das Gesetzbuch öfters einfach „Das Baltische Privatrecht“ genannt. Jenes Gesetzbuch wurde hauptsächlich von dem baltischen Rechtsgelehrten und ehemaligen Professor der baltischen Provinzialrechte an der Universität zu Dorpat, Friedrich Georg von Bunge, verfasst und als Entwurf von vielen einheimischen baltischen Institutionen und Gremien erörtert. In Wirklichkeit hat der Zar am 12. November 1864[9] aber sogar zwei Gesetzbücher bestätigt: neben dem gerade genannten deutschen Original auch eine offizielle russische Übersetzung.[10] Die Übersetzung wurde gleich dem Original in der zweiten, d.h. der Kodifikationsabteilung der persönlichen Kanzlei des Kaisers angefertigt, und der Hauptredakteur Bunge hatte in diesem Prozess mitgewirkt, indem er die Übersetzung auf ihre Stimmigkeit hin überprüfte. Man war wohl überzeugt davon, dass die beiden Versionen in der Tat genau übereinstimmen. Es wurden zunächst nämlich gar keine Vorrangvorschriften für Kollisionsfälle gesetzt. So sollten beide Versionen ab 1. Juli 1865 die gleiche Gesetzeskraft erhalten. Es hatte sich aber schon bald herausgestellt, dass die russische Übersetzung doch nicht exakt dem Original entsprach. Eine solche Abweichung der Übersetzung vom Original gab im Jahr 1870 den Anlass für die Festlegung des Vorrangverhältnisses durch ein Reichsratsgutachten, das

---

der früheren Forschung teilweise erheblich korrigiert. Siehe *Marju Luts*, Private Law of the Baltic Provinces as a Patriotic Act, in: Juridica International 2000/5, 157ff. (frei zugänglich: http://www.juridicainternational.eu/index.php?id=12522, 29.12.2017); *Marju Luts*, Die neue estnische Privatrechtskodifikation zwischen Geschichte und Zukunft von Europa, in: *Claes Peterson* (Hrsg.), Die Kodifikation und die Juristen. Ein rechtshistorisches Seminar in Stockholm vom 2. bis 4. Mai 2003 (= Rättshistoriska studier 23), Olin-Stiftelse, Stockholm 2008, 134ff.; *Marju Luts-Sootak*, Das Baltische Privatrecht von 1864/65 – Triumphbogen oder Grabmal für das römische Recht im Baltikum? in: Zeitschrift für Ostmitteleuropa-Forschung 2009/58, 357ff.; *Hesi Siimets-Gross*, Das „Liv-, Est- und Curlaendische Privatrecht“ (1864/65) und das römische Recht im Baltikum (= Dissertationes iuridicae Universitatis Tartuensis 33), Tartu University Press, Tartu 2011 (frei zugänglich: http://www.digar.ee/arhiiv/nlib-digar:128121, 29.12.2917).

9 Nach dem sog. alten Stil oder dem damals in Russland benutzten julianischen Kalender.

10 Die Titelblätter der russischen Übersetzung waren in der umgekehrten Reihenfolge und die einzelnen Elemente etwas anders zusammengesetzt: Auf dem ersten Titelblatt stand: Свод гражданских узаконений Губерний Остзейских, повелением государя императора АЛЕКСАНДРА НИКОЛАЕВИЧА составленный und auf dem zweiten Titelblatt: Свод местных узаконений губерний Остзейских. Часть третья. Законы гражданские.

von dem sogenannten „Dirigierenden Senat“ publiziert wurde und damit Gesetzeskraft erhielt.[11] Im Zuge der Errichtung der baltischen Eisenbahn, die u.a. die Zwangsenteignung der Ländereien verlangte, hatte sich herausgestellt, dass die Anmerkung 1 zu dem Art. 868 im deutschen Text von der „Zwangsenteignung“ ohne weitere Tatbestandsmerkmale, im russischen dagegen von der „Zwangsenteignung behufs der staatlichen oder gesellschaftlichen Bedürfnisse“ sprach. Der zarenrussische Reichsrat hat daraufhin vorgeschrieben, dass im Falle der Kollision beider Texte das deutsche Original der russischen Übersetzung weichen sollte. So hat man schon fünf Jahre nach dem Inkrafttreten des Gesetzbuchs das „natürliche“ Vorrangverhältnis zwischen Original und Übersetzung umgekehrt. Für den erwähnten Dirigierenden Senat als höchstem Gerichtshof des Zarenreichs, dessen Entscheidung auch die baltischen Rechtsfälle in der letzten Instanz unterlagen, war diese Lösung natürlich bequem. Auch wenn es Fälle aus den autonomen Provinzen waren, behandelte der Senat diese auf Russisch. So war es für ihn einfacher, die russische Version des baltischen Gesetzbuchs zu verwenden und anzuwenden.

Für die Behörden der baltischen Provinzen, wo das Gesetzbuch galt, war die neue Konstellation des Vorrangs zwischen deutschem Original und russischer Übersetzung dagegen ungünstig. Gemäß den Unterwerfungsbedingungen war die Gerichts- und Amtssprache in diesen Provinzen Deutsch, insoweit es nicht um die privatrechtlichen Streitigkeiten oder Beschwerden der bäuerlichen Esten oder Letten ging. Jene machten zwar etwa 85–90 % der Bevölkerung aus, sollten aber kaum berührt sein von dem Problem, ob man sich bei der Gestaltung der eigenen Privatrechtsverhältnisse nach der deutschen oder nach der russischen Version des Baltischen Privatrechts richten sollte. Die im Laufe der Agrarreformen erlassenen Bauernverordnungen umfassten auch das bäuerliche Privatrecht und so waren die Privatrechtsverhältnisse der Bauern vom Regelungsbereich der großen baltischen Privatrechtskodifikation ausgeklammert.[12] Subsidiär sollte dieses Gesetzbuch

---

11 Der Oberste Gerichtshof des Zarenreichs, der sog. Dirigierende Senat (russ. правительствующий сенат) fungierte u.a. als Promulgationsbehörde. Näher zur Teilnahme des Senats an der Legislative *Liessem*, wie Fn. 6, 31ff.

12 Vgl. die Anmerkung 1 zu dem Art. III in der Einleitung des Baltischen Privatrechts: „Die Bauer[sic!]privatrechte sind in diesem Gesetzbuch nicht enthalten, sondern in den Bauer[sic!]verordnungen und in den diese Verordnungen ergänzenden Gesetzesbestimmungen.“ Zu den baltischen Bauernprivatrechten siehe *Werner Kundert*, in: *Coing* (Hrsg.), Handbuch III/2, wie Fn. 8, 2092ff.; aus der jüngeren Forschung *Marju Luts-Sootak*, Die baltischen Privatrechte in den Händen der russischen Reichsjustiz, in: *Zoran Pokrovac* (Hrsg.), Rechtsprechung in Osteuropa. Studien zum 19. und frühen 20. Jahrhundert (= Studien zur

zwar auch für die bäuerlichen Rechtsverhältnisse gelten, spielte aber in der entsprechenden Rechtswirklichkeit und im Gerichtsalltag kaum eine Rolle. Erstens hatten die vor Kurzem aus der Leibeigenschaft befreiten Bauern keinen so komplizierten Rechtsverkehr, dass die an sich in der Tat etwas knappen Bestimmungen der Bauernverordnungen nicht ausgereicht hätten. Zweitens hat man für die bäuerlichen Rechtssachen eigene Gerichte und einen separaten Instanzenzug geschaffen,[13] wo sie bis zur letzten provinziellen Gerichtsinstanz ihre Streitigkeiten in der eigenen Muttersprache, d.h. auf Estnisch oder Lettisch, führen konnten. Erst in der allerletzten Instanz, im Dirigierenden Senat, sollten auch die bäuerlichen Rechtssachen auf Russisch behandelt werden. Für Estland ist es quellenmäßig belegt[14], für Liv- und Kurland gleichfalls höchst wahrscheinlich, dass mindestens bis zur Gerichtsreform und Russifizierung des baltischen Gerichtssystems (1889) gar keine bäuerlichen Rechtsfälle im Senat vorkamen, wo man auf das Baltische Privatrecht Bezug genommen hätte. Es waren also doch vor allem die deutschen Einwohner der baltischen Provinzen und ihre deutschen Behörden, die als Adressaten und Anwender des Baltischen Privatrechts ab 1870 im Zweifelsfall die russische Übersetzung des Gesetzbuchs statt des deutschen Originals zur Richtschnur nehmen sollten.

Der autoritär oktroyierte Vorrang der russischen Version des Gesetzbuchs ändert nichts an der Tatsache, dass das Baltische Privatrecht im Original auf Deutsch verfasst war, dem Inhalt nach ein deutsches Partikularrecht darstellte[15] und die deutsche Rechtskultur widerspiegelte. Dies lässt die Frage

europäischen Rechtsgeschichte 275.1; Rechtskulturen des modernen Osteuropa. Traditionen und Transfers 6.1), Klostermann, Frankfurt/Main 2012, 269ff.

13 Näher zu dem Aufbau und den Funktionen jenes Gerichtssystems für die bäuerlichen Rechtsstreitigkeiten siehe *Marju Luts-Sootak*, Gerichtsbarkeit im Dienst der Volkspädagogik: Rechtsprechung in Bauernsachen in Estland und Livland 1866–1889, in: *Bernhard Diestelkamp u.a.* (Hrsg.), Liber Amicorum Kjell Å Modéer, Juristförlaget, Lund 2007, 433ff.

14 *Marju Luts-Sootak*, Die Erfolglosigkeit der estländischen Bauern vor der Höchstgerichtsbarkeit des Russischen Reiches (1865–1889), in: *Hans-Georg Knothe/ Marc Liebmann* (Hrsg.), Gerichtskultur im Ostseeraum. Vierter Rechtshistorikertag im Ostseeraum, 18.-20. Mai 2006 (= Rechtshistorische Reihe 361), Lang, Frankfurt/Main u.a. 2007, 175ff.

15 Die wissenschaftliche Behandlung des baltischen Rechts ist wieder in die Reihe der deutschen Partikularrechtswissenschaften aufgenommen worden, vgl. z.B. *Frank Ludwig Schäfer*, Juristische Germanistik. Eine Geschichte der Wissenschaft vom einheimischen Privatrecht (= Juristische Abhandlungen 51), Lang, Frankfurt/Main 2008, 467ff. Ausführlicher *Marju Luts-Sootak*, Die baltische Privatrechtswissenschaft im 19. Jahrhundert zwischen deutscher Rechtswissenschaft und russischer Politik, in: *Zoran Pokrovac* (Hrsg.), Rechtswissenschaft in Osteuropa. Studien zum 19. und frühen 20. Jahrhundert (= Studien zur europäischen Rechtsgeschichte

nach dem Standort jener Kodifikation unter den zeitgenössischen Kodifikationen außerhalb des Russischen Reichs, vor allem unter den Kodifikationen des deutschsprachigen Kultur- und Rechtsraums zu.

II Die Privatrechtskodifikationen zur Geburtsstunde des Baltischen Privatrechts

Das Baltische Privatrecht ist im Jahr 1865 in eine recht kinderreiche Familie „geboren“ worden. Nicht nur der Siegeszug des Gesetzesrechts, sondern seine ganz besondere Form der Kodifikation kann man sehr wohl als eines der wichtigsten Charakteristika der neuzeitlichen Rechtsentwicklung betrachten.[16] Man spricht mit guten Gründen von einem „Zeitalter der Kodifikation“.[17] Die berühmtesten und als Lehrbuchbeispiele geläufigsten sind das „Allgemeine Landrecht für die Preußischen Staaten“ (ALR) aus 1794[18], der „Code civil des Français“ (CC) aus 1804[19] und das „Allgemeine bürgerliche Gesetzbuch für die gesammten deutschen Erbländer der Oesterreichischen Monarchie“ (ABGB) aus 1811[20].

248; Rechtskulturen des modernen Osteuropa. Traditionen und Transfers 5), Klostermann, Frankfurt/Main 2010, 165ff.

16 Die Literatur zu dem Phänomen der neuzeitlichen (Privatrechts-)Kodifikation ist so umfangreich, dass ich hier nur ein Paar grundlegende Werke aufgreife. Aus der früheren Literatur sei vor allem *Sten Gagnér*, Studien zur Ideengeschichte der Gesetzgebung, Almqvist & Wiksell, Stockholm 1960, erwähnt; aus der späteren *Pio Caroni*, Gesetz und Gesetzbuch. Beiträge zu einer Kodifikationsgeschichte, Helbing & Lichtenhahn, Basel-Genf-München 2003; *Inge Kroppenberg*, Art. Kodifikation, in: Handwörterbuch zur deutschen Rechtsgeschichte, Bd. 2, Erich Schmidt Verlag, 2. Aufl. Berlin 2012, 1918ff., bietet eigene kodifikationstheoretische Überlegungen und weitere Literaturnachweise. Siehe auch die Literaturhinweise von *Wilhelm Brauneder*, Europäische Privatrechtsgeschichte, Böhlau, Wien-Köln-Weimar 2014, 260ff.

17 Vgl. *Bernd Mertens*, Gesetzgebungskunst im Zeitalter der Kodifikationen. Theorie und Praxis der Gesetzgebungstechnik aus historisch-vergleichender Sicht (= Tübinger rechtswissenschaftliche Abhandlungen 98), Mohr Siebeck, Tübingen 2003.

18 Siehe den Überblick zur 200-Jahres-Jubiläumsliteratur von *Gerhard Dilcher*, Forschungen zum ALR-Jubiläum, in: Zeitschrift für neuere Rechtsgeschichte 2001, 285ff.

19 Einen guten Überblick zur 200-Jahres-Jubiläumsliteratur bietet *Laurent Pfister*, Zweihundertjähriges Jubiläum des Code civil. Skizze einer strukturierten rechtshistorischen Bibliographie, in: Zeitschrift für neuere Rechtsgeschichte 2011, 241ff.

20 Es gab zum 200-Jahres-Jubiläum des österreichischen Gesetzbuches gleichfalls eine Welle an Einzelstudien und Sammelbänden, die mithilfe des Internets leicht auffindbar sind.

Das preußische ALR kann in die Liste der Privatrechtskodifikationen allerdings nur bedingt aufgenommen werden, denn es enthält neben dem Privatrecht auch Lehns- und Ständerecht, Staatskirchenrecht, Staatsorganisations- und Finanzrecht sowie Prozessrechte und Polizey- und Strafrecht. Als ein all diese Rechtszweige umfassendes Gesetzbuch gehört das ALR vielmehr in eine Familie mit den früheren Gesetzbüchern, wie sie z.B. im frühneuzeitlichen Skandinavien verfasst wurden: schon am Ende des 17. Jahrhunderts unter König Christian V. in Dänemark-Norwegen – „Danske Lov" (1683) und „Norske Lov" (1687) – und ungefähr ein halbes Jahrhundert später „Sveriges Rikes Lag" (1734) für Schweden-Finnland. In Finnland galt dieses Gesetzbuch auch in den Jahren 1809–1917 weiter, als die finnischen Territorien dem Russischen Reich eingegliedert waren. Auch nach der Erreichung der Eigenstaatlichkeit nach dem Ersten Weltkrieg blieb Finnland in dieser skandinavischen Tradition der allumfassenden Gesetzbücher, die nicht als Kodifikationen im neuzeitlichen Sinn bezeichnet werden können.[21] Solche Rechtsbücher, wo wenn nicht alle, dann doch mehrere Rechtszweige konsolidiert wurden, kannte schon das Mittelalter. Im deutschsprachigen Raum ist der Sachsenspiegel (zwischen 1220 und 1235) wohl das berühmteste von diesen Rechtsbüchern. Diese Tradition der mittelalterlichen Rechtsaufzeichnungen hatte auch in Alt-Livland Fuß gefasst: sowohl der sogenannte livländische Rechtsspiegel als das sogenannte älteste livländische Ritterrecht aus dem 14. Jahrhundert sind nach dem Vorbild des Sachsenspiegels verfasst worden.[22]

Charakteristisch für die „modernen" neuzeitlichen Kodifikationen war, dass sie nicht mehr alle oder mehrere Rechtszweige, sondern nur einen davon systematisch allumfassend und ausschließend regeln sollten.[23] Das

---

21 Kurz, aber zur weiteren Literatur führend: *Pia Letto-Vanamo*, Nordische Rechtsgeschichte – eine europäische Variante? in: Zeitschrift für Neuere Rechtsgeschichte 2013, 112ff; *Pia Letto-Vanamo*, Finnische Rechtsgeschichte. Eine nordische Variante mit deutschem Einfluss, in: *Ignacio Czeguhn* (Hrsg.), Recht im Wandel –Wandel des Rechts. FS für J. Weitzel zum 70. Geburtstag, Böhlau, Wien-Köln-Weimar 2014, 453ff.

22 Detailliert vergleichend: *Friedrich Georg von Bunge*, Ueber den Sachsenspiegel als Quelle des mittleren und umgearbeiteten Livländischen Ritterrechts sowie des Oeselschen Lehnrechts, Häcker, Riga 1827; *Leo Leesment*, Abweichungen des Livländischen Rechtsspiegels vom Sachsenspiegel, in: Verhandlungen der Gelehrten Estnischen Gesellschaft 30: I, Mattiesen, Tartu 1938, 348ff.; *Robert Wipper*, Der Sachsenspiegel und das livländische Ritterrecht, in: Conventus primus historicorum Balticorum. Acta et relata, Latvijas Vēstures Institūt, Riga 1938, 206ff.; siehe auch *Leo Leesment*, Über das Alter des Livländischen Rechtsspiegels, in: Zeitschrift der Savigny-Stiftung für Rechtsgeschichte. Germanistische Abteilung 50, 1930, 171ff.

23 Dazu näher *Pio Caroni*, Katalanische Vorlesungen, in: *ders.*, wie Fn. 16, 40ff.

hier zu betrachtende Baltische Privatrecht stand in diesem Sinne auf der Höhe der Zeit, d.h. es sollte nur das Privatrecht beinhalten. Schon ca. zwanzig Jahre früher, 1845, wurden zwei erste Bände des baltischen Provinzialrechts kaiserlich bestätigt, die man als öffentlich-rechtliche Kodifikationen bezeichnen könnte: die Behördenverfassung[24] und das Ständerecht[25]. Im Einführungsukas zu diesen beiden wurde für die Zukunft nicht nur eine separate Privatrechtskodifikation versprochen, sondern noch zwei weitere Provinzialgesetzbücher zum Zivil- und Strafprozess.[26] Für die Ausarbeitung dieser beiden Letztgenannten wurde eine sogenannte Zentraljustizkommission eingesetzt, die sich aus Vertretern aller drei baltischen Provinzen und der Universität Dorpat zusammensetzte.[27] Die in den Jahren 1864–66 auf der Provinzialebene ausgearbeiteten Entwürfe zu den Prozess- und Konkursordnungen wurden von der russischen Zentrale jedoch beiseitegelegt und statt diesen wurden im Jahr 1889 die russischen Gerichts- und Prozessordnungen auch in den baltischen Provinzen eingeführt. So blieb das Privatrecht von 1864/65 als dritter Teil des Provinzialrechts der Ostseegouvernements das letzte Provinzialgesetzbuch der baltischen Provinzen im Russischen Reich.

Bis zum Jahr 1864, als Alexander II. das Baltische Privatrecht „allerhöchst" bestätigte, gab es in Europa schon eine ganze Reihe moderner oder fast moderner Privatrechtskodifikationen. Die berühmtesten, der französische Code civil und das österreichische ABGB, wurden hier schon erwähnt. Die erste Zivilrechtskodifikation des deutschsprachigen Raumes[28]

---

24 Provinzialrecht der Ostseegouvernements. Erster Theil: Behördenverfassung, St. Petersburg 1845; auch davon wurde in der Kodifikationsabteilung gleich eine offizielle russische Übersetzung gemacht: Свод местных узаконений губерний Остзейских. Ч. 1: Учреждения, Санктпетербург 1845.

25 Provinzialrecht der Ostseegouvernements. Zweiter Theil: Ständerecht, St. Petersburg 1845; Свод местных узаконений губерний Остзейских. Ч. 2: Сословия, Санктпетербург 1845.

26 О издании первых двух частей Свода местных узаконении губернии Остзейских, 1.7.1845. – Полное собрание законов Российской империи. Собрание 1825–1881, т. 20, ст. 19146; die deutsche Übersetzung ist abgedruckt in dem ersten Band des Provinzialrechts, wie Fn. 24, 1ff.

27 Näher und m.w.N. zu diesen provinziellen Reforminitiativen *Marju Luts-Sootak*, Das Prinzip der Öffentlichkeit in den baltischen Justizreformdebatten in den sechziger Jahren des 19. Jahrhunderts, in: *Danuta Janicka* (Ed.), Judiciary and Society between Privacy and Publicity. 8th Conference on Legal History in the Baltic Sea Area, 3rd-6th September 2015 Toruń, Wydawnictwo Naukowe Uniwersytetu Mikołaja Kopernika, Toruń 2016, 441ff.; zu manchen Ergebnissen dieser Initiativen vgl. *Luts-Sootak*, The Ambivalence, wie Fn. 7, 72f.

28 Hier in der Frage nach dem zeitlichen Primat wegen des Kodifikationscharakters im Gegensatz zu Bayern wegen der hier subsidiären Geltung u. a. des Gemeinen Rechts abweichend von *Wilhelm Brauneder*, Europas erste Privatrechtskodifikation: Das

ist ungefähr ein halbes Jahrhundert älter: der Codex Maximilianeus Bavaricus Civilis (1756). Zu den deutschsprachigen Berühmtheiten gehören auch Johann Caspar Bluntschlis Privatrechtliches Gesetzbuch für den Kanton Zürich (1853/55) und Das Bürgerliche Gesetzbuch für das Königreich Sachsen (1863/65). Das Letztgenannte ist in dem gleichen Jahr in Kraft getreten wie das Baltische Privatrecht. Neben diesen bekannteren Kodifikationen gab es vor allem in den schweizerischen Kantonen mehrere Gesetzbücher, die außerhalb der schweizerischen Rechts(geschichts-)literatur kaum erwähnt werden: diejenigen von Genf (1804), Waadt (1819), dem alten Kanton Bern (1824/30), Luzern (1831/39), Tessin (1837), Fribourg (1834/1849), Solothurn (1841/47), Aargau (1847/56) und Neuenburg (1855).[29] Im gleichen Jahr wie das Baltische Privatrecht ist auch der Codice civile del Regno d'Italia in Kraft getreten. Diesem Gesetzbuch gingen gleichfalls die Kodifikationen einiger Einzelterritorien voraus, z.B. die Gesetzbücher Siziliens (1819) oder Piemonts (1838). Unter den Nachfolgern des Code civil gibt es bekanntere und unbekanntere Kodifikationen: Der Genfer Code (1804) ist hier schon erwähnt worden, es gehören dazu aber auch das Badische Landrecht (1809/10), das Lombardo-Venetianische Gesetzbuch (1816), das Bürgerliche Gesetzbuch des Königreichs Polen oder des sogenannten Kongresspolens (1825/26) mit manch wichtigen Modifikationen vor allem im Personenrecht, das Niederländische Burgerlijk Wetboek (1838) mindestens teilweise, der schon erwähnte italienische Codice und der gleichfalls im Jahr 1864 verabschiedete und 1865 in Kraft getretene Codul civil român in Rumänien. Es ließen sich die Beispiele sowohl für West- als für Ost-Europa vermehren. Auch das zweite Buch des 10. Bandes der Russischen Gesetzessammlung[30]

Galizische Bürgerliche Gesetzbuch, in: *Heinz Barta u.a.* (Hrsg.), Naturrecht und Privatrechtskodifikation. Tagungsband des Martini-Colloquiums 1998, Manz Verlag, Wien 1999, 303ff., wonach die 1796 in der ersten Auflage als Bürgerliches Gesetzbuch für Westgalizien bezeichnete Privatrechtskodifikation die erste ihrer Art sein sollte. Man sollte sich nicht vom Untertitel der Bayerischen Kodifikation – Kur- Baierisches Land-Recht – irreleiten lassen; dem Inhalt nach war dies eine Zivilrechtskodifikation, wenn auch eine vormodern ständische. Dass das Gesetzbuch in den letzten Kapiteln auch die Bestimmungen zu dem Lehnrecht oder zu der Bestrafung der sog. Injurien enthält, kommt von seinem ständischen Charakter. Das eigentliche Strafrecht enthielt der Codex Iuris Bavarici Criminalis (1751); auch die Zivilprozessordnung war separat kodifiziert im Codex Iuris Bavarici Iudiciarii (1753).

29 *Albert Schneider*, Privatrechtliches Gesetzbuch für den Kanton Zürich, Schulthess Verlag, Zürich 1888, 5; *Marcel Senn*, Rechtsgeschichte – ein kulturhistorischer Grundriss, Schulthess Verlag, Zürich-Basel-Genf 4. Aufl. 2007, 316.

30 Свод законов Российской империи [Gesetzessammlung des Russischen Reichs; hier weiterhin: Svod], 15 Bde., 1832–35.

enthielt nur Zivilrecht und könnte in diesem Sinn als eine typisch neuzeitliche Privatrechtskodifikation gelten. Ich verwende bei dieser Behauptung aber bewusst den grammatischen Konjunktiv, weil es noch weitere Charakteristika der neuzeitlichen bzw. modernen Privatrechtskodifikationen gab, aufgrund derer manche der hier erwähnten Gesetzbücher aus der Reihe zu verbannen wären. Vor allem sollte man die allgemeine Gesetzgebungsideologie berücksichtigen, die den Typus moderne Privatrechtskodifikation trägt, die in jenem verkörpert wird und diesen dadurch sehr deutlich und prinzipiell von den vormodernen Gesetzbüchern und Rechtsaufzeichnungen unterscheidet.

III Das Äußere der Privatrechtskodifikationen: Rechtssicherheit durch die Exklusivität und Rechtsvereinheitlichung

Dass das Zusammenfassen des Rechtsstoffes in ein bündiges und einschlägiges, zumal systematisch durchdachtes und verfasstes Gesetzbuch zur Rechtsgewissheit und Rechtssicherheit beiträgt, ist ohne weitere Ausführungen klar. Dass in das Gesetzbuch einbezogene Rechtssätze klar und verständlich, in sich stimmig, auf einer möglichst optimalen Abstraktionsebene[31] etc. sein sollen, ist gleichfalls allgemein anerkannt. Noch wichtiger ist aber

31 Siehe für das preußische ALR und das deutsche BGB besonders aufschlussreich *Gottlieb Planck*, Einleitung, in: Bürgerliches Gesetzbuch nebst Einführungsgesetz, erläutert von *ders.*, Bd. 1, De Gruyter, Berlin 1897, 20f.: „Das preußische Landrecht hat den Versuch gemacht, die rechtlichen Beziehungen der Menschen zueinander in der Art zu regeln, daß tunlichst Vorschriften über jedes einzelne im Leben vorkommende Verhältnis gegeben werde. Es wird jetzt allgemein anerkannt, daß hier etwas Unmögliches erstrebt wurde. Das Leben ist so vielgestaltig, um jedes möglicherweise vorkommende Verhältnis berücksichtigen und durch eine besondere Vorschrift regeln zu können. Auf der anderen Seite darf ein Gesetzbuch sich nicht darauf beschränken, die leitenden Rechtsgedanken auszusprechen oder die Zwecke zu bezeichnen, deren Erreichung erstrebt wird. [...] Es kommt also darauf an, diejenigen Rechtssätze zu finden, welche am besten geeignet sind, den leitenden Rechtsgedanken zu verwirklichen. Das den einzelnen im Leben vorkommenden Verhältnissen Gemeinsame muß aufgesucht und hieraus die für alle maßgebende Rechtsregel abgeleitet werden. Dies ist der Standpunkt, von dem bei der Ausarbeitung des BGB ausgegangen ist; er vermeidet die Kasuistik, sucht für jede Materie das beherrschende Prinzip auf und prägt dasselbe in Rechtssätzen aus. Diese Rechtssätze sucht das BGB so allgemein zu fassen, dass sie alle Verhältnisse, die darunterfallen sollen, auch wirklich ergreifen, andererseits aber so scharf zu umgrenzen, dass ihre Tragweite klar erkennbar ist und alle Verhältnisse ausgeschlossen werden, die nicht darunterfallen sollen. Wie weit in der Verallgemeinerung gegangen werden kann, ohne die Rechtssicherheit zu gefährden, ist eine Frage der Gesetzgebungskunst, bei welcher die Rücksicht auf die Bedürfnisse der Praxis maßgebend sind." Zu dem prinzipiellen Kontext jener Passage

die strenge Bindung durch das Gesetzbuch und die exklusive Geltung einer Kodifikation in dem kodifizierten Rechtsbereich. Schon bei jenem Grundsatz der Exklusivität wird der Kodifikationscharakter des Baltischen Privatrechts infrage gestellt. Weder der Einführungsukas des Baltischen Provinzialrechts von 1845 noch derjenige zu seinem dritten Band, d.h. zu dem Baltischen Privatrecht, enthält eindeutige Bestimmungen darüber, dass durch das Inkrafttreten der neuen Gesetzbücher die früher geltenden Rechtsquellen außer Kraft gesetzt wären. Man könnte freilich vermuten, dass die Exklusivität bei einer modernen Kodifikation so selbstverständlich ist, dass der Gesetzgeber dies nicht ausdrücklich betonen muss. Im Fall des Baltischen Privatrechts kommt aber dazu, dass dies im Russischen Reich zustande kam, wo die westlichen Selbstverständlichkeiten nicht unbedingt vorherrschend waren. So bestimmte der Einführungsukas zu dem Provinzialrecht in Anspielung auf die Reichsgesetzbücher von Svod genau das Gegenteilige: „ [...] daß in Beziehung auf dieses Provinzialrecht der Ostseegouvernements, – durch welches eben so wenig als durch das Allgemeine Reichsgesetzbuch die Kraft und Geltung der bestehenden Gesetze abgeändert, sondern dieselben nur in ein gleichförmiges Ganze und in ein System gebracht werden [...].“ Daneben wurde zwar bestimmt, dass von den Verwaltungs- und Gerichtsbehörden ab dem Inkrafttreten des kodifizierten Provinzialrechts nicht die alten Gesetze, sondern die neuen Kodifikationen „angezogen und in Anwendung gebracht werden sollen, auf derselben Grundlage, wie ähnliche Hinweisungen auf die Artikel des Allgemeinen Reichsgesetzbuchs gemacht werden“. Aus der modernen Sicht erscheint die Lösung etwas sonderbar, ist aber denkbar: Man wendet das schon früher in Geltung gestandene Recht an, verweist aber auf die entsprechende Bestimmung im neuen Gesetzbuch, das materiell wiederum nur das früher gegoltene Recht beinhaltet. Dies kann so funktionieren, bis es die einschlägigen Bestimmungen im neuen Gesetzbuch gibt, d.h. bis zu der Lücke im Regelungswerk des Gesetzbuches und zum Problem der Lückenerfüllung. Der Einführungsukas zum Provinzialrecht hat für den Fall einer Lücke ohne weiteres Spezifizieren auf das bisherige Vorgehen verwiesen, dass „für den Fall einer Unklarheit im Wesen des Gesetzes selbst, oder aber eines Mangels oder einer Unvollständigkeit in seiner Darlegung, [die] vorgeschriebene Ordnung der Erläuterung und Ergänzung dieselbe bleibt, wie sie bisher bestanden hat“. Das Baltische Privatrecht war mit seinen 4.600 Artikeln im Hauptteil ein recht voluminöses Gesetzbuch

siehe *Joachim Rückert*, Das BGB und seine Prinzipien, in: *Mathias Schmoeckel u.a.* (Hrsg.), Historisch-kritischer Kommentar zum BGB, Bd. 1, Mohr Siebeck, Tübingen 2003, 42ff.

unter den Privatrechtskodifikationen.[32] Die Anzahl der Artikel ließe sich vermehren, die hier oben erwähnte Anmerkung über die Zwangsenteignung bei Art. 868 ist kein Einzelfall. Es gibt in dem Gesetzbuch recht viele Anmerkungen, die die Rechtssätze im Haupttext modifizieren, erklären, manchmal auch teilweise aufheben. Insoweit wären auch diese als selbstständige Regeln zu betrachten. In der zeitgenössischen baltischen Rechtsliteratur sprach man also mit guten Gründen von einem „verhältnismäßig seltene[n] Fall einer Lücke im Gesetz".[33] Für diesen Fall gab es unter den „Einleitenden Bestimmungen" zu dem Gesetzbuch Art. XXI: „Findet sich in diesem Privatrecht für eine einzelne Rechtsfrage keine Vorschrift, so ist eine solche Frage nach denjenigen Bestimmungen des Privatrcchts zu beurtheilen, mit denen sie durch Gleichheit des Grundes innerlich verwandt erscheint." Die Vorschrift lässt sich als eine normale Analogiebestimmung verstehen und wurde in der baltischen Rechtsliteratur auch so bezeichnet.[34] Damit sollte ja das Lückenproblem auf eine methodisch vertretbare Weise erledigt sein: Die vorhandenen Bestimmungen der Kodifikation wären für den seltenen Lückenfall analog anzuwenden. Es blieb aber in der Wirklichkeit nicht dabei und es entflammte eine Diskussion[35] über die subsidiäre Geltung weiterer Rechtsquellen, weil die Lückenartikel des Gesetzbuchs allgemein von den „Bestimmungen des Privatrechts" und nicht von den Bestimmungen in diesem Gesetzbuch sprachen. Die Gegenparteien behaupteten entweder die fortwährende Geltung der früheren römischen und gemeindeutschen Quellen des Subsidiarrechts[36] oder die Einbeziehung des russischen Reichsgesetzbuches (Svod, Bd. 10,

32 Meistens brauchen die Privatrechtskodifikationen nur die Hälfte dieser Paragraphenzahl. Im Code civil waren es 2.281, im Zürcher Privatrecht 1.892, im sächsischen BGB 2.180, im etwas späteren deutschen BGB 2.385 und im schweizerischen ZGB mit OR 977 + 1.186 = 2.163 Artikeln bzw. Paragraphen. Deutlich schmaler dagegen war das österreichische ABGB mit nur 1.502 Paragraphen.

33 *Carl Eduard Erdmann*, Das System des Privatrechts der Ostseeprovinzen Liv-, Est- und Curland, Bd. 1, N. Kymmel's Verlag, Riga 1889, 6.

34 Z.B. *Victor Zwingmann*, Vorrede, in: Civilrechtliche Entscheidungen des Riga'schen Stadtgerichte, Bd. 1, Verlag von Wilhelm Betz, Riga 1871, V, oder *Erdmann*, wie Fn. 33, 6.

35 Näher zu dieser Diskussion *Hesi Siimets-Gross*, Das Liv-, Esth- und Curlaendisches Privatrecht (1864/1865) – die einzige Quelle des Privatrechts? in: *Luts-Sootak u.a.* (Hrsg.), Einheit und Vielfalt, wie Fn. 7, 275ff.

36 Unter diesen Autoren befand sich auch C. E. Erdmann, der die Lückenartikeln in erster Linie als eine Vorschrift der Gesetzesanalogie bezeichnete. Die subsidiären Quellen sollten nach ihm erst dann einbezogen werden, wenn die Analogie zu keinem Ergebnis führte. Siehe *Erdmann*, wie Fn. 33, 6. Wie man sich diese Ergebnislosigkeit des Analogieschlusses vorstellen sollte wird freilich nicht erläutert.

T. II)[37] als subsidiäre Quelle zu dem Baltischen Privatrecht. Eine exklusive, früher in Geltung gestandene Rechtsquellen verdrängende und alle anderen ausschließende Geltung des Baltischen Privatrechts wurde aber von keiner dieser beiden Parteien behauptet, vielmehr von beiden Seiten infrage gestellt.

Die Rechtsvereinheitlichung gilt gleichfalls als eine Errungenschaft der modernen Privatrechtskodifikationen: An die Stelle der vormodernen Vielfalt und Mannigfaltigkeit der Privatrechtsquellen und -regelungen sollte ein einheitlich systematisiertes Gesetzbuch mit einheitlichen Regelungen für den ganzen Geltungsbereich treten. Wenn diese Idee (noch) nicht nationalstaatlich zu verwirklichen war, dann zumindest territorialstaatlich, da die Territorien schon ganz sicher feststanden. So wird die moderne Kodifikationsgeschichte in theoretischen Abhandlungen und in Lehrbüchern meistens erzählt. Die historische Empirik zeigt ein viel bunteres und differenzierteres Bild. Auf die ursprünglich nur bloß subsidiäre Geltung des preußischen ALR und des spanischen Código civil (1889) hat z.B. P. Caroni aufmerksam gemacht. Er hat dabei auch die rechts- und territorialpolitischen Hintergründe des subsidiären Inkraftsetzens dieser Kodifikationen, die zeitlich ca. hundert Jahre auseinanderliegen, angedeutet.[38] Nach dem ursprünglichen Plan sollten dem ALR die provinziellen Gesetzbücher folgen: für Ost- und West-Preußen, Ost-Friesland, Schlesien u.a. Dies wurde noch 1830 in Erinnerung gerufen und als ein hoffnungswürdiges Vorgehen gedeutet.[39] Immerhin, im Laufe der Zeit hatte das ALR doch auch primäre Geltung erreicht, dies jedoch nicht in allen Territorien, die der preußischen Krone unterworfen waren. Die berühmt-berüchtigte deutsche Rechts- und Gerichtskarte aus dem Jahr 1895[40], d.h. vom Vorabend der Rechtsvereinheitlichung durch das Bürgerliche Gesetzbuch für das Deutsche Reich (1896/1900), gibt den Geltungsbereich des ALR

---

37 Diese Position wurde von den russischen Autoren vertreten. Siehe näher *Siimets-Gross*, wie Fn. 35, 284.

38 *Pio Caroni*, Das vertagte Gesetzbuch. Zu den Widerständen gegen die Ausarbeitung des kodifikatorischen Konzeptes (ursprünglich 2002), in: *Caroni*, wie Fn. 16, 259ff. m.w.N. auf die verschiedenen Deutungen der Gründe für dieses „Zurückhalten" des preußischen Gesetzgebers. Es fehlt unter den Verweisen aber *Andreas Schwennicke*, Die Entstehung der Einleitung des Preußischen Allgemeinen Landrechts von 1794, Klostermann, Frankfurt/Main 1993, 91ff., zu der subsidiären Geltung des Gesetzbuchs.

39 *San Marte [Albert Schulz]*, Über den Werth von Provinzialgesetzen; mit besonderer Beziehung auf Preussen. Ein Wort zur Feier des dritten Augustes 1830, Verlag Gottfr. Basse, Quedlingburg-Leipzig 1830.

40 Deutsche Rechts- und Gerichtskarte. Eine Einteilung des Deutschen Reichs nach Gebieten des bürgerlichen Rechts und nach umfassenderen Gerichtsbezirken mit einem Orientierungsheft, Fischer & Co, Kassel 1895; Neudruck hrsg. und eingeleitet von *Diethelm Klippel*, Keip, Goldbach 1996.

durch grüne – in manchen Auflagen blaue – Farbtöne wieder. Der Plural ist wichtig – es sind in der Tat verschiedene Töne von grün oder blau, die den unterschiedlichen Geltungsmodus des ALR weitergeben sollen. Nur der allerdunkelste Ton zeigt die primäre und exklusive Geltung des allgemeinen Landrechts. Es ist nicht sehr viel: durch die erste polnische Teilung an Preußen gefallene Territorien in Schlesien und um Posen, Altmark und Ostland. Die übrigen Töne von grün/ blau zeigen unterschiedliche Varianten. Es gab Territorien, wo das ALR zwar galt, aber nicht für alle Privatrechtsbereiche – im Familienrecht und Intestaterbrecht galten nach wie vor die lokalen Provinzialrechte. Es gab auch Territorien, wo das ALR bis zum Ende nur als subsidiäres Recht neben oder vielmehr „nach“ dem Provinzialrecht galt. Ganz abgesehen von den Territorien, die erst im 19. Jahrhundert zu Preußen gekommen waren mit eigenem althergebrachten Recht oder sogar modernen Kodifikationen, wie z.B. das Rheinland mit dem französischen Code civil. Das Allgemeine Landrecht hatte im preußischen Königreich also keinesfalls allgemein gegolten. Dieser Befund betrifft die österreichische Kodifikation gleichfalls. Der Volltitel des Allgemeinen Bürgerlichen Gesetzbuchs aus dem Jahr 1811 sagt ja auch ausdrücklich und klar, dass jenes zwar für die „gesammten“, aber immerhin nur für „die deutschen Erbländer der Oesterreichischen Monarchie“ bestimmt war.[41] Vor allem die ungarischen Gebiete der Doppelmonarchie waren damit ausgeschlossen, sieht man von der provisorischen Ausdehnung des ABGB auf diese Territorien für kein knappes Jahrzehnt von 1853 bis 1862 ab. Man kann aber auch für dieses Jahrzehnt nicht behaupten, dass das ABGB in der ganzen Monarchie gegolten hätte. Es gab noch weitere Territorien und Provinzen außer Ungarn, wo das ABGB zeitweise nicht galt.[42] Es lässt sich also festhalten, dass das Adjektiv „allgemein“ mindestens um 1800 noch darauf hinweisen sollte, dass neben oder vielmehr vor diesen allgemeinen Gesetzbüchern noch weitere Gesetzbücher oder Rechtsmassen gelten sollten – je nach Macht- und Rechtskonstellationen der

---

41 Siehe näher *Werner Ogris*, Das ABGB innerhalb und außerhalb Österreichs, in: *Michael Geistlinger u.a.* (Hrsg.), 200 Jahre ABGB – Ausstrahlungen. Die Bedeutung der Kodifikation für andere Staaten und andere Rechtskulturen, Manz Verlag, Wien 2011, 5ff.; *Wilhelm Brauneder*, Österreichs Allgemeines Bürgerliches Gesetzbuch (ABGB). Eine europäische Privatrechtskodifikation, Duncker & Humblot, Berlin 2014, 178ff., ausführlich 256 ff.; auch örtliche Unterschiede durch Verweisungen im ABGB selbst: ebda, 216 ff.

42 Zu den vielen „Einführungen“ des ABGB in verschiedenen Territorien der Habsburger-Monarchie siehe *Jürgen Busch/Alexander Besenböck*, Von Mailand bis Czernowitz. Die Einführung des österreichischen ABGB, Gesamtstaatsidee und nationaler Partikularismus, in: *Andreas Bauer/Karl H. L. Welker* (Hrsg.), Europa und seine Regionen. 2000 Jahre Rechtsgeschichte, Böhlau, Köln-Weimar-Wien 2007, 559ff.

einzelnen Territorien in den immer noch vorherrschenden Konglomeratstaaten der Neuzeit.[43] So könnte man das Baltische Privatrecht als vergleichbar mit den im zeitgenössischen Preußen oder in der Habsburger-Monarchie existierenden Kodifikationen der lokalen provinziellen Rechte betrachten, die die Geltung des allgemeinen Reichsrechts in dem jeweiligen Territorium verdrängten bzw. von Anfang an verhinderten. In diesem Fall war so ein Reichsrecht der II. Teil des 10. Bandes der Gesetzessammlung des Russischen Reichs. Außer den baltischen Ostseeprovinzen gab es im Reich noch weitere Territorien, die eigene Kodifikationen, Rechtsbücher oder hergebrachtes Recht beibehielten bzw. beibehalten sollten: Finnland mit seinem schwedischen Gesetzbuch wurde oben schon erwähnt, im Königreich Polen oder sogenannten Kongress-Polen galt durch die Rezeption der französische Code und auch Bessarabien sollte gleich den baltischen Provinzen eine eigene Privatrechtskodifikation bekommen.

Das Baltische Privatrecht passt aber sogar in dieses locker vielfältige Bild nicht ganz exakt hinein. Es hat nämlich nicht nur das Privatrecht einer, sondern drei verschiedener Provinzen in ein Gesetzbuch einbezogen. In Est-, Liv- und Kurland hatte niemals ein für alle einheitliches Recht gegolten, nicht einmal in dem mittelalterlichen quasi-föderativen Konglomerat der einzelnen feudalen Herrschaften und Hansestädte, und erst recht nicht mehr unter den abwechselnden frühneuzeitlichen Hegemoniemächte.[44] Formell waren die verschiedenen provinziellen Privatrechte nunmehr in einem Gesetzbuch dargestellt, materiell inhaltlich aber ebenso unterschiedlich wie früher, obwohl es im Gesetzbuch auch für alle drei Provinzen gemeinsame Partien gibt. Der gesetzestechnische Zugriff des Hauptredakteurs Bunge unterschied sich nicht besonders von seinem Vorgang bei der wissenschaftlichen Behandlung der baltischen Provinzialrechte. Er war ein hochachtungswürdiger und bemerkenswert fleißiger Sammler, blieb aber für immer weit entfernt vom Prinzipiendenken und schwach in der juristischen Begründung seiner Ordnungsgrundsätze.[45] Es sind nicht gerade günstige Charakteristiken

---

43 *Daniel H. Nexon*, The Struggle for Power in Early Modern Europe: Religious Conflict, Dynastic Empires & International Change, Princeton University Press, Princeton 2011, 70f.; *Wolfgang Reinhard*, Geschichte der Staatsgewalt. Eine vergleichende Verfassungsgeschichte Europas von den Anfängen bis zur Gegenwart, Beck, München 2. Aufl. 2000, 44 ff.

44 Kurz und bündig zu der Rechtsgeschichte der heutigen baltischen Staaten und m.w.N. *Marju Luts*, Baltic Nations, in: *Stanley N. Katz* (Ed. in chief), The Oxford international encyclopedia of Legal History, vol. 1, Oxford University Press, New York 2009, 253ff.

45 Näher und belegt zu Bunges Wissenschaft des provinziellen Rechts *Marju Luts*, Das Verhältnis der Rechtsgeschichte zur Rechtsdogmatik im Werk von F. G. von Bunge, in: *Tiit Rosenberg/Marju Luts* (Hrsg.), Tundmatu Friedrich Georg von

für einen Hauptredakteur einer systematischen Privatrechtskodifikation des deutschsprachigen Rechtskulturraumes aus der Mitte des 19. Jahrhunderts. So haben z.B. die aus dem Mittelalter stammenden Rechtskreise durch das Baltische Privatrecht eine moderne gesetzliche Bestätigung erlebt und im Kontext der zunehmenden Urbanisierung für eine zunehmende Rechtsunsicherheit gesorgt – die administrativen Grenzen der Städte fielen recht bald nicht mehr zusammen mit den alten Rechtsgrenzen zwischen dem Land- und Stadtrecht. Man konnte auch auf dem flachen Lande nicht immer sicher sein, dass da das Landrecht gilt – wenn man sich auf den Ländereien eines städtischen Patrimonialgutes befand, war man den stadtrechtlichen Regelungen unterworfen. Mitten in der estländischen Hauptstadt Reval, auf dem Domberg, galt dagegen das estländische Landrecht, weil die estländische Ritterschaft und dessen Mitglieder da ihren Sitz und ihre Habe hatten. Da die Stadt- und Landrechte je nach der Provinz inhaltlich unterschiedlich waren, sollte man auch die administrativen Gouvernementsgrenzen betrachten. Dies war nicht so schwer in der Zarenzeit, als diese Grenzen noch in der Tat die administrativen Einheiten umfassten. Man hat aber das Baltische Privatrecht in den nach dem Ersten Weltkrieg entstandenen baltischen Nationalstaaten in Geltung gelassen. Die ehemaligen Gouvernementsgrenzen waren von den neuen Staatsgrenzen ganz verschieden[46] und haben sowohl in der Lebens-, als in der Gerichtspraxis Unsicherheit verursacht.

Es ist in diesem Punkt der äußeren Rechtsvereinheitlichung in Bezug auf das Baltische Privatrecht also festzuhalten, dass jenes Gesetzbuch zu keiner Einheit des Privatrechts beigetragen hatte: Im Verhältnis zu dem allgemeinen Reichsrecht bildete es eine gesetzlich abgesicherte Grundlage für die Ausnahme und Sonderstellung der Privatrechte der baltischen Provinzen; in Bezug auf die innere Einheit auf der Provinzialebene hat das Gesetzbuch

Bunge [Unbekannter Friedrich Georg von Bunge] (= Verhandlungen der Gelehrten Estnischen Gesellschaft XXXV), Õpetatud Eesti Selts, Tartu 2006, 209ff., und *Luts-Sootak*, Privatrechtswissenschaft, wie Fn. 15, 184ff.; zu seiner Kodifizierungsmethode siehe *Marju Luts*, Privatrecht im Dienste eines 'vaterländischen' provinzialrechtlichen Partikularismus, in: Rechtstheorie 2000/31, 383ff. Auf Bunges Schwäche bei der juristischen Durchdringung des gesammelten Stoffes wurde schon in der zeitgenössischen Rezeption hingewiesen, siehe z.B. seinen Vorgänger bei der Kodifikation der Provinzialrechte und programmatischen Hauptgegner *Reinhold Johann Ludwig Samson von Himmelstiern*, Ueber die Recension, welche der Dr. (jetzige Professor) Bunge in der Allgemeinen Litteratur-Zeitung, May 1830, Nr. 84 und 85 hat abdrucken lassen, Kaiserliche Akademie der Wissenschaften, St. Petersburg 1834, aber auch Bunges guter Freund und Fakultätskollege *Carl Otto von Madai*, Rezension: F. G. Bunge, Das Liv- und Esthländisches Privatrecht, 1838/39, in: Kritische Jahrbücher für deutsche Rechtswissenschaft 1841, 839ff.

46 Siehe näher in Fn. 1.

eher das Gegenteil – die vormoderne Rechtsvielfalt – in der neuen Form der modernen Privatrechtskodifikation festgelegt. In einem Zeitalter der Rechtsvereinheitlichung, wie man die zweite Hälfte des 19. Jahrhunderts wohl bezeichnen darf[47], war so eine Verfestigung der Privatrechtsvielfalt eher eine große Ausnahme unter den zeitgenössischen europäischen Privatrechtskodifikationen. Dass das Baltische Privatrecht aus der Reihe seiner zeitgenössischen Geschwister fällt, wird noch klarer bei der näheren Betrachtung der inneren Gesetzgebungsideologie und der rechtspolitischen Zielsetzungen.

IV Das Innere der modernen Privatrechtskodifikationen: Gleichheit der Rechtssubjektivität und Rechtserneuerung

Es wurde schon erwähnt, dass das Baltische Privatrecht im Vergleich zu vielen anderen Privatrechtskodifikationen recht umfangreich war. Es ist klar, dass die sorgfältige Aufnahme der gerade geschilderten territorialen Unterschiede zwischen den einzelnen Provinzen und verschiedenen Rechtskreisen zu dem Umfang der Kodifikation beitrug. Es kommt aber hinzu, dass das Gesetzbuch alle ständischen Unterschiede gleichfalls sorgfältig nachschrieb. Auch war schon die Rede davon, dass das Gesetzbuch für den zahlenmäßig größten Stand der Bauern nur subsidiär als Hilfsrecht zu den Bauernverordnungen galt. Primär regulierte das Baltische Privatrecht die Privatrechtsverhältnisse der deutsch(baltisch)en Oberschichten: Adelige, Stadtbürger, evangelische Geistliche und sogenannte Literaten[48]. Es gab davon in den „deutschen Ostseeprovinzen“[49] damals insgesamt ungefähr 200.000 und

47 Die Forschung will z.B. für Deutschland den Drang zur Rechtseinheit noch früher ansetzen, schon in die erste Jahrhunderthälfte und weit über die Grenzen des berühmten Kodifikationsstreites hinaus. Siehe *Claudia Schöler*, Deutsche Rechtseinheit. Partikulare und nationale Gesetzgebung, Böhlau, Köln-Weimar-Wien 2004.

48 Zu dem Begriff und der Bedeutung des sog. Literatenstandes in zwei früheren Jahrhunderten in den Ostseeprovinzen siehe *Clara Redlich*, „Literaten“ in Riga und Reval im 17. und 18. Jahrhundert, in: *Jürgen von Hehn/Csaba János Kenéz* (Hrsg.), Reval und die baltischen Länder. Festschrift für H. Weiss zum 80. Geburtstag, Marburg 1980, 295ff. Nach der Wiedereröffnung der baltischen Landesuniversität zu Dorpat im Jahr 1802 hat der frühere Literatenstand der Apotheker, Schreiber, Gymnasial- und Hauslehrer u.a. einen Zuwachs durch die Universitätslehrer bekommen.

49 Dies war die zeitgenössisch geläufige Bezeichnung, die in der ersten Hälfte des 19. Jahrhunderts noch neutral, dann aber unter dem Russifizierungsdruck seit ca. den 1870-er Jahren bis zum Ersten Weltkrieg und erneut nach dem Krieg gegen die ausgerufenen Republiken Estland und Lettland immer polemischer eingesetzt wurde.

das Gesetzbuch versuchte akribisch, die untereinander abweichenden Rechte dieser Stände nachzuzeichnen. In einer immer noch ständisch gegliederten Gesellschaft hatten z.B. die besonders qualifizierten Liegenschaften wie etwa Rittergüter auch verfassungsrechtliche Bedeutung – die Justiz- und Polizeiverwaltung wurde erst durch die Reformen von 1889/90 der Kompetenz der lokalen Ritterschaften entzogen, die allgemeine Landesverwaltung blieb aber bis zum Ersten Weltkrieg eine Ritterschaftsangelegenheit. Die Repräsentationsgremien der Ritterschaften[50] waren Landtage; das Stimmrecht auf dem Landtag hing aber nicht nur von der Eintragung in die Adelsmatrikel, sondern darüber hinaus auch von dem Besitz des Rittergutes ab. Zu einem Rittergut gehörten auch weitere Vorrechte, die man nach der modernen Auffassung vielmehr als öffentlich-rechtlich einstufen würde, die aber im Baltischen Privatrecht kodifiziert waren:

„Besondere Rechte des Gutsherrn in Liv- und Estland und auf der Insel Oesel.
883. Die besonderen Rechte, welche dem Eigenthümer eines Rittergutes, ohne Rücksicht auf seinen Stand, zustehen, sind: 1. das Recht des Branntweinsbrandes und der Bierbrauerei, sowie des Verkaufs von Branntwein, Bier und Lebensmitteln; das Recht, Mühlen, Krüge und Schenken, auf Grundlage der darüber bestehenden Vorschriften, anzulegen und unterhalten. 2. das Recht der Gutspolizei auf dem Gute, auf Grundlage der in den Bauernverordnungen enthaltenen Bestimmungen. 3. das Recht, in den Gränzen des Gutes Flecken oder Hakelwerke anzulegen, und Märkte und Jahrmärkte in der dafür vorgeschriebenen Ordnung zu errichten. 4. das Recht, sich Besitzer dieses Gutes zu nennen und als solcher zu unterzeichnen. Diese den Rittergütern ausschliesslich zustehenden Rechte dürfen bei der Veräusserung einzelner Theile des Gutes auf diese nicht übertragen werden, selbst wenn der Käufer adeligen Standes ist, es sei denn, dass die veräusserte Gutsabtheilung als neues Rittergut constituirt wird.
Anmerkung. Bis zur Emanirung einer besonderen Jagdordnung für die Ostseeprovinzen geht in Livland das Recht zur Ausübung der Jagd, bei dem Verkaufe einer Bauerlandstelle, auf den Käufer nicht über, den Fall ausgenommen, wenn das verkaufte Grundstück einem andern Rittergute einverleibt wird.
[...]
Besondere Rechte des Gutsherrn in Curland.
892. Die dem Eigenthümer eines Rittergutes ohne Rücksicht auf dessen Stand zustehende Rechte sind: 1. das Recht der Fischerei und Jagd und des Thierfanges überhaupt in den Revieren, Wäldern und Gewässern des Gutes; 2. das Recht des Branntweinsbrandes und der Bierbrauerei, das Recht, Mühlen, Krüge und Schenken zum Verkauf von Branntwein, Bier und anderen Getränken und Lebensmitteln, auf Grundlage der darüber bestehenden Bestimmungen, anzulegen und unterhalten;

50 Jede von drei Provinzen hatte eigene Ritterschaft; es kam dazu noch die separate öselsche Ritterschaft. Ösel (estnisch: Saaremaa) ist die größte Insel an Estlands Westküste, die administrativ und justiziell zum Gouvernement Livland gehörte, für deren lokale Verwaltung aber eine eigene Ritterschaft zuständig war.

3. das Recht der Gutspolizei, auf Grundlage der in der Bauerverordnung vom Jahre 1817 angegebenen Regeln; 4. das Recht, in den Gränzen des Gutes Fabriken anzulegen, und Jahrmärkte in der dafür festgesetzten Ordnung zu errichten."

Die rein privatrechtlichen Rechte und Verhältnisse waren gleichfalls je nach dem Stand des Rechtssubjekts unterschiedlich reguliert. Das Baltische Privatrecht beginnt zwar nicht mit weitläufigen und belehrenden Bestimmungen über die Einteilung der Personen nach Ständen und Zuständen, wie man solche in bayerischen Codex Maximilianeus vom 1756 finden kann (§ 1ff.). Man brauchte so etwas in die baltische Privatrechtskodifikation nicht aufzunehmen. Für solche Einteilungen und Bestimmung der verschiedenen Standesrechte gab es in den Ostseeprovinzen seit 1845 für die oberen Stände ein eigenes Gesetzbuch: der zweite Band des Provinzialrechts, das Ständerecht mit 1.502 Artikeln. Die (Privat-)Rechte der Bauern waren durch die Bauernverordnungen – Kurland 1817, Livland 1819 und 1849, Estland 1816 und 1856, Ösel 1865 – bestimmt, je nach Provinz etwas unterschiedlich.

Das Baltische Privatrecht wird in der deutschsprachigen Privatrechtsgeschichtsschreibung öfters in einem Atemzug mit den zeitlich nahestehenden Privatrechtskodifikationen für Zürich und Sachsen genannt.[51] Eine diesen Gesetzbüchern ähnliche Bestimmung über die allgemeine und gleiche Rechtsfähigkeit[52] sucht man in der baltischen Kodifikation allerdings vergebens. Die baltische Kodifikation hat kein allgemeines Privatrecht der gleichen Privatrechtssubjekte,[53] sondern eine vormodern und ständisch gestaffelte Privatrechtssubjektivität, wie man sie etwa im Codex Maximilianeus, aber auch im russischen Svod vorfindet. Es ist also noch ein weiterer Punkt, der die Zugehörigkeit des Baltischen Privatrechts zu den modernen Privatrechtskodifikationen infrage stellt bzw. strikt widerlegt.

Es gibt noch ein weiteres wichtiges Charakteristikum, das die baltische Privatrechtskodifikation von ihren zeitgenössischen Geschwistern in Europa

---

51 So z.B. *Hermann Blaese*, Art. „Baltische Lande", in: Handwörterbuch der deutschen Rechtsgeschichte I, Berlin 1. Aufl. 1971, 290; *Gerhard Wesenberg/Gunter Wesener*, Neuere deutsche Privatrechtsgeschichte, Böhlau, Wien-Köln-Graz 4. Aufl. 1985, 221; *Hans Schlosser*, Grundzüge der Neueren Privatrechtsgeschichte. Rechtsentwicklungen im europäischen Kontext, C. F. Müller, Heidelberg 9. Aufl. 2001, 164f. *Brauneder*, Privatrechtsgeschichte, wie Fn. 16, 137, erwähnt das „Liv-, Est- und Kurländische Privatgesetzbuch" zur „Germanistik", zuvor etwa das livländische Ritterrecht als ein Beispiel der mittelalterlichen Rechtsbücher (58).

52 „Jeder Mensch ist in der Regel alles Privatrechtes fähig. Kein Mensch ist rechtlos" (Zürich 1856, § 7); „Jeder Mensch ist rechtsfähig" (säschs. ABGB 1863, § 30). Zuvor insb. § 16 ABGB.

53 Grundlegend zur (privat)rechtlichen Gleichheit am Beispiel des deutschen BGB siehe *Rückert*, wie Fn. 31, 57ff.

völlig unterscheidet: das Fehlen der rechtspolitischen Zielsetzung der grundsätzlichen Rechtserneuerung. Das Baltische Privatrecht wurde in der Ära nach 1848 verfasst. Die europäischen Revolutionen ließen den Staaten und Herrschaften kaum eine Wahl, denn fast überall wurden die Modernisierungsreformen eingeleitet. Auch diejenigen Herrschaften waren zu den gesellschaftlichen Reformen gezwungen, die die Revolution unterdrücken konnten oder wo die Revolutionen scheinbar ergebnislos geblieben waren. Als Reformmedium oder -instrument wurde oftmals die Gesetzgebung eingesetzt. In manchen deutschen Territorien waren just die Privatrechtskodifikationen u.a. Ersatz der modernen schriftlichen Verfassungen. Als ein handhabbares und geeignetes Reforminstrument wurde die Kodifikation auch von dem Erfinder jenes neuzeitlichen Kodifikationsbegriffes, dem englischen Rechtsgelehrten und Philosophen Jeremy Bentham, verstanden und gedeutet.[54] Benthams Abhandlung über die zivil- und strafrechtliche Gesetzgebung, die zunächst in Französisch[55] erschien, war in der deutschen Übersetzung[56] auch in der Bibliothek der Universität Dorpat vorhanden und sollte dem Zögling und Professor dieser Universität, dem Hauptredakteur des Baltischen Privatrechts, Bunge, bekannt sein. Neben seiner Professur hat Bunge in den Jahren 1838–40 auch die Stelle des Bibliotheksdirektors bekleidet und sollte die Bestände der Bibliothek sogar besser kennen als die anderen Professoren. Nach wie vor sind in der Dorpater – heute Tartuer – Universitätsbibliothek auch die französische Erstveröffentlichung ebenso wie die zweite Auflage von Benthams Abhandlung vorhanden und benutzbar, wie auch eine Reihe von Benthams übrigen Werken. Auch in der Kodifikationsabteilung der Kaiserlichen Kanzlei, wo Bunge für die Redaktion der baltischen Privatrechtskodifikation in den Jahren 1856–65 als Staatsbeamter angestellt war, waren Benthams Werke vorhanden und sein Name durchaus bekannt. Die

54 Siehe näher *Dean Alfange jr.*, Jeremy Bentham and the Codification of Law, in: Cornell Law Review 1969/55, 58ff.; *Gagnér*, wie Fn. 15, 91; von der neueren Literatur siehe *Jan-Christoph Marschelke*, Jeremy Bentham: Philosophie und Recht, Logos, Berlin 2008, 179ff.; *Mathias Schmoeckel*, Das Recht der Reformation. Die epistemologische Revolution der Wissenschaft und die Spaltung der Rechtsordnung in der frühen Neuzeit, Mohr Siebeck, Tübingen 2013, 109ff., behandelt Benthams Kodifikationsprogramm vor allem in der Tradition der protestantischen Gesetzgebungslehre von Philipp Melanchton und hebt die Volksaufklärung und -erziehung als Kodifikationszweck besonders hervor.

55 *Jeremy Bentham*, Traité de législation civile et pénale, 3 vols, Dumont, Paris 1802.

56 Jeremy Bentham, Grundsätze der Civil- und Criminalgesetzgebung. Nach der 2. verb. und verm. Aufl., C. Fr. Amelang, Berlin 1830. Zu der zeitgenössischen deutschen Rezeption von Benthams Werk im Allgemeinen *Steffen Luik*, Die Rezeption Jeremy Benthams in der deutschen Rechtswissenschaft (= Forschungen zur deutschen Rechtsgeschichte 20), Böhlau, Köln-Weimar-Wien 2003.

russische Übersetzung von Benthams Werken, darunter die Gesetzgebungs-Abhandlung, wurde übrigens viel früher als die deutsche, schon in den Jahren 1805–1811, veröffentlicht.[57] Der Promotor der russischen Kodifikationsbewegung, Graf Michail Speranski, hat seine Ideen mindestens in der Anfangsphase jener Bewegung als Richtschnur herangezogen.[58] Bentham gehörte als einer der ausländischen Mitglieder[59] der russischen Kodifikationskommission an und im Unterschied zu vielen anderen ausländischen Mitgliedern hat er in der Tat mehrere Entwürfe und Reformvorschläge eingereicht. Dies geschah freilich in der Frühphase der russischen Kodifikationsbewegung, als der junge Aufklärungs-Zar Alexander der I. sein Reich europäisieren und modernisieren wollte. Ironischerweise wurde die Reformlust des Zaren zum Opfer des Feldzugs von Napoleon, der ja seine Grande Armée nicht nur für die Welteroberung, sondern angeblich auch für die Weltverbesserung, darunter für die Verbreitung des modernen Privatrechts seines Gesetzbuchs losschickte. Ein weiteres Opfer von Napoleons unglücklichem Russlandfeldzug war Speranski, dem das Zusammenspiel mit Napoleon und der Versuch, französisches Recht nach Russland zu schmuggeln, vorgeworfen und er selbst deshalb von der Hauptstadt nach Perm verbannt wurde.[60] Sepranski wurde zwar bald wieder rehabilitiert und setzte auch seine Arbeit in der Kodifikationskommission ab 1824 fort, die Kommission selbst arbeitete aber unter einem ganz anderen Omen weiter. Dies betrifft insbesondere die Regierungszeit von Alexanders Nachfolger Nikolai, die von 1825 bis 1855 dauerte. Nikolai ist als ein repressiver und konservativer Herrscher bekannt, der die Rechtsordnung des Reichs buchstäblich konservieren wollte. Er hat die Kodifikationspläne seines Vorgängers zwar wieder energisch aufgenommen, jene jedoch einer ganz anderen Gesetzgebungsideologie unterworfen. Die Erneuerung und Modernisierung der Rechtsordnung waren durch die

---

57 Разсуждение о гражданском и уголовном законоположении. С предварительным изложением начал законоположений и всеобщаго начертания полной книги законов, и с присовокуплением опыта о влиянии времени и места относительно законов. Соч. английскаго юрисконсульта Иеремиа Бентама. Т. 1: Т. 1: Начала законоположения; Т. 2: Начала гражданскаго уложения; Т. 3: Начала уложения уголовнаго, , Шнор, С.-Петербург 1805, 1806, 1811.

58 Siehe näher *Norbert Reich*, Kodifikation und Reform des Russischen Zivilrechts im neunzehnten Jahrhundert bis zum Erlaß des Svod Zakonov (1833), in: Ius commune III, 1970, 157.

59 Von den deutschen Juristen nennt *Reich*, wie Fn. 58, 165, A. F. J. Thibaut, G. Hufeland und G. Hugo, die bei der Privatrechtskodifikation des Russischen Reichs mitwirken sollten. Inwieweit sie es in der Tat getan hatten, ist eine andere Frage.

60 Zum Kontext und zu den Folgen der Beschuldigungen und Ereignisse siehe näher *Anton Rudokvas*, The Alien. Acquisitive Prescription in the Judicial Practice of Imperial Russia in the XIX Century, in: Rechtsgeschichte 2006/8, 59ff.

Gesetzbücher keinesfalls zu erstreben. Im Gegenteil, durch die neuzeitliche Technik der Kodifikationsgesetzgebung sollte das schon vorhandene Recht konsolidiert und erneut gesetzgeberisch bestätigt werden. Für diesen Zweck wurde unter der strengen Aufsicht des Herrschers eine neue, die sogenannte Zweite Abteilung der persönlichen Kanzlei seiner Majestät geschaffen. Nikolai selbst beteiligte sich angeblich öfters bei der Erörterung der Reichsgesetzbücher,[61] die dann in fünfzehn Bänden in den Jahren 1832–35 als Svod bestätigt wurden. Dass diese Gesetzbücher kein neues Recht, sondern dasjenige der schon früher gegoltenen Rechtsquellen beinhalten, sollten u.a. die Quellenverweise bei einer jeden Gesetzesvorschrift bezeugen.[62]

Bunge hat seine Redaktionsarbeit an der Baltischen Privatrechtskodifikation freilich erst nach der Regierungszeit von Nikolai aufgenommen, als schon der Reform-Zar Alexander II. den Thron bestiegen hatte. Alexanders große Reformen wurden vor allem im Justizministerium vorbereitet, das baltische Privatrecht dagegen in der Kodifikationskommission der kaiserlichen Kanzlei. Dieses Relikt des Nikolaischen Regime hat ganz nach den ursprünglichen Vorgaben weitergewirkt. So ist auch das Baltische Privatrecht nur eine Reconnication oder Consolidatio, wie sie z.B. von Leibniz schon im 17. Jahrhundert für die Neuordnung des Gemeinen Rechts im Heiligen Römischen Reich vorgeschlagen wurde.[63] In der baltischen Rechtsliteratur wurde deshalb sowohl vom Gesetzesredakteur Bunge als auch von anderen Verfassern besonders hervorgehoben, dass das Baltische Privatrecht kein Gesetzbuch, sondern nur eine „bloße Kodifikation" sei[64] – ganz im Gegenteil zu dem zeitgenössischen Konzept der Reformkodifikationen. Caroni will die Differenzierung zwischen der bewahrenden Konsolidation und abändernden Kodifikation relativiert sehen, indem er das Schöpferische bei einer jeden Neuordnung einerseits und die Unmöglichkeit eines völligen

61 Zum persönlichen Engagement des Zaren siehe näher *Reich*, wie Fn. 58, 181ff.

62 Für die spätere rechtshistorische Forschung eine dankenswerte Tatsache, im Einzelnen jedoch öfters irreführend, weil die Quellenverweise nicht immer stimmen. Ähnliche Quellenverweise gibt es auch im Baltischen Privatrecht und für manche Partien jenes Gesetzbuchs sind die Verweise in der jüngeren estnischen Forschung akribisch überprüft worden. Siehe *Siimets-Gross*, wie Fn. 8, 11ff., 83ff.

63 Zu Leibniz' Ideen einer Reconnication des Corpus iuris und anderer gemeinrechtlicher Quellen, oder vielmehr zu der Unausführbarkeit solcher Versuche, vgl. näher *Philipp Heinrich Friedrich Haensel*, Handbuch der Institutionen des Rechts in einem Commentar zu den Justinianeischen Institutionen des römischen Rechts dargestellt. Ein Hülfsbuch für angehende Juristen, K. Fr. Köhler, Leipzig 1842, 68f.; von der neuern Literatur siehe *Stephan Meder*, Letztes Universalgenie oder erster globaler Denker? Leibniz' Idee einer Rechtsreform, in: Juristenzeitung, 2016/22, 1074ff.

64 Siehe die Belege und Fundstellen bei *Siimets-Gross*, wie Fn. 8, 16ff.

Neubeginns andererseits betont.[65] Formell gilt dies durchaus auch für die baltischen Privatrechte nach der Kodifikation vom 1864. Nunmehr waren die privatrechtlichen Regelungen nicht mehr in den mittelalterlichen Rechtsaufzeichnungen, in Einzelgesetzen, Erlassen, Verordnungen, königlichen Briefen etc. der Obrigkeiten von verschiedener Herkunft und Zeit, in den lokalen Gewohnheitsrechten, dem Gerichtsgebrauch und den Gerichtsobservanzen der einzelnen Gerichte, öfters auch in den Quellen des antiken römischen, des kanonischen und allgemeinen deutschen Reichsrechts als immer noch subsidiär geltenden gemeinen Rechten verstreut. Inhaltlich-materiell beinhaltete aber auch das neue baltische Gesetzbuch nur das vormoderne ständisch gebundene Privatrecht, welches schon seit Jahrhunderten nicht nur in diesem Teil der Welt vorgeherrscht hatte, im zeitgenössischen Europa aber den Modernisierungsvorgängen weichen sollte.

Es ist also festzuhalten, dass in einem Zeitalter, als seine europäischen Kodifikationsgeschwister den Grund für ein freies Privatrecht[66] der freien und gleichen Privatrechtssubjekte legten, das Baltische Privatrecht gleich der russischen Reichsgesetzgebung althergebrachtes vormodernes, ständisch gebundenes Privatrecht durch die moderne Technik der Gesetzgebung verfestigt hat. Auf Deutsch verfasst und im gleichen Jahr mit mehreren Reformkodifikationen in Kraft getreten, war die baltische Privatrechtskodifikation in der Familie der zeitgenössischen europäischen Privatrechtskodifikationen doch ein „Bastard" des Russischen Reichs.

V Zusammenfassung

Am 12. November 1864 (a. St.) bestätigte der russische Zar Alexander II. das sogenannte Baltische Privatrecht. Das Gesetzbuch ist am 1. Juli 1865 in Kraft getreten. Indem das Gesetzbuch die deutschen Partikularrechte der deutschsprachigen Oberschicht der Ostseeprovinzen des Zarenreichs kodifizierte, erscheint die Frage nach dem Standort dieser Kodifikation unter den zeitgenössischen europäischen Kodifikationen, vor allem unter denjenigen aus dem deutschen Sprach- und Kulturraum, berechtigt.

Es zeigt sich aber schnell, dass diese baltische Privatrechtskodifikation weder die äußere noch die innere Gesetzesideologie der zeitgenössischen europäischen Kodifikationen teilte. Erstens wurde durch das Baltische Privatrecht die Einheit der Privatrechtsordnung nicht geschaffen, nicht einmal

65 Siehe schon *Pio Caroni*, Art. „Kodifikation", in: Handwörterbuch zur deutschen Rechtsgeschichte II, 1. Aufl., Erich Schmidt Verlag, Berlin 1978, 907ff.

66 Die Unterscheidung zwischen dem vormodernen, grundsätzlich gebundenen Privatrecht und dem modernen, grundsätzlich freien Privatrecht wird vor allem von Joachim Rückert vertreten. Siehe *Rückert*, wie Fn. 31, 76ff.

angestrebt. Als ein separates Gesetzbuch für die Provinzen mit Sonderrechten innerhalb des Russischen Reichs hatte das Baltische Privatrecht diesen Sonderstatus gegenüber dem allgemeinen Reichsrecht seinerseits nur verschärft. Auch innerhalb der drei baltischen Provinzen hat das Baltische Privatrecht keine Einheit des Privatrechts herbeigeführt. Im Gegenteil, alle historisch entstandenen, ständischen und territorialen Unterschiede sind in diesem Gesetzbuch mit akribischem Fleiß niedergeschrieben und nunmehr gesetzlich verankert worden.

Eines der Grundmerkmale der neuzeitlichen und modernen europäischen Privatrechtskodifikationen bestand in der Tatsache, dass durch diese allumfassenden Gesetzbücher grundlegende Reformen der Rechtsordnung durchgeführt wurden. Für das Privat- oder das *bürgerliche* Recht insbesondere gilt, dass die Kodifikationen rechtlich abgesicherte Freiräume für die Freiheitsentfaltung der gleich freien Bürger im Rechtsverkehr untereinander schufen. Das Baltische Privatrecht blieb aber ständisch gebunden und hat ein ständisch gebundenes Privatrecht verfestigt. Man kann dieses Gesetzbuch auch keinesfalls als ein Reformgesetz bezeichnen. Das Baltische Privatrecht wurde nicht im Alexandrinischen Justizministerium, sondern in der vom Vorgänger, dem konservativen Zaren Nikolai I., eingerichteten II. Abteilung der kaiserlichen persönlichen Kanzlei und noch ganz im Sinne der Nikolaischen Vorgaben verfasst. Gleich dem allgemeinen Reichsgesetzbuch durfte diese provinzialrechtliche Kodifikation kein neues Recht schaffen, sondern nur und ausschließlich das schon vorhandene geltende Recht konsolidieren.

Obwohl in dem großen europäischen Kodifizierungs- und Modernisierungszeitalter entstanden und von dem berühmten Reformzar des Russischen Reichs bestätigt, stand das Baltische Privatrecht in seinen inhaltlichen und gesetzesideologischen Lösungen doch ganz im Bann der Tradition der vormodernen Gesellschafts- und Rechtsordnung des Russischen Reichs.

Zoltán Tibor Pállinger, Budapest

Die Frage der inneren Souveränität im Fürstentum Liechtenstein im Spannungsfeld zwischen demokratischem und monarchischem Prinzip

Abstract: This paper aims to give an overview of how the question of domestic sovereignty is regulated in the Principality of Liechtenstein, whose constitution comprises both a strong monarchic and a democratic element. To this end, the concept of sovereignty will be developed with particular emphasis on the domestic dimension and the corresponding political questions will be clarified. Subsequently, the Liechtenstein solution will be presented with special focus on the role of the monarch. Finally, the conclusions will be drawn.

I Einleitung

Souveränität ist ein Konzept, das die üblichen Grenzen der Fachwissenschaften überschreitet: «Sovereignty is often seen as a liminal concept. It is thought to inhabit the frontier territories between law, ethics and political science ...»[1] Trotz der großen Bedeutung dieses Begriffs für die Rechts- und die Politikwissenschaft, fehlt bis heute eine allgemein anerkannte Definition. Souveränität ist somit ein «essentially contested conept.» Damit hat der Sozialphilosoph Walter B. Gallie Begriffe bezeichnet, die essentiell umstritten sind, weil niemals ein Konsens über ihre korrekte Anwendung erreicht werden kann: «A concept is essentially contested if it has no single definition, range of reference, and criteria of application upon which all competent speakers can agree.»[2] So erstaunt es auch wenig, dass allein im Bereich des Völkerrechts – laut Detlev Christian Dicke – 15 Bedeutungsinhalte von Souveränität unterschieden werden können.[3] Dieser Wirrwarr trägt dazu bei, dass in der aktuellen Literatur völlig gegensätzliche Diagnosen gestellt werden. Das Spektrum reicht von Positionen, die von der Aushöhlung oder

1 *Hent Kalmo*, A matter of fact? The many faces of sovereignty, in: *Hent Kalmo/Quentin Skinner* (Hrsg.), Sovereignty in Fragments. The Past, Present and Future of a Contested Concept, Cambridge University Press, Cambridge 2010, 114ff.

2 *Walter B. Gallie*, Essentially Contested Concepts, in: Proceedings of the Aristotelian Society 56, 1956, 167ff.

3 *Detlev Christian Dicke*, Die Intervention mit wirtschaftlichen Mitteln im Völkerrecht; zugleich ein Beitrag zu den Fragen der wirtschaftlichen Souveränität, Nomos, Baden-Baden 1978, 56ff.

gar dem Ende der Souveränität bis hin zu solchen, die von deren Wiederauferstehung oder Stärkung sprechen. Während also auf der einen Seite auf die abnehmenden Steuerungskapazitäten der Staaten hingewiesen wird, wird auf der anderen Seite jedoch auf die Tatsache verwiesen, dass im Laufe der Geschichte immer zahlreichere Bereiche der Gesellschaft der reglementierenden Autorität des Staates unterworfen wurden.

Historisch gesehen erfüllte die Souveränität fünf Funktionen: 1. Beim Übergang vom Feudalismus zum Territorialstaat diente das Konzept zur Abwehr konkurrierender äußerer Ansprüche seitens des Kaisers und der Kirche und zur Rechtfertigung der Zentralisierung der Staatsgewalt gegenüber dem Adel, den Ständen und freien Städten im Inneren. 2. In den neuzeitlichen Territorialstaaten kreiste die Debatte darum, ob und wem die rechtmäßige Souveränität zukomme. Im Laufe des 20. Jahrhunderts hat sich allmählich das Prinzip der Volkssouveränität gegenüber den monarchischen oder aristokratischen Alternativen durchgesetzt. 3. In der klassischen Ära des Völkerrechts diente die Souveränität als Leitprinzip beim Aufbau und Management der internationalen Ordnung. 4. In den modernen internationalen Beziehungen und insbesondere im Rahmen der Dekolonialisierung wurde die Souveränität zur Schutzklausel der schwächeren gegenüber den stärkeren Staaten. 5. Gegenwärtig scheinen sich Tendenzen abzuzeichnen, die auf die Stärkung der Gemeinschaftsidee sowohl im globalen als auch im regionalen Rahmen hindeuten und mit der Entstehung eines Völkerrechts der Verantwortlichkeit einhergehen.[4]

Es lässt sich also festhalten, dass das Konzept der Souveränität im Laufe der Geschichte einem kontinuierlichen Wandel ausgesetzt war. Während in der Völkerrechtslehre die – gegenüber der klassischen Periode zwar verminderte – Bedeutung des Souveränitätskonzepts unbestritten ist, wird im Rahmen der politikwissenschaftlichen Diskussion die Nützlichkeit dieses Konzepts vermehrt infrage gestellt. Angesichts der Verabsolutierung des territorialstaatlichen Aspekts kollidiert die Souveränität mit weltgesellschaftlichen Postulaten und den modernen Formen der staatlichen und überstaatlichen Steuerung (Governance). Auch in der Innenpolitik erscheint die Bedeutung der Souveränität durch die gewandelte Rolle des Staates vom obrigkeitlichen zum partnerschaftlichen Herrschaftsverständnis als fragwürdig.[5]

---

4 *Zoltán Tibor Pállinger*, Von Westfalen zum Global Village: Wandlungen des Souveränitätskonzepts, in: Jahrbuch des Historischen Vereins für das Fürstentum Liechtenstein 2006, 52ff.

5 Die Entwicklungen im Kampf gegen den Terrorismus zeigen jedoch, dass zumindest die USA und auch die anderen Grossmächte auf die Wahrung ihrer Souveränität bedacht sind. Dies mag zwar das partnerschaftliche Element des modernen Völkerrechts schwächen, aber nicht die Bedeutung der Souveränität. Für die Vertreter der

So interessant die Entwicklung der Souveränitätskonzeption im Völkerrecht und in den internationalen Beziehungen auch ist, steht im Zentrum des Erkenntnisinteresses dieses Aufsatzes jedoch die innere oder innenpolitische Dimension der Souveränität. Auch diese Dimension war im Laufe der Geschichte – wie Reinhart Koselleck – hervorhebt einem steten Wandel unterworfen: Entsprechend der Entwicklung des staatlichen Kontexts diente der Begriff der Souveränität zunächst dazu, dem Fürsten das überständische Letztentscheidungsrecht zuzuweisen. Damit war er konstitutiv für die Entstehung des modernen Staates. Im 19. Jahrhundert jedoch konnte mit dem Begriff der Staatssouveränität ein Ausgleich zwischen den widerstreitenden Souveränitätsansprüchen des Fürsten und Volkes geschaffen werden.[6] Der im 19. Jahrhundert einsetzende Prozess der «Fundamentaldemokratisierung»[7] führte jedoch dazu, dass die Idee der Volkssouveränität die anderen Formen der Legitimierung der Staatsgewalt verdrängte und damit – in Europa – die Demokratie als einzig legitime Herrschaftsform etablierte.

Diese Sichtweise blendet jedoch aus, dass neben dem Mainstream in Europa auch eigenständige, abweichende Beispiele existieren. Neben dem Fürstentum Monaco, dem Staat der Vatikanstadt und – mit Abstrichen – dem Fürstentum Andorra stellt insbesondere das Fürstentum Liechtenstein einen Sonderfall hinsichtlich der inneren Souveränität dar.

Ziel dieses Aufsatzes ist es, einen Überblick darüber zu geben, wie im Fürstentum Liechtenstein, dessen Verfassung sowohl eine starke monarchische als auch eine starke demokratische Komponente umfasst, die Frage der inneren Souveränität gehandhabt wird. Zu diesem Zweck wird zunächst das Konzept der Souveränität mit einer starken Betonung ihrer inneren Dimension erarbeitet und die damit verbundenen souveränitätspolitischen Fragestellungen herausgearbeitet. Anschließend wird die liechtensteinische Lösung mit einem besonderen Fokus auf die Stellung des Monarchen vorgestellt und die Schlussfolgerungen gezogen.

(neo-)realistischen Schule der Internationalen Beziehungen steht der Stellenwert der Souveränität ohnehin ausser Zweifel.

6 Vgl. dazu *Reinhart Koselleck*, Staat und Souveränität, in: *Otto Brunner/Werner Conze/Reinhart Koselleck* (Hrsg.), Geschichtliche Grundbegriffe. Historisches Lexikon zur politischen Sprache in Deutschland VI, Klett-Cotta, Stuttgart 1997, 1ff.

7 *Jürgen Gebhardt*, Das Plebiszit in der repräsentativen Demokratie, in: *Hans Herbert von Arnim* (Hrsg.), Direkte Demokratie. Beiträge auf dem 3. Speyerer Demokratieforum vom 27. bis 29. Oktober 1999 an der Deutschen Hochschule Speyer, Duncker & Humblot, Berlin, 13ff.

II Das Konzept der Souveränität

Obschon bereits im Altertum verschiedene, voneinander unabhängige Herrschaften existiert hatten, entstand der Begriff der staatlichen Souveränität erst gegen Ende des Mittelalters im Kampf gegen den weltlichen Vorherrschaftsanspruch des Heiligen Römischen Reichs und des Papstes. Die Wurzel dieses Konflikts lag im Übergang von der Feudalherrschaft zum Territorialstaat. So wurde seit Beginn des 13. Jahrhunderts in Frankreich die These vertreten, dass der König von Frankreich in seinem eigenen Königreich eine kaisergleiche Position innehabe («rex Franciae est imperator in suo regno»).[8] Gegen Ende des 13. Jahrhunderts wurde dieser Gedanke in England und im 14. Jahrhundert auch in Deutschland aufgegriffen. Ein ähnlicher Anspruch wurde von den italienischen Stadtrepubliken vertreten, die sich als «civitates qui utuntur jurisdictione imperiali» verstanden.[9]

Eine eigentliche Theorie der Souveränität findet sich jedoch erst Ende des 16. Jahrhunderts bei Jean Bodin, der in seinen «Les Six Livres de la République» den Begriff «souveraineté» als «puissance absolue et perpétuelle d'une République»[10] definiert und zur Grundlage einer systematischen Lehre vom Staat macht. Diese höchste Macht ist absolut und unteilbar. Der Souverän kann Gesetze erlassen, ohne dass ihnen irgendjemand anders zustimmen müsste. Zugleich ist er selbst an keine – menschlichen – Gesetze, sondern nur an das «Natur-» und das «Völkerrecht» gebunden. Als «Souverän» sind demnach jene Gemeinschaften oder Personen anzusehen, die keiner höheren – irdischen – Instanz (potestas) untergeordnet sind. Damit transzendiert Bodin die mittelalterliche Rechtsauffassung, wonach Gott und nicht der Staat die Grundlage des Rechts sei. Das Recht findet seinen Geltungsgrund nicht mehr in der Tradition, sondern der staatlichen Souveränität. Dadurch wird es für den Staat möglich, neues Recht zu setzen, das altes Recht bricht, wodurch bei Bodin die Grundlage für modern positivistische Rechts- und Staatstheorien gelegt wird.[11] Bodins Auffassung, dass der Staat eine unteilbare, nach außen unabhängige Einheit ist, die autonom bestimmen kann, wer im Inneren befugt ist, Recht zu setzen, impliziert einen starken territorialen Bezug der Souveränität: «Nur territorial begrenzte menschliche Gemeinschaften,

8 Zit. in: *Herfried Münkler*, Angriff als beste Verteidigung? Sicherheitsdoktrinen in der asymmetrischen Konstellation, in: Internationale Politik und Gesellschaft 4/2004, 22ff.

9 Zit. in: *Alfred Verdross/Bruno Simma*, Universelles Völkerrecht, Theorie und Praxis, Duncker & Humblot, Berlin 1984, 25.

10 *Jean Bodin*, Les six livres de la République (= Corpus des oeuvres de philosophie en langue française), A. Fayard, Paris 1986, I 8.

11 *Thomas Fleiner-Gerster*, Allgemeine Staatslehre, Springer, Berlin etc. 1995.

die nach innen und nach außen souverän sind, sind Staaten im eigentlichen Sinne.»[12] Damit ist der erste Aspekt der Souveränität, die sog. Staatssouveränität angesprochen. Diese geht der Frage nach, ob der Staat als solcher gegen innen und außen souverän ist. Für Bodin hingegen war jedoch der zweite Aspekt der Souveränität, die Organsouveränität, welche untersucht, welches Organ innerhalb eines Staates die Souveränität innehat, zentral. Dabei stand für ihn die (Organ-)Souveränität des Fürsten gegenüber seinen Untertanen, insbesondere gegenüber den Ständen im Vordergrund.[13]

Mitte des 18. Jahrhunderts vertiefte Emer de Vattel die Analyse der staatlichen Souveränität und ermittelte drei konstitutive Merkmale des Begriffs: Unabhängigkeit von anderen Staaten, Selbstregierung sowie als drittes, abgeleitetes Kriterium, welches sich aus den beiden vorhergehenden ergibt, die Völkerrechtsunmittelbarkeit.[14] Diese Definition entwickelte sich zur geltenden Doktrin des klassischen Völkerrechts. So bestätigte etwa der Ständige Internationale Gerichtshof 1929 in seinem Schiedsspruch zum Palmas-Fall die Gültigkeit dieser Auffassung: «Sovereignity in the relation between States signifies independence. Independence in regard to a portion of the globe is the right to exercise therein, to the exclusion of any other State, the functions of a state.»[15]

In Bodins Verständnis war die Reichweite der Souveränität innerstaatlich nicht begrenzt. Der Fürst als Souverän war bloß an das – nicht durchsetzbare – Naturrecht und das Völkerrecht gebunden. Folgerichtig verwirft er deshalb die Möglichkeit der Teilbarkeit der Souveränität:[16] «Or tout ainsi que ce grand Dieu souverain ne peut faire un Dieu pareil à lui, attendue quil est infini, et qu'il ne se faire qu'ait deux choses infinie, par démonstration nécessaire, aussi pouvons nous dire que le prince que nous avon posé comme image de Dieu, ne peut faire un sujet égal à lui, que sa puissance ne soit anéantie.»[17] Folgerichtig wurde im Westfälischen Frieden von 1648, dem ersten völkerrechtlichen Dokument, in dem die Souveränität ausdrücklich bestätigt wird,[18] diese als Attribut der souveränen Fürsten gesehen, welche als unabhängige, gleichberechtigte Herrscher keinen Höheren über sich

---

12 Ebda, 155.

13 Ebda, 153.

14 *Emer de Vattel*, Le Droit des Gens ou Principes de la Loi Naturelle, appliqués à la Conduite et aux Affaires des Nations et des Souverains. Classics of International Law, Classics of International Law, Washington 1916, XVII ff.

15 Palmas Fall (UNRIAA 2 829), in: *Jörg Paul Müller/Luzius Wildhaber*, Praxis des Völkerrechts, Stämpfli, Bern 1982, 144.

16 *Fleiner-Gerster*, wie Fn. 11, 153.

17 *Bodin*, wie Fn. 10, I 10.

18 *Otto Kimminich*, Einführung in das Völkerrecht, De Gruyter, München 1990, 71.

anerkannten. Aus diesem Prinzip der souveränen Gleichheit lässt sich auch das Verbot der Einmischung in die inneren Angelegenheiten eines anderen Staates ableiten: «The *grundnorm* of such a political arrangement (sovereign statehood) is the basic prohibition against foreign intervention which simultaneously imposes duty of forbearance and confers a right of independence on all statesmen.»[19] Das Postulat der Unteilbarkeit der Souveränität stieß sich jedoch an der Realität. Insbesondere im Kontext des Deutschen Reichs stellte sich die Frage, wem eigentlich die Souveränität zukomme.[20] In föderalen Verhältnissen ließ sich diese Frage nicht ohne Weiteres eindeutig beantworten. Auch die Entwicklung der Gewaltenteilungslehre und der liberalen Grundrechte stellte die Unteilbarkeit und Unbeschränktheit der Souveränität infrage. Vordergründig konnte das Problem durch die Unterscheidung von Staats- und Organsouveränität gelöst werden: Als Träger der Souveränität wurden nicht mehr einzelne Organe (Organsouveränität), sondern der Staat (Staatssouveränität) gesehen. Neben der Frage nach dem Träger der Souveränität wurde auch ihre Reichweite diskutiert. Vereinfacht gesagt, ließ sich im Laufe der historischen Entwicklung eine stete Zurückdrängung der absoluten Souveränitätsauffassung zugunsten einer relativen beobachten. In diesem Prozess ist auch der «Panzer der Souveränität»[21] aufgebrochen worden, und das zulässige Maß der souveränitätsverträglichen inneren und äußeren Bindungen staatlicher Macht hat stark zugenommen.

Staatstheoretisch gesehen spitzte sich im 19. Jahrhundert die Frage nach der Quelle (oder der Legitimierung) der Souveränität zu.[22] Im Grunde drehte sich der Konflikt um die Frage, wem (dem Monarchen oder dem Volk) die höchste Macht im Staat, die Souveränität, zukommen sollte. Zu Beginn des Jahrhunderts dominierte die absolutistische Vorstellung, dass die Souveränität dem Fürsten von Gottes Gnaden zustünde. Im Zuge der Aufklärung trat jedoch die traditionale Legitimation des Monarchen immer mehr zugunsten einer rationalen zurück und die königliche Souveränität wurde allmählich in einen verfassungsstaatlichen Rahmen eingebunden. Diese Entwicklung, die als Konstitutionalismus bezeichnet wird, stellte eine Übergangsform zwischen Absolutismus und parlamentarischer Monarchie dar. Im Konstitutionalismus wurde im Gegensatz zum Absolutismus die Macht des Monarchen durch die Verfassung eingeschränkt, aber anders als in der

19 *Robert H. Jackson*, Quasi-States: Sovereignty, International Relations and the Third World, Cambridge University Press, Cambridge 1990, 6.

20 *Hans Boldt*, Souveränität, in: *Brunner/Conze/Koselleck* (Hrsg.), wie Fn. 6, 111.

21 *Artur Müller-Wewel*, Souveränitätskonzepte im geltenden Völkerrecht, Peter Lang, Frankfurt/Main 2003, 330.

22 *Jens Bartelson*, Sovereignty, in: *Bertrand Badie u.a.* (Hrsg.), International Encyclopedia of Political Science 8, Sage, Los Angeles 2011, 2469 ff.

parlamentarischen Monarchie, bei der die Regierung von der Parlamentsmehrheit bestimmt und vom Fürsten ernannt wurde, war der Monarch allein für die Exekutive zuständig. Allmählich (häufig auch in Konflikten mit der Krone) wurden die Kompetenzen der Parlamente ausgebaut, sodass ihnen schließlich eine wesentliche Rolle bei der Gesetzgebung, der Bildung, Kontrolle und Fortbestand von Regierungen sowie bei der Beschlussfassung über den Staatshaushalt zukam. Neben dem Machtgewinn der Parlamente kam es auch zu einer Ausweitung des Wahlrechts, die schließlich zur Verwirklichung des allgemeinen und gleichen Wahlrechts für Männer und Frauen führte. Am Ende dieses Prozesses konnte die Krone nicht mehr ohne das – vom Volk gewählte – Parlament handeln. Die Ablösung des monarchischen Gedankens durch das Prinzip der Volkssouveränität vollzog sich in den meisten Staaten Europas nach dem Ersten Weltkrieg. Dabei wurde entweder die Rolle der Monarchen aufs Repräsentative reduziert oder die Monarchie von der Republik verdrängt. Diese Entwicklung führte schließlich dazu, dass sich im Laufe des 20. Jahrhunderts die Demokratie – zumindest in Europa – als einzig mögliche legitime Regierungsform etablieren konnte. Die Betonung des Legitimationsprinzips der Demokratie, der Volkssouveränität, führt zur Abwertung möglicher Alternativen, namentlich der monarchischen und/oder aristokratischen Souveränität.

Nach Darstellung der Entwicklung unterschiedlicher Aspekte der Souveränität soll abschließend eine Systematisierung vorgenommen werden. Dabei soll auf eine in der völkerrechtlichen Literatur gebräuchliche Klassifikation zurückgegriffen werden. Diese differenziert die Dimensionen der Souveränität anhand von vier Begriffspaaren: 1. Absolute und relative, 2. positive und negative, 3. innere und äußere sowie 4. rechtliche und politische.[23]

Die erste Unterscheidung zwischen relativer und absoluter Souveränität zielt auf den Geltungsbereich des Souveränitätsprinzips ab. Während relative Souveränitätsauffassungen gewisse Einschränkungen der Souveränität, die sich innenpolitisch aus der Existenz unterschiedlicher Souveränitätsträger und der grundrechtlichen Machtbeschränkung sowie außenpolitisch insbesondere aus der Existenz anderer, gleichberechtigter Staaten ergeben, als zulässig erachten, sind gemäß den absoluten Auffassungen keinerlei Souveränitätsbeschränkungen möglich. Absolute Souveränität, verstanden als rechtliche Ungebundenheit, kann es folglich in einem System souveräner Gleichheit und/oder der Gewaltenteilung und Machtbeschränkung aus Gründen der Logik nicht geben.

23 *Charles E. Ritterband*, Universeller Menschenrechtsschutz und völkerrechtliches Interventionsverbot, Peter Lang, Bern-Stuttgart 1982, 236f.

Das zweite Begriffspaar positive und negative Souveränität wird analog zur Unterscheidung zwischen positiver und negativer Freiheit gebraucht. In diesem Sinne bedeutet positive Souveränität Handlungsfreiheit (Freiheit zu). Demgegenüber wird unter negativer Souveränität Handlungsautonomie (Freiheit von) im Sinne des Freiseins von Einflüssen anderer Akteure verstanden.[24]

In ihrer dritten Ausprägung umfasst Souveränität sowohl eine innerstaatliche als auch eine äußere Dimension: Innere Souveränität liegt dann vor, wenn ein Staat für seine Angehörigen und auf seinem Territorium der höchste Herrschaftsverband ist, gegen dessen Entscheidungen an keine höhere Stelle appelliert werden kann. Äußere Souveränität bedeutet demgegenüber, dass die Staaten untereinander keiner überstaatlichen Macht, sondern bloß dem vom zwischenstaatlichen Konsens getragenen Völkerrecht untergeordnet sind.[25]

Die vierte Unterscheidung zwischen rechtlicher und politischer Souveränität bezieht sich auf das «field of manifestation of Sovereignty».[26] In diesem Sinne spricht man von rechtlicher Souveränität, wenn ein Staat den vollen Status der Souveränität genießt, d.h. seine Handlungsfreiheit nicht rechtlich begrenzt ist.[27] Demgegenüber wird unter der politischen Souveränität die Eigenschaft eines Staates verstanden, dass er alle wesentlichen Staatsfunktionen selbstständig – ohne Einmischung von außen – ausüben kann.[28]

Gestützt auf das Prinzip der souveränen Gleichheit scheint klar zu sein, dass alle Staaten – auch kleine – über die rechtliche Souveränität verfügen, aber aufgrund der Ungleichverteilung der Macht im internationalen System die politische Souveränität mitunter – mehr oder weniger stark – eingeschränkt sein kann. Da im Kontext der vorliegenden Untersuchung die Unterscheidung von positiver und negativer Souveränität eher von philosophischer denn praktischer Bedeutung ist, kann im Folgenden auf ihre Untersuchung verzichtet werden. Im Zentrum des Erkenntnisinteresses des nächsten Kapitels steht folglich die Untersuchung der Ausgestaltung der inneren Souveränität und ihres Zuschnitts (absolut – relativ) im Fürstentum Liechtenstein.

---

24 *Müller-Wewel*, wie Fn. 21, 178.
25 *Verdross/Simma*, wie Fn. 9, 29.
26 *Georg Schwarzenberger*, The Forms of Sovereignty, in: Current Legal Problems 10/1957, 64ff.
27 *Müller-Wewel*, wie Fn. 21, 183.
28 *Verdross/Simma*, wie Fn. 9, 30.

III Die Frage der inneren Souveränität im Fürstentum Liechtenstein

Während die Entwicklung im Fürstentum Liechtenstein im Laufe des 19. Jahrhunderts mehr oder weniger derjenigen der anderen deutschen Monarchien entsprach, entstand mit der Verfassung von 1921 eine spezifisch liechtensteinische Lösung, bei der sich weder das monarchische noch das demokratische Element zulasten des anderen durchsetzte, sondern ein Kompromiss zwischen den beiden Elementen gefunden wurde, bei der das staatlich-politische Handeln auf einem Konsens zwischen Fürst und Volk beruht.

Art. 2 der Landesverfassung (LV) bringt die liechtensteinische Staatskonzeption in einer knappen Formulierung zum Ausdruck: «Das Fürstentum Liechtenstein ist eine konstitutionelle Erbmonarchie auf demokratischer und parlamentarischer Grundlage. Die Staatsgewalt ist im Fürsten und im Volk verankert und wird von beiden nach Maßgabe der Bestimmungen dieser Verfassung ausgeübt.»

Diese Aussage verdeutlicht, dass die Landesverfassung von 1921 weder eine rein monarchische noch eine rein demokratische ist, sondern einen Versuch darstellt, diese – scheinbar – unvereinbaren Prinzipien zu versöhnen.[29] Diese Art der Aufteilung der Staatsgewalt auf Monarchen und Volk, die häufig als «Dualismus» bezeichnet wird, prägt die gesamte liechtensteinische Verfassungsstruktur. Alternativ kann die liechtensteinische Staatsform auch als eine «elliptische» beschrieben werden: «Mit dem Bild der geometrischen Ellipse wird die Einheit des Staates zum Ausdruck gebracht, sowie die verfassungsrechtlich relevante Tatsache, dass es sich bei den beiden Faktoren Fürst und Volk um solche innerhalb des umrandenden Verfassungsrahmens handelt.»[30] Somit räumt die liechtensteinische Verfassung dem Monarchen eine – im europäischen Vergleich unüblich starke – Stellung ein, indem sie die Staatsgewalt im Volk *und* im Fürsten verankert. Sie kann damit als typische Vertreterin einer hochkonstitutionellen Verfassung angesehen werden kann.[31] Dabei erscheint allerdings aus demokratietheoretischer Sicht die Durchbrechung des Prinzips der Volkssouveränität als problematisch, wird

---

29 Vgl. *Herbert Wille*, Monarchie und Demokratie als Kontroversfragen der Verfassung von 1921, in: *Gerard Batliner* (Hrsg.), Die liechtensteinische Verfassung 1921. Elemente der staatlichen Organisation, Verlag der Liechtensteinischen Akademischen Gesellschaft, Vaduz 1994, 141ff.

30 Ebda, 151ff.

31 *Wilhelm Brauneder*, Die Wahl des Staatsoberhaupts in Republiken anhand insbesondere der deutschen und österreichischen Entwicklung, in: *ders.* (Hrsg.), Wahlen und Wahlrecht. Tagung der Vereinigung für Verfassungsgeschichte in Hofgeismar vom 10.3.-12.3.1997, Duncker & Humblot, Berlin 2001,197 ff.

doch ein demokratisch nicht legitimiertes (nicht gewähltes) Organ auf die gleiche Stufe wie das Volk gestellt. Um die souveränitätspolitischen Implikationen dieser Staatsauffassung besser einschätzen zu können, wird im Folgenden näher auf die Stellung des Landesfürsten unter dem Aspekt der Zusammenwirkung der politischen Akteure eingegangen.

Die Position des Fürsten im Rahmen des politischen Systems lässt sich funktional aus der dualistischen Struktur des Regierungssystems ableiten. Als zweiter Teilhaber an der Souveränität neben dem Volk verfügt der Fürst über eine im internationalen Vergleich ausgesprochen starke Stellung.[32] Im Gegensatz zu den meisten anderen europäischen Monarchen kommen ihm nicht nur repräsentative, sondern auch reale politische Kompetenzen zu.

Spiegelbildlich zu den fürstlichen Befugnissen sind auch die Volksrechte stark ausgebaut.[33] Neben dem Initiativ- und dem Referendumsrecht, die allerdings beide unter dem Sanktionsvorbehalt des Landesfürsten stehen, kommt dem Volk im Falle eines Konflikts zwischen Landtag und Fürst bei der Richterbestellung das Letztentscheidungsrecht zu. Überdies besitzt das Volk das Recht, einen Misstrauensantrag gegen den Fürsten einzureichen und als letztes Mittel steht ihm auch die Initiative zur Abschaffung der Monarchie zur Verfügung. Neben dem direktdemokratischen ist auch das repräsentative Element in der liechtensteinischen Verfassung verankert: Das Volk wählt den 25-köpfigen Landtag, der zusammen mit Fürst und Regierung an der Gesetzgebung beteiligt ist. Der Landtag muss auch den Staatsverträgen und dem Budget zustimmen. Zudem obliegt ihm die Kontrolle der Verwaltung.

Zwischen den beiden Polen der liechtensteinischen Verfassung, Monarch und Volk, steht die Regierung. Diese ist zuständig für den Vollzug der Gesetze, das Erlassen von Verordnungen und die Führung der Verwaltung. Verliert sie oder eines ihrer Mitglieder das Vertrauen des Landtags oder des Fürsten (doppeltes Vertrauenserfordernis im Sinne des Dualismus), endet das Mandat sofort.

Das liechtensteinische Regierungssystem lässt sich am besten analog zur Funktionslogik von semipräsidentiellen Systemen begreifen, mit dem Unterschied, dass an der Stelle eines gewählten Präsidenten ein erblicher Monarch steht. Da in kleinen Staaten politische Auseinandersetzungen schnell

32 *Zoltán Tibor Pállinger*, Monarchien im Europa von heute unter besonderer Berücksichtigung der neusten Verfassungsentwicklung im Fürstentum Liechtenstein, in: *von Arnim* (Hrsg.), Beiträge 18/2003, wie Fn. 7.

33 Für einen Überblick über die direktdemokratischen Instrumente in Liechtenstein vgl. *Wilfried Marxer/Zoltán Tibor Pállinger*, Direkte Demokratie in der Schweiz und in Liechtenstein – Systemkontexte und Effekte, in: Beiträge des Liechtenstein-Instituts 36/2006.

ein systembedrohendes Ausmaß annehmen können, ist das System durch starke Elemente der Konkordanz abgefedert. So stellen in der Regel die beiden Großparteien im Rahmen einer großen Koalition die Regierung. Auch werden Ämter und Kommissionen im Sinne eines Parteienproporzes besetzt. In diesem Zusammenhang kommt auch dem Fürsten als Verkörperung des «pouvoir neutre» eine wichtige Rolle im Rahmen des Kompromissmanagements zu.

Hinsichtlich der Reichweite der Souveränität gilt es, als Erstes auf das Rechtsstaatsprinzip hinzuweisen: Alle Träger der Staatsgewalt sind in ihrer Tätigkeit an das Recht gebunden. Art. 7 Abs. 1 LV legt fest, dass der Fürst sein Recht an der Staatsgewalt in Gemäßheit der Bestimmungen der Verfassung und der übrigen Gesetze auszuüben habe. Die wortgleiche Bestimmung gilt auch für die Regierung (Art. 78 Abs. 1 LV) und auch der Landtag ist an die Verfassung gebunden und kann seine Rechte nur ausüben, wenn er gesetzlich konstituiert ist (Art. 45 Abs. 1 und 2 LV). Überdies wird auch die Reichweite von Notverordnungen begrenzt, dürfen diese doch die Verfassung als Ganzes oder einzelne Bestimmungen derselben nicht aufheben, sondern nur die Anwendbarkeit einzelner Bestimmungen der Verfassung einschränken. Dabei werden einzelne grundlegende Menschenrechte explizit als notstandsfest deklariert und auch die zeitliche Wirkung von Notverordnungen ist auf sechs Monate beschränkt (Art. 10 Abs. 2 LV).

Um die starke Stellung des Monarchen besser demokratisch zu legitimieren, wurde dem Volk mit den Verfassungsänderungen von 2003 – wie bereits erwähnt – die Möglichkeit eingeräumt, dem Fürsten das Misstrauen auszusprechen (Art. 13ter LV) oder eine Initiative auf Abschaffung der Monarchie einzureichen (Art. 113 LV). Während das Erstere durch die Fürstenfamilie behandelt wird und rechtlich eher unverbindlichen Petitionscharakter aufweist, wurde mit dem Letzteren ein spezielles Verfahren für die allfällige Abschaffung der Monarchie entwickelt, bei der das Vetorecht des Fürsten ausgeschaltet wird. Diese Instrumente weisen einen außerordentlichen Charakter auf und dürften in der Tagespolitik kaum eine Rolle spielen. Allerdings bringen sie den Respekt vor dem demokratischen Prinzip zum Ausdruck.

Die Aufgaben des Landesfürsten sind vielfältig. Zunächst einmal vertritt er unbeschadet der erforderlichen Mitwirkung der verantwortlichen Regierung Liechtenstein im Verkehr mit den auswärtigen Staaten (Art. 8 LV). Diese völkerrechtliche Vertretungsbefugnis umfasst insbesondere den Abschluss von Staatsverträgen, welche der Fürst in seinem Namen schließt. Dabei bedürfen wichtige völkerrechtliche Verträge der Zustimmung des Landtages und können auf Beschluss des Landtages oder auf Begehren von 1500 Wahlberechtigten oder vier Gemeinden einer Volksabstimmung unterworfen werden. In der Praxis werden fast alle Staatsverträge dem Landtag zur Genehmigung unterbreitet.

Im Sinne des Dualismus wirkt der Landesfürst auch an der Gesetzgebung mit. Zum einen steht ihm das Initiativrecht in der Form von Regierungsvorlagen (Art. 64 Abs. 1 Bst. a LV) zu. Zum anderen bedürfen alle Gesetze zu ihrer Gültigkeit der Sanktion des Landesfürsten (Art. 9 LV). Dabei fungiert der Fürst nicht als bloßer «Staatsnotar», der jedes vom Parlament oder vom Volk beschlossene Gesetz automatisch zu unterzeichnen und damit in Kraft zu setzen hat, oder als «Hüter der Verfassung», der die Sanktionierung nur im Falle schwerer Bedenken bezüglich der Verfassungsmäßigkeit verweigern bzw. verzögern darf, sondern er entscheidet nach persönlichem, pflichtgemäßen Ermessen, ob er einen Gesetzesentwurf seine Zustimmung erteilen will oder nicht. Damit wird dem Fürsten ein absolutes Veto in der Gesetzgebung eingeräumt. Das Vetorecht wird allerdings äußerst selten eingesetzt und entfaltet eher indirekte oder präventive Wirkungen, indem es einen Anreiz schafft, einvernehmliche Lösungen vor einer allfälligen Sanktionsverweigerung zu suchen.

Der fürstlichen Befugnisse erstrecken sich auch auf den Bereich der Justiz. Die gesamte Gerichtsbarkeit wird im Namen des Fürsten und des Volkes durch verpflichtete Richter ausgeübt (Art. 95 Abs. 1 LV), die im Rahmen ihrer Tätigkeit unabhängig sind (Art. 95 Abs. 2 LV). Zudem wirkt der Fürst bei der Auswahl der Richter mit (Art. 96 LV) und ist für deren Ernennung zuständig (Art. 11 LV). Weiters besitzt er das Recht der Begnadigung, der Milderung und Umwandlung sowie das Abolitionsrecht (Art. 12 LV).

Im Zusammenhang mit den fürstlichen Kompetenzen im Bereich der Justiz ist insbesondere die Richterbestellung aufgrund ihrer Bedeutung für die Rechtsstaatlichkeit hervorzuheben. Die Richter werden von einem Richterauswahlgremium, in welchem der Fürst über ein Veto verfügt, dem Landtag vorgeschlagen. Stimmt dieser zu, sind diese gewählt. Lehnt der Landtag die Empfehlung ab, findet, sofern innerhalb von vier Wochen keine Einigung erzielt wird, eine Volksabstimmung über die empfohlenen Kandidaten statt. Zudem kann auch der Landtag für diese Abstimmung einen Gegenkandidaten vorschlagen. Schließlich kann auch das Volk mittels einer Initiative Richterkandidaten für die Volkswahl nominieren. Das Verfahren der Richterbestellung verdeutlicht wiederum die Bedeutung des Dualismus für die Ausgestaltung der politischen Entscheidungsprozesse und liefert einen weiteren Beleg für die starke Stellung der Monarchie.

Dem Fürsten steht weiters das Recht zu, den Landtag einzuberufen, zu schließen und aus erheblichen Gründen, die der Versammlung jedes Mal mitzuteilen sind, auf drei Monate zu vertagen oder ihn aufzulösen (Art. 48 Abs. 1 LV). Die Einberufung des Landtages liegt jedoch nicht im freien Ermessen des Fürsten. Er ist von Verfassung wegen verpflichtet, den Landtag Anfang jeden Jahres einzuberufen (Art. 49 Abs. 1 LV). Dieser wird traditionell mit der Thronrede des Fürsten oder seines Bevollmächtigten eröffnet

(Art. 54 Abs. 1 LV). Diese Rede gibt dem Staatsoberhaupt die Möglichkeit, eine politische Standortbestimmung vorzunehmen und Anregungen für die zukünftige Politik zu formulieren.

Mit dem Recht, den Landtag aufzulösen, ist dem Fürsten ein wichtiges politisches Instrument in die Hand gegeben. Nach jeder Auflösung müssen innerhalb von sechs Wochen Neuwahlen stattfinden, und der neu gewählte Landtag ist innerhalb von 14 Tagen einzuberufen (Art. 50 LV). Das Recht zur Landtagsauflösung ist Ausdruck der Schiedsrichterfunktion des Staatsoberhauptes und soll zum ordnungsgemäßen Funktionieren der Institutionen beitragen. Deshalb wird es in der Regel zur Behebung parteipolitischer Pattsituationen im Parlament eingesetzt, kann aber auch als gewichtiges Druckmittel im Rahmen von politischen Konflikten fungieren. Parallel zur fürstlichen Kompetenz steht – als Ausfluss der dualistischen Staatskonzeption – auch dem Volk und den Gemeinden das Recht zu, den Landtag einzuberufen oder aufzulösen (Art. 48 Abs. 1 und 2 LV).

Abschließend sollen noch die Kompetenzen untersucht werden, über die der Fürst in Bezug auf die Regierung des Fürstentums Liechtenstein verfügt. Der Fürst ernennt den Regierungschef und die übrigen Mitglieder der Regierung einvernehmlich mit dem Landtag auf dessen Vorschlag (Art 79 Abs. 2 LV). Weiters können sowohl der Fürst als auch der Landtag einseitig der Gesamtregierung das Vertrauen entziehen, was den sofortigen Verlust der Befugnis zur Amtsausübung zur Folge hat. Für die Zeit bis zum Antritt der neuen Regierung ernennt der Fürst eine Übergangsregierung. Sofern keine neue Regierung im Einvernehmen zwischen Monarch und Parlament bestellt werden kann, muss sich die Übergangsregierung vor Ablauf von vier Monaten im Landtag einer Vertrauensabstimmung stellen (Art. 80 Abs. 1 LV). Falls ein einzelnes Mitglied der Regierung das Vertrauen des Fürsten oder des Landtages verliert, entscheiden diese einvernehmlich über den weiteren Verbleib des Regierungsmitglieds in der Regierung. Bis zum definitiven Entscheid werden die Amtsgeschäfte von der Stellvertreterin oder dem Stellvertreter weitergeführt (Art. 80 Abs. 1 LV). Alles in allem lässt sich festhalten, dass der Modus der Regierungsernennung und -entlassung das dualistische Streben nach Gleichgewicht zwischen dem monarchischen und demokratischen Element widerspiegelt.

Schließlich hat der Regierungschef über Angelegenheiten, die in den Zuständigkeitsbereich des Landesfürsten fallen, bei diesem Vortrag zu halten oder Bericht abzustatten (Art. 86 Abs. 1 LV). Auf Antrag des Regierungschefs unterzeichnet der Fürst eigenhändig diejenigen Entscheidungen, die er annimmt. Diese wiederum werden vom Regierungschef gegengezeichnet, der damit die politische Verantwortung übernimmt (Art. 86 Abs. 2 LV). Diese Bestimmungen über die Konsultations- und Informationsverpflichtungen stellen sicher, dass der Fürst über die laufenden Angelegenheiten der Regierung informiert ist, damit er seine verfassungsmäßigen Aufgaben adäquat wahrnehmen kann. Überdies tragen diese Konsultationen auch dazu bei, das Verhältnis zwischen Fürst und Regierung zu vertiefen.

IV Schlussfolgerungen

Das Fürstentum Liechtenstein (ebenso wie das Fürstentum Monaco) ist dem europäischen Mainstream auf dem Weg zur parlamentarischen Monarchie nicht gefolgt. Der liechtensteinische Dualismus stellt einen Versuch dar, durch die Verbindung von Monarchie und Demokratie (traditionale) Legitimität mit politischer Konkurrenz zu koppeln. Die 300-jährige Herrschaft des Fürstenhauses ist ein Sinnbild für Kontinuität und Tradition in einer schnelllebigen Zeit. Die Monarchie ist nach wie vor fest in der liechtensteinischen Bevölkerung verankert und bildet einen wichtigen Bestandteil der nationalen Identität. Die liechtensteinische Monarchie hat sich über die Jahrhunderte als sehr flexibel erwiesen, und es ist ihr stets gelungen, sich – unter Bewahrung der eigenen Identität – den Erfordernissen der Zeit anzupassen.

Im Gegensatz zu den meisten anderen europäischen Monarchien wurde in Liechtenstein das monarchische Element nicht auf das Repräsentative reduziert, sondern nimmt noch immer eine aktive Rolle in der Politik ein. Gleichzeitig, und das ist gerade das Originelle am liechtensteinischen Dualismus, sind auch die (direkt-)demokratischen Elemente stark ausgebaut. Diese Kombination von Monarchie und Demokratie wird durch das Band der Rechtsstaatlichkeit zusammengehalten. Dies ist ein Beleg dafür, dass die innere Souveränität in Liechtenstein keine absolute ist. Weder Fürst noch Volk stehen über dem Recht, sie sind also nicht «de legibus absolutus» sondern durch das Recht gebunden. Selbst das Institut der Notverordnung kann nicht mit dem Schmitt'schen Ausnahmezustand gleichgesetzt werden, ist doch auch hier die Reichweite des staatlichen Eingriffs sowohl in materieller als auch zeitlicher Hinsicht eingeschränkt.

Der liechtensteinische Dualismus ist Produkt eines politischen Gestaltungswillens anzusehen, der es verstand und versteht, widerstreitende Interessen und Prinzipien auszugleichen und einer tragfähigen Lösung zuzuführen. Aus dieser Perspektive stellt der Dualismus nicht so sehr ein statisches Gleichgewicht zwischen Fürst und Volk dar, sondern fungiert als Leitlinie für die konsensuale Bewältigung zukünftiger Herausforderungen. Obwohl der Fürst über größere Kompetenzen als alle anderen europäischen Monarchen verfügt, ist die Organsouveränität nicht bei ihm angesiedelt, sondern er teilt sich diese mit dem Volk. Obwohl beiden Souveränitätsträgern unterschiedliche Kompetenzen und Aufgaben zukommen, ist für das gesetzmäßige Funktionieren des Staates das Zusammenwirken beider notwendig. Dies impliziert, dass im liechtensteinischen Verständnis vom Konzept der Staatssouveränität ausgegangen wird.

Obschon verschiedene Autoren davon ausgehen, dass Monarchie und Demokratie prinzipiell nur über eine parlamentarische Regierungsform vereinbar sind,[34] vernachlässigt diese Betrachtungsweise jedoch mögliche direktdemokratische Regierungsformen. Richtig hingegen ist, dass heute staatliche Macht nur über die Souveränität des Volkes legitimierbar ist. Eine ähnliche Meinung vertritt auch der gegenwärtige Fürst Hans-Adam II. von und zu Liechtenstein: «[W]ar ich immer der Ansicht, dass eine Monarchie, die politische Verantwortung trägt, heute eine demokratische Legitimation braucht. Eine religiöse Legitimation im Zeitalter der Religionsfreiheit lässt sich kaum mehr vertreten.»[35] Wieweit der Misstrauensantrag und die Initiative auf die Abschaffung der Monarchie dieses Erfordernis – in ausreichendem Ausmaß in der Praxis erfüllen können – ist für diese Diskussion unerheblich, denn auf einer theoretische Ebene wird mit diesen Instrumenten ein Bezug zur Volkssouveränität hergestellt. Im schlimmsten Fall könnten sie als Ultima Ratio ein Alternative zum revolutionären Umsturz darstellen. Damit weist die gegenwärtige Landesverfassung des Fürstentums einen Zug Richtung Volkssouveränität auf.

Abschließend lässt sich somit festhalten, dass trotz der weitgehenden Befugnisse des Monarchen, im Fürstentum Liechtenstein die Souveränität dem Staate als Ganzem zukommt (Staatssouveränität), sie von den beiden Organen Fürst und Volk gemäß feststehenden Regeln gemeinsam ausgeübt wird (geteilte Organsouveränität) und in ihrer Reichweite (relative innere Souveränität) begrenzt ist.

---

34 Vgl. dazu *Adolf Kimmel*, Einführung, in: *ders.* (Hrsg.), Verfassungen der EU-Mitgliedstaaten, Beck/DTV, München 2000, IX ff.

35 Zit. nach *Pállinger*, wie Fn. 32, 7.

Claes Peterson, Stockholm

Das Rechtssystem und die soziale Wirklichkeit: Die Dichotomie Staat – Gesellschaft als Ausgangspunkt der rechtswissenschaftlichen Analyse

Abstract: Due to a shift in policies in the 1980's, private entities have increasingly been entrusted public tasks. One of the consequences of the privatization has been a blurring of the demarcation line between public and private law. Despite the importance of this distinction, both to the system itself and to the application of the legal method, legal scholars have largely ignored the implications of this shift. The lack of large-scale systematic works, spanning the whole legal system, has contributed to the current erosion of boundaries between private and public law. In an attempt to clarify the driving forces behind the traditional division between private and public, the historical understanding of the two concepts during the late 18th and early 19th century will be investigated.

I Einleitung

Das Begriffspaar öffentliches Recht – Privatrecht ist eine Aufteilung des Rechtsstoffes, die auf eine fundamentale Weise das Selbstverständnis des Juristen geprägt hat und immer noch prägt. Es handelt sich nicht nur um eine didaktisch-doktrinäre Dichotomie mit dem Zweck, einen scheinbar amorphen und unüberschaubaren Rechtsstoff auf eine pädagogische Weise zu veranschaulichen. Die Bedeutung der Teilung geht tiefer, da sie behauptet, dass ihre normative Gültigkeit auf einer sozialen Realität beruht. Das Begriffspaar öffentliches Recht – Privatrecht drückt sich in einer Entweder-oder-Situation aus. Die Wahl des normativen Ausgangspunktes, öffentlich-rechtlich oder privatrechtlich, führt zu zwei verschiedenen methodologischen Paradigmen, eine legalistische, öffentlich-rechtliche Rechtswissenschaft gegen eine mehr funktionseingerichtete Privatrechtswissenschaft. Die Aufteilung manifestiert sich auch darin, dass die verschiedenen methodologischen Fachgebiete getrennte Publikationsforen benutzen.

Die Rechtswissenschaft hat jedoch Probleme damit, eine dogmatisch haltbare Distinktion zu konstruieren. Nicht zuletzt im Ausbildungszusammenhang ist das Problem offensichtlich. In den Lehrbüchern wird die Dichotomie ohne Thematisierung als selbstverständlich dargestellt, obwohl sich gleichzeitig die Diskussion ständig um die Frage dreht, wie die Trennlinie gezogen werden sollte. Es ist sogar so weit gegangen, dass Stimmen für eine

Abschaffung oder zumindest eine Umformulierung der Teilung laut wurden. Das, was im 19. und frühen 20. Jahrhundert als eine fast naturgegebene dogmatische Ordnung galt, hat also eine Infragestellung ihrer Relevanz erlebt. Es scheint so, als ob die Ursache dieser Unklarheit in der rechtsdogmatischen Analyse liegt. Was allerdings übersehen wurde, ist die Tatsache, dass die Teilung nicht immer bestanden hat, was wiederum darauf hindeutet, dass die Rechtssystematik mit bestimmten historischen Bedingungen verbunden ist. Die Schwierigkeit, ein tragfähiges Kriterium zu finden, liege somit darin, dass sich die Bedingungen für die Teilung in ihrer jetzigen Form geändert hätten bzw. haben. Unter diesem Gesichtspunkt ist die Schlussfolgerung die, dass es nicht möglich ist, das Problem rechtsimmanent zu klären. Stattdessen ist eine Analyse im Rahmen eines gesellschaftlichen Kontexts erforderlich. Die vorliegende Studie ist ein Versuch, aus rechtshistorischer Perspektive zu erklären, wie sich die Dichotomie öffentliches Recht – Privatrecht etabliert hat und welche sozialen Anreize dahinterstanden.[1]

II Die Sozialisationstheorie des Naturrechts

Nach der Naturrechtslehre hatten die Menschen vor der Geburt der bürgerlichen Gesellschaft in einem natürlichen Zustand gelebt, in dem es keine organisierte Machtstruktur gab und wo Begriffe wie Obrigkeit (imperium) und Untertan (subiectio) unbekannt waren.[2] Das Individuum war nicht dem Willen eines anderen unterworfen, weshalb natürliche Gleichheit (aequalitas naturalis) und natürliche Freiheit (libertas naturalis) herrschten. Daher könnte das Individuum frei für seinen Eigennutz und seine eigenen Interessen wirken, ohne auf jemanden Rücksicht zu nehmen. Die totale Freiheit und das Fehlen einer über den individuellen Interessen stehenden Autorität machten die Existenz im Naturzustand unsicher. Man konnte, wie in einer in Schweden verbreiteten politischen Broschüre betont wurde, keinen

---

1 Zur politischen Funktion der Trennung von öffentlichem und privatem Recht in Deutschland siehe *Dieter Grimm*, Recht und Staat der bürgerlichen Gesellschaft, Suhrkamp, Frankfurt/Main 1987, 84 ff. Zur Bedeutung der Unterscheidung von Staat und Gesellschaft im demokratischen Sozialstaat der Gegenwart siehe *Ernst-Wolfgang Böckenförde*, Staat, Gesellschaft, Freiheit. Studien zur Staatstheorie und zum Verfassungsrecht, Suhrkamp, Frankfurt/Main 1976, 185 ff.

2 Zum philosophischen Hintergrund der Theorie und zu ihrer langen historischen Tradition siehe *Hasso Hofmann*, Zur Lehre vom Naturzustand in der Aufklärung, , in Recht – Politik – Verfassung. Studien zur Geschichte der politischen Philosophie, Metzner, Frankfurt/Main 1986, 93–126; *ders.*, Art. „Naturzustand“, in: *Joachim Ritter/Karlfried Gründer* (Hrsg.), Historisches Wörterbuch der Philosophie, Bd. 6, Wissenschaftliche Buchgesellschaft, Darmstadt 1984, Sp. 653–658.

wirksamen Schutz von Leben und Eigentum errichten. Die aus dem Egoismus drohende Anarchie machte die Menschen wehrlos gegen äußere Feinde.[3]

Die einzige Form der Macht, die im Naturzustand existierte, war die väterliche Macht des Hausherrn. Sie umfasste jedoch nur den einzelnen Haushalt und konnte daher in der Gesellschaft keine Sicherheit nach außen bieten. Die Menschen kamen schließlich zu der Erkenntnis, dass man sich zu einem gemeinsamen Zweck vereinigen musste, um eine sichere Existenz zu erreichen. Durch einen sozialen Vertrag wurde vereinbart, eine bürgerliche Gesellschaft mit einer höchsten Macht zu errichten, deren Aufgabe es war, zugunsten des Gemeinwohls zu handeln.

Nach dem Eintritt in die bürgerliche Gesellschaft übergab das Volk der Regierung alle seine ursprünglichen natürlichen Rechte und Freiheiten. Die Obrigkeit wurde somit zum ausschließlichen Träger der natürlichen Freiheit. Der Zustand der Unterwerfung unter die Herrschermacht, der durch den sozialen Vertrag in der bürgerlichen Gesellschaft geschaffen wurde, war eine Voraussetzung für die Erreichung des gemeinsamen Zieles.

Eine gewisse Sicherheit konnte solange nicht erreicht werden, solange „alle gleich waren und niemand dem anderen zum Gehorsam verpflichtet war".[4] Der status naturalis mit seiner absoluten Gleichheit unter den Menschen und seiner totalen individualistischen Freiheit stellte sowohl eine Legitimation der höchsten Macht als auch eine Rechtfertigung ihrer Errichtung dar. Um den Zweck der Gesellschaft (salus publica) zu verwirklichen, wurde Einheit gefordert, was wiederum bedeutete, dass die Menschen ihren Willen und ihre Interessen an die Befehle der höchsten Macht anpassen mussten.

Gleichheit und Freiheit, wie sie im Naturzustand existierten, standen in direktem Gegensatz zu dem Zweck, zu dessen Verwirklichung die bürgerliche Gesellschaft errichtet wurde. Die Macht der bürgerlichen Gesellschaft war eine ontologisch begründete Kategorie, deren Inhalt nicht von der jeweiligen Herrschaftsform beeinflusst wurde. Unabhängig davon, wer die Macht ausübte, waren die Untertanen zu bedingungslosem Gehorsam verpflichtet. Dies bedeutete jedoch nicht, dass die Obrigkeit ihre Macht willkürlich und unbegrenzt ausüben konnte (licentia).[5] Das unbegrenzte Machtprivileg, das im Wesen der Macht lag, sollte von der Obrigkeit selbst ausgeglichen werden, die sich aus eigenem Antrieb um den Wohlstand der Untertanen bemühen und seine Machtausübung mildern sollte. Aber vor allem sollte das salus

---

3 *Birger Frondin*, Riksdagsmannarätt. Til dess grund och beskaffenhet förestäld (Das Recht der Reichstagsabgeordneten. Zu seinem Grund und Beschaffenheit vorgestellt), Buchdrucker Lars Salvius, Stockholm 1747, 9.

4 Ebda, 14.

5 Ebda, 9.

publica, der Zweck der bürgerlichen Gesellschaft, einen Schutz vor Machtmissbrauch darstellen.

III Die höchste Macht im status civilis

„Subiectio" war ein Grundbegriff in der Politik oder Staatslehre. Durch den Gesellschaftsvertrag hatten die Menschen ihre natürliche Gleichheit und Freiheit aufgegeben und sich durch ihre Unterwerfung (subiectio) zum absoluten Gehorsam der Obrigkeit gegenüber verpflichtet. Imperium und subiectio unterschieden die bürgerliche Gesellschaft vom Naturzustand. Das Individuum in der bürgerlichen Gesellschaft war ein Untertan, ein subiectus.

Aus der beschriebenen Sozialisationstheorie ergab sich kein Widerspruch zwischen dem Willen der Obrigkeit und jenem des Individuums. Die Menschen sind zusammengekommen und haben einen Gesellschaftsvertrag geschlossen, um durch gemeinsame Anstrengungen einen gemeinsamen Zweck zu erreichen. Die Verantwortung für die Erfüllung des Zwecks sei somit auf die Obrigkeit übertragen worden, deren Entscheidungen und Handlungen durch den im Gesellschaftsvertrag ausgedrückten Willen der Menschen legitimiert seien. Die Voraussetzung für den Wohlstand der Untertanen war daher ihr Gehorsam. Die Macht legitimierende Funktion des Syllogismus ist damit offensichtlich.

Die Obrigkeit wurde allerdings durch den Gesellschaftsvertrag in ihre Machtbefugnisse eingesetzt. Die Einrichtung der bürgerlichen Gesellschaft beruhte auf den Absichten des Allmächtigen, was durch einen einfachen Syllogismus bewiesen werden konnte. Die Absicht des Schöpfers war die Glückseligkeit der Menschen. Jeder einsichtsvolle und vernünftige Mensch weiß, dass ein Zweck ohne geeignete Mittel nicht erfüllt werden kann. Die Macht der Obrigkeit ist das Mittel, auf das die Menschen zurückgreifen, um ihre Glückseligkeit zu erreichen. Ergo stimmte die Macht der Obrigkeit mit dem Willen Gottes überein.

IV Salus publica suprema lex esto: eine Begrenzung der Machtausübung und ein Mittel zur Sozialdisziplinierung

Ius publicum universale war die Disziplin, die sich mit der Beziehung zwischen der Macht und ihren Untertanen beschäftigte. Salus publica suprema lex esto war die höchste Maxime im ius publicum universale. Das Mittel zu seiner Erfüllung war das Polizeyrecht, das die Eigeninteressen des Individuums gegenüber dem Gemeinwohl ausgleichen sollte. Das Polizeyrecht umfasste alle Bereiche des Lebens des Einzelnen, oder wie Anders Berch, Professor für Wirtschaftsrecht und Staatswirtschaft in Uppsala, den Zusammenhang beschreibt: „Die bürgerliche Seligkeit (felicitas) besteht in den Gaben des Gemütes, des Körpers und des Glücks, und das Polizeyrecht beschäftigt sich mit diesen drei Bereichen."[6] Unter „Gemüt" wurden Gottesdienst und Erziehung verstanden, „Körper" bedeutete Gesundheit, Lebensunterhalt, Kleidung und Wohnung. „Glück" schließlich symbolisierte Künste, Werke und Wissenschaften. Mit dem Gemeinwohl als Rechtfertigung konnte die Staatsgewalt mit der Anwendung des Polizeyrechts in die Privatsphäre des Individuums eingreifen.

Das Gemeinwohl war ein Begriff mit sehr weiten Grenzen, nämlich „alle Vorzüge und Rechte und alles, was jeder besitzt". Bei allem, was in der bürgerlichen Gesellschaft geschah, ging es um das Gemeinwohl und das Private musste zurückstehen. Christian König, ein bekannter Richter in jener Zeit, schrieb in seinem mehrbändigen Werk „Lärdoms-Öfning" (Übung der Gelehrtheit): „der Gemeinnutz hat in allen Zusammenhängen den Vorrang vor dem Privatem und der Nutzen des Individuums wird dem Allgemeinen untergestellt."[7]

Salus publica diente als Instrument für die Sozialdisziplinierung der Untertanen, sodass der Einzelne keine Sonderinteressen bewahren konnte. Deswegen ist es symptomatisch, dass man in der Literatur des 18. Jahrhunderts einem starken Misstrauen gegen den Kaufmann begegnet, der sich in die Vormundschaft des Gesetzgebers nicht einfügen will. Der Kaufmann war wegen seines Gewinninteresses und seiner Konkurrenzmentalität mehr als andere dafür geeignet, egoistisch zu denken. Sein Ziel war es, so viel individuelle Freiheit wie möglich in seinem Geschäft zu erreichen. Christian König hat sich dazu folgendermaßen geäußert: „Ein Kaufmann, der unter dem heiligen Namen eines Patrioten verkleidet und maskiert ist, ist derjenige, der sich selbst und sein Wesen vom Allgemeinen trennt und spaltet und nicht berücksichtigt, auf welche Weise er seine Absichten erreicht."[8] Ein patriotischer Kaufmann hingegen setzt das Gemeinwohl vor sein eigenes Interesse. Kraft des Gemeinwohls beanspruchte die Obrigkeit die Befugnis, die Bewegungsfreiheit der Untertanen sozial, ökonomisch und politisch zu begrenzen.

---

6 *Anders Berch*, Inledning til Almänna Hushållningen, innefattande grunden til Politie, Oeconomie och Cameral Wetenskaperna (Einführung in den allgemeinen Haushalt, einschließlich den Grund der Polizei-, Ökonomie- und Kameralwissenschaften), Buchdrucker Lars Salvius, Stockholm 1747, 23.

7 *Christian König*, Lärdoms-Öfning, Sjunde Tomen: Om Statskunskapen (Übung der Gelehrtheit, 7. Band: Von der Staatslehre), Buchdrucker Lars Salvius, Stockholm 1748, 70.

8 *Christian König*, Lärdoms-Öfning, Fjärde Tomen: Angående Lagfarenheten i Politimål (Übung der Gelehrtheit, 4. Band: Über die Gesetzesgelehrsamkeit in Polizei-Fälle), Buchdrucker Lars Salvius, Stockholm 1746, 9.

Sowohl das Private als auch das Privatrecht wurden auf der Grundlage des Öffentlichen definiert. Zwischen privatem und öffentlichem Recht gab es somit eine hierarchische Ordnung. Das ius publicum, das die Beziehung zwischen Obrigkeit und Untertanen regelte, war dem ius privatum übergeordnet. Die Aufgabe des Privatrechts bestand darin, materielle Gerechtigkeit unter den Untertanen zu schaffen.

V Die Statuslehre

Status naturalis bezeichnet den Zustand des Menschen als Wesen.[9] Der Zustand wird durch allgemeine, unveränderliche und daher notwendige Attribute oder Eigenschaften charakterisiert. In der zeit- und raumgebundenen Welt kommen hingegen Eigenschaften vor, die nicht von wesensmetaphysischer Qualität, sondern historisch zufällig sind. Diese akzidentielle Seite des Menschen oder der Person stellt den Inhalt des status civilis dar. Das Verhältnis zwischen ‚status naturalis' und ‚status civilis' wurde von Hugo Grotius und Joachim Darjes mit dem Begriffspaar ‚substantialis/accidentalis' und ‚absolutus/relativus' verdeutlicht. In ‚statu civili' sind den Menschen gewisse, allen gemeinsame und unveränderliche Attribute, sogenannte Wesensattribute, zuerkannt. Der schwedisch-finnische Rechtsgelehrte Matthias Calonius kommentiert den Zusammenhang auf folgende Weise:

> „Jura absoluta s. eminentia et connata quia ab essentia hominis divelli nequeunt, ne in societate quidem civili, minui, libari, multo minus tolli possunt. Manet namque civibus essentia, qua sunt homines."[10]

„Betrachtet mit gewissem Status" bedeutet hingegen, dass die Aufmerksamkeit auf den Menschen in seinem historisch individuellen Zustand gerichtet wurde. In diesem Zustand, status civilis, wurde der Mensch im juristischen Sinne (in sensu juridico) betrachtet, d.h. in seinen historisch individuellen und damit zufälligen Positionen. Olof Rabenius, Practices Professor in Uppsala 1766–72, der eine etwas ausführlichere Personentheorie vorlegte[11], ging

---

9 Zum wesensmetaphysischen Kontext siehe *Claes Peterson*, Der erste unbewegte Beweger. Ein aristotelisches Thema in der Geschichte der Rechtswissenschaft, in: *Gerald Kohl u.a.* (Hrsg.), Festschrift für Wilhelm Brauneder zum 65. Geburtstag, Manz, Wien 2008, 499 ff.

10 *Matthias Calonius*, Praelectiones in iurisprudentiam civilem, ediderunt Wilhelm Chydenius et Väinö Nordström, Forlag, Helsinki 1908, cp V § 2. Calonius war Professor an der Åbo Akademi, Turku, Finland, in den letzten Jahrzehnten des 18. Jahrhunderts. Von 1793–1800 war er Richter beim Obersten Gerichtshof in Stockholm.

11 In der Dissertation Primae jurisprudentiae communis Suecanae, Uppsala 1760, entwickelte Rabenius eine Typologie, die in ihren Grundlagen noch weit in das 19. Jahrhundert hinein als Leitfaden der juristischen Doktrin diente. Siehe z. B.

von der folgenden Grundregel aus: „Homo autem, cum certo statu consideratus est, persona in sensu juridico sumta.“[12] In juristischer Hinsicht war demnach das Individuum ein Rechtssubjekt in dem Maße, in dem es Inhaber eines gewissen Status war oder einer gewissen Personengruppe angehörte. Ein Individuum konnte gleichzeitig mehreren verschiedenen Personengruppen anhören: „in una persona simplici, status varios deprehendimus, exempli gratia Statum Civitatis, Nobilitatis, Patrisfamilias & c. & quot sunt hi status, tot etiam personae Juridicae, in una hac persona simplici.“[13]

Ein Individuum konnte mehrere Statuspositionen in sich vereinigen, was davon abhing, welchen Personengruppen es angehörte oder welche Positionen ihm im Staat zukamen. Die Rechtssubjektivität wurde von Fall zu Fall nach der rechtlichen Stellung beurteilt, in der sie auftrat. Ebenso konnten mehrere Individuen zur gleichen Personengruppe gehören. Sie hatten sodann im Rahmen dieses Kollektivs den gleichen Status oder die gleiche Rechtsstellung. Rabenius brachte dieses Verhältnis so zum Audruck: „Unus homo plures personas Juridicas, & plures homines unam personam Juridicam repraesentare possunt.“[14] Hier führte Rabenius zwar den Terminus persona juridica ein, sie bezeichnete jedoch nicht ein von seinem physischen Substrat losgelöstes, selbstständiges Rechtssubjekt. Persona juridica bedeutete bloß, dass das Individuum aus juristischer Sicht betrachtet wurde, im Gegensatz zu persona physica oder naturalis, was sich auf den Menschen als Wesen, d.h. im Naturzustand, bezog. Letzteres hatte, für sich betrachtet, keine direkte juristische Relevanz, denn alle Menschen wurden als gleich angesehen.

Eine vom sozialen Gesichtspunkt aus gesehen konkretere Erläuterung der Personentheorie der späteren Naturrechtslehre findet man bei Lars Tengwall, Professor des schwedischen und römischen Rechts an der Universität Lund 1785–1809. Im Allgemeinen war, laut Tengwall, die Fähigkeit eines Individuums, Rechtssubjekt zu sein oder Rechte zu erwerben und Pflichten auf sich zu nehmen, von der sozialen Stellung oder von körperschaftlichen Bindungen abhängig, d.h. von seinen Statuspositionen. Vor allem war es die Zugehörigkeit zu einem gewissen Stand, die den Individuen ein verschiedenes Maß an Rechtsfähigkeit zugestand. Die variierenden Rechte nannte Tengval jura personalia oder jura status, „da sie den Menschen gehören, die mit gewissen Vorteilen unter gewissen Umständen leben; z. B. Adel, Klerus, Bürger haben jeglicher Rechte, die keinem anderen als denen gehören, die zu

---

Ebbe Samuel Bring, Grunderna till Swenska Civil-lagfarenheten uti systematisk ordning, Teil I, Berlingska Boktryckeriet, Lund 1817, 66–68; *Johan Holmbergson*, Juridiska skrifter, Schmidt & Co, Christianstad 1845, 13–14.

12 *Rabenius*, Primae jurisprudentiae, wie Fn. 11, § 174.

13 Ebda, § 176.

14 Ebda, § 175.

jener Klasse von Mitbürgern gezählt werden."[15] Die Statuslehre war unauflöslich mit der sozialen Realität der Ständegesellschaft und der sozialethischen Weltanschauung der Zeit verbunden, was seiner Theorie Allgemeingültigkeit verlieh. Die Begrenzungen und Hindernisse, die die Ständegesellschaft dem Individuum vor allem in Bezug auf politische, wirtschaftliche und Erwerbstätigkeiten auferlegte, wurden in der aus dem römischen Recht übernommenen Statuslehre der Naturrechtsdoktrin juristisch formuliert und verstanden. Das Maß an Rechtsfähigkeit, das dem Individuum beigemessen wurde, war abhängig davon, welchen verschiedenen Körperschaften und Personengruppen es angehörte. Der Inhalt der Rechtsfähigkeit konnte daher von Individuum zu Individuum stark variieren, bedingt durch den Status, den es besaß.

VI Die Gesellschaft als ein anthropomorphischer Organismus

Die Vorstellung von Staat und Gesellschaft als einer einheitlichen sozialen Ordnung wurde allegorisch als anthropomorpher Organismus dargestellt. Die Allegorie hatte ihren Ursprung in antiker und mittelalterlicher Staatsrechtstheorie. Die Obrigkeit bildete den Kopf des Gesellschaftskörpers, von dem die höchste Macht ausging, während die vier Stände die Arme und Beine darstellten. In derselben Weise, wie die Glieder des menschlichen Körpers den Befehlen des Kopfes nachkommen, müssen die Untertanen den Geboten und Verboten der Obrigkeit folgen.[16] Die Allegorie drückt jedoch eine tiefere Bedeutungsdimension aus, als lediglich die Beziehung zwischen Obrigkeit und Untertanen zu beschreiben. Sie sollte vor allem erklären und rechtfertigen, dass sich das Individuum in der bürgerlichen Gesellschaft nicht auf eine persönliche, individuelle Freiheit berufen konnte. Der Organismusvergleich ergab einen bildlichen Beweis dafür, dass es eine Identität zwischen den Interessen der Individuen und der Gemeinschaft gab, ebenso wie zwischen den Interessen der Obrigkeit und der Untertanen. In einer Dissertation von 1725 wurde hervorgehoben, dass die Organismusmetapher die Funktion hatte, „ad significandam arctissimam conjunctionem civium, atque salutem totius reipublicae in singulorum felicitate fundatam".[17]

Die Gleichung sollte an die Notwendigkeit der Einheit unter den Untertanen erinnern, ohne die die bürgerliche Gesellschaft untergehen würde. Die Glückseligkeit der Menschen, felicitas, war ein Schlüsselbegriff, dessen Inhalt

---

15 *Lars Tengwall*, Twistemåls Lagfarenheten utur Sweriges Rikes Lag och Stadgar utdragen och författad, Buchdrucker Lundblad, Lund 1802, 25.

16 Zur Organismustheorie siehe *Tilman Struve*, Die Entwicklung der organologischen Staatsauffassung im Mittelalter, Anton Hiersemann, Stuttgart 1978, 10–43.

17 *Anders Grönwall, praeses*, Dissertatio academica, proportionem membrorum corporis politici leviter adumbrans, Buchdrucker Werner, Upsaliae 1725, 6–7.

in Bezug auf den übergreifenden Staatszweck, salus publica, festgelegt wurde. Die Glückseligkeit verlangte, dass der Gesellschaftskörper auf eine gesunde Weise funktionierte, nämlich indem eine gewisse Proportion zwischen seinen Gliedern herrschte. Die Analogie mit dem menschlichen Körper war instruktiv, denn dieser hatte von Natur aus eine symmetrische Proportion: Arme und Beine entsprachen einander in Ausformung und Beweglichkeit. Wenn das gegebene Verhältnis verzerrt wurde, z. B. indem ein Bein kürzer wurde oder verloren ging, bekam der Körper eine reduzierte Funktion. Das Gleiche galt für den sozialen Körper. Wenn ein Stand seine Rechte und Freiheiten erweiterte, waren logischerweise ein anderer Stand oder andere Stände davon betroffen, da dies eine entsprechende Einschränkung ihrer Rechte und Freiheiten bedeutete. Die Proportion und die Einheit gingen dabei verloren, was zu Konflikten zwischen den Ständen führen konnte.

Diese Sichtweise, die eine gewisse Rolle in der politischen Ideenfindung und Debatte gespielt hat, kann im Lichte der Tatsache erklärt werden, dass Wirtschaftswachstum keine natürliche Gedankenkategorie war in einer Gesellschaft, in der die Warenproduktion, quantitativ gesehen, unveränderlich zu sein schien. Die Tatsache, dass eine Haltung ein erhöhtes Maß an Rechten und Freiheiten oder Privilegien gewann, konnte daher nicht durch eine Erhöhung der Ressourcen der Gesellschaft erklärt werden. Eine Erweiterung der Privilegien müsste daher dadurch erklärt werden, dass ein Stand sich auf Kosten eines anderen Standes bereichert hatte. Jeder Stand überwachte daher eifrig seinen gerechten Anteil an den Gaben der Gesellschaft, denn ein Gesellschaftskörper mit gestörtem Gleichgewicht würde unerwünschte Folgen für Frieden und Stabilität haben. In der zeitgenössischen gesellschaftspolitischen Literatur kam diese Perspektive immer wieder vor. Der Richter Christian König beschreibt sie folgendermaßen: „Obwohl jeder Staat auf seinen eigenen Absichten beruht, ist es dennoch die allgemeine staatliche Maxime, dass jeder Stand nach seiner natürlichen Beschaffenheit und Vorteilen korrigiert und ausgeglichen wird, indem sie zusammen gesunde Glieder eines gesunden Staatskörpers bilden. Und da jeder Stand einen wesentlichen Teil des Ganzen darstellt, müssen aller Absichten auf das hinauslaufen, was für das Ganze nützlich sein kann."[18]

VII Die Dichotomie Staat – Gesellschaft

Unter dem Einfluss der Ideale der Aufklärungsphilosophie und der Französischen Revolution wurde am Ende des 18. und am Beginn des 19. Jahrhunderts ein Paradigmenwechsel in der Einstellung zum Verhältnis von Individuum und Staat eingeleitet. Ganz oben auf der Tagesordnung stand

---

18 *König*, wie Fn. 7, 40 f.

die Freiheit und Gleichheit des Einzelnen sowohl in politischer als auch in wirtschaftlicher Hinsicht.

Zwar kann man in der damaligen politischen Broschüre-Literatur feststellen, dass das Naturrechtstheorem als grundlegendes Gedankenmodell bestehen geblieben ist, aber die Theorie hatte eine wichtige Modifikation erfahren.[19] Die natürliche Freiheit und die natürliche Gleichheit kamen nicht nur im Naturzustand vor. Stattdessen wurde argumentiert, dass das Individuum selbst nach dem Eintritt in die bürgerliche Gesellschaft ein gewisses Maß oder einen Rest natürlicher Freiheit (residuum libertatis naturalis) behielt, was eine Neubewertung des bürgerlichen bzw. natürlichen Zustands zum Ausdruck brachte. Die bürgerliche Gesellschaft oder status civilis wurde nicht mehr als eine göttliche Bestrafung des sittlichen Verderbens des Menschen (lapsus adae, Sündenfall) gesehen. Status civilis war stattdessen das Ergebnis einer vernünftigen Wahl des Menschen. Es war somit die Vernunft, die den natürlichen Maßstab ausmachte, nach dem die Rechte eingeordnet werden sollten. Immanuel Kants Vernunftkritik und Freiheitsethik bildeten die philosophische Grundlage dieser Wende im naturrechtlichen Verständnis des Verhältnisses von Naturzustand und bürgerlicher Gesellschaft und nicht zuletzt der Freiheit des Individuums. Konfrontiert mit Kants vernunftkritischer Analyse stürzte das methodologische Fundament der klassischen Naturrechtslehre in sich zusammen.[20] Der schwedische Kanteaner, der Uppsalaer Philosoph Daniel Boëthius, fasste das Telos der Naturrechtslehre in folgendem Prinzip zusammen:

> „Schränke deine Freiheit ein, so dass sie mit jedermanns Freiheit in Einklang steht, oder so dass die äußere Tätigkeit deines Willens nicht jemandes Freiheit nimmt.“[21]

Boëthius leitet das Naturrecht aus der negativ bestimmten Freiheit oder aus Kants sogenanntem kategorischen Imperativ ab. Das Naturrecht, das mit scheinbarer Notwendigkeit aus dem angenommenen Vernunftprinzip zu

---

19 Siehe *Christoffer Link*, Herrschaftsordnung und bürgerliche Freiheit. Grenzen der Staatsgewalt in der älteren deutschen Staatslehre, Böhlau, Wien-Köln-Graz 1979, 113 ff, zum Bruch der deutschen Staatslehre und der westeuropäischen politischen Theorie mit der sog. rationalistischen Naturrechtslehre. Siehe auch *Claes Peterson*, Daniel Boëthius und das Kantsche Dilemma – Zur Frage der Entwicklung des juristischen Wissenschaftsbegriffes, in: *Arndt Kiehnle u.a.* (Hrsg.), Festschrift für Jan Schröder zum 70. Geburtstag, Mohr Siebeck, Tübingen 2013, 507 ff.

20 Siehe *Jürgen Dennert*, Ursprung und Begriff der Souveränität, Gustaf Fischer Verlag, Stuttgart 1964, 104f., zum Unterschied zwischen der wesensmetaphysischen und der auf Kants Philosophie gegründeten Vertragslehre.

21 *Daniel Boëthius*, Försök till en Lärobok uti Naturrätten (Lehrbuch des Naturrechts), Buchdrucker Johan Fredrik Edman, Kongl. Acad. Boktr., Uppsala 1799, 17.

folgen scheint, beschreibt Boëthius als „eine Zusammenfassung von Gesetzen, soweit sie nach einer allgemeingültigen Regel durch äußeren Zwang geltend gemacht werden können".[22] Zwang kann, nach Boëthius, auf zwei verschiedene Arten verstanden werden. Entweder wird er vom Individuum selbst in Übereinstimmung mit seiner eigenen Überzeugung ausgeübt, oder von einer Staatsmacht, die ein Zwangsmonopol hat, um das Recht aller zu schützen. Im ersten Fall wird der Zustand status naturalis, Naturzustand, im zweiten status civilis, die bürgerliche Gesellschaft, genannt.

Unabhängig davon, ob man sich das Individuum im Naturzustand oder in der bürgerlichen Gesellschaft vorstellt, hat es Rechte gegenüber anderen Individuen. Es ist somit die Vernunft, die den natürlichen Maßstab darstellt, nach dem die verschiedenen Rechte eingeordnet werden sollen. Die bürgerliche Gesellschaft ist der natürliche Lebensraum des Menschen, während der Naturzustand als ein Hirngespinst, ein Zustand der unzivilisierten Wildnis beschrieben wird, in dem Faustrecht und Gesetzlosigkeit herrschen, ein status justitia vacuus. Die bürgerliche Gesellschaft ist dem Naturzustand entgegengesetzt, „es ist der Zustand, in dem eine öffentliche Macht errichtet ist, die nach, für alle ihr Unterstehenden, gültige Gesetze, für jeden Einzelnen einen geschützten Kreis für Freiheit oder Rechte errichtet, oder ihn ihnen zuteilt, und diese für jeden Einzelnen gegen Verletzung durch andere schützt."[23]

Boëthius betont, dass man mit der Behauptung, der Mensch habe beim Eintritt in die bürgerliche Gesellschaft seine natürliche Freiheit verloren, nichts anderes als die Freiheit des Faustrechts oder des Naturzustands meint. Der Begriff natürliche Freiheit ist stattdessen eine Richtschnur für die bürgerliche Freiheit, die dem kategorischen Imperativ folgt: „Man kann nicht tolerieren, dass bürgerliche Einrichtungen den freien Gebrauch der Kräfte weiter einschränken, als für die Beibehaltung der Freiheit des Einzelnen notwendig ist."[24]

In Boëthius Darstellung ist eine Dichotomie zwischen öffentlichem Recht und Privatrecht vorbereitet. Der veränderte Bedeutungsinhalt des Begriffspaars status naturalis und civilis hatte weiter zur Folge, dass seine die Staatsmacht legitimierende Funktion verloren ging. Die Auffassung, dass die bürgerliche Gesellschaft eine Arena für autonome Individuen und ihre Gewerbefreiheit sei, hat sich auf die politische Debatte ausgewirkt. So wurde in einer Broschüre von 1809 folgende Ansicht geäußert: „Wenn man beim Eintritt in eine bürgerliche Gesellschaft irgendeinen Teil seiner Freiheit im Naturzustand aufgeben muss, so ist es weit davon entfernt, dass man sie

22 Ebda, 31.
23 Ebda, 45.
24 Ebda.

ganz und gar aufgeben soll, der Begriff eines ordentlichen Staates beruht im Gegenteil auf einer genau definierten und bewahrten Freiheit."[25]

Als es um die Frage ging, wie viel von der natürlichen Freiheit in der bürgerlichen Gesellschaft übrig blieb, antwortete derselbe Verfasser mit einer negativen Bestimmung: „Der Mensch kann nicht dazu gezwungen werden, mehr von seinem natürlichen Recht und seiner Freiheit aufzugeben als das, was für den Bestand der Gesellschaft notwendig ist. Alles, was er besitzen kann, alles, was er tun kann, ohne dass der Staat oder eines seiner Mitglieder davon leidet – das ist sein Recht."[26]

In der angeführten Broschüre geht der Verfasser zwar von dem Begriffspaar der Naturrechtslehre status naturalis und civilis aus, aber mit dem Unterschied, dass der Staat als ein autonomes Element eingeführt wird. Die naturrechtliche Begriffsbildung wurde mit der Dichotomie Staat – Gesellschaft ersetzt, als eine effiziente Garantie der individuellen Freiheit. Die Dichotomisierung war eine allgemeineuropäische Erscheinung, die den liberalen Kampf gegen die ständige Bevormundung durch den Staat widerspiegelte.[27] Die aristotelische Synonymie zwischen Gesellschaft und Staat wurde aufgelöst und an ihre Stelle trat ein Dualismus mit folgendem Inhalt: Unter bürgerlicher Gesellschaft wurde nun ein Verband von Mitbürgern verstanden, wo keine Unterwerfung stattfinden sollte. Gleichzeitig wurde der Staat auf die Organisation der bürgerlichen Gesellschaft reduziert, ohne die die Gesellschaft ihr Ziel, das Gemeinwohl zu garantieren, d.i. die Freiheit des Individuums, nicht erreichen konnte: salus publica wurde somit umformuliert. Die vorgegebene materielle Norm, die die Interessen des Individuums unter die korporatistische Struktur der Gesellschaft einordnete, wurde in eine abstrakte Bestimmung von formal gesehen, freien und gleichgestellten Willenseinrichtungen umgewandelt.[28]

In Schweden wurde im Zusammenhang mit der Verbreitung von liberalen Ideen am Anfang des 19. Jahrhunderts die patriarchalische Auffassung von Staat und Gesellschaft als eine Einheit, das ganze Haus, zum Gegenstand

---

25 *Johan Gustaf von Schantz*, Försök att bestämma begreppen av Medborgare samt Medborgerliga Rättigheter och Skyldigheter (Ein Versuch die Begriffe Mitbürger und Mitbürgerliche Rechte und Plichten zu bestimmen), H. A. Nordström, Stockholm 1809, 5.

26 Ebda, 8f.

27 Für eine zusammenfassende Darstellung der Frage siehe *Manfred Riedel*, Art. Bürgerliche Gesellschaft, in: *Otto Brunner u.a.* (Hrsg.), Geschichtliche Grundbegriffe. Historisches Lexikon zur politisch-sozialen Sprache in Deutschland, Bd. 2, Klett-Cotta, Stuttgart 1975, 719f.

28 Zur dieser Umwandlung des Begriffs „Gemeinwohl" siehe vor allem *Grimm*, wie Fn. 1, 13ff.

von heftiger Kritik. Ein einflussreicher liberaler Jurist und Debattierer war Olof Zenius, der in einer anonym veröffentlichten Broschüre mit dem Titel „Über Gewerbefreiheit" (1809) die Dichotomie von Staat und Gesellschaft eingehend beschrieb.[29] Er kritisierte die Auffassung von Staat und Gesellschaft als einer häuslichen Gemeinschaft mit dem König als Familienoberhaupt[30], indem er auf das Wohl der Untertanen verwies. Das Recht hatte dem Wirkungskreis der Individuen Grenzen zu setzen:

> „Man hat sich den ganzen Staat wie eine große in einem Haus vereinte Familie vorgestellt mit dem Regenten als Familienvater. Wie letzterer seinen Kindern vorschreiben kann, wie, wo und wann sie ihre Kräfte in seiner Arbeit gebrauchen sollen, da Kinder, solange sie im Vaterhaus wohnen und dort ihren Unterhalt genießen, sich immer im Zustand der Unmündigkeit befinden und die Schuldigkeit haben, den arbiträren Befehlen des Vaters nachzukommen, genau so meinte man, dass es dem Regenten anstünde, die Grenzen für den Wirkungskreis eines jeglichen Untertanen abzustecken." Stattdessen sollte man sich, so Zenius, „die Gesellschaft als aus Mitbürgern bestehend vorstellen, die alle gleiche Rechte haben, sodass jeglicher seine Fähigkeiten und Kräfte frei gebrauchen möge, soweit ihr Gebrauch übereinstimmt mit der Sicherheit und natürlichen Freiheit aller anderen." Was die Funktion und Kompetenz der Staatsgewalt betraf, stellte Zenius jedoch fest, dass „es die Pflicht des Regenten sei, aufgrund seiner ihm von der Gesellschaft aufgetragenen Stellung als Schutzmacht, für die Sicherheit der Untertanen zu sorgen bei der Ausübung genehmigter Gewerbe; aber er ist nicht berechtigt, durch Verfassungen das Wirken des Einzelnen weiter einzuschränken als zum eben erwähnten Zweck."[31]

Hieraus folgt, dass Zenius das Öffentliche mit Ausgangspunkt vom Privaten definiert, also genau in Umkehrung der traditionellen Staats- und Rechtslehre. 1811 wurde ein Gesetzeskomitee eingesetzt mit der Aufgabe, eine Revision des alten Gesetzbuches von 1734 durchzuführen und einen Plan für ein neues Gesetzbuch zu erstellen.[32] Zenius wurde zusammen mit anderen einflussreichen liberal gesinnten Juristen zum Mitglied des Komitees ernannt. 1826 präsentierte das Komitee einen Entwurf für ein allgemeines Zivilgesetzbuch, das das Gesetzgebungsprogramm der Aufklärung und des frühen Liberalismus verkörperte. Das Vorbild war sicherlich der französische Code civil. Das Gesetzeskomitee arbeitete im „Atem der Aufklärung" mit dem Ziel, ein am individuellen Bürger orientiertes Privatrecht zu schaffen.

---

29 *Olof Zenius*, Om näringsfrihet (Über Gewerbefreiheit), Stockholm 1809, 7f.

30 Zur älteren Staatslehre siehe *Otto Brunner*, Das „ganze" Haus und die alteuropäische „Ökonomik", in: Neue Wege der Verfassungs- und Sozialgeschichte, Vandenhoeck & Ruprecht, Göttingen 2. Aufl. 1968, 103ff.

31 *Zenius*, wie Fn. 29, 3.

32 *Claes Peterson*, Der Kampf um ein Schwedisches Zivilgesetzbuch im 19. Jahrhundert. Ein schwedischer Kodifikationsstreit?, in: *ders.* (Hrsg.), Die Kodifikation und die Juristen, Institutet för rättshistorisk forskning, Stockholm 2008, 209 ff.

Die vielleicht interessanteste Besonderheit im Entwurf des Zivilgesetzbuches ist die Verankerung eines autonomen Rechtssubjekts, welches sehr weit vom Statusdenken der Standesgesellschaft entfernt war. Durch die Schaffung eines allgemeinen und gleichwertigen Rechtssubjekts sollten alle Bürger vor dem Gesetz formell gleichgestellt sein. Die abstrakte Rechtssubjektivität sollte daher den Gravitationspunkt im Privatrecht darstellen. Der freie Wille der Parteien sollte demnach konstituierend für das gesamte Privatrecht sein. In sein politisch ideologisches Kraftfeld eingesetzt sollte eine autonome Privatrechtsordnung den Charakter einer Kodifikation von mitbürgerlichen Rechten bekommen. Ein auf Vertragsfreiheit und Eigentumsrecht gegründetes Privatrecht sollte zur Mobilisierung von Kapital, Immobilien und Arbeitskraft beitragen.

Die Gesellschaft, die Olof Zenius und seine liberal gesinnten Mitbürger emanzipieren wollten, war eine Gesellschaft von freiem Gewerbe, in der Privilegien oder staatliche Regulierungen keinen Platz hatten, da sie der Privatinitiative des Einzelnen im Wege standen. Dies war im Wesentlichen der Inhalt des frühliberalen Verständnisses der Dichotomie Staat – Gesellschaft.

VIII Schlussbemerkung

Die Dichotomie war von Anfang an eine extrem ideologische Distinktion, die eine scharfe Schnittstelle zwischen der Freiheitssphäre der Mitbürger und der Staatsmacht implizierte. In diesem Sinne war die Trennung rein, weil sie keine Zwischenkategorien erlaubte. Um die Freiheit der Mitbürger garantieren zu können, mussten die intermediären Korporationen aufgelöst werden. Dieses ideologisch-politische Programm hat sich auch in der juristischen Systematik durchgesetzt. Das Rechtssystem wurde in zwei entgegengesetzte Rechtsgebiete aufgeteilt, das öffentliche Recht und das Privatrecht, die vom theoretischen Standpunkt aus wenig miteinander zu tun hatten. Die beiden Rechte sollten nach dem systematischen Ideal gleichgeordnet sein mit völlig getrennten Kompetenzen und methodologischen Identitäten.

Die Wirklichkeit stellte sich jedoch anders dar. Die strenge Aufteilung von Staat und Gesellschaft blieb eine politische Wunschvorstellung. Die intermediären Korporationen, die aufgelöst wurden, vor allem Stände und Zünfte, wurden durch andere organisatorische Strukturen ersetzt, die sich zwischen den Staat und die Gesellschaft einordneten. Die Wirklichkeit und das Ideal – der Staat mit seinem Gewaltmonopol auf der einen und die Gesellschaft als ein Freiheitsraum auf der anderen Seite – stellten kein deckungsgleiches Verhältnis dar. Die Dichotomie erscheint daher als eine Schablone, die nie realisiert wurde.

Was das Rechtssystem anbelangt, so wurde die Teilung gefestigt, aber mit der Zeit hat die fehlende Kongruenz zwischen dem wissenschaftlichen

Ideal und der Realität sowohl in Bezug auf die methodologische Effizienz als auch auf die didaktische Funktion Probleme verursacht. Die Erfahrung lehrt, dass die Wirklichkeit nicht unter ein statisches Modell subsumiert werden kann. Man kann sich daher aus gutem Grund fragen, wann die akademische Unterscheidung obsolet wird. Was passiert, wenn die Diskrepanz so groß wird, dass die Distinktion unverständlich wird?

Estevão de Rezende Martins, Brasília

Föderalismus und föderative Institutionen in Brasilien nach der Bundesverfassung 1988[1]

Abstract: Brazil has adopted the federative form as the organizing principle and the presidential system as the governmental principle of the state in 1889. The Brazilian federalism has yet to be linked to the contemporary constitutional theory. The 'design' of Brazilian federalism is presented through a brief description of the federal constitutions prior to 1988. The Brazilian experience of seven federal constitutions in less than a century only exposes the country's difficulties in maintaining a stable constitutional governance. Federalism in Brazil remains since its beginning under duress, as the political system has been strongly centralized. The asymmetries between the Union, the States and the Municipalities are still strong and weigh practically on concrete governance, despite a formally appropriate constitutional context in the 1988 Constitution.

I Einleitung

Seit mehr als einem Jahrhundert hat Brasilien die föderative Form als Organisationsprinzip und das Präsidialsystem als Regierungsprinzip des Staates angenommen. Seit der Ausrufung der Republik am 15. November 1889 lebt das Land mit einer Vielzahl von föderativen Arrangements und erlebt Wechselperioden von Autoritarismus und demokratischem Regime. 1891 wurde die erste republikanische Bundesverfassung verkündet. Bis 1988 folgten sechs weitere Bundesverfassungen. In den sieben republikanischen Bundesverfassungen sind die Prinzipien des Föderalismus deren integraler und stabiler Bestandteil. Das veranlasst dazu, die Bedeutung des Föderalismus für die Republik in Brasilien zu ergründen sowie dessen politische und juristische Verankerung zu erklären. Die Konstitutionalisierung politischer Prinzipien ist ein seit Anfang des 19. Jahrhunderts ständiger und sich verbreitender Trend. Wie John Dearlove hervorhebt, muss die politische Analyse der Regierungsstrukturen und -praktiken die Bundesverfassung in den Mittelpunkt der Diskussionen über Föderalismus zurückbringen. Das liegt daran, dass die Verfassungstheorie rechtssystematische Antworten auf grundlegende politische Fragen anbietet, die die wesentlichen föderativen

1 Wilhelm Brauneder auch in Erinnerung an unsere Zusammenarbeit in der ICHPRI gewidmet.

Entitäten betreffen, wie „wer regiert, wie wird regiert und wer regieren sollte".[2]

Trotz der Kontroversen über die Hauptmerkmale der föderativen Systeme gibt es einen Konsens, wonach zwei Hauptdimensionen diese Staatsorganisationsform kennzeichnen: konstitutionelles Design und politisch-territoriale Aufteilung der Regierungsmacht. Auch wenn andere Faktoren und Institutionen vom Standpunkt des Föderalismus aus betrachtet werden, wie die Dynamik der politischen Ökonomie, der Parteienkonkurrenz und der sogenannten politischen Kultur, erfordern die territorialen Strukturen des Föderalismus eine Analyse nicht nur ihrer praktischen Anwendung, sondern auch aus der Sicht der Verankerung in der Verfassungsarchitektur. Die politisch-territoriale Aufteilung betrifft die Kompetenzverteilung zwischen den konstituierenden Einheiten des Staates (Bund, Land, Gemeinde) sowie die Rollendefinition der jeweiligen legislativen und judikativen Gewalten, und auch die Verteilung der finanziellen Ressourcen und der politischen Verantwortungen zwischen den Bundeseinheiten. Dies alles ist im Lichte ihrer verfassungsmäßigen Garantien zu betrachten.

Die Analyse des brasilianischen Föderalismus weist immer noch wenige Verbindungen zur eigentlichen Verfassungstheorie auf und konzentriert sich auch nur selten auf die verfassungsmäßig etablierten politischen Institutionen, die den Föderalismus leiten. Obwohl wichtige Aspekte des brasilianischen politischen Systems, die die territoriale Aufteilung von Macht und Regierung beeinflussen, Gegenstand verschiedener Analysen von Politikwissenschaftlern sind, wie diejenigen über das Präsidialsystem und das Wahlsystem[3], werden andere Fragen, die den Föderalismus beeinflussen (welche konstitutionalisiert worden sind, wie das Steuersystem), von der Politikwissenschaft im juristischen Rahmen nur selten analysiert.[4] Aufgrund der wachsenden Bedeutung der Dezentralisierung in Brasilien nach 1988 konzentrieren sich die meisten Arbeiten auf den Föderalismus eher als ein Synonym für Dezentralisierung und folgen dem, was Edward L. Gibson als die Schule des Föderalismus-als-Dezentralisierung definierte, anstatt den Föderalismus mit einer politischen und konstitutionellen Ordnung und ihren eigenen Besonderheiten zu verbinden.[5] Viele Forschungen

2 *John Dearlove*, The Politics of Policy in Local Government, University Press, Cambridge 1973 (reprint 2010), Introduction.

3 Siehe z.B. *Lucia Avelar/Antonio Octávio Cintra* (Hrsg.), O sistema político brasileiro, Fundação Adenauer/Editora Unesp, Rio-São Paulo 3. Aufl. 2015.

4 Siehe u.a. *Paulo Bonavides*, A evolução constitucional do Brasil, in: Estudos avançados, Bd. 14, Nr. 40, São Paulo Sept./Dez. 2000, 155–176.

5 *Edward L. Gibson* (Hrsg.), Federalism and Democracy in Latin America, Johns Hopkins University Press, Baltimore 2004. Siehe hier insb. *Edward L. Gibson*, Federalism and Democracy in Latin America: Theoretical Connections and

widmen sich den Beziehungen zwischen den Regierungsebenen und konzentrieren sich auf die sogenannten innerstaatlichen Beziehungen (Bund-Länder-Gemeinden), auch als Folge des Aufkommens dezentralisierter Politiken, aber hauptsächlich aufgrund der beträchtlichen Zunahme von ‚intergouvernemental' Programmen, eine Tendenz, die in den meisten Staaten (wie Brasilien[6]) mit föderaler Organisation, aber wachsender zentralisierender Politik beobachtet wird.

Das föderative System wurde 1889 eingeführt und in der Bundesverfassung von 1891 ausführlich beschrieben. Im Gegensatz zu vielen anderen Föderationen (wie z.B. die USA) war der neu gegründete brasilianische republikanische Bundesstaat keine Antwort auf die sozialen Spaltungen, die sich aus ethnischen, sprachlichen oder religiösen Konflikten ergeben hätten. Separatistische Bewegungen traten meistens während der Kolonialzeit auf und um die Mitte des 19. Jahrhunderts stand die Einheit des Landes nicht mehr infrage.[7] Daher sehen die brasilianischen Verfassungen keine Regeln für eine eventuelle Abspaltung vor und das Grundgesetz des Jahres 1988 legt immer noch fest, dass keine Bundesverfassungsänderung die „föderative Staatsform" (Art. 60, § 4: von den Kommentatoren als „eiserner Bestandteil" beschrieben) abschaffen kann. Da die Einheit des Landes nicht bedroht ist, haben die Bundesverfassungen immer erklärt, dass „alle Macht vom Volke ausgeht" und nicht von der Nation, dem Staat oder den konstituierenden Einheiten des Bundes, wie es in vielen Bundesstaaten der Fall ist. Die Föderation basiert also auf dem Prinzip des Individualismus und nicht auf kollektiven Institutionen. In diesem Sinne steht der brasilianische Konstitutionalismus z.T. der amerikanischen Tradition nahe. In dieser auf der Lockerschen Konzeption basierender Tradition haben die Grundrechte ihren Ursprung im Individuum und distanzierten sich von der

---

Cautionary Insights, 1–28, and *David J. Samuels/Scott Mainwaring*, Strong Federalism, Constraints on the Central Government and Economic Reform in Brazil, 85–130.

6 Trotz seines föderalen Konzepts erfuhr Brasilien in seiner republikanischen Geschichte vier weitgehende Zentralisierungsphasen (von denen nicht wieder abgegangen worden ist, wenngleich nach 1988 eine gewisse Umkehrung dieser Tendenz angestrebt wird): gleich zu Anfang, unter Präsident Floriano Peixoto (1891–1894), dann unter Getúlio Vargas' Diktatur (1930–1945), noch unter dem Militärregime (1964–1985) und zuletzt unter der Führung der Arbeiterpartei (2003–2015).

7 Die „Farroupilha-Revolution" (1835–1845) war der letzte, nach einem langen Bürgerkrieg niedergeschlagene Versuch, einen Teil (den Landessüden) des Kaiserreichs zur unabhängigen Republik zu erklären.

Tradition Kontinentaleuropas, wo der Staat die Quelle der Grundrechte ist („Verfassungspatriotismus“[8]).

Der Bund wurde aus den 20 Provinzen des Kaiserreiches gebildet, die aus dem einheitlichen (kaiserlichen) System geerbt wurden und zählt heute 26 Bundesländer, den Bundesdistrikt und 5.570 Gemeinden, verteilt auf fünf Regionen. Es herrscht Einigkeit darüber, dass die wirtschaftlichen Ungleichheiten zwischen den Regionen ein langandauerndes Problem des brasilianischen Föderalismus bleiben. Ausführliche Daten zeigen, dass in den 1990er Jahren – nach einem leichten Rückgang während des Militärregimes – die regionale wirtschaftliche Konzentration stieg.[9] Dieser Rückgang sollte jedoch nicht der fiskalischen Zentralisierung dieses Regimes oder seinem autoritären Charakter zugerechnet werden, sondern dem während eines Jahrzehnts (1970er Jahre) verzeichneten hohen Wirtschaftswachstum von etwa 10 % p.a. Dies ermöglichte es den politischen Entscheidungsträgern, Maßnahmen zu ergreifen, um das wirtschaftliche Ungleichgewicht zwischen den Regionen zu verringern.

Welche praktische Rolle spielt also die verfassungsmäßige Gestaltung des Föderalismus in Brasilien? Dafür ist es notwendig, nicht bloß die formelle konstitutionelle Struktur zu verstehen, sondern auch die wirklichen Kräfte des politischen Systems, das nationale Parteien- und Wahlsystem, die politischen Praktiken und die Strukturen der Wirtschaftsmacht zu erkunden. Eine solche „gemischte“ Forschungsperspektive, die die juristische in die politikwissenschaftliche Analyse einbezieht, ist in Brasilien jedoch nicht genug entwickelt. Was die Politikwissenschaft angeht, ist es also ratsam, ihre Erschließungen bezüglich der brasilianischen Lage im Rahmen der eigenen Bundesverfassung zu beleuchten.

Selbstverständlich reicht die schlichte Analyse der Bundesverfassung nicht aus, um die Struktur des lokalen Föderalismus zu erfassen. Man muss ja bedenken, wie es Kant einmal schrieb, dass die (Rechts-)Theorie in der Praxis anders aussehen kann.[10] Die innenpolitisch wirksamen Interessenverbände verkehren ja politisch und wirtschaftlich auf verschiedenen Pfaden. Die formelle Struktur des Staats folgt der konstitutionell vorgeschriebenen

---

8 *Wolf Paul*, Verfassung und Justiz in Brasilien, in: Deutsch-Brasilianische Juristenvereinigung e.V., Mitteilungen, 1999 (http://www.dbjv.de/dbjv-high/mitteilungen/99-01/cont-text_05.html).

9 *Ana Carolina da Cruz Lima/Francisco de Sousa Ramos*, Há desigualdade de poder entre os estados e regiões do Brasil? Uma abordagem utilizando o índice de poder de Banzhaf e a Penrose Square Root Law, in: Economia Aplicada 2010/14(2), 225–249.

10 Über den Gemeinspruch: Das mag in der Theorie richtig sein, taugt aber nicht für die Praxis (1793). Akademie-Ausgabe, Bd. VIII, 273–314.

Bundesorganisation. Wie unten dargelegt wird, verläuft die konkrete Handhabung der Entscheidungsprozesse in Politik, Finanz und Wirtschaft der Verfassungsformalität nicht immer genau so ideal. Daher ist es notwendig, die praktische Interaktion zwischen der Carta Magna und der konkreten Staatsverwaltung im Laufe der Jahrzehnte vor Augen zu haben.[11]

Hier wird auf die verschiedenen Bundesverfassungen der brasilianischen Föderation hingewiesen, verständlicherweise aber konzentriert sich die Reflexion auf die (geltende) Bundesverfassung vom Jahr 1988 und ihre nachfolgenden zahlreichen Änderungen. Sicher muss man bedenken, dass die brasilianische Politikgeschichte seit 1889 eher einen zentralisierenden Trend aufweist, obgleich die Föderation formell beibehalten wurde. Dies zeigt, dass es eine Kluft zwischen den Verfassungsbestimmungen und dem politischen und wirtschaftlichen Vorrang der Verfassungsgebote gibt. Man muss auch beachten, dass das ‚Bundesdesign' die regionalen Spaltungen widerspiegelt, die in der Tat existieren und die asymmetrischen Formen der territorialen Machtverteilung auch erzeugen.

Die folgende Reflexion ist in sechs Abschnitte aufgeteilt. Der erste Abschnitt beschreibt die verfassungsrechtlichen Bestimmungen über die Föderation, die vor 1988 bereits in den früheren Bundesverfassungen festgeschrieben wurden, während der zweite Abschnitt sich auf die gegenwärtige Bundesverfassung konzentriert. Der dritte Abschnitt untersucht die Verfassungsgrundsätze der Föderation; der vierte befasst sich mit der Struktur und Funktionsweise des föderativen Systems und stellt seine wichtigsten Institutionen aus verfassungsrechtlicher Sicht dar; der fünfte widmet sich der Finanzierung der föderativen Einheiten; der sechste erörtert kurz die wichtigsten verfassungsmäßigen Veränderungen, die die Regierungsbereiche betreffen.

II Föderalismus in den Bundesverfassungen vor 1988

Das ‚Design' des brasilianischen Föderalismus lässt sich am besten durch eine kurze Beschreibung der Bundesverfassungen vor 1988 verstehen. Dies liegt daran, dass die Bundesverfassungen die politischen und territorialen Abkommen reflektierten, die in Brasiliens gesamter republikanischer

---

11 Es gibt zahlreiche Theorien des Föderalismus, die allerdings eines gemeinsam haben: Die verfassungsmäßig festgelegte Bundesstruktur ist eine conditio sine qua non, weshalb man von keiner Föderation sprechen dürfte. Bezüglich der Europäischen Union ist dieser Punkt geradezu frappant. Siehe *Sean Müller*, Federalism and the Concept of Political Territoriality. Towards an Analytical Framework for Comparative Territorial Politics, in: L'Europe en Formation 2012/1 (n° 363), 95–120. DOI: 10.3917/eufor.363.0095. URL: https://www.cairn.info/revue-l-europe-en-formation-2012-1-page-95.htm (Stand: 16.11.2017).

Geschichte stattgefunden haben. Darüber hinaus haben diese Bundesverfassungen, abgesehen von Änderungen in den politischen Regimen, auch viele der verfassungsrechtlichen Bestimmungen früherer Bundesverfassungen mit wenigen Ausnahmen beibehalten oder gestärkt.

Die Debatten über die territoriale Gewaltenteilung begannen lange vor dem Ende der Kolonialzeit und dauerten in der monarchischen Periode (1815–1822–1889[12]) weiter an. Das Hauptziel der republikanischen Bewegung ab ca. 1870 war vor allem der Föderalismus, nicht eigentlich die Freiheit von monarchischen Strukturen, wie uns die Historiker zur Genüge zeigen.[13] Föderalismus (verbunden mit Dezentralisierung) und Freiheit wurden jedoch in der politischen Sprache des 19. Jahrhunderts als Synonyme behandelt.

Die Option für den Föderalismus war, obwohl von den Erfahrungen der USA inspiriert, keine einfache Kopie dieses Systems, da seiner Verabschiedung heftige Debatten vorausgingen, und zwar weil die regionalen Eliten die Dezentralisierung befürworteten, was von einem föderalen System und nicht von einem zentralisierten System zu erwarten wäre. Obwohl gewichtige amerikanische Institutionen wie das Präsidialsystem, der Föderalismus und die Verfassungskontrolle als Inspiration für die Grundlagen der neuen brasilianischen politischen (republikanischen) Institutionen fungiert haben (zu denen ein späterer Einfluss der Verfassungen von Weimar und Mexiko hinzugekommen ist, vor allem in der Konstitutionalisierung der sozialen Bürgerrechte), konstruierte Brasilien mühsam seine eigene Verfassungsgeschichte während der Ausarbeitung seiner sechs folgenden Bundesverfassungen.

Nach der Unabhängigkeit Portugals im Jahre 1822 wurde 1824 die erste schriftliche Verfassung Brasiliens von Kaiser Peter I. verkündet. Zuvor war 1823 eine verfassungsgebende Versammlung einberufen worden, die aber nach wenigen Monaten vom Souverän aufgelöst wurde. Diese Verfassung delegierte Verwaltungsbefugnisse an die damaligen 16 Provinzen. Obwohl die Provinzen keine formelle oder informelle politische Autonomie hatten, wird diese Delegation als Wegbereiter für eine zukünftige Föderation interpretiert. Diese Verfassung blieb bis zur Ausrufung der Republik 1889 in Kraft.

Die 1891 verkündete republikanische Bundesverfassung folgte dem dezentralisierten Versprechen des damals weitverbreiteten republikanischen

---

12 Von 1815–1822 war Brasilien ein ‚vereinigtes Königreich' mit Portugal, von 1822–1889 ein unabhängiges Kaiserreich.

13 Siehe *José Murilo de Carvalho*, The Formation of Souls: Imagery of the Republic in Brazil, University of Notre Dame Press, Notre Dame Indian 2012; *Renato Lopes Leite*, Republicanos e libertários: pensadores radicais no Rio de Janeiro (1822), Editora Civilização Brasileira, Rio de Janeiro 2000.

Mottos: Zentralisierung gleich Sezession; Dezentralisierung gleich Einheit. Aufgrund einer solchen Konzeption wurden öffentliche (finanzielle) Mittel auf bestimmte Provinzen konzentriert, was eigentlich zeigt, dass der brasilianische Bund (trotz der formellen Lobpreisung der Dezentralisierung) eher unter einer faktischen wirtschaftlichen Konzentration der Ressourcen in einigen Ländern anfing. Da wenige direkte Beziehungen zwischen allen Ländern bestanden (u.a. aufgrund von Entfernung und wirtschaftlicher Unebenheiten), begann der Bund seine Existenz als eine stark theoretisch isolierte Institution, die weitgehend von den zwei damaligen politisch und wirtschaftlich wichtigsten Ländern abhing (São Paulo und Minas Gerais).

Diese vermeintliche Isolation wurde erst 1930 mit dem Putsch von Getúlio Vargas durchbrochen. Eine der ersten Maßnahmen der neuen Regierung war ein allgemeiner Schuldenerlass zugunsten aller Länder, einschließlich São Paulos, des größten Schuldners, wegen der jahrelang praktizierten Politik der Kaffeeplantagensubventionierung. Somit befriedigte Vargas die mögliche Unzufriedenheit der regionalen Eliten mit der Regimeänderung. Gleichzeitig erhielt der Bund in der Tat mehr verfassungsmäßige Mittel zur Kontrolle des Steuer- und Finanzsystems. Im Jahr 1932 genehmigte Vargas eine Reform des Wahlsystems, da er, unter anderen Maßnahmen, die politische Vertretung der am dünnsten besiedelten Länder im Repräsentantenhaus erhöhte. Die Überrepräsentation von weniger bevölkerungsreichen Ländern, die als ein Mittel zum Ausgleich der Macht einiger weniger größerer Länder konzipiert wurde (der sogenannten ‚Gouverneurspolitik'), ist nach wie vor einer der Mechanismen, die darauf abzielen, regionale Heterogenitäten zu dämpfen und als Mittel fungieren, um den Machtasymmetrien zwischen jenen Gebietseinheiten Rechnung zu tragen, die große wirtschaftliche Unterschiede aufweisen.

1932 hat das Bundesland São Paulo einen bewaffneten Aufstand gegen die Bundesregierung unter Vargas durchgeführt, um die Rekonstitutionalisierung des Regimes zu erzwingen. Trotz seiner Niederwerfung erreichte São Paulo, dass das Regime Vargas allgemeine Wahlen zu einer verfassungsgebenden Versammlung einberief. Eine neue Bundesverfassung wurde dann 1934 verabschiedet. Diese Carta widerspiegelte den Staatsstreich von 1930, führte den Trend zur Konstitutionalisierung sozioökonomischer Fragen ein und erweiterte die Beziehungen zwischen den Bundesländern, indem sie der Bundesregierung erlaubte, den subnationalen Instanzen Ressourcen und technische Hilfestellung zu gewähren. Den Gemeinden wurden eigene Ressourcen zugesichert, die von ihnen direkt eingezogen werden konnten. Die Gemeinden erhielten auch einen Teil der Bundes- und Landessteuer. Die Besonderheit dieser Bundesverfassung gegenüber anderen besteht darin, dass der Bundessenat prinzipiell auf eine kollaborierende Körperschaft der Abgeordnetenkammer reduziert wurde. Die durch diese Bundesverfassung wieder etablierte demokratische Praxis – wenn auch in unvollkommener Form – passte dem Regime Vargas sicher nicht.

Die folgende Bundesverfassung wurde 1937 nach einem neuen Putsch von Vargas verkündet. Dieser Putsch ist unter der Bezeichnung „Estado Novo" („Neuer Staat") bekannt.[14] Vargas setzte den Nationalkongress und die Landtagsversammlungen ab und ersetzte die gewählten Landesgouverneure durch Bundesdelegierte. Es herrscht Konsens darüber, dass einer der Hauptgründe für den Putsch darin bestehe, die Bedeutung regionaler Interessen zu neutralisieren, um die notwendige politische und administrative Einheit zur Förderung der sozialen und wirtschaftlichen Modernisierung des Landes zu schaffen. Um seine politische Entschlossenheit zu zeigen, die regionalen Machtansprüche zu zügeln, beschloss Vargas die Abschaffung der Landesflaggen und Wappen und ordnete die Verbrennung aller Flaggen auf einem öffentlichen Platz in der Hauptstadt Rio de Janeiro an. Subnationale Regierungen verloren Einnahmen auf Bundesebene, aber der wichtigste Schritt bestand darin, der Bundesregierung die Befugnis zu übertragen, Gesetze zu Finanzbeziehungen zwischen den Ländern zu erlassen. Indem sie den Länderregierungen das Recht absprach, über einen der wichtigsten Aspekte ihres Wirtschaftslebens zu entscheiden, d.h. die Definition der Regeln des Warenverkehrs, ebnete Vargas den Weg für die Bundesindustrialisierungspolitik. Die finanziellen Ungleichgewichte zwischen den Ländern hielten nicht nur an, sondern stiegen noch weiter: 1945 machten drei Länder mehr als 70 % der Staatseinnahmen aus.[15]

Als 1945 Getúlio Vargas abgesetzt wurde, verlangte die Rückkehr des demokratischen Regimes nach einer neuen Bundesverfassung. Diese sogenannte ‚liberale Verfassung' wurde 1946 verkündet. Da war nicht nur die Wiedereinführung der Demokratie dringend, sondern es war auch notwendig, ein schnelles Wirtschaftswachstum herbeizuführen. Dies alles ging mit einer Neuverteilung der Ressourcen zwischen Bund und Landesregierungen einher. Trotz der Beibehaltung des föderalistischen Systems für den Staat, blieb das Finanzierungsmodell für Verwaltung und Wirtschaft ein gewaltiges Problem. Man musste den Mechanismus des finanziellen Transfers vom Bund an die Länder und Gemeinden anpassen, mit der Absicht, vertikale Ungleichheiten der Einnahmen (Bund-Länder-Gemeinden) zu reduzieren, sowie Kriterien für einen anhaltenden Finanzausgleich schaffen, was bis zum heutigen Tag weiterhin besteht. Die Frage der horizontalen Ungleichgewichte

---

14 Diese Bezeichnung wurde vom portugiesischen Salazarismus (Estado Novo, „Neuer Staat", 1933) unmittelbar beeinflusst.

15 *Dennis J. Mahar*, Federalismo fiscal no Brasil: a experiência histórica, in: *Fernando Rezende* (Hrsg.), Política fiscal e programação dos gastos do governo, Instituto de Pesquisas Econômicas Aplicadas, Rio de Janeiro 1976, 415.

(Bund-Regionen) wurde auch teilweise durch die Zuweisung von Bundesmitteln an die wirtschaftlich ärmeren Regionen versuchsweise angegangen. Diese Maßnahmen wirkten sich jedoch aufgrund der ständigen Zunahme von Bundesbefugnissen, der Schaffung neuer Gemeinden, der anhaltenden Inflation und der systematischen Nichtzahlung von Bundesquoten an die Gemeinden reduzierend aus.[16]

Die Bundesverfassung des Jahres 1946 blieb bis 1967 in Kraft. Ihre Verfügungen und das von ihr regulierte demokratische Regime überlebten mehrere politische Krisen: den Selbstmord von Vargas (1954), den Rücktritt von Jânio Quadros (1961) und die gespannte, problemgeladene Amtseinführung von João Goulart (1961). Die wirtschaftliche und politische Krise, die Mitte der 1960er Jahre einsetzte, konnte sie jedoch nicht überstehen.

Der Militärstaatsstreich von 1964 führte Brasilien wieder zu einem autoritären Regime, wie es in den 1960er Jahren in Lateinamerika oft der Fall war. Paradoxerweise setzte das Militär nicht sofort eine neue Bundesverfassung in Kraft, obwohl es mehrere (bedeutende) Änderungen an der Bundesverfassung des Jahres 1946 vornahm. Die verfassungsartige Verkleidung des Regimes wurde 1967 verabschiedet und 1969 durch eine lange, erhärtende Verfassungsreform im Sinne der Militärgewalt gründlich verändert. Wie bekannt ist, verstärkte die Bundesverfassung von 1967 bis 1969 die andauernde Tendenz zur Zentralisierung der Staatsgewalt in den Händen des Bundes, was theoretisch den Föderalismus wohl nicht verneinte, aber seine Institutionen weitgehend einrahmte. Das bedeutete jedoch nicht die gänzliche Abschaffung der Macht der Landesgouverneure oder der Bürgermeister der Hauptstädte. Wie Medeiros und Ames gezeigt haben, waren subnationale Obleute große Legitimatoren des Militärregimes und trugen dazu bei, jene Machtkoalitionen zu bilden, die für das lange Überleben des Regimes notwendig waren (bis 1985).[17]

Wenn auch das Militärregime die Zentralisierung der Macht um den Bund gestärkt hat, war es dessen Steuerreform, die den ersten ständigen Mechanismus der Verteilung der Steuermittel eingeführt hat (zwei Fonds wurden in der Bundesverfassung verankert: der Länderbeteilungsfonds [FPE] und der Gemeindenbeteiligungsfonds [FPM]). Der Bund behielt die Verfügungsgewalt über weitere finanzielle Mittel, die mit den Ländern und Gemeinden fallweise verhandelt werden mussten. Man sieht, wie weit der theoretische Föderalismus wegen der finanziellen Zwänge in seiner Praxis eingeschränkt

---

16 Ebda, 241

17 Siehe u.a. *Antonio Carlos Medeiros*, Politics and Intergovernmental Relations in Brazil 1964–1982, Garland, New York 1986; *Barry Ames*, Political Survival: Politicians and Public Policy in Latin America, University of California, Berkeley 1987.

wurde. Der formale Föderalismus wurde daher regelmäßig zugunsten der Vormachtstellung der Union ausgelegt und verwaltet.

Im Jahre 1985 kam der Übergang zur Demokratie, als am 15. März der letzte Militärpräsident die Macht übergab.

III Die Bundesverfassung 1988 als Hoffnungsträger

Zu den wichtigsten Agenden der Redemokratisierung gehörten die „Wiederherstellung" des Föderalismus und die Dezentralisierung durch die Ausarbeitung einer neuen Bundesverfassung. Diese Verpflichtung war Bestandteil des 1984 von den politischen Parteien veröffentlichten Manifests an die Nation, als sie die ‚Demokratische Allianz' bildeten, die sich um die Präsidentschaftskandidatur von Tancredo Neves gebildet hatte. Die Bereitschaft, eine neue Verfassungscharta auszuarbeiten, erzeugte Begeisterung und Zuversicht für die Zukunft Brasiliens, und zwischen Februar 1986 und Oktober 1988 bildeten der Nationalkongress und die Hauptstadt Brasília das Zentrum des politischen Lebens. In dieser bewegten Zeit förderten die Parlamentarier sichtbar eine Ausübung politischer Partizipation. Die Geschäftsordnung der Nationalen Verfassungsgebenden Versammlung signalisierte bereits, dass die Bundesverfassung ein Bottom-up-Prozess sein würde, da sie nicht nur eine allgemeine Entwurfskommission vorsah, die eine erste Version der Bundesverfassung vorschlagen sollte, sondern auch 24 Unterausschüsse, die sich später in acht Ausschüssen zusammengetan haben, gefolgt von einer Systematisierungskommission mit 97 Parlamentariern und von Plenarsitzungen mit zwei namentlichen Abstimmungsrunden und absolutem Mehrheitsverfahren. Unter anderen Innovationen zählt man die bis dahin politisch unübliche Einladung, die Bürger aufzurufen, Vorschläge von Verfassungsbestimmungen direkt per Post an die Verfassungsgebende Versammlung zu senden, sofern sie von 30.000 Wählern unterschrieben wurden. Diese „sugestões populares" (Volksvorschläge) zeigten deutlich, wie die Verfassung als Hoffnungsträger einer politischen Wiedergeburt wahrgenommen wurde.[18]

Die Verfassung von 1988 war die ausführlichste aller brasilianischen Bundesverfassungen. Als sie verkündet wurde, enthielt sie 245 Artikel und weitere 70 Artikel im Kapitel Übergangsbestimmungen. Mit späteren Verfassungsänderungen (insgesamt 98 bis zum 6. Dezember 2017) wurde die Bundesverfassung auf 250 Artikel im Hauptverfassungstext und auf 114 Artikel in den Übergangsbestimmungen erweitert (dieser Umfang entspricht in etwa den Verfassungen Indiens mit mehr als 400 Artikeln und Südafrikas mit 243

---

18 Siehe *Stéphane Montclaire*, A constituição desejada, Senado Federal, Brasília 1991.

Artikeln im Haupttext). Der Trend zur Konstitutionalisierung der als wichtig erachteten Themen kann daher teilweise den Unsicherheiten zugeschrieben werden, die sich aus den Veränderungen des politischen Regimes in diesen drei Ländern ergaben. Im Falle Brasiliens scheint dies auch eine Reaktion auf die Vernachlässigung des früheren Regimes in Bezug auf verfassungsmäßige Einrichtungen und Zwänge zu sein. Aus dieser Tendenz zur Konstitutionalisierung resultierte eine Bundesverfassung, die nicht nur Prinzipien, Regeln und Rechte – individuell, kollektiv und sozial – enthält, sondern auch ein breites Spektrum öffentlicher Politik.

Die Frage der „optimalen" Trennung zwischen dem, was konstitutionalisiert werden sollte bzw. kann oder nicht, ist eine weitverbreitete Debatte, insbesondere zwischen Juristen und Ökonomen im Steuerbereich. Die Debatte ist wichtig, weil sie die Entscheidung beinhaltet, welche Angelegenheiten Gegenstand eines qualifizierten Abstimmungsquorums sein sollten, welche Angelegenheiten vom politischen Prozess ausgeschlossen sind (d.h. Verfassungsklauseln, die unantastbar sind[19]) und welche einfachen Mehrheitsentscheidungen unterliegen, d.h. solche, die Gegenstand von formellen Gesetzen sein sollten. Darüber hinaus bezieht sich die Frage der Konstitutionalisierung auch auf die Fähigkeit der Regierung, verfassungsrechtliche Bestimmungen umzusetzen, und eine Entscheidung über die Vorgangsweise zu treffen, wenn sich die Umstände ändern.

Die Bundesverfassung von 1988 weist einige Besonderheiten in Bezug auf die früheren Bundesverfassungen auf. Die erste besteht darin, dass sie kein von Experten (vor allem Juristen) erstellter Text ist, wie es bei früheren Bundesverfassungen der Fall war (1891, 1934, 1937, 1946, 1967–1969). Das zweite Merkmal ist, dass die früheren Bundesverfassungen das Ergebnis eines Prozesses politischen Umbruchs waren, während die Verfassung von 1988 als Teil eines Prozesses des demokratischen Übergangs ausgearbeitet wurde.[20] Die dritte Innovation – direkt auf den Föderalismus bezogen – ist die, dass die Mitglieder der Verfassungsgebenden Versammlung befugt waren, das föderale System beizubehalten oder abzuschaffen, was in den früheren Fällen nicht vorgesehen war.

Obgleich die Bundesverfassung von 1988 durch keine systematischen Vorarbeiten vorbereitet wurde, gab es eine lebendige Diskussion in der

---

19 Art. 60, § 4. Es wird nicht über jenen Verfassungsänderungsantrag beschlossen, der darauf abzielt, folgende Prinzipien abzuschaffen: I – die föderative Form des Staates; II – die direkte, geheime, universelle und periodische Wahl; III – die Gewaltentrennung; IV – die individuellen Rechte und Garantien.

20 Siehe *Luiz José Werneck Vianna*, A Democracia e os Três Poderes no Brasil, Editora UFMG/IUPERJ-FAPERJ, Belo Horizonte-Rio de Janeiro 2002.

Öffentlichkeit und eine von der Regierung einberufene Kommission von prominenten Personen (die Afonso-Arinos-Kommission), die einen Entwurf ausarbeitete, der aber nicht formell als Grundlage genommen wurde. Darüber hinaus kann man wohl festhalten, dass die Verfassungsbestimmungen die Interessen neuer und alter politischer Akteure und Interessengruppen doch in relativen Einklang gebracht haben. Die absichtliche Option zugunsten einer politischen Versöhnung kann auch einer der Erklärungsfaktoren sein, warum die Bundesverfassung so detailliert geworden ist und zahlreiche Bestimmungen enthält, die einer weiteren Regulierung bedurften bzw. bedürfen. Trotz ihres hohen Detaillierungsgrades erfordern mehrere Artikel zusätzliche grundlegende formelle Gesetze. Der ausgehandelte Konsens war der einzige mögliche Weg, da in Brasilien damals wie heute eine klare parteipolitische oder ideologische Mehrheit fehlt.

Aufgrund der oben skizzierten politischen Erfahrung der Zentralisierung in der Vergangenheit sahen sich die Versammlungsmitglieder dazu angehalten, eine Föderation zu gründen, in der die Regierungsgewalt dezentralisiert war und mehrere (regionale) Machtzentren an der Staatsentscheidungsfindung teilnehmen sollten, obwohl sie politisch und wirtschaftlich asymmetrisch waren.

Im Vergleich zu ihren Vorgängerinnen schlug die Bundesverfassung von 1988 ganz andere Wege ein, vor allem in den folgenden Bereichen: (a) die Bereitstellung von mehr Ressourcen für Länder und Gemeinden; (b) der Ausbau der institutionellen und gesellschaftlichen Kontrollen auf den drei Regierungsebenen durch die Ausweitung der Befugnisse der Legislative und der Judikative; (c) die Anerkennung der sozialen Bewegungen und Nichtregierungsorganisationen als legitime Akteure in der Kontrolle von Regierungen; (d) die Verallgemeinerung einiger sozialer Dienstleistungen, insbesondere auf dem Felde der staatlichen Gesundheitsfürsorge, die zuvor ausschließlich die formell unter Vertrag stehenden Arbeitnehmer berücksichtigte, wobei Dezentralisierung und Nutzerbeteiligung als Leitprinzip gelten sollten.

Allerdings behielt die Bundesverfassung von 1988 bestimmte Eigenschaften früherer Verfassungen bei: (a) die Tendenz, viele Fragen zu konstitutionalisieren, wie es bei zahlreichen späteren Verfassungsänderungen zu vermerken ist; (b) die Stärkung lokaler Regierungen (Gemeinden) gegenüber den Ländern; (c) den Trend zur Verabschiedung einheitlicher Regeln für die subnationalen Einheiten, insbesondere Länderbehörden, die sie meistens daran hindert, lokale Prioritäten bei der Entscheidungsfindung zu berücksichtigen; (d) die Unmöglichkeit, Maßnahmen zur Verringerung der regionalen Ungleichgewichte zu fördern, trotz der Existenz von Verfassungsmechanismen, die entweder nicht operationalisiert wurden oder für eine effektive Finanzausgleichspolitik nicht ausreichten.

IV Verfassungsgrundsätze der Föderation

A Föderalismus

Im Gegensatz zu vielen anderen Föderationen weist der brasilianische (wie der belgische) Föderalismus ein dreistufiges System auf (dreifacher Föderalismus). Das liegt daran, dass in dessen Verfassungsrahmen nicht nur Bund und Länder die Föderation bilden, sondern auch die Gemeinden, welche eine lange Tradition kommunaler Autonomie kennzeichnet. Dazu kommt, dass Bund und Länder nicht immer imstande gewesen sind, die unmittelbaren lokalen Fragen zielgerecht zu handhaben.

Bekanntlich haben alle drei Regierungsebenen ihre eigenen Gesetzgebungsbefugnisse und die Bundes- und die Länderebene haben ihre eigenen gerichtlichen Befugnisse. Im Bundessenat sind zwar die Länder vertreten, nicht aber in der Bundesexekutive, obwohl die Tradition der Sicherstellung der Interessenvertretung mehrerer Länder in der Bundesregierung durch die Nominierung für Positionen informell erhalten bleibt. Solche Interessenvertretung kombiniert die Parteimitgliedschaft meist mit den Interessen jener Länderführungen, die direkt (mit Posten) oder indirekt (aufgrund deren Einflusses) die föderale Exekutive politisch unterstützen. Eine klare, für die Zeit einer ganzen Legislaturperiode andauernde Koalition ist seit 1946 äußerst selten und oft instabil.

Seit der Verabschiedung der geltenden Bundesverfassung schwankt der brasilianische Föderalismus weiter zwischen Zentralismus (der Bund ist sehr mächtig) und Dezentralisierung (vor allem der Anspruch der Bundesländer auf erweiterte Autonomie). In der Regel kann man wohl behaupten, dass die Gesamtföderation von der allgemeinen, sich durch alle Ebenen des Bundesstaates durchziehenden Politik der Bundesregierung weiterhin tief geprägt ist. Die politischen Beschlüsse werden hauptsächlich von der Bundesregierung getroffen und vom Nationalkongress per Abstimmung gebilligt. Die breite Reichweite der Bundespolitik wird von der Verfassung abgesichert. Da die Länder und Gemeinden vom Erfolg einer solchen Politik abhängig sind – und umgekehrt die im Präsidialregime amtierende Bundesregierung von der politischen Unterstützung der Länder- und Gemeindepolitikern abhängig ist –, steht die Bundesverfassung unter ständigem Reformdruck. Da die Bundesländer und die Gemeinden nur über relativ wenige ausschließliche verfassungsrechtliche Zuständigkeiten verfügen (ähnlich wie in anderen Bundesstaaten, etwa Mexiko und Südafrika), bleibt die Spannung zwischen der formellen administrativen Autonomie und den Zuständigkeiten von Ländern und Gemeinden und dem breiten Entscheidungsspektrum des Bundes weiterhin bestehen. Mehrere Verfassungsänderungen seit 1988 wurden verabschiedet, um diese Spannungen zu verringern.

B Rechtsstatus der Bundeseinheiten

Aus konstitutioneller Sicht haben alle konstituierenden Einheiten des Bundes die gleichen Befugnisse und Zuständigkeiten, wie z.B. in den Vereinigten Staaten oder in Mexiko. In diesem Sinne hat Brasilien ein Modell des symmetrischen Föderalismus in einer asymmetrischen Föderation übernommen. Zwei Faktoren verstärken dieses symmetrische Modell zusätzlich. Der erste ist, dass die Regeln über Kompetenzen, Ressourcen und öffentliche Maßnahmen der subnationalen Entitäten ein detailliertes Kapitel der Bundesverfassung bilden, die wenig Spielraum für spezifische Initiativen lassen. Der zweite ist, dass das Oberste Bundesverfassungsgericht (STF) in ständiger Rechtsprechung entschieden hat, dass die Verfassungen und Gesetze der Länder denen des Bundes entsprechen müssen. Daraus ergibt sich ein beinahe vollständiges Bundesmonopol, das eine praktische Präeminenz des Bundes in Verfassungs- und Rechtssachen etabliert. Manches Bundesland sieht sich folglich als bloßer Verwalter des Bundesrechts.[21]

Im Gegensatz zu Föderationen wie Australien, Indien, Mexiko, der Schweiz und den USA, wo Änderungen der Bundesverfassung von den Länderparlamenten oder durch ein Referendum ratifiziert werden müssen, kennt Brasilien eine solche Regel nicht, weil man davon ausgeht, dass die Ländervertreter im Senat (3 direkt gewählte Senatoren pro Bundesland, 81 insgesamt) im Diskussions- und Abstimmungsverfahren auf der Bundesebene auf die Interessen ihrer Länder bereits Rücksicht genommen haben.

Alle Bundesländer haben ihre eigenen Verfassungen, die im Jahr 1989 ursprünglich von den jeweiligen Landtagen verabschiedet wurden. Da die Bundesverfassungsvorschriften vorsehen, dass diese Verfassungen „den Prinzipien“ der Bundesverfassung „gehorchen“ sollen, sind die meisten Landesverfassungen eine bloße (nur leicht abgeänderte) Wiederholung der Bundesgebote. Die wenigen Versuche, Regeln zu schaffen, die zwar nicht explizit in der Bundesverfassung festgelegt, aber nicht verboten sind, wurden vom STF für verfassungswidrig erklärt. Dies liegt weniger an der Tatsache, dass die Bundesverfassung von 1988 sehr detailliert ist, sondern eher daran, dass das Oberste Bundesverfassungsgericht wiederholt entschieden hat, dass Landesverfassungen und -gesetze der Bundesgesetzgebung unterworfen sind. Also: der Bund hat immer den klaren Vorrang.

C Verteilung der Zuständigkeiten auf die einzelnen Entitäten

Die brasilianischen Bundesverfassungen haben die Zuständigkeiten der drei Regierungsebenen immer detailliert beschrieben, wenn auch die Verfassung von 1988 am detailliertesten ist. Der Bund verfügt über das größte

21 Siehe *José Maurício Conti* (Hrsg.), Federalismo fiscal, Manole, Barueri/SP 2004.

und wichtigste Spektrum von Exklusivkompetenzen, die Länder üben eher Ergänzungs- oder ‚Restkompetenzen' aus.

Hinsichtlich der konkurrierenden Zuständigkeiten übernahm die Verfassungsgebende Versammlung von 1986–1987 das Prinzip, dass die Verantwortung für die Bereitstellung der meisten öffentlichen Dienstleistungen (vor allem der sozialen) den drei Ebenen der Föderation gemeinsam ist, wie in der Tab. 1 gezeigt wird. Dies erzeugt hitzige Debatten darüber, welche Ebene für die Politik und welche für die Durchführung oder welche für beides zuständig ist. Diese Debatte – die oft zu einem Push-Shooter-Spiel zwischen den Regierenden führt – vergisst, dass die Versammlung sich – zumindest theoretisch – eher für eine institutionelle Arbeitsteilung zwischen Bund, Ländern und Gemeinden entschieden hatte. Somit signalisierte man, dass der brasilianische Föderalismus vorzugsweise einen kooperativen Charakter haben sollte.

Doch trotz der großen Anzahl konkurrierender Kompetenzen gibt es in der Praxis eine große Diskrepanz zwischen den Verfassungsbestimmungen und deren effektiver Anwendung. Das Ziel des kooperativen Föderalismus ist aus zwei Gründen bei Weitem nicht erreicht. Der erste Grund liegt in den unterschiedlichen Fähigkeiten der subnationalen Regierungen, angesichts der enormen finanziellen, technischen und verwaltungstechnischen Ungleichheiten eine öffentliche Politik umzusetzen. Der zweite Grund ist das Fehlen von konstitutionellen oder institutionellen Mechanismen, die die Zusammenarbeit anregen. Zurzeit stellt man fest, dass das geltende System einen Wettbewerb zwischen den Bundesländern und eventuell auch zwischen diesen und dem Bund herbeiführt.

Tab. 1: Gemeinsame Bundes-, Länder- und Gemeindesachen. *Quelle: Brasil (1988), Bundesverfassung Art. 23*

Regierungsebene	Dienstleistung/Befugnis
Bund-Länder-Gemeinden (geteilte Befugnisse)	Gesundheit und soziale Sicherheit
	Behindertenbeihilfe
	Schutz des Kultur-, Kunst-, Natur- und archäologischen Erbes
	Schutz der Umwelt und der natürlichen Ressourcen
	Kultur, Erziehung und Wissenschaft
	Wald-, Fauna- und Floraschutz
	Landwirtschaft und Lebensmittelversorgung
	Wohn- und Sanierungssicherheit
	Bekämpfung der Armut und der Faktoren der sozialen Marginalisierung
	Wasser- und Erzwirtschaft
	Verkehrssicherheit
	Kleinbetriebspolitik
	Tourismus und Freizeit

In Anbetracht der beschriebenen Merkmale des unvollkommenen Föderalismus Brasiliens kann man behaupten, dass seine Logik in der Verteilung von Kompetenzen zwischen den konstituierenden Entitäten der Föderation paradox ist. Einerseits beschloss die Versammlung, die finanziellen Ressourcen des Bundes gegenüber den beiden anderen Regierungsebenen zu reduzieren, was sich in den letzten Jahren teilweise umgekehrt hat. Auf der anderen Seite vermehrte die Versammlung die legislativen und gerichtlichen Zuständigkeiten der Bundesregierung und erweiterte gleichzeitig die Palette der konkurrierenden Zuständigkeiten.

Die Frage der Zuständigkeiten bezieht sich auf eine weitere Frage, nämlich wie nach der Redemokratisierung die Macht der Regierenden in Bund und Ländern formell und informell innerhalb der Föderation verteilt wird. Die Literatur ist in diesem Punkt zerstritten. In einer Richtung gehen die Werke von Abrucio (1998), Mainwaring (1999), Ames (2000) und Stepan (2000), die argumentieren, dass die Föderation von den Interessen der Länder dominiert wird. Es gibt mehrere Argumente, aber die meisten Erklärungen liegen im Design der brasilianischen politischen Institutionen, welches die informelle Macht erhebt, die die Landesgouverneure gegenüber den Parlamentariern ihrer Länder im Nationalkongress ausüben. Diese Richtung assoziiert diese informelle und formelle Gewaltenteilung mit Governanceproblemen und einer gewissen Langsamkeit bei der Entscheidungsfindung.[22]

Eine andere Richtung analysiert die Teilung der Macht innerhalb der Föderation als unter mehreren Machtzentren verstreut, wenn auch diese mit unterschiedlichen Kapazitäten miteinander konkurrieren. Aus dieser Perspektive teilen Bund und Länder die Macht, über Fragen zu beraten, die ihre Interessen betreffen.[23] Diese Ansicht besagt, dass nach der Redemokratisierung die formelle und informelle Gewaltenteilung zwischen der Bundes- und der Länderexekutiven drei Phasen durchlaufen hat. Die erste wurde durch die entscheidende Rolle gekennzeichnet, welche die 1982 gewählten Landesgouverneure gespielt haben, als sie sich 1984 für die (gescheiterte) unmittelbare Wiedereinführung direkter Wahl für den Bundespräsidenten stark engagiert haben. Sie haben sich damit als die wichtigsten Garanten der Demokratie profiliert[24], was zum großen Einfluss von subnationalen Interessen kurz vor der Einberufung der Verfassungsgebenden Versammlung führte. Die zweite

22 *Vicente Palermo*, Como se governa o Brasil? O debate sobre instituições políticas e gestão de governo, in: Revista Dados 2000/43, 521–557.

23 Siehe *Celina Souza*, Federalismo, desenho constitucional e instituições federativas no Brasil pós-1988, in: Revista de Sociologia e Política 2005/24, 105–122.

24 Siehe *Basílio Sallum Jr.*, O desenvolvimentismo e o Estado brasileiro contemporâneo, in: *Luiz Carlos Bresser Pereira* (Hrsg.), O que esperar do Brasil?, Editora FGV, Rio de Janeiro 2013, 61–72.

Phase war durch die anfänglichen Schwierigkeiten gekennzeichnet, auf die die Länder bei der Anpassung an die neuen Verfassungsregeln gestoßen sind. In diesem Stadium entstand ein dauernder Streit zwischen den Interessen der 1986 direkt gewählten Landesgouverneure und einem 1985 (noch) indirekt gewählten Bundespräsidenten, dem es an politischer Legitimität fehlte und der sich systematisch gegen zahlreiche Entscheidungen der Versammlung aussprach. Diese Situation wurde von Celina Souza als eine „gelähmte Wettbewerbsarena" beschrieben[25], weil die wenigen Verhandlungskanäle zwischen Bund und Ländern blockiert waren. In dieser Phase spielte der Nationalkongress die Rolle eines Konfliktvermittlers. Ein klares Beispiel dieser Lage kann man in den Verhandlungen über den ersten Bundeshaushalt nach Inkrafttreten der Bundesverfassung finden, als der Bund die Rückzahlung von Länderschulden als Einkunftsquelle in das Budget einschrieb, was die Landesgouverneure heftig beanstandet haben.[26] Die Sackgasse konnte nur vom Haushaltsausschuss des Nationalkongresses überwunden werden, da es zwischen dem Bund und den jeweiligen Landesregierungen zu keiner Übereinkunft gekommen war. Die dritte Phase begann mit dem Erfolg des „Real"-Plans (Währungsreform 1994) zur Kontrolle der Inflation, als die Bundesregierung anfing, ihre Umsatzeinbußen auszugleichen. Diese drei Phasen zeigen, dass die Exekutiven der beiden Ebenen der Regierung keine passiven Akteure waren oder sind, und dass die Machtverteilung innerhalb der brasilianischen Föderation auf die Existenz von Konflikten und Verhandlungen um die Interessen der föderalen Entitäten hinweist.

Aus der Sicht vieler Juristen begünstigt die Machtverteilung doch den Bund und zwar wegen dessen zentraler Rolle in der Politik, des Mangels an finanziellen Ressourcen vieler Länder und der übermäßigen Bundeskompetenz, Gesetze zu verabschieden, die die Vereinheitlichung in den Landesregierungen und deren Politik fördert.[27]

Andere Analysten argumentieren, dass die Machtverteilung eher die lokale Regierung begünstigt, die ihre Autonomie im Laufe der Geschichte

---

25 Siehe *Celina Souza*, Democratización, federalismo y gasto social en el Brasil, in: *Vicente Palermo* (Hrsg.), Política brasileña contemporánea, Siglo Vientiuno, Buenos Aires 2004, 155–194.

26 Siehe *Ciro Biderman/Paulo Arvate* (Hrsg.), Economia do Setor Público no Brasil, Elsevier, Rio de Janeiro 2005. Man muss sich vor Augen halten, dass die brasilianische Wirtschaft seit 1979 große Schwierigkeiten und hohe Inflationsraten zu bekämpfen hatte. Die Bundesregierung hatte 1983, 1986 und 1989 abermals versucht, Finanz und Wirtschaft zu reformieren, allerdings mit wenig Erfolg. 1989 waren die Länder schon stark verschuldet.

27 Siehe u.a. *Marco Antonio Carvalho Teixeira*, Estado, Governo e Administração Pública, FGV, Rio de Janeiro 2012.

erweitert hat. Diese Interpretation findet jedoch keinen Platz in einer Theorie des Föderalismus, die nur die Bundes- und Länderregierungsbereiche berücksichtigt. Die bescheidene finanzielle Bedeutung der Gemeinden und ihre Rolle als Hauptlieferant wichtiger sozialpolitischer Maßnahmen sind daher nicht mit der Theorie des Föderalismus, sondern eher mit den Konzepten der Dezentralisierung und der Beziehungen zwischen Land und Gemeinde verbunden. Da die Föderalismustheorie die Lage der mit eigenen verfassungsrechtlichen Garantien (einschließlich gewisser Steuern) versehenen Gemeinden nicht direkt berücksichtigt, wäre das Konzept der Beziehungen Land-Gemeinde zusammen mit der Doppelkategorie Dezentralisierung-Zentralisierung am besten geeignet, die spezifische Situation Brasiliens zu analysieren. Somit gewinnt man ein besseres Verständnis dessen, wie sich der Föderalismus in der Praxis verhält. Die Verwendung dieser beiden Konzepte kann die Analyse der territorialen Machtverteilung in Ländern wie Brasilien beleuchten, wo die Gemeinden seit 1988 doch eine größere Rolle spielen. In der Bundesverfassung ist weder ein Mechanismus noch eine Institution zur Regulierung der Beziehungen zwischen Bund, Länder und Gemeinden vorgesehen. In Art. 23 § 1 wird lediglich festgelegt, dass „ein ergänzendes Gesetz Regeln für die Zusammenarbeit zwischen dem Bund und den Ländern, dem Bundesdistrikt und den Gemeinden festlegt, um die Ausgewogenheit von Entwicklung und Wohlbefinden aller auf nationaler Ebene zu sichern". Ein solches Gesetz wurde jedoch immer noch nicht von der Exekutive in den Nationalkongress eingebracht, und es gibt keine Anzeichen dafür, dass es auf der Tagesordnung der verschiedenen Regierungsebenen steht. Dies bedeutet jedoch nicht, dass es keine Beziehungen zwischen den Regierungen von Bund und Ländern gibt. Subnationale Regierungen teilen staatliche Ressourcen, Gemeinden erhalten Landessteuern, und es gibt eine Reihe von sozialpolitischen Maßnahmen, insbesondere Gesundheits- und Grundbildung, die auf bundesstaatlichen Richtlinien und Ressourcen beruhen, aber vor allem von den Gemeinden umgesetzt werden. Die Beziehungen zwischen den Ländern und dem Bund sind jedoch, mit Ausnahme der oben genannten Bereiche, sowohl vertikal als auch horizontal sehr wettbewerbsintensiv und von Konflikten gekennzeichnet. Kooperative Mechanismen hängen in der Regel von Länderinitiativen ab. Obwohl die Bundesverfassung mehrere Mechanismen vorsieht, die im Sinne eines kooperativen Föderalismus auszulegen sind, wie zum Beispiel die oben erwähnten konkurrierenden Zuständigkeiten, ist der brasilianische Föderalismus tendenziell wettbewerbsintensiv und ohne institutionelle Kanäle der Interessenvermittlung und Konfliktverhandlungen ausgestaltet.

Da das föderative System sehr von dieser hohen Konkurrenz gekennzeichnet ist, stellt sich die Frage, wie Konflikte zwischen Regierungsbereichen gelöst werden. Das STF ist verantwortlich für die Kontrolle der Verfassungsmäßigkeit durch direkte Verfassungsklagen (brasil. Abkürzung: ADI). Die Liste der befugten Kläger, die ADIs einreichen können, wurde in der Bundesverfassung erheblich erweitert: der Präsident der Republik; das Präsidium des Bundessenats, der Bundesabgeordnetenkammer und der Landtage; die Landesgouverneure; der Generalstaatsanwalt; der Bundesrat der brasilianischen Rechtsanwaltskammer; eine politische Partei mit Vertretung im Bundesparlament; der Gewerkschaftsbund oder eine Branchengewerkschaft mit nationaler Bedeutung. Gouverneure sind die aktivsten Befürworter von ADIs, aber die meisten von ihnen wurden 1990 nach der Verkündung der Staatsverfassungen erarbeitet.[28] Paradoxerweise zielen diese Aktionen nicht darauf ab, die Autonomie der Länder gegenüber der Bundesgesetzgebung zu verteidigen, sondern erstreben die gerichtliche Anerkennung der Verfassungswidrigkeit von Entscheidungen, die von Landtagen getroffen wurden.

V Struktur und Funktionsweise der Föderation

A Allgemeine Institutionen

Das Präsidialsystem war von vornherein die bevorzugte Option der brasilianischen Bundesverfassungen, mit der politisch mißglückten Ausnahme von vierzehn Monaten zwischen 1961 und 1963. Es wurden mehrere Versuche zugunsten des parlamentarischen Systems unternommen, unter anderem während der verfassungsgebenden Periode 1986 bis 1988 und noch einmal im Jahr 1993, als die Wähler aufgerufen wurden, sich in Volksbegehren über die Änderungen des Systems zu äußern. Das Präsidialsystem war abermals siegreich.

Außer während der autoritären Perioden war die Gewaltentrennung in der Republik ein herausragendes Prinzip aller Bundesverfassungen. Wie in den meisten Präsidialsystemen ist die Exekutive jedoch der Hauptinitiator in der Gesetzgebung. Es herrscht ein komplexes System von checks-and-balances. Das STF kann die Verfassungswidrigkeit eines Gesetzes erklären, das vom Nationalkongress oder von Landtagen verabschiedet wurde, und Entscheidungen des Nationalkongresses für nichtig erklären. Die Ressourcen der Judikative stammen aus dem vom Kongress verabschiedeten Bundeshaushalt. Entwürfe, die nur von der Exekutive eingeleitet werden

28 Bis zum 11.12.2017 hat das STF 4.214 ADIs behandelt. Die Länder sind für ca. 28 % der eingereichten Klagen verantwortlich, in denen die Landesregierungen meist Landesgesetze einklagen, und nicht etwa Bundesrecht. Siehe http://www.stf.jus.br/portal/cms/verTexto.asp?servico=estatistica&pagina=adi.

können, müssen dem Kongress vorgelegt werden. Die Abgeordnetenkammer kann ein Verfahren gegen den Präsidenten der Republik einleiten, dessen gerichtliche Verhandlung aber dem Bundessenat obliegt. Letzterer wiederum ist die Institution mit den meisten Befugnissen im System der gegenseitigen Kontrolle, verantwortlich für die gerichtliche Verhandlung über STF-Mitglieder, für die Ratifizierung der vom Präsidenten der Republik vorgeschlagenen Personen für verschiedene Positionen in der Exekutive und für die Entscheidung über Anträge auf interne und externe Kreditaufnahme der drei Regierungsebenen.

B Bundesregierung

Die Bundesregierung besteht aus dem Präsidenten und den Ministern. Die Exekutive besitzt die größte Anzahl von ausschließlichen Zuständigkeiten, aufgelistet in den 25 Absätzen von Art. 21 der Bundesverfassung. Diese Kompetenzen sind typisch für ein Präsidialsystem und umfassen die Außenpolitik, die Landesverteidigung, die Währungspolitik sowie zahlreiche Bereiche der öffentlichen Politik (wie z. B. Ausbildung oder Gesundheit), wo die Exekutive befugt ist, Richtlinien zu erlassen und so die öffentliche Politik zu leiten. Wie oben erwähnt, gibt es keine verfassungsrechtlichen Bestimmungen, die die Zusammenarbeit zwischen dem Bund und den Ländern oder gar gegenseitige Konsultation unter ihnen regeln.

Die Bundesverfassung von 1988 hat die Zahl der zur Einleitung von Gesetzesentwürfen berechtigten Instanzen erheblich erhöht. Neben dem Präsidenten der Republik dürfen alle Bundesparlamentarier, die Mitglieder des Obersten Gerichtshofs und der höheren Gerichte, der Generalstaatsanwalt und sogar einzelne Bürger (deren Entwürfe aber nur mit der Unterschrift von mindestens 1 % der Wähler, verteilt auf mindestens fünf Länder) Gesetzesvorlagen einbringen. Nun aber ist die Bundesregierung allein befugt, in den im Art. 22 aufgeführten 29 Kompetenzen die Initiative zu ergreifen. Beim Bund liegt auch die Initiative in vielen Fragen, die theoretisch als gemeinsame Kompetenz der drei Ebenen der Regierungen aufgeführt sind (wie z. B. Elektrizität, Verkehr, Transport, Bergbau und Bildung). Dieser scheinbare Widerspruch zeigt nochmals die oben erwähnte Tendenz zur Gleichförmigkeit, aber auch das als notwendig erachtete Konzept, dass die Standards für verschiedene öffentliche politische Agenden national gleich umzusetzen seien. Die der gemeinsamen Kompetenz von Bund und Ländern unterstehenden Themen sind in Art. 24 aufgeführt, obwohl sich einige Punkte überlagern und der Bund viel öfter und viel wirksamer die gesetzesgebende Initiative ergreift. Dieser de facto Vorrang des Bundes hat seine Gründe nicht nur in der Bundesverfassung, sondern auch – und man könnte sogar sagen: hauptsächlich – in der großen finanziellen Abhängigkeit der Länder vom Bund. Die Finanzdefizite plagen alle Regierungsebenen und der Bund übernimmt im Laufe der Zeit die Rolle eines beinahe alleinigen Schatzmeisters der Föderation.[29]

C Bundesjustiz

Die brasilianischen Bundesverfassungen spiegeln seit jeher die Rechtstradition des römisch-germanischen Rechts oder des kontinentalen Rechts und nicht des Common Law wieder, da sie die Trennung zwischen Bundes- und Landesgerichten immer bewahrt haben.

Das Bundesjustizsystem setzt sich aus mehreren Instanzen zusammen: dem STF, dem Obersten Gerichtshof (STJ), den Bundesgerichten, dem Arbeitsgericht, dem Wahlgericht und dem Militärgericht. Das STF ist das höchste Gericht und seit 1988 verbindet es die Kompetenzen eines typischen Verfassungsgerichts mit der Beurteilung bestimmter Einspruchsverfahren. Die gerichtlichen Befugnisse bezüglich Bundesrecht umfassen die Kontrolle der Verfassungsmäßigkeit von Bundes- und Landesgesetzen und Verordnungen, die Vermittlung und Beurteilung von Konflikten zwischen Bund und Ländern, zwischen zwei oder mehreren Landesregierungen und zwischen einer Landesregierung und seinem Landtag, sowie die Verfassungsmäßigkeit der kommunalen Gesetze. Dies bedeutet, dass das Oberste Verfassungsgericht Bundes-, Staats- und Kommunalgesetze als verfassungswidrig außer Kraft setzen kann. Im Gegensatz zu vielen anderen Ländern hat das Oberste Verfassungsgericht keine beratende Funktion. Das STJ hat die Kompetenz, administrative Konflikte zwischen zwei oder mehreren Ländern zu bereinigen.

D Institutionen der Länder

Die Institutionen der Länder sind denen des Bundesstaates sehr ähnlich, mit Ausnahme des fehlenden Zweikammersystems. Die Zahl der Landtagsabgeordneten und die Kriterien für ihre Vergütung sind in der Bundesverfassung festgelegt. Obwohl die Länder über relativ wenig Gesetzgebungskapazität verfügen, können sie eine Reihe von Landessteuern einziehen, darunter die ICMS (Steuer auf Waren- und Dienstleistungshandel sowie deren Transport). Seit 2003 verwalten die Länder mehr Ressourcen als im vorherigen System, obwohl ihr Anteil an den öffentlichen Einnahmen in den letzten Jahren insgesamt zurückgegangen ist. Im Allgemeinen verfügen die Länder über eine effektive interne Verwaltungsautonomie. Aufgrund der wirtschaftlichen

29 Im November 2017 setzte sich die Verschuldung des Bundes wie folgt zusammen: Inlandsschulden: ca. US$ 1.000 Milliarden (in Landeswährung bezahlbar); Auslandsschulden: ca. US$ 38 Milliarden.

Unterschiede zwischen den Regionen sind die Entscheidungs-, Finanz- und Verwaltungskapazitäten der Länder jedoch ungleich.[30]

Wie in der Beziehung zwischen dem Bund und den Ländern gibt es keine verfassungsrechtlichen Bestimmungen, die die Beziehungen zwischen den Ländern regeln. Im Gegensatz zu Föderationen wie Australien, Belgien, Deutschland, USA, Mexiko und Südafrika gibt es keine Regierungsräte, an denen die Länder beteiligt oder vertreten sind. Die Ausnahmen sind der Nationale Rat für Finanzpolitik (Confaz), in dem die Landesstaatssekretäre regelmäßig versammelt sind (er ist nicht in der Bundesverfassung vorgesehen), und die Beteiligung der Gouverneure der wirtschaftlich weniger entwickelten Länder in Verwaltungsräten von Bundesbehörden für regionale Entwicklung. Einige Förderprogramme des Bundes zielen auf die Einbeziehung von Landesvertretern ab, aber solche Strukturen entstehen erst auf Initiative des Bundes und hängen von Bundestransfers ab.

E Kommunale Institutionen

Die Gemeindeverordnungen sind in der Bundesverfassung verankert, auch in Bezug auf ihre Ressourcen. Wie bei den Ländern ist die Fähigkeit der lokalen Regierungen, politische Maßnahmen umzusetzen und ihre eigenen Ressourcen aufzustocken, stark differenziert. Ebenso wie bei den Landtagen werden die Anzahl der Stadtratsmitglieder und die Kriterien für ihre Vergütung durch die Bundesgesetzgebung bestimmt. Die Bundesverfassung von 1988 sieht vor, dass die Gemeinden kraft eigener „organischer Gesetze" regiert werden, die von ihren jeweiligen Stadträten im Einklang mit Bundes- und Landesverfassung verabschiedet werden.

Seit Mitte der 1990er Jahre wurden die Kommunalverwaltungen zu den wichtigsten Anbietern von Gesundheitsdiensten und Grundausbildung auf der Grundlage von Bundesregeln und -ressourcen, die darauf abzielen, den Bürgern Mindestfürsorgestandards in Gesundheit und Bildung zu garantieren. Die Verpflichtung des Bundes, solche Transfers an die Gemeinden „automatisch" zu gewährleisten, wurde insbesondere im Hinblick auf die Gesundheit als Erfolg gewertet. Dieser Erfolg wurde einer Politik zugeschrieben, die als ein komplexes System der Beziehungen zwischen den Ländern und den Gemeinden konzipiert ist, das Anreize und Sanktionen für subnationale Entitäten kombiniert. Diese Übertragung der Zuständigkeit für die Umsetzung wird positiv beurteilt, da die Konflikte zwischen den Kommunalverwaltungen um die Ressourcen des Bundes reduziert wurden. Weil die Gesundheits- und Bildungspolitik im Grunde sowieso eine kommunale

30 Dazu siehe u.a. *Alexandre Rands Barros*, Desigualdades regionais no Brasil : natureza, causas, origens e soluções, Elsevier, São Paulo-Rio de Janeiro 2011.

Kompetenz ist, bestehen andererseits diesbezügliche Beziehungen eher direkt zwischen Bund und Gemeinden mit begrenzter Beteiligung der jeweiligen Landesregierung.

Anders als in den Ländern und Großgemeinden kommt es zunehmend zu interkommunalen Beziehungen zwischen mittleren und kleinen Gemeinden durch die Bildung zahlreicher Konsortien vor allem in den Bereichen Gesundheit, Umweltschutz und wirtschaftliche Entwicklung. Die Kommunalisierung beschränkte sich nicht bloß auf Regierungen als formale Anbieter von sozialpolitischen Leistungen, sondern förderte auch lokale Gruppen und Vereine der Zivilgesellschaft. Mehrere von multilateralen Organisationen finanzierte Bundes- und andere Programme erfordern die Einrichtung von lokalen Gemeinderäten für den Transfer von Ressourcen. Die Bundesverfassung ebnete den Weg für eine solche Beteiligung und für die Kommunalisierung, indem sie den für die meisten sozialpolitischen Aufgaben geltenden Grundsatz einbezieht, dass diese dezentralisiert und partizipatorisch angelegt sein sollen.

VI Das Steuersystem

Die Bundesverfassung gewährleistet den drei Regierungsebenen – wie üblich – das Besteuerungsrecht. Einige Steuern und Abgaben sind für die jeweilige Regierungsebene exklusiv. Andere werden vom Bund eingehoben und mit Ländern und Gemeinden geteilt, weitere werden von den Ländern eingehoben und mit den Gemeinden geteilt. Die Bundesverfassung ermächtigt keine Regierungsebene, neue Steuern ohne Änderung der Bundesverfassung zu schaffen, obwohl es zwei Ausnahmen gibt, die für den Bund gelten: im Falle eines drohenden Krieges oder zur Finanzierung des Systems der sozialen Versicherungen, wobei Letztere vom Nationalkongress genehmigt werden muss. Die Regeln und sogar die Höchstsätze einiger Steuern, einschließlich Landes- und Gemeindesteuern, werden vom Bund festgelegt.

Eines der Verfassungsprinzipien verdient wegen seines föderativen Charakters hervorgehoben zu werden. Es handelt sich um das für alle Regierungsebenen geltende Verbot, Steuern auf Eigentum, Einkommen oder Dienstleistungen der jeweils anderen zu erheben. Somit ist eine innenföderale Immunität aus steuerlicher Sicht gewährleistet.

Die Verteilung der Steuerressourcen – obwohl heute viel stärker beim Bund konzentriert als zur Zeit der Verkündung der Bundesverfassung – sichert den subnationalen Sphären ca. 32 % aller im Land erhobenen Steuern. Mit den anderen Transfers erhalten sie 43 % des Gesamtumsatzes. Auf der Ausgabenseite machen die subnationalen Regierungen 70 % der Personalausgaben

(10,1 % des Bruttoinlandsprodukts/BIP) und 80 % der Bruttoanlageinvestitionen (2,2 % des BIP) aus.[31]

Neben den Steuereinnahmen dürfen Bund, Länder und Gemeinden Kredite aufnehmen. Um Geld zu leihen, müssen die drei Regierungsebenen die Zustimmung der jeweiligen gesetzgebenden Körperschaften und die Zustimmung der Zentralbank und des Bundessenats einholen. Die Verabschiedung des Steuerverantwortungsgesetzes (Fiscal Responsibility Law, LRF) im Jahr 2000 und eine Reihe anderer bundesstaatlicher Gesetze machen es fast unmöglich, neue Kredite aufzunehmen, insbesondere durch subnationale Regierungen. Es ist wichtig anzumerken, dass eine der größten Finanzierungsquellen von Landesregierungen für Investitionen (Kredite der multilateralen Finanzinstitutionen, wie die Weltbank) den Grenzen der LRF nicht unterliegt.

Bekanntlich ist die Staatsverschuldung nicht nur für die öffentlichen Haushalte, sondern auch für das eigene Wirtschaftswachstum eine ernste Einschränkung. Vor den Anpassungen, die in den späten 1990er Jahren gemacht wurden, waren die Länder mit 42 % der gesamten Staatsschulden die größten Schuldner. Diese Schulden wurden föderalisiert, obwohl die Länder etwa 13 % ihrer tatsächlichen Nettoeinnahmen für ihre Zahlungen bereitstellen.

Trotz der Anstrengungen der Verfassungsväter ist die Konzentration der Ressourcen im Bund auf das Niveau früherer Zeiten zurückgegangen, ebenso wie die Konzentration der wirtschaftlichen Aktivitäten in bestimmten Regionen und Territorien. Dies bedeutet nicht, dass in früheren Bundesverfassungen kein System eines besseren Finanzausgleichs versucht worden wäre. Die Bundesverfassung von 1988 erweiterte das komplexe System der Transfers von Ressourcen mit Umverteilungszielen. Sie hat die Prozentsätze der vom Militärregime eingeführten Tranchen von zwei Bundessteuern – IR (Einkommensteuer und Erlöse aller Art) und IPI (Industrialized Products Tax) –, die über Beteiligungsfonds an Länder und Gemeinden übertragen werden, erhöht. Das Ziel dieser verfassungspflichtigen Verteilung ist es, früher wie heute, die Verringerung der wirtschaftlichen Unterschiede zwischen den Regionen zu fördern. Die Länder erhalten 21,5 % dieser Transfers, von denen 85 % für die Regionen Norden, Nordosten und Mittelwest und die restlichen 15 % für die Regionen Süden und Südosten bestimmt sind. Die Formel für die Bestimmung des Anteils jedes Landes berücksichtigt die Größe der Bevölkerung und die Umkehrung des Pro-Kopf-Einkommens. Die Gemeinden erhalten 22,5 %, davon 10 % für Kapital. Die Verteilung der

31 Siehe *Júlio Gregory Brunet/Ana Aveline Berté/Clayton Borges*, O gasto público no Brasil, Elsevier, Rio de Janeiro 2012.

verbleibenden 90 % berücksichtigt auch die Bevölkerung und die Umkehrung des Pro-Kopf-Einkommens. Obwohl sie auf einen besseren Steuerausgleich abzielen, sind diese Transfers weit davon entfernt, sich den in Ländern wie Kanada, Deutschland und der Schweiz geltenden Angleichungssystemen zu nähern.

Es gibt auch andere föderale Transfermechanismen für subnationale Bereiche. Durch die Verfassungsänderungen der Jahre 1996 und 2000 wurden diese Transfers an die nationale Politik der Grundbildung und Gesundheit gebunden. Verhandelte Transfers werden auch zwischen der Bundesregierung und subnationalen Sphären sowie zwischen Ländern und ihren Gemeinden vorgenommen. Die strenge Haushaltsanpassungspolitik hat jedoch Ausmaß und Bedeutung dieser Transfers verringert.

Andere verfassungsrechtliche Bestimmungen zielen auch auf regionale Ungleichheiten ab, wie (a) die Festlegung der Anwendung eines Prozentsatzes von föderalen Transfers in den Regionen Norden, Nordosten und Mittelwest und (b) die Regionalisierung des Bundeshaushalts, um Transparenz bei den Ausgaben in jeder Region zu schaffen. All diese Initiativen reichen jedoch noch nicht aus, um die horizontalen Ungleichgewichte sowohl absolut als auch relativ zu verringern.

VII Verfassungsänderungen

Gleich nach ihrer Verkündung stand die Verfassung bereits unter Änderungsdruck. Mehrere Akteure – öffentliche wie private – haben zahlreiche Dispositionen der Verfassung inhaltlich kritisiert. Einige behaupteten, sie sei viel zu detailliert, andere klagten, sie habe vieles nicht berücksichtigt.

Die Bundesverfassung ist trotz der hohen erforderlichen Abstimmungsmehrheit (zwei Drittel jedes Hauses in zwei Abstimmungsgängen) in knapp 30 Jahren schon fast einhundertmal geändert worden. Ein Trend zur Vereinfachung ist dabei nicht erkennbar, es herrscht vielmehr die expansive Tendenz, immer mehr Normen in die Verfassung einzuführen. Dies in der zweifellos illusorischen Überzeugung, dass von allen Gesetzen nur die Verfassung dies oder jenes garantieren kann.

Aufgrund der Tatsache, dass die Verfassungsgebende Versammlung ihre Bemühungen auf die Schaffung von Regeln konzentrierte, die das neue demokratische Regime legitimieren konnten, ohne sich speziell um makroökonomische Fragen zu kümmern, zielten die meisten Verfassungsänderungen (insbesondere jene, die schwierige Verhandlung verlangten) darauf ab, die neuen Ziele der makroökonomischen Politik vor allem ab 1994 zu erreichen. Auch der Föderalismus war von Regeländerungen betroffen, d.h. die Öffnung der Wirtschaft ab den 1990er Jahren hat die Agenda von Bund, Ländern und Gemeinden beträchtlich geändert.

Die Beziehungen zwischen den Regierungsebenen haben sich gewandelt. Diese Änderungen haben (a) die Freiheit der subnationalen Regierungen eingeschränkt, ihre Eigenmittel als Ergebnis der Haushaltsanpassungspolitik anzuwenden; (b) einen großen Teil der subnationalen Einnahmen den Gesundheits- und Grundausbildungsdiensten zugeteilt und (c) die ausgehandelten Finanztransfers auf Länder und Gemeinden stark begrenzt. Weitere Änderungen und andere Gesetze haben auch neue finanzielle Beiträge eingeführt und Sätze jener Steuern und Abgaben erhöht, die nicht mit den anderen Regierungsebenen geteilt werden müssen, sodass der Anteil der für subnationale Einheiten zur Verfügung stehenden Ressourcen de facto reduziert wurde.

Die seit Mitte der 1990er Jahre angenommenen Änderungsanträge zielen darauf ab, das Land auf Themen vorzubereiten, die weder der Agenda der Verfassungsväter angehörten, noch der Verfestigung des demokratischen Regimes Ende der 1980er Jahre dienten, wie z. B. die Herausforderungen der Globalisierung, der Haushaltsdisziplin oder der Schuldenkontrolle.

VIII Abschließende Bemerkungen

Die brasilianische Erfahrung mit sieben Bundesverfassungen in weniger als einem Jahrhundert legt die Schwierigkeiten des Landes bloß, eine stabile Verfassungsgovernance aufrechtzuerhalten, wenn das politische und wirtschaftliche Umfeld neu und schnell umstrukturiert wird, oder wenn das politische System nicht in der Lage ist, Alternativen zu großen Krisen zu unterbreiten oder Neuausrichtungen vorzuschlagen. Obwohl die Konstitutionalisierung bei einer erheblichen Anzahl von Themen den Handlungsspielraum der Parlamente und Regierungen begrenzte, war der brasilianische Konstitutionalismus oft nicht in der Lage, das demokratische Regime zu schützen, noch konnte er dauernde Lösungen für eines der entscheidenden Probleme der Föderalismuspraxis in Brasilien finden: die wirtschaftlichen Ungleichheiten zwischen den Regionen.

Trotz dieser Einschränkungen wurde die Föderation mit der Bundesverfassung von 1988er gestärkt, weil sie eine bessere Ausgewogenheit zwischen ihren Entitäten förderte. Verfassungsregeln unterliegen jedoch zwei Arten von Spannungen. Die erste kommt von den neuen makroökonomischen Anforderungen, die sich aus den Veränderungen im internationalen Umfeld ergeben, die unter anderem strenge Haushaltskontrollen und Primärüberschüsse erforderlich machen. Solche Erfordernisse wirken natürlich auf die zur Korrektur regionaler Ungleichheiten verwendeten staatlichen Mitteln, die in der Spannung zwischen makroökonomischer Nachfrage nach Steuerdisziplin und der Nachfrage nach der Verringerung regionaler Ungleichheit schwankt. Die zweite Spannung entspringt der Tatsache, dass der hohe Grad der Konstitutionalisierung dem von der neuen makroökonomischen Agenda geforderten Timing widerspricht. Dies liegt daran, dass Änderungen der Verfassungsregeln, die den Status quo beeinflussen, lange Verhandlungen mit dem Nationalkongress erfordern. Solche Verhandlungen gehen jedoch im Allgemeinen zugunsten der Bundesexekutive aus. Die eventuellen Änderungen unterliegen trotzdem weiterhin dem Urteil der Verfassungsmäßigkeit durch das STF.

Neben den genannten Spannungen weisen auch die aktuellen Probleme des Föderalismus und des Konstitutionalismus in Brasilien auf offene Fragen hin. Der wichtigste Punkt ist, dass die Föderation trotz der verfassungsmäßigen Maßnahmen, die darauf abzielen, sie zu verringern, auf einem hohen Grad an Ungleichheit zwischen den Regionen beruht. Eine solche Ungleichheit hat eine lange historische Tradition und es scheint, dass die Vorschläge, sie zu vermindern, langwierige Verhandlungen und lange Zeit benötigen, bis Resultate erreicht werden können. Wenn und wann die politische Agenda es erlaubt, ist offen. Die politischen Krisen der letzten Jahre haben sich mit den wirtschaftlichen und finanziellen Krisen vermischt und haben zum breiten Verständnis geführt, dass das Verfassungsrecht allein nicht ausreicht, die Schwierigkeiten zu überwinden und den Föderalismus zur vertiefen. Die Öffnung der brasilianischen Wirtschaft ist auch weiterhin mit dieser Frage verbunden und erhöht tendenziell die wirtschaftliche Distanz zwischen Bund und Ländern. Die für 2018 vorgesehenen allgemeinen Wahlen bringen zwar einen neuen Schritt in der Verstärkung der demokratischen Praxis, bedeuten aber immer noch nicht, dass eine breitere föderalistische Reform in Aussicht steht.

Steven Rowan, St. Louis

„Unter Volldampf" mit Clara von Gerstner

Abstract: What follows derives from a book published in Leipzig in 1842 by Clara von Gerstner, née von Epplen-Härtenstein, the widow of Franz Anton Ritter von Gerstner, a noted railroad engineer who died in 1840 in Philadelphia, Pennsylvania, while inspecting American railroads on what was generally seen as a mission on behalf of Tsar Nicholas I of Russia. Although the description of Frau von Gerstner is worth reading in its own right, it will also serve as a companion to her husband's survey of American transportation published posthumously as „Die inneren Communicationen der Vereinigten Staaten von Nordamerika". At this moment, Clara von Gerstner's own story outside of what is contained in this memoir is almost totally obscure.

One perhaps little-known aspect of Professor Brauneder's activities has been his abiding interest in the United States and its transportation systems in the nineteenth century. In fact, he has co-edited a volume in the Karl May-Verlag series, "Unter Volldampf", on the role of American railroads in May's fictional narratives.[1] The essay here will deal with a real journey through the United States in the 1830s, a progress in which every possible variety of American transportation was sampled (steamboats, riverboats, canal boats, ordinary railroads as well as those on inclined planes, even the humble stagecoach), described, and priced by an inquisitive German noble lady with a strong interest in technology.

I recently translated into English a book published in Leipzig in 1842 by Clara von Gerstner, née von Epplen-Härtenstein, the widow of Franz Anton Ritter von Gerstner, a noted railroad engineer who died in 1840 in Philadelphia, Pennsylvania, while inspecting American railroads on what was generally seen as a mission on behalf of Tsar Nicholas I of Russia.[2] Although the description of Frau von Gerstner is worth reading in its own right, it will also serve as a companion to her husband's survey of American transportation published posthumously as "Die inneren Communicationen der Vereinigten Staaten von Nordamerika", 2 vols. (L. Förster's artistische Anstalt,

1 Unter Volldampf. Abenteuergeschichten rund um die Eisenbahn von Karl May, Ausgewählt von *Siegfried Augustin* und *Wilhelm Brauneder*, Karl May Verlag, Bamberg-Radebeul 2010.

2 Clara von Gerstner, Beschreibung einer Reise durch die Vereinigten Staaten von Nordamerika, J. Heinrich, Leipzig 1842. There is an original imprint in the library of the Saint Louis Mercantile Library at the University of Missouri-St. Louis, and it is posted online by Hathitrust.

Vienna 1842–1843)[3], as well as to Michel Chevalier's earlier "Histoire et description des voies de communication aux États-Unis et des travaux d'art qui en dependent", 2 vols. (Librairie de Charles Gosselin, Paris 1840–41)[4].

Clara von Gerstner's travel narrative was well-received at the time of its publication, and its presence in many German-American libraries shows that it was widely purchased and read although never translated or republished in the United States at the time – surprising in view of the usual popularity of similar accounts in America. One major reason might be the fact that the author ended up accepting major arguments by Southern defenders of the institution of slavery.

At this moment, Clara von Gerstner's own story outside of what is contained in this memoir is almost totally obscure. The Latter Day Saints' record of her marriage with Franz Anton von Gerstner in Frankfurt am Main shortly before their departure for America is almost the only independent evidence on her life and ancestry, along with her own casual mention of the birth of her daughter Philadelphia (no date) in autumn, 1839, her husband's death on 12 April 1840, and her return from New York to Liverpool by packet sailing ship a month later. All that remains is her revision of her travel diary in May 1841, and the book's printing in Leipzig in 1842.

The detailed introduction to the English edition of "Die Inneren Communicationen" ("The Long Road to a Terminus in America: The Railroad Engineering Career of Franz Anton von Gerstner" by Frederick C. Gamst) provides a guide to a story of social advance in the Austrian Empire and its ambiguous end represented by a man whose career ended in failure as well as death.[5] Franz Anton's father, Franz Joseph Gerstner (1756–1832), had risen under the radical Holy Roman Emperor Joseph II (ruled 1780–90) and his immediate successors to a unique position in his native Bohemia as

3 English translation: Early American Railroads: Franz Anton von Gerstner's Die inneren Communicationen (1842–1843), ed. by *Frederick C. Gamst*, trans. by David J. Diephouse, John C. Decker, Stanford University Press, Stanford, CA 1997. The original imprint gives Franz Anton Ritter von Gerstner as the author, but "composed, organized and edited by Ludwig Klein, Civil Engineer." In his last full year F. A. von Gerstner also produced a much more readable collection of essays for publication in the German press entitled Berichte aus den Vereinigten Staaten von Nordamerika […], C. P. Melzer, Leipzig 1839, containing ten "reports" dated from 15 January to 29 June 1839.

4 English translation: History and Description of the Routes of Communication in the United States and the Works of Art that depend on them, 2 vols., ed. by *Steven Rowan/Nick Frey/Ron Goldfeder*, trans. by Steven Rowan, to appear as an on-demand publication of the Barriger National Railroad Library, The Saint Louis Mercantile Library at the University of Missouri-St. Louis.

5 Early American Railroads, fn. 3, 1–23.

a leading mathematician, engineer, and entrepreneurial educator. Beginning life as the son of a harness maker, he was raised to the hereditary nobility as a *Ritter* for pioneering new techniques of surveying. In 1806 he launched the Polytechnic Institute of Prague, the first such institution in Central Europe. As an engineer, he promoted building a railroad instead of a canal to join the Danube and the Moldau (Vltava), potentially linking the North Sea with the Black Sea and the Mediterranean. His name as well as his coat of arms remained a reminder of his origin from a family close to the soil, since *Gerste* is German for barley, the major ingredient in beer.

Franz Anton von Gerstner (1796–1840) was raised in Prague and educated partly there as well as in the imperial capital of Vienna. When plans to join the Danube and Moldau were revived after the Congress of Vienna, he became the head of a project to construct a rail line from Budweis to Linz, modeled on the English Stockton & Darlington Railroad. A visit to England was like a religious conversion to him, and in 1822 he intended to build a line that would be serviced by horses at first, but which would eventually use locomotives, meaning that it had to made heavier than would otherwise be the case. Receiving an Imperial commission to construct a railroad between Budweis and Mauthausen, he began a dubious pattern that would be repeated in the course of his professional life: he built a line that was greatly over budget and tardy in completion. He showed no talent in dealing with workers, so that there were repeated work delays and stoppages. He also interrupted his work to visit successful projects abroad. Regular freight service on Gerstner's northern end of the railroad began on 2 April 1829, but another director would complete the line to Linz as a horse-drawn railroad in 1832.

Before completing his portion of the Bohemian line, Franz Anton von Gerstner married his first wife, Josephine marquise de Lambolin, born in 1805, in the *Stephansdom* in Vienna in 1825, but she would die in 1835 in St. Petersburg, Russia, which had become his new center of activity. This match indicates that he was determined to reinforce his status as the member of a new noble line (his father having been the first of his line ennobled): his first wife had been from French émigré nobility that had found refuge in Austria in the era of the French Revolution and its Napoleonic aftermath. His second wife's descent from the noble family of von Epplen-Härtenstein, with long service to the princely family of Thurn und Taxis, indicated Franz Anton's persistent strategy.[6]

6 See Archiv für Frankfurts Geschichte und Kunst, Neue Folge, vol. 8, Frankfurter Verein für Geschichte und Landeskunde, Frankfurt/Main 1882, 206; City of Frankfurt agreement of 2 February 1822 with Carl Alexander Prince of Thurn

With the Austrian railroad now in other hands, Franz Anton Ritter von Gerstner repeatedly visited Britain to reinforce his notions of how railroads were made in the homeland of the craft. He now turned his attentions to Russia, arriving in St. Petersburg in August 1834. He proposed a grandiose plan for railroads covering the Empire, with a large remunerative role for himself, and he sought to extend his original "demonstration" St. Petersburg line to Moscow (and eventually to Nizhny Novgorod [Gorky in the Soviet era]). In the end, the project proceeded much as had the Budweis line, mired in cost overruns and labor problems. Construction took place in 1836 and 1837, interrupted by frequent visits to other railroad sites in Belgium and England. His railroad, opened on 30 October 1837, would never develop beyond the status of a demonstration, a Sunday excursion line from St. Petersburg to a palace of the Tsar at Zarskoe Selo. If his project had any long-term impact, it was in his adoption of a wider gauge that approximated that later adopted for Russian railroads.

Gerstner, who still enjoyed international fame as a pioneer builder of railroads despite his twofold fiascos in distant Bohemia and Russia, set out to make a grand tour of the booming railroads of the United States. Shortly before his departure, he married a second time, to Clara von Epplen-Härtenstein, the daughter of the agent of the princely Thurn und Taxis family's interests at the General Post Office in Frankfurt since 1822.[7] Gerstner undertook this journey despite chronic poor health, and when he departed the Old World in 1838 he would be fated never to return.

The principal monument of his visit to America would be the publication of his analysis of American railroads, compiled from his research reports by his assistant Ludwig Klein and published in German in two volumes in 1842 and 1843. Ironically, Tsar Nicholas commissioned a separate survey of American transportation in 1839–40 by Colonels Pavel Petrovich Melnikov and Nikolai Osipovich Kraft that is preserved in manuscript in St. Petersburg and partially published in a Russian railroad publication.[8] So the only

---

und Taxis: Friedrich von Epplen-Härtenstein named the Frankfurt representative of Thurn und Taxis as *Hof- und Generalpostdirectionsrath*.

7 Clara Elisabetha Louisa von Epplen-Härtenstein (born 10 January 1813) married Franz Anton von Gerstner (born 19 April 1796) [died 12 April 1840, in Philadelphia, PA] on 24 September 1838 in Frankfurt am Main; Clara's parents were Friedrich von Epplen-Härtenstein and Elisabetha Grunen; Franz Anton's parents were Franz Joseph von Gerstner and Gabriele von Mayersbach. Source: The Church of Jesus Christ of Latter-day Saints, Family Search (https./familysearch.org:/ark:/61903/1:1:NZCH-9 K9: 26 December 2014) citing Frankfurt, Hessen, Germany; FHL microfilm 341,800.

8 The manuscript report is preserved as Opisanie v teknicheskom ostoshenii Seveoamerikankikh Shatov in the library of St. Petersburg State Transportation

general surveys of American transportation in its formative era were made in German, French, and Russian – none in English. This perhaps reflects what Michel Chevalier described as the American way of building transportation systems from the bottom up rather than from the top down.[9]

The travel diary of Franz Anton's young wife, rewritten as a travel narrative, is a worthy memorial of this last journey, deserving attention in its own right. Even the most recent scholarship tends to see Clara von Gerstner's popular and well-received account as simply reflecting her engineer husband's interest in a subject thought "non-feminine." Rather than seeing her as simply reflecting her husband's obsessiveness, I would hold that an elective affinity, a true *Wahlbekanntschaft*, between the two spouses went far beyond mimicry.[10]

Passage at sea was with the *Great Western*, then the largest steamship involved in the trans-Atlantic trade:[11]

> 1 November [1838]
>
> The weather continued as dark as the day before, and although it did not rain, the [15] atmosphere was filled with a thick fog in which very fine drops fell. Regardless of this we sat, my husband and I, as was our practice, involved in reading on the deck, although we knew we would soon flee to the stairs, since the sea was in severe motion and from time to time enormous masses of water would fall on us. I have already remarked how little effort was expended for the travelers' comfort; in our saloon water seeped down from the deck, and the air was so humid and uncomfortable that you could not stay there. In the Gentlemen's room on the other side of the dining hall the baggage of passengers was piled up, and so you may imagine how it looked there. The sole comfort of this room was that it had a stove and you could warm yourself in the cold, unfriendly weather.
>
> As poor as the weather of the whole morning had been, it was as beautiful in the evening; the howling sea grew peaceful, the clouds that had occupied the horizon parted, and the lovely stars emerged. We long celebrated the fine evening on the deck, until it was time to lay the tired head down in peace. This was the only beautiful evening we were able to pass in the open; for although we had some starry nights, it was already too cold to enjoy. [16] Most happy evening of my life! Then

---

University, partly published in: Zhurnal Putei Soobscheniya for 1842. See *R. M. Haywood*, Russia enters the Railway Age, 1842–1855, Eastern European Monographs, Boulder, CO 1998.

9 See *Michel Chevalier*, Du réseau des chemins de fer tel qu'il pourrait être établi aujourd'hui en France, in: Revue des deux mondes, April 1838, 163–200. Franz Anton Ritter von Gerstner took much the same position throughout his Berichte of 1839.

10 *Irmgard Scheitler*, Gattung und Geschlecht. Reisebeschreibungen deutscher Frauen 1780–1850, Max Niemeyer Verlag, Tübingen 1999, 54, 116–17, 127, 136, 138, 142, 290.

11 *von Gerstner*, fn. 2, 14–16, 36–38, 41–42.

I had no suspicion that soon the time would come when I would gaze at you lovely stars on stormy seas, alone. -
The entire voyage from Bristol to New York was accomplished in 18 days and 20 hours; since the distance is 3,176 miles (685 German miles), the average speed of the ship, despite frequently unfavorable winds, was 7 miles an hour.[12]

New York at last:

The appearance of this city[13] on the banks of the Hudson and the East River, spreading over Manhattan Island, four miles wide, and which [30] will soon cover it completely, is extremely imposing and grand. It rises like a colossus out of the restless flood and seems to the resident of another part of the world who longs for a comfortable resting place after the stormy ocean winds, as if conjured up by a magic flash. The intense life in the harbor, the thick forest of masts of the ships lying there, the many enormous steamboats, coming and going at every hour of day and night, binding not only the states of the Union but both hemispheres together. The many packet boats and other small barks crossed the floods in various directions, also on shore loading and unloading the gathered natural and manufactured product from all parts of the world. This image of intense trade and industry must set the eye of the new arrival in amazement, and you must marvel at the nation that has achieved such a blooming existence in such a short time.
When I entered the hotel, I did not imagine I was entering a hotel, but rather a rich private house, both due to the comfortable furnishings, as well as the dominating peace; and the difference between American and German inns appeared at once. From the door to the ceiling, all the steps [31] were laid with beautiful carpet, also the guest rooms, and the doors of the dining room and the parlor were all of fine mahogany. We followed the Negro who was carrying our baggage into the rooms intended for us, which we found very nicely furnished. Among the furniture I first noticed the rocking chair, which cannot be lacking in any parlor in America, and itself a true blessing for ladies. It is a large armchair whose feet are on arches like a children's wagon.
Since it was our intention only to spend a few days here and then to set off at once on our journey into the [37] interior of the country, my husband used only a small part of his many letters of introduction, and we took a little time to enjoy ourselves in order to see the city better. We extended our promenades ever further, and we reached the Bowery; I was more than a little astounded to see a series of railroad cars in the middle of this broad, lively street, every two hitched with four horses, waiting ready to depart. The railroad that begins there goes 7 ½ English miles to the small place called Harlem, at the end of Manhattan island. toward which plans exist to extend the city of New York. Several entrepreneurial persons brought about the creation of this railroad, which was wisely calculated to increase the value of this as-yet unbuilt part of the city, and for this they gave the enormous sum of $1,100,000. The entire line was completed in 1834, and now more than 898,000 people travel it. They go 2 ½ miles with horses, and 5 miles with a steam-wagon,

12 Ibid., 29.
13 Ibid., 30–31.

> and the trip to Harlem takes 35 minutes. The entire journey costs 25¢, but you can enter and depart, paying according to the distance traveled. This railroad actually performs the service of [38] an omnibus. with which it competes, and the company reckons that it performs the service, by transporting 800,000 persons a year, of saving the city a significant sum by sparing the pavement![14]
>
> Satisfied with the pleasant impression that the first city of the New World made on us, we now occupied ourselves with packing for our upcoming grand journey into the interior of this remarkable land. My husband wanted first of all to see the Erie Canal and the railroads of the western part of New York, [42] and on 23 November at 5 o'clock in the evening we passed via Courtland Street to the Hudson River to depart with the steamship *North America* for Albany.

Clara and her husband left the Hudson River at Albany, following alongside the frozen Erie Canal on a series of short railroads:[15]

> The area through which we were traveling was already somewhat developed, and the Erie Canal, on which four persons were following us on skates, was our continual companion. I saw many fruit trees that still had hanging apples, and when I asked about it one of the engineers said that probably they were no longer wanted. Another place we passed was Oriskany; it had several significant woolen factories, and the large constructions that they required contributed to no insignificant degree to the ornamentation of the place, which drew its name from an Indian chief. Here we saw in the distance the [65] Mohawk River, across which the Erie Canal passes on an Aqueduct, and over the latter there is yet another bridge. The mostly wooded area has no variety, for that reason I enjoyed myself with the farmers and their wives, of which we encountered many with their wagons (wooden carts without springs). They were very elegantly dressed, all wearing hats on which there was often a veil that covered the entire face. The daughters of these farmers' wives were supposed to receive a very good education; they almost all could play the piano, even the young girls working in the factories.
>
> A very fine country house now came to my attention, which I heard belonged to an English gentleman who owned a great deal of land and lived here as a farmer. As rumor reported, the father of this gentleman had been a paymaster in the English army, and he was commissioned to take a significant sum of gold to Canada. But he thought it better to hide it for himself, and instead of going to Québec with it he went to New York, settled there, and after his death left it to his sons, who still lived from their father's fortunate idea.

On approaching Niagara Falls, they were on the border of a region of Canada still distressed over an unsuccessful revolt against British authorities, aided by some on the American side. But they also encounter a far branch of the "Trail of Tears" over which American Indians were being forced to take a great trek to unsure homes in the West.[16]

---

14 Ibid., 36–37, 41–42.

15 Ibid., 64–65.

16 Ibid., 103–109.

Since the border between the American states and Upper Canada, belonging to England, runs in the middle of the Niagara River here, to be crossed by a boat in a few minutes, so the disturbances that have broken out in this British colony for a year must have an influence on the American border lands and as a result Buffalo. Many Americans, that is, occupants of the United States, have been cultivating significant land in both Upper and Lower Canada; the cause of the troubles might have arisen from the mutual interaction. The Americans feel that they are the free people and can endure nothing less than pressure from officials; but complaints resound in every English colony over this pressure from officials, and from all that we hear, was one contributing cause of the great upheavals in Canada. For the last year the Americans have been helping the revolutionaries in Canada, who call themselves the "Patriots," and as recently as 16 November the final skirmish between the British and the Americans had taken place. These latter, specifically 180 men [104] strong, came to the Canadian side and occupied a place called Windmill Point, in the secure hope that they would soon be reinforced by some thousands of Canadian Patriots. In the meantime a thousand English infantry, supported by four armed steamships, which laid such a dreadful fire on stony Windmill Point that the cannonballs passed through them, and within an hour killed 60 Americans. The remaining 120 now surrendered and were taken to Kingston on the military steamboats, to be placed before a military tribunal, from which the death penalty is to be expected. According to the newspaper accounts, 119 of the men were Americans and the 120th was a Hanoverian. Among the Americans was to be found a colonel distinguished for his valor.

As a result of these events, the President of the United States [Martin Van Buren] issued a proclamation in which he warned his fellow citizens against any participation in the disturbances in Canada. The citizens of Buffalo thought this proclamation was unconstitutional, and on the evening of our arrival, 8 December, they held a large meeting expressing their dissatisfaction with the proclamation, and promised further support for the Canadian Patriots. But when the news of this reached the Canadian riverbank early on the 9th, the royalty-minded inhabitants decided to burn [107] Buffalo. There had been a similar threat the previous winter, and the people of Buffalo for a long time set several hundred men armed for security at night around the town; now there were a hundred men ordered to that end on 9 December, and if there had been an alarm, 5,000 armed citizens would have rushed in to protect life and property.

We only learned these details on the evening of 10 December, when we were invited to a numerous gathering at the home of Dr. E. Johnson. This company consists of many interesting men of this city, and several Americans from other states. Among the latter was a senator from Washington, as well as a general from Boston sent here as representative of the state of Massachusetts to arrange the emigration of the last Indians from Massachusetts. The number of these Indians currently is only about 5,000, and since hundreds of thousands went before them since the colonization of North America, leaving this little remnant of what was once a powerful people on their native soil to rejoin them again. They are rejoining their brethren, following the tiger, buffalo and wild horse long since departed for the West, for on the other side of the Mississippi, on [108] the Arkansas and Red Rivers, more than 3,000 English miles from here, they will receive new land, perhaps only to leave it again in fifty years and succumb to the pressure of civilization moving from the East to the West.

I must confess that the situation of these poor, driven people distressed me, and that, simply to spare myself pain, for this reason I had not visited the "Indian Settlement" that lay only a few miles from Buffalo. I needed a great deal of time until the repeated representations of the Americans convinced me of the necessity that the Indian natives should migrate. Unfortunately, the Indians, even when living in the midst of the Americans, have not absorbed their good qualities; their religion forbids men to work in the field or by hand, and it is the poor women who plow the fields, sow the grain, harvest and thresh it, and do all work whatsoever. The men believe that according to their customs and religion they are only destined to hunt and make war, and since there is now no war and the wild animals have long since departed from here, the entire male population lies in drunkenness, which Americans regard as the greatest vice. So the Indians who remain behind present a bad example, and the Americans assert that for this reason their [109] expulsion to the West is unavoidably necessary. Further, along with the newly reserved land they receive a monetary compensation for the villages and cultivated properties, then always capital for the building of a school. May these schools prove more useful in the West than their current schools, which have as yet little influence on morality.
Many historical memories already attach themselves to the falls of Niagara. One of the most recent events is certainly what took place on 29 December 1837 during the well-known disputes in the Canadian provinces. The Americans, in order to support the Patriots, who held Navy Island, were using the steamboat *Carolina* to deliver munitions and food. In the night, it was overrun by British soldiers from Fort Schlosser, released from its landing place, and after several persons were cut down it was set afire, driven into the rapids, and precipitated over the cataract.

Clara was enchanted to visit Boston, "the Athens of America," but special interest attached to what appeared to be a successful establishment of spinning and weaving industries in satellite towns of Boston adjacent to waterfalls, employing largely female labor. The French former Saint-Simonian, Michel Chevalier, also enthused over the apparent success of the operations, contrasting with the miseries of Manchester:[17]

[…] The health and the blooming appearance of the female workers, mostly farmers' daughters of 15 to 25 years, leaves nothing to be wished, and on average six out of ten have much better health since they have been here. The morals of the young [153] girls, so far from their parents, could not be better, for religion and public opinion, which is everything in America, protects them. I was amazed at the respect with which they are treated by the owners of the factories as well as how they are handled by the overseers; they do not call them girls but universally Young Ladies. The workers, men and women, come here from all parts of the Union; to house them each company has built dormitories that are let to families on very reasonable terms, where particularly the women workers find housing and food. For breakfast they receive coffee, toast, bread, and often meat, for the midday meal soup, meat, potatoes, and sandwiches, and for supper tea, pastries, sandwiches. Great order and

17 Ibid., 152–154; cf. *Michel Chevalier*, Lettres sur l'Amérique du Nord, Paris 1836, Lettres XII, XIII.

> cleanliness prevails; the eating room is in common and the sleeping rooms are normally occupied by six to eight girls each. They pay $1.48 a week.
> The weekly pay of a woman worker averages $3.00, $4.00 for a really good worker, of which they save $50 to $100 a year; on average, they remain for four years and then marry a young farmer they help with the money they have saved. When you compare the prosperity of [154] the American factory worker with the poverty of the European, you find a great contrast. – The town of Lowell has 16 churches, one for every 600 or 700 persons, which were built by subscription. In some churches there are very pretty shops on the ground floor, and the divine service is held upstairs. The free time that the inhabitants win from their activity is passed in reading; there are seven newspapers in town, and there are also several good bookshops here. Since the number of female residents considerably exceeds that of men, the large number of nice fashion shops is no surprise. – In the evening, the illumination of the factory buildings with their many windows is very picturesque, and I watched from our wagon as Lowell with its friendly houses and hard-working inhabitants had long vanished.

But she also encountered signs of severe racial segregation in Massachusetts:[18]

> On 2 January, we were settin out very early for an excursion to the Salem Railroad, when a train departed in which I saw, to my distress, a passenger car with curtains of black cloth, similar to a hearse. In response to my question after the purpose of this funereal car I received the answer that this was a wagon for "colored people" (Negroes, Mulattos) alone, since it was not permitted to carry such people in a *single* car with other honorable people. The railroad official told me, when I displayed my amazement about this, that they were much stricter in the South and that the dividing line is even stricter and the barriers between blacks and whites even greater there.

Franz von Gerstner, who held himself to be representing the Tsar, was particularly interested in trade between Boston and Russia:[19]

> Of all the many American ships that trade in all areas of the world, during our presence in this city the ship *Zarina* lay at anchor, which has often made the voyage from here to St. Petersburg. Our interest in greeting the ship which, like my husband, had only departed the great northern capital a short time ago, and so it was with true joy that on 11 January we followed the friendly invitation of the *Zarina*'s owner, Mr. Curtis, to see her. A feeling of my own gripped me then as I entered the ship, which with its swelling sails had already greeted the country of which my husband had so often told me, and which I perhaps was supposed to see in a few months. Mr. Curtis came part of the way to meet us, and he presented to us the Captain as well as several merchants then on board, who expected our arrival.

18 *von Gerstner*, fn. 2, 148. But she was to find that the strictness of separation was less in the slaveholding South than in the "free" North.

19 Ibid., 172–174.

The noble *Zarina* holds 218 American tons, but will usually carry 300 American tons; it has its accommodation for travelers, but uses its great space entirely for exchanging products of the Empire with those of the New World.
[173] The whole construction of this ship is wonderfully good; for the last nine years, it has made two voyages to Saint Petersburg and two back, without sustaining any damage. In the most recent voyage it departed Boston on 19 October and arrived in St. Petersburg on 19 October. After eight days in the capital it departed on 28 October, greeted the New Year in the New World at Boston on 3 January, where it will rest until it departs on 15 February. The goods *Zarina* brought here from St. Petersburg are: hemp, pig iron, sailcloth, Flemish linen, and feathers; in exchange for what it will bring back: sugar, rice, coffee, tobacco, cotton, and dyewoods. The sugar and coffee is usually loaded in Savannah.
The Central Wharf, on which are found 54 four-story goods depots, and at which the *Zarina* currently lies at anchor, is one of the most important trading places in Boston. At its center, above a roomy hall, the very elegant Marine Telegraph Observatory is erected, which for trade and civil messages is an extremely important establishment to be found until now in only a few seaports on America.

By means of the various combination of these six telegraphic flags, only of blue and white, that can be combined in 9,330 variations, all listed in a telegraphic dictionary, it is possible to compose whole sentences and words that can be used not only for maritime purposes, but also for political purposes.

Besides these six flags there is also the conversation flag  that expresses the desire for a conversation. In this way it is possible for any two passing ships to send the observatory messages that are often very important, and no seaman should go to sea without learning about this very useful, purposive operation, which has already become an almost general language of the ocean.[20]
Mr. Bates, one of the most respected merchants of this city, standing in trading contact with Russia, who has fulfilled several of my husband's requests, had a well-rendered portrait of Tsar Nicholas[21] in front of his desk, which must be seen as a great tribute in a republican country.

Further on in their journey, they encountered two extreme examples of the immigrant experience, one a success despite all hope, the other a self-willed disaster:[22]

20 Images printed with permission from the St. Louis Mercantile Library, University of Missouri-St. Louis.
21 Nicholas I, born 1796, Tsar of Russia, King of Poland, Grand Duke of Finland, died in 1855. Franz Anton von Gerstner was his employee.
22 *von Gerstner*, fn. 2, 189–192.

While we were in our room, two gentlemen were announced to be in the parlor wishing to speak to my husband. He rushed down and found, to his considerable astonishment, Mr. von Palmstein and Mr. Zeyer, two Bohemians who had studied technology with him in Prague. In 1836, when my husband took over the construction of the railroad from St. Petersburg to Zarskoe-Selo, both of these young men applied to him in hopes of an appointment in this project, and after this request had not been successful, they conceived the idea of seeking to establish an autonomous existence in the New World. Both of them, completely ignorant of the English language, took ship for New York, carrying a letter of recommendation to a German merchant. After six weeks in that city, they found a position by showing their drawings - for their recommendations in German were incomprehensible to the Americans - actually received a position with a railroad in Florida that was to be built from Pensacola to Montgomery. Each of them received, besides a monthly salary of $100 they were given the necessary measuring instruments, and since the railroad was through thick forests, they had provisions and 20 Negroes, along with a wagon and a span of four mules. [190] The two Bohemians set to work with great zeal, but toward the end of June, because of the many rattlesnakes, they had to stop for a while. Near the railroad they bought land for $700, which they still are holding and which, with time and the completion of the line, the property will surely rise in price. But because no foreigner may buy land without becoming an American, they took the oath in which they renounced their loyalty to their fatherland. Palmstein had additionally to renounce his nobility, and both became citizens of the United States. In 1838 the railroad declared bankruptcy and the former Bohemians took ship with their cash, consisting of $800 each, to New York. Unfortunately, they experienced shipwreck and lost the money they had saved, came to an island and then to Cuba. As unfavorably as their first undertaking in their new homeland had proved to be, they still had some good luck, for another ship had fallen into the same situation and those fell into the hands of Indians, who pitilessly took their lives. From Cuba, the two ambitious friends went to New York, where they found other employment. They read of our arrival in the newspapers, and [191] had come here in the greatest hurry to seek my husband. They now speak English better than their mother tongue, have a very cheerful, healthy appearance, and feel themselves so happy in their new homeland that they have no desire to exchange it for another. The encounter with these two Bohemians in America and their strange destiny had excited our lively interest, and we were still speaking of their adventure the next day when the Negro entered our room and announced a gentleman. This gentleman was a young man from Bavaria by the name of Fortenbach, who broke out in lamentations and complaints about this land, and he sought pressingly for my husband to find him a position. Mr. Fortenbach had been a builder a few years earlier in Bamberg, where he was also an overseer of the chain bridge there. Since as he described it, he could not advance, for which he also perhaps did not have the necessary knowledge, and in 1835 he read of the great fire in New York, so he determined to come here, where his brother had already found a situation as a pharmacist, to offer his services in rebuilding the city. He then applied in his homeland for a passport, which required some time, and then he long considered and [192] weighed how the journey could be made most cheaply and best. He took so much time that when he arrived in New York he found with no small astonishment that the city was already rebuilt. His very detailed presentation ended with the words, "Only the ignorant get ahead in this country, I have presented my designs to many persons, but they have barely glanced at them and were only irritated that they were not able to do anything as good. I had thought that I could find an intern's position for a while without pay that would prepare me for better things later, but I have been repeatedly disappointed because Americans did not want to know about an unpaid position." So this oppressed talent lived here in misery, speaks very poor English, and complains and bitterly laments about this awful, unjust country.

The national capital made an impression as an American *Bundeshauptdorf*:[23]

Washington, the seat of the central government of the United States, lies in the District of Columbia, at the side of Maryland, on the Potomac River, 38 English miles from Baltimore. On the north it is connected with Georgetown by a bridge over Rock Creek, which empties into the Potomac. This district, 10 miles long and 10 miles wide, forming a perfect square, was separated from the states of Maryland and Virginia in 1790.[24] In 1791, when General Washington was President of the United States, he had the plan for the city that was to receive his name designed by Pierre C. l'Enfant. Since 1800 it is the seat of government and the residence of the President, as well as of the other executive officials of the national government. When I looked out the window that provided a view of Pennsylvania Avenue, the liveliest street of [207] the city, I was no little astounded by the deathly stillness that dominated in comparison with other American cities so early in the evening, only occasionally interrupted by the cries of the oyster peddlers.

The next morning, on viewing the city, my amazement was no less; how differently I had imagined Washington, the capital of the blooming Union, and how much I had found those expectations disappointed! The streets are of enormous length and breadth, but they could be distinguished only with difficulty, for even in the most populated area you see mostly one-story shabby houses, separated one from the other by whole acres of land. The intense action of an active mass of people is not found here; the shops are few, with few goods for sale of poor quality and with a small selection. The few better shops are opened by merchants from elsewhere, only during sessions of Congress and then closing them immediately. The Capitol, built on a hill dominating these silent fields, is to be the center of the city after its completion, from which seven avenues extend in all directions, cutting through numberless other streets. Until the completion of this plan and until Washington achieves its blossoming, a long time will pass,[208] which our generation is not likely to experience. America is still too young a land; for that reason trade blooms so greatly and the internal improvements are so many. People who enjoy the accumulated wealth of their fathers and live only for fine arts and the sciences are too few in this land to populate a great central city, and as a result Washington now has only 24,000 souls, while the city in the grandeur in which it is laid out would easily receive several hundred thousands with ease.

23 Ibid., 206–208.

24 The portion of the District of Columbia south of the Potomac taken from Virginia, containing Arlington, was returned to Virginia in 1871.

Clara von Gerstner was an eager listener to the Congress in action in a time when the quality of its speakers was at its height:[25]

> During my stay in Washington I very often attended sessions of Congress at my beloved husband's side. Shortly before, border disputes had broken out between the state of Maine and New Brunswick, which led to very lively debates in both Houses, giving us the opportunity to hear many fine speeches. The attention and courtesy [213] of Americans toward ladies was demonstrated even in the Capitol itself; in England ladies may not attend sessions of Parliament, but in Washington they direct ladies to the best galleries. The colossal Capitol with its two wings, in the middle of an open square of 50 acres enclosed by an iron fence, lies on a hill and dominates the entire city, whose houses are a great contrast to this imposing building.

Clara von Gerstner was conflicted on the question of race from the beginning, although she came to America with a horror of slavery. She also was a devout Catholic who was attracted by the religious life, particularly for women:[26]

> In Baltimore, I made the acquaintance of two young women, specifically [237] Mrs. John Latrobe and Mrs. Moale, when she saw the treatment I had done about the beautiful cathedral, she moved me to visit some Catholic institutions in their company. I received this friendly offer with much pleasure, and so we went first to the cloister of the Sisters of Providence, which particularly interested me because the religious community contained there consists only of "Colored Women." They were established by a French priest, Monsieur Joubert, with the approval of Archbishop Whitefield, on 5 June 1829. In the next month, on 3 July, the four founding sisters took their oath, and currently there are thirteen sisters and two novices. They renounce the world forever and dedicate themselves to God, to prayer, and the education of "Colored Girls." Their habit is not entirely like those of nuns: it consists of black woolen garments with large collars; around their neck they carry a ribbon with a crucifix, and their head-cover consists of a white cap of a quite unusual pattern. The impression that these "colored sisters" made on me cannot be described; these black faces, surrounded by black garments, were to me an entirely special new phenomenon.
>
> They dedicate themselves with great zeal to the education of [238] children, which other than religion and morals includes teaching reading and writing, arithmetic, English, French, as well as sewing, embroidery, knitting, washing and ironing. The sisters now intend to teach their pupils cooking, pastry and sugar-baking. A pupil living in the institution pays $4.00 a month as well as $1.00 a month for heating in the winter; those sleeping at home and only receiving food and instruction pay $2.00 and 50¢ for heat. Girls who only come for instruction pay $2.00 a quarter-year, 50¢ for heat, and for the use of books 37 ½ ¢. This includes most of the pupils; the number of girls who live entirely in the house is insignificant. I must remark in addition that for the latter, the use of books, for sickness care, for linen

25 *von Gerstner*, fn. 2, 212–213.
26 Ibid., 236–239.

and its improvement, they have $24.00 a year to pay, for the case when the parents or relatives do not wish to bear these costs, and should these pupils catch a dangerous illness, the physician's bill will be added. If they bring no bed with them, they may receive one from the sisters for the price of $10.

All children whose parents live in the city may [239] have the midday meal with the sisters on the first Sunday of the month, and stay with them in winter until 5 and in the summer until 7, which is always a great festival for youth that they may lose only for serious cause. The vacation for the black children always begins on 10 August after the distribution of prizes and lasts until the first Monday in September. When I went through all the localities, in which a model cleanliness reigned, I found in a large schoolroom several little black girls taking the midday meal gathered around a table, at which a black sister presided, keeping the little ones in order.

The sisters have a right friendly chapel, called St. Francis Chapel, in which a priest from the seminary says mass twice a week; on the other days, they visit other churches. Going out, as long as it is done communally and not too often, is allowed. After talking for a long time with a black sister, with whom I spoke French the entire time, she showed me her flowers, which she had planted in the most tasteful order before the entrance into the Chapel; she guided us to the post office with the heartfelt request for me to entertain the institution again with a visit on my next visit to Baltimore.

Great is the service of these Sisters of Providence. Besides enriching youth with useful knowledge, to raise a race of mankind that stands so far under the whites and is here in such contempt. The girls will either become excellent maids or good mothers who will pass their virtues and religious principles to their children, of which the witnesses are said to be many. - Outside this cloister of the Sisters of Providence there is no similar institution for Negro women in the entire Union.

The Gerstners became aware of "Fake News" when events they had witnessed were falsely reported in the international press:[27]

We took our earlier rooms in the Mansion House in New York, and as usual our first demand was for newspapers. To our great amusement we read here in several English papers, but particularly in the London *Morning Herald*, where the English public was [185] assured that the uprising in Canada was only maintained by citizens of the United States, and that the latter had gathered an army of 40,000 to invade Canada. Such ideas and correspondence-articles can only come from the heads of English journalists, for whoever has heard or read anything about the United States will know, with the exception of the editor of the *Morning Herald*, that equipping and maintaining an army of 40,000 men is much too expensive for the Yankees to want to pay for it. The editor of the *Morning Herald* should know that great debates in the 1837 Congress arose over keeping 5,000 regular soldiers to serve the General Government — so much do they avoid such expenditures. The Americans console themselves when reading such articles that John Bull gives them such articles, soon Russia, soon France, and soon Germany, each depending on the conditions, are supplied with such articles manufactured in London.

27 Ibid., 184–185.

Clara von Gerstner was clearly entranced by iron processing in Richmond at the famous Tredegar Works:[28]

> On 26 March, we visited along with the president of the Bank of Virginia, Dr. John Brockenbrough, [258] two iron rolling mills located in the city, which was all the more interesting to me because I had never seen such an operation before. One of these iron works lies on the James River Canal, and water is taken from the canal to power the great iron rollers. The business that owns this work is called the Tredegar Iron Company, and we received with all attention and shown around by the president of this company, H. Deane, Junior. I will now attempt, so far as it is possible for me, to give a short description of this manufacture.
>
> The pig iron used here comes from two blast-furnaces, one 65 miles away in Buckingham County at Beargarden, and the other near Fredericksburg. The first blast-furnace is 36 feet and the second 32 feet high; both are driven by charcoal, and former produces 980 to 1,000 tons of pig iron a year. This pig iron cost $37.50 a ton, delivered to Richmond. The pig iron is melted in ovens, called "puddling furnaces," and mixed by a worker with a long iron rod placed through a small hole in the oven, working with it until it is a sticky mass or a ball. This ball is then removed and placed under a large cast-iron hammer [259] called the "squeezer," pressed or squeezed, and while it is still soft, cut in two. In other ovens the puddled balls are thoroughly hammered, so that much more dross comes out than with the squeezer, which only presses it down. The pieces of iron are then put in what is called a sweating oven, where it is mixed with other pieces, including scrap-iron and melted, the whole rolled out and cut again into pieces.
>
> The pieces of iron received in this way are now reheated in other ovens and then come under the sheet rollers or the bar-rollers. In the latter case the glowing iron is first forced through larger and then narrower openings until they achieve the required strength and form. With sheet rolling, each time the piece goes through, the screws are tightened so that the upper is closer to the lower roller until the desired thickness is achieved. Truly you have to marvel at the skill with which the workers deal with the glowing masses of iron; the rollers go very fast, and in the very instant in which a piece emerges, it is passed immediately to another man standing there to place it under the rollers again. It all involves using the brief time when the iron is glowing red and still so soft to extend it into the proper form. You really see the speed of this manipulation and understand that only extraordinary skill can prevent daily accidents. The workers at the rollers wear ordinary clothes, but those at the hammer have boots whose upper portions are of sheet metal, and they have protection for their eyes.
>
> The rolled iron bars look very smooth, which arises from the fact that you mix the puddled iron with scraps that give it a very good quality. You buy a ton or 2,240 pounds of scrap for $30.00 or $37.00, and sell common bar iron for $105.00 a ton, but sheet iron for 8¢ a pound. Bituminous coal, which is used in these works in the furnaces, cost 18¢ a bushel, and a ton is 83 bushels.

28 Ibid., 257–261.

> All of the workers here are free white people, and they do not tolerate blacks working with them; they may only use them outside the building for other purposes. The white workers are always employed by contract for a year under the condition that a quarter of their pay is [261] held back. If they give their notice a month early, they can leave the factory during the year and will receive their held-back pay, but if they leave without giving this notice during the contract year, then they do not receive their back-pay. The payment of the workers is according to the ton of wares produced. Puddlers receive $5.25 per ton of iron produced, the kneeders 98¢, the rollers $1.80, the stokers $1.60, and those who lay on the last hand, $1.75, all per ton of completed wares. In this the workers themselves have to pay the boys they need for help.

Clara von Gerstner enjoyed being around black people, but she also realized that they constituted a potential danger because of the oppression they endured:[29]

> [288] What particularly amused me in Charleston was to go walking on Sunday afternoon after the end of the Divine Service and see the Negroes in their pretty Sunday best. They are reputed very vain, and the concentration of so many bright colors is in marked contrast to their coal-black faces. Here I often listened to the bells playing in the steeples, reminding me of my time in Belgium. No Negro slave is allowed to be on the street before 6 o'clock in the morning or after 10 in the evening without a pass from his owner; otherwise he would be arrested and only his Master may free him from punishment if he is found in the City Yard before 9 o'clock in the morning, and must pay a dollar.
> In 1822 there was the notorious great insurrection of the Negroes, when many whites were murdered.[30] In the aftermath of this revolt, since the whites wanted to protect themselves, they requisitioned an old fortress owned by the federal government and erected a citadel. The Americans are responsible for its entire organization, and the exercise of their troops provided me with much material for entertainment, for the heroes gathered in the most varied of clothing; one was in full uniform or only a uniform blouse, the others in civilian clothes, some in summer, others in [289] winter clothes, and these fellows did their maneuvers with the bayonet or walking stick instead of the sabre. But what provided me with even more fun was to watch the "last tattoo" in the evening. At the ten o'clock bell, a white drum major stepped into the line of columns in front of the City Yard and beat the grand alarm on his drum; on his right sat a Negro with a small ordinary fife, on which he summoned forth the most various of melodies at will. In front of both of these heroes sat a large, white dog, its face turned toward the *virtuosi*, and in the foreground stood some Yankees with their large, wide-brimmed white straw hats, watching and listening to these children of Mars. The whole scene was illuminated by the soft rays of the moon, and it lacked only a painter to immortalize this unique group with his brush.

---

29 Ibid., 288–289.
30 This is the Denmark Vesey uprising of 1822.

In the end, Clara von Gerstner moved to a position similar that of Southern apologists, as a result of an argument that convinced her:[31]

> During our presence in Montgomery, we observed a slave auction that a planter held due to debts. In one of the liveliest streets in town, in front of City Hall, there was a table on which the auctioneer stood, who presents several individuals to the public one by one, with great fluidity, and offered them for sale. In doing so he always gave the precise age, health, and talent of the slave, while the slave had to present himself to the people on all sides. So in our presence an old Negro and a Negro woman were auctioned off for a rather high price. For a young Negro of 18, a coachman, $1,120 was paid. After the auction of persons was finished, many used household goods appeared, which the auctioneer knew how to present with the same eloquence to the bargain-hunters present. I was astounded at the indifference of the Americans, as well as of the slaves, and if I had just arrived from the Continent, my feelings would have been deeply offended. But I had been in the slaveholding states for a while, and my views on slavery in the United States, of which so much has been spoken and to which many writers have done so much to contribute to a false opinion, had changed essentially in the meantime.
>
> Even if it is true on the one hand that slavery is a mark of shame clinging to Union, and that it has no has no place in the Constitution of this free land, with the moral and spiritual progress of its inhabitants, on the other hand everyone who is acquainted with the relationships of the Southern states must also confess that this is an inherited, necessary evil whose elimination would bring about the total ruin of precisely these states. I have already mentioned that the climate and the temperature in the South does not allow the working of the soil by whites in the hot summer months, precisely when the cultivation of cotton – this greatest staple crop of North America – takes place, so that whites must flee to the North, precisely when the Negroes can pursue their labors in full health. Some might object that the same work could be done as well by free Negroes, so that slavery is not a [327] necessary condition for the existence or flourishing of the Southern states. The response to this is first, that slaves are an inherited property and comprise the greater part of the wealth of its owners. The total number of slaves in the United States might currently amount to 2.800,000; if you figure an average of $500 per head, their total value is $1,400,000,000. Who could compensate the inhabitants of the South for the loss of this enormous sum? – Second, the Negroes stand far below the level of human development that could be expected of them to function as a free people to which they are now held through the strictest discipline and moral force of their owners. With the inborn hostility of the blacks against the whites it is to be feared that particularly there, where the former make up the majority of the population, the latter are in continual peril of losing their property, even their lives, in which the horror scenes of St. Domingo could be repeated far too often.

---

31 *von Gerstner*, fn. 2, 326–329.

So far as the slaves themselves go, the concepts that we have of their situation and their relationship to the owners is completely wrong. There could be perhaps, as is the case everywhere, some examples of spreading false rumors, but these are in general very rare. I [328] have had some occasion to convince myself on plantations the good position the slave has to his owner. His necessities of life are properly cared for, he has his pay, his food, and his clothing, and many of our peasants are in far greater need, are abandoned to greater poverty, than is the case with slaves. So far as that correctly-praised good of freedom goes, which offers itself as a substitute for everything, in order to evaluate this requires intellectual force and moral education that is totally missed with Negroes, and the latter of which they are not able to achieve with instruction applied with all possible effort, since they are a human race that remains behind the whites in intellectual terms. In all of nature, in the realms of minerals, plants, and animals, we find a certain gradation, and this is found as well with people. I recall that when I went out alone for the first time in Petersburg, I was utterly shocked by the apelike physiognomies that I encountered here on the street. Most Negroes are held in a regulated life and to work in discipline and order by the moral force of their master. If they become free, they fall into their previous situation of rawness, or they feel very unhappy. In Kentucky, a Negro who had become free returned to his master [329] and demanded that he take him back into his service, remarking that he had never been so happy in his life than during the period of service of his master. Such cases are not at all rare here.
The fact that slavery will eventually be eliminated in Virginia and Maryland is because the population is rising and the cultivation of tobacco can be done very well by whites. Slavery will be abolished similarly in other states except in those whose climate makes it impossible for whites to work in the open air, and these states would separate from the Union rather than give up their rights to own slaves.

The Mississippi below the Ohio was a filthy and dangerous river:[32]

The Mississippi is a broad, majestic, well-watered stream, in comparison to which the Danube and the Rhine entirely vanish; it is just too bad that its water is so turbid and un-transparent, of which the sole cause is the opening above St. Louis that contributes all the mud. So far as the grandiose scenery on the Mississippi goes, of which I had read so much in the travel narratives, I could not find it at all, for the banks are mostly flat and covered with forest, seldom rising to a significant height. What perhaps had given a certain magic to the mood of travelers was the deep, uninterrupted silence of the terrifying wilderness through which the enormous mass of water moved, where you only caught a momentary glimpse of a half-savage woodcutter, an alligator, etc. This charm of the wilderness has, however, already largely vanished in recent years through the many steamboats competing, particularly on the stretch from New Orleans to Louisville, and of which we encountered hundreds on our journey.

32 Ibid., 359–360.

> Shipping on the Mississippi is not only dangerous because of explosions of steam engines, but also because of "sawyers" and "planters." [360] The former are trees torn from the banks through the power of water, falling into the river, with their tip always following the course of the water. The shipmen must watch out not to run onto these "sawyers," since they can easily split the ship or cause leakage. The "planters," of which there are not as many as earlier, since the Mississippi has been cleared of many of them by steamboats with their own machinery, are trees that have fastened themselves to the bottom and stand upright in it; they threatened disaster to many ships because their top was covered with water and thus invisible to the shipman.

The von Gerstners enjoyed meeting with Henry Clay, Abraham Lincoln's ideal politician, and his wife, in his home in Lexington, Kentucky.[33]

> The following morning, I had the pleasure of seeing Mr. [Henry] Clay, the celebrated Senator from Kentucky, as a guest. My husband had already passed an evening with him before our excursion to Pleasant Hill, [386] and he invited us in a very friendly manner to visit him that afternoon on his farm. We followed the invitation, and I made the acquaintance of Mrs. Clay, who is a very simple, pleasant lady; she has, as she told me, some married sons and several grandchildren. She had lost all her daughters, and she still felt their loss seriously. Mr. Clay's farm is very fine, and the building very fashionable and comfortably furnished. Mrs. Clay has a special preference for the farm, and she oversees its management entirely alone with much technical knowledge. We passed the evening very pleasantly, the conversation dealt with several interesting subjects, but it only seemed to me that Mr. Clay avoided speaking of the politics of his country as much as possible.

Clara von Gerstner was delighted to discover what had been Mrs. Fanny Trollope's "first American department store" in Cincinnati, Ohio:[34]

> When I went out for the first time in Cincinnati, I became intrigued by a large building of an entirely peculiar style; at once I recalled the bazaar that Mrs. Trollope had built here a few years ago, and my suspicions were confirmed. Fortunately there was a fair going on there, and so we entered to see the interior of this remarkable building more closely. In the lower large hall, as in the chambers upstairs, there were many embroideries and a mass of artistic creations of the fair displayed for purchase, and in the upper rotunda there were many paintings, from which you saw that the Americans have still not gone far in the fine arts. As I heard later, there were occasionally festival balls in the great lower hall of the bazaar, but otherwise it was not used at all.

---

33 Ibid., 385–386.

34 Ibid., 397–398; Frances ["Fanny"] Milton Trollope, 1779–1863, went to America in 1827 to join a Utopian community, then lived in Cincinnati until returning to England in the early 1830s. Her travel account, *Domestic Manners of the Americans* (1832), painted a comically critical picture of the people and country. Her son Anthony Trollope would be a major novelist.

THE BAZAAR, BUILT BY MRS. TROLLOPE, 1829, PURCHASED BY THE OHIO MECHANICS' INSTITUTE, 1839,

In an obvious effort to travel by every possible variety of American transportation, the Gerstners undertook to pass over the Alleghenies by means of inclined planes and proceed along a functioning canal in a canal boat before returning to the railroads:[35]

> On 17 July in the morning at 7 o'clock we reached [418] Johnstown and left the boat in order to travel on the Portage Railroad across the Alleghany Mountains. Of all the railroads I have ridden in the United States, this seemed to me the most grandiose and clever and claimed my attention the most. I stood with my husband with one of the engineers and several gentlemen in the front of the wagon on a platform, looking with astonishment at the unending height over which we were to be drawn to the peak of the Alleghany Mountains on the five steep inclines, one after another, and thought with a shudder the many human lives that were entrusted to a breakable cable. As they said to me, during the night no traveling on the line was done, and every morning the cables are first precisely examined. We had breakfast at the summit of the Alleghany Mountains, for which I had lost my appetite when I thought of the journey to Hollidaysburg, to which we would be lowered into an

35 Ibid., 417–418.

> even greater depth than the elevation we had just completed. Soon the bold trip through the air was over, and at 12 o'clock we were at the foot of the Alleghany mountains in Hollidaysburg, and we directly got into a canal boat to go on with it to Harrisburg. On 19 July at 6 o'clock we reached this city.

Since F. A. von Gerstner's tour of the United States was cut short by his chronic ill health, which led him back to Philadelphia and to a seashore "cure" at Cape May, New Jersey, the part of the United States he actually saw consisted of the region of the Erie Canal (in the dead of winter), the Mississippi and Ohio Rivers, the environs of Boston and Philadelphia, but primarily the slave-owning South. Here Clara von Gerstner experienced a real transformation of her previous feelings on encountering slavery and the economy of the "Deep South."

Clara von Gerstner arrived in America with a preconceived horror of slavery as an evil institution, and the ubiquitous presence of Negroes as servants on a troubled Atlantic crossing in winter and in New York City was novel and disturbing to her. When she first came to deal with slavery in the "Border South," in Baltimore, she was offended when she happened upon an auction of household goods that incidentally included a young female slave.

There is a brief moment when she visits a convent of black nuns in Baltimore, conversing with one of the nuns in French, and recording her fascination with their clothing and exotic appearance. Then her attention shifts to a convent of white nuns, and the experience of a female community in an idyllic if sheltered world.

But in Maryland and northern Virginia, she felt that she was viewing a slave regime in the process of dissolution. Slaves were being "sold south," slaveholding seemed to be dwindling, and the promise of resettlement of former slaves in Liberia might just bring the institution to an end in a region where poor white people could be used to raise tobacco and other local crops. In Charleston, she encountered the leaders of the South still mobilized in a "commercial convention" in the aftermath of the Nullification Crisis of a few years before, and she heard the young Alexander Hamilton Stephens (future Vice President of the Confederacy) excoriating the gathering for their lack of substantive action[36] [296]. Soon she would integrate this with the notion that the soils of cotton plantations produced noxious miasmas that only Negro workers could tolerate during the summer months. During this period of the year, when almost the entire planter class migrated to the North to escape contagion, slaves were left to the tender mercies of the equally marginal white "overseer class."[37]

36 Ibid., 296.

37 Ibid., 299–304. "Most West Africans have complete resistance to *Plasmodium vivax* because their [Red Blood Cells] lack the Duffy blood group ... many African

> The principal staple product of the United States consists of cotton, producing for it an annual income of $80 to $100 million. — Cotton plantations are limited to the thirty-fifth degree of longitude, which is also the state borders of South Carolina, Georgia, Alabama and Mississippi. These four states, along with the more southern Florida, Louisiana, and a portion of Arkansas, are those states where the entire production of this vital article takes place.
> Cotton is produced in regions where poisonous exhalations ordinarily take place, so that for this reason it is planted and nurtured entirely by Negroes, since most white people would find their death there. Fevers of various types, including the almost annual Yellow Fever, prevail in these regions from June to October. Most planters flee into the mountains or travel to the north of the Union, and only a few whites remain behind to lead their work, particularly the overseeing of blacks. Only at the end of October do the planters return to their homeland, finding there the ripe fruit of the labor of their Negroes.

The America Clara von Gerstner observed was a society in rapid and visible reorganization, with the remnants of the Native American tribes being moved to the West, doomed to be pushed again ever further by advancing white farmers. In her eyes, the Border South would soon have many fewer Negroes and might even abandon slavery, and only the Cotton South would remain as the core of probable future secession from the American Union.

But Clara also saw positive things about the South besides the beauty of its flowers and its trees draped with Spanish moss. She enjoyed Negro singing, and when dressed in their Sunday best she thought them delightful to observe. She came to the conclusion that white people in the North had done their best to segregate Negroes out of their lives, while people of the South interacted with them more openly and humanely.[38] She still felt that Negroes were incapable of more than marginal improvement, but in this she remained what she had always been, a European aristocrat in America observing the lower classes from a superior position.

In the final phase of her journey, she sought to settle down and create a home for herself, her ailing husband, and her new daughter, whom she had had baptized with the name of her favorite American town, Philadelphia. We see her trying to hire servants and keep them subordinate, although it was difficult to get the kind of servants-for-life that she expected in her heart as a noble. She was distressed by the fact that the many newspapers she and her husband felt compelled to peruse every morning came to the table only after they had been read by "the help."[39]

Americans are resistant [to Malaria]": The Merck Manual of Diagnosis and Therapy, 18th edition, Whitehouse Station, NJ 2006), 1577, explaining a racist interpretation without justifying it.

38 *von Gerstner*, fn. 2, 108, 226, 273.

39 Ibid., 447.

> I had hardly begun my first household, for which I had longed so much, and having the unspeakable joy of untroubled family life at the side of my beloved spouse, when it was destroyed suddenly, and with it my loveliest hopes. My good husband suddenly took ill as a result of excessive intellectual stresses, and neither the greatest concern and care, nor the recognized ability of famous physicians, could restore his health to my husband, whose sole effort consisted of being useful to the common operation of civil society. He died a victim of his own excessively pursued energy and overmuch activity, in the bloom of his years, and for the world and his extensive circle of influence, much too soon.
> I will be silent about my own pain, which no pen can describe and no words express. Whoever has been in a similar place — when her most beloved, her all, from whom she thought she would never be separated, is suddenly torn away — will understand me. — The sad duty that I had to fulfill as a wife was still a painful consolation, because it has kept me in connection with the best friends of my beloved; as these obligations were fulfilled, the entire magnitude of my loss was even more alive before my soul, and with a shattered heart I departed a country which I had entered so happy and full of the most wonderful hopes for life, and whose soil now encloses in itself my most precious jewel on this world!

The death of Franz Anton Ritter von Gerstner on 12 April 1840 cut his wife's life in America short, and she departed for Europe soon after burying her husband in Philadelphia, where local railroad enthusiasts have seen to maintaining and eventual replacing his stone marker. While she had come to America on the largest of seagoing steamships, she would return on a small sailing ship, a packet boat from Philadelphia to Liverpool, with a ticket that was half the price of steamer passage.[40]

At the end of this exhaustive, complex little book, Clara von Gerstner itemized every trip she had taken from Bristol to America, all the way around America, and back to Liverpool, with the dates, distances and fares paid. Then she vanished from sight.

---

40 Ibid., 455, the statistical summary of her travels.

Marie Sandström, Stockholm

„Ein Mann aus einem Guss". Ernst Landsberg über Friedrich Julius Stahl

Abstract: Friedrich Julius Stahl was a leading 19th-century legal philosopher and constitutional lawyer. Legal historians in Germany have doubtless contributed to the strikingly critical appraisal of Stahl's works. By dismissing them as speculative, orthodox and/or dated, they have created the impression of Stahl as an outlier within the Historical School of jurisprudence. Even Ernst Landsberg, a legal scholar with generally sound judgment, promoted this negative and ambiguous characterization of Stahl. In this essay, the hypothesis that an "overly" historical approach to the interpretation of Stahl's works is one of the root causes behind his exceptionally "bad press" will be presented and discussed. An exaggerated focus on the historical person Stahl may, in fact, stand in the way of a more nuanced assessment of the man and his legacy.

Am 29. November 2005 beschloss der Berliner Senat – „wegen fehlender Voraussetzungen" – dem Grab Friedrich Julius Stahls den Ehrengrab-Status abzuerkennen. Ehrengrabstätten sind, laut der Ausführungsvorschriften zu § 12 Abs. 6 Friedhofsgesetz, Ausdruck der Ehrung Verstorbener mit besonderen Verdiensten, d.h. Persönlichkeiten, die hervorragende Leistungen mit engem Bezug zu Berlin vollbracht oder die sich durch ihr überragendes Lebenswerk um Berlin verdient gemacht haben. Im Falle Stahls fragt es sich, worin die fehlenden Voraussetzungen eigentlich bestehen, denn er ist, neben Friedrich Carl von Savigny, einer der wichtigsten Theoretiker der Historischen Rechtsschule.[1] Außerdem fand ein großer Teil seines Wirkens in Berlin statt; im Jahre 1840 wurde er als Professor der Rechtsphilosophie, des Staatsrechts und des Kirchenrechts nach Berlin berufen und blieb bis zu seinem Tod an der Universität tätig. Das allein, könnte man annehmen, sollte den Ehrengrabstatus gewährleisten. Dazu kommt aber, gemäß den Ausführungsvorschriften, ein zusätzliches und unabdingbares Kriterium, nämlich, „dass das Andenken an die Persönlichkeit in der allgemeinen Öffentlichkeit fortlebt". Es wird sogar gefordert, dass das in der allgemeinen Öffentlichkeit festgestellte fortlebende Andenken an die verstorbene Persönlichkeit auch über das Jahrhundert hinaus zu erwarten ist. Die Frage ist also, ob Stahls Denken nur der geschichtlichen Vergangenheit angehört und sein Grabmal deshalb im Jahre 2005 seinen Ehrenstatus nicht länger verdiente.

---

1 *Jan Schröder*, Recht als Wissenschaft. Geschichte der juristischen Methode von Neuhumanismus zur Historischen Schule, C. H. Beck, München 2003, 191.

I Ernst Landsberg und die historische Person Stahl

Stahls Vermächtnis ist in der Tat sehr unterschiedlich beurteilt worden. Schon zu seinen Lebzeiten und bis in der Gegenwart stellt Stahl, sowohl durch sein Denken als auch sein Wirken, eine kontroverse Persönlichkeit dar. Seine Herkunft – er stammte aus einer jüdisch-orthodoxen Familie und konvertierte im Jahre 1819 zum Protestantismus – spielt dafür sicherlich eine gewisse Rolle. Bei Carl Schmitt, der im Allgemeinen behauptete, dass „jüdische Meinungen in ihrem gedanklichen Inhalt nicht mit Meinungen deutscher oder sonstiger nicht-jüdischer Autoren auf eine Ebene gestellt werden"[2], ist die wissenschaftliche Kritik gegen „Stahl-Jolson" mit explizit antisemitischen Sentimenten vermischt worden. Aber selbst abgesehen von solchen Extremen droht öfters die historische Person Stahl den Inhalt und die Auswirkung seiner Werke zu überschatten, egal ob es sich um Kritik oder Lob handelt. Ein gutes Beispiel dafür bietet der normalerweise zuverlässige „Geschichtsschreiber der deutschen Rechtswissenschaft"[3], Ernst Landsberg, dessen differenzierte Charakteristik des Wissenschaftlers und Politikers Stahl im Folgenden gipfelt:

> „ ...bürgerlich einfach in seinen Sitten, peinlich höflich gegen Jedermann, fein und liebenswürdig im näheren Umgange, und von unermüdlichem Fleiß; in gewählter schwarzer Kleidung den Eindruck des vornehmen juristischen Professors demjenigen des Geistlichen annähernd; ohne Pathos, aber mit scharfer Stimme redend; so bildete der ein stilles und glückliches Familienleben führende, kleine, zarte, den Typus seiner Abstammung in der äußeren Erscheinung deutlich aufweisende Mann gegen die Mitglieder der Partei, deren führender Geist er zu Lebzeiten gewesen und deren geistiger Heros er geblieben ist, einen Gegensatz von geradezu weltgeschichtlicher Ironie."[4]

In diesem lebendigen, wenngleich skizzenhaften Porträt tritt die historische Person Stahl deutlich hervor: ein bürgerlich-bescheidener, tief religiöser und rastlos fleißiger Mann, der, seiner Stellung und seines Einflusses zum Trotz, als ewiger Sonderling erkannt worden ist. Dieser Verfremdungs- oder Distanzierungseffekt entsteht vor allem – unzweifelhaft bei Ernst Landsberg, der übrigens selbst jüdischer Herkunft war – durch die Formulierung von drei „Stahl-Bildern": der eifrige Konvertit, der spekulative Philosoph und

---

2 *Carl Schmitt*, Das Judentum in der Rechtswissenschaft [Rede], in: Das Judentum in die Rechtswissenschaft, 1. Die deutsche Rechtswissenschaft im Kampf gegen den jüdischen Geist, Deutscher Rechts-Verlag, Berlin 1936, 31.

3 *Otto von Gierke*, Rez. von Ernst Landsberg, Geschichte der deutschen Rechtsgeschichte, Abt. 3, in: Zeitschrift für Rechtsgeschichte (ZRG), Germanistische Abteilung 32/1911, 365.

4 *Ernst Landsberg*, Friedrich Julius Stahl, in: Allgemeine Deutsche Biographie, Bd. 35, Duncker & Humblot, Leipzig 1893, 400.

„der politische Professor der Konservativen“[5], die in Landsbergs Stahl-Darstellung hochpräsent sind. Es handelt sich hier um Darstellungsweisen mit deutlich stereotypische Zügen, die die Persönlichkeit Stahls gleichzeitig hervorzuheben und zu verschleiern scheint.

Hier wird aber nicht behauptet, dass diese Bilder an und für sich unwahr sind: Mit siebzehn Jahren ist Stahl tatsächlich zum Protestantismus konvertiert und hat deshalb seinen Namen von Jolson zu Stahl gewechselt. Er war sowohl Mitbegründer als auch Programmgeber der Konservativen Partei Preußens und widmete einen beträchtlichen Teil seines Lebens – vor allem nach 1848 – der Politik. Das „Werk seines Lebens“[6] trägt mit Recht den Titel „Die Philosophie des Rechts“. Dessen Zweck sei nämlich, „das Innerste der geschichtlichen Richtung aufzudecken“, d.h. „die Ansicht über das Gerechte“, denn „ihr Kern ist aber unmöglich, wie man anzunehmen pflegt, die Ansicht über das Faktische, wie das Recht entsteht; sondern nur die über das Ethische, wie es entsteht, welchen Inhalt es erhalten soll …“.[7] Der spekulative Charakter dieser Arbeit wird also vom Verfasser selbst explizit bestätigt.

Es geht weder um die Frage nach dem allgemeinen rechtsgeschichtlichen oder rechtswissenschaftlichen Wert solcher Charakterisierungen. Mit dem wissenschaftlichen Streben nach Verallgemeinerung ist allerdings die Gefahr, in Stereotypen zu verfallen, eng verbunden, aber nicht jede Verallgemeinerung muss ein Stereotyp sein. In dieser Arbeit wird vielmehr die Fragestellung verfolgt, inwieweit Landsberg diese Bilder als eine Art Vorverständnis für die Auslegung von Stahls Schriften benützt habe. Hat er, neben oder sogar statt der „Wahrheit“ des Textes, den drei Stahl-Bildern eine selbstständige Bedeutung in der Auslegung und Bewertung der Werke zugemessen? Wenn das der Fall wäre, muss weiters angenommen werden, dass aus dieser Wahl – Stahls Werke aus dem Blickwinkel solcher biographisch-historischer Typen zu verstehen, zu interpretieren und zu beurteilen – hermeneutische Konsequenzen unausweichlich sind. Im Folgenden wird deshalb, freilich nur skizzenhaft, die Verbindung zwischen den drei Stahl-Bildern und Landsbergs Auslegung der akademischen Schriften Stahls kritisch überprüft.

5 *Johann Baptist Müller*, Der politische Professor der Konservativen – J. F. S. (1802–1861), in: Hans-Christof Kraus (Hrsg.), Konservative Politiker in Deutschland. Eine Auswahl biographischer Porträts aus zwei Jahrhunderten, Duncker & Humblot, Berlin 1995, 69–88.

6 *Landsberg*, wie Fn. 4, 392.

7 *Friedrich Julius Stahl*, Die Philosophie des Rechts nach geschichtlicher Ansicht, Bd. I, J. C. B. Mohr, Heidelberg 1833, XI.

II Der spekulative Philosoph Stahl

In der dritten Abteilung von Landsbergs „Geschichte der deutschen Rechtswissenschaft" wird Friedrich Julius Stahls Denken und Wirken unter dem Titel „Spekulation" dargestellt.[8] Es besteht der Eindruck, es handele sich um eine Art rechtsgeschichtlicher Überreste: Denjenigen Schriftsteller, die von der Darstellung der Frühblütezeit der Historischen Rechtsschule selbst übrig geblieben sind, werden unter verschiedenen Etiketten – Spekulation, Positivismus und Mittermaier – geordnet. Ironischerweise wird Stahl auf diese Weise mit seinen Gegnern – Friedrich Hegel und Eduard Gans – verbunden und, noch erstaunlicher, von Savigny, dem Gründer der Historischen Rechtsschule, deutlich abgesondert. Landsbergs Entscheidung, Stahl sozusagen „am Rande" der Historischen Rechtsschule einzuordnen, ist jedoch alles andere als zufällig: Schon der Titel von Stahls Hauptwerk enthüllt nämlich, nach Landsberg, die Eigenart seines Denkens, die ihn nicht nur von Savigny trennt, sondern ihn als rechtswissenschaftlicher Einzelgänger charakterisiert: „Stahl hat sein Hauptwerk selbst betitelt als ‚Die Philosophie des Rechts nach geschichtlicher Ansicht'. Er hat davon den ganzen ersten Band der Geschichte der Rechtsphilosophie gewidmet und diesen wiederum bezeichnet als ‚die Genesis der gegenwärtigen Rechtsphilosophie'."[9]

Selbst Stahls Hervorhebung der geschichtlichen Qualität seiner Philosophie führt aber, nach Landsbergs Meinung, in die Irre: „So ist in weiteren, namentlich juristischen Kreisen, wo man bei ‚geschichtlicher Ansicht' stets nur an die geschichtliche Schule Savignys zu denken gewohnt ist, die Annahme entstanden, Stahl sei eigentlich der Rechtsphilosoph dieser Schule, müsse insofern geradezu als ihr angehörig betrachtet werden. Dem ist jedoch keineswegs so."[10] Die Begründung dafür fand er in dem Einfluss von der, „Savigny fremd gebliebenen"[11], Spätphilosophie Schellings auf Stahls Geschichtsauffassung[12], denn: „Für Stahl ist die Geschichte so wenig wirklich die Genesis einer zutreffenden Rechtsphilosophie, dass vielmehr jener

---

8 *Ernst Landsberg*, Geschichte der deutschen Rechtswissenschaft in: Geschichte der Wissenschaften in Deutschland. Neuere Zeit, Bd. 18, 3. Abt., 2. Halbbd., R. Oldenbourg, München-Leipzig 1910, 370–375.

9 Ebda, 371.

10 Ebda.

11 Ebda.

12 Siehe *Stahl*, wie Fn. 7, V: „Vor allem ist es der eine Grundgedanke seiner jetzigen Ansicht, der mich von nun an in allen meinen wissenschaftlichen Bestrebungen förderte. Mit diesem Grundgedanken, dem Begriff der geschichtlichen Ansicht selbst, den Schelling am Anfange seiner Vorlesungen in wenigen Zügen mit einer das Innerste durchdringenden Klarheit und Gewalt hinstellte, beginnt überhaupt eine neue Aera der Philosophie."

sein geschichtlicher Band bestimmt ist, die Unhaltbarkeit aller bisherigen Anschauungen nicht nur aus ihren Einzelheiten, sondern aus ihrer rationalistischen oder spekulativen Grundrichtung und als Folge derselben zu beweisen; der zweite Teil führt dann die Rechts- und Staatslehre auf durchaus geschichtlich zusammenhangsloser, von Stahl neu gelegter Grundlage auf"[13]. Demgemäß kann die „geschichtliche Ansicht" nicht eine objektive Darstellung der Rechtsgeschichte beabsichtigen; sie besteht vielmehr aus dem Lernprozess einer überhistorischen Vernunft, die rastlos Prinzipien überprüft, verwirft oder entwickelt mit „allen Mitteln der Dialektik"[14]:

> „Die Philosophie der neueren Zeit soll hier als eine große geistige Entwicklung erscheinen, in der jeder Schritt durch die vorhergehendenden motivirt ist, jeder Gedanke im Mittelpunkt durch alle Sphären dringt, und wie bey organischen Erzeugnissen erst die Frucht aufklärt, wohin es im Keime abgesehen war. Darum habe ich gewöhnlich schon bey das Ende angedeutet, und hinwieder die späteren Epochen an den Bestrebungen des Anfangs beleuchtet. Dass so die innern Triebfedern des Fortgangs sich aufhellen, die Annahmen und Systeme naturgemäß in einander greifen, ist die Gewähr, welche ich für die Richtigkeit der Darstellung suchte."[15]

Hier „handelt es sich" aber „um einen Anwendungsfall weit mehr des Hegelschen als des savignyschen Geschichtsprinzips", denn: „Die Geschichte wird nicht um ihrer selbst willen mit treuer Hingabe an den Stoff erforscht, sondern sie wird zugunsten eines von vornherein feststehenden Zieles in dessen Dienst gezwungen"[16]. Gerade auf diesem Punkt wird Stahl, als spekulativer Philosoph, von Savigny und der Historischen Rechtsschule getrennt und gleichzeitig mit Hegel verbunden. Die Konklusion – Stahls „geschichtliche Ansicht" und das „Geschichtsprinzip" Savignys seien in der Tat rechtsgeschichtliche faux amis – ist jedoch auf fragwürdige Prämissen gebaut: Stahl wies selbst darauf hin, dass erst die Überwindung des hegelschen Systems den Weg für die Entwicklung eines selbstständigen Systems freigemacht habe.[17] Der entscheidende Einfluss auf seine „geschichtliche Ansicht" hat er vielmehr einem anderen Philosophen zugeschrieben; mit „dem Begriff der geschichtlichen Ansicht selbst" habe Schelling eine neue Ära der Philosophie begonnen, die zugleich einen Wendepunkt in Stahls Lebensbahn bildete.[18] Ferner muss gefragt werden, inwiefern selbst Savignys Geschichtsauffassung den Forderungen Landsbergs nach einer objektiven Darstellung der

13 *Landsberg*, wie Fn. 8, 371.
14 Ebda.
15 *Stahl*, wie Fn. 7, XIVf.
16 Ebda.
17 Ebda, VI.
18 Wie Fn. 7.

Geschichte entspricht, die nur um ihrer selbst willen und mit einer absoluten Hingabe an den Stoff erforscht wird.

Es erscheint zumindest fragwürdig, dass gerade Savigny, dem „Begründer der modernen juristischen Hermeneutik“[19], ein derart naiver historischer Objektivismus zugeschrieben werden kann. Manches spricht auch dagegen: In der zweiten Auflage von Savignys Streitschrift „Vom Beruf unsrer Zeit für Gesetzgebung und Rechtswissenschaft“ richtete der Verfasser scharfe Kritik gegen Anselm Feuerbachs „Ansicht der Geschichte“, die er „befremdend“ fand. Laut Feuerbach sollte nur wenig von der Geschichte erwartet werden, denn sie kann nur eine einzige Frage beantworten, nämlich „wie etwas nach und nach geworden“ sei; „wie und was dieses etwas sey, lehrt die Geschichte“ aber nicht. Folglich ist „alles, was der Geschichte angehört, ... schon dem Leben abgestorben“.[20] Nach Savigny habe der Jurist in diesem Zusammenhang aber kaum eine Wahl, denn: „ Ist es denn möglich, die Gegenwart eines organischen Zustandes, anders zu begreifen, als in Verbindung mit seiner Vergangenheit, d.h. anders als auf genetische Weise?“[21]

In „Die Philosophie des Rechts“ widerlegt Stahl Feuerbachs Sicht, die Vergangenheit sei bloß ein „Produkt, das einmal entstanden, gar nichts mehr mit jener Ursache zu thun hat, in der Rechtsübung aber kommt es ja gewiss nur auf das Jetztige, Geltende an“, denn die Vergangenheit ist eben nicht „blos transitorische, sie ist immanente Ursache der Gegenwart, sie ist *als* Vergangenheit, als das was sie war, noch in ihr enthalten“.

Damit wird nicht nur die ontologische Abhängigkeit der Gegenwart von der Vergangenheit unterstrichen; hier kommt vielmehr – und vor allem – das Erkenntnisinteresse der Historischen Schule zum Ausdruck: Die Vergangenheit sollte eben nicht um ihrer selbst willen, d.h. voraussetzungslos oder „objektiv“, studiert werden, sondern das geschichtliche Studium müsse dem Interesse der Gegenwart unterworfen werden. Nur durch die strenge historische Methode – „wodurch sich von selbst das, was noch Leben hat, von demjenigen absondern muß, was schon abgestorben ist, und nur noch der Geschichte angehört“[22] – wird die Herrschaft der Vergangenheit über die Gegenwart gebrochen, denn:

---

19 *Benjamin Herzog*, Anwendung und Auslegung von Recht in Portugal und Brasilien: Eine rechtsvergleichende Untersuchung aus genetischer, funktionaler und postmoderner Perspektive. Zugleich ein Plädoyer für mehr Savigny und weniger Jhering, Mohr Siebeck, Tübingen 2014, 230.

20 *Friedrich Karl von Savigny*, Vom Beruf unsrer Zeit für Gesetzgebung und Rechtswissenschaft, J. C. B. Mohr, Heidelberg 2. Aufl. 1840, 169.

21 Ebda.

22 Ebda, 117f.

> „Dieser überwiegende Einfluß des bestehenden Stoffs also ist auf keine Weise vermeidlich: aber er wird uns verderblich seyn, solange wir ihm bewußtlos dienen, wohlthätig, wenn wir ihm eine lebendig bildende Kraft entgegen setzen, durch historische Ergründung ihn unterwerfen, und so den ganzen Reichthum der vergangenen Geschlechter uns aneignen. Wir haben also nur die Wahl, ob wir wollen, nach Baco's Ausdruck, sermocinari tamquam e vinculis, oder ob eine gründliche Rechtswissenschaft uns lehren soll, diesen historischen Stoff frey als unser Werkzeug zu gebrauchen: ein drittes giebt es nicht."[23]

Nach der praktischen Aufgabe der Rechtswissenschaft, das ist die Beherrschung des juristischen Stoffs durch Systematisierung, müsse, laut Savigny, der Schwerpunkt der geschichtlichen Analyse von einem Studium der Vergangenheit zur Frage der Historizität des positiven Rechts wechseln. Demzufolge werde aber die epistemologische Grenze zwischen dem Sein, den „objektiven" Fakten der äußeren Rechtsgeschichte, und dem Sollen des geltenden Rechts überschritten. Die strenge historische oder genetische Methode setzt also ein emanzipiertes Erkenntnissubjekt voraus, das eine reine Objektivität in der Erkenntnis weder denken noch ertragen könne. Nur mittels Dialektik war diese Entgegensetzung in wissenschaftlicher Einheit aufzulösen.

Die von Landsberg konstruierte Auseinandersetzung zwischen den Savignyschen und Hegelschen Geschichtsprinzipen – und damit dem Verständnis „der geschichtlichen Ansicht" Stahls[24] führt zum Ergebnis, dass er den Einfluss des nachkantischen Idealismus – insbesondere Schelling – auf Savigny systematisch unterschätzt habe. Es wäre jedoch ein Irrtum anzunehmen, dass Landsbergs Kritik an Stahl in erster Linie auf eine geschichtsphilosophische Streitfrage zielte. Nicht einmal der Mangel an einer, nach Landsberg, objektiven, geschichtlichen Basis für Stahls Hauptwerk „Die Philosophie des Rechts" könne seinen Sonderling-Status begründen. Es handelt sich vielmehr um die Triebkraft hinter Stahls vermeintlich ahistorischen Methode, die Genesis der gegenwärtigen Philosophie festzulegen:

> „... es wird auch manche Einzelheit über manchen Rechtsphilosophen mit tiefer Sacherkenntnis und feinem Geist beigesteuert: aber das Ganze ist doch nur dazu bestimmt, die absolute Leere zu schaffen, die nach Stahl auch von der geschichtlichen Rechtsauffassung, mag sie sonst noch so berechtigt sein, mangels philosophischer Grundlage, nicht ausgefüllt werden kann. In diese Leere tritt dann der persönliche Gottesglaube und der christliche Offenbarungsglaube für Stahl als Grundlage seiner Welt-, Staats- und Rechtsauffassung ein."[25]

---

23 Ebda, 113.

24 Landsberg gab allerdings zu, dass Stahls „spekulative" Art wenig mit Hegels dialektische Geschichtsprinzip zu tun hatte, siehe *Landsberg*, wie Fn. 8, 371: „Dabei ist freilich das Hegelsche Schema nicht festgehalten, sondern von Stahl durch ein eigenes ersetzt."

25 Ebda (Hervorhebung durch die Verf.).

Um Immanuel Kant zu paraphrasieren: Stahl müsse also das historische „Wissen aufheben, um zum“ moralischen „Glauben Platz zu bekommen...“[26].

III Der eifrige Konvertit bzw. der politische Professor Stahl

Aus der allmählichen Entleerung der Geschichte, was „die geschichtliche Ansicht“ Stahls eigentlich bezweckte, entstand ein Freiraum philosophischer Spekulation. Dieser Vorgang sei in der Architektur der „Philosophie des Rechts“ nachvollziehbar:

> „Daher zerfällt denn Stahls ‚Philosophie des Rechts‘ in zwei Theile; ein erster, die ‚Geschichte der Rechtsphilosophie‘ (...), ist bestimmt, die Unhaltbarkeit aller bisherigen Doctrinen nicht nur aus ihren Einzelheiten, sondern aus ihrer rationalistischen oder speculativen Grundrichtungen und als Folge derselben zu beweisen; der zweite Theil (...), führt dann die Rechts- und Staatslehre auf christlicher, das heißt hier supra-rationalistischer Anschauung auf.“[27]

Im ersten Band ist also eine geschichtliche Leere mittels philosophischer Kritik entstanden, die später – im zweiten Band – mit Stahls philosophischer Konstruktion, aufgrund subjektiver Ansichten, gefüllt werden müsse. Die spätere Aufgabe – die Bestimmung des Sollens in der Rechtswissenschaft – zu erfüllen, ist die geschichtliche Rechtsauffassung „mangels philosophischer Grundlage“ nicht imstande.[28]

Unter dem Einfluss von Schelling, in dessen „mystisch-theosophischer Epoche“[29], hat Stahl von Überzeugungen „positiv den vollständigsten wissenschaftlichen Gebrauch zu machen – und zwar ohne Beweis, lediglich auf Grunde eben dieser Ueberzeugung hin, nachdem nur durch Widerlegung anderer Ansichten freier Raum geschaffen ist“[30]. Wenngleich Stahl „in seinen politischen und kirchlichen Anschauungen sich demjenigen vieler Hauptvertreter der historischen Schule stark nähert“, ist er, nach Landsberg, „weit über sie hinaus in durchweg persönlichster Selbstständigkeit“[31] vorgegangen: „Wie dem aber auch sein mag, die Geschichte der positiven Rechtswissenschaft kann unmöglich den Ideengang Stahls auf diesen rechtsphilosophisch theosophischen Gebieten verfolgen“[32].

---

26 *Immanuel Kant*, Kritik der reinen Vernunft, Johann Friedrich Hartknoch, Riga 2. Aufl. 1787, 19.

27 *Landsberg*, wie Fn. 4, 392.

28 Ebda.

29 Ebda.

30 Ebda.

31 *Landsberg*, wie Fn. 8, 372.

32 Ebda.

Von diesem Punkt aus kehrte Landsberg sich allmählich von dem akademischen Schriftsteller und Lehrer Stahl ab; an seiner Stelle trat vielmehr der Verfasser von Flug- und Streitschriften, Pamphleten und zahllosen Reden hervor. Es wäre jedoch falsch anzunehmen, dass Landsberg dabei beabsichtigte, die zwei Erscheinungen Stahls – der Professor und der Politiker – voneinander zu trennen; das Gegenteil war der Fall. Bei Stahl sei nämlich, laut Landsberg, Denken und Wirken eins: „Ueberblicken wir schriftstellerische und politische Thätigkeit Stahls, so steht er vor uns als Mann aus Einem Guß, dessen erstes Werk mit seinem letzten, dessen Theorie mit seiner Praxis einheitlich zusammenklingen."[33] Die Aufmerksamkeit wurde deshalb auf das politische Wirken Stahls gelenkt, um die geistige Einheit zwischen Idee und Handlung nachweisen zu können; daraus folgt allerdings, dass das „Centrum seiner ganzen ‚Philosophie'" nur von den eigentümlich-historischen Verhältnissen seiner Lebensbahn – d.h. seinen Handlungen und deren Motiven – aus überhaupt zu verstehen sei.

Stahls Neigung zur philosophischen Spekulation wird also mit seinen politischen und religiösen Anschauungen und Erfahrungen verbunden. Diese Leseart hat sich z.B. in Landsbergs Auslegung von Stahls Idee der Strafe – deren rücksichtsloser Vollzug als „Gebot des Gottes der Rache" zu verstehen sei – explizit durchgesetzt; hier tritt nämlich „der starr-doctrinäre Charakter des Mannes an die Oberfläche; ihm ist persönlich wie geschichtlich sein Christenglaube direct aus dem Judenthum, unvermittelt durch griechische Philosophie, hervorgegangen; daher durchdringen ihn ungleich mächtiger als die hellenistischen die judaischen Bestandtheile des Christenthums" zusammen mit dem „confessionellen Dogmatismus vom Boden des Lutherthums"[34]. Noch häufiger wird Stahls politisches Wirken als Grund der Auslegung seiner Schriften benützt. Die Frage ist, ob diese Interpretationsmuster nur die unausweichliche Folge seiner philosophischen Spekulation – dies scheint Landsbergs Meinung zu sein – seien, oder, umgekehrt, sei Landsbergs Einschätzung, dass Stahl zu den spekulativen Philosophen gehöre, vor allem von einer historisch-subjektiven Auslegungstechnik abhängig.

Stahls Ringen mit der Philosophie ist gut belegt: In der Vorrede zum ersten Band kommt seine Ambivalenz explizit zum Ausdruck, als er seine eigene Lebensbahn in einer Mikrogeschichte der Philosophie verwandelt: Der „Mangel an Hoffnung, je durch Philosophie einen Gewinn, ein festes Resultat zu erhalten, ... hatte mich wie so viele Andere mit einem völligen Ueberdruss an aller philosophischen Forschung erfüllt, und ich zog mich ausschließlich auf das Studium des positiven Rechts zurück"[35]. Stahls momentaner Rückzug

33 *Landsberg*, wie Fn. 4, 400.
34 Ebda, 395.
35 *Stahl*, wie Fn. 7, V.

in das positive Rechts erweist sich jedoch als segenhaft, denn: „Es war die Beschäftigung mit dem positiven Rechte, die mir Fragen und Untersuchungen aufdrang, für welche ich die Lösung, ja selbst Begriff und Bezeichnung nicht mehr in ihm selbst fand, und so, ohne es zu suchen und zu wollen, in ein höheres wissenschaftliches Gebiet gedrängt wurde“[36]. Damit war sein Schicksal entschieden: Im Winter 1827–1828 hat er seine akademische Laufbahn mit Vorlesungen über die Philosophie des positiven Rechts begonnen.[37]

Stahls ambivalente Haltung der Philosophie gegenüber scheint seine Einordnung in die philosophische Spekulation seiner Zeit ernsthaft infrage zu stellen: Die Philosophie wird zunächst als Mittel der Rechtswissenschaft – „durch die Philosophie“ – überprüft und abgelehnt. Sein Interesse an der philosophischen Forschung scheint deshalb als mittelbar, d.h. es ist bedingt von dem eventuellen Nutzen für die Rechtswissenschaft. Stahls instrumentale Sicht der Philosophie erklärt zum Teil, warum seine Einstellung zum philosophischen Studium sich später änderte. Mit dem Durchbruch des späteren oder objektiven Idealismus, der vor allem die Frage der Wissenschaftlichkeit der Spezialwissenschaften gewidmet ist, entsprach das Fach letztendlich Stahls Ansprüchen an Relevanz und Mehrwert für sowohl die rechtswissenschaftliche Lehre als auch die juristische Praxis. Die Umorientierung der Philosophie war allerdings die notwendige, aber nicht zugleich hinreichende Bedingung für seine Beschäftigung mit dem Fach. Die eigentliche Triebkraft hinter seiner Entscheidung, das Studium der Philosophie nochmals aufzunehmen, entlarvt sich im Text selbst: Das Studium des positiven Rechts hat ihn dazu gedrängt.

Die hermeneutische Wahl, Philosophie nur zugunsten der Rechtswissenschaft und demgemäß als Jurist zu betreiben, deutet darauf hin, dass Stahl sich nie als Philosoph, sondern als Rechtswissenschaftler verstanden hat. Damit wäre das Erkenntnisinteresse hinter Stahls Rechtsphilosophie gleichzeitig gegeben, denn die „Fragen und Untersuchungen“, die ihn in die Philosophie drängten, sind beim Studium des positiven Rechts entstanden. Falls diese Auslegung richtig sein sollte, müssen die Motive hinter Stahls „Philosophie des Rechts“ anders verstanden werden als bei Landsberg, nach dem das Einzige, was den ersten und zweiten Band verbindet, die geschichtliche „Leere“ ist, die im ersten Band durch philosophische Kritik entstanden sei und im zweiten Band von einer Staats- und Rechtslehre, „auf durchaus geschichtlich zusammenhangsloser, von Stahl neu gelegter Grundlage“[38], erfüllt wird. Stattdessen kann angenommen werden, dass die philosophische

36 Ebda.
37 Ebda.
38 Ebda.

„Spekulation“ Stahls im zweiten Band durch das Erkenntnisinteresse der geschichtlichen Rechtswissenschaft – d.h. den Positivismus der Historischen Schule – stark beeinflusst war. Demgemäß sollten also die verschiedenen Teile von Stahls opus magnum erstens in einer bestimmten Reihenfolge, zweitens in Verbindung mit Savigny und anderen Vertretern der Historischen Schule ausgelegt werden. Der Schwerpunkt der Auslegung wechselt von Stahls Staats- und Rechtslehre – zusammen mit einer Reihe von Gelegenheitsschriften – zum zweiten Buch des zweiten Bandes – „Das Recht“ – d.h. der Darstellung von Entstehung, System und Methode des positiven Rechts. Gerade dieses Buch wurde von Landsberg aus der Auslegung praktisch ausgeklammert, weil die kritische Auseinandersetzung mit den vorangehenden Ansätzen nur in einer geschichtlichen Leere münden könne, die politische und religiöse Anschauungen einen Freiraum schafft. In der Tat führt Stahls Kritik eben nicht zu einer Leere, sondern zu einer Rechtslehre, die von derjenigen der Historischen Schule kaum zu unterscheiden ist.

Es ist viel über die vermeintliche Skepsis Savignys gegen die Philosophie gedacht und geschrieben worden.[39] In der Vorrede des zweiten Bandes erklärt Stahl, dass es – nur wenige – Männer gebe, denen „eine glückliche Gabe der Anschauung das Zergliedern der Begriffe erspart“; solchen Männern „gebührt“ allerdings „Autorität, aber nicht Nachahmung“[40]. Savigny war also ein solcher Mann, der keine Philosophie brauchte, um ihn auf den sicheren Weg der Wissenschaft zu führen, denn

> „... Savigny durfte sich der Untersuchung über die letzten Gründe des Gerechten überheben, sein Sinn leitet ihn sicher, durch eine künstlerische Kraft bildet er ganz und vollendet, wozu erst langsam allmählich die angestrengteste philosophische Forschung hinführt. Er stellte seine Ansicht der Rechtsentstehung – und daraus augenblicklich praktische Anforderungen – auf, die, wie sie von ihm dargestellt ist, ein klares Bild gewährt, und durch innere Wahrheit ergreift.“[41]

Für die Schule im Übrigen „fehlt es“ aber „an Einheit und Klarheit des Bewusstseyns, und sie dürfte verlegen seyn, sollte sie bestimmt angeben, wodurch sie sich auszeichnet“[42]; als Folge dieses Mangels an philosophischem Bewusstsein und Reflexion ist

39 Siehe *Marie Sandström*, Das dogmatische Verfahren als Muster der rechtswissenschaftlichen Argumentation, in: *Jan Schröder* (Hrsg.), Entwicklung der Methodenlehre in Rechtswissenschaft und Philosophie im 16.-18. Jahrhundert, Franz Steiner, Stuttgart 1998, 191–203.

40 *Stahl*, wie Fn. 7, VIII.

41 Ebda.

42 Ebda.

> „… bis jetzt nur eine treue Auffassung des Vergangenen oder äußerlich noch Bestehenden erreicht worden, ohne dass das Band mit den gegenwärtigen Verhältnissen und ihre Bedürfnisse erkannt wäre. Dahin führt der unleugbare Satz: dass ein unauflöslicher Zusammenhang der Zeiten besteht, wenn er schulmäßig angewendet wird."[43]

Es lag an Stahl, die philosophisch-ethische Begründung für die savignysche Ansicht der Rechtsentstehung und deren praktischen Forderungen an das Rechtssystem – d.h. „das Innerste der geschichtlichen Richtung"[44] – aufzudecken. Ihm ist aber zugleich bewusst, dass diese Begründung, trotz seiner Abhängigkeit vom positiven Recht, nicht aus einer „Ansicht über das Faktische" besteht – wie das Recht entsteht – sondern nur die über das Ethische, wie es entstehen, welchen Inhalt es erhalten soll – die „Ansicht über das Gerechte"[45]. Das ist die natürliche Folge des normativen – oder anders ausgedrückt, programmatischen – Charakters der Schule. Das, was bei Savigny weitgehend unausgesprochen geblieben ist, sollte in „Der Philosophie des Rechts" explizit und systematisch dargestellt werden. Dafür musste Stahl einen hohen Preis bezahlen, denn im scharfen Gegensatz zu Savigny, der als „Rechtsgelehrter"[46] oder höchstens als „Professor und Politiker"[47] charakterisiert wird, wurde Stahl als der spekulative Philosoph und politische Professor verstanden. Dieselbe Leseart, womit die Gelegenheits- oder Programmschriften Savignys – vor allem „Vom Beruf unsrer Zeit für Gesetzgebung und Rechtswissenschaft" – regelmäßig aus dem Kanon ausgeklammert werden, wird im Falle Stahls eher Grund einer Präsumtion.

IV Eine „kongeniale" Auslegung?

Ernst Landsbergs Wahl, die historische Person Stahl zum Maßstab der Interpretation zu machen, hat besondere hermeneutische Probleme zur Folge. Diese Lesart beinhaltet, dass die explizite Absicht des Verfassers – eine philosophisch-ethische Begründung der Lehre der Historischen Schule darzustellen– verkannt werden müsste. Vielmehr behauptete Landsberg, Stahl habe den Inhalt des zweiten Bandes – und vor allem seine Staats- und Rechtslehre – auf einer von ihm neu gelegten Grundlage entworfen. Damit ist aber Landsberg in Schwierigkeiten geraten, denn die angenommene Apartheid Stahls wird nur ausnahmsweise von der Hauptquelle, „Die Philosophie des Rechts", bestätigt. Es ist ihm auch nicht gelungen, das Hauptwerk Stahls

---

43 Ebda, IX.
44 Ebda, XI.
45 Ebda.
46 *Landsberg*, wie Fn. 4, 425.
47 *Landsberg*, wie Fn. 8, 372.

als die Apotheose des preußischen Konservativismus und der lutherischeren Dogmatik darzustellen: Vielmehr ist ihm Stahl als Staatsrechtstheoretiker ein Rätsel geblieben, denn Stahl sei, nach Landsbergs Meinung, ein „Anhänger illiberaler Verfassung, aber liberaler Verwaltung“[48]. Diese Unklarheit ist natürlich Landsberg nicht entgangen; er hat aber freilich auch anerkannt, dass Stahls geschichtliche Ansicht in der Tat öfters zu ähnlichen Ergebnissen geführt habe, als zu denjenigen der geschichtlichen Methode Savignys:

> „Das Ergebnis ist, dass Stahl in seinen politischen und kirchlichen Anschauungen sich demjenigen vieler Hauptvertreter der historischen Schule stark nähert, und dass er von allen ihm bekannten Richtungen innerhalb der positiven Jurisprudenz für die historische Schule noch verhältnismäßig am meisten Anerkennung übrig hat; dass er jedoch in allen diesen Punkten weit über sie hinaus in durchweg persönlichster Selbständigkeit vorgeht. Für ihn ist Staat und Recht nicht Erzeugnis des Volksgeistes, sondern der göttlichen Fügung und Offenbarung, ebenso wie die als andere, große, gottgewollte äußere Ordnungsanstalt danebenstehende Kirche“[49].

Dieses Zugeständnis sollte also nicht als ein Rückzug von der ursprünglichen Position Landsbergs aufgefasst werden; es handelt sich nur um eine notwendige Konzession, um den Wahrheitsanspruch des allgemeinen Urteils aufrecht halten zu können.

Es muss allerdings gefragt werden, ob eine „kongenialere“ Auslegungsweise nicht eine weniger verwickelte und widersprüchlichere Bewertung einer der wichtigsten Rechtswissenschaftler des 19. Jahrhunderts ermöglichen würde. In diesem Zusammenhang kann diese Hypothese natürlich nicht in ihrer ganzen Fülle überprüft werden, aber im Folgenden soll trotzdem versucht werden, ein anderes – freilich skizzenhaftes – Verständnis von dem Verhältnis zwischen Stahl und der Historischen Schule zu schaffen, und zwar aufgrund der Annahme Stahls, die Philosophie des Rechts sei schon bei Savigny implizit vorhanden gewesen. Sowohl der theoretische Grund – die philosophisch-ethische Grundlage – als auch der praktisch-institutionelle Ausdruck des Rechts sind also schon mit der „Begründung der historischen Schule“[50] (d.h. bei Savigny) wissenschaftlich „gegeben“.

In „Die Philosophie des Rechts“ gipfelt die Rechtsphilosophie in der Bestimmung des Rechtsbegriffs und dessen Verhältnis zur Moral. Stahl widmete deshalb dieser Frage ein ganzes Kapitel, denn eben aus diesem Punkt ergibt sich die hauptsächliche Distinktion des Rechtssystems, nämlich der Unterschied zwischen der inneren und äußeren Sittlichkeit des Menschen: Das „sittliche Handeln des Menschen scheidet sich, wie die Thatsache

---

48 *Landsberg*, wie Fn. 4, 394.
49 Ebda.
50 Ebda, 199.

zeigt, in zwei Gebiete von verschiedenem Inhalt und Charakter, das moralische und das Rechtsgebiet“[51]. Die Realisierung der inneren Sittlichkeit – die Religion und Moral – in das Rechtsgebiet bezieht sich, im Gegensatz zur Moral, auf dem Allgemeinen und Gemeinschaftlichen:

> „Das Recht ist demnach die Norm und Ordnung des menschlichen Gemeinlebens. Die Gemeinschaft – d.i. das gesammte menschliche Geschlecht, aber nach seiner natürlichen Gruppirung in Völker und bez. in kleinere Kreise – ist das Subjekt, und die Gestalt des Gemeinzustandes, als Gesammterfolg des menschlichen Handelns, ist das Objekt seiner Anforderung.“[52]

Damit ist auch das „objektive und reale Princip der Rechtsphilosophie“ gegeben: Es ist die „inwohnende Bestimmung“[53] der gemeinschaftlichen Lebensverhältnisse, die die Philosophie in der Geschichte verankert. Daraus folgt aber nicht, dass das Recht mit dem menschlichen Willen identisch sei; ja, „selbst das Bewusstseyn des bestimmten Volkes in der bestimmten Zeit“ gebe noch nicht den Inhalt einer Rechtsbildung.[54] Im Gegenteil liegt es, laut Stahl, in der Natur des Rechts, „dass es seine Realisierung und seinen Sitz als ethische Macht nicht in diesem Willen selbst hat, sondern in der bereits verwirklichten äussern (objektiven) Ordnung und Gestalt des Lebens, die aus ihm hervorging (…)“. Hierin „liegt die Positivität des Rechts“[55].

Folglich, wie das Recht die Ordnung des Gemeinlebens sei, so ist „der Staat die Anstalt seiner Beherrschung“. Erst durch die äußere Zwangsmacht des Staates ist also die besondere Qualität rechtlicher Normen entstanden, d.h. ihre normative Geltung oder Wirksamkeit:

> „Das Recht ist positiv seiner Geltung nach. Es ist nicht das rechtliche Bewusstseyn der Gemeinschaft oder vollends die Rechtsideen unmittelbar, sondern der äußere Bestand, in welchem seine bindende Kraft, und es ist namentlich eine Betrachtung des Individuums, seiner Norm rechtlich unterworfen zu werden, die noch nicht als aktueller, verwirklichter Wille der Gemeinschaft (Gesetz und Gewohnheit) besteht. Der äußere Bestand dagegen, den es einmal erzeugt hat, bindet sowohl den Einzelnen als die Gemeinschaft schlechthin durch sich selbst, auch wenn das Rechtsbewusstseyn aus dem er hervorging, sich inzwischen verändert hat, und die Gemeinschaft darf ihn nicht anders abändern als nach den Regeln seiner Abänderung, die er selbst enthält. Das Recht ist so eine selbständige, äußere Macht, gelöst vom innern Rechtsbewusstseyn der Gemeinschaft (des Volkes).“[56]

---

51 *Stahl*, Die Philosophie des Rechts nach geschichtlicher Ansicht, Bd. II, 1. Abt., 161.
52 Ebda, 162.
53 Ebda, 167.
54 Ebda, 179f.
55 Ebda, 178f.
56 Ebda, 179. Vgl. 180: „Demgemäß ist das Recht, seinem innersten Wesen nach schlechterdings positives Recht, d i. eine im äußern Leben bereits verwirklichte,

Vor diesem Hintergrund erscheint Landsbergs Aussage, Stahl habe das Recht nicht als Erzeugnis des Volksgeistes verstanden, sondern der göttlichen Fügung und Offenbarung, als mindestens allzu pauschal. Ohne die sittlich-ethische – ursprünglich religiöse – Gesinnung im Volk ist die Rechtsordnung überhaupt nicht denkbar. Das positive Recht hat also „seinen Sitz nothwendig in dem Gemeinbewusstseyn"[57] der Nation; die Geltung der Rechtsregeln ist aber vom Rechtsbewusstsein des Volkes als „juristisches (bzw. rechtswissenschaftliches) Bewusstseyn"[58] völlig unabhängig. Dies sei, nach Stahl, eben das „Princip der historischen Schule"[59] und gerade der „Übergang von innerer Würdigung zu äußerer Fixirung und Geltung ist der Begriff der Rechtsquelle"[60].

Die grundsätzliche Distinktion zwischen dem materiellen Inhalt des Rechts und dessen Form macht also, nach Stahl, die absolute, aber bisher nur implizite Voraussetzung für das Programm der Historischen Schule. Anders ausgedrückt, die Bildung und die Anwendung des Rechts müssen scharf voneinander getrennt werden. Damit ist allerdings nur die erste Aufgabe der Rechtsphilosophie erfüllt; es fehlt noch an einer Lehre, die die äußeren oder praktischen Bedingungen der Rechtsbildung und der Rechtsanwendung darlegt: die Staats- und Rechtslehre Stahls.

Aus der Annahme, das Recht zerfalle in Rechtsbildung und Rechtsanwendung, folgt ferner, dass der Staat, als die Anstalt seiner Beherrschung, zugleich eine ethisch-politische wie eine administrative Seite haben müsse. Der Staat besteht indessen aus zwei verschiedenen Elementen, die sich gegenseitig bedingten: Die Obrigkeit oder Staatsmacht (imperium) und das positive, in den Rechtsquellen fixierte Recht. Die Staatsmacht hat allerdings ein uneingeschränktes Recht, Gesetze frei zu erlassen, aber deren Organe – Regierung, Gerichte und Administration – dürfen nur im Rahmen des bestehenden Rechts handeln. Es geht also um verschiedene Aufgaben derselben und unteilbaren Staatsmacht. Trotz seiner Vorliebe für die konstitutionelle Monarchie kann deshalb nur eine legitime Anforderung an die politische Organisation gestellt werden, und zwar diejenige, dass die Macht das positive Recht als gegeben anerkannt. Demgemäß wird jeder Form von Selbstherrschaft oder Autokratie, egal ob es sich um ein absolutes Königtum oder eine unmittelbare Volksherrschaft handelt, problematisch, weil sie die „Herrschaft" des Rechts bedrohen.

---

nur in dieser Verwirklichung bindende und nur in ihr zu bestimmten Geboten durchgebildete Ordnung."

57 Ebda, 180.

58 Ebda, 187f.

59 Ebda, 188.

60 Ebda.

In seiner Auseinandersetzung mit Julius von Kirchmanns Bankrotterklärung der historischen Rechtswissenschaft hatte Stahl die Gelegenheit, seinen Standpunkt zu bestätigen und zu vertiefen. In Kirchmanns Mahnung an die Justiz, sie sollte sich in der Rechtspflege mit dem natürlichen, im Volke lebenden Recht statt dem im Volke geltenden Recht beschäftigen, verbarg sich ein fundamentales Missverständnis. Damit wäre nämlich das, „was bereits äußerlich und actuell in bestimmter Gestalt verwirklicht" durch das, was noch „innerlich und nur potentiell und unbestimmt im Volke"[61] sei ersetzt worden. Auf diesem Punkt werden zwei verschiedene Momente von Kirchmann „vermengt und als Eins" behandelt, und zwar „die Legislation" und „die richterliche Anwendung"[62]:

> „Sollte seiner Forderung einer wahren und gerechten Rechtspflege in vollen Umfang genügt werden, so musste nicht die Rechtswissenschaft aufhören, sondern das Recht in seinem bisherigen Sinn – d i. die Ordnung des socialen Lebens, die in festen Regeln besteht und durch diese den Richter im einzelnen Fall bindet – müsste aufhören und an seine Stelle das unmittelbare Volksurteil über den einzelnen conkreten Fall, das an keine gegeben vorausgehende Regel gebunden ist, treten."[63]

Ein Richter, der unmittelbar „über das innerlich Gerechte spräche", entscheide den einzelnen Fall als „legislative Gewalt", womit Gesetzgeber und Richter in ein Organ zusammenfallen würden.[64] Stahl bezweifelte, dass diese Verschmelzung von Rechtsbildung und Rechtsanwendung gerechtere Entscheidungen in einzelnen Fällen bewirken würde; noch weniger sei zu erwarten, dass diese „Volksurteile" die „Gleichmäßigkeit der Entscheidungen für die sämmtlichen Fälle" gewährleisten könne.[65] Diese Rechtssicherheit ist aber, nach Stahls Meinung, „nicht minder eine Anforderung der Gerechtigkeit"[66].

Schon zu seinen Lebzeiten wurde Stahl von seinen konservativen Parteigenossen ein „vulgärer Konstitutionalismus"[67] vorgeworfen. Gewiss ist

61 *Friedrich Julius Stahl*, Rechtswissenschaft oder Volksbewusstsein? Eine Beleuchtung des von Herrn Staatsanwalt von Kirchmann gehaltenen Vortrags: Die Wertlosigkeit der Jurisprudenz als Wissenschaft, Albert Förstner, Berlin 1848, 4.

62 Ebda, 8.

63 Ebda, 11f.

64 Ebda, 12.

65 Ebda, 19.

66 Ebda.

67 Brief von Ludwig von Gerlach: "It is painful to write this about a dear friend, who fought so bravely and in whose soul I took such delight and strength and edification, but you have forced me to do so ... he fell for the most part into a vulgar constitutionalism and sought only to temper it in a conservative manner through Christian moral feelings". Zitiert nach *Robert M. Berdahl*, The Politics of the Prussian Nobility: The Development of a Conservative Ideology, 1770–1848, Princeton University Press, Princeton-New Jersey 1988, 354. Vgl. den Brief vom 15. Februar 1872 von Andrae-Roman an Gerlach: "It is hard to see a man like

aber, dass er zugleich die Integrität der Normgebung als die Autonomie der Rechtsanwendung an ihre äußersten Punkte getrieben hatte:

„Der Richter steht unter der anordnenden Gewalt des Souveräns, seiner gesetzgebenden Gewalt im weitesten (formalen) Sinne, d.i. welche die allgemeinen Regeln gibt, sowohl die Gesetze im engern und eigentlichen Sinne als die Verordnungen. Beides ist Norm der richterlichen Anwendung. Er steht dagegen nicht unter den speciellen Verfügungen des Souveräns, die in irgendeinen konkreten einzelnen Fall eingreifen. Anordnungen der ersten Art muss er gehorchen, Verfügungen der letzteren Art ist er von Amtswegen befugt und verpflichtet, nicht zu befolgen, um den Gang seines Amtes durch sie nicht hemmen zu lassen.“[68]

Der Richter ist demgemäß an die abstrakte Regel, aber nicht den besonderen Befehl der Regierung gebunden. Dieses Prinzip gilt auch für die Rechtsanwendung der Administration; „der Fürst, und in der Republik die oberste Magistratur, --- tut wohl, auch den Beamten bis hinunter einen geeigneten Raum der Selbstständigkeit zu gestatten“, denn sie „ist ihrem Begriffe nach beschränkt durch das Gesetz, und die Organe ihrer Ausübung werden daher füglich auch auf das Gesetz verpflichtet“[69] – eine Position, die sich nur in Schweden und Finnland konsequent durchgesetzt hatte. Das staatsrechtliche Programm Stahls erreichte erst in der zweiten Auflage von „Die Philosophie des Rechts“ seinen Zenit, denn die Definition des Rechtsstaatsbegriffes stellt den logischen Schlusspunkt seiner Philosophie dar:

„Der Staat soll Rechtsstaat seyn, das ist die Losung, und ist auch in Wahrheit der Entwicklungstrieb der neueren Zeit. Er soll die Bahnen und Grenzen seiner Wirksamkeit wie die freie Sphäre seiner Bürger in der Weise des Rechts genau bestimmen und unverbrüchlich sichern und soll die sittlichen Ideen von Staatswegen, also direkt, nicht weiter verwirklichen (erzwingen), als es der Rechtssphäre angehört, d.i. nur bis zur notwendigsten Umzäunung. Dies ist der Begriff des Rechtsstaates, nicht etwa, daß der Staat bloß die Rechtsordnung handhabe ohne administrative Zwecke, oder vollends bloß die Rechte der einzelnen schütze, er bedeutet überhaupt

---

Bismarck go down hill in big slides, he who openly confesses himself true to principles that he so victoriously fought with your help. History cannot offer another example, somebody for whom twenty years ago even Stahl was not conservative enough. I recall going to see him in Frankfurt – it must have been 1850 or 1851 one morning rather late and I found him in bed. Frau von Bismarck explained he had slept badly and for hours had tossed and turned with hefty groans and finally cried out: ‘He is after all only a Jew!’ namely, Stahl as he then declared and said to me later. ‘What do you think would have become of Stahl if he had not had Gerlach at his side? Never a Prussian Conservative’.” Zitiert nach *Jonathan Steinberg*, Bismarck. A Life, Oxford University Press, Oxford 2011.

68 *Friedrich von Stahl*, Die Philosophie des Rechts nach geschichtlicher Ansicht, Bd. II, 2. Abt., Albert Förstner, Heidelberg 2. Aufl. 1846, 165.

69 Ebda, 167.

nicht Ziel und Inhalt des Staates, sondern nur Art und Charakter, dieselben zu verwirklichen."[70]

Es liegt also im Staat selbst die Forderung, sie sollte ein „Reich des Rechts" sein.[71]

V Die Epiloge: „... wegen fehlender Voraussetzungen"

In seiner Autobiographie – „Adventures of a Bystander" – bemerkte der Verfasser, Peter Drucker, dass Stahl, zusammen mit Wilhelm von Humboldt und Joseph von Radowitz, „do not enjoy a good press". Inwieweit die Auslegungsweise Landsbergs dazu beigetragen hat oder nicht, ist unklar. Nach Druckers Meinung beruht die „schlechte Presse" aber auf der unerfreulichen Mittelposition der Vertreter deutscher Rechtsstaatlichkeit im 19. Jahrhundert, denn "they are suspect precisely because they tried to balance continuity and change, that is, because they were neither unabashed liberals nor unabashed reactionaries"[72]. Dies ist besonders zutreffend, wenn es um Stahls Staats- und Rechtslehre im Allgemeinen und seine Rechtsstaatslehre im Besonderen geht.

In der Geschichte ist Stahls Rechtsstaatslehre eine sowohl politisch als theoretisch undankbare Position zugeteilt worden, zwischen der nackten Autokratie des Führerprinzips[73] und der offenen Subjektivität der Radbruch'schen Formel. Ironischerweise vereinen sich die beiden Extreme in deren Kritik gegen Stahls Rechtsstaatslehre: Carl Schmitt hat Stahl die Umwandlung des „Rechtsstaates in sein Gegenteil, nämlich in einen indifferenten Gesetzesstaat" vorgeworfen.[74] Radbruch stellte fest, dass auch das positive Recht „gar nicht anders" definiert werden könne „als eine Ordnung und Satzung, die ihrem Sinne nach bestimmt ist, der Gerechtigkeit zu dienen"[75].

---

70 Ebda, 106.

71 Ebda, 105.

72 *Peter Drucker*, Adventures of a Bystander, Harper & Row, New York 1979, 443. Vgl. 442: "I was barely twenty at the time, in early 1930 ... All around me society, economy, and government – indeed civilization – were collapsing. There was a total lack of continuity. And this drew my attention to that remarkable trio of German thinkers who in a similar period of social collapse, a little over a hundred years earlier, had created stability by inventing what came to be known as Der Rechtsstaat".

73 *Carl Schmitt*, Die Rechtswissenschaft im Führerstaat, in: Zeitschrift der Akademie für Deutsches Recht, 1935, 498: „Gesetz ist Plan und Wille des Führers".

74 *Carl Schmitt*, Der Rechtsstaat, in: *Hans Frank* (Hrsg.), Nationalsozialistisches Handbuch für Recht und Gesetzgebung, Zentralverlag der NSDAP, Franz Euer Verlag, München 1935, 6.

75 *Gustav Radbruch*, Gesetzliches Unrecht und übergesetzliches Recht, in: Süddeutsche Juristenzeitung, 1946, 107.

Der Beschluss des Berliner Senats, das Grab Friedrich Julius Stahls den Ehrengrab-Status abzuerkennen, hat erstaunlicherweise wenig Aufmerksamkeit erregt. In einem Informationsbrief der Internationalen Liga für Menschenrechte in Berlin wurde allerdings nach dem genauen Grund der Ablehnung gefragt:

> "Martin Otto hat seinen Artikel in der Frankfurter Allgemeinen, 3. März 2009, überschrieben: Entehrung aus Versehen? Er nennt die nach den Statuten möglichen Gründe für diesen Beschluss vom 29. November: Fehlende Voraussetzungen für eine weitere Anerkennung (z.B. fortlebendes Andenken in der Öffentlichkeit, besondere Verdienste um Berlin). Eine weitere Begründung sei unterblieben. Als der Senat dagegen 2003 dem Grab von Treitschke die weitere Ehrengrabpflege entzog, hatte es dazu noch eine umfangreiche Presse-Erklärung gegeben, in der auf dessen Antisemitismus verwiesen wurde. --- Trotz seines ausführlichen 4-Spalters, ca. 165 Zeilen, war Martin Ottos Artikel nicht bis ins zuständige Referat beim Protokoll der Senatskanzlei gelangt. Als ich zwei Wochen nach Erscheinen nachfragte, war der Artikel dort immer noch völlig unbekannt, und – fast noch skandalöser – bis zu meinem Anruf hatte es nicht eine einzige Nachfrage oder Beschwerde gegeben."[76]

Es ist kaum zu erwarten, dass der Berliner Senat seine Entscheidung überprüfen werde; wir leben letztendlich in einer Zeit, die wissenschaftliche Exzellenz schlecht belohnt. Im Falle Stahls kommen auch besondere politische Dimensionen dazu: Im Jahr 2010 stellte z. B. Bundesjustizministerin Sabine Leutheusser-Schnarrenberger, mit dem Selbstvertrauen eines Politikers, fest, „dass die wesentlichen Elemente der Staatslehre Carl Schmitts ganz und gar in der Konsequenz der auf die Monarchie bezogenen Staatslehre des 19. Jahrhunderts oder – anders ausgedrückt – ganz in der Linie des organischen, konservativen oder romantischen Staatsverständnisses“ lagen „und so weilen sie bis heute unter uns, die Vertreter eines omnipotenten, machtvollkommenen Staates“[77]. Mit der Dummheit aber kämpfen selbst Götter vergebens.

---

76 Informationsbrief der Internationalen Liga für Menschenrechte in Berlin, Mai 1/2009.

77 *Sabine Leutheusser-Schnarrenberger* in einem Vortrag am 25. Oktober 2010 in der Berlin-Brandenburgischen Akademie der Wissenschaften.

Srđan Šarkić, Novi Sad

Die Gründe für die Ehescheidung im serbischen mittelalterlichen Recht[1]

Abstract: The only Serbian legal document that mentions grounds for divorce is the second Charter of the Žiča monastery, which strictly forbids unlawful divorce and differentiates fault of husband and fault of wife. The legislator prescribes punishments for all persons that violate this command – a fine in cattle, according to the legal position of a transgressor. Lack of provisions on divorce in Serbian legal sources were replaced by Byzantine legal miscellanies that penetrated in Serbia: the *Nomokanon of Saint Sabba* and the *Syntagma,* a nomokanonic miscellany put together in 24 titles by the monk Matheas Blastares. The Syntagma mentions divorce by fault of husband, by fault of wife, divorce by consent and divorce caused by expressed desire of one of consorts to become a monk or a nun. However, it is not clear whether all those provisions of Byzantine law were applied in medieval Serbia.

Obwohl die Serben das Christentum schon in der zweiten Hälfte des 9. Jahrhunderts angenommen haben, ist ziemlich sicher, dass die Ehe bis zum 13. Jahrhundert durch Raub oder den Kauf der Braut geschlossen wurde, aber auch leicht und einfach wieder zerbrach. In der ersten Hälfte des 13. Jahrhunderts (um das Jahr 1220), hat der erste serbische Erzbischof Sava Nemanjić (in der serbischen Tradition auch bekannt als Sava der Heilige – Свети Сава) die Einführung einer obligatorischen Kirchenehe angestrebt. Seine Bestrebungen wurden von seinem Bruder, König Stefan dem Erstgekrönten (serbisch Стефан Првовенчани), unterstützt, der in der zweiten Žiča[2] Chrysobull (griechisch χρυσόβουλλον, Urkunde mit einem goldenen Stempel)[3] dem Eherecht viel Raum gewidmet

1 Ich bedanke mich bei meinem Kollegen Srđan Pajic, Student an der juristischen Fakultät der Universität Augsburg (Deutschland), für die Hilfe bei der Übersetzung des Textes, insbesondere der juristischen Terminologie.

2 Žiča (serbisch Жича) ist ein serbisch-orthodoxes Kloster bei der Stadt Kraljevo (in Zentral Serbien). Das Kloster wurde von Stefan Nemanjić, dem „Erstgekrönten" gegründet. Als die serbisch-orthodoxe Kirche 1219 autonom wurde, wurde Sava Nemanjić in Žiča der erste serbische Erzbischof (serbisch Архиепископ) der autokephalen Kirche in Serbien. Žiča war damit der erste Sitz des serbisch-orthodoxen Erzbistums, bevor er um 1250 nach Peć (heute in Kosovo) verlegt wurde.

3 Die Urkunde, die im Namen des Königs Stefan dem Erstgekrönten und seinem Sohn Radoslav erlassen wurde. Das Dokument hat kein Datum, aber man vermutet, dass die Urkunde zwischen den Jahren 1221 und 1224 proklamiert wurde.

hat.[4] Die Ehebestimmungen der zweiten Žiča Urkunde wurden mehrmals analysiert[5], aber keine Auseinandersetzung wurde ausschließlich den Gründen für die Ehescheidung gewidmet.

Die Urkunde sagt aus, dass eine Ehescheidung unmöglich ist, wie aus den folgenden Worten deutlich wird: *Und dieses göttliche Gesetz, das ihren Ursprung in der kirchlichen Verfassung findet und die Tradition sowie das Verbot des Herren war, dass der Mann sich von der Frau und Frau sich von dem Mann nicht scheiden lässt* (**И по томоу божьствни съ ȥаконь наȣчивъше по црьковномоу ȣставȣ и прѣдани, и господско ȥапрѣщениѥ бысть: не раȥлоучати се моужоу ѡт жене и женѣ ѡт моужа**).[6] Die Ehescheidung kann aber gerichtlich durchgesetzt werden, wenn ein Ehepartner den anderen betrügt: […] **никтоже да не ѡставлꙗѥть божьствьнаго сего ȥакона, раȥвѣ словесе прелюбодѣинаго, и тои истинно да испитаеть се сь расȣждениѥмь.**[7] Jeder der sich diesen Befehlen widersetzt, die die Urkunde „strenge Befehle“ (**сию страшноую ȥаповѣдь**) nennt,

4 Die wichtigsten Ausgaben der Urkunde: *Stojan Novaković*, Zakonski spomenici srpskih država srednjega veka, Srpaska Kraljevska Akademija, Beograd 1912, 571–575 ff.; *Aleksandar Solovjev*, Odabrani spomenici srpskog prava, Geca Kon, Beograd 1926, 17–23 ff.; *Stefan Prvovenčani*, Sabrana dela, herausgegeben von Ljiljana Juhas-Gergijevska und Tomislav Jovanović, Srpska književna zadruga, Beograd 1999 (= Beograd-Kraljevo 2017), 111–117 ff.; *Tibor Živković/Stanoje Bojanin/Vladeta Petrović*, Selected Charters of Serbian Rulers (XII-XV Century) Relating to the Territory of Kosovo and Metohia I, ed. Centre for Studies of Byzantine Civilization, National Hellenic Research Foundation, Athens 2000, 36–44 ff. (mit englischer Übersetzung); *Vladimir Mošin/Sima Ćirković/Dušan Sindik*, Zbornik srednjovekovnih ćiriličkih povelja i pisama Srbije, Bosne i Dubrovnika, knjiga I, 1186–1321, Istorijski institut, Beograd 2011, 93–95 ff.

5 Siehe *Teodor Taranovski*, Istorija srpskog prava u nemanjićkoj državi, III, Istorija građanskog prava, Knjižarnica Gece Kona, Beograd 1935, 43–45 ff. = Klasici jugoslovenskog prava, knjiga 12, Novinsko-izdavačka ustanova Službeni list SRJ, Beograd 1996, 573–575 ff.; *Dragoslav Janković*, Istorija države i prava feudalne Srbije, Naučna knjiga, Beograd 1957, 103–104 ff.; *Srđan Šarkić*, Srednjovekovno srpsko pravo, Matica srpska, Novi Sad 1996, 89–91 ff.; *Dušanka Dinić-Knežević*, Žene u ogledalu Dušanovog zakonika, in: Zakonik cara Stefana Dušana, Zbornik radova sa naučnog skupa održanog 3. oktobra 2000, povodom 650 godina od prograšenja, Srpska Akademija Nauka i Umetnosti, Beograd 2005, 58–59 ff., und insb. *Stanoje Bojanin*, Bračne odredbe Žičke povelje između crkvenog i narodnog koncepta braka, in: Vizantijski svet na Balkanu, knjiga II, Vizantološki institut Srpske Akademije Nauka i Umetnosti, Beograd 2012, 425–442 ff.

6 *Mošin/Ćirković/Sindik*, wie Fn. 4, 94 ff.; *Bojanin*, wie Fn. 5, 427 ff., denkt dass die Worte „das Verbot des Herren“ dem Evangelium gleichbedeutend sind, weil das Evangelium die Ehescheidung verbietet. Der Ausdruck „der kirchlichen Verfassung und Tradition“ bezeichnet die kirchliche Gesetzgebung, die im Nomokanon des Heiligen Sava auslegt wurde.

7 *Mošin/Ćirković/Sindik*, wie Fn. 4, 95 ff.

wird bestraft. Die Bestrafung erfolgt in Form der Wegnahme des Viehbestandes unter der Berücksichtigung der Ständezugehörigkeit.[8] Die Urkunde spricht ausdrücklich von der Verantwortung der Frau, des Mannes und der Eltern der Frau: Аще ли ѡ себѣ сама имѣть бѣсновати се, ѡставлꙗющи своѥго м8жа, да аще има добитькь добитькомь да наказ8ѥт се, аще ли добытка не има, то своимь тѣломь да наказ8ѥт се, ꙗкоже б8деть изволениѥ м8жа ѥѥ. Наказавь ю, да ю водить; аще ли не боудеть ѥм8 8годьна водити, то наказавь ю да ю продасть камо ѥмоу годѥ.[9] Wenn die Frau aus eigenem Willen den Mann verlassen würde, so würde ihr Verhalten einerseits mit der Eigentumsstrafe sanktioniert werden. Andererseits konnte der Mann ihr Verhalten mit einer Körperstrafe sanktionieren und sie wieder zu sich zurückholen. Wenn er das nicht gewollt hat, konnte er die Frau an eine beliebige Person verkaufen.

Der Mann, der seine Frau aus freiem Willen gehen lassen hat, wurde mit einer Geldstrafe bestraft und war verpflichtet, sie wieder in sein Haus zurückzuholen. Wenn der Mann diesem Befehl nicht Folge geleistet hat, so soll „er von der göttlichen Kirche gefesselt werden und kein Erbarmen des Herren haben“ (Ѥ м8ж кои б8деть п8стиль жен8, да ю възврати вь домь свои; аще ли сего не иметь посл8шати, то такови и ѡть божьствьниѥ црькве да б8деть завезань и ѡть господина ѥи да не б8деть 8 милости).[10] Wer eine zweite Frau hat, soll seiner ersten Frau entsprechend Schadensersatz leisten. (И аще втор8 жен8 поиметь, да дасть ѡсл8х8 подобн8 прьвои).[11] Es wurde nicht nur der Mann bestraft, der eine zweite Frau geheiratet hat, sondern auch derjenige, der die Trauung durchgeführt hat (Ѥили кто таковомь жен8 дасть, иже не име хьтѣти своѥ въздлещи, то и ты да 8падаѥть 8 такоже наказаниѥ, ꙗкоже и п8стивни).[12] Solch eine Ehe musste geschieden werden. Inwiefern die Eltern oder andere Verwandte die verheiratete Frau weggenommen hätten, so ist ihr Verhalten mit Ehrenstrafen zu sanktionieren (Аще ли котора родители ѡтемлет се или инѣмь коимь симь, то такови да наказоуѥт се против8 сан8 своѥм8).[13]

Neben den Bestimmungen der Žiča Urkunde über die Ehescheidung, enthält diese auch *Zakonopravilo* (serbisch *zakon* = das Gesetz und *pravilo* = die Regel) oder das *Nomokanon des Heiligen Sava*, der im selben Jahr entstanden ist. Vor allen Dingen sind die kirchlichen Regeln angeführt. Der Titel in dem 13. Kapitel des *Zakonopravilo* (*Nomokanon*), Buch 4 lautet

8 Der Adel sollte dem König sechs Pferde geben, sogenannte “Soldaten” (kleiner Adel) zwei Pferde und “arme Leute” (Lehnsbauern) zwei Ochsen. *Mošin/Ćirković/Sindik*, wie Fn. 4, 94 ff.

9 Ebda, 95 ff.

10 Ebda, 95 ff.

11 Ebda, 95 ff.

12 Ebda, 95 ff.

13 Ebda, 95 ff.

„Über diese, die sich von ihrer Frau scheiden" (Глава.д. ѻ распоуштающихъ се. сь женами).[14] In der 48. apostolischen Regel wird die Verordnung des kanonischen Rechts über die Unscheidbarkeit der Ehe betont: *Eine weltliche Person (mirjanin), die seine Frau verlässt und eine andere zu sich nimmt oder eine geschiedene Frau heiratet, soll exkommuniziert werden* (Мирьски чловѣкь свою женоу поустивь и дроугоую поємь или поущеницею ѡженивь се ѡтьлоучень).[15]

Das fünft-sechste Konzil (griechisch Πενθέκτη Σύνοδος, lateinisch *Concilium Quinisextum*), oder die Trullanische (griechisch τρούλος = der Kuppelbau) Synode (benannt nach dem trullanischen Saal im kaiserlichen Palast in Konstantinopel) aus dem Jahr 691–692 sagt in der 87. Regel: *Die Frau, die von ihrem Mann verlassen wurde und einen anderen Mann an sich nimmt, begeht Ehebruch; und der der seine Frau verlässt und eine andere an sich nimmt, begeht Ehebruch nach den Worten des Herren* (Иже ѡть моужа поущена бывшиі жена, ꙁа дроугы поидеть, прѣлюбодѣица єсть. и поустивыи женоу свою и иноую поимь, прѣлюбы творить, по господию гласоу).[16] Dennoch enthält das 55. Buch des *Zakonopravilo* (*Nomokanon*), welches die Übersetzung des Prochiron (Ο πρόχειρος νόμος), dem byzantinischen Gesetz, das zwischen 870 und 879 „im Namen des Herrn Jesus Christus, unseres Gottes (die) Imperatoren (und) Caesaren Basileios, Konstantinos und Leon" (Ἐν ὀνόματι τοῦ Ἰησοῦ Χριστοῦ τοῦ Θεοῦ ἡμῶν αὐτοκράτορες, καίσαρες ßασίλειος, Κωνσταντῖνος καὶ Λέων)[17] erlassen wurde, darstellt, die größte Anzahl der Vorschriften über die Ehescheidung (in serbische Übersetzung Ꙁакона градскаго глави раꙁличьни вь четырехьдесетехь гранѣхь, *Gradski zakon u četrdeset grana*).[18] Das 11. Kapitel trägt die Überschrift „Über die Ehescheidung und ihre Ursachen" (Περὶ λύσεως γάμου καὶ τῶν αἰτιῶν αὐτοῦ, Ѿ раꙁдрѣшеныи брака и ѻ винахь єгѻ) und enthält die 21 Vorschriften des griechisch-römischen weltlichen Rechts.[19]

---

14 *Miodrag M. Petrović/Ljubica Štavljanin-Đorđević* (Hrsg.), Zakonopravilo svetoga Save I, Istorijski institut, Beograd 2005, 100 ff.

15 Ebda, 138 ff.

16 Ebda, 466 ff.

17 *Andreas Schminck*, Studien zu mittelbyzantinischen Rechtsbüchern (= Forschungen zur byzantinische Rechtsgeschichte 13), Löwenklau, Frankfurt/Main 1986, 56–57 ff.

18 „Закон градски" („Zakon gradski") bedeutet buchstäblich das „Stadtgesetz".

19 Der griechische Text, herausgegeben von *Joannis* und *Panagiotis Zepos*, Jus Graecoromanum, vol. II, Athina 1931 (Ndr. Scientia, Aalen 1962), 145–150 ff. Der serbische Text, herausgegeben von *Nićifor Dučić*, Književni radovi Nićifora Dučića, knjiga 4, Državna štamparija Kraljevine Srbije, Beograd 1895, 288–296 ff., und

Über die Ursachen der Ehescheidung findet man die systematischste Auslegung im *Syntagma*, der nomokanonischen Sammlung des Mönchs vom Heiligen Berg, Matthäos Blastares. Er hat sein Werk im Jahre 1335 veröffentlicht. Um das Jahr 1348 wurde das *Syntagma* in die serbische Sprache übersetzt, vielleicht auch im Auftrag des alleinigen Zaren Stefan Dušan.[20] Neben dem sogenannten „Gesetz von Justinian" (**Благовѣрнаго и христолюбиваго цара Їоустиніана ӡакон**)[21] trifft es in allen alten Schriften mit dem Gesetzbuch des Zaren Stefan Dušan[22] zusammen, die eine Art von *Codex Tripartitus* bilden.[23] Das *Syntagma* des Matthäos Blastares hat Dušans Gesetzbuch mit

---

Miodrag M. Petrović, Zakonopravilo ili Nomokanon Svetoga Save, Dečje novine, Gornji Milanovac 1991, 181 b-287 a ff.

20 Der griechische Text, herausgegeben von *Georgios Ralles* (Γεώργιος Ράλλης) und *Michael Potles* (Μιχαήλ Πότλης), Ματθαίου τοῦ ßλασταρέως Σύνταγμα κατὰ στοιχείον, 'Εν Ἀθήναις 1859 (Photomechanischer Nachdruck, Kassandra M. Grigoris, Athina 1966). Der altserbische Text, herausgegeben von *Stojan Novaković*, Matije Vlastara Sintagmat, Azbučni zbornik vizantijskih crkvenih i državnih zakona i pravila, slovenski prevod vremena Dušanova, Srpska Kraljevska Akademija, Beograd 1907. Die Übersetzung in die moderne serbische Sprache von *Tatjana Subotin-Golubović*, Matija Vlastar, Sintagma, Srpska Akademija Nauka i Umetnosti, Beograd 2013.

21 Es handelt sich um eine kurze Kompilation eines byzantinischen Gesetzes aus insgesamt 33 Kapitel, die während der Regierungszeit des Zaren Stefan Dušan und vor dem Erlass seines Gesetzbuches ins Slawische übersetzt wurde. Diese Kompilation hat gar keine unmittelbaren Verbindungen mit Kaiser Justinian (527–565) und seiner Kodifikation und es ist bis heute noch nicht völlig geklärt, warum sie so heißt. Die größte Anzahl der Kapitel ist aus dem *Nomos Georgikos* übernommen. Die anderen Bestimmungen sind aus *Basilika*, *Prochiron* und *Ecloga* übernommen. Es liegt eine neuere Herausgabe mit der Übersetzung in die moderne serbische Sprache vor von *Biljana Marković*, Justinijanov zakon, srednjovekovna vizantijsko-srpska pravna kompilacija, Srpska Akademija Nauka i Umetnosti, Beograd 2007.

22 Das wichtigste eigentliche Werk der serbischen mittelalterlichen Gesetzgebung ist das Gesetzbuch des Zaren Stefan Dušan. Es wurde bei der Ständeversammlung am 21. Mai 1349 in Skoplje (aktuell die Hauptstadt des ehemaligen jugoslawischen Mazedoniens) erlassen, in der Anwesenheit des Zaren, des Patriarchen Ioanikie und der kirchlichen und staatlichen Würdenträger. Während dessen wurde der größere Teil des Gesetzestextes angenommen, d.h. die ersten 135 Kapitel. Bei der zweiten Ständeversammlung im Jahre 1354 in Serez (heute in Griechenland) wurde der Rest des Textes, d.h. die Artikel 136 bis 201 erlassen. Bis heute ist völlig unbekannt geblieben, wie das Gesetzbuch vorbereitet wurde und wer an seiner Zusammenstellung teilgenommen hat.

23 *Srđan Šarkić/Dragoljub Popović*, Veliki pravni sistemi i kodifikacije, Centar za izdavačku delatnost Pravnog fakulteta, Novi Sad 2012, 98–99 ff.

einigen wenigen Bestimmungen aus dem Zivilrecht ergänzt, welche es im Gesetz wenige gibt.[24]

Das 13. Buch, Abschnitt **G** (**Γ**)[25], trägt die Überschrift „Was sind die Ursachen der Ehescheidung“ (Ὁ γάμος ἐκ ποίων αἰτιῶν λύεται, Бракь оть которыхь винь раздрѣшакть сє).[26] Am Anfang des 13. Buches sagt Matthäos Blastares, dass das „Stadtgesetz“ (*Prochiron*, Законь градски) an mehreren Stellen von der Ehescheidung spricht, die *Justinianische Novelle*[27] aber am vollständigsten die Gründe, aus welchen der Mann oder die Frau die Scheidung fordern kann, auslegt. Das war notwendig, *denn auch im Alter haben die Gesetze (den Menschen), im Einklang mit den langanhaltenden Bräuchen, zugelassen, dass sich Mann und Frau ohne Grund scheiden, indem der Mann seiner Frau sagen würde: „Mach du deins“ und sie ihm: „Mach du deins“* (Γύναι, πράττε τὰ σά, καὶ ταύτην, Ἄνερ, πράττε τὰ σά; Жено, дѣи своꙗ; и тои ономоу: Моужоу, дѣи своꙗ).[28] Da dies den Christen in der Praxis versagt wurde, haben die „geschätzten Zaren“ genaue Gründe, weswegen die Ehe geschieden werden konnte, aufgeführt. Alles andere bedeutet, dass sie sich gesetzwidrig geschieden haben (ἀθέμιστον διασπᾶν, безаконно ксть сьи растрьзати).[29]

Zuerst werden Gründe der Ehescheidung wegen der Verschuldung der Frau aufgeführt (Αἱ αἰτίαι τῆς γυναικός, Вины жены). Der Text beginnt mit folgenden Worten: Der Mann schickt der Frau eine einseitige Verstoßung (der Ehe) (ρεπούδιον, книгоу)[30] und behält ihr Mitgift (προῖκα, прикыю), aus den folgenden Gründen:

(1.) Wenn die Frau erfährt, dass jemand eine Gefahr für die Herrschaft des Zars darstellt (τῇ βασιλείᾳ ἐπιβουλεύοντας, на царство навѣты) und dies ihrem Mann nicht sagt;

---

24 Die größte Zahl von Artikeln des Gesetzbuchs Dušans (ungefähr ein Drittel) regulierte die Rechtsstellung der Bevölkerung, eigentlich die Rechte und Pflichten der Gesellschaftsstände. Eine wesentliche Anzahl von Artikeln ist der Staatsordnung zugedacht, dann dem Strafrecht, der Gerichtsorganisation und dem Gerichtsverfahren. Aus dem Zivilrecht gab es nur wenige Bestimmungen.

25 Das *Syntagma* wurde in 24. Abschnitte eingeteilt, die die Titel des Buches des griechischen Alphabets haben.

26 *Subotin-Golubović*, wie Fn. 20, 133 ff.; *Ralles/Potles*, wie Fn. 20, 175 ff.; *Novaković*, wie Fn. 20, 183 ff.

27 Iust. Novellae CXVII, 8 und CXVII, 9.

28 *Subotin-Golubović*, wie Fn. 20, 133 ff.; *Ralles/Potles*, wie Fn. 20, 176 ff.; *Novaković*, wie Fn. 20, 184 ff.

29 Ebda.

30 Der griechische Text benutzt das Wort "repoudion", welches aus dem lateinischen *repudium*, d.i. einseitige Verstoßung der Ehe, stammt. In der altserbischen Übersetzung bedeutet "knjiga", d.i. die Entscheidung, die Verordnung (Das Buch, in moderner serbischer Sprache).

(2.) Wenn die Frau des Ehebruchs beschuldigt wird (μοιχείας, прѣлюбодѣиства) und nach dem Gesetz bewiesen wird, dass sie Ehebruch begangen hat;
(3.) Wenn sie auf irgendeine Art und Weise das Leben ihres Mannes beeinträchtigt oder erfährt, dass andere dies tun und sie ihm davon nichts sagt;
(4). Wenn sie mit fremden Männern, ohne der Zustimmung des Mannes, auf ein Festmahl oder in ein Thermalbad geht (συμποσιάζῃ ἤ συλλούηται, гостьвы сьтворить или сь ними банꙗеть сє);
(5.) Wenn sie sich, ohne Zustimmung des Mannes, außerhalb des Hauses aufhält, außer sie hält sich bei ihren Eltern auf; oder, außer den genannten Gründen, der Mann schmeißt sie raus und sie, elternlos, verbringt die Nacht draußen;
(6.) Wenn sie auf Pferderennen oder ins Theater oder auf Spiele mit wilden Bestien geht, obwohl der Mann es ihr verboten hat oder ohne, dass er es weiß.[31]

Die (Heilige) Schrift sagt, dass eine Ehebrecherin nicht zu ihrem Mann zurückkehren soll, vorausgesetzt, dass der Mann sie nicht zurückhaben möchte. Wenn der Mann ihre Sünde verzeiht, so ist es ihm nicht verwehrt, innerhalb von zwei Jahren seine Frau zurückzuholen, im Einklang mit Justinians Novellen und den Novellen Leons VI. der Weise.[32]

Gleich nach den Auslegungen der Gründe für die Ehescheidung, die durch das Verschulden der Frau entstehen, werden die Ursachen aufgeführt, die durch das Verschulden des Mannes entstehen (Αἱ αἰτίαι τοῦ ἀνδρός, Вины моужевнѥ).

Die Frau schickt dem Mann eine einseitige Verstoßung der Ehe aus Gründen, die aufgeführt sind, und kann demnach ihre Mitgift und das Hochzeitsgeschenk nehmen (τοὺς γάμους δωρεὰν, и иже браковь ради дарь моужевны, die sie von ihrem Mann bekommen hat. Zudem erhält sie die Vormundschaft über das Vermögen, das den Kindern geschenkt wurde, oder, wenn sie keine Kinder haben, sogar über das Vermögen des Mannes. Die Gründe, die aufgeführt sind, gründen sich auf Justinians Novelle CXVII, 9:[33]

(1.) Wenn er (der Mann) etwas gegen die Herrschaft des Zaren anzettelt oder weiß, dass jemand ein Komplott plant und es der Herrschaft des Zaren nicht persönlich oder durch eine andere Person mitteilt;

---

31 Cf. Iust. Novella CXVII, 8; Corpus Iuris Civilis, editio stereotypa, volumen tertium, Novellae, recognovit *Rudolfus Schoell*, opus Schoelli morte interceptum absolvit *Guilelmus Kroll*, Berolini 1895 (reprint Clark, New Jersey 2010), 557–558 ff.

32 *Subotin-Golubović*, wie Fn. 20, 134 ff.; *Ralles/Potles*, wie Fn. 20, 176–177 ff.; *Novaković*, wie Fn. 20, 184–185 ff.

33 Iust. Novella CXVII, 9; vgl. *Schoell/Kroll*, wie Fn. 31, 558–560 ff.

(2.) Wenn er auf irgendeine Art und Weise das Leben der Frau beeinträchtigt;
(3.) Wenn er die Ehre der Frau beeinträchtigt und sie ermutigt Ehebruch zu begehen;
(4.) Wenn der Mann sie mit einer anderen Frau betrügt und diese Beziehung nicht beenden möchte;
(5.) Wenn der Mann im gleichen Haus oder in derselben Stadt Verhältnisse mit anderen Frauen hat und diese nicht beenden möchte, weil ihn seine Frau oder ihre Eltern oder eine andere Person ihn ermahnt hat und ihm gesagt hat, er solle das nicht machen.

Aufgrund dessen macht sich der Mann gegenüber der Frau schadensersatzpflichtig. Der Schadensersatz erstreckt sich nicht nur vor dem Überreichen des Hochzeitsgeschenkes, sondern auch auf ein Drittel des Vermögens. Der Mann wird wie die angeklagte Frau bestraft.

Jedoch kann weder die Frau den Mann freiwillig (αὐτονόμως, самозаконнѣ) *verlassen, noch kann er sie ohne das Gericht und ein Urteil des Richters, wie es in Justinians Novellen vorgesehen ist, verlassen. Deshalb begeht derjenige, der eine Frau heiratet, die nicht auf diesem Wege geschieden ist, Ehebruch.*[34]

Die nächste Überschrift lautet: „Ehescheidungen ohne Schadensersatz und über die Ehen, die aufgrund des Beitritts in ein Kloster geschieden werden“ (Λύσις γάμου ἀζήμιος, καὶ περὶ τοῦ δι’ ἄσκησιν λυομένου γάμου, Раздрѣшенїа браүнаа безь тьштети и о иже постиничьства ради раздрѣшаемоү бракоү).

Die Ehe wird ohne eine Schadensersatzpflicht geschieden, wenn der Mann innerhalb von drei Jahren keine Verhältnisse mit einer Frau haben kann. Auch wenn er keine Scheidung möchte, wird die Ehe ohne Schadensersatzpflicht geschieden und das Geschenk vor der Hochzeit bleibt dem Mann erhalten, der keinen Schaden erleidet.[35]

Die Ehe wird auch geschieden, wenn eine Seite eine Tonsur erhalten möchte, um auf dem Weg der Besserung zu schreiten und ein besseres Leben zu wählen. In diesem Fall lassen wir es dem Mann und der Frau wagemutig zu, in der Veränderung zum Besseren, die Ehe aufzulösen und dem verbliebenen Gatten einen gewissen kleinen Trost dalassend zu gehen; das, was sie als Vermögen bis zum Tode sichergestellt haben – das soll dem zurückgelassenen (Ehepartner) gehören, gleichgültig, ob Mann oder Frau. Dem Ehegatten

34 *Subotin-Golubović*, wie Fn. 19, 134 ff.; *Ralles – Potles*, wie Fn. 19, 177 ff.; *Novaković*, wie Fn. 19, 185 ff.

35 Die Vorschrift wurde aus Basiliken XXVIII, 7, 4 übernommen. *Herman Jan Scheltema/Nicolaas Van der Wal/Douwe Holwerda* (Hrsg.), Basilicorum libri 60, J. B. Wolters, Groningen 1953–1988.

erscheint es so, als würde er sterben, weil er sich für ein neues Leben entschieden hat.[36]

Die Tonsur ist auch ohne Zustimmung eines der Gatten gültig und die Ehe ist geschieden beim heiligen Segen (Wohltat). Die verbliebene Person kann eine andere Ehe schließen.

Aber der Frau eines ordinierten Bischofs ist dies nicht erlaubt. Deshalb kann eine Ordination nur mit Zustimmung der Frau durchgeführt werden. Dem folgt ihre eigene, nicht verschiebbare Tonsur.

Die Ehe wird auch dann geschieden, wenn der Mann oder die Frau in Gefangenschaft ist und aufgrund dessen innerhalb von fünf Jahren nicht bekannt ist, ob sie oder er lebt.[37]

Im weiteren Verlauf des Textes wird ausgelegt, was für eine Strafe diejenigen erwartet, die es wagen, die Ehe aus einem nicht angeführten Grund zu beenden. Diejenigen werden in ein Kloster eingeschlossen, ihr Vermögen wird größtenteils ihren Nachkommen übereignet und nur ein Teil ihres Vermögens wird ihnen im Kloster erhalten bleiben. Augenscheinlich ist, dass der Gesetzgeber nicht ausdrücklich regelt, wie hoch die Vermögensanteile sind, und ob der Vermögensanteil, der dem Täter zukommt, ausreicht, um sich im Kloster zu erhalten. Wenn sie keine Nachkommen und keine ältere Verwandte haben, so geht das Vermögen gänzlich auf das Kloster über, in dem sie gefangen sind. Diejenigen, die solch einen gesetzwidrigen Vertrag geschlossen haben (ἀθέμιτα συμβόλαια, безаконнаа ѕаписанїа), werden mit einer Körperstrafe sanktioniert (es wird nicht aufgeführt, mit welcher) und ins Exil geschickt (εἰς σῶμα ποιναῖς ὑποβάλλεσθαι, καὶ εἰς ἐξορίαν πέμπεσθαι, тѣлесном казни прѣдати се и вь ѕатоѵенїе отсилати се).[38] Insoweit die geschiedenen Personen aber doch den Wunsch äußern, erneut zusammenzuleben, bevor sie in das Kloster gehen, wird ihnen die Freiheit gegeben, die Strafe erlassen und das Vermögen zurückgegeben. Wenn eine Person die Ehe erneuern möchte und die andere Person nicht zustimmt, so bleibt die Strafe erhalten. Am Ende steht: Wir befehlen, dass es so sein soll, im Einklang mit der Entscheidung der gottliebenden Bischöfe (ταῦτα δὲ κελεύομεν γίνεσθαι καὶ

36 Iust. Novella CXXIII, 40; *Schoell/Kroll*, wie Fn. 31, 622 ff.

37 *Subotin-Golubović*, wie Fn. 20, 135 ff.; *Ralles/Potles*, wie Fn. 20, 177 ff.; *Novaković*, wie Fn. 20, 186 ff.

38 *Subotin-Golubović*, wie Fn. 20, 135 ff.; *Ralles/Potles*, wie Fn. 20, 178 ff.; *Novaković* wie Fn. 20, 187 ff. Über das Exil im byzantinischen und serbischen Recht siehe *Σπύρος Τρωιάνος/Srđan Šarkić*, Ο κώδικας του Στέφανου Δουσάν και το βυζαντινό δίκαιο, in: Byzantium and Serbia in the 14th Century, National Hellenic Research Foundation, Institute for Byzantine Research, International Symposium 3, National Hellenic Research Foundation, Athens 1996, 253 ff.

κατὰ πρόνοιον τῶν θεοφιλεστάτων ἐπισκόπων, сїа же повелѣвакмь бывати и премыслоу боголюбивыхь епископь).[39]

Insoweit die Ehe geschieden wird, da die Gatten den Wunsch äußern, dem Kloster beitreten zu wollen, wird ihnen dies gestattet. Aber, wenn einer der Gatten eine Ehe schließt oder sich prostituiert, geht das ganze Vermögen auf die Kinder über. Wenn er keine Kinder hat, so geht das Vermögen auf den Fiskus über (τὸ δημόσιον αὐτὴν διαδέξεται, царина сїє прѣиметь).[40]

In welchem Maße solch detaillierte Regeln über die Gründe der Ehescheidung, welche in die Zusammensetzung des übersetzten byzantinischen Sammelwerks eingegangen sind, im mittelalterlichen Serbien angewandt wurden, kann heute unmöglich mit großer Sicherheit beantwortet werden, da relevante Quellen (z.B. Gerichtsurteile) nicht vorhanden sind.

Alle bis heute erhaltenen Gesetze im mittelalterlichen Serbien, könnte man in die Übersetzungen und Bearbeitungen der byzantinischen Gesetze und in die heimatlichen, serbischen Gesetze, teilen. Selbstverständlich, auch bei den originalen serbischen Gesetzen spürt man noch einen starken Einfluss des byzantinischen Rechts.

---

39 *Subotin-Golubović*, wie Fn. 20, 135 ff.; *Ralles/Potles*, wie Fn. 20, 179 ff.; *Novaković*, wie Fn. 20, 187 ff. Die Vorschrift wurde aus Basiliken übernommen (XXVIII, 7,6).

40 *Subotin-Golubović*, wie Fn. 20, 136 ff.; *Ralles/Potles*, wie Fn. 20, 179 ff.; *Novaković*, wie Fn. 20, 187 ff. Die Vorschrift wurde aus Prochiron, d. h. Justinians Novellen, übernommen (Procheiron XI, 4, Zepos II, 146 ff; Iust. Nov. CXXIII, 40; *Schoell/Kroll*, wie Fn. 31, 622 ff.).

Shen Han, Nanjing

Reflection on the Movement of Educated Urban School Leavers to Countryside of China in 1960s

Abstract: Large scale movement of educated urban school leavers went to countryside lasts 27 years (from 1955 to 1981), it ended 20 years before. The high point of it linked with "Great Culture Revolution". This movement once involved thousands and thousands of families. Different scholars held different ideas on the movement of educated urban school leavers to countryside. Some scholars adopted a negative attitude on this movement, as well as to "Great Culture Revolution". Some scholars don't think this movement was the outcome of "Great Culture Revolution". It is necessary to continue the policy for sending school leavers to countryside. There are also different ideas in that generation of educated urban school leavers. In my opinion, the consequences of this movement are almost negative ones.

Large scale movement of educated urban school leavers went and worked to the countryside and mountain areas lasting 27 years (from 1955 to 1981), it ended 20 years before. The high point of this movement linked with "Great Culture Revolution". This movement once involved thousand and thousand families. It influenced the way of life of a generation of young. It became an important research subject in the history of contemporary China. Different scholars held different ideas on the movement of educated urban school leavers to countryside. Some scholars adopted a negative attitude on this movement, as well as to "Great Culture Revolution". Some scholars don't think this movement was the outcome of "Great Culture Revolution". It is necessary to carry on the policy of school leavers to countryside. There are also different ideas in that generation of educated urban school leavers. It may be seen in the literature works of ex-school leavers in 1980s and 1990s. In world history, perhaps similar movement were only Russian populist movement from 1873–1890s, and Soviet communist Youth to Siberia. But how different they are! European friends perhaps have more information of "Great Culture Revolution" of 1960s than the movement of educated urban school leavers to countryside. I once belonged to this generation. I spent 6 years and a half in an undeveloped village in the south of Yangtze River. I have a vivid memory of this movement and the experience of myself.

I First stage of the movement of educated urban school leavers to countryside

The movement of educated urban school leavers to countryside and mountain areas began at 1955, and ended at 1981. The 27 years movement may be divided into two stages: (I.) from 1955 to 1966; (II.) from 1967 to 1981. They are very different stages.

After liberation of 1949, new China started its first "Five-year-plan" in 1953. From that time on, the national economy of China went on the way of planned economy. Labor employment began to carry on unified distribution system. The accepted population of employment depended on the number of labor force need by implement of planned economy. The town labor force which were not found a suitable place, need to go to countryside. Another thing was, the labor men held by factories and companies, always exceeded the practical demand. It reduced efficiency of enterprise. And under the leftist policy, the private ownership was total abolished. The small enterprises of collective ownership were combined to large enterprises. It ended the possibility to find job for unemployment labor force by private way. It also influenced the employment of educated school leavers. Employment problem became a series problem for China government. The only channel is to send them to countryside.

In China, the movement of educated urban school leavers to countryside started in mid-1950s. It was during agriculture co-op movement. This movement combined private peasants into co-op. The co-ops need more educated young to join its management. So, in January of 1956, Political Bureau of Central Committee of Communist Party of China issued a document, "The National Programmer of Agricultural Development (a Draft)". It said, "Educated urban school leavers, beside which entered the high school or obtained employment, should very keen responded to the call of the state, go to the countryside and mountain areas to join farm work." In this period, the movement of urban educated school leavers to countryside is suitable contemporary social and economic conditions. It is only 6 years after liberation, Central Government haven't at once reserve the problem of employment. Otherwise, government couldn't effectively put forward the construction by limit funds, because government will bear full employment task. There were many difficulties for full employment of urban school leavers. In September of 1956, Mao Zedong said, "The national cooperative movement needs million accountants ... the school leavers may do this work." He claimed, "The intellectual should be glad to go to countryside. Countryside is a vast world where much can be acquaintance."

Under the direct of Vice-Chairman of Republic, Liu Shaoqi, People's Daily published an editorial on 8 April, 1957. It said, "For the whole country, the best place to contain people is the countryside, the largest section to contain labor force is agriculture. So in future, the main direction to arrange the school leavers from prime school and middle school is farm work. It is main channel of their employment." So the policy of educated school leavers to countryside is suitable to some facts of that historical background. (1.) There are so many populations in China, It's difficulty for the employment of educated school leavers; (2.) After the cooperative movement in countryside, the countryside needed educated young peasants; (3.) Vast borderland need to cultivate. The movement of educated school leavers to countryside and mountain areas from beginning, has its special contents. The basic starting point of this policy is both to resolve town surplus labor force, and to change the unbalance of development of economy and culture.

In the period, the parts of the school leavers to countryside are major part of the town school leavers which couldn't found employment in town. There were few school leavers which go to countryside and borderland from one's free will. From 1955, Central Committee of Communist Youth League organized young expeditionary teams to reclaim waster land from more than 10 provinces and big cities, such as Beijing, Tianjing, Shanghai. Until the end of 1957, the number of school leavers is about 79.000. The numbers of school leavers back to home villages are more than this number. It must be mention, some school leavers volunteered to countryside of their own accord. They were the pioneers in construction of countryside and boarder areas. They are respected by the people and are examples of youth forever. Such as youth expeditionary team from Shanghai to Jiangxi Province, they set up "Communist Youth Villages". Young expeditionary team from Tianjing went to "Great North Wilderness" in Northern China.

In 1958, there was a movement called "The Great Leap Forward" in China. By the over expanding of enterprises, it recruited 20 million labors from countryside. But before long, national budget met difficulty. Following period, from 1960 to 1962, it is a difficulty period for Chinese economy. Natural calamity, with intension of Sino-Soviet relationship, Chinese economy suffered difficulties. So, during the adjust period from 1960 to 1965, there were a small tide of town surplus labors force to countryside. 2 million school leavers went to border areas, such as Xinjiang (a northwestern province in China) and countryside.

This is the first period of town school leavers to countryside. In practice, there were several ways for employment of town school leavers. The excellent graduate students of senior school may join exam and go to high grade school and university. Less excellent school leavers may find a job in town, in factory or in shops. The school leavers to countryside are not up to a big number. They almost were volunteers. There was more mobilization, but no compulsory means. The methods of the movement are correct. In this period, it in fact recognized the exam-competition and exam-selection of graduate students of senior school. It in fact recognized the difference of the grades of the occupations. But, there were signs of political influence in this movement.

We should mention another aspect of the movement of town school leavers to countryside and border. From 1962, Communist Party carried on a clan struggle policy from the 10th meeting of Central committee of 8th Congress of Communist Party. The descendants of capitalists and landlord of old China fell into a disadvantageous situation. For example, the first principle of recruiting undergraduate student of university, beside marks, is the family background. The descendants of capitalists, landlords and rich peasants to border (Xijiang province) are descendant of town old bourgeois. One example is a lady, named Yushanzhen, in a Xinjiang farm. She worked hard and very keen to remould her ideology. At last she became a model for youth. Prime Minister Zhou Enlai accepted her in Xinjiang and encouraged her working there for life, when Zhou Enlai had an inspect tour to Xinjiang in 1965. This story is well known in China 1960s.

So from this time on, there was an idiom in China common people. It said, "no good person go to countryside", "the person to country would not be good one." It developed to another idiom in late period of "Cultural Revolution", "go to countryside as sentenced to reform through labor". In next period, when large scale town school leavers went to countryside, many peasants followed above idiom and concept. They thought, perhaps the town school leavers be sent to countryside, because they made mistake and to be punished.

II Second stage, "Great Cultural Revolution" and large scale urban school leavers to countryside

A The beginning

In early 1960s, Communist Party and Chinese Government linked the task of town school leaver to country side with the task of training and bringing up successors for revolutionary cause together. Now the movement of the school-leaver to countryside has political meaning. After the 20th Congress of Communist Party of Soviet Union, Mao Zedong and Central Committee of China Communist Party thought. Soviet Union has become revisionism and running dog of U.S imperialism. It is a peaceful transition from socialism to capitalism. China party put forward a serious of measures to prevent revisionism in China. One thing is to train and bring up successors revolutionary cause. Mao Zedong thought, the school and university in China have become instrument of bourgeois. He didn't believe that it has revolutionary efforts. Following Mao's ideas, in June 1965, High Education Department of Central Government sent thousands graduates from university to local baric units to work and exercise. Central Committee of Party put a note on this report, it said: "To distribute a number of graduates of university to work at countryside is one of effective way to combine intellectuals with workers and peasants together, and also one of effective way to bring up revolutionary successors."

In 7 May, 1966, Mao Zedong wrote a letter to Lin Biao, vice-chairman of Party and leader of Army. Mao said, "Students would not only study in classroom. They should get another education, besides study of arts, they should also learn to be workers, peasants and soldiers. They should criticize bourgeois. The duration of schooling should be shortened. The Education should have a revolution. It must end the phenomenon that university was ruled by bourgeois class." After beginning of "Great Culture Revolution", in 27 June 1966, Central Education Department announced to stop the recruiting students from this year. From 1966, China university and institute stopped to recruit students for 6 years. And the postgraduate student's recruiting was stopped for 12 years (from 1966 to 1977).

The "Culture Revolution" began on June 1966. Mao Zedong led and launched this movement. His object was to defend the purity of the party, prevented restoration of capitalism. And find a socialist way in China. He made a wrong estimate of the political situation of party and the state, also a wrong estimate of the clan-relations in society. It put the republic into confusion. (It is another big research subject) The movement of "Red Guard" grew up in middle school, then in university. The lecture, study and research in university were totally interrupted from June 1966. By the tide of "rebellion" overall country, "Great Culture Revolution" did great damage to national economy. Before "Culture Revolution", 3 years of adjust (from 1962 to 1965) has made a good situation for recovery and development in national economy. But, now, many factories were stopped on their production. The worker had nothing to do. So, the industry section did not need to recruit new workers. It made great difficulties to distribution of graduates from middle school. During "Culture Revolution", from 1966 to 1968, there were 3 grades of graduate of senior and junior schools who wanted to distribute job, it is a great number for employment. As the teaching and studying works were interrupted in university. University also stopped to recruit undergraduate student. So, most graduates had to go to countryside and border areas. It became the principle for distribute graduates from government.

On September 11. 1968, Mao said, "More or most graduates from the old school may integrate themselves with worker and peasants. Some of them may invent and create. But they must under leadership of the correct political line, get re-education from workers, peasants and soldiers, transfer their old ideology, then, workers, peasant and soldiers will welcome such intellectual." It was a signal of large scale school leavers to countryside, On 26 Dec. 1968, the birthday of Mao, he claimed, "It is necessary that the school leavers go to countryside to receive the reeducation from poor and lower-middle peasants." On 9 Oct, 1967, 10 school-leavers of senior and junior school from Beijing went to Inner-Mongolia to be peasants and herdsmen. It is the first group of Red Guard to countryside. On 21, Oct, 1968, 1000 school-leavers from Nanjing went to Inner-Mongolia. They were all from middle school. In Nov. 1968, more than 1000 Red Guard went to Jingang mountain (the base of Red Army in 1930s) of Jiangxi province to be peasants from Shanghai. There school leavers were all radical volunteers. They sincerely hope to practice the call of Mao Zedong.

After Mao Zedong's call of December 26 in 1968, to countryside became a large scale political movement. There was an absolute method of mobilization. People Daily, party newspaper, published a leading article. It said, "school-leavers to countryside, this is a matter of a mark to divide revolutionary, nonrevolutionary, or anti-revolutionary" in students. In the town, government demanded the school-leavers to move to countryside in several days, finish preparation and collection of luggage. It was a really total political movement, no one may be escaped. Most parents and school-leavers were not willing to do so. Some of such parents were criticized by unit leaders and comrades, and were stopped the salaries. The mobilization of the movement were a combination of the willing and high pressure together. No one dared to openly against this movement.

Government also gave a sum of settlement allowance to the people's commune, to build simple thatched cottages for school-leavers. In the first year, school-leavers may get a small sum of money for their living. In the first 2 years after the end of 1968, the number of school-leavers of middle school to countryside is more than 4 millions. From 1968 to 1978, the total number of school-leavers to countryside is 16 millions. Almost every village in China accepted several school-leavers. Most of them went to countryside. Some went to border areas.

B Problems of this movement

(1.) The movement of school leavers to countryside rushed headlong into mass action and has no whole plan. It did not take an account different condition between regions and families, such as some school leavers not very strong, some family had old parents, it needed child to look after. Some regions were very poor. It was very difficult for the living of peasants. Certainly, it was not suitable to living of school leavers.

(2.) It's certainly hard that young school leavers transferred from student to a peasant and supported oneself by own labor in short period. In a long term, the school leavers in countryside couldn't self-sufficient in their living for food. They still needed financial support from parents. They also met difficulty in medicine when they were very ill.
(3.) Some countryside was very backward. There was a great gap in culture between village with town. From Mao's theory of "re-education", the school leavers thought, the poor peasants were an advanced class before they went to countryside. The school leavers were idealist. But the really thing in countryside were very different from their ideals. They found, the thought of poor peasants was some backward. They thought, Re-education became a nonsense. Not only in one place, there were many cases that the girl school leavers were violated by peasants and especially peasant-cadres (the local officer in countryside), or be forced to marry with peasant. The complaints and anger grew up and were reported to center party leader.
(4.) By the pass of years, the most series problem was no hope, no good future for this young generation. No hope to go to university, no hope to get a salary job for life, and no hope to go back home. The government and peasant demanded them to take root in peasants and village, made one's home there, to marry a peasant. It is absolute against the will of young school leavers.
(5.) This movement brought a heavy burden on government and every family. Every month, the parents had to pay a small sum money for living of their children in countryside. Also, government hand to pay a great sum for relief on town school-leavers in countryside. According the statistics of government, during the "Cultural Revolution", the government, different unit, department paid more than 10 billion yuan for arrangement of school leavers.
(6.) The school leavers at countryside, brought damage to interests of peasant. Because it is density population of most region of China countryside. The villages needed no labor force from outside. The school leavers came to join farm work in limited space, reduced the income of peasants. In these regions, peasants did not really welcome school-leavers.
(7.) The hard and poor life increased criminals in school-leavers. Some school-leavers were unjustly punished by the local officials in countryside in conflict with them. The marriage problem of female school leavers several years later became a big problem for government and for family. 10–15 years late. After the end of this movement, it was still a social problem.

C Disappointment of urban school leavers in countryside

The revolution fanaticism of school leavers soon disappeared. In fact, from beginning of this movement, the army officials, which haven't been criticized in "Cultural Revolution", in a hurry sent their sons and daughters to the army. They escaped from being peasants in countryside. The emancipated government officers and party officers also quickly made jobs for their children in the town by private way. From 1970, university started to recruited new undergraduate students from school leavers in countryside. They were called "worker, peasants and soldiers". It is a leftist policy in high education section. This kind undergraduate was selected by workers, peasants and soldiers. They didn't join entry exam to university, only need to get recommend by local people. When they entered university, the education level of them was very lower than the ordinary level for accepted by university. High officers took advantage of this chance for their son and daughter. The local cadres of the people's commune or production brigade also got much benefit from this process. Some girl school leavers, who hoped to go to university and have no good family background, gave her right first night to local officers. There were many sad stories. After the first 2 or 3 years from start of this movement, rare children of high officer still stayed in village.

On 20 Dec. 1972, Mr Li Qinling, a teacher of a village primary school of Fujian province, wrote a letter to Mao Zedong, mention of the difficulties of the life in countryside of his son, a school leaver, very interesting, Mao Zedong posted 300yuan to Lin Qinling for a relief. Mao Zedong wrote a reply letter to Li Qinling, he said, "There are so many such things over the country, it should be resolved by overall planning." Mao Zedong in fact appreciated Li Qinling's appeal, Li Qinling was lucky. Mr. Li Qinling was once promoting to deputy of provincial office for the mother of school leaver.

Not all the people as lucky as Li Qinling. The misfortune fell to a young school leaver from my home town, Nanjing. His name is Ren Yi. I have mentioned the wide spreading common disappointed feeling among the school leavers. Mr. Ren Yi wrote "a song of school-leavers" (another title is "song of Nanjing"). It sang, "We left parents, we left home town. The way of life is hard, bleak and desolate." It was spread over China in several months. Radio of Moscow broadcasted this song. At once, this song was criticized by authority. Mr. Ren Yi was put in prison. In August of 1979, he was sentenced for 10 years prison. Only until 1979, it is 3 years of the down of "Gang of Four", Mr. Ren Yi was released and redressed. Now he is a general-manager of a company. Reform movement gives him freedom of the space to active.

In the middle of 1970s, the feeling of disappointment spread in most of school leavers over countryside. Most school leavers, especially girl school leavers, became migratory birds. They stayed at village in spring and autumn, and went back town in family house in summer and winter, to escape the hard but low-priced farm work. How cheap the farm works were! For example, in the village where I stayed for six years and a half, it was not so poor village. A family of 4 person (father, mother and 2 children) may earn 200 Yuan per year, beside the costs of corn and oil. But the school leavers earned less, someone couldn't pay the costs of their food from their earnings. The eating of the school leavers in village always were worse than the peasant's family. Because they always went back to town and were not so skillful to planting vegetable and to raise pig and chicken.

After 4 or 5 years from the start, the movement was totally failure. As Deng Xiaoping said in 1970s. There 3 dissatisfactions. The town school leavers dissatisfied on this movement. The parents of school leaver dissatisfied on this movement. And the society dissatisfied on this movement. But before Deng Xiaoping, no one dared to openly against this movement, really no one appreciated this movement.

In another aspect of this movement, I would say fair-minded, some town school leavers sincerely worked hard in countryside with peasants together and they were appreciated by peasants and local cadres. Some town school leavers dedicated their youth to countryside, even gave their life to the construction of countryside. Some school leavers really made great achievement, especially in the production and construction corps on border areas. They produced great quantity corn, and defended the territory of the country.

But, when the reform movement started in countryside by the end of 1970s, there were few school leavers in countryside. This reform movement really increased the income of peasant. But, the school leavers took no important part in it. No many school leavers married the young peasant and stayed at village for life.

D The end of the movement

In 8 May, 1978, Xinhua News Agency issued an investigation. It said that most school leavers wanted to come back town caused by many facts. In 6 June, 1978, the state council made a decision to recover the old methods for recruiting undergraduate student to university by unify entrance examination and announce the result.

From October to December in 1978, National meeting on the matter of school leavers to countryside held in Beijing. The summary of meeting pointed out that there was no entirely program for the movement to countryside. Many problems of the school leavers in countryside were not resolved. It demanded to set up more university and institute to collect more town school leavers from middle school.

On 12 Dec. 1978, a document of Centre Committee of Communist Party of China said, there were many problems in the movement of town school leavers to countryside, although there was a great achievement.

On 7 August, 1980 and 20 Oct. 1981, two documents of office of school leavers of the state Council decided to change the policy and stop to send town school leavers to countryside.

It is the end of large scale movement of school leavers to countryside. This time is just the beginning of reform movement in China.

III Consequences of lessons

A The consequences of this movement are almost negative

(1.) The movement of town school leavers to countryside, with "Great Culture Revolution" together, took shape of a fault of talent. But the Government Statistics, the country lost one million university graduate students and lost 2 million graduate students of technical institute. It formed a fault of talent, because from 1968 to 1978, 16 million school leavers went to countryside. It extended the distance between China and advanced countries in science and technique.

(2.) The state suffered heavy losses in economy. During the "Culture Revolution", the state cost 10 billion Yuan on settlement allowance from school leavers to countryside.

(3.) The peasants of most areas suffered losses in income. It also brought a heavy burden to the parents of school leavers. It influenced social stability.

(4.) This movement brought misfortune to a generation of school leavers. This generation started their job after 30 years old. Their salary was not very good. And they always couldn't have a good quality of marriage. Many of the ex-school leavers very early lost confidence and enthusiasm on society and life. By the 1990s, most ex-school leavers became semi-unemployed, or unemployed of the working class during economic transformation.

(5.) A generation of school leavers was exercises in hard circumstances. Some town school leavers became scientist in a self-educated way. In later 197s, they passed exam, became post-graduate student. Some of them became professor in Chinese university and western university.

B The lessons of large scale movement of town school leavers to countryside

(1.) Socialist system must promote the national economy. The employment must be settled by the development of economy. It is not a good thing to send mass student to countryside.

(2.) Socialism must have some idealism. But socialism is a gradual matter. To resolve the problem of social distribution should depend on economic measure. We couldn't resolve social problem by administrative measure or political measure.
(3.) Socialism must give a freedom in employment, education in school and university.
(4.) The role of intellectuals in the history was an unresolved problem in classical Marxism. Socialist regime must know the role of intellectuals in history. I think the movement of large scale town school leavers to countryside would not happen in a reform period and in future.

IV Recall of the movement from the generation of ex-urban school leaver

Their experiences in the countryside have important place in the life and memory of that generation of town school leavers. It also in a large extent influences and determine the way of their life, their feeling and sentiment. The reflection of this generation of school leavers represented in their culture activities many years later when they have come back to town. Here I mention some aspect of their literature activities.

A The novel

In a period about 20 years, from later 1970s to mid-1990s, the novels on the life of school leavers have an important place in "New Age" literature history of China. (New Age is a special term indicates the reform period lead by Mr. Deng Xiaoping). Several dozen youth novelists presented in literature world of China. They published a great sum of novels, short stories, TV drama, the subject are the experience and life of the school leavers in the countryside. These novelists are all ex-school leavers. Here I would mention two of them.

One novelist is Mr. Liang Xaosheng, an ex-school leaver. He belongs to the generation of 1949. He came from a Northern worker's family. He was sent to the "Great Northern Wilderness" in 1968. Early 1970s, He was selected as "workers-peasant-soldier student of university" left great northern wilderness. Then he worked at a film studio. His representative novels are "There is a snowstorm tonight", "The Snow City", "This Magical Land". Mr. Liang Xiaosheng held positive attitudes toward to movement of urban school leavers to countryside. There are many heroes in his novels. His short stories "This Magical Land" described a group of school leavers in "Great Northern Wilderness" joined a shock brigade of reclaim wasteland, went to open up a virgin soil in a fen. They kept apart from man comrades and worked hard.

In early spring, the food was finished. The serious epidemic disease spread among them. "I", the leading character in this novel, his girlfriend, an political instruct, a party member, dad of illness. His sister was drowned in the fen. But, the end of this short story is bright. They together won a good harvest. We see the love, the death, and the victory in this story.

Another novel written by Mr. Liang Xiaosheng is "Snow City". It described a group of ex-school leavers returned city after that movement. They met many difficulties to make their life and to work. And they meet difficulties in love. They struggled hard and helped each other. They drew inspiration from their experience in great northern wilderness past ten years. The positive feeling is vivid in Liang Xiaosheng's novel.

Another author is Mr. Guo Xiaodong. He was born in 1955, several years younger than Mr. Liang Xiaosheng. He came from a southern city of China. Now he is professor of China literature department of a south university. His representative novel is "The Banished Youth". This novel described a group of young school leaver to an army reclamation farm in a mountain of Hainan island. The name of leading character in this novel is Shaw Bang (borrowing the name of famous Polish musician in 19th century). Shaw bang came from a party official family, but his father has a bourgeois bureaucracy family background. His father suffered and died in culture revolution when he stayed in countryside. In that period, he belonged to a "Black Kind family", and has no good chance to promote or be selected to university. In the farm, Shaw Bang met and fell in love with a girl school leaver. Her name is "Yu". Shaw bang and Yu all hoped to return town, and go to university. They hoped to organize a family and have children. But, in a useless struggle against the flood, total 22 boys and girls died, besides 3 survived. Shaw Bang was one of them. But Yu passed away. 20 years later, Shaw Bang came back to Guangzhou city with other ex-school leavers. From the time in Hainan Island, Shaw Bang still hoped to be a novelist. He wrote 10 volumes diary. His friends are all very hard in living. Shaw Bang thought, they have been banished by the home town. Lastly, Shaw Bang published his first novel and became a novelist. After the death of his girlfriend, Yu, he never fell in love with somebody else. Now he fell in love with a very young girl, Ling. But, Ling was wounded in a traffic accident and couldn't stand up forever. Shaw Bang married with Ling. The figures in this novel cursed that movement and the time. We may see not only from the title, but also the contents of the novel, a strong disappointing and tragic mood.

All the novels on the story of urban school leavers are sold very well in Chinese book store. It lasted about 15 years.

There is a good populace trends in the novel of town school leaver. It is very different with the trend of new town novel, which described the life of new bourgeois, female white colors and their sexual love.

B Another culture activities

One activity is retrospective exhibition of the life of town school leaver in countryside and border areas. In early 1990s, several large scale retrospective exhibitions were conducted in China.

From 25 Nov. to 9 Dec. 1990, "Feel anxious with the Black Land, the Retrospective Exhibition of the life of town school leavers in the Great Northern Wilderness" was opened in China Revolution Museum in Beijing. 150 thousand visitors came to this Exhibition. Some ex-school leavers came from Shanghai, Zhejiang and abroad.

From 30 April to 20 May, 1991, "History shows the ordinary people, Retrospective Exhibition of the life of school leavers in Hainan Island and Guangdong Province" was opened at culture park of Guangzhou city.

From November2 to November18 1991, "Spring Flower and Fall Fruit, Memory Exhibition of Nanjing School Leavers to countryside" was opened at Nanjing Historical Museum of Taiping Rebellions. A symposium of History of Urban School Leavers to countryside was held at the same time.

C Reminiscence and works of research

A series of reminiscences and collection of reminiscence, and research works of ex-school leaver in the countryside were published in China. Such as "Enlightening Record of Grasslands" from ex-school leavers to Inner Mongolia. "Wind and Cloud in the Great Northern Wilderness" (1990), the famous one is "Reminiscences of Chinese School-leaver, from 1968 to 1979" in 3 volumes. It is published in 1996.

D Other activities

In major cities, there are restaurants for memory of school leaver's life. The restaurant in Nanjing names "King of Mongolia". It specially services the food from Mongolia. In school leavers' restaurants, there are always a pair of straw sandals, a pick axe, straw hat and a green schoolbag. In Spring Festival, the Chinese New Year, very common, a group of ex-school leavers always got together. Sometime an ex-school leaver family return to the village which the father or mother once stayed. There is a strong feeling of remember past time in ex-school leavers. Now, a generation of town school leaver to countryside is over 50 years old, they were wasted at life's full flowering. It was said, the ex-school leavers in Guangdong Province decided to set a common cemetery for themselves in future, it is some sorrow.

István Szabó, Budapest

Das Oberpatronatsrecht und der Reichsverweser (1920–1944)[1]

Abstract: From the foundation of the state until the 20th century, Hungarian kings were entitled to advowson, a certain right to patronage the most important element of which pertained to the right to name a candidate for a vacant position for the prelates of the Catholic Church, as well as the right to control and manage ecclesiastic administration. However, a special situation occured during the time of an interregnum, when governance was carried out by a Regent. The question arose with this regard, if advowson stem from state sovereignty or from the power and authority granted by the Holy See; whether the Hungarian Parliament is free to hand down this right to the Regent, or further confirmation from an outer source is equally necessary? This paper is aiming to give a closer look at these issues during the interwar period. The opinion of the majority of secondary authors leads to the conclusion that in the absence of a confirmation by the Holy See, this right cannot be handed down to the Regent. Additionally, the absence of coronation may likewise seem to be an obstacle, since advowson could be exercised by the king exclusively after coronation, and as the Regent is not crowned, Hungarian public law therefore excluded the possibility to hand down this right to the Regent.

I Einleitung

Die ungarischen Könige haben das zur Zeit der Staatsgründung erworbene Oberpatronatsrecht gegenüber der Kirche bis in das 20. Jahrhundert behalten. Die Ernennung der katholischen Bischöfe und die Gründung von Diözesen fielen in die Kompetenz des Königs. Eine besondere Situation lag immer dann vor, wenn die Aufgaben des Staatsoberhauptes provisorisch von einem Reichsverweser erledigt wurden. In diesem Zusammenhang ist die Zeit zwischen den beiden Weltkriegen besonders interessant, da in der Zwischenkriegszeit eine zunächst nur provisorische Lösung in einen ständigen Zustand verwandelt wurde. Während mehr als zwei Jahrzehnten stand an der Spitze des ungarischen Staates ein Reichsverweser. Die vorliegende Untersuchung gibt einen Überblick über diese Zeitspanne.

Nach den verlorenen Revolutionen und der militärischen Besetzung durch die Entente wurde der Neustart des staatlichen Lebens mit der parlamentarischen Wahl Anfang 1920 verwirklicht. Die wichtigste Aufgabe der aus

1 Diese Arbeit wurde im Rahmen des Programms „Zur Verbesserung der Qualität der Juristenausbildung“ des Ungarischen Justizministeriums durchgeführt.

diesem Grund zusammengetretenen Nationalversammlung bestand darin, die öffentlich-rechtlichen Verhältnisse, die von den Revolutionen verwirrt worden waren, zu ordnen. Das geschah tatsächlich, das Gremium nahm im Gesetzartikel I. von 1920 über die Wiederherstellung der Verfassungsmäßigkeit zur Kontinuität der Staatseinrichtung vor 1918 Stellung.[2] Eine königliche Thronbesteigung stieß jedoch auf innen- und außenpolitische Hindernisse, weshalb die Nationalversammlung – entsprechend den Regeln der alten historischen Verfassung – einen Reichsverweser als Staatsspitze wählte.

Wenn man den Wirkungskreis des provisorisch gewählten Reichsverwesers untersucht, kann festgestellt werden, dass das ungarische Verfassungsrecht diesbezüglich keine ständigen Regeln verankerte. Das Amt wurde erst in Ausnahmefällen besetzt, als die Ausübung der königlichen Macht aus irgendeinem Grund verhindert wurde. In diesen Fällen wurden die Wirkungskreise des Reichsverwesers einzeln bestimmt. Nach der Gestaltung des Reichstags im Spätmittelalter wurde der Reichsverweser immer von diesem Gremium gewählt und sein Wirkungskreis wurde parallel zur Wahl immer einzeln bestimmt. Die Regelung des Wirkungskreises geschah mit negativer Taxation, d.h. der Reichsverweser übernahm den Wirkungskreis des Königs, und das Parlament zählte nur diejenigen Kompetenzen auf, die das provisorische Staatsoberhaupt nicht ausüben durfte. Der Gesetzartikel I. von 1920 folgte derselben Regelungsmethode und bestimmte einzeln diejenigen königliche Kompetenzen, die der Reichsverweser nicht ausüben durfte.[3]

Diesbezüglich stellt sich die Frage, ob die Nationalversammlung bei der Bestimmung des Wirkungskreises des Reichsverwesers ganz frei war, oder ob es solche Regierungsrechte gab, die an die Person des Königs gebunden waren und deshalb während des Interregnums nicht ausgeübt werden durften. Falls man solche speziellen, an die Person des Königs gebundenen Rechte nennen kann, stellt sich zunächst die Frage, ob das Oberpatronatsrecht zu diesem Kreis gehört? Das würde bedeuten, dass die Ausübung des Oberpatronatsrechts durch den ungarischen Staat während des Interregnums laut unseres inneren, öffentlich-rechtlichen Systems pausierte. Das Problem wird

---

2 Die Wiederherstellung der Verfassungsmäßigkeit wurde durch die Annullierung der öffentlich-rechtlichen Tätigkeit der Revolutionen verwirklicht. Laut § 9. Gesetzartikel I. von 1920: „(1) Alle Bestimmungen, die als Volksgesetz, Bestimmung oder mit anderem Namen von den Organen der sog. Volksrepublik und Räterepublik erklärt wurden, werden ungültig erklärt. [...] (2) Die sog. Volksbestimmungen und Volksgesetze, die von der Landesgesetzversammlung dahin eingetragen wurden, werden gelöscht." Mit der Erklärung der Annullierung wurde die vorherige Situation wiederhergestellt.

3 § 13. Gesetzartikel I. von 1920.

aber wegen einer anderen Frage noch komplizierter: War das Oberpatronatsrecht eine Regierungsbefugnis, die ganz zum Kreis der Souveränität des ungarischen Staates gehörte? Durfte der ungarische Staat – ohne die Zustimmung des Heiligen Stuhls – die Ausübung dieses Rechts frei einem beliebigen staatlichen Organ übertragen?

II Die Rechtsstellung des Reichsverwesers im öffentlichrechtlichen System der Lehre der Heiligen Krone

Laut dem ungarischen Öffentlichen Recht war die grundlegende Quelle der Staatsmacht die Nation (das Volk) selbst[4], die diese öffentliche Macht dem Herrscher übertrug. Laut unserer historischen Verfassung bestand der Körper der Heiligen Krone sowohl aus der Nation, als auch aus dem König: „Die Macht der Heiligen Krone ist die verteilte Öffentliche Gewalt zwischen der Nation und dem König; die Macht der Heiligen Krone ist die vereinte Allgemeinmacht der Nation und des Königs. Aus diesem Grund stellen wir fest, dass die Souveränität des ungarischen Staates weder dem König, noch der Nation, sondern der Heiligen Krone gehört, die die beiden zusammen gestalten.“[5]

Im ungarischen Verfassungsrecht war der König ein mit der Nation gleichrangiges Element der Staatsmacht. Der Herrscher hat jedoch offensichtlich Regierungskompetenzen auch in solchen verfassungsmäßigen Systemen, in denen als Quelle der Staatsmacht ausschließlich die Nation betrachtet wird. Die Volkssouveränität bedeutet keine Machtkonzentration, da infolge des Prinzips der Gewaltenteilung auch der König über Regierungsbefugnisse verfügt. Da die öffentlich-rechtliche Theorie der Lehre der Heiligen Krone sich gut in das System der Gewalttrennung einfügte, welches für einen modernen Staat typisch ist, konnte sie deshalb auch nach der bürgerlichen Wandlung (nach 1848/1867) weiter aufrechterhalten werden. Die Prinzipien bezüglich der Quelle der Souveränität veränderten sich jedoch nicht und die Regierungsbefugnisse des ungarischen Königs stammten weiterhin nicht nur aus der Gewaltenteilung. Laut unserem Allgemeinrecht blieb er weiterhin ein mit der Nation (Volk) gleichrangiges Element, die Souveränität des Staates stammte weiterhin aus zwei Wurzeln.

Das Sanktionsrecht der Gesetze, welches für den Herrscher ein absolutes Vetorecht gegenüber Gesetzentwürfen bedeutet, die vom Parlament eingereicht wurden, kann man in mehreren konstitutionellen Monarchien finden. Im ungarischen Verfassungsrecht spielte es jedoch eine besonders große

---

4 *Móric Tomcsányi*, Magyarország közjoga [Das öffentliche Recht Ungarns], Királyi Magyar Egyetemi Nyomda, Budapest 1932, 263.

5 Ebda, 259ff.

Rolle, da der König in der Gesetzgebung dank dieses Rechts der Nation gleichgestellt war.[6] Welche Umgestaltungen der öffentlich-rechtlichen Einrichtungen es auch gab, sie war an den Konsens dieser beiden Elemente der Staatsmacht gebunden.

Der Reichsverweser durfte jedoch diese öffentlich-rechtliche Stellung nicht einnehmen. Während des Interregnums war die Nation die alleinige Quelle der Staatsmacht, die durch deren Vertretungsorgan, die Nationalversammlung, ausgeübt wurde, was der Gesetzartikel I. von 1920 klar feststellt.[7] Die Nationalversammlung wurde grundsätzlich als ein provisorisches Organ für die Zeit eines Interregnums betrachtet, im Jahre 1926 wurde jedoch durch die Gestaltung des Oberhauses das Parlament mit zwei Kammern wiederhergestellt. Im Zusammenhang damit erklärte das Gesetz des Oberhauses jedoch auch, dass die Nationalversammlung ihren Rechtsstand, nämlich den alleinigen Besitz der staatlichen Souveränität, nur solange einnehmen darf, als die Aufgaben eines Staatsoberhauptes von einem Reichsverweser erledigt werden.[8]

Die Regierungsrechte des Reichsverwesers stammten also nur aus der Gewaltenteilung, die die Nation durch ihr Vertretungsorgan frei beschränken konnte. Der König konnte das durch die Verweigerung der Sanktion verhindern. Der Reichsverweser verfügte jedoch über kein Sanktionsrecht, die Nationalversammlung (das Parlament) durfte so seinen Wirkungskreis frei gestalten. Das bedeutet aber auch, dass sie dem provisorischen Staatsoberhaupt auch das Sanktionsrecht erteilen konnte. Falls dieses Recht des Staatsoberhaupts jedoch als Garantie für die Gleichrangigkeit der Nation und des Königs verstanden wird, stellt sich die Frage, ob das Sanktionsrecht dem Reichsverweser erteilt werden darf. Es widerspricht nämlich der Ansicht, wonach „das Sanktionsrecht das persönlichste Recht des gekrönten Königs ist".[9]

---

6 Ebda, 281.

7 „Die Nationalversammlung, als der alleinige gesetzliche Vertreter der nationalen Souveränität, stellt fest, ..." [Der erste Satz der Präambel im Gesetzartikel I. von 1920.] „Die Nationalversammlung erklärt sich selbst für die gesetzliche Vertretung der Souveränität des ungarischen Staates, die im Sinne unserer Verfassung berechtigt ist, die weitere Art und Weise der Ausübung der Staatsmacht zu ordnen." [§ 2. Gesetzartikel I. von 1920]

8 „Solange die Aufgaben eines Staatoberhauptes im Sinne des Gesetzes von einem Reichsverweser erledigt werden, nimmt das Parlament den Rechtsstand der Nationalversammlung ein..." [§ 47. Gesetzartikel XXII. von 1926]

9 *József Bölöny*, Magyar közjog 2. kötet [Ungarisches öffentliches Recht 2. Band], Bölöny J., Budapest 1943, 213.

Bezüglich der in der Einleitung erwähnten ersten Frage, ob jede königliche Zuständigkeit dem Reichsverweser frei übertragen werden darf, stellen sich hier erste Zweifel ein. Falls das Sanktionsrecht gleichbedeutend sein soll mit der Souveränität der Nation, spricht das eher für ein Nein. Es ist zwar keine Regierungsbefugnis, jedoch stellte sich bezüglich der Verantwortung des provisorischen Staatsoberhaupts eine ähnliche Frage. Laut des Gesetzartikels I. von 1920 durfte die Nationalversammlung den Reichsverweser im Fall der Verletzung der Verfassung oder eines Gesetzes zur Verantwortung ziehen.[10] Die ministerielle Begründung des Gesetzes wurde eindeutig davon abgeleitet, dass nur der König souveränes und unverantwortliches Staatsoberhaupt ist und dieser Rechtsstand dem Reichsverweser deshalb nicht zugestanden werden darf.[11] Im Jahre 1937 schaffte jedoch das Parlament die Möglichkeit ab, den Reichsverweser zur Verantwortung zu ziehen.[12] Es stellt sich somit die Frage, ob ihm dadurch – ähnlich wie dem König – eine souveräne Machtstellung zukam? Die Antwort darauf ist ein eindeutiges Nein. Das bedeutet nur, dass das Parlament auf die Möglichkeit verzichtete, den Reichsverweser zur Verantwortung zu ziehen, aber damit verfügte er noch nicht über die Unverantwortlichkeit eines souveränen Herrschers. Die Unverantwortlichkeit des Königs ist nämlich ein verfassungsmäßig garantiertes Recht und hängt nicht von der Entscheidung der Gesetzgebung ab.[13]

Zusammenfassend kann eindeutig gesagt werden, dass die öffentlichrechtliche Rechtsstellung des Königs und des Reichsverwesers unterschiedlich ist. Im Zusammenhang damit ist unsere Folgerung nicht unbegründet, dass dies auch seinen Wirkungskreis betrifft. Der König verfügt über solche Regierungsrechte, die dem provisorischen Staatsoberhaupt während eines Interregnums nicht übertragen werden dürfen. Bezüglich des Sanktionsrechts wurde bereits darauf hingewiesen.

Neben den bisherigen theoretischen Überlegungen gibt es jedoch auch einen ganz konkreten Bezugspunkt, welcher aus der öffentlich-rechtlichen

---

10 Absatz (2) § 14. Gesetzartikel I. von 1920.

11 „Der Gesetzentwurf durfte die absolute Verantwortungslosigkeit dem Reichsverweser nicht erteilen, die unsere Verfassung dem souveränen Staatsoberhaupt, dem König gibt. Der öffentlich-rechtliche Rechtsstand des Reichsverwesers ist nämlich mit dem öffentlich-rechtlichen Rechtsstand des souveränen Staatsoberhaupts nicht identisch, den der Staatspräsident in einer Republik einnimmt; deswegen muss der Reichsverweser, falls er die Verfassung oder das Gesetz verletzt, zur Verantwortung gezogen werden." [Verhandlungen des Abgeordnetenhauses des ungarischen Reichstages; Anlagen zu den Stenographischen Berichten 1920, Bd. 1, 23ff.]

12 § 7. Gesetzartikel XIX. von 1937.

13 *Bölöny* wie Fn. 9, 48ff.; *Gejza Ferdinandy*, A magyar alkotmányjog tankönyve [Lehrbuch des ungarischen Verfassungsrechts], Franklin, Budapest 1911, 143ff.

Bedeutung der Krönung stammt. Laut dem ungarischen Verfassungsrecht ergaben sich aus der Krönung nämlich konkrete Regierungsrechte, die der König ohne die Krönung nicht ausüben durfte. Nach der Herrschaft von Joseph II. gab es nicht mehr nur gewohnheitsrechtliche Quellen dafür, sondern es wurde vom Reichstag – aus bekannten Gründen – auch gesetzlich verankert. Da der Reichsverweser nicht gekrönt wurde, stellt sich die Frage, ob ihm solche Befugnisse erteilt werden könnten, die ohne eine Krönung auch vom König selbst nicht ausgeübt werden durften. Diese Frage kann ohne Bedenken verneint werden.

III Die mit der Krönung verbundenen Rechte

Im Sinne des Gesetzartikels III. von 1791 musste der König nach der Thronbesteigung innerhalb von sechs Monaten gekrönt werden.[14] Das Gesetz besagte, dass die Regierungsrechte des Herrschers in der Zeit zwischen der Thronbesteigung und der Krönung nicht beschränkt werden. Es gab jedoch eine Ausnahme, und zwar die Verleihung der Privilegien, welche an die Krönung gebunden wurden.[15] Der gleiche Reichstag stellte jedoch kurz darauf eine weitere Beschränkung fest. Bei der Regelung für die Ausübung der Gesetzgebungsmacht wurde diese Kompetenz als das gemeinsame Recht des gekrönten Königs und des Reichstags bezeichnet[16], von der Seite des Königs bedeutete grundsätzlich die Teilnahme an der Gesetzgebung das Sanktionsrecht.

Das Recht zur Verleihung eines Privilegiums und das Sanktionsrecht durfte der König bis zu seiner Krönung also nicht ausüben[17], folglich war die Übertragung dieser Rechte an den Reichsverweser grundsätzlich ausgeschlossen. Bezüglich des Oberpatronatsrechts lässt sich sagen, dass die Ernennung der katholischen Bischöfe und die Gründung von Diözesen als Erteilung von

14 „... Ihre kaiserliche, königliche, apostolische Majestät stimmte gnädig zu, dass die königliche Einweihung und die Krönung bei jedem Thronwechsel innerhalb von sechs Monaten nach dem Tod des vorigen Königs in einer vorschriftmäßigen Zeremonie vollgezogen werden.“ [Gesetzartikel III. 1791]

15 „... so aber, dass das Spenden der Sonderrechte auch weiterhin das Recht der gesetzlich gekrönten königlichen Majestät verbleibt.“ [Gesetzartikel III. 1791]

16 „Die Macht für die Gesetzgebung, die Außerkraftsetzung, und die Erklärung gebührt in Ungarn und in an ihn geschlossenen Teilen, ohne die Verletzung des Gesetzartikels VIII. von 1741. gemeinsam dem gesetzlich gekrönten Fürst und den zum Reichstag gesetzlich versammelten Landständen und darf außer ihnen von niemanden ausgeübt werden.“ [Gesetzartikel XII. von 1791]

17 *Ferdinandy*, wie Fn. 13, 134ff.; *Tomcsányi* wie Fn. 4, 293; *Ernő Nagy*, Magyarország közjoga (államjog) [Das öffentliche Recht Ungarns (Staatsrecht)], Athenaeum, Budapest 1905, 208.

Privilegien galten.[18] Aus diesem Grund durfte der König diese Rechte vor seiner Krönung nicht ausüben und so waren sie auch an den Reichsverweser nicht übertragbar.

József Bölöny[19] akzeptiert zwar 1943, dass der im vorigen Absatz thematisierte Standpunkt die allgemein verbreitete Auffassung ist, seiner Ansicht nach durfte der König aber das Oberpatronatsrecht auch vor seiner Krönung ausüben.[20] Er begründet dies damit, dass es in der Geschichte des ungarischen Öffentlichen Rechts vorkam, dass ein noch nicht gekrönter König Erzpriester ernannte, was später von dem gekrönten König nicht noch bekräftigt zu werden brauchte. Aus dem Mangel der Bekräftigung zieht er die Folgerung, dass die Ernennung durch den nicht gekrönten König eine absolute, öffentlich-rechtliche Geltung hatte.[21] Bölöny bestreitet zwar nicht, dass der König die Ernennungen von Erzpriestern in Form einer Privilegs-Urkunde ausgab und die Übertragung der Kommende vom ungarischen Öffentlichen Recht als eine Form der Verleihung des Adelstitels betrachtet wurde.[22] Seiner Meinung nach wurde das aber von der öffentlich-rechtlichen Praxis überlagert, wonach das Verbot des Spendens der Privilegien im engeren Sinne, ohne die Ernennung von Erzpriestern, verstanden werden sollte. Bölöny stellt aber auch fest, dass „das Oberpatronatsrecht allein und ausschließlich von dem jeweiligen apostolischen König ausgeübt werden darf."[23] Das heißt, dass auch er die Ausübung des Oberpatronatsrechts markant an die Person des Königs bindet, leitet das nun aber nicht aus dem öffentlich-rechtlichen Akt der Krönung ab. Seiner Ansicht nach wird das Oberpatronatsrecht dem König vorweg nicht von der Nation übertragen, sondern es gebührt ihm wegen seiner apostolischen Beschaffenheit.[24] Dies bedeutet also, dass es von außen, aus einer kirchlichen Ermächtigung, stammte. Die Krönung bezieht sich auf das öffentlich-rechtliche Verhältnis von Nation und König und hat auf das Oberpatronatsrecht keine Auswirkung.

Es wird jedoch bald sichtbar, dass Bölöny sich bezüglich der regelverändernden Wirkung der öffentlich-rechtlichen Praxis in Widersprüche verwickelt. In Bezug auf Oberpatronatstätigkeiten, die von János Hunyadi und von den Fürsten von Siebenbürgen ausgeübt wurden, behauptet er nämlich, dass diese keine öffentlich-rechtliche Regel ausgestalteten (siehe Punkt IV.).

---

18 *Kálmán Molnár*, Magyar közjog [Ungarisches öffentliches Recht], Danubia, Pécs 1929, 644.
19 József Bölöny (1903–1990), Jurist, Historiker.
20 *Bölöny*, wie Fn. 9, 259.
21 Ebda, 260.
22 Ebda, 259.
23 Ebda, 259
24 Ebda, 260.

In der historischen Verfassung ist es offensichtlich eine schwierige Frage, ab wann eine Praxis als verbindlich gilt oder ob sie noch eine gesetzesverletzende Praxis sein kann? In der Argumentation von Bölöny ist es jedoch ein weiteres Problem, dass die erwähnten Beispiele für die Ernennungen von Erzpriestern, die von einem nicht gekrönten König ausgeübt wurden, alle vor 1791 geschahen. In der historischen Verfassung gibt es viele öffentlichrechtliche Normen, da eine gesetzliche Regelung entsteht, falls man etwas verändern will, oder eben umgekehrt, falls eine Praxis, die vom Gewohnheitsrecht abweicht, in den gewohnten Rahmen zurückgeführt werden soll. Der König kann dem Gewohnheitsrecht leichter ausweichen als dem schriftlichen Gesetz, sodass ein Gesetz die Situation klarer macht. Ein Musterbeispiel dafür wurde im Gesetz von 1867 verankert, wonach die Abdankung des Königs ausschließlich mit der Zustimmung des Reichtags möglich war.[25] Kann es aber sein, dass die Regelung von 1791 vielleicht doch nicht mit dem Ziel entstand, die vorherige umstrittene Praxis in einen verfassungsmäßigen Rahmen zurückzuführen? Es war eben eines der Hauptmotive der öffentlich-rechtlichen Regeln, die nach der Regierung von Joseph II. entstanden, dass das, was in der Zeit des „behuteten Königs“ [ungarischer Spottname des – nicht gekrönten – Königs Joseph II.] geschah, nie mehr vorkommen kann. Das hatte eine besondere Bedeutung bezüglich der an die Krönung gebundenen Wirkungskreise des Königs.

So erscheint die Ansicht der Mehrheit mehr begründet zu sein, derzufolge unter den Privilegien auch die Ernennung von Erzpriestern verstanden werden sollte, d.h. dass der König also ohne eine Krönung auch diesen Wirkungskreis nicht ausüben durfte. Daraus ergibt sich die logische Folgerung, dass dieser königliche Wirkungskreis dem Reichsverweser, da er nicht gekrönt wird, nicht übertragen werden darf.

Aus diesem Grund kann man feststellen, dass bei der Regelung des Wirkungskreises des Reichverwesers im Jahre 1920 unter den dort erwähnten Beschränkungen[26] drei notwendig waren: das Sanktionsrecht, das

25 Der umstrittene Status von Franz Josef nach 1849 ist bekannt. Von der ungarischen Seite war einer der Hauptangriffspunkte die Ungültigkeit der Abdankung von Ferdinand V., da der Reichstag dieser nicht zugestimmt hatte. Das war jedoch keine gesetzlich verankerte Regel, der Hintergrund ergab sich aus dem Gewohnheitsrecht. Beim Ausgleich werden die zwei Verzichtserklärungen im Gesetz festgesetzt, damit Franz Joseph den Thron besteigen kann, und es wird für die Zukunft gesetzlich verankert, dass die Abdankung des Königs nur mit der Zustimmung des Reichstags gültig wird [III. Gesetzartikel von 1867]. All das schuf bei der Abdankung von Karl IV. im November 1918 eine klarere Situation. Da es von der Seite des Parlaments keine Zustimmungserklärung gab, war sie eindeutig ungültig.

26 § 13. Gesetzartikel I. von 1920.

Verleihungsrecht von Adelstiteln und das Oberpatronatsrecht. Falls die Nationalversammlung sich an die verfassungsmäßigen Traditionen hielt, konnte sie diese drei Wirkungskreise dem Reichsverweser nicht übertragen. Alle anderen Beschränkungen der Wirkungskreise (die Auflösung der Nationalversammlung, Kriegserklärung, Friedensabschluss, Ausübung von Amnestie usw.) hingen von politischen Entscheidungen ab, die Nationalversammlung (der Reichstag) konnte diese jederzeit frei widerrufen.

Es ist aber wichtig zu erwähnen, dass diese Ansicht von Bölöny geteilt wird, der es auch nicht für möglich erachtet, das Oberpatronatsrecht dem Reichsverweser zu übertragen. Er leitet es jedoch nicht aus dem Mangel der Krönung ab, sondern aus der Tatsache, dass es von außen verliehen wird. Diese zwei Problemkreise wurden hier jedoch bereits in der Einleitung in zwei Teile getrennt (siehe Punkt I.). Im Folgenden wird zuerst thematisiert, ob es laut dem ungarischen Öffentlichen Recht möglich ist, das Oberpatronatsrecht dem Reichsverweser zu übertragen, und weiters, ob dazu irgendeine Zustimmung von außen nötig ist. Für die tatsächliche Beantwortung dieser Fragen brauchen wir von beiden Seiten eine positive Antwort.

Zu allererst soll jedoch eine andere Frage bezüglich des inneren Verfassungsrechts untersucht werden: Wie gewöhnlich bzw. ungewöhnlich war das Amt des Reichsverwesers im Jahre 1920 im Vergleich zu früheren historischen Beispielen?

IV Die ungewöhnliche Art des Reichsverweseramts von 1920

Bei der Festlegung des Wirkungskreises des Reichsverwesers von 1920 spielten die historischen Beispiele eine wesentliche Rolle und von ihnen insbesondere das Reichsverweseramt von János Hunyadi.[27] Dieser übte jedoch auch das Oberpatronatsrecht aus.

József Bölöny, der ausgezeichnete Staatsrechtler, stellte Folgendes fest: Die Tatsache, dass Hunyadi oder andere Fürsten von Siebenbürgen das Oberpatronatsrecht ausüben durften, stellt noch keine Begründung für die Behauptung dar, dass das Oberpatronatsrecht im 20. Jahrhundert außer vom apostolischen König auch von jemand anderem ausgeübt werden kann.[28] Wie bereits früher erwähnt wurde, verwickelt sich Bölöny hier ein wenig in Widersprüche mit sich selbst. Er bezeichnet vom Gesetz abweichende Beispiele, wenn z.B. ein noch nicht gekrönter König Erzpriester ernennt, als öffentlich-rechtliche Praxis[29] (siehe Punkt III.), Tätigkeiten des

---

27 János Hunyadi (1407–1456) war Reichverweser neben dem minderjährigen Ladislau V. (Ladislaus Postumus) von 1446–1452.

28 *Bölöny*, wie Fn. 9, 261.

29 Ebda, 260.

Reichsverwesers bzw. der Fürsten von Siebenbürgen bezüglich des Oberpatronatsrechts jedoch nicht.[30] Er nennt sogar mehrere Beispiele für beide. Was ist aber der wesentliche Unterschied zwischen ihnen? Während wir im letzten Punkt gegen Bölöny Stellung bezogen haben, stehen wir hier nun in Einklang mit ihm. Die erwähnten Beispiele gestalteten weder im einen, noch im anderen Fall eine verbindliche Norm.

Bisher wurde also festgestellt, dass die Tätigkeiten von János Hunyadi und den Fürsten von Siebenbürgen bezüglich des Oberpatronatsrechts kein Gewohnheitsrecht gestalteten. Das bedeutet jedoch noch lange kein Verbot für die Übertragung des Oberpatronatsrechts an den Reichsverweser, sondern nur, dass es nicht für selbstverständlich gehalten werden soll. Es ist trotzdem eine wichtige Frage. Falls die Ausübung des Oberpatronatsrechts durch den Reichsverweser irgendeine historische Praxis gewesen wäre, hätte es unsere Argumentation in vorigen Punkten überlagern können. Zwar beschäftigen wir uns mit den Fürsten von Siebenbürgen im Weiteren nicht, weil ihr Rechtsstand mit dem Rechtsstand des Reichverwesers nicht identisch ist, dürfen aber den Fall von János Hunyadi nicht außer Acht lassen.

Das weitere Argument von Bölöny ist, dass Hunyadi ein Vormundreichsverweser war. Er erledigte die Aufgaben eines Staatsoberhauptes im Namen eines minderjährigen Königs und das unterschied sich vom Reichsverweseramt von 1920.[31] Das ist ein interessantes und kein unbegründetes Argument. Falls man einen wesentlichen Unterschied zwischen dem Reichsverweseramt von 1446 und von 1920 feststellen kann, unterstreicht das die vorige Argumentation (siehe Punkt III.), nämlich, dass die Nationalversammlung nach dem Ersten Weltkrieg nicht berechtigt war, das Oberpatronatsrecht dem Reichsverweser zu übertragen. Zwar gestaltete das Beispiel von 1446 keine verbindliche Gewohnheit, aber man sollte das Argument besonders gut verteidigen, da das, was einst bereits möglich war, jetzt verboten sein sollte.

Bölöny kritisiert die Begründung des Ministers im Gesetzartikel I. von 1920 nicht völlig unbegründet, welche als Präzedenzfall für die damalige öffentlich-rechtliche Situation die Periode des Reichsverweseramts von János Hunyadi erwähnt.[32] Es ist unbestreitbar, dass im Jahre 1920 nicht ein Reichsverweser neben einem minderjährigen König gewählt wurde, sondern

30 Ebda, 261.

31 Ebda, 261.

32 „Der Gesetzentwurf wird den Reichsverweser entsprechend den Präzedenzfällen unserer Verfassungsgeschichte und besonders entsprechend den festgestellten Prinzipien bezüglich des Reichsverweseramts von János Hunyadi in Gesetzartikeln I., VI., VII., VIII. und IX. von 1446 […]“. [Verhandlungen des Abgeordnetenhauses des ungarischen Reichstages; Anlagen zu den Stenographischen Berichten 1920 Bd. 1, 21]

es notwendig war, weil der Thron unbesetzt war. Bölöny, der bekanntlich ein verpflichteter Legitimist[33] war, stellt weiterhin auch fest, dass Ungarn, als das Reichsverweseramt 1920 ins Leben gerufen wurde, in der Person von Karl IV. einen gesetzlich gekrönten König hatte, der seine Aufgaben als Staatsoberhaupt nur wegen vis maior, wegen Kräften von außen, nicht erledigen konnte.[34] Das ist ein schwer zu bestreitender Standpunkt, da Karl I. (IV.) im Jahre 1916 den Thron vorschriftsmäßig bestieg. Wegen der königlichen Unverantwortlichkeit konnte der König den Thron bis auf die Abdankung oder den Tod in keinem anderen Fall verlassen. Da seine Abdankungserklärung im November 1918 aus mehreren Gründen ungültig war[35], kann sein Recht auf den Thron nicht bezweifelt werden. Die Rechtsstellung eines Vormundreichsverwesers, der im Namen eines minderjährigen Königs handelt, kann sich tatsächlich von der Rechtsstellung eines Reichsverwesers unterscheiden, der im Namen eines Königs handelt, der wegen vis maior daran gehindert ist, seine Aufgaben zu erledigen.

Die Situation von 1920 war im Vergleich zur Situation von 1446 auch in der Hinsicht ungewöhnlich, dass die Gewaltenteilung zwischen der Nation und dem König in der Zeit des Reichsverweseramts von János Hunyadi noch nicht völlig ausgestaltet war. Im Jahre 1446 gab es noch keine auf mehreren hundert Jahren beruhende Tradition. Die Tatsache, dass János Hunyadi über bestimmte königliche Rechte verfügte, bedeutet noch nicht, dass daran später nichts verändert werden darf. Die Versuche der Habsburger Herrscher, die Krönung zu negligieren, motivierte das Parlament, ihre Bedeutung ständig zu schützen und zu bekräftigen. Daraus ergab es sich, dass die Gesetzgebung die Krönung an einen bestimmten Termin band und bestimmte Regierungsrechte ab dieser Zeit auch gesetzlich verankert von ihr abhängig machte. Falls die öffentlich-rechtlichen Regelungen es nach 1446 dem König nicht erlaubten, ohne die Krönung das Oberpatronatsrecht auszuüben, musste sich diese Beschränkung auch auf den Reichsverweser beziehen. Das wurde nicht aufgelöst, weil János Hunyadi ein paar Jahrhunderte zuvor über solche Regierungsrechte verfügte.

Es wird hier die Regierung von Lajos Kossuth nicht detaillierter untersucht, der das Oberpatronatsrecht ebenfalls ausübte und dessen Regierung nicht ein paar Jahrhunderte vor dem öffentlich-rechtlichen Provisorium nach dem Ersten Weltkrieg lag, sondern erst weniger als sieben Jahrzehnte zuvor.

---

33 Legitimisten, die die Rechte des Hauses Habsburg-Lothringen auf den ungarischen Thron auch nach 1920 anerkannten.

34 *Bölöny*, wie Fn. 9, 34.

35 Es gab keine Gegenzeichnung des Ministers und der Reichstag stimmte der Absage auch nicht zu. Diese beiden Gründe machten eine Absageerklärung auch einzeln ungültig.

Der Grund dafür, dass dieses Beispiel von 1849 hier nicht berücksichtigt wird, liegt darin, dass dieses sich nur schwierig in den Rahmen der historischen Verfassung einfügen lässt, weil seine Regierung mit revolutionären Ursachen begründet wurde.[36] Allein die Tatsache der Entthronung der Habsburger verletzte die Prinzipien der Lehre der Heiligen Krone, da der König seines Herrschersamts von der Nation nicht enthoben werden durfte. Das konnte nicht als Modell für die Regelung von 1920 dienen, welches auf der historischen Verfassung basierte.

V Die Herkunft des Oberpatronatsrechts

In den bisherigen Abschnitten wurde die Frage untersucht, ob das Oberpatronatsrecht dem Reichsverweser aufgrund der inneren Regeln des ungarischen Öffentlichen Rechts übertragbar war. Jetzt konzentrieren wir uns auf eine andere Frage, nämlich, ob es überhaupt eindeutig eine innere Befugnis des ungarischen Staates war? Oder ob es auf einer äußeren kirchlichen Ermächtigung beruhte, d.h., ob eine päpstliche Zustimmung nötig ist, wenn die Nationalversammlung dieses Recht nicht auf den König, sondern an jemanden anderen übertragen will?

Laut Andor Csizmadia[37] stammt das Oberpatronatsrecht aus der Freiheit des Staates, seine Wurzeln stammen also aus der Souveränität des ungarischen Staates.[38] Es gibt auch den Standpunkt, welcher die kirchliche Herkunft akzeptiert, zugleich auch meint, dass die Rechte des Heiligen Stuhls mit der Zeit beschränkt wurden. Dazu gehört auch Móric Tomcsányi[39], der die Ansicht vertritt, dass das Oberpatronatsrecht auf der gemeinsamen Praxis der ungarischen Könige und des Heiligen Stuhls beruhte, welche jedoch nicht nur dem König, sondern auch dem Heiligen Stuhl bestimmte Verbindlichkeiten auferlegte.[40] Kálmán Molnár[41] hielt die kirchliche Ermächtigung für ungebrochen. Seiner Meinung nach gilt die Kompetenz des ungarischen Staates nur so lange, als er dem König erlaubt, das Oberpatronatsrecht

---

36 *Bölöny*, wie Fn. 9, 34.

37 Andor Csizmadia (1910–1985), Professor für Rechtsgeschichte an der Janus Pannonius Universität in Pécs (1958–1980).

38 *Andor Csizmadia*, A magyar állam és az egyházak jogi kapcsolatainak kialakulása és gyakorlata a Horthy-korszakban [Die Bildung und die Praxis der rechtlichen Beziehungen zwischen den ungarischen Staat und den Kirchen in der Horthy-Ära], Akadémiai Kiadó, Budapest 1966, 268.

39 Móric Tomcsányi (1878–1951), Professor für Verfassungs- und Verwaltungsrecht an der Pázmány Péter Universität in Budapest (1922–1945).

40 *Tomcsányi*, wie Fn. 4, 288.

41 Kálmán Molnár (1881–1961), Professor für Verfassungsrecht an der Königin Elisabeth Universität in Pécs (1925–1946).

auszuüben.[42] Die letztere Feststellung ist unbestreitbar, das bedeutet aber nur, dass es theoretisch auch möglich war, dem König diese kirchliche Regierungskompetenz zu verbieten. Das hätte selbstverständlich ohne seine eigene Zustimmung nicht geschehen können, da es zuerst gesetzlich zu verankern gewesen wäre, d.h., dass das Gesetz vom König selbst sanktioniert hätte werden müssen. Es ist aber wichtig, dass der ungarische Staat laut dieses Standpunkts in den Inhalt des Oberpatronatsrechts nicht eingreifen durfte. Dieser beruhe ausschließlich auf der Ausgestaltung des Heiligen Stuhls, zu der staatlichen Entscheidungskompetenz gehört nur, ob der Staat dies annimmt, oder nicht. József Bölöny äußerte eine Meinung, die mit der von Kálmán Molnár fast gänzlich identisch war.[43] Es könnten auch weitere Autoren erwähnt werden, die wichtigsten „Richtungen" sind aber von den hier Erwähnten abgeleitet.

Bezüglich der Übertragung des Oberpatronatsrechts an den Reichsverweser muss im Folgenden untersucht werden, ob sie ohne die Zustimmung des Papsts durchgeführt werden durfte. Das wäre ohne eine äußere Bekräftigung nur bei Akzeptanz des Standpunkts von Andor Csizmadia möglich. Es ist sogar in dem Fall nicht möglich, wenn das Oberpatronatsrecht aus der gemeinsamen Praxis der ungarischen Könige und des Heiligen Stuhls entstanden wäre, da auch das die einseitige Bestimmung nicht möglich machte. Es ist offensichtlich auch nicht möglich, wenn der dritte Standpunkt akzeptiert wird.

Der erste Zweifel bezüglich des Standpunkts von Andor Csizmadia ergibt sich aus der Frage, warum sich das Oberpatronatsrecht, falls es aus einem staatlichen Rechtsakt stammt, nur bezüglich einer Konfession herausbildete? Es ist zwar richtig, dass die Reformation erst Jahrhunderte nach der Entstehung des kirchlichen Regierungsrechts des Königs stattfand, dass sich aber das kirchliche Regierungsrecht bezüglich keiner anderen Konfession herausbildete, macht einen klaren staatlichen Rechtsakt fraglich.

Dieser Standpunkt wird aber noch unsicherer, wenn die staatlichen Hoheitsrechte bezüglich der Kirche detaillierter untersucht werden. Neben dem Oberpatronatsrecht gab es nämlich das Oberaufsichtsrecht, welches sich auf alle Konfessionen ausdehnte.[44] Dieses erfasste nicht nur die Kirchen, sondern alle öffentlichen Angelegenheiten.[45] Es handelte sich um ein passives Kontrollrecht, welches die rechtmäßige Arbeit von Organen und

42 *Molnár*, wie Fn. 18, 638ff.

43 *Bölöny*, wie Fn. 9, 255ff.

44 *Andor Csizmadia,* A kormányzás egyes kérdései a felszabadulás előtt [Einige Fragen der Übung der vollziehenden Gewalt vor der Befreiung], Programiroda, Budapest 1983, 121ff.; *Nagy*, wie Fn. 17; *Bölöny*, wie Fn. 9, 248ff.

45 *Tomcsányi*, wie Fn. 4, 286.

Organisationen dahin gehend überprüfen durfte, ob diese die Gesetze des Staates nicht verletzen. Zurückkehrend zu der Frage bezüglich der Kirche bedeutete das Oberaufsichtsrecht keine positive Teilnahme an der Kirchenregierung, sondern war von negativer Art, da es dem Schutz der Staatsordnung und des Staatsinteresses diente.[46] Die Kirchen können dem staatlichen Rechtsstand nicht entkommen, doch konnte dieser Rechtszustand von ausschließlich negativer Art sein.[47] Im Gebiet der Kirchenregierung, die aus der eigenen Souveränität des Staates stammt, kann es nur ein Kontrollrecht bedeuten, d.h. dass die Kirchen die gesetzliche Ordnung des Staates nicht verletzen dürfen. Das königliche Recht bezüglich des allgemeinen Oberaufsichtsrechts gebührte somit unbestreitbar auch dem Reichsverweser.

Das Oberpatronatsrecht verfügt jedoch über einen positiven Inhalt, indem der Staat solche Rechte nur mit der Zustimmung der Konfessionen ausüben durfte. Deshalb muss das Oberpatronatsrecht innerhalb der Hoheitsrechte bezüglich der Kirchen stark abgesondert werden, da es nicht aus der Souveränität des Staates stammt, sondern auf der Ermächtigung der Kirche beruht.[48] Der König kann es ohne die Zustimmung der Kirche nicht ausüben und der Staat kann solche Rechte selbstständig nicht einführen.[49]

In Bezug auf die Herkunft des Oberpatronatsrechts entstanden in der ungarischen öffentlich-rechtlichen Literatur verschiedene Standpunkte, von denen der zuvor thematisierte Standpunkt als der bestbegründete betrachtet werden kann. Dies hat zur Folge, dass der Übertragung des Oberpatronatsrechts an den Reichsverweser außer den bereits erwähnten inneren öffentlich-rechtlichen Hindernissen (siehe Punkt III.-IV.) auch äußere Hindernisse entgegenstanden. Somit hätte der Reichsverweser das Oberpatronatsrecht ohne die Zustimmung des Papstes auch dann nicht ausüben können, wenn § 13. im Gesetzartikel I. von 1920 diesbezüglich kein Verbot festgelegt hätte.[50]

VI Die Religionszugehörigkeit des Königs und die kirchliche Art der Krönung

Falls die „Regierung“ einer kirchlichen Gemeinde nicht aufgrund einer absoluten inneren Autonomie geschieht, ist zu erwarten, dass die „von außen“ daran teilnehmende Person zu dieser Konfession gehört. Im Fall von passiven (Kontroll-)Rechten ist dies nicht unbedingt wichtig, da die

46 *Bölöny*, wie Fn. 9, 249.
47 Ebda, 255.
48 *Molnár*, wie Fn. 18, 628; *Bölöny*, wie Fn. 9, 255.
49 *Molnár*, wie Fn. 18, 637.
50 Ebda, 645.

Religionszugehörigkeit der Person, die über das Oberaufsichtsrecht verfügt (siehe Punkt IV.), keine relevante Frage darstellt. Im Fall des Oberpatronatsrechts ist jedoch zu erwarten, dass die Person, die über dieses Recht verfügt, ein Katholik ist. Im Fall des Königs war dies garantiert, da es eine Bedingung für das Königsamt war, dass der Betroffene katholisch war bzw. wird. Eine Person mit anderer Religionszugehörigkeit durfte nicht zum König gekrönt werden. Eine solche Garantie gibt es beim Reichsverweser jedoch nicht, da die Stellung des provisorischen Staatsoberhaupts nicht an die Religionszugehörigkeit gebunden war. Miklós Horty war zum Beispiel ein Reformierter. Es muss jedoch erneut betont werden, dass es nicht von der Religionszugehörigkeit des tatsächlichen Reichsverwesers abhing, sondern von den Umständen im Allgemeinen: Falls das Amt nicht an die Zugehörigkeit zu einer bestimmten Religion gebunden ist, darf er kirchliche Regierungsrechte über sie nicht ausüben. Der Wirkungskreis des Reichsverwesers hängt also nicht von seiner Religionszugehörigkeit ab. Falls ihm das Oberpatronatsrecht zugeteilt wäre, könnte er dieses Recht auch dann ausüben, wenn das provisorisch gewählte Staatsoberhaupt kein Katholik ist.

Im Folgenden muss zu der im Punkt III. bereits kurz erwähnten Krönung zurückgekehrt werden. Dort wurde nämlich dargelegt, dass es auch solche Regierungsrechte gibt, die selbst vom König nur nach der Krönung ausgeübt werden dürfen. Da der Reichsverweser nicht gekrönt wurde, blieben ihm diese Wirkungskreise daher notwendigerweise verboten. Bei dieser Begründung ist nicht nur die religiöse Seite, sondern auch die Art der Verfassungssicherung wesentlich. Der König erließ ein Krönungsdiplom und schwor, die Verfassung zu befolgen.[51] Das war eine ernsthafte Verfassungssicherung und die Nation bestand deswegen darauf, jeden König baldmöglichst zu krönen.[52]

Die Krönung war jedoch auch unter dem Aspekt von großer Bedeutung, dass diese im Rahmen einer vom Erzbischof von Esztergom gehaltenen Liturgie ablief, in der der König einen kirchlichen Schwur leistete.[53] Somit ist die Folgerung nicht unbegründet, dass die kirchlichen Regierungsrechte bezüglich der katholischen Kirche nur von der Person ausgeübt werden sollten, die vom Erzbischof gekrönt wurde und die den kirchlichen Schwur leistete.

Zusammenfassend lässt sich sagen, dass der König zwei Schwüre leistete, nämlich den vorher erwähnten kirchlichen Schwur und dann den im vorigen Absatz erwähnten verfassungssichernden Schwur, der in der Zeremonie

51 *Tomcsányi*, wie Fn. 4, 295ff.

52 *Ferdinandy*, wie Fn. 13, 138ff.

53 *Ákos Timon*, Magyar alkotmány- és jogtörténet (Ungarische Verfassungs- und Rechtsgeschichte), Grill Károly Könyvkiadóhivatala, Budapest 1910, 518; *Tomcsányi*, wie Fn. 4, 297.

später stattfand.[54] Bezüglich der Ausübung des Oberpatronatsrechts ist diese Absonderung von Bedeutung, da auch der Reichsverweser einen Schwur leisten sollte, wenn auch unter anderen Umständen als der König.[55] Da die Umstände nicht identisch waren[56], kann man nicht ohne Zweifel davon ausgehen, dass dieser Schwur den verfassungssichernden Schwur vertrat. Die Krönung war jedoch ein gemeinsamer Akt der Kirche und der Nation, die Schwüre bezogen sich zuerst auf jene und dann auf diese. Der Reichsverweser leistete jedoch eben keinen Schwur bezüglich der Kirche. Dieser Mangel kann eindeutig als ein Hindernis dafür angesehen werden, die kirchlichen Regierungsrechte über die katholische Kirche zu erhalten.

VII Die inneren Elemente des Oberpatronatsrechts und die Mitwirkung des Ministeriums

Die bisher dargestellte, verhältnismäßig logische Begründung wird dadurch komplizierter, dass das königliche Oberpatronatsrecht aus mehreren inneren Elementen bestand.[57] Die bisher erwähnten konzentrierten sich vor allem auf das Ernennungsrecht[58] bezüglich der Erzpriester, auf das sich die Beschränkung des § 18. im Gesetzartikel I. von 1920 in erster Linie bezog. Es gab sogar den Standpunkt, laut dem sich die Beschränkung ausschließlich auf dieses Recht bezog.[59] Meiner Ansicht nach sollen jedoch unter den Beschränkungen eindeutig sowohl die gebietsmäßige Verteilung der Diözesen als auch das Organisationsrecht[60] bezüglich der hierarchischen Ordnung verstanden

---

54 *Tomcsányi*, wie Fn. 4, 297ff.

55 „Der Reichsverweser darf sein Amt nur in dem Fall ausüben, falls er vor der Nationalversammlung den Schwur leistet: ‚Ich, N.N., gewählter Reichsverweser Ungarns, schwöre auf Gott, dass ich treu zu Ungarn werde, die Gesetze, die alte gute und bekräftigte Gewohnheiten behalte, und lasse sie auch von anderen behalten, die Unabhängigkeit und das Gebiet beschütze, mein Reichsverweseramt im Sinne der Verfassung und im Einverständnis mit der Nationalversammlung durch das verantwortliche Ministerium ausübe und alles tue, was ich im Interesse und für den Lob des Landes tun kann. So wahr mir Gott helfe!“ [§ 18. Gesetzartikel I. von 1920]

56 Unter den nicht identischen Umständen verstehe ich die Tatsache, dass dieser Schwur nicht im Rahmen einer Krönungsliturgie geleistet wurde.

57 Andor Csizmadia verteilte die Regierungsrechte bezüglich des Oberpatronatsrechts in 24 Teilen [*Csizmadia*, wie Fn. 44, 125ff.]. Hier werden aber nur einige Elemente untersucht: Ernennungsrecht, Organisationsrecht, Patronenaufsicht.

58 *Molnár*, wie Fn. 18, 633 ff.; *Bölöny*, wie Fn. 9, 253 ff.

59 *Csizmadia*, wie Fn. 38, 271.

60 *Molnár*, wie Fn. 18, 632 ff.; *Bölöny*, wie Fn. 9, 253.

werden. Falls man jedoch diese beiden Kompetenzen einheitlich betrachtet[61], folgt das Organisationsrecht aus der Beschränkung des Ernennungsrechts.

Das grundsätzliche Problem entstand jedoch nicht hier, sondern bezüglich des nächsten Elements des königlichen Oberpatronatsrechts, der Patronenaufsicht, zu der auch die Behandlung der Kommenden der ungarischen katholischen Kirche gehörte.[62] Die Donationen für die Kirche betrachte das ungarische öffentliche Recht als staatliche Aufgabe[63] und brachte sein Recht durch das königliche Oberpatronatsrecht zur Geltung. Wie zu sehen war, durfte der Reichsverweser das Oberpatronatsrecht während des Interregnums nicht ausüben und so übernahm der Papst dieses Recht. Er konnte Diözesen gründen und durfte Bischöfe ernennen. Hat er aber auch das Recht für die Behandlung der Kommenden der ungarischen katholischen Kirche übernommen?

Bevor wir auf diese Frage eingehen, müssen wir ein anderes Problem erwähnen. Der König übte seine Regierungsrechte nach 1848/1867 durch das verantwortliche Ministerium aus bzw. teilte er diese teilweise mit ihm. Das bezog sich auch auf das Oberpatronatsrecht. Der König durfte seine dazugehörigen Kompetenzen teilweise dem Ministerium übertragen, welches unter seiner Kontrolle stand.[64] Auch staatliche Regeln gehörten dazu und der Gesetzartikel III. von 1848 über die Umgestaltung des verantwortlichen Ministeriums zählte diejenigen Regierungskompetenzen auf, die der König ausschließlich persönlich ausüben durfte. Das betraf auch das Oberpatronatsrecht und die Ernennung von Erzbischöfen, Bischöfen, Pröpsten und Äbten als ein nicht übertragbares Recht, welches jedoch auch an die ministerielle Gegenzeichnung gebunden war.[65] Diese Bestimmung verletzte die Autonomie der katholischen Kirche, da, wie im Punkt V. erwähnt, das selbstständige Regierungsrecht des Staates nur die passiven Kontrollrechte betraf, die zum Hauptaufsichtsrecht gehörten. Das bedeutete aber auch, dass der König laut der staatlichen Regeln bis auf das Ernennungsrecht dem Religions- und Unterrichtsminister alle Kompetenzen übertragen durfte, die zum Oberpatronatsrecht gehörten. Bezüglich der Patronenaufsicht gab es auch bestimmte Maßnahmen.

In der Zwischenkriegszeit entstand deswegen eine verwirrende öffentlichrechtliche Situation. Falls man die Frage ausschließlich vom öffentlich-rechtlichen Aspekt her untersucht, übte der Religions- und Unterrichtsminister die Teile des Oberpatronatsrechts als abgeleitete Rechte aus. Der König konnte

61 *Bölöny*, wie Fn. 9, 253 ff.
62 *Molnár*, wie Fn. 18, 632 ff.; *Bölöny*, wie Fn. 9, 253 ff.
63 *Tomcsányi*, wie Fn. 4, 288.
64 *Bölöny*, wie Fn. 9, 261.
65 § 7. Gesetzartikel III. von 1848.

ihn kontrollieren, sich im gegebenen Fall einmischen oder dieses Recht von ihm zurücknehmen. Falls das Oberpatronatsrecht wegen des leeren Throns nicht ausgeübt wird, können auch die abgeleiteten Rechte nicht ausgeübt werden. Der ungarische Staat überließ aber das Recht für die Behandlung der Kommenden nicht dem Heiligen Stuhl. Die fünfzehn Mitglieder des Aufsichtsausschusses des Religions- und Unterrichtsfonds, die vom König ausgewählt worden waren, wurden auf den Vorschlag des Episkopats vom Religions- und Unterrichtsminister ausgewählt.[66] Das war eine Konsenslösung, die die Interessen beider Seiten respektierte. In der Zeit der Regierung von Károlyi (1918/1919) gab es diesbezüglich auch einseitige Regierungsmaßnahmen, die Kálmán Molnár als Usurpation des Oberpatronatsrechts bezeichnete[67], was nicht unbegründet war.

Das Problem bezüglich der Ausübung des Oberpatronatsrechts konnte vom Gesetzartikel I. von 1920 nicht ganz gelöst werden. Das größte Problem war die Regelung der Patronenaufsicht, besser gesagt ihr ungeregelter Charakter.[68]

VIII Epilog

Es wurden hier vier Hindernisse für die Ausübung des Oberpatronatsrechts durch den Reichsverweser erwähnt und vom Mangel der Krönung sofort zwei Verbotsgründe abgeleitet. Auf der einen Seite vertrat der Reichsverweser den König, viele Rechte waren beim König jedoch an die Krönung gebunden. Falls der Reichsverweser nicht gekrönt wurde, konnte das provisorische Staatsoberhaupt diese königlichen Kompetenzen nicht übernehmen (siehe Punkt III.). Auf der anderen Seite legte der König im Rahmen der Krönung einen kirchlichen Schwur ab, der Reichsverweser leistete jedoch keinen Schwur gegenüber der katholischen Kirche (siehe Punkt VI.). Zum Dritten war es im Fall des provisorischen Staatsoberhaupts nicht garantiert, dass er katholisch war, wobei eine Person mit anderer Konfession diese aktiven kirchlichen Regierungsrechte nicht bekommen konnte (siehe Punkt VI.). Zum Vierten wurde das wichtigste Hindernis erwähnt, und zwar der Mangel der kirchlichen Ermächtigung. Das Hauptaufsichtsrecht, welches passive (Kontroll-)Kompetenzen umfasste, ist das subjektive Recht des Staates. Aktive Regierungsrechte darf der Reichsverweser aber ausschließlich mit Zustimmung der betroffenen Kirche ausüben. Das bedeutet, dass das Oberpatronatsrecht ohne die Zustimmung des Papstes dem Reichsverweser nicht

66 *Molnár*, wie Fn. 18, 635 ff.

67 Ebda.

68 Siehe *Ferenc Csorba*, A királyi kegyúri jog és a mai helyzet [Das königliche Patronatsrecht und die heutige Lage], May János Nyomdai Műintézet, Budapest 1929.

übertragen werden durfte (siehe Punkt V.). Es ist jedoch auch wichtig zu betonen, dass diese Gründe nicht nur gemeinsam ein Hindernis bildeten, sondern auch eines davon ausreichte, um dem Reichsverweser die Ausübung des Oberpatronatsrechts zu verbieten.[69] Es soll darüber hinaus auch hervorgehoben werden, dass es hier um objektive Verbotsumstände ging, d.h., dass der Reichsverweser das Oberpatronatsrecht auch dann nicht hätte bekommen können, wenn die Nationalversammlung kein Verbot im Gesetzartikel I. von 1920 erwähnt hätte.

Aus dieser Diskussion wird ersichtlich, dass es hier um die letzte Agonie eines königlichen Rechts ging, welches eine fast tausendjährige Geschichte hatte. Im Mittelalter war der spezielle Rechtsstand des Königs ein wichtiges Element in der Einheit von Kirche und Staat. Die bürgerliche Umwandlung von 1848 brachte manche „Haken" mit sich, obwohl sie das öffentlich-rechtliche System der Lehre der Heiligen Krone nicht grundsätzlich umgestaltete. Es reicht, nur die Institution der ministeriellen Gegenzeichnung zu erwähnen. Der säkularisierte Staat durfte nur bestimmte Aufsichtsrechte über die Kirchen ausüben, regieren durfte er sie aber nicht.

Mithilfe der ministeriellen Gegenzeichnung bekamen auch ausschließlich staatliche Organe einen Einfluss auf das Oberpatronatsrecht, aus

69 Z.B. das erste Argument, welches aus dem Mangel der Krönung abgeleitet wurde, kann bis zu einem gewissen Grad angezweifelt werden. Das Argument bestand darin, dass, falls das Oberpatronatsrecht beim König an die Krönung gebunden wird, der Reichsverweser dieses unter keinen Umständen bekommen kann, da er nicht gekrönt wird [siehe Punkt III.]. Bei der Analyse des Schwurs des Königs wurde jedoch festgestellt, dass die Erklärung des Königsdiploms und der Schwur gegenüber der Nation eine verfassungssichernde Rolle hatten. Die Beschränkungen der Regierungsrechte können als Mittel für das Erzwingen der Krönung und so der Ablegung des Schwurs betrachtet werden. Da der Reichsverweser bei seinem Amtseintritt verpflichtet war, einen Schwur zu leisten, war die Beschränkung der Regierungsrechte aus diesem Grund unnötig. Dass der Hauptgrund für die Beschränkung der Wirkungskreise des Königs genau das war, ist auch nicht sicher. Die diesbezüglichen Gesetze sahen nämlich nach der Thronbesteigung sechs Monate vor, ohne die der König seine Regierungsrechte ganz verlor. Das war ein zwingender Umstand, sodass das Pausieren bestimmter Regierungsrechte für die sechsmonatige Übergangszeit als Maßnahme unnötig zu sein scheint. Die Beschränkung der Wirkungskreise hatte also wahrscheinlich einen anderen Grund, was die Aufrechterhaltung des Verbots gegenüber dem Reichverweser rechtfertigt. Das zu erwähnen war nötig, um zu veranschaulichen, dass die vier erwähnten Argumente nicht unbestreitbar sind. Es kann jedoch keines widerlegt werden, ohne dass Zweifel bestehen bleiben. Damit der Reichsverweser das Oberpatronatsrecht bekommen kann, sollten aber alle vier widerlegt werden, wofür es jedoch wenig Chancen gibt.

der politischen Verantwortung der Minister[70] ergab sich also die Gefahr unvorhersehbarer Umstände. Das verstärkte das Mitbestimmungsrecht im Parlament, z.B. konnte die Ernennung eines Bischofs eine Diskussion im Parlament auslösen. Die allgemeine Verbindlichkeit der Gegenzeichnung der königlichen Maßnahmen ist jedoch ein wichtiger Pfeiler der Arbeit der konstitutionellen Monarchien. Hier treffen zwei verfassungsmäßige Prinzipien aufeinander, was unter den gegebenen Umständen schwer aufzulösen war. Die Lösung war die Abschaffung der kirchlichen Regierungsrechte des Königs und damit die Trennung von Kirche und Staat. Die Päpste kritisierten die Oberpatronatsrechte der Könige bereits im XIX. Jahrhundert scharf.[71]

Da der königliche Thron in der Zeit des Provisoriums der Horty-Ära unbesetzt war, traten Probleme wegen der Einheit des Staates und der Kirche verstärkt hervor. Der Reichsverweser war ausschließlich ein staatliches Amt, seine Persönlichkeit war somit für die Verkörperung der Einheit von Kirche und Staat ungeeignet. So wurde für die katholische Kirche diese Art von Einheit, die ausschließlich aus einem säkularen Staat ohne die Person des Königs bestand, noch ungünstiger.

Das echte Schwert des Damokles bestand darin, dass in Ungarn in den unruhigen Zeiten des 20. Jahrhunderts eine politische Kraft an die Macht hätte kommen können, die einseitig erklären hätte können, das Oberpatronatsrecht sei ein Teil des alten ungarischen öffentlichen Rechts. Und dann, wer weiß von welcher politischen Richtung, hätten Erzpriester ernannt werden können.

Um zu zeigen, wie groß die Bedrohung war, reicht es aus, die Textvariante des Gesetzartikels I. von 1920 anzuschauen, welcher erst zwei Wochen vor seiner Verkündung vom Ministerrat diskutiert wurde. Hier stand noch, dass das Oberpatronatsrecht von der Regierung ausgeübt wird.[72] Also nicht vom provisorischen Staatsoberhaupt anstatt des Königs, sondern vom Ausschuss der Minister. Der Gesetzentwurf in der Nationalversammlung wurde jedoch umgeschrieben, das Oberpatronatsrecht aus dem Wirkungskreis des Reichsverwesers ausgeschlossen und sein provisorisches Pausieren gesetzlich festgelegt.[73] Der Schlussgedanke der ministeriellen Begründung beinhaltete jedoch eine ahnungsvolle Formulierung.[74]

---

70 *Nagy*, wie Fn. 17, 321; *Ferdinandy*, wie Fn. 13, 391 ff.; *Tomcsányi*, wie Fn. 4, 477 ff.; *Bölöny*, wie Fn. 9, 181ff.

71 *Csizmadia*, wie Fn. 44, 120ff.

72 § 3. Absatz (9) des Gesetzentwurfs [Sitzung am 13. Februar 1920. Protokoll des Ministerrats; Ungarisches Nationalarchiv K-27.].

73 § 13. Gesetzartikel I. von 1920.

74 „Es ist freilich verständlich, dass die Verordnung bezüglich der Ausübung des Oberpatronatsrechts nicht bedeutet, dass der ungarische Staat dieses Recht, welches eng mit der Heiligen Krone zusammenhängt, in der Zeit des Reichsverweseramts nicht

Im Jahre 1946 kam die staatliche Regelung des Oberpatronatsrechts wieder auf die Tagesordnung. Unter den Gesetzentwürfen über die Einführung der Republik, die von den politischen Parteien angefertigt wurden, kann man im Entwurf der Partei der kleinen Landwirte Folgendes finden: „Der Staatspräsident übt im gleichem Maße und im gleichen gesetzlichen Rahmen das Oberpatronatsrecht aus, wie es ehemals der ungarische König ausübte“[75]. Als Begründung erwähnten sie, dass Pius XII. 1945 entgegen dem Wunsch der ungarischen Regierung József Mindszenty zum Erzbischof von Esztergom und zum Fürstprimas ernannte.

Es gab im Jahre 1927 zwischen dem Heiligen Stuhl und der ungarischen Regierung eine Vereinbarung, laut der der Heilige Stuhl vor den Ernennungen die ungarische Regierung informiert, die Einwendungen machen kann bzw. auch selber Personen empfehlen darf.[76] Es ist jedoch fraglich, ob ein solches Einmischungsrecht aus dem Hauptaufsichtsrecht des Staates abgeleitet werden kann oder ob der Heilige Stuhl eine Genehmigung erteilte. Da die oberste Führung der katholischen Kirche über eine selbstständige Rechtspersönlichkeit verfügte, konnte sich der ungarische Staat darauf berufen, dass es hier um die Maßnahme einer fremden Staatsmacht geht. Das hätte jedoch ein ziemlich gravierendes Einmischungsrecht in die Arbeit einer religiösen Gemeinschaft bedeutet. Das staatliche Vetorecht bezüglich der Wahl der Erzbischöfe kann nicht von dem Hauptaufsichtsrecht des Staates abgeleitet werden, denn das war eine Genehmigung von der Seite des Heiligen Stuhls. Gegenüber einer Regierung aus dem Gebiet der sowjetischen Okkupation erteilte Pius XII. keine solche Genehmigung. Der Wiederaufruf des Oberpatronatsrechts wäre gerade parallel zur Einführung der republikanischen Staatsform eine ziemlich deutliche Gegenreaktion gewesen. Hier kann man eher erahnen, dass nach einem Grund gesucht wurde, um Kompetenzen zu bekommen, die es ermöglichen, sich in die innere Arbeit der katholischen Kirche einzumischen.

Die Verfahrensweise des Heiligen Stuhls hatte auch ihre eigenen Gründe. Der ungarische König verfügte über ziemlich starke Regierungsbefugnisse, weshalb der Papst in der Zeit des „innenpolitischen Erdrutsches“ des 20. Jahrhunderts immer wieder versuchte, Maßnahmen für Rechtsvorbehalte zu treffen. Es bestand nämlich die Gefahr, dass die Regierungen, die unter schwierigen Umständen die Macht ergreifen, einen Anspruch auf das Oberpatronatsrecht erheben. Die zumeist angewandte Methode war die

---

zur Geltung bringen will.“ [Verhandlungen des Abgeordnetenhauses des ungarischen Reichstages; Anlagen zu den Stenographischen Berichten 1920 Bd. 1. 23]

75 Der Entwurf der Partei der kleinen Landwirte § 10. Absatz (1). Den Text des Gesetzentwurfs findet man in: Jogtudományi Közlöny 1982/12, 971ff.

76 *Csizmadia*, wie Fn. 44, 130ff.

schnelle und einseitige Ernennung von Erzpriestern, wofür sich nach beiden Weltkriegen Beispiele finden lassen, wie z.B. 1919 die Ernennung von Árpád István Hanauer zum Bischof von Vác[77] oder die bereits erwähnte Ernennung von József Mindszenty zum Erzbischof von Esztergom 1945. Das Fehlen einer Vereinbarung beinhaltete die Botschaft des Papstes, dass die Mitwirkung des Staates bezüglich des Oberpatronatsrechts ein Zugeständnis vonseiten des Heiligen Stuhls bedeutete, welches nicht für ewig gelten sollte.

77 Ebda, 269ff.

Kazuhiro Takii, Kyoto

Itô Hirobumi und der japanische Konstitutionalismus. Ein kurzes Porträt eines Verfassungsdenkers

Abstract: Itô Hirobumi (1841–1909) is one of the most renowned politicians in modern Japan. His name is organically linked to the first Japanese constitution in the modern sense, the "Constitution of the Empire of Japan" of 1889. This 1889 constitution is regarded as the product of a fake constitutionalism, serving only to justify the strong rule of the imperial government – unlike the current constitution of 1946. The thought and praxis of Itô in introducing constitutionalism in Japan has, thus, been insufficiently appreciated. This paper seeks to offer an outline of his endeavor to frame a constitutional state in Japan. Under the profound influence of the Viennese political economist (Staatswissenschaftler), Lorenz von Stein (1815–1890), his personal mentor during a visit to Vienna in 1881, Itô was able to figure out the whole structure of the state, which in turn enabled him not only to locate the constitution inside that organism but also to make it function.

I Zwei Verfassungen: Abbruch oder Kontinuität

Seit der Öffnung des Landes gegenüber den westlichen Staaten im Jahre 1854, dem Beginn der Moderne in Japan[1], hatte Japan zwei Verfassungen: die Verfassung des Großen Japanischen Kaiserreiches von 1889 sowie die heutige Verfassung des Japanischen Staates von 1946. Diese zwei Verfassungen werden als gegensätzlich erachtet. Während die alte Verfassung von 1889, die sogenannte Meiji-Verfassung, wegen ihrer oktroyierten Verfassungsgebung mit der Unterdrückung der demokratischen Bewegung entstanden sei und die despotische Herrschaft des Kaisers, des Tennôs, gerechtfertigt habe – womit der spätere Militarismus Japans in den 1930er und 1940er Jahren herbeigeführt worden sei –, wird die aktuelle Verfassung im Allgemeinen so charakterisiert, dass sie unter absoluter Negierung ihrer Vorgänger verkündet worden sei. In ihr werde somit die Volkssouveränität anstatt der Stellung des Tennô als Souverän vorgeschrieben, ebenso wie der umfangreiche Katalog der Menschenrechte ohne Vorbehalte seitens des Gesetzgebers garantiert

1 Über die neuere Geschichte Japans vgl. *Reinhard Zöllner*, Geschichte Japans: von 1800 bis zur Gegenwart, Schöningh, Paderborn 3. Aufl. 2013; *Andrew Gordon*, A modern history of Japan: from Tokugawa times to the present, Oxford University Press, Oxford 3rd ed. 2014.

und der Grundsatz des Pazifismus sowie das Prinzip der internationalen Zusammenarbeit angewandt.[2]

Man begreift so die alte und die neue Verfassung als zwei unterschiedliche Entitäten, die gänzlich umgekehrte rechtliche Bedeutung und Wirkung haben; die eine reaktionär und scheinkonstitutionell, die andere demokratisch und progressiv. Trotz dieser sehr gebräuchlichen Klischees wird durch die genauere Betrachtung der Entstehungsgeschichte der beiden Verfassungen doch eine bestimmte Ähnlichkeit zwischen ihnen bemerkbar.

Zum einen geht es bezüglich der Entstehung der Verfassung 1946 um die oft erwähnte Zwanghaftigkeit. Da sie anhand des durch die amerikanische Besatzungsmacht erstellten Entwurfs, der nach ihrem Oberkommandanten MacArthur-Entwurf genannt wird, abgefasst wurde und nur ihrem Willen entsprechend entstehen durfte, wird die heute geltende Verfassung stets von japanischen Nationalisten als eine „aufgezwungene" Verfassung getadelt. So wird die Legitimität der Verfassung von 1946 infrage gestellt. Dies gilt jedoch auch für die Verfassung von 1889: Als oktroyierte Verfassung entstammte sie einem despotischen Akt des Tennô, kam also unter Ausschluss der Teilnahme des Volkes zustande. In diesem Sinne müssen beide Verfassungen gleichermaßen als aufgezwungene und oktroyierte Verfassungen bezeichnet werden.

Zum anderen kann man auch durch diesen Zwangscharakter der Verfassungsgebungen nicht sofort den rechtlichen Inhalt jeglicher Verfassung aufheben. Es ist nicht zu übersehen, dass die Japaner die jeweilige Verfassung nicht nur akzeptierten, sondern auf ihrer Basis das konkrete politische System aufbauten und die eigene Verfassungswirklichkeit entfalteten: Bei Bekanntgabe des letzten Entwurfs der heutigen Verfassung durch die japanische Regierung waren die Japaner von dessen allzu demokratischem Aussehen überrascht, dennoch gab es kaum Einwände und die neue Verfassung wurde reibungslos wirksam.

Gleiches trifft auf die Verfassung von 1889 zu: Bei ihrer Entstehung spielte die konstitutionelle Bewegung der Oppositionsparteien, Jiyû Minken Undô (die liberal-demokratische Bewegung), eine nicht zu verkennende Rolle. Es war teils wegen des durch sie ausgeübten heftigen Drucks, dass die damalige oligarchische Regierung im Namen des Tennô am 12. Oktober 1881 die Ausrufung der Verfassung und die Bildung der Volksvertretung bis zum Jahre 1890 versprechen musste. Zwar wurde die Verfassung, wie erwähnt, vom Tennô ohne jede Mitwirkung der oppositionellen Mächte oktroyiert,

2 Die neuesten Erläuterungen der rechtlichen Bedeutung und Struktur der heutigen Verfassung in der englischen Sprache bietet *Shigenori Matsui*, The constitution of Japan: a contextual analysis, Hart Pub. 2011.

sie wurde jedoch überwiegend freundlich aufgenommen, da in ihr gewisse konstitutionelle Prinzipien, wie die Grundrechte der Untertanen oder das Mitwirkungsrecht des Unterhauses bei der Etataufstellung, vorgeschrieben wurden, womit diese Verfassung sowohl von der inneren als auch von der äußeren Sicht als dem Niveau des damaligen Konstitutionalismus entsprechend betrachtet wurde. Wenn man diese Tatsache sowie das nachfolgende Geschehen in Betracht zieht, da unter dieser Verfassung bis in die 1920er Jahren hinein ein bestimmter Fortschritt des Parlamentarismus vorangebracht wurde, durch den nach dem Ersten Weltkrieg selbst die parlamentarischen Regierungen verwirklicht wurden, so kann die Denkweise, nur die scheinkonstitutionelle Seite der Verfassung von 1889 zu betonen, als eine viel zu ahistorische kritisiert werden.

In diesem Sinne ist in den beiden Verfassungen eine gewisse demokratische Tendenz als die zweite Gemeinsamkeit zu erkennen. Außerdem kann man noch die dritte Parallelität zwischen ihnen aufzeigen: Flexibilität und Unveränderlichkeit. Die beiden Verfassungen haben, mit Ausnahme der Änderung von 1946, keine Veränderungen erlebt. Diese Tatsache bedeutet aber nicht, dass unter ihnen kein wesentlicher Wandel im Bereich des politischen Systems geschehen wäre.[3] In Wirklichkeit ereignete sich unter der Verfassung von 1889, wie oben erwähnt, ein großer Umschwung der Regierungsform von der oligarchischen zur parlamentarischen, und unter der Verfassung von 1946 wurden 1954 die gegenwärtigen Selbstverteidigungsstreitkräfte eingeführt, obwohl es nach dem berühmten Artikel 9 klar verboten ist, Streitkräfte zu unterhalten.[4]

Dieser wichtige Wandel fand ohne Verfassungsänderungen statt. Dies wird durch die einfache Art und Weise des Textes beider Verfassungen ermöglicht. Die Verfassung von 1889 hat nur 76 Artikel, die Verfassung von 1946 nicht mehr als 103. Da außerdem jeder Artikel nur simple Vorschriften beinhaltet und darum die Norm in ganz allgemeiner Weise geregelt werden kann,

3 Vgl. dazu *Wilhelm Brauneder*, Verfassungsänderungen als Systemwechsel: Österreich 1848 bis 1938, in: *ders.*, Studien V: Entwicklungen des Öffentlichen und Privatrechts II, Lang, Frankfurt/Main etc. 2015, 39–62.

4 Artikel 9 der aktuellen Verfassung besteht aus den folgenden beiden Absätzen: (1) Aspiring sincerely to an international peace based on justice and order, the Japanese people forever renounce war as a sovereign right of the nation and the threat or use of force as means of settling international disputes. (2) In order to accomplish the aim of the preceding paragraph, land, sea, and air forces, as well as other war potential, will never be maintained. The right of belligerency of the state will not be recognized.

bleibt sehr viel Spielraum für Gesetzgebung und Auslegung.[5] Hinter dieser Eigenschaft der japanischen Verfassungen, die besonders zu den deutschsprachigen Verfassungen, wie dem viel konkreter und exakter regulierenden Grundgesetz der BRD und der manchmal auch in einfachen Gesetzen verankerten Verfassungsnormen Österreichs[6], in starkem Kontrast stehen, steckt die klare Absicht eines Verfassungsgebers: Itô Hirobumi (1841–1909)[7]. Itô zählt zu den bekanntesten Politikern des modernen Japan. Schon zu Lebzeiten oft als „Bismarck Japans" bezeichnet[8], konnte Japan unter der Führung dieses ersten Premierministers des Landes sein Staatswesen von Grund auf erneuern und sich mit den militärischen Erfolgen gegen China 1895 und gegen Russland 1905 als selbstständige Weltmacht etablieren.[9]

Zu den großen Erfolgen Itôs gehört vor allem anderen die Verfassung von 1889. Schon bei der Ausarbeitung der Verfassung stellte er die Richtlinie auf, dass in dieser Verfassung nur ideale Vorschriften und prinzipielle Hinweise von der Staatsorganisation zu regeln seien und sie daher möglichst simpel abgefasst werden müsse, sodass sie als „immutable fundamental law", als unveränderliches Grundgesetz und als etwas Heiliges gelten könne.[10] Wie zuvor erwähnt, lebt diese Eigenschaft trotz der Verfassungsänderung im Jahre 1946 fort: Die Verfassung wird noch heute von vielen Japanern als etwas Ewiges und Heiliges, somit als etwas Unantastbares betrachtet, was in der Denkweise Japans tief eingeprägt ist. In diesem Sinne ist Itô Hirobumi als Gestalter der Verfassungskultur Japans anzusehen.

---

5 *Kenneth Mori McElwain/Christian Winkler*, What's Unique About the Japanese Constitution? A Comparative and Historical Analysis, in: Journal of Japanese Studies, Vol. 41, Nr. 2, 2015, 249–280.

6 *Wilhelm Brauneder*, Was ist die Verfassung?, in: *ders.*, Studien IV: Entwicklungen des Öffentlichen und Privatrechts, Lang, Frankfurt/Main 2011, 277–292.

7 In den ostasiatischen Ländern, inkl. Japan, wird der Familienname zuerst genannt. In diesem Artikel werden daher historische Namen von Japanern, wie Itô, nach dieser Regel zitiert.

8 *Kazuhiro Takii*, Die drei Bismarcks von Japan, in: *ders./Michael Wachutka* (Hrsg.), Staatsverständnis in Japan: Ideen und Wirklichkeiten des japanischen Staates in der Moderne, Nomos, Baden-Baden 2016, 117–131.

9 Über Itô's Stellenwert für die Modernisierung des Japanischen Staats vgl. *Kazuhiro Takii*, Itō Hirobumi: Japan's first prime minister and father of the Meiji Constitution, Routledge 2014. Anders als im Krieg mit China spielte er nur eine eingeschränkte Rolle in der Kriegsführung gegen Russland. Trotzdem wurde sein Name als der einer für den Kriegserfolg unentbehrlichen Figur in der internationalen Sphäre hochgeachtet.

10 *Itō Hirobumi*, Commentaries on the Constitution of the Empire of Japan, Tokyo 1889, 169.

II Begegnung mit der Verfassung

Obwohl Itô's Begegnung mit Verfassung und Konstitutionalismus eine lange Geschichte hat, begann er erst im Jahre 1881 wirklich damit, sich mit der Verfassungsgebungsarbeit zu beschäftigen. In diesem Jahr brach ein großer politischer Streit aus, der einen wichtigen Wendepunkt in der Verfassungsgeschichte des modernen Japan darstellt: Hier wurde Ôkuma Shigenobu, der neben Itô als einflussreichster Politiker in der Regierung angesehen wurde, von der Regierung aufgrund des Verdachts einer Verschwörung mit der Opposition vertrieben. Gegen die Überzeugung Ôkumas, dass Japan das englische parlamentarische Regierungssystem einführen solle, entschied sich die japanische Regierung, das preußische Modell als die künftige Verfassung anzunehmen, was die Ablehnung des englischen Systems bei der Gestaltung des Verfassungsstaates in Japan bedeutete. Die Affäre 1881 markierte in dieser Weise eine zweideutige Epoche in der Verfassungsgeschichte: einerseits die Herstellung des preußischen Vorbilds für die Verfassungsgebung und andererseits das Zugeständnis der Regierung, dass sie bis spätestens 1890 eine Volksvertretung einrichten und dem japanischen Volk die Verfassung verleihen wolle, wie im kaiserlichen Dekret vom 12. Oktober 1881, an eben jenem Tag der Vertreibung Ôkumas, deklariert.[11]

Es verwundert hier nicht, dass Itô damit in der Regierung als Verantwortlicher für die Verfassungsgebung aufgestellt wurde und Itô selbst sich als solchen betrachtete. Die Situation war für ihn allerdings nicht einfach: In der Regierung hatte die Arbeit an der Verfassungsgebung bereits begonnen, die, wie gerade erwähnt, das Konzept für die gemäß dem preußischen Modell zu erstellende Verfassung herbeiführte. Ironischerweise wurde Itô damals nicht mehr als Gallionsfigur angesehen. Es leuchtet ein, dass dies für ihn unerträglich war und dass er aus diesem Grund den Entschluss fasste, Europa zum Studium der dortigen Verfassungen selbst zu besuchen, um seine Autorität als Verfassungsgeber wiederzuerlangen. Darum reiste Itô von März 1882 bis August 1883 nach Europa.

Vor allem fuhr er nach Berlin, wo er sich an renommierte Verfassungsrechtler wie Rudolf von Gneist wenden und sie um Rat ersuchen wollte. Berlin besuchte er vor allem deshalb, weil er direkt vor Ort das Wesen der konstitutionellen Monarchie Preußens studieren wollte. Diese Erwartung Itôs konnte jedoch anfangs nicht erfüllt werden. Gneist, der den Fähigkeiten des Japaners zur Umsetzung des Parlamentarismus skeptisch gegenüberstand,

11 Zur verfassungsgeschichtlichen Epoche von 1881 vgl. *Kazuhiro Takii*, The Meiji constitution: the Japanese experience of the West and the shaping of the modern state, LTCB International Library Trust/International House of Japan, Tokyo 2007, 51f.

empfing die Delegation aus dem Fernen Osten nicht mit Sympathie. Beispielsweise teilte er ihr mit, dass die Regierung allein über den Haushalt bestimmen solle, auch wenn das Parlament eröffnet werde, was selbst Itô als „allzu despotisch“ beurteilte. Das Gleiche teilte ihm auch Kaiser Wilhelm I. mit.[12] Hinter diesen Ratschlägen verbirgt sich das Bedenken der deutschen Kenner, dass mit dem Parlamentarismus die Politik oft ins Chaos gerät und es darum besser wäre, solches nicht oder wenigstens nur in eingeschränkter Weise aufzunehmen. Itô konnte dennoch nicht von dieser Ansicht überzeugt werden.

Wien war schließlich der Ort, wo sein Wunsch nach dem Studium des Konstitutionalismus erfüllt werden konnte. Dort begegnete er einem Professor für Staatswissenschaft, Lorenz von Stein[13], dessen Lehre Itô tief beeindruckte. Aus Wien schrieb Itô nach Japan, „das Studium über Verfassung ist schon genug“[14], und setzte fort, „Verfassung enthält nur allgemeine Sachen“ oder „es hilft nicht, nur ein Blatt der Verfassung zu erforschen“. Vor allem betonte er die Notwendigkeit einer Verwaltungsreform: „Wenn auch eine wunderbare Verfassung geschrieben oder ein Parlament endlich eingerichtet werden könnte, wären Ergebnisse nicht zu erwarten, falls die Exekutive nicht gut funktionieren würde.“[15] Daher wurde nun gefordert, „die Organisation der Regierung festzulegen und eine Verwaltung bereitzustellen“[16].

In dieser Weise konnte Itô durch die Lehre Steins begreifen, dass eine Verfassung nichts ist, das aus sich selbst heraus funktionieren kann, sondern dass es dafür noch das Wirken einer Verwaltung braucht. Mit anderen Worten: Wonach Itô wirklich strebte, war nicht unbedingt das Erlangen von Kenntnisse über die Verfassung im engeren Sinne, sondern er wollte vielmehr nach Leitgedanken und Mustern im Staatssystem suchen, nach denen die Verfassung gut funktionieren und Bestand haben konnte. So kann man sagen, dass sich Itôs Reiseziel auf die Verfassung im weiteren Sinne bezog,

---

12 Ebda, 60ff.

13 Über Stein's Einflüsse auf Japan: *Kazuhiro Takii*, Lorenz von Steins Arbeiten für Japan. Österreichisch-japanische Rechtsbeziehungen II, Lang, Frankfurt/Main etc. 1998; *ders.*, Lorenz von Stein und Japans Konstitutionalisierung, in: *Wilhelm Brauneder/Kazuhiro Takii*, Die österreichischen Einflüsse auf die Modernisierung des japanischen Rechts. Österreichisch-japanische Rechtsbeziehungen III, Lang, Frankfurt/Main etc. 2007, 19–29.

14 Brief Itôs vom 22. Oktober 1882, in: Ito Hirobumi Den (Biographie von Ito Hirobumi), Bd. 2, Tokyo, Hara-Shobo 1872, 320.

15 *Hiratsuka*, Zoku Ito Hirobumi Hiroku (Private Dokumente von Ito Hirobumi), Bd. 2, Tokyo, Hara-Shobo 1982, 46.

16 Ebda, 47.

d.h. darauf, die Verfassung in der ganzen Struktur des Staates richtig zu positionieren.

III Konstituierung der Verfassung

Nach seiner Heimkehr nach Japan im August 1883 begann Itô mit der Verfassungsgebungsarbeit – was jedoch nicht bedeutet, dass er sich sofort damit beschäftigt hätte, einen Verfassungstext zu entwerfen. Wie oben geschildert, lernte er in Europa, dass es Unsinn sei, die Verfassung nur niederzuschreiben. Vielmehr brauche es zuvor den institutionellen Hintergrund, mit dem die Verfassung sich wirklich durchsetzen lässt, und dafür sei es notwendig, meinte Itô, die Verwaltung von Grund auf zu erneuern.[17]

Es ist nicht zu verkennen, dass dahinter seine Beobachtungen der Situation des Parlamentarismus in Deutschland und in Österreich standen. In den beiden Ländern geriet dieser in die Krise: Dort wurde der Reichstag vom Antagonismus gegen die Regierung beherrscht, während in Österreich wegen der Vielvölkerstaatlichkeit das Parlament oft in einer Sackgasse steckte. Beeindruckend schrieb Itô von Europa nach Japan über die Machtlosigkeit von Kanzler Bismarck gegenüber den Oppositionellen im Berliner Reichstag sowie zur Alleinherrschaft Kaiser Franz Josefs aufgrund der Wirkungslosigkeit des Parlaments in Wien.[18]

Bemerkenswerterweise schwächten diese Phänomene aber niemals Itôs Mut zum Konstitutionalismus oder zur Einführung des Parlamentarismus in Japan. Er war der Meinung, man brauche sich nicht vor dieser Schwierigkeit zu fürchten, wenn die Verwaltung, wie Stein lehrte, systematisch festgelegt werde. Darum nahm er sich vor allem die Reform der Verwaltung vor, die auf die Reform der ganzen Staatsverfassung abzielte. Im Folgenden werden die Prozesse dieser Reihe an Reformen skizziert.[19]

Zuerst ging es um das Kaiserhaus: Im März 1884 trat Itô sein Hofministerium an und befasste sich mit der Reform des Hofes sowie mit der Wandlung des Tennô zum konstitutionellen Monarchen. In erster Linie beabsichtigte er hier die Trennung zwischen Hof und Regierung. Damit sollte vermieden werden, dass sich der Tennô als selbsttätiger Herrscher in die Politik einmischte. In der Tat gab es kurz zuvor eine politische Bewegung am Hof, die direkte Herrschaft des Tennô zu verlangen. Es war Itô, der sich dieser von Anfang an widersetzte. Er trat also in den Hof ein, um diese Tendenz völlig zu vernichten und den Tennô zu einem neutralen, nur eine eingeschränkte Rolle spielenden Faktor in der Staatsverfassung zu machen.

---

17 *Takii*, The Meiji constitution, wie Fn. 11, 69ff.
18 Ebda, 64f.
19 Über diese Reformen genauer: ebda, 91ff.

Im nächsten Jahr fand eine fundamentale Reform der Verwaltungsorganisation statt. Hier ist besonders die Einführung des neuen Kabinettsystems zu betonen, welche das seit dem Mittelalter fortdauernde Exekutivorgan, Dajôkan-Seido, letztlich beendete und das westliche Kabinettsystem einrichtete. Wichtig ist, dass damit, formal gesagt, jeder zum Ministeramt berufen werden konnte, egal ob er einen Adelstitel besaß oder nicht. Allerdings wird der erste nicht adelige Premierminister, Hara Takashi, nicht vor 1918 vereidigt.

Dem folgte die Universitätsreform: Im Jahre 1886 wurde auf dem Fundament der damals noch einzigen Universität zu Tokyo die neu organisierte Kaiserliche Universität, die heutige Tokyo Universität, gegründet, die durch die Integration anderer, zu mehreren Ministerien gehöriger Hochschulen zu einer einheitlichen, nunmehr nur vom Kultusministerium geführten Einrichtung entstand. Hierin liegt der größte Erfolg Itôs bezüglich seiner Europareise: Er wurde in Wien von Stein wiederholt über die Wichtigkeit der Universitätsreform beim Umbau zum Verfassungsstaat unterrichtet. Nach Stein solle die Verwaltung von niemand anderem als von Beamten getragen werden, die an der Universität wissenschaftlich ausgebildet wurden. Stein schätzte das Universitätswesen als Grundlage der Verwaltung hoch und seine Staatswissenschaft beruht sogar auf seiner Kritik an der Lage der deutschen Universitäten.[20] Stein vermittelte sein Konzept der Universität an Itô, welches diesen stark beeindruckte: Er war auch derjenige, der sich damals für die Reform des Hochschulwesens besonders interessierte. Das Hauptanliegen Itôs bestand nämlich darin, gegen die oppositionelle, von den privaten Hochschulen zu künftigen Parlamentariern ausgebildete Intelligenz vorzugehen. In diesem Sinne konnte Steins Passion für die Reform der Universität und der Wissenschaft ihren Rezipienten in Japan finden, woraus sich die Gründung der Kaiserlichen Universität als unentbehrlichem Bestandteil der Verfassung ergab.

Im April 1888 wurde der Geheimrat eingerichtet. Während er anfangs als konstituierende Versammlung einberufen wurde, erwartete Itô von ihm ferner ein beratendes und rechtfertigendes Organ für das politische Handeln des Tennô zu sein, welcher vom Titel her als der Souverän galt. Damit konnte der Tennô, der durch die Trennung des Hofes von der Regierung in erster Linie von der Politik Abstand nehmen sollte, nur durch die Verhandlung im Geheimrat als Souverän bestimmen. Somit sollten politische Akte des Tennô sorgfältig institutionalisiert werden.

---

20 Vgl. *Kazuhiro Takii*, Savignynähe und Savignykritik. Entstehung und Tragweite der Staatswissenschaft Lorenz von Steins, in: *Stefan Koslowski* (Hrsg.), Lorenz von Stein und der Sozialstaat, Nomos, Baden-Baden 2014, 42–63.

In dieser Weise wurde die Reform der gesamten Staatsverfassung unter der Führung Itôs vorangetrieben und am 11. Februar 1889 wurde schließlich die Meiji-Verfassung erlassen. Sie bildete aber nur einen Faktor im gesamten Regierungssystem der Verfassung als „ein[em] komplizierte[n] Gebilde“[21]. In der Tat hingen die oben geschilderten Reformen nach der Heimkehr Itôs aus Europa eng miteinander zusammen, wodurch sich allmählich nichts anderes als „ein kompliziertes Gebilde“ entwickelte. Allerdings wäre es unmöglich, ein solches Gebilde innerhalb eines Augenblicks hervorzubringen. Der zeitliche Aspekt des Begriffs „kompliziert“ ist nicht zu verkennen: nämlich ein sich wandelnder sowie sich entwickelnder. 1889 war zwar die Gesamtstruktur des Staates in der Meiji-Verfassung neu festgelegt worden, blieb jedoch zunächst noch ein Entwurf. So bedeutet der Erlass der Verfassung von 1889 für Itô keine Vollendung der Verfassung in ihrer Ganzheit, sondern bildete nur einen Ausgangspunkt für die Verwirklichung der realen Verfassung.

IV Realisierung der Verfassung

Auf diese Weise blieb 1889 die Verfassungsreform Itôs ein unvollendetes Projekt, da die Frage offenblieb, was für eine Politik unter dieser Verfassung geführt werden sollte. Nun muss man die von Itô verfolgte Politik, die er mit der Verfassung von 1889 in die Praxis umzusetzen suchte, untersuchen.

Es war die gemeinsame Regierung von Tennô und Volk, die Itô als ideal ansah.[22] Dafür waren zwei Aufgaben zu bewältigen: die Etablierung der Autorität des Tennô als Souverän einerseits und die Erweiterung der Teilnahme des Volkes an der Politik andererseits. Beim Erlass der Verfassung von 1889 handelte es sich um nichts anderes als jene erstgenannte Seite der Verfassung. Mit der Eröffnung des Parlaments im Jahre 1890 beschäftigte sich Itô nun mit der zweiten Aufgabe. Man kann durchaus sagen, dass sich der Schwerpunkt des politischen Interesses Itôs nach der Verfassungsgebung auf die Parlamentarisierung der japanischen Politik verlagerte.

Ganz anders als das bisherige Verständnis, das Itô zu diesem Zeitpunkt als Plädoyer des Preußentums für die Beibehaltung der starken Monarchie sowie für die sie stützende Oligarchie verteidigte und gegen die vom Parlamentarismus entwickelte Parteipolitik, war es aber durchaus die Überzeugung Itôs, die Regierungsgewalt sei schrittweise dem Volk zu überlassen und das Regierungssystem allmählich zu einem parlamentarischen umzugestalten. In seiner Rede an die Adeligen und die Mitglieder der kaiserlichen Familie vom 27. Februar 1889 – etwa zwei Wochen nach der Verleihung der

21 *Dolf Sternberger*, Verfassungspatriotismus, Insel, Frankfurt/Main 1990, 24.

22 Diese Idee wurde auch von älteren Politikern um Itô, wie Toshimichi Ôkubo und Kido Takayoshi geteilt: vgl. *Takii*, The Meiji constitution, wie Fn. 11, 37ff.

Verfassung – wurde diese Idee Itôs aufrichtig ausgesprochen.[23] Hierin wurde betont, dass die Politik fortan auf die Kultivierung des japanischen Volkes ausgerichtet werden müsse, was allerdings der Regierungsseite manchmal zum Nachteil gereichen könne. Denn ein solch kultiviertes Volk würde sich dahin entwickeln, die eigene Lage zu reflektieren, sodann zu ihrer Überwindung zu schreiten und dafür gelegentlich auch Kritik an der eigenen Regierung zu üben. Itô behauptete, es wäre Unsinn, die Proteste des Volks wie bisher zu unterdrücken. Aus seiner Sicht sollten sich nach der Einführung der Verfassung in der Politik die verschiedenen Meinungen des Volkes widerspiegeln.

In dieser Weise galt für Itô das Parlament nicht schlechthin als reines „Schmuckwerk" des zivilisierten Verfassungsstaates. Sein Ziel lag schon in dieser Zeit in der allmählichen Umwandlung zum Parlamentarismus, der sich folgerichtig aus Parteien zusammensetzen musste. Es brauchte zehn Jahre, bis Itô sich schließlich mit diesem Bewusstsein auch selbst aktiv an der Parteipolitik beteiligte: 1900 gründete er seine eigene Partei, die Rikken-Seiyûkai (Verein der politischen Freunde für den Konstitutionalismus), und übernahm den Vorsitz.[24] Darin ist kein mit der Verstärkung der oppositionellen Mächte im Parlament einhergehendes, die bisherige Oligarchie verratendes Apostat anzuerkennen, sondern es ist vielmehr als Durchsetzung des Willens Itôs zum Parlamentarismus zu betrachten.

Allerdings wäre es doch eine voreilige Beurteilung, setzte man hier seine Idee mit einer Lobpreisung der Parteipolitik gleich. Interessanterweise warnte er bei der Parteigründung wiederholt vor Missständen in den Parteien. Es war ein Appell, den Itô besonders in seiner Kampagne von 1899 durch ganz Japan unmittelbar an das japanische Volk richtete.[25] Daraufhin wurde die von den bestehenden Parteien herbeigeführte tatsächliche Situation im Parlament stark kritisiert und ihre Berichtigung angestrebt. In diesem Sinne ist seine Zielsetzung zwar so zu betrachten, dass er die unterstützenden Kräfte für die Regierung vergrößern wollte, dennoch darf man hier nicht übersehen, dass Itô das Motto „Verfassungspolitik" anstatt „Parteipolitik" vertrat.

Was ist die „Verfassungspolitik"? Wie oben angedeutet bedeutete sie für Itô die gemeinsame Regierung von Tennô und Volk, auf die er bei der Verleihung der Verfassung besonderen Wert legte. Zehn Jahre später wurde ihr Schwerpunkt deutlich zum Volk hin verlagert. Nach Itô wurde dem Volk die Volksvertretung und die damit genehmigte Teilnahme des Volkes an der Politik als unantastbare Institution und durch die Verfassung gewährtes Recht

---

23 *Takii*, Itō Hirobumi, wie Fn. 9, 66ff.

24 Über diese Partei vgl. *Takii*, Itō Hirobumi, wie Fn 9, Kap. 4.

25 Über den konkreten Verlauf dieser Kampagne vgl. ebda, Kap. 3.

übertragen. Es ist daher die Verantwortung des Volkes, sie durchzusetzen und zu entwickeln. Itô wollte hier also das Bewusstsein des japanischen Volkes als Träger der Politik wecken.

In dieser Weise war der Konstitutionalismus für Itô nicht anderes als die Teilnahme des Volkes an der Politik mittels des Parlamentarismus und als dessen Integration in die Herrschaft des Tennô zu betrachten, womit die Verwirklichung der gemeinsamen Regierung von Tennô und Volk angestrebt wurde. So musste sich die Verfassungspolitik seiner Meinung nach an der Harmonisierung der politischen Mächte orientieren, um die Staatsintegration herbeizuführen. Dies galt nicht nur für die Beziehung zwischen dem Tennô und dem Volk. In dieser Zeit ging es bei Itô vielmehr um jene zwischen Regierung und Parlament.

In dieser Hinsicht wurde die bisherige Lage der Parteien stark kritisiert. Nach Itôs Anschauung war das gegenwärtige Parlament in die „Vergeltungspolitik“ verfallen, die ganz anders angesehen wurde als die Harmonisierung. Darum lag die reale Absicht von Itô bei der Gründung seiner Partei darin, einen nicht um die Macht kämpfenden, sondern gemeinsam mit anderen politischen Akteuren einen Zugeständnisse und Mitwirkung ermöglichenden Apparat einzurichten. Für Itô sollte die Rikken-Seiyûkai keine Partei im überlieferten Sinne sein, sondern nur ein Verein bleiben, damit sich das Parlament nicht zum Schlachtfeld entwickelte, sondern zum Forum für die Kooperation verschiedener politischer Mächte.[26]

V Fazit

In diesem Beitrag werden Itôs Ideen zum Konstitutionalismus kurz dargestellt und damit seine eigentümliche Rolle in der Verfassungsgeschichte herausgearbeitet. Abschließend sollen die bisherigen Schilderungen zusammengefasst und Itôs Denkweise noch deutlicher aufgezeigt werden.

Für Itô war die Verfassung vor allem sowohl das Symbol als auch das institutionelle Gerüst der gemeinsamen Regierung von Tennô und Volk. Ihre Einführung bedeutete sowohl die Festlegung der jeweiligen Souveränität als auch die Teilnahme an der Politik. Es war die Europareise Itôs von 1882 bis 1883, die eine unentbehrliche Rolle bei der Verwirklichung dieser Verfassung spielte. Besonders inspirierte ihn die Lehre Lorenz von Steins zu der Idee der neben der Verfassung das gesamte Staatswesen konstituierenden Verwaltung, wodurch er zu dem Gedanken der Verfassungsreform im weiteren Sinne gelangte. Darum nahm er eine Reihe von Erneuerungsarbeiten der Verwaltungsorganisation vor, beispielsweise die Einführung des modernen Kabinettsystems, die Gründung der Kaiserlichen Universität, die Anwendung

26 Vgl. ebda, 122f.

der neuen Anstellungsprüfung für höhere Beamte usw. Itô fasste den Erlass der Verfassung von 1889 nicht als isolierte Errungenschaft auf, sondern als lediglich einen Faktor im organischen Zusammenhang dieser Reformen, die zusammengenommen eine umfassendere Staatsverfassung ergeben sollten.

Nach Abschluss der Entwicklung der Verfassung von 1889 folgt dann schließlich doch die Abkehr von Stein: Anders als Stein zog Itô eher den Parlamentarismus, die Verfassung im substantiellen Sinne, der Verwaltung vor. Während der Fokus der Staatswissenschaft Steins deutlich auf die Verwaltung setzt, besteht Itôs politisches Ziel für Japan in einer konstitutionellen Monarchie nach dem Muster der englischen Verfassung, aus der die parlamentarische Regierung hergeleitet werden sollte. So wurde die Verfassung Itôs nicht als eine stabile Institution, sondern als dynamischer Evolutionsprozess der Politik aufgefasst.

Beeinflusst durch den aus Verfassung und Verwaltung zusammengesetzten Staatsbegriff Steins konzipierte Itô die das Volk mobilisierende und von ihm unterstützte Verfassungspolitik. Es waren die rational organisierten und geführten Parteien, die zu ihrer Realisierung als versöhnende Kraft zwischen den verschiedenen politischen Interessen fungieren sollten. Nach dem Aufstieg des Populismus, mit dem die Demokratie der Gegenwart konfrontiert ist, klingt diese Anschauung vielleicht zu ideal und altmodisch.[27] Man könnte aber dennoch sagen, dass sein Aufruf zu Harmonie und Kompromiss als Kern der Verfassungspolitik bis heute als Raison d'être der Demokratie erhalten geblieben ist.[28]

---

27 Über die populistische Lage der gegenwärtigen Politik siehe *Jan-Werner Müller*, Was ist Populismus? Ein Essay, Suhrkamp, Berlin 2016.

28 *Hans Kelsen*, Vom Wesen und Wert der Demokratie, Scientia, Aalen 1981, 58.

Tabellenverzeichnis

Wilhelm Brauneder – Werkverzeichnis

Für die Zeit vor 2008 siehe das Werkverzeichnis in: Gerald Kohl – Christian Neschwara – Thomas Simon (Hrsg.), Festschrift für Wilhelm Brauneder zum 65. Geburtstag, Wien 2008, 715–727.

Monografien, Editionen, Sammelbände

Österreichische Verfassungsgeschichte, 11. Auflage, Wien 2009, 292 S.

Abhandlungen über die Principien des allgemeinen bürgerlichen Gesetzbuches für die gesammten deutschen Erbländer der österreichischen Monarchie vom Hofrath von Zeiller, Wien 1816–1820, 2. Aufl. Innsbruck 2011, 126 S. (Edition, Einführung und Kommentierung, gemeinsam mit Elisabeth Berger).

Der Schutzgeist und sein Freund [zum ABGB], Innsbruck 2011, 53 S. (wie zuvor).

Studien IV: Entwicklung des Öffentlichen und Privatrechts I, Frankfurt/Main-Berlin-Bern-New York-Paris-Wien 2011, 400 S.: Beiträge 2000 bis 2010.

Quellenbuch zur österreichischen Verfassungsgeschichte, Wien 2012, 138 S.

Neuere Europäische Privatrechtsgeschichte (UTB), Wien etc. 2014, 278 S.

Landrechtsentwurf für Österreich unter der Enns 1526 (Einleitung und Edition) (= Rechtshistorische Reihe 452), Frankfurt/Main 2015, 194 S.

Landrechtsentwurf für Österreich unter der Enns 1573 (Einleitung und Edition) (= Rechtshistorische Reihe 461), Frankfurt/Main 2015, 559 S.

Studien V: Entwicklung des Öffentlichen und Privatrechts II, Frankfurt/Main 2015, 294 S.: Beiträge bis 2015.

Der Umsturz 1918 und seine Folgen (= Eckartschrift 231), Wien 2018, 112 S.

Die Republik entsteht: Österreich 1918–1925, Graz 2018, 272 S.

Herausgeberschaften

W. Brauneder – M. Hlavačka, Bürgerliche Gesellschaft auf dem Papier: Konstruktion, Kodifikation und Realisation der Zivilgesellschaft in der Habsburgermonarchie (= Schriften zur Europäischen Rechts- und Verfassungsgeschichte 59), Berlin 2014.

D. Pötschke – W. Braunder – G. Lingelbach (Hgrs.), Stadtrechte, Willküren und Polizeiordnungen I (= Harz-Forschungen 32), Berlin-Wernigerode 2017.

Beiträge (Auswahl)

Geschichte des Öffentlichen Rechts

Über den Bestand von Ehrungen aus der Zeit der Okkupation Österreichs 1938 bis 1945 in: F. Matscher – P. Pernthaler – A. Raffeiner (Hrsg.), Ein Leben für Recht und Gerechtigkeit. Festschrift für Hans R. Klecatsky zum 90. Geburtstag, Wien-Graz 2010, 93–103.

Eine „Verfassung" eines „Staates der Böhmischen Krone"?, in: J. Egger – G. Kabbe (Hrsg.), Aspekte der Rechtsgeschichte und der Gesellschaftspolitik in Tirol, Österreich und weltweit. Festschrift für Kurt Ebert zum 70. Geburtstag, Veliko Tarnovo 2012.

Staatspatrone und Verfassung, in: Signa Juris 10, 2012, 259–261.

Verfassungsänderungen als Systemwechsel: Österreich 1848–1938, in: H. Neuhaus (Hrsg.), Verfassungsänderungen (= Der Staat/Beiheft 20), Berlin 2012, 195–224.

Die Staatlichkeit zur Zeit Goethes – Vom Ende des Heiligen Römischen Reiches Deutscher Nation und die Folgen, in: H. Zeman (Hrsg.), Jahrbuch der Österreichischen Goethe-Gesellschaft 114/115/116, 2010/2011/2012, Wien 2013, 103–108.

Die Symbolik der verfassungsmäßigen Berufsstände 1934 bis 1938, in: Signa Juris 11, 2013, 239–245.

Zum Charakter der ersten Grundrechte in Österreich 1848/49, in: C. Jabloner – D. Kolonovits – G. Kucsko-Stadlmayer – R. Laurer – H. Mayer – R. Thienel (Hrsg.), Gedenkschrift Robert Walter, Wien 2013, 69–77.

Historisches Staatsrecht in der Praxis. Zum geplanten Verfassungssystem von 1852 bis 1861/1867, in: H.-H. Brandt (Hrsg.) Der österreichische Neoabsolutismus als Verfassungs- und Verwaltungsproblem, Wien etc. 2014, 121–135.

Gesamtstaat – Gouvernementsbezirk – Länder – Kreise 1848/49, in: M. P. Schennach (Hrsg.), Rechtshistorische Aspekte des österreichischen Föderalismus, Wien 2015, 51–62.

Landrecht nach österreichischen Rechtsquellen, in: Studien V, 2015, 167–172.

Das „Pariser Abkommen" und seine zeitgenössischen Bedingungen, in: A. Raffeiner (Hrsg.), 70 Jahre Pariser Vertrag 1946–2016, Hamburg 2016, 91–95.

Die Spur des Weltkriegs in der österreichischen Verfassungsentwicklung, in: Modern Dějiny. Casopis pro dějiny 19. A. 20. Stolei 24, 2016, 175–184.

Maria Theresia: Beschützerin des Rechts, in: Signa Iuris 15, 2016, 1–3.

Die Ausdehnung von Rechtsräumen: Landesgrenzen überschreitendes Landrecht, in: D. Pötschke – W. Brauneder – G. Lingelbach (Hrsg.),

Stadtrechte, Willküren und Polizeiordnungen I (= Harz-Forschungen 32), Berlin-Wernigerode 2017, 52–60.

Neues zum österreichischen Oktoberdiplom 1860, in: ZNR 2017, 107–110.

Der Österreich-Konvent 2003–2005 im Rahmen der Verfassungsentwicklung, in: B. Adám – H. A. Olivér – S. Róbert (Hrsg.), Studie in honorem Jósef Szalma, Budapest 2018, 139–147.

Österreichs Länder: Länderstaat – Kommunalverband – Teilstaat, in: A. Raffeiner (Hrsg.), Auf der Klaviatur der Rechtsgeschichte. Festgabe für Kurt Ebert zum 75. Geburtstag, Hamburg 2018, 95–106.

Österreichs Staatlichkeit 1945 im europäischen Umfeld, in: Krise, Krieg und Neuanfang. Österreich und die Tschechoslowakei in den Jahren 1933–1948, 2017, 205–217, auch: Rahouská státnost v roce 1945 v evropshém kontextu, in: M. Kunštát – J. Šebek – H. Schmoller (Hrsg.), Krize, válka a nový začátek ..., Prag 2018, 199–211.

Privatrechtsgeschichte

Deutsches Privatrecht und Common Law: Zweckidentität und institutionelle Ähnlichkeiten, in: ZNR 2008, 177–185.

Berggeschrey als Rechtspublizität, in: W. Ingenhaeff – J. Bair (Hrsg.), Bergbau und Berggeschrey, Hall/Tirol-Wien 2010, 59–65.

Eine Pfandherrschaft Kaiser Maximilians I. im 20. Jahrhundert, in: A. Kiehnle – B. Mertens – G. Schiemann (Hrsg.) Festschrift für Jan Schröder zum 70. Geburtstag, Tübingen 2013, 249–254.

Österreichs Baurechtsgesetz 1912: Rechtsreform als Sozialreform, in: L'attualitá della riforma processuale e sociale di Franz Klein, Trient (i.E.), auch in: Studien V, 2015, 217–226.

Erbteil oder Erbgut [Neuübersetzung der Lutherbibel], in: Deutsche Sprachwelt 69, 2017, 10.

Das ADHGB in Cisleithanien bis 1918, in: M. Löhnig – St. Wagner (Hrsg.), Das ADHGB von 1861 als gemeinsames Obligationenrecht in Mitteleuropa, Tübingen 2018, 105–112.

Wirtschaftsgeschichte

Das Bergwerk: Mutter der Eisenbahn, in: W. Ingenhaeff – J. Bair (Hrsg.), Bergbau und Kunst III, Innsbruck 2013, 15–20.

Der Salzburger Bergbau im 16. Jahrhundert und die Umwelt, in: W. Ingenhaeff – J. Bair (Hrsg.), Bergbau und Umwelt I, Innsbruck 2017, 41–44.

Die Elektrifizierung des Salzkammerguts, in: Festschrift für Gernot Kocher zum 75. Geburtstag, Maribor 2017, 75–83.

Von der Hinweistafel zum internationalen Verkehrszeichen, in: Signa Iuris 15, 2016, 277–300, und in: Austro classic 6, 2017, 100–107.

Der Wirtschafts- und Verwaltungsraum Salz-Kammergut, in: W. Ingenhaeff – J. Bair (Hrsg.), Bergbau auf Salz, Innsbruck 2018, 135–145.

Literaturgeschichte

Auswandererschicksal Bergwerk im Roman, in: W. Ingenhaeff – J. Bair (Hrsg.), Bergbau und Kunst II, Innsbruck 2012, 23–27.

Verfassungshistorischer Hintergrund, in: Franz Werfel, Eine blaßblaue Frauenschrift (= Juristische Zeitgeschichte VI/38), Berlin 2012, 125–138.

Karl May als Autor historischer Romane, in: Mitteldeutsches Jahrbuch XX, Bonn 2013, 56–60.

Die unterschiedlichen Ich-Varianten bei Karl May, in: Sonderheft der Karl-May-Gesellschaft 156, 2016, 87–98.

Artikel in Lexika (Auswahl)

Enzyklopädie der Neuzeit, Band V ff., Stuttgart-Weimar 2007 ff.: Gesetzgebung, Heiliges Römisches Reich deutscher Nation, Kommentier- und Auslegungsverbot, Kondominat, Konstitutionalismus, Landesteilung, Ministerverantwortlichkeit, Monarchisches Prinzip, Napoleonische Gesetzbücher, Ordonnance, Parität, Reichsstände, Sedisvakanz, Statuten, Verfassung, Verfassungsbruch, Verfassungsrecht, Zivilgesetzbücher, Zivilprozessordnung.

Österreichisches Biographisches Lexikon 1815–1950, Band 13, Wien 2008: Lorenz von Stein.

Handwörterbuch zur deutschen Rechtsgeschichte, Band II ff., 2. Aufl. Berlin 2009 ff.: Erbbaurecht, Erblande, Erbleihe, Erbtochter, Habsburg, Hausgesetze, Heiratsgabensystem, Hofrat, Johann Erzherzog, Kärnten, Kindesgut, Kindgedinge, Konstitutionelle Monarchie, Krongut, Kronländer, Kurlande, Landesverordnungen, Landesrecht, Landständische Verfassung, Landtafel, „Längst Leib, längst Gut“, Leibzucht, Leopold II., Luschin v. Ebengreuth, Mahlschatz, Maria Theresia, Metternich, Minorat, Mitgift, Morgengabe, Montenegro, Nationalversammlungen österreichische (1918/19), Nebenländer des Reiches, Österreich, Primogenitur, Privilegium dotis.

Neue Deutsche Biographie, Band 26, München 2016: Joseph Unger.

Rezensionen (Hinweis)

Über 300 Buchbesprechungen, insbesondere in: Zeitschrift der Savigny-Stiftung für Rechtsgeschichte, Zeitschrift für Neuere Rechtsgeschichte, Zeitschrift für Öffentliches Recht.

Über die Autoren[1]

Assoc. Prof. Dr. Christian Alunaru

Professor für Zivilrecht an der Universität Vasile Goldiş in Arad und Dekan der Rechtsanwaltskammer Arad.

Forschungsschwerpunkte: Sachenrecht, Schuldrecht mit insb. Schadenersatz- und Vertragsrecht, Handelsrecht, Unternehmensrecht und Urheberrecht.

Wissenschaftliche Kontakte zu Prof. Brauneder: In den letzten Jahren hatte ich die Ehre, zusammen mit ihm an verschiedenen internationalen wissenschaftlichen Konferenzen teilzunehmen, wo ich die Gelegenheit hatte, ihn persönlich und als faszinierenden Wissenschaftler näher kennenzulernen. Ich erwähne hier nur die Festveranstaltung „200 Jahre ABGB“ in Wien oder das Symposium in Regensburg zum Thema „Das ADHGB von 1861 als gemeinsames Obligationenrecht in Mitteleuropa“. Seine höchst interessanten Beiträge über das ABGB haben mich sehr beeindruckt und mich dazu angeregt, nicht nur das geltende Recht zu erforschen, sondern mich auch mit dem faszinierenden Bereich der Rechtsgeschichte zu befassen.

Prof. Dr. Balázs Bodzási, LL.M.

Leiter des Lehrstuhls für Handels- und Wirtschaftsrecht an der Corvinus Wirtschaftsuniversität in Budapest, Stellvertretender Staatssekretär für Zivilrechtssachen im ungarischen Justizministerium a.D. (2014–2018).

Forschungsschwerpunkte: Sachenrecht, Kreditsicherheiten, Bankvertragsrecht, Verbraucherschutzrecht und Gesellschaftsrecht.

Wissenschaftliche Kontakte zu Prof. Brauneder: Der wissenschaftliche Werdegang von Prof. Brauneder ist nicht nur unter dem Aspekt der österreichischen Rechtswissenschaft betrachtet beeindruckend. Obwohl sein Hauptinteresse der deutschen und österreichischen Rechtsgeschichte gilt, hat er sehr viel für die Vertiefung der Kontakte zwischen den Vertretern der österreichischen Rechtswissenschaft und jenen der Rechtswissenschaft anderer mitteleuropäischer Länder getan. Dies bezieht sich vor allem auf die traditionell sehr engen wissenschaftlichen Beziehungen zwischen Österreich und Ungarn. Seine vielfältigen wissenschaftlichen Arbeiten lenken die Aufmerksamkeit der ungarischen Rechtswissenschaftler auch auf die Bedeutung der rechtsgeschichtlichen Forschung. Die wissenschaftliche Tätigkeit von

1 Die Beiträge wurden Ende 2017/Anfang 2018 abgeschlossen.

Prof. Brauneder lehrt uns, dass die Analyse des geltenden Rechts ohne die gründliche Kenntnis der rechtlichen Vorgeschichte undenkbar ist.

Prof. Maria Rosa Di Simone

Professorin für Rechtsgeschichte an der juristischen Fakultät der Universität Rom "Tor Vergata".

Forschungsschwerpunkte: Universitätsgeschichte, hier insb. die Didaktik des Rechts vom 16.-20. Jahrhundert, europäische Verfassungs- und Kodifikationsgeschichte vom 18.-20. Jahrhundert, die Rechtsstellung der Frau in Europa vom 16.-20. Jahrhundert.

Wissenschaftliche Kontakte zu Prof. Brauneder: In Zusammenhang mit einem weiteren Forschungsschwerpunkt, der gegenseitigen Beeinflussung von Rechtswissenschaft und Gesetzgebung im Rechtsgebiet Österreich und Italien vom 18.-20. Jahrhundert, lernte ich Prof. Brauneder kennen. Es entwickelte sich ein lebhafter und interessanter wissenschaftlicher Austausch, der für mich und meine Forschungsarbeiten eine große Bereicherung darstellt.

Prof. Dr. Andrzej Gulczyński

Professor am Lehrstuhl für Römisches Recht und Rechtsgeschichte an der Universität in Poznań (Posen).

Forschungsschwerpunkte: Europäische Rechtsgeschichte und Rechtskultur, Entwicklung von Rechtsinstituten vor allem im 19. und 20. Jahrhundert, Geschichte des Rechtssystems Polens in der Zwischenkriegszeit, Juristenbiographien.

Wissenschaftliche Kontakte zu Prof. Brauneder: Gemeinsame Interessen mit dem Jubilar bestehen in verschiedenen Themenbereichen, wozu neben der Geschichte der europäischen Privatrechtskodifikationen und den Staatsgründungen in Europa 1918 auch die Rechtsarchäologie und die Rechtsikonographie zählen. Die gemeinsame Teilnahme an den internationalen Rechtsikonographischen Tagungen bietet regelmäßig die Gelegenheit zu einem willkommenen und produktiven wissenschaftlichen Austausch mit Prof. Brauneder.

Prof. Dr. Dr. h.c. Gábor Hamza

Professor an der Eötvös Loránd Universität – ELTE in Budapest und ordentliches Mitglied der Ungarischen Akademie der Wissenschaften.

Forschungsschwerpunkte: Römisches Recht, Rechtsgeschichte, Rechtsvergleichung, Europarecht, Rechtsordnungen der mittel- und osteuropäischen Länder.

Wissenschaftliche Kontakte zu Prof. Brauneder: Als Professor und langjähriger Vorstand des Instituts für Rechts- und Verfassungsgeschichte der Universität Wien trug er maßgeblich zur Intensivierung der wissenschaftlichen Beziehungen zwischen Österreich und Ungarn bei. Mehrmals fungierte er als Koordinator und Organisator von Tagungen, hielt sehr oft Vorträge in Ungarn, u.a. an der ELTE in Budapest, und nahm mehrere Male eine Gastprofessur wahr. Sein Studienbuch „Neuere Privatrechtsgeschichte von Mitteleuropa am Beispiel von Österreich (bis 1900)“ wurde auf meine Initiative hin 1995 unter dem Titel „Közép-Európa újabb magánjogtörténete Ausztria példáján (1900-ig)“ in Budapest veröffentlicht. In meinen Forschungen bezüglich der Entstehung und Entwicklung der modernen Privatrechtsordnungen habe ich die auch international hochgeschätzten Werke von Prof. Brauneder als maßgebliche Sekundärliteratur benutzt.

Prof. Dr. Milan Hlavačka

Professor für tschechische Geschichte an der Karls-Universität in Prag und Mitglied der Akademie der Wissenschaften der Tschechischen Republik.

Forschungsschwerpunkte: Politische, soziale und wirtschaftliche Geschichte der böhmischen Länder und der Habsburger Monarchie im 18. und 19. Jahrhundert, Geschichte von Familienunternehmen.

Wissenschaftliche Kontakte zu Prof. Brauneder: Gemeinsame Organisation des Kongresses der International Commission for the History of Representative and Parliamentary Institutions (ICHRPI) in Prag 2004; gemeinsam mit Prof. Brauneder Herausgeber des Sammelbandes „Bürgerliche Gesellschaft auf dem Papier: Konstruktion, Kodifikation und Realisation der Zivilgesellschaft in der Habsburgermonarchie“, 2014.

Prof. Corjo J. H. Jansen

Professor of Legal History and Civil Law, and Chair of the Business and Law Research Centre at Radboud University in Nijmegen.

Research priorities: History of Civil Law in The Netherlands and its neighbouring countries in the period 1770–1990, History of Labour Law, Administration of justice during and after Second World War.

Scientific contacts to Prof. Brauneder: For decades now, he has been following the publications of his esteemed colleague Wilhelm Brauneder, and publishes regularly in the Zeitschrift für Neuere Rechtsgeschichte, of which Prof. Brauneder was the driving force for forty years (1979–2018).

Prof. Dr. Dr. h.c. Janez Kranjc

Professor em. an der juristischen Fakultät der Universität in Ljubljana.

Forschungsschwerpunkte: Römisches Recht, Rechtsterminologie, Sprachenrecht, Rechtsgeschichte.

Wissenschaftliche Kontakte zu Prof. Brauneder: Mein Aufsatz soll ein kleiner Beitrag zur Ehrung von Prof. Brauneder sein, der sich auf verschiedenen Gebieten der Rechtsgeschichte als exzellenter Lehrer und Forscher international verdient gemacht hat.

Prof. Dr. Marju Luts-Sootak

Professorin für Rechtsgeschichte an der Universität zu Tartu in Estland.

Forschungsschwerpunkte: Die deutschbaltische Rechtswissenschaft und Juristenausbildung im 19. Jahrhundert an der Universität zu Dorpat, Kodifikationen des baltischen und estnischen Rechts, die baltische Gerichtsverfassung und -praxis sowohl im Zarenreich als auch unter schwedischer Herrschaft.

Wissenschaftliche Kontakte zu Prof. Brauneder: Die erste Begegnung fand in den 1990er-Jahren im Rahmen der Evaluierung der Juristenfakultät in Tartu statt, an der Prof. Brauneder beteiligt war. Seitdem hat er seine Publikationen kontinuierlich auch nach Tartu geschickt und damit seine Forschungsergebnisse den Rechtshistorikern und -innen sowie interessierten estnischen Studierenden zugänglich gemacht. Viele Tagungen, etwa in Stockholm, Frankfurt/Main und in Wien, sowie der Deutsche Rechtshistorikertag boten willkommene Gelegenheiten zum wissenschaftlichen Austausch.

Prof. Dr. Zoltán Tibor Pállinger

Inhaber des Lehrstuhls für Politische Theorie und Europäische Demokratieforschung an der Andrássy Universität in Budapest, Leiter des Studiengangs „Master in Internationalen Beziehungen – Europäische Studien".

Forschungsschwerpunkte: Politische Theorie und Ideengeschichte, Demokratieforschung, direkte Demokratie, Eliteforschung, Europäische Governance, Kleinstaatenforschung sowie vergleichende Politik.

Wissenschaftliche Kontakte zu Prof. Brauneder: Mein Beitrag zu dieser Festschrift stellt gewissermaßen eine Rückkehr zu meinen akademischen Wurzeln dar. Vor mehr als einem Jahrzehnt arbeitete ich am Liechtenstein-Institut (Bendern, Fürstentum Liechtenstein) und beschäftigte mich mit Fragen der Machtteilung in kleinen Staaten. Anlässlich eines Vortrags, den ich zum sogenannten „Verfassungsstreit" in Liechtenstein hielt, lernte ich Prof. Brauneder kennen und aus dem fachlichen Austausch wurde bald auch eine persönliche Freundschaft, die bis heute andauert und sich stetig vertieft hat.

Prof. Claes Peterson

Professor für Rechtsgeschichte an der Universität in Stockholm.

Forschungsschwerpunkte: Methodenlehre und Rechtsgeschichte.

Wissenschaftliche Kontakte zu Prof. Brauneder: Die Zusammenarbeit zwischen Prof. Brauneder und den Stockholmer Rechtshistorikern geht auf das Jahr 1992 zurück, als er an einem internationalen Symposium in Stockholm teilnahm, das der Diskussion der juristischen Theoriebildung und der rechtlichen Einheit gewidmet war. Das Thema seines Beitrags bildete der Vergleich zweier verschiedener Wellen der Vereinheitlichung des mitteleuropäischen Privatrechts um 1800 und im Zusammenhang mit der politischen Entwicklung im 19. Jahrhundert. In diesem Zusammenhang haben wir verschiedene wissenschaftliche Berührungspunkte entdeckt und sind seither in Verbindung geblieben.

Prof. Dr. Estevão de Rezende Martins

Professor em. für Geschichtstheorie und Geschichte der neuesten Zeit an der Universität in Brasília.

Forschungsschwerpunkte: Theorie und Methodologie der Geschichte, Geschichte der Geschichtsschreibung, Geschichte der politischen Institutionen, Geschichte der Europäischen Union.

Wissenschaftliche Kontakte zu Prof. Brauneder: Im Rahmen der Mitgliedschaft in der International Commission for the History of Representative and Parliamentary Institutions (ICHRP) sowie als deren Vizepräsident und Generalsekretär unter der Präsidentschaft von Prof. Brauneder (1999–2007) bot sich immer wieder die Gelegenheit zu einem regen wissenschaftlichen Gedankenaustausch.

Prof. Dr. Steven Rowan

Professor em. für Geschichte an der Universität von Missouri-St. Louis, Präsident der Gesellschaft für Deutsch-Amerikanische Studien (2017–2019).

Forschungsschwerpunkte: Mittelalterliche Geschichte, Geschichte des Römischen Rechts, Einwanderung nach Missouri, Deutsche Aktivitäten in Amerika im 19. Jahrhundert.

Wissenschaftliche Kontakte zu Prof. Brauneder: Seit 1987 bin ich mit Prof. Brauneder wissenschaftlich verbunden, u.a. durch das gemeinsame Interesse an transatlantischen Kulturbeziehungen, wovon ein gemeinsamer Sammelband von 1991 zeugt, sowie am Verkehrssystem der USA im 19. Jahrhundert.

Prof. Marie Sandström, LL.D.

Professor in Legal History at the Stockholm university.

Research priorities: The development of legal methods and techniques from the late 18th century onwards, with a particular emphasis on the Historical School in jurisprudence.

Scientific contacts to Prof. Brauneder: The collaboration between Prof. Brauneder and the research group in legal history at Stockholm University goes back to the early 1990s. In 1992 an international symposium – Juristische Theoriebildung und rechtliche Einheit – was held in Stockholm. Prof. Brauneder's contribution to the discussions concerned two waves of private law unification in Central Europe. During the conference we quickly realized that there was a large degree of thematic affinity between the research being carried out by Prof. Brauneder and by the research group in Stockholm. Since 1992 our collaboration has taken many different forms: Prof. Brauneder was part of the advisory board assisting us in the organization of an international conference on private law codification from the Enlightenment to the 20th century. He has also been a graceful host during many visits to the Vienna law faculty. On a more personal note: Prof. Brauneder was the first colleague to extend me an invitation to hold a guest lecture. His unfailing kindness and intellectual openness have been an enduring inspiration to me.

Prof. Dr. Srđan Šarkić

Professor em. für Rechtsgeschichte an der juristischen Fakultät der Universität in Novi Sad.

Forschungsschwerpunkte: Byzantinische und serbische mittelalterlichen Rechtsgeschichte.

Wissenschaftliche Kontakte zu Prof. Brauneder: Wir haben uns bei seinem ersten Aufenthalt in Novi Sad (2001) kennengelernt und uns später bei mehreren internationalen Symposien in Österreich und Ungarn wiedergesehen. In der von Prof. Brauneder von 1979–2018 mitherausgegebenen Zeitschrift für Neuere Rechtsgeschichte habe ich 2007 einen Beitrag zum Thema Rechtsgeschichte in Serbien und Jugoslawien veröffentlicht.

Prof. Dr. Shen Han

Professor of School of History at the Nanjing University.

Research priorities: British Parliamentary and Political History, History of British Landed System, Studies of European Transition from Feudalism to Capitalism, Comparative Studies on the Formation of Chinese and Western Modern Ideology, History of Capitalism.

Scientific contacts to Prof. Brauneder: He promoted in 1997, 2007 and 2016 my Research Fellowship of Vienna university and organized my lectures at other European universities. In answer to that he was several times visiting professor at my university of Nanjing and offered lectures on other universities of China. Both we are Members of the International Commission for the History of Representative and Parliamentary Institutions (ICHRP).

Prof. Dr. István Szabó

Professor für Rechtsgeschichte an der Katholischen Universität Pázmány Péter in Budapest.

Forschungsschwerpunkte: Ungarische, österreichische und deutsche Verfassungsgeschichte nach 1848.

Wissenschaftliche Kontakte zu Prof. Brauneder: Zwischen mir und dem Jubilar besteht seit mehr als zwanzig Jahren ein enger wissenschaftlicher Kontakt. In dieser Zeit hat sich auch eine gute Freundschaft entwickelt. Mit meinem Beitrag zu der Festschrift möchte ich mich vor allem für zahlreiche Hilfestellungen bedanken und auch dafür, dass ich dank seiner Unterstützung fast ein Jahr hindurch am Institut für Rechts- und Verfassungsgeschichte der Universität Wien forschen konnte. Die Veranstaltung gemeinsamer Tagungen in Budapest ist in den letzten Jahren üblich geworden.

Prof. Dr. Kazuhiro Takii, LL.D.

Professor am International Research Center for Japanese Studies in Kyoto.

Forschungsschwerpunkte: Entstehung und Entwicklung des modernen Verfassungssystems in Japan.

Wissenschaftliche Kontakte zu Prof. Brauneder: Gemeinsame Forschungsprojekte über die rechtshistorischen Beziehungen zwischen Japan und Österreich fanden ihren Niederschlag insbesondere in folgenden Publikationen: Kazuhiro Takii (Hrsg.), Lorenz von Steins Arbeiten für Japan, 1998, und Wilhelm Brauneder – Kazuhiro Takii (Hrsg.), Die österreichischen Einflüsse auf die Modernisierung des japanischen Rechts, 2007. Prof. Brauneder weilte mehrfach als Gastprofessor und Vortragender an japanischen Universitäten in Tokio, Kyoto, Kobe, Osaka und Yamamoto.